전쟁과 희생

한국의 전사자 숭배

전쟁과 희생 — 한국의 전사자 숭배

초판 1쇄 인쇄 2019년 1월 25일
초판 1쇄 발행 2019년 1월 31일

지은이 강인철
펴낸이 정순구
책임편집 조원식
기획편집 조수정 정윤경
마케팅 황주영

출력 블루엔
용지 한서지업사
인쇄 영신사
제본 영신사

펴낸곳 (주) 역사비평사
등록 제300-2007-139호 (2007.9.20)
주소 10497 : 경기도 고양시 덕양구 화중로 100(비전타워21) 506호
전화 02-741-6123~5
팩스 02-741-6126
홈페이지 www.yukbi.com
이메일 yukbi88@naver.com

ⓒ 강인철, 2019

ISBN 978-89-7696-295-9 93910

〈이 도서는 한국출판문화산업진흥원의 출판콘텐츠 창작자금 지원 사업의 일환으로 국민체육진흥기금을 지원받아 제작되었습니다.〉

강인철 지음

한국의 전사자 숭배

전쟁과 희생

역사비평사

일러두기

1) 논문이나 책이 처음 나올 때(초출)는 전체 서지 사항을 표기하되, 되풀이해서 나올 때(재출)는 아래의 예시와 같이 축약해서 표기하기도 했다.

　[초출] 조지 모스 저, 오윤성 역, 『전사자 숭배: 국가라는 종교의 희생제물』, 문학동네, 2015, 16쪽.
　[재출] 조지 모스, 『전사자 숭배』, 16쪽.

2) 신문의 경우는 『　　』로 표기하고, 방송의 경우는 〈　　〉로 표기했다.

　(예) 『한겨레신문』, 『동아일보』, 〈jtbc〉, 〈YTN뉴스〉.

3) 다양한 형태의 복합명사를 사용했기 때문에 "붙여 써서 문법적으로 틀리는 경우"를 제외하고는 붙여 쓰기를 허용했다.

머리말

　　필자가 1960년대 말부터 1970년대 초반까지 다녔던 초등학교의 단골 소
풍 장소는 서울 동작동에 위치한 국립묘지였다. 우리는 국립묘지 뒷산을 넘
어 그곳으로 가곤 했다. 매년 현충일 전날에도 학생회 간부들은 헌화를 하기
위해 국립묘지를 방문했다. 당시 우리 동네에는 고아원이 하나 있었는데 거
기엔 전쟁고아들이 많았다. 고아들이 싸움을 잘한다는 소문이 퍼져 평소엔
멀리했지만 미제 구제품이 잔뜩 들어오는 날엔 동네 아이들이 부러운 눈초
리로 기웃거리곤 했다. 우리 동네와 맞닿은 옆 동네는 상이용사촌이었다. 왠
지 무서워 동네 아이들은 그쪽으론 얼씬도 하지 않았다. 필자의 유년 시절은
전쟁의 상처를 품은 사람들에 둘러싸여 있었던 것 같다. 물론 우리 가족들에
게 새겨진 전쟁의 상흔도 만만치 않았다.

　　요즘 필자는 경기도 수원과 오산을 매일 오간다. 아침 출근길에는 먼저
화성시 현충공원 앞을 지나게 된다. 2017년에 새로 단장한 그곳엔 위패봉안
실을 갖춘 거대한 현충탑을 비롯하여, 6·25참전기념비와 명비(名碑), 월남전
참전기념비와 명비, 무공수훈자공적비 등이 자리하고 있다. 위패봉안실과
기념비·공적비들에는 화성시 출신으로 한국전쟁과 베트남전쟁에서 전사
한 이들, 참전한 이들, 무공훈장과 보국훈장을 받은 이들의 이름이 촘촘히 새
겨져 있다. 시 차원의 현충일 추념식도 매년 이곳에서 열린다. 현충공원에서
600~700m가량 더 가다 보면 교차로에서 10용사로(路)와 만나게 된다. 한국

전쟁 직전인 1949년 5월 4일 개성 송악산전투에서 전사한 '육탄10용사'를 기리는 도로이다. 10용사로를 이용하여 동탄신도시 쪽으로 향하면 육탄10용사기념공원과 만나고, 1번국도 오산 죽미령 쪽으로 향하면 유엔참전(參戰)기념공원과 만나게 된다. 유엔참전기념공원에는 유엔군초전(初戰)기념비와 유엔군초전기념관이 자리하고 있다. 한국전쟁에 투입되어 유엔군 병사들이 맞닥뜨렸던 첫 번째 전투의 현장이 바로 이곳이다. 초전기념비·기념관은 1950년 7월 5일 죽미령전투에서 '스미스특수부대'로 알려진 미군 24사단 21연대 1대대가 장병 540명 중 181명의 전사자를 내고 패퇴한 일을 기억하고 추모하기 위해 건립되었다. 필자는 출퇴근길에서 과거가 되기를 거부하는 전쟁과, 상생의 기억을 일깨우는 전쟁기념물들과, 기념물들을 통해 끊임없이 부활하는 전사자들과 하루도 빠짐없이 직면하고 있는 셈이다.

하지만 필자의 일상적인 경험이 유별난 것이라 말하기도 어렵다. 1천 개 이상의 전쟁기념물들이 좁은 국토를 빼곡히 채우고 있으니 말이다. 이 가운데는 용산 전쟁기념관처럼 초대형 시설도 있다. 전국 어느 시·군이든 현충탑이나 충혼탑을 품은 현충공원이 없는 곳은 없다. 한국전쟁 최후의 격전지들인 휴전선을 따라 무려 248㎞에 걸쳐 거대한 띠처럼 전쟁기념물들의 장엄한 행렬이 서해 쪽 임진강에서 동해안까지 이어진다. 주요 전적지나 전쟁 영웅의 출신지들에도 전쟁의 기억을 각인해 넣은 다채로운 시설물이 즐비하다. 국토 면적에 대비한 전사자 기념물의 밀도 면에선 아마도 한국이 세계 최고 수준일 것이다.

현충일을 비롯한 각종 전사자 의례, 국립현충원을 비롯한 전국 곳곳의 크고 작은 전사자 묘지들도 빼놓을 수 없다. 전사자와 참전자를 위해 마련된 대규모 국립묘지만 해도 서울·대전·영천·임실·이천·산청 등 6개소나 되고, 조만간 제주와 괴산에도 국립묘지가 신설될 예정이다. 세계 유일의 유엔군묘지인 부산 유엔기념공원도 당연히 추가되어야 한다. 현충일, 6·25전쟁 기념일, 국군의 날, 국제연합일에다, 최근에 제정된 '유엔군 참전의 날'과 '서해수호의 날'에 이르기까지 전쟁을 상기시키는 국가기념일들이 달력을 화려하게 장식하고 있다. 6월은 한 달 전체가 '호국보훈의 달'로 정해져 있기도 하다.

오늘날 대한민국에는 전사자들을 영웅시하고 찬양하는 기념물, 의례, 장소들이 넘쳐난다. 이 책은 현대 한국에서 '전사자 숭배'라고 부를 만한 현상이 형성되고 변천되어가는 과정을 다룬다. 전사자 숭배는 전장(戰場)에서 죽거나 거기서 입은 치명적 부상으로 죽은 군인들을 향한 예찬과 영웅화와 성화, 그리고 그와 관련된 다양한 실천·제도·관행들을 가리킨다. 전사자 숭배는 전사자 의례, 전사자의 묘, 기념조형물·기념건축·기념공원 등을 포함하는 전사자 기념시설, 전사자에 대한 서훈·표창, 유가족을 위한 보훈·원호사업, 특정 전사 영웅에 대한 기념사업 등을 망라한다. 이 가운데 전사자에게 바쳐진 의례, 묘, 기념시설의 세 가지가 특히 중요하다. 그래서 필자는 이들을 '전사자 숭배의 트로이카'라 부르고 있다.

그 정치적 기능이나 효과에 주목할 경우, 전사자 숭배는 지배 질서의 재생산과도 직결되어 있다. 다시 말해 전사자들의 육신을 전유하여 정치화함으로써, 국가와 지배층은 전쟁을 미화하거나 신화화하고, 국민들을 동원하고 통합하며, 기존 체제의 정당성을 획득하거나 공고화하려 애쓴다. 이런 숭배 활동에 공을 들이지 않는 국가나 지배층은 단연코 없다. 이렇게 보면 전사자 숭배는 단순한 애국심의 표현을 넘어 고도로 '정치적인' 행위이기도 한 것이다.

결코 많다고는 할 수 없을지라도 그 동안 전사자와 관련된 의례, 묘, 기념시설 각각을 다룬 연구들은 이따금씩 발표되었다. 현충일, 국립묘지, 전쟁기념물 등에 관한 연구들이 그런 예들이다. 그렇지만 전사자 숭배의 트로이카를 한꺼번에 포괄적으로 분석한 것은 이 책이 처음이다. 이 책은 의례·묘·기념시설 차원에서 진행되는 전사자 예찬과 영웅화를 전사자 숭배라는 개념을 통해 종합해보려는 시도인 셈이다.

제목에서도 충분히 짐작할 수 있듯이 이 책의 탄생에 직접적인 영감을 준 것은 『전사자 숭배』(원제는 Fallen Soldiers)라는 이름으로 국내에도 소개된 조지 모스의 저작이었다. 모스의 작품은 필자를 다음과 같은 질문들로 이끌었다. 한국에도 과연 전사자 숭배가 존재하는가, 그런 현상이 있었다면 유럽 사회들과 구분되는 한국의 특징은 무엇인가, 나아가 한국을 포함하는 동아시아 사회들에서 공통적으로 발견되는 어떤 특징들이 존재할까? 권헌익의 『학살, 그 이후』(원제는 After the Massacre) 역시 중요한 지적 자극을 제공해주었다. 전쟁 경험의 신화 형성에 기여하고 그 신화를 내면화하기도 하는 대중의 자발적인 움직임도 중요하지만, '전사자 숭배'란 현상은 기본적으로 민족주의를 지배이데올로기로 삼은 국가와 지배층의 작품이라는 것이 모스의 지론이었다. 그에게 전사자 숭배는 무엇보다 '위로부터의' 현상, 혹은 최소한 지배층과 참전자들의 합작품이었다. 반면에 전쟁 후의 베트남사회를 분석한 권헌익은 전쟁 사자(死者)의 문제를 마을 사람들, 그중에서도 부당하게 몰살당하다시피 한 가장 힘없는 이들의 눈높이에서, 한마디로 '아래로부터' 바라보도록 유도한다. 그러다 보니 자연스럽게 전사자에 대한 '예찬·영웅화'가 아닌 '애도·해원'에 일차적인 초점이 맞춰진다. 전쟁을 바라보는 태도도 상극일 수밖에 없는데, 전사자 숭배가 군사주의(militarism)와 친화적이라면, 전사자 해원은 평화주의(pacifism)와 친화적이다. 모스와 권헌익은 '서구-비서구의 대조'뿐 아니라, 전쟁으로 인한 죽음의 대량생산 사태에 대응하는 대조적인 두 방식, 즉 '국가 – 민중의 대조'에 주목하게 해준다. 아울러 전사자 숭배의 사회 심리적, 이데올로기적 효과를 숙고하는 과정에서 다카하시 데쓰야(高橋哲哉)가 제시한 '감정의 연금술'과 '희생의 논리' 개념으로부터 큰 도움을 받았음을 지적해두어야겠다.

이 책에서 필자 나름의 독특한 문제의식 몇 가지를 발전시키기도 했다. 우선, 필자는 현대 한국 전사자 숭배의 역사적 기원을 '식민지 조선'에서 찾았다. 고도로 발달된 전사자 숭배 시스템을 만들어냈던 군국주의 일본의 영향은 의례, 묘, 기념시설의 트로이카 모두에서 뚜렷하게 확인된다. 때문에 주된 분석 대상이 해방 후 현대 한국사회임에도 불구하고 논의를 '식민지 조선'에서 시작할 수밖에 없었다. 연구 대상 기간도 식민지 시대를 포함해 한 세기 정도로 늘려 잡지 않을 수 없었다. 어쩌면 "현대 한국사회에서 식민지 유산의 영향이 가장 선명하게 발견되는 영역 중 하나가 전사자 숭배일 가능성이 높다."라는 명제가 이번 연구를 이끌어가는 일종의 작업가설 역할을 담당했다고도 할 수 있다.

한편 필자는 이번 연구에서 서구와 대비되는 '동아시아적 특성'을 부각시키려 애썼다. 전사자 숭배에서 발견되는 동아시아 사회들의 특성은 '전사자의 신격화' 그리고 '촘촘하고 다중적인 영적 안전망', 이 두 가지로 압축된다는 게 필자의 생각이다. 여기서 '영적 안전망'은 사회적 안전망 개념을 응용해 새로 만들어낸 개념이다. 전사자의 신격화는 유일신 전통이 강한 지역들에선 거의 발견되지 않는다. 그곳들에서는 전사자를 '순교자'나 '애국 영웅'으로 추앙할지언정 '호국신'(護國神)이나 '군신'(軍神)으로 떠받들지 않는다. 따라서 필자는 전사자 신격화가 조상숭배 전통이 강한 동아시아 사회들에서 '조상신 승화의 기제'가 작용한 결과라고 판단한다. 주로 죽음 의례와 공적인 호명을 통해 전사자들의 정체성과 지위를 '가문의 조상신'마저 초월하는 '민족의 조상신'으로 격상시키는 게 이 기제의 핵심이다. 전통적인 죽음 도식에서는 가문의 조상신조차 되기 버거운 전사자들을 민족 영웅들의 장구한 계보 속에 편입시켜 민족·국가의 조상신 지위로 끌어올리는 것이다.

필자는 무대 위에서 펼쳐지는 전사자 숭배의 화려한 풍경만이 아니라 그것의 이면과 그림자, 틈새들 또한 부각시키려고 노력했다. 아울러 전사자 숭배를 통한 지배 질서의 재생산이 항시 순조롭고 성공적이지만은 않았음을 강조했다. 이 책에는 새로이 발견된 몇 가지 역사적 사실들도 담겨 있다. 최초의 국립납골묘였던 장충사(奬忠祠)가 이토 히로부미(伊藤博文)의 추모 사찰인 박문사(博文寺)에 설치되었을 가능성, 한국전쟁 때 전사자 유해 안치소로 활용된 불교 사찰들, 40여 곳의 '작은 국군묘지들', 동작동 국립묘지의 역사적 기원, 1960년대의 반공애국유적부활운동, 1970년대 이후 국립묘지의 재봉건화 등이 그런 사례들이다.

이 책의 내용 일부는 축약된 형태로 학술지에 미리 발표된 바 있다. 「식민지 조선의 전사자 의례」(『종교문화연구』 27호, 2016), 「한국의 전사자 의례 연구: 해방부터 현충일 제정까지」(『종교문화연구』 29호, 2017), 「대한민국 최초의 국립납골묘 장충사 연구: 장충포열사인가, 박문사인가」(『이화사학연구』 54집, 2017), 「동작동 국립묘지와 그 내부 불평등의 역사적 기원」(『종교연구』 77집 3호, 2017) 등이 그것이다. 이 논문들을 대폭 확장하고 수정·보완한 내용이 이 책에 수록되었다.

어느덧 열다섯 번째 졸저를 세상에 내놓게 되었다. 돌이켜보면 이번 작업은 이전보다 훨씬 고통스러웠다. 최근 몇 년 사이 연구 환경이 너무도 악화하고 있음을, 동시에 학문공동체로서의 대학이 돌이킬 수 없을 정도로 망가지고 있음을 나날이 실감한다. 과연 앞으로도 연구자라는 정체성을 지켜나갈 수 있을지 두렵기만 하다. 어려운 여건 속에서도 고군분투하고 있을 동료 연구자들께 이 책이 조그만 위로라도 되면 좋겠다. 마지막으로, 흔쾌히 출판을 허락해주었을 뿐 아니라 편집과 교열은 물론 수록할 사진들을 찾는 데도 큰 도움을 주신 역사비평사와 조원식, 조수정 선생께 감사드린다.

차례 _ 전쟁과 희생

제2부 전사자 의례

제1부
시각과 접근방법

1장
죽음 위계의 재구축

　전사자를 찬양하고 영웅화하는 것은 인류의 오랜 전통이었다. 다카하시 데쓰야는 전사자 숭배가 근대 민족국가 시대에만 독특한 현상이 아니며, 다만 근대 민족국가 시대에 전사자 숭배가 '정점'에 도달했을 뿐이라고 보았다. "'조국을 위해 죽는 것'(pro patria mori)을 신성한 행위로 보고 국가를 위해 순국한 전사(戰士)들을 영웅으로 떠받드는 사상과 실천은, 서양에서도 고대 그리스 로마 이후로 전통이며, 그 전통은 근대 유럽의 국민국가가 상호 간 내셔널리즘을 서로 맞부딪쳐가며 전쟁을 반복했던 시대에 정점에 이르렀다."라는 것이다.[1]

　근대 민족국가 시대와 그 이전 시대의 전사자 숭배 사이에는 단순한 양적 연장선 위에서만 볼 수 없는 일종의 질적인 변화, 어떤 단절의 측면도 분명히 존재하는 것으로 보인다. 근대 민족국가의 등장과 함께 군대의 성격과 구성 측면에서 중대한 변화가 일어났다. 18세기 이후 상비군 제도의 등장과 그에 발맞춘 군대의 전문화 경향, 19세기 이후 징병제의 도입과 확산, 징병제 도입에 따라 군대의 성격이 용병군(傭兵軍)에서 국민군(國民軍)으로 변화된 것 등이 특히 중요하다.

　정치권력과 군사력의 분리 추세가 유럽 민족국가의 특징으로 자리 잡는

---

1) 다카하시 데쓰야 저, 이목 역, 『국가와 희생』, 책과함께, 2008, 12쪽.

가운데, 대규모 상비군제도가 발전되면서 독립적인 직업군인제도가 실시되었는데 이 또한 민족국가의 주요 특징이 되었다. 한편으로는 귀족이 아닌 일반 시민에 의해 충원되는 전문 장교단이 형성되었고, 다른 한편으로는 국민개병제를 통해 모든 시민들이 일정 기간 군인으로 복무하고 본업으로 돌아가는 '국민군'의 패턴이 형성되었다.[2] 나아가 병역의무와 시민권—특히 보통선거권과 참정권—이 결합됨으로써 병역의무는 민주주의 제도와도 연결되었다. 시민권은 병역의무를 전제하게 되었고, 병역의무는 시민권의 한 징표가 되었다. "민족국가와 국민군대는 일정한 영토 관념을 바탕으로 한 민족국가 내의 시민권의 구체적인 징표였다."[3] 시민이자 군인, 즉 '시민 – 군인'(citizen – soldier)이라는 새로운 국민이 탄생한 것이다. "용병제나 직업군인제와 달리 징집(conscription)이라는 제도 혁신 속에서 군복무는 '희생'이라는 개념으로 새롭게 설정되었고, 그 논리적 귀결로서 '희생의 평등, 권리의 평등'이라는 명제가 도출되었다."[4]

물론 근대 민족국가들에서 병역의무를 부과하는 방식은 나라마다 다르게 나타날 수 있지만,[5] 어쨌든 군대의 성격과 구성이 달라지자 전쟁의 성격

---

2) 안쏘니 기든스 저, 진덕규 역, 『민족국가와 폭력』, 삼지원, 1991, 267~270쪽.

3) 위의 책, 274쪽. 그러나 일본에서는 징병제도(병역의무 부과)와 보통선거권 부여의 교환이라는 유럽식 패턴이 나타나지 않았고, 그 대신 1930년대에 군국주의적인 국민총동원체제가 등장하여 국민들에게 무조건적인 충군애국(忠君愛國)과 의용봉공(義勇奉公)을 요구했다(니시무라 아키라, 「위령과 폭력: 전쟁 사망자에 대한 태도 이해를 위해」, 『종교문화비평』 2호, 2002, 256~259쪽). 물론 식민지 조선에서도 마찬가지였다.

4) 신병식, 「박정희시대의 일상생활과 군사주의: 징병제와 '신성한 국방의 의무' 담론을 중심으로」, 『경제와 사회』 72호, 2006, 151쪽.

5) 현대 병역제도는 '의무병제'와 '지원병제'(혹은 자유병제)로 구분되고, 의무병제는 다시 '징병제'와 '민병제'로, 지원병제는 다시 '직업군인제'와 '모병제'와 '용병제'로 구분된다. 대개

또한 달라지지 않을 수 없었다. 조지 모스는 전쟁사(戰爭史)에서 18세기 말의 프랑스혁명전쟁이 지닌 중요성을 강조한 바 있다. "그 전까지 전쟁은 대의와는 거의 무관한 용병대에 의해 치러졌던 반면, 프랑스혁명전쟁은 시민군이 싸움에 나선 최초의 전쟁이었고 초창기의 시민군은 대의와 국가에 헌신하여 자원입대한 의용병을 중심으로 구성되었다."[6] 한국에서도 1949년의 병역법 제정과 1950년 징병제의 본격적 시행으로 국민군 시대가 활짝 열렸다.

> 정부는 1949년 8월 6일 국민의 병역의무를 규정한 병역법을 공포하여 종전의 '지원병제'에서 '징병제'로의 전환을 선언했다. 이 법의 시행령은 1950년 2월에야 제정되었지만, 정부는 1949년 9월부터 이의 시행을 위한 실질적인 준비작업에 들어갔다 …… 그러나 1950년 3월에 이르러 '병력 10만 명 제한' 방침으로 인해 육군본부 병무국과 시·도 병사구사령부가 해체됨으로써 병무행정의 부재 상태에서 전쟁을 맞게 되었다. 따라서 본격적인 징집체계의 형성과 징집은 전쟁 발발 이후로 미뤄질 수밖에 없었다. 전쟁이 발발한 후 제2국민병(만 17~35세)을 1950년에 221,812명, 1951년에 165,657명을 소집한 것을 비롯하여, 향토자위대(만 17~50세), 국민방위군(만 17~40세, 지원제), 예비군단(혹은 제5군단, 국민방위군의 후신), 노무사단(혹은 기술근무부대, 만 35~45세) 등 다양한 방식의 병력충원이 진행되었다.[7]

의 현대 국가들은 특정 제도를 골간으로 하되 다른 제도들을 보충적으로 활용하는 '혼합형 제도'를 채택하고 있다. 정주성·정원영·안석기, 『한국 병역정책의 바람직한 진로』, 한국국 방연구원, 2003, 23~26쪽.

6) 조지 모스 저, 오윤성 역, 『전사자 숭배: 국가라는 종교의 희생제물』, 문학동네, 2015, 16쪽.

7) 강인철, 「한국전쟁과 사회의식 및 문화의 변화」, 정성호 외, 『한국전쟁과 사회구조의 변화』, 백산서당, 1999, 205쪽. 조금 더 자세히 보면, 해방 후의 실제 과정은 (1) 징병제 폐지, 지원

이런 역사적 변화들이 근대의 전사자 숭배를 독특하게 만들었다. 무엇보다 전사자 숭배가 근대적 민족주의의 발전, 민족의식과 민족 정체성의 형성, 민족국가의 건설, 민족국가라는 상상된 공동체로의 국민적 통합 과정에서 중심적인 역할을 수행했음은 조지 모스를 비롯한 많은 학자들이 지적해왔던 바이다.[8] 근대적 전사자 숭배의 다른 특징들도 열거할 수 있다. 예컨대 니시무라 아키라는 "항상적인 위령시스템의 확립"을 강조했다. "위정자가 국가적으로 전사자의 위령·추도를 한다는 것은 전근대까지 없었던 것은 아니지만, 그것을 제도화하여 항상적인 시스템으로 한다는 점에서 새로운 특색이 있다."라는 것이다.[9] "내셔널리즘의 성지" 중 최고 지위의 국가적 신전(神殿)으로 '국립묘지'가 등장하는 것이나, 그 국립묘지에서 '죽음의 민주화·평등화'가 적극적으로 추구되고 구현되는 것, 메모리얼 데이(Memorial Day) 등 전체 국민의 동참을 요구하는 국가적 전사자 기념일이 등장하는 것도 전적으로 근대 민족국가 시대에 새로운 현상이다. 숭배의 대상이 되는 '전쟁 영웅'이 극소수의 탁월한 전쟁지도자가 아닌 '무명 전사자' 혹은 '대중영웅'으로 바뀌는 것도 근대만의 특징이다.

이번 장과 다음 장에선 한국의 전사자 숭배를 본격적으로 연구하기 위한

병제 도입(1945년 8월), (2) 징병제 도입(1949년 8월), (3) 지원병제 환원(1950년 3월), (4) 징병제 환원(1951년 5월)의 과정을 거쳤다(오제연, 「병영사회와 군사주의 문화」, 오제연 외, 『한국현대생활문화사, 1960년대: 근대화와 군대화』, 창비, 2016, 200쪽).

8) 조지 모스, 『전사자 숭배』; George L. Mosse, "National Cemeteries and National Revival: The Cult of the Fallen Soldiers in Germany," *Journal of Comtemporary History*, vol.14, 1979; Avner Ben-Amos, "War Commemoration and the Formation of Israeli National Identity," *Journal of Political and Military Sociology*, vol.31, no.2, 2003; Susan-Mary Grant, "Raising the Dead: War, Memory and American National Identity," *Nations and Nationalism*, vol.11, no.4, 2005.

9) 니시무라 아키라, 「위령과 폭력」, 259쪽.

이론적이고 방법론적인 논의를 진행할 것이다. 이론적·방법론적 탐색을 시도하되 한국이라는 자리에서, 한국적 컨텍스트에서 전사자 숭배 문제를 성찰해보려 한다. 그런 과정에서 우리는 한국 전사자 숭배에 담긴 특수성과 보편성을 발견할 수 있을 것이다.

1. 전쟁, 죽음, 국가

　　무명용사에 초점을 둔 전사자 숭배는 근대적 국민국가·민족국가를 배경으로 등장한다. 하지만 어느 사회에서건 전사자 숭배를 본격적으로 가동시키고 대중화한 직접적인 촉발 요인은 바로 전쟁이었다. 전쟁은 "죽음의 대량 생산"으로 특징지어진다.[10] 전시(戰時)에는 죽음이 사람들의 관심을 온통 사로잡는 주제가 되기 마련이다. 전시는 죽음에 대한 관심이 삶을 압도하는 시기이고, 어느 곳이고 죽음이 가득한 시기이다. 전시는 죽음이 만연하고 일상화된 시기이다. 후방의 가족들은 전장에 나간 아들이나 아버지, 삼촌의 생사에 노심초사이고, 죽음과 항시 마주하고 있는 참호 속의 군인들 역시 후방의 아내들에게 "아무쪼록 자식들 죽이지 말고 길러 주시우"[11]라며 절절히 당부하게 만드는 게 전쟁이다. 전쟁으로 인한 극심한 빈곤도 문제지만, 전선 배후의 도시들에 대한 공중폭격이 가능해지고 포(砲)의 사거리가 현저히 증가된 현대전에서는 전후방 구분이 희미해지면서 후방도 더 이상 안전지대가 아

---

10) 권헌익 저, 유강은 역, 『학살, 그 이후: 1968년 베트남전 희생자들에 대한 추모의 인류학』, 아카이브, 2006, 44, 284쪽.

11) 이홍환 편, 『조선인민군 우편함 4640호: 1950년, 받지 못한 편지들』, 삼인, 2012, 110쪽.

니게 되었다.[12] 한국인들이 식민지 말기에 겪은 전쟁들이나 한국전쟁은 모두 이런 현대전의 범주에 속한다. 물론 국가의 시각에서 보면 '군인의 죽음'과 '민간인의 죽음'은 엄연히 구별되지만 말이다.

한국전쟁 역시 엄청난 숫자의 전사자들, 대부분 전사자로 추정되는 실종자들, 그리고 그보다 훨씬 많은 부상자들을 대량생산했다. 1950년 여름 낙동강 전선에서의 짧은 대치 중에는 수습되지 못하는 무수한 시신들이 강물에 떠다녔고, 1951~1953년의 고지쟁탈전에서는 수많은 골짜기들이 수습되지 못하는 시신들로 가득했다. 국방부 군사편찬위원회가 발간한 문헌에 따르면 한국전쟁 때 한국군은 전사자 137,899명, 실종자와 포로 32,838명의 인명손실을 입었다. 유엔군의 경우에도 40,670명의 전사자와 9,931명의 실종자/포로가 발생했다〈표 1-1〉 참조). 또 『북한 30년사』에 의하면 한국군 전사자는 약 147,000명, 실종자는 약 131,000명이었고, 유엔군 전사자는 약 35,000명, 실종자는 약 1,500명이었다.[13] 이혜원과 조현연은 다른 자료들에 근거하여 전쟁 기간 중 한국군 227,748명, 유엔군 36,813명 등 모두 264,561명의 전사자들이 발생했다고 보았다.[14] 문상석은 한국군 전사자를 149,005명, 실종자(행방불명자)를 132,256명으로 제시했다.[15] 이처럼 한국전쟁 전사자와 실종자 수치

---

12) 실제로 20세기 이후에는 시간이 지날수록 전쟁 사망자 중 민간인의 비율이 갈수록 증가했다. 권헌익, 『학살, 그 이후』, 45쪽.

13) 『한국민족문화대백과사전』(encykorea.aks.ac.kr)의 '한국전쟁' 항목에서 재인용(2015.10.21 검색).

14) 이혜원·조현연, 「한국전쟁의 국내외적 영향」, 한국정치연구회 정치사분과 편저, 『한국전쟁의 이해』, 역사비평사, 1990, 346쪽.

15) 문상석, 「한국전쟁, 근대국민국가 형성의 출발점: 자원동원론의 관점에서」, 『사회와 역사』 86집, 2010, 99쪽.

는 문헌에 따라 차이를 보이는데, 특히 실종자 수에선 비교적 큰 차이가 나타난다. 2007년에 창설된 국방부 유해발굴감식단은 '전사했지만 아직 유해가 수습되지 못한' 이들을 2015년 당시 13만여 명으로 추산하고 있었는데,[16] 이들을 전쟁 중 한국군 실종자들로 보아도 무방할 것이다.

〈표 1 - 1〉 한국전쟁으로 인한 한국군 및 유엔군의 인명피해   단위: 명

구분	전사	부상	실종/포로	합계
한국군	137,899	450,742	32,838	621,479
유엔군	40,670	104,280	9,931	154,881
합계	178,569	555,022	42,769	776,360

* 출처: 양영조·남정옥, 『6·25전쟁사3: 고지쟁탈전과 휴전협정』, 국방부 군사편찬연구소, 2005, 144쪽.

문제는 전쟁으로 인해 대규모로 발생한 죽음들의 대부분이 죽음의 전통적인 상징적·도덕적 위계질서에서 비정상적인 죽음이나 나쁜 죽음 쪽으로 분류된다는 것이다. 베트남을 포함한 대다수의 농경사회들에서는 "집을 중심으로 한 죽음의 윤리"가 발달하는 경향이 있다.[17] 일본에서도 "이부자리에서 맞는 죽음"으로 대표되는, 수명을 다한 죽음은 '통상사'(通常死)로 간주되는 반면 사회적 폭력에 의한 죽음(전쟁사, 학살사, 사고사)이나 자연적 폭력에 의한 죽음(자연재해사, 역병사)은 '비상사'(非常死)로 해석된다.[18]

한국에서도 마찬가지였다. '가사'(家死)와 '객사'(客死)가 엄연히 구분되었

---

16) 국방부 유해발굴감식단 홈페이지(www.withcountry.mil.kr)의 '부대 소개' 및 '유해발굴사업 소개' 참조(2015.10.24 검색).

17) 권헌익, 『학살, 그 이후』, 35~36쪽.

18) 니시무라 아키라, 「위령과 폭력」, 252~253쪽.

다. 가사자의 죽음 의례가 "사자(死者)가 신성성을 획득하여 조상이 되는 과정"이라면, "생존자들의 안정적인 삶에 방해가 되고 공포의 대상이 되는" 객사자의 경우 그를 위무(慰撫)함으로써 "가사자와 같은 자질을 갖도록 하기 위한 의례적 장치"가 동원된다. 한국인들은 전통적으로 인간은 혼(魂)과 백(魄)으로 구성되며, 혼은 다시 영혼(英魂)과 원혼(冤魂)으로 구분되는 것으로 믿어왔다. 그런데 영혼이 되기 위한 두 조건, 즉 '풍족한 삶과 집에서의 편안한 죽음' 그리고 '이름·신분 등의 신원 증명'을 하나라도 갖추지 못하면 그 혼은 원혼이 될 가능성이 높다고 간주된다.[19] 최길성에 의하면 한국에서도 조사(早死)나 미혼 상태의 죽음 등 통과의례를 마치지 못한 이의 죽음, 객사나 예기치 못한 사고에 의한 죽음, 자손으로부터 의례나 제사를 받을 수 없는 죽음이 비정상적인/나쁜 죽음으로 간주되며, 이런 죽음을 당한 이들은 살아 있는 이들에게 해악을 끼치는 원혼이 된다고 믿어져왔다.[20]

국립묘지에 안장된 전사자의 75%가 미혼인 사실에서도 보듯이,[21] 전통적인 죽음관에서는 국군 전사자들 역시 원통한 죽음을 당한 이들로 간주될 가능성이 높았다. 하물며 시신조차 수습하지 못하거나, 수습되어도 신원을 확인할 길 없는 전사자들은 더더욱 말할 것도 없었다. 따라서 유가족들은 영혼결혼·허재비굿 같은 사후(死後)결혼을 통해 미혼 사망자를 조상신으로 전환시키는 것을 비롯하여, 지노귀굿·씻김굿·오구굿 등의 무교식 사령제(死靈祭)

---

19) 표인주, 「한국전쟁 희생자들의 죽음 처리방식과 의미화 과정」, 김경학 외, 『전쟁과 기억: 마을 공동체의 생애사』, 한울, 2005, 271~272쪽.

20) 崔吉城, 『韓國の祖先崇拜』, 東京: 御茶の水書房, 1992, pp. 191~192 ; 지영임, 「한국 국립묘지의 전사자 제사에 관한 일고찰: 묘를 매개로 한 국가의 의례와 유족의 의례」, 『비교민속학』 27집, 2004, 478~479쪽에서 재인용.

21) 지영임, 「한국 국립묘지의 전사자 제사에 관한 일고찰」, 475쪽.

나, 수륙재·영산재 같은 불교식 천도(遷度)의식을 통해 원혼을 위무하는 등의 다양한 의례적 해법들을 활용했다.[22] 표인주는 전통적인 죽음 처리 방식의 이중성에 주목하면서 '일차장'(一次葬)과 '이차장'(二次葬)을 구분한다. 일차장이 인간이 사망한 후 죽음의 공포로부터 벗어나기 위해 행하는 '시신 처리의 장법'(망자 의례)이라면, 이차장은 단순한 공포의 대상에서 믿음의 대상으로 발전시키기 위해 행하는 '유골처리의 장법'(조상숭배의례)이다. 좋은 죽음을 맞이한 '영혼'은 일차장인 망자 의례에서 이차장인 조상숭배의례로 자연스레 이행해가지만, 나쁜 죽음을 당한 '원혼'의 경우엔 대개 일차장인 망자 의례에서 죽음 처리의 과정이 종결된다. 이때 원혼을 위한 이차장의 성격을 띤 의례적 처방이 바로 무교적 사령제나 불교식 천도의식인 것이다.[23]

그런데 전쟁으로 인해 "'나쁜 죽음'이 고립된 하나의 사건이 아니라 일반적인 현상"이 되는, 따라서 "'좋은 죽음'의 이상이 거의 도달 불가능한 목표가 되는 역사적 현실"은 '의례의 위기'를 초래한다.[24] 여기서 권헌익은 마을 사람 전체가 졸지에 죽음을 당하는 대규모 민간인 학살과 같은 전쟁의 특수한 국면이나 측면을 염두에 두고서 의례 위기를 말했다. 그런데 필자가 보기엔 전사(戰死)를 '나쁜/비정상적인 죽음'으로, 전사자(戰死者)를 '원혼'으로 간주하기 쉬운 한국에선 전쟁이라는 상황 자체가 의례의 위기를 초래할 수 있다. 한국의 전통적인 죽음관에서 전사는 미혼인 상태의 죽음이자, 자손으로부터 의례나 제사를 받을 수 없는 죽음이자, 예기치 못한 죽음이자, 집 밖에서 당하는 객사이기도 하다. 그러므로 적절한 의례적 대응을 통해 전사자가 원혼이

---

22) 송현동, 「현대 한국 원혼의례의 양상과 특징」, 『종교연구』 61집, 2010, 136-137쪽.

23) 표인주, 「한국전쟁 희생자들의 죽음 처리방식과 의미화 과정」, 276-278쪽.

24) 권헌익, 『학살, 그 이후』, 39쪽.

되는 것을 방지하거나 최대한 빨리 조상신으로 전환시켜줘야만 한다. 그러나 '전사자의 대량 발생'이라는 전쟁 상황 자체가 적시(適時)의 효과적인 의례적 대응 자체를 불가능하게 만들거나, 최소한 대단히 어렵게 만들었다.

한국군은 전사자 의례나 시신 처리에 대한 축적된 경험이나 매뉴얼도 없이 전쟁을 맞이했다. 시신을 가족에게 신속하게 전달하는 것은 고사하고, 급박한 전투상황 때문에 별다른 의례도 없이 시신을 부대 주둔지 인근에 가매장하거나 임시 안치하는 데 급급했다. 전선의 유동성 때문에 유가족들마저 고향을 떠나 부유하는 피난민 신세라면 시신의 전달 자체가 아예 불가능하기도 했다. 실제로 한국전쟁 과정에서는 전사자 유해가 몇 개월, 심지어 몇 년 만에 가족들에게 전달되는 일이 흔했다. 유가족들마저 죽은 가족을 위해 적절한 의례적 대응을 제때 할 수 있는 처지가 못 되었던 것이다. 전사자들은 어쩔 수 없이 원혼이 되도록 그렇게 방치되어 있었다. 더구나 시신이 수습된 전사자와 거의 맞먹는 엄청난 규모의 실종자들이 존재했고, 시신 처리는 고사하고 생사 자체가 법적으로 미확정인 실종자─사실상의 전사자─에 대해서는 그 어떤 의례적 대응조차 유예될 수밖에 없었다.

한국전쟁은 독립국가인 대한민국에서 징병제로 치러진 최초의 전쟁이었다. 이 전쟁에서 '대한민국 국군'의 정체성을 갖고 전선에 나갔던 20만 명 이상이 사망하거나 실종되었다. 시민군·국민군인 국군의 대규모 죽음이라는 초유의 사태에 직면하여, 국가에게 딜레마에 가까운 여러 질문들이 제기될 수밖에 없었다. 국군의 전사가 비정상적이고 나쁜 죽음으로, 국군 전사자가 원혼으로 간주되는 상황을 계속 방치할 것인가? 국가는 언제까지 나쁜/비정상적인 죽음 문제의 해결을 사적 영역─특히 유가족들─에 전가하고만 있을 것인가? 근대적 징병제 아래서 국민군 자격으로 출전하여 국가를 위해 싸우다 죽은 이들이 전통적 죽음관에 의해 나쁜/비정상적인 죽음을 당한 원혼으로 처리되는 모순을 어떻게 해결할 것인가? 나아가 이런 모순으로 인해 발생하는, ('의례의 위기'와는 구분되는) '의미의 위기'를 어떻게 극복할 것인가? '나쁜/비정상적인' 죽음이 '무의미한/무가치한' 죽음으로까지 확대 해석되는 사태를 어떻게 막을 것인가? 국군의 전사가 명예롭고 고귀한 죽음이 아니라, 의미와 가치를 결여한 '개죽음'이나 '헛된 죽음'에 불과한 것으로 해석되는 위태로운 상황에 어떻게 대처할 것인가? 국군의 전사가 '무의미한' 혹은 '무가치한' 죽음으로 치부되는 한, 새로운 군인을 원활하게 충원하는 게 힘들어짐은 물론이고 전쟁 수행 자체가 아예 불가능해질 것이다. 이처럼 전사자의 죽음과 관련된 '의례의 위기'는 '의미의 위기'를 거쳐 '국가의 위기'로까지 이어질 수도 있다.

죽음과 관련된 근대사회의 또 다른 경향이 의미의 위기, 가치의 위기를 더욱 고조시킬 수도 있다. 피어슨이 언급한 바와 같이, 세속적 근대사회에서 "죽음 처리 문제는 시신이 영적 의미를 거의 가지지 않는 원치 않는 물질이 됨에 따라 점점 더 폐기와 위생이라는 기술적 문제로 전락한다."[25] 그럴수록 근대사회는 생명(生)뿐 아니라 죽음 처리 문제에서도 고도의 생명정치가 펼쳐지는 영역이 되어간다. 근대화와 동반된 '사자(死者)의 기술화' 추세는 전통적인 죽음관·죽음 의례의 영향력을 약화시킴으로써 '의례의 위기'를 다소간 완화하는 반면, '의미의 위기'는 더욱 가중시킨다는 점에서 양면적인 효과를 갖고 있다. 앞서 언급했던, 적절한 의례적 행위도 없이 전사자 시신의 가매장이나 임시 안치에 급급했던 모습은 사자의 기술화 추세를 촉진하고, 그럼으로써 전사자 죽음과 관련된 의미의 위기를 심화할 가능성이 높다.

---

25) 마이크 파커 피어슨 저, 이희준 역, 『죽음의 고고학』, 사회평론, 2009, 310쪽.

2. 시민종교적 접근과 기술과학적 접근

죽음의 대량생산은 국가의 개입을 불가피하게 만든다. 국가 개입을 강제하는 죽음의 대량생산 상황은 '재난'과 '전쟁' 두 가지로 대별된다. 그것이 자연적 재난이냐 사회적·인적 재난이냐에 따라 대응방식 면에서 얼마간의 차이가 나타나겠지만, 적어도 '재난'으로 발생한 대규모 주검들을 처리하는 데서는 국가가 사자의 기술화라는 맥락에 충실할 가능성이 높다. 식민지 시대이후 한반도에서 국가—조선총독부와 미군정—는 몇 차례 자연재해와 전염병에 대처한 경험에 기초하여 사자의 기술화 방식을 어느 정도 발전시킨 상태였다. 자연재해를 대표한 것이 태풍이었다면 콜레라(괴질, 호열자), 천연두(마마), 장티푸스(염병), 홍역, 결핵은 20세기에 조선인들을 공포로 몰아넣었던 대표적인 전염병들이었다. 따라서 한국전쟁이 발발할 즈음에는 죽음 처리와 관련하여 근대적이고 세속적인 '기술화' 방식(국가 영역)과 전통적이고 종교적인 '의례화' 방식(민간 영역)이 별다른 충돌 없이 공존하던 상태였다.

문제는 전쟁의 맥락에서 발생한 대규모 죽음의 처리, 특히 '국군' 전사자 처리에서는 근대적 기술화 방식과 전통적 의례화 방식 모두가 부적합하게 되었다는 사실이었다. 그럼에도 국가는 전쟁으로 인한 죽음의 대량생산 사태를 두고 더 이상 무관심한 태도를 취할 수 없게 되었다. 모스가 이 점을 적절하게 포착했다. "이 전쟁(제1차 세계대전 – 인용자)의 전례 없는 희생 규모는 전사자를 적절하게 매장하도록 군을 압박했다. 전쟁이 계속되면서 가족을 잃지 않은 가족이 거의 없었고, 온당한 매장과 국가 차원의 추모를 요구하는 그들의 막대한 압력 때문에 이전처럼 전사자를 방치하는 것이 불가능해졌다."[26]

국가는 이런 사태에 어떻게든 개입해야만 했다. 그렇다고 재난에 대처하 듯 개입할 수는 없었다. 다시 말해 오로지 전염병 예방과 오염 방지 차원에서 대량 발생한 시신을 처리할 수는 없었다. 필자는 재난으로 인한 대규모 죽음 에 대처하는 병리학적·역학적·방역적·질병통제적 접근을 '기술과학적 접 근'으로, 전쟁으로 인한 대규모 죽음에 대처하는 방식을 '시민종교적 접근'으 로 명명하려 한다.[27] 기술과학적 접근과 시민종교적 접근 사이에는 '사자의 존엄성' 측면에서 중대한 차이가 존재한다.[28]

그러나 필자가 보기에 재난과 전쟁의 구분, 기술과학적 접근과 시민종교 적 접근의 구분만으론 충분치 않다. 시민종교적 접근 안에는 재난에 대응하 는 기술과학적 접근이 '이미' 내포되어 있기 때문이다. 기술과학적 접근을 필 요에 따라 적절히 배치하고 활용함으로써, 국가는 시민종교적 접근의 예우 를 받는 전사자들의 존재를 더욱 돋보이도록 만들 수 있고, 나아가 시민종교

---

26) 조지 모스, 『전사자 숭배』, 56쪽.

27) 시민종교 개념에 대해서는 다음을 볼 것. Robert N. Bellah, "Civil Religion in America," *Daedalus*, vol.96, no.1, 1967; Robert N. Bellha, *The Broken Covenant: American Civil Religion in Time of Trial*, New York: Crossroad Books. 1975; Russel E. Richey and Donald G. Jones eds., *American Civil Religion*, New York: Harper & Row, 1974; Robert N. Bellha and P. E. Hammond, eds., *Varieties of Civil Religion*, New York: Harper & Row, 1980; Marcela Cristi and Lorne L. Dawson, "Civil Religion in America and in Global Context," James A. Beckford and N. J. Demerath Ⅲ eds., *The SAGE Handbook of the Sociology of Religion*, Los Angeles: SAGE Publications, 2007.

28) 이런 차이는 전시와 평시를 막론하고 죽음을 다루는 대부분의 근대사회에서 공통적으로 나타나는 두 가지 상반된 경향을 반영하는 것이기도 하다. 사회의 엘리트층에게 '사자숭 배' 방식(시민종교적 접근)이 적용된다면 그 반대쪽에 있는 사람들, 예컨대 노숙인, 수용 소나 감옥 수감자, 적대자들에게는 '사자의 기술화' 내지 '기술과학적 접근'이 적용되는 것이다.

적 접근의 효과를 극대화할 수 있다.

국가는 전쟁으로 인한 죽음에 대해 고도로 차별적인 대응을 한다. 그것은 전적으로 전사자의 신원(身元)이 누구인가에 달려 있다. 국가는 아군 전사자에 대해서는 '전사자 숭배'로, 적군 전사자와 민간인 사망자에 대해서는 재난 사망자와 완전히 동일한 방식으로 '사자의 기술화' 차원에서 대응한다. 아군 영토 안에 남겨진 적군 시신과 민간인 시신에 대해 국가가 철저히 기술과학적 접근을 시도한다는 얘기이다. 역사적 실상은 그 이상이었다. 조지 모스는 프랑스혁명 당시 "최대한 역겹게 치러진 적의 매장"에 대해 묘사한 바 있다. "루이 16세 및 공포정치의 희생자들은 한 구덩이에 들어간 뒤, 보통은 이름 모를 빈민에게나 쓰이는 생석회에 덮였다."[29] 미국 남북전쟁 말엽인 1865년 4월에 시작된 북군 전사자의 이장 작업(연방 재매장 프로그램)은 "남부에 대한 적나라한 적대감"에 기초한 "당파성과 이데올로기적 성격"을 드러냈다. "수색 과정에서 연방군으로 확인된 시신은 재매장을 위해 이송되었지만, 남부 연합군으로 파악된 유골은 그 자리에 방치되었다."[30] 일본에서도 에도시대

---

29) 조지 모스, 『전사자 숭배』, 190쪽.

30) 하상복, 『죽은 자의 정치학: 프랑스, 미국, 한국 국립묘지의 탄생과 진화』, 모티브북, 2014, 150쪽. 미국을 대표하는 국립묘지인 알링턴국립묘지 역시 초기에는 북군 전사자만을 수용함으로써 스스로 '국가적 분열과 갈등의 상징'이 되었다. 1901년에 남부연합군 묘역(Confederate Section)을 새로 마련하고, 1901~1903년에 걸쳐 남군 전사자의 유해를 이장함으로써 알링턴국립묘지는 비로소 '국가적 화합과 화해의 상징'이 될 수 있었다(하상복, 같은 책, 282~319쪽, 특히 299~300쪽; John R. Neff, *Honoring the Civil War Dead: Commemoration and the Problem of Reconciliation*, Lawrence: University Press of Kansas, 2005). 그러나 최근 미키 매컬리아가 설득력 있게 보여주었듯이, 남군 유해의 이장에도 불구하고 1900년대 초의 알링턴국립묘지가 상징하는 화합과 화해는 백인들에 국한된 것이었다. 1921년에 인종을 초월한 보편적인 희생의 메시지를 담은 무명용사묘가 만들어져 전사자 의례와 순례의 초점이 됨으로써, 알링턴국립묘지는 비로소 미국적 정체성을 온전하게 대표하는 최고의 국가성지

말기부터 유사한 방향으로 전통적인 관념에서 급격한 변화가 진행되었다고 한다. "일본에서는 고래로 적과 아군을 가리지 않고 쌍방 모두의 전사자를 위해 위령제를 거행하는 것이 통상이었는데, 막말의 초혼제는 적군은 전혀 고려되지 않은 채 양이파 혹은 천황군의 전사자들만 제사의 대상이 되었다."라는 것이다.[31] 동일한 취지에서 시마조노 스스무도 일본 역사에서는 "아군 사망자들의 영령을 존중함과 동시에 적군의 사망자도 위령한" 사례가 많으며, "야스쿠니신사처럼 아군의 사망자만을 위령하는 방식은 근대 이후에 새롭게 만들어진 것"임을 강조한다.[32] 그리하여 1868년의 보신(戊辰)전쟁 당시 적군 시신에 대해선 "사체를 화장하는 것도 금지해 새가 쪼는 대로 방치"했다는 것이다.[33] 한국전쟁 당시도 이와 별반 다르지 않았다.

따라서 대규모 죽음에 대한 시민종교적 접근의 진정한 특징은 사자 존엄을 중시하는 데 있는 게 아니라, 전쟁으로 인한 무수한 죽음들에 완전히 다른 접근방법들을 적용하는 것, 곧 '죽음의 차별화와 위계화'에 있었다. 사자의 존엄성과 관련해서 (1) 적군 주검에 대해서는 비하와 조롱, (2) 민간인 주검에 대해서는 무관심, (3) 아군 주검에 대해서는 존경과 경외의 태도가 엇갈리면서 공존했던 것이다.

로 자리 잡을 수 있었다(Micki McElya, *The Politics of Mourning: Death and Honor in Arlington National Cemetery*, Cambridge: Harvard University Press, 2016).

31) 박규태, 「야스쿠니(靖國)신사와 일본의 종교문화」, 『종교문화연구』 2호, 2000, 139쪽.

32) 시마조노 스스무, 「종교학의 현재와 동아시아 종교학의 역할: 전몰자 추모문제 및 국가신도의 개념과 관련하여」, 『종교연구』 37집, 2004.

33) 가와카미 다미오, 「'야스쿠니 문제'에 대한 세 가지 시점」, 가와카미 다미오 외, 김정훈·박승원·홍두표 역, 『야스쿠니신사와 그 현주소: 비전(非戰)·진혼(鎭魂)·아시아』, 학사원, 2007, 29쪽.

기술과학적 접근이 세균·바이러스·기생충의 공격에 맞선다면, 시민종교적 접근은 전사(戰死)의 의미와 가치를 갉아먹는 '죽음의 범속화·기술화' 추세에 대항한다. 이와 동시에 시민종교적 접근은 전사자를 죽음 위계의 아래쪽으로 끌어내리는 전통적 죽음관과도 맞서 싸워야 한다. 이런 분투를 통해 아군 장병의 죽음에 담긴 심원한 의미와 지고한 가치를 적극적으로 발견하고 현양하는 것이 바로 시민종교의 역할인 것이다. 기술과학적 접근에 방어적인 성격이 강하다면, 시민종교적 대응에는 확실히 공세적이고 능동적인 성격이 짙게 새겨져 있다. 그런 맥락에서 우리는 "인류 역사에서 전쟁은 가장 대표적인 기념의 대상"이었다는 사실,[34] 아울러 전쟁이 수많은 영웅들의 산실(産室)이자 활동무대였다는 사실을 상기할 필요가 있다. 한국전쟁 역시 이런 사실을 입증하는 훌륭한 사례였다.

3. 죽음의 도덕적 위계를 재구축하기

그렇다면 사자의 기술화 경향과 전통적 죽음관이라는 두 숙적(宿敵)에 대항하는 국가의 '죽음투쟁', 더 정확히는 '전사자의 인정과 명예를 위한 투쟁'은 어떻게 수행되는가? 필자가 보기에 핵심적인 기제는 '죽음의 공공화'와 '죽음 위계의 재구축', 그리고 양자를 결합시키는 것이다. 이를 '죽음의 공공화를 통한 죽음 위계의 재구축'으로 요약할 수 있다.

좋은/정상적 죽음과 나쁜/비정상적 죽음을 구분하는 죽음의 도덕적·상

---

34) 박명규, 「역사적 경험의 재해석과 상징화: 동학농민전쟁의 기념물」, 『사회와 역사』 51집, 1997, 45쪽.

징적 위계질서는 동서양 대부분 사회에 존재한다. 동서양의 여러 사례들을 섭렵하는 가운데 방주네프는 '불쌍하면서도 위험한 존재'로 간주되는 망자들을 열거한 바 있다. "세례 받지 못한, 이름 지어지지 않은, 입사하지 못한 어린이들과 마찬가지로 장례를 치르지 않은 사람들은 불쌍한 존재로 인정된다. 왜냐하면 이들은 죽은 자의 세계에 들어가지 못하며 또는 그곳에 이루어져 있는 사회에 통합될 수 없기 때문이다. 이들이 망자들 중 가장 위험하다 …… 이외에도 이 범주에는 가족이 없는 자, 자살한 자, 여행 중에 죽은 자, 벼락 맞아 죽은 자, 금기를 위반해서 죽은 자 등등이 포함될 수 있다."[35] 유사한 취지에서 그러나 약간은 다른 맥락에서 알라이다 아스만은 다음과 같이 말했다. "망자 기억의 경건성은 곧 보편적 문화 터부에 대한 응답이다. 망자들을 안치하여 편안히 쉬게 해야 한다. 그렇지 않으면 망자들은 산 사람의 안녕을 방해하고 다른 사람과의 원만한 관계를 위협하기 때문이다."[36] 필자가 보기에 '위험한 망자' 관념은 서양보다 동양 쪽에서 더욱 정교하게 발전된 것 같다. 특히 조상숭배 전통이 강한 동아시아 농경사회들의 경우 서구 그리스도교 사회들에 비해 죽음의 분류나 대처 방식이 한층 세분되고 복잡한 것으로 보인다. 한국도 그런 전형적인 사례 중 하나이다.

그러나 앞서 언급했듯이, 문제는 전투 중인 군인의 죽음이 전통적인 죽음 위계에서 아래쪽, 즉 비정상적인 죽음이나 나쁜 죽음으로 분류된다는 것이다. 그들은 후손을 사악한 힘들로부터 보호하면서 후손을 바르고 풍요로운

---

35) 아놀드 반 겐넵 저, 전경수 역, 『통과의례: 태어나면서부터 죽은 후까지』, 을유문화사, 1985, 229~230쪽.

36) 알라이다 아스만 저, 변학수·채연숙 역, 『기억의 공간: 문화적 기억의 형식과 변천』, 그린비, 2011, 46쪽.

길로 인도해가는 선의의 조상신이기는커녕, '위험한 망자'의 한 종류인 원혼이 되어 후손과 공동체의 안녕을 위협하고 혼란에 빠뜨리는 존재가 되기 쉽다. 그들은 후손들이 정성껏 받드는 조상제사의 대상이 되지 못하고 부정성을 띤 익명적 다수로 간주되며, 기껏해야 갖가지 원혼 의례의 대상이 될 뿐이다. 그러나 '대한민국'은 물론이고 그 어떤 근대 민족국가도 전사자의 죽음이 이처럼 부정적으로 해석되고 홀대되는 상황을 결코 방관할 수 없다. 마땅히 국가적 영웅으로 존숭돼야 할 이들을 부당하게 원혼으로 오인하거나 격하한다는 점에서, 전통적 죽음 위계는 대단히 부적절하게 되었다. 아군 전사자의 시신을 오로지 폐기와 위생의 대상으로만 접근하는 것도 용납할 수 없는 불경(不敬)에 가깝다.

그렇다면 과연 어떤 해법이 가능한가? 분석적인 견지에서 국가의 대응 전략을 대략 네 단계로 구분할 수 있다. 첫째, '정상적 – 비정상적, 좋은 – 나쁜 죽음'이라는 전통적인 이분법에다 '사적인 – 공적인 죽음'이라는 새로운 이분법을 추가한다. 둘째, 이를 통해 기존의 죽음 위계를 이분법(二分法) 체계로부터 사분법(四分法) 체계로 재편함과 동시에, 공적인 죽음에 사적인 죽음보다 더 큰 중요성을 부여한다. 셋째, 아군의 전사를 공적 죽음 범주에 포함시키고, 그럼으로써 기존에는 죽음 위계의 하층에 위치해 있던 아군 전사자들을 새로운 위계의 최상층으로 재배치한다. 넷째, 적군 전사자 그리고 적군을 지원한 혐의로 처형된 민간인들은 새로운 죽음 위계의 최하층에 위치시킨다.

이런 일련의 기제들을 통해 죽음 위계에서의 극적인 역전이 이루어진다. 다시 말해 민간 영역에서 비정상적인 죽음으로 취급되던 아군의 전사를 공적인 죽음으로 변환시켜 '모든' 사적 죽음들보다 훨씬 더 높고 우월한 위계로 승격시키는 것이다. 결국 국가의 개입에 의해 기존의 전통적 죽음 위계는 크게 동요되었다. 그럼에도 국가는 기존의 죽음 위계를 완전히 '해체'시켰다기

보다는, 일부를 온존시키기도 하면서 창조적으로 '재구축'한 쪽에 가까웠다. 국가에 의해 재구축된 새로운 죽음 위계를 〈표 1 - 2〉처럼 정리할 수 있을 것이다. 표에서 보듯이 한국전쟁 발발 이후에는 군인뿐 아니라 민간인까지 포함시키고 민간인 내부에서의 차이까지 고려하는 방식으로, 다시 말해 ① 적군-아군 전사자, ② 군인 - 민간인 사망자, ③ 우익단체 민간인 사망자와 좌익·이적(利敵) 혐의를 받는 민간인 사망자 등으로 죽음의 분류 방식이 한층 세분되었다.

〈표 1 - 2〉 죽음의 도덕적·상징적 위계를 재구축하기: 한국전쟁 사망자의 경우

죽음의 가치	죽음의 위계		망자의 정체성과 기능
높음 ↑ ↓ 낮음	좋은 공적 죽음 (국군·경찰, 반공단체 소속 민간인 전사자·피학살자)		민족과 국가의 조상신·수호신
	사적 죽음	좋은/정상적인 죽음	가문의 조상신
		나쁜/비정상적인 죽음	원혼(원귀, 잡귀)
	나쁜 공적 죽음 (적군, 좌익·이적 혐의 민간인 피학살자)		원혼

전통적인 죽음 위계에서 죽음의 장소(집의 안과 밖), 망자의 혼인상태, 유(有)자녀 여부가 중요했다면, 새로운 죽음 위계에서는 죽음에 담긴 공적 가치의 정도가 무엇보다 중요해졌다. 국군·경찰과 반공단체 소속 민간인의 죽음이 '정치적으로 좋은/정상적인' 죽음이라면, 민간인의 전쟁 사망은 '정치적으로 중립적인' 죽음이 되고, 적군과 좌익·이적 혐의로 학살된 민간인들의 죽음은 '정치적으로 나쁜/비정상적인' 죽음이 된다. 국가 개입을 계기로 죽음의 뚜렷한 구분선, 선 - 악을 가르는 새로운 죽음의 이분법(혹은 사분법)이 생겨나는 것이다. 국가에 의한 새 방식의 죽음 분류에 따라, 한편으로는 정의롭

고 고결하고 영웅적이고 영광스럽고 성스러운 죽음이 생겨난다. 동시에 고귀하고 영예로운 죽음의 반대편에는 헛되고 무가치하고 쓸모없고 수치스런 죽음이 존재한다. 그런 이들은 죽어도 좋은 사람이거나, 죽어 마땅한 사람으로 간주될 것이다. 물론 한국전쟁 휴전 직후에 실제로 일어났던 것처럼, 남한 어디엔가 임시 매장되었던 북한군·중국군의 시신이 고국으로 귀환할 경우에는 죽음 위계의 밑바닥에서 꼭대기로 자리바꿈을 하게 될 것이다.

국가에 의해 재구축된 죽음의 도덕적·상징적 위계에 따라, 아군 전사자들은 전쟁이 몰고 온 '의례의 위기'에서 명백한 예외 사례들이 되었다.

> 전쟁 때문에 벌어진 의례의 위기를 겪지 않은 예외적인 경우는 많은 수의 전쟁 열사들이었다. 영웅적 죽음이라는 정치 영역 안에서는 유교의례질서의 역전이 가능했을 뿐만 아니라 긍정적인 가치를 띠기도 했다. 대부분의 전쟁 열사들은 집에서 떨어진 폭력적인 환경에서 죽었고, 따라서 전통적인 이해에 따르면 '나쁜 죽음'이어야 마땅하지만, 이런 죽음에 대한 도덕적 부정은 긍정적인 정치적 가치(조국에 봉사한 애국적 공로)에 의해 전복되었다. 그리하여 공동체 지도자들은 마을 전쟁열사묘지에 묻힌 젊은이들에게 머리를 조아릴 수 있었고, 죽은 자식의 제단에 향을 올리는 전쟁 열사 어머니의 모습이 전후의 중요한 정치적 상징이 되었다.[37]

한편 아군에 대한 전투 지원 활동과 무관한 민간인 전쟁 사망자 대부분은 여전히 '전통적인' 기준에 따라 비정상적/나쁜 죽음의 범주에 포함될 것이다. 일단은 원혼으로 간주되겠지만 이들은 적절한 의례적 대응을 거쳐 조

---

37) 권헌익, 『학살, 그 이후』, 131~132쪽.

상신으로 전환될 수 있다. 반면에 죽어서도 '남의 땅'에 묻혀 있는 적군 전사자나, 연좌제 등으로 국가권력의 항상적인 감시와 통제 아래 놓인 좌익·이적혐의 민간인 피학살자들에게는 의례를 통한 조상신으로의 전환 기회가 거의 막혀 있다. 민간인 사망자들도 정치 성향에 따라 새로운 죽음 위계에서 전혀 다른 위치를 차지하게 되었다. 국가는 고도로 정치화된 두 유형의 민간인 죽음에 판이하게 대응했다. 인민군에 의해 학살된 우익인사 등 민간인들에 대한 추모의례와 성역화 작업은 한국전쟁 당시부터 이미 시작되었지만 좌익으로 몰려 학살당한 민간인들의 죽음은 무관심과 방치, 은폐와 망각, 혹은 조롱의 대상이었다.

4. 죽음의 공공화, 국유화, 민주화

조지 모스는 근대 민족국가에서 사적 죽음과 분리되는 '공적 죽음'의 등장, 국가 개입에 의한 '죽음의 국유화' 경향, 그리고 '죽음의 민주화' 경향에 대해 말한 바 있다.[38] 필자가 보기에 죽음의 '국유화' 및 '민주화' 경향은 죽음의 공공화 경향에 따른 자연스런 산물이거나, 혹은 역으로 죽음의 공공화 추세를 가시화하거나 촉진하는 요인들이다.

우선, 죽음의 국유화는 국립묘지의 존재로 대표된다. 역사적으로 국립묘지는 전사자들의 죽음을 공공화하는 가장 중요한 기제이기도 하다. 국가에 의해 설립되고, 사적인 묘지들과 공간적으로 분리된(필요에 따라선 접근마저 부분적으로 제한되는) 전사자 전용묘지야말로 '죽음의 공공화' 현상을 보여주

---

38) 조지 모스, 『전사자 숭배』, 46, 109~110, 118쪽.

는 가장 생생하고도 설득력 있는 가시적 증거이다. 국가가 설립하고 운영하는, 묘(납골당)와 묘비의 기능을 겸하는 장대하고 웅장한 탑들이나 사원(寺院) 들 역시 마찬가지이다. 한국처럼 유가족에게 국립묘지 안장 선택권을 허용하는 경우 유족에게 전사자 시신 소유권이 주어지는 것처럼 보이고 그에 따라 죽음의 국유화도 불완전한 것처럼 비치지만, 특정 전사자가 국립묘지에 일단 안장되고 나면 유족들이 재량껏 선택할 수 있는 일은 거의 없어진다. 공적인 죽음을 당한 이들에 대해서는 국가가 책임진다는 게 '죽음 국유화'의 바탕에 깔린 발상인 만큼, 성별화된 독립 공간에 전사자 시신을 안치하고 관리하는 것 뿐 아니라, 그들의 장례도 국가가 상주(喪主)가 되어 치러주고, 제사도 국가가 담당하고, 그들을 성화하고 위훈을 기리는 것 또한 국가의 의무이자 책임이 된다. 그러므로 국립묘지의 설치와 운용, 장례 기능을 하는 국립묘지 안장식, 제사나 추도식 기능을 담당하는 국가추모일 등이 죽음의 국유화를 뒷받침하는 핵심 기제들이라고 말할 수 있다.

죽음의 국유화는 전사자의 익명성을 강화하고 개별성을 약화시키는 기제로 작용할 가능성도 있다. "국가적 위령시스템 아래에서는 …… 개별 전사자의 다양한 측면에 대한 배려는 사라지고 '조국을 위해' 전사했다는 그 한 점에 전사의 의의를 수렴하게 된다."[39] 필자는 죽음의 수많은 정황과 사연들을 모두 애국이라는 단일한 가치로 획일화함으로써 빚어지는 전사자들의 '개성 상실' 현상이 죽음의 민주화·평등화 추세와도 상당한 관련이 있다고 생각한다.[40]

---

39) 니시무라 아키라, 「위령과 폭력」, 264쪽.

40) 예컨대 군인묘지에서의 평등성을 가시적으로 구현하기 위해 묘비나 비문(碑文) 등의 양식적 통일성이 강조되었고, 그것이 전사자 개개인의 개성을 드러내는 것을 방해한 측면이

한편 의용군의 등장은 병사 지위의 현저한 상승을 초래했다.[41] 이런 변화가 사후에까지 관철되는 현상이 바로 '죽음의 민주화·평등화'라고 말할 수 있다. '평등한 전우(戰友)'라는 관념, '전우애(戰友愛)의 이상'을 국가 차원으로 확장하면 '전우로서의 국민'이라는 관념이 도출될 수 있다.[42] 공적인 죽음을 당한 이들 사이에는 차별이 있을 수 없으며, 그들은 모두 형제들이자 전우라는 놀라운 발상이 죽음의 민주화를 가능케 했다. 죽음의 민주화가 가장 집약적으로 구현되는 곳 역시 바로 전사자 전용묘지로서의 국립묘지이다(물론 평등주의 원리가 국립묘지를 지배한다는 전제 위에서 말이다). 이름 없는 '보통 병사들'의 죽음에 대한 대대적인 예찬 역시 죽음의 민주화를 보여주는 중요한 지표이다. 알라이다 아스만은 "모든 전사자의 죽음을 희생으로 신성시하는 이런 명예의 민주화는 고대 그리스에서 시작된 것"이라고 적었다.[43] 그러나 분명한 사실은, 그리스적인 '명예의 민주화'를 잇는 '죽음의 민주화'가 오랜 역사적 단절을 거친 후 근대에 이르러 비로소 부활하고 보편화했다는 것이다. 권헌익은 베트남 사례를 들어 죽음의 민주화·평등화에 대해 말했다.

> 베트남의 전쟁기념물은 미국과 유럽에서 전쟁을 기념하는 '만들어진 전통'(invented tradition)의 사례들과 마찬가지로 평등의 원칙을 따른다. 인민위원과 보병 병사, 정규군 병사와 농민 게릴라가 똑같이 수수한 무덤에 누워 있다.

있다. 이런 '탈개성화/획일화' 추세에 맞서 '개별화/개성화'라는 대안적인 전사자 추모체계가 등장하는 것은 훨씬 나중의 일이다.

41) 조지 모스, 『전사자 숭배』, 47쪽.

42) 위의 책, 58-61, 113, 117~118쪽 참조.

43) 알라이다 아스만, 『기억의 공간』, 54쪽.

토머스 라쿠어(Thomas Laqueur)가 '죽음의 민주주의'라고 이름 붙인 이러한 내부적 평등주의는 외부에 대한 체계적인 배제에 입각해 세워진다. 역시 국가의 독립을 위해 싸웠지만 '괴뢰 정권'이라는 잘못된 편에 서서 싸운 전몰병사들은 고결한 전몰자들의 공간에 발을 들여놓을 권리가 전혀 없다.[44]

    필자가 보기에 죽음의 공공화 경향, 즉 사적 – 공적 죽음의 이분법을 도입하여 죽음의 가치와 의미 면에서 사적 죽음과 선명하게 대비되는 공적 죽음을 창출해내는 경향은 '모든' 근대 민족국가들에서 공히 발견된다. 그러나 죽음의 공공화가 항상 죽음의 국유화·민주화 경향을 동반하는 것은 아니다. 죽음의 국유화와 민주화가 진행되는 정도나 양상은 사회마다 편차가 크다. 모든 아군 전사자의 수용을 지향하는 미국과 한국의 국립묘지는 제한된 영웅적 인물들만을 수용한 프랑스의 팡테옹이나, 혁명열사릉과 애국열사릉으로 대표되는 북한의 국립묘지와는 죽음의 국유화 정도나 성격 면에서 뚜렷한 차이를 보인다. 미국과 한국 사례가 '보편적 국유화'에 가깝다면, 프랑스와 북한 사례는 '선별적 국유화'에 가깝다. 베트남에서는 국가전쟁열사묘지들을 통해 죽음을 국유화하면서도, '전쟁 열사들'을 태어난 장소에 안치한다는 방침에 따라 심사를 성공적으로 통과한 유골들을 고향으로 돌려보내 매장해왔다.[45] 출신 지역 단위로 다수의 전사자 묘지가 만들어진 베트남의 경우 죽음의 국유화 정도는 고도로 중앙집중적인 한국과 지리적으로 분산된 140개 이상의 국립묘지들을 설치한 미국의 중간쯤 된다고 말할 수 있을 것이다. 일본의 경우 야스쿠니신사에 합사(合祀)된 '전사자 명부(名簿)'를 통해 죽음을

---

44) 권헌익, 『학살, 그 이후』, 49쪽.

45) 위의 책, 120, 197쪽 참조.

국유화했지만, 전사자의 '유골'은 출신지역별로 분산되고 대체로 사사화되어 있다.

죽음의 국유화와 민주화가 항상 병행하는 것도 아니다. 예컨대 죽음의 '국유화' 정도 면에서는 매우 유사한 미국과 한국의 국립묘지들은 죽음의 '민주화' 정도 면에선 현격한 차이를 드러낸다. 그런 면에서 한국의 국립묘지 체계는 높은 수준의 '죽음의 국유화'와 낮은 수준의 '죽음의 민주화'가 결합된 특이한 사례라고 말할 수 있다. 더구나 한국의 국립묘지에 한정할 경우에도 죽음의 민주화 정도는 시기에 따라 중대한 차이를 보였다. 예컨대 1950~1960년대에도 서울 동작동의 국립묘지에서 죽음의 민주화 정도는 낮은 편이었다. 그러나 1970년대 이후 서울 국립묘지에서 죽음의 민주화 정도는 훨씬 더 낮아졌다. 2000년대 들어 서울과 대전 국립묘지들(국립현충원)에서 죽음의 민주화 수준은 다소간 상향되었다. 그리고 이때 처음 등장한 새로운 유형의 국립묘지들(국립호국원, 국립민주묘지)에서는 죽음의 민주화 수준이 높게 유지되었다.

2장
전사자 숭배와 그 기능들

1. 전사자의 성화와 영웅화

죽음에 대한 국가의 개입에서 '분류'의 측면과 '행동'의 측면을 구분해서 접근해보면 우리는 한 가지 흥미로운 사실과 직면하게 된다. 국가는 죽음의 분류 측면에선 '사적 – 공적 죽음의 이분법'을 도입하여 기존의 죽음 분류 체계와 죽음 위계를 한층 '복잡하게' 만들었다. 반면에 국가는 죽음에 대한 실제적인 행동과 대응 측면에선 매우 '단순한' 모습을 보였다. 국가는 정교한 죽음 분류 체계를 만들어놓고도 정작 실제 행동에서는 오로지 '(정치적으로) 좋은 죽음', 즉 아군의 공적인 죽음에만 몰두하는 것이다.

전쟁 과정에서 국가는 좋은 죽음에 집중할 뿐 아니라, 아군의 전사가 좋은 죽음임을 입증하려고 혼신의 노력을 기울인다. 근대국가들이 공을 들이는 죽음의 공공화·국유화·민주화는 하나같이 좋은 죽음(아군 측의 공적인 죽음)에만 해당되는 것이다. 앞서 기술과학적 접근과 대비시켰던 시민종교적 접근 역시 아군 측의 공적인 죽음을 기리는 데 대부분의 관심과 자원을 투입한다. 반면 나쁜 죽음에 대한 국가의 대응 행동은 무관심이나 방치에 가깝다. 공적인 죽음이 아닌 죽음들에 대해 국가는 사적 영역에 '전가'해버리거나 기술과학적 접근을 적용하여 '처리'해버릴 따름이다. 따라서 실제적인 행동에만 주목할 경우 국가에겐 '좋은 죽음'과 '그 밖의 죽음'이라는 두 가지만 존재할 뿐인 것처럼 보인다. 마치 모래성을 쌓았다 이내 싫증을 내며 허물어버리는 아이처럼, 국가는 죽음의 복잡한 위계를 애써 세워놓고는 그 직후부터 마치 그런 위계가 아예 없는 양 무심히 행동하는 것 같다.

국가 영역에서 발견되는 죽음 분류–행동 사이의 이런 묘한 대조는 국가–민간 영역 사이의 또 다른 묘한 대조와 중첩된다. 단순화의 위험을 무릅쓰고 말하자면, 국가가 좋은 죽음에 몰입하는 데 비해 민간 영역에서는 오히려 나쁜 죽음에 우선적인 배려와 관심을 할애하는 것처럼 보인다. 실제로 민간 영역에선 (물론 좋은 죽음에도 정성껏 상례를 치르지만) 나쁜 죽음과 원혼을 달래고 치유하는 데 번잡하고 낭비적으로 보일 정도로 세심하게 대응하곤 한다. 한국의 전통적인 죽음 의례 체계에서는 좋은 죽음에는 유교가, 나쁜 죽음에는 불교와 무교가 주로 대응했다.

정상적인 좋은 죽음에 집중하고 그런 죽음을 당한 이들을 위한 의례와 숭배에는 공을 들이지만 나쁜 죽음에는 대체로 무관심하다는 점에서, 전근대사회의 '유교'는 근대사회의 '국가'와 상당히 유사하다.[1] 어쩌면 죽음에 대한 유교적 대응 방식을 씨족 차원에서 국가 차원으로 확대한 것이 현대 한국의 국가적 죽음 의례라고 말할 수도 있을 정도로, 유교적 죽음관과의 연속성 내지 유사성이 주목되는 것이다.

어쨌든 국가가 이처럼 공적 죽음으로 대표되는 좋은 죽음에만 집중하기 때문에, 국가에 의한 죽음 분류 체계 및 위계의 재구축은 (그 복잡함과 상관없이) 거의 항상 아군 전사자에 대한 성화(聖化)와 영웅화, 한마디로 전사자 숭배로 직결된다. 전쟁 사망자와 관련된 국가 개입의 대부분이 아군 전사자에

---

1) 유교의 이런 측면에 대해서는 송현동, 「현대 한국 원혼의례의 양상과 특징」, 137쪽 참조.

대한 숭배로 귀착되는 경향이 매우 강하다는 것이다.[2] 그런 면에서 근대적 전사자 숭배는 "나쁜 죽음을 정복하고 그 흔적을 말살하는 근대적 영웅 숭배"에 다름아니다.[3]

일본인 학자들이 "국가적 위령시스템"(니시무라 아키라)이나 "전사자 추모·제사시스템"(다카하시 데쓰야)[4] 등으로 명명한 바 있는 전사자 숭배의 기제는 다양할 수 있다. 무엇보다, 전사자 숭배는 '죽음의 분류' 단계에서부터 시작된다고도 말할 수 있다. 아군의 죽음에 대한 정의 내리기, 가치 부여와 정당화, 아군 전사자에 대한 새로운 호명과 정체성 부여 등이 이미 죽음의 분류 단계에서 상당 부분 이루어지기 때문이다. 아마도 국가 차원의 추모의례와 전용 묘(墓)야말로 전사자 숭배를 위한 가장 중요한 기제일 것이다(이 책에선 '묘'보다 더욱 넓은 개념인 '전사자의 거처'라는 용어를 주로 사용한다). 탑·비·조각·조상(彫像)·동상·흉상·부조(浮彫) 등 각종 '기념조형물', 기념관·위패(位牌)봉안관 등의 '기념건축물'과 '기념공원' 또한 빠뜨릴 수 없다. 전사자들에 대한 '서훈과 표창'도 추가해야 할 것이다. 주로 그 유가족들이 수혜자가 되는 것이긴 하나, 각종 '보훈과 원호 사업'도 전사자 숭배의 주요

---

2) 국가의 이런 편향성은 평시(平時)보다는 전시(戰時)와 전쟁 직후에 훨씬 강렬하게 표출되는 것처럼 보인다. 전시의 경우 아군의 죽음은 대부분 공적 죽음인 '전사'로 인정되고 예우 받지만, 평시의 군인 죽음은 그 자체가 논쟁거리가 되는 경향이 강하다. 전시의 죽음에는 통상 훈장과 포상이 뒤따르고, 따라서 그 죽음은 공공연한 과시 대상이자 자랑거리가 된다. 반면에 사고사·살인·자살·의문사 등이 뒤섞이는 평시의 죽음에는 종종 추궁과 문책이 뒤따르기 때문에 사실 자체를 은폐하려는 경향이 나타나기 쉽다. 책임과 보상을 둘러싼 분쟁은 말할 것도 없고, 평시에 사망한 군인이 국가유공자가 되거나 국립묘지에 안장되려면 전시에 비해 한층 까다로운 절차를 통과해야만 한다.

3) 권헌익, 『학살, 그 이후』, 287쪽.

4) 니시무라 아키라, 「위령과 폭력」; 다카하시 데쓰야, 『국가와 희생』, 13, 17, 243쪽.

기제들에 포함될 수 있다. 보훈·원호 사업을 통해 전사자를 중심으로 한 신성가족 내지는 성가정들(holy families)이 탄생하며, 이들 성가정의 존재는 다시 전사자의 가치를 더욱 돋보이게 만들 수 있다. 마지막으로, 개별 전사자 이름을 표방한 '기념사업회'의 결성이나 다양한 '기념사업들'이 언급될 수 있을 것이다.

전사자 숭배는 영어로는 대체로 'cult of the war dead' 혹은 'cult of the fallen soldier'로 표현된다. 위에서 서술했듯이 전사자 숭배는 ① 전사자 의례, ② 전사자의 거처, ③ 기념조형물, 기념건축, 기념공원 등을 포함하는 전사자 기념시설, ④ 전사자에 대한 서훈과 표창, ⑤ 전사자 유가족을 위한 보훈과 원호 사업, ⑥ 특정 전사자를 위한 기념사업회 결성이나 기념사업 등 다양한 요소들로 구성되어 있다. 벤아모스 애브너는 전쟁기념의 네 측면들, 즉 전사자추모일과 다양한 기념일들을 통한 '시간적 기념', 기념물과 전쟁묘지를 통한 '공간적 기념', 특별 브로슈어와 기념서적을 통한 '인쇄된 기념', 전사자들을 위해 동료애와 공공 정원(庭園)을 헌정하는 등의 '실용적인 기념'을 구분한 바 있다.[5] 필자는 이 가운데서 전사자 의례, 전사자 거처, 전사자 기념시설의 세 가지를 '전사자 숭배의 트로이카'라고 부를 수 있다고 본다. 이와 비슷하게 수전메리 그랜트 역시 국립묘지, 전사자 기념비, 전사자 의례를 전사자 숭배의 "물리적 표현"으로 강조한 바 있다.[6] 이 책의 집중적인 분석 대상도 바로 이 세 가지이다.

근대적 전사자 숭배의 '기제들'이 그러하다면, 그것의 주된 '특징들'은 무엇일까? 필자는 앞서 1장에서 전사자 위령·추모시스템이 상설화되는 것, 전

---

5) Ben-Amos, "War Commemoration and the Formation of Israeli National Identity," pp. 171, 180~188.

6) Grant, "Raising the Dead," pp. 511~526.

사자들을 안장한 국립묘지가 민족국가의 최고 성지로 등장하는 것, 전사자 죽음의 민주화와 평등화가 추구되는 것, 연례적인 국가적 전사자 기념일과 의례가 제정되는 것, 숭배의 대상이 소수의 전쟁지도자에서 다수의 무명 전사자로 바뀌는 것 등을 근대적인 전사자 숭배의 핵심적인 특징들로 제시한 바 있다. 여기서는 이 가운데 일부에 대해 좀 더 상세히 살펴보고, 아울러 근대적인 전사자 숭배의 특징 몇 가지를 추가해보려 한다. 남성성에 대한 강조 혹은 찬양, 사자의 의례적인 변형, 부활과 불멸의 모티프, 종교의례―특히 장례식이나 추도식―와의 유사성 등이 바로 그것이다. 아울러 다음 절에서는 전사자 숭배에서 발견되는 '동아시아적 특징들'에 주목할 것이다.

먼저, 근대적 전사자 숭배의 특징으로 '대중영웅'의 등장과 '무명용사'에 대한 강조를 꼽아야 할 것이다. 권형진에 의하면 프랑스혁명이 영웅 숭배 역사에서 중대한 분기점이었다. 혁명 세력은 "대중들을 위한 영웅의 전당"인 팡테옹을 만들었고, '꼬마 하사관' 출신의 나폴레옹은 "근대적 '대중영웅'의 모습과 전통적인 '엘리트 영웅'의 모습을 동시에 담고 있었다." 결국 프랑스혁명을 계기로 "누구나 영웅이 될 수 있는 대중적 의미로 영웅 숭배의 방식이 확장되고 변질되어갔다." 제1차 세계대전은 영웅 숭배 역사의 또 다른 결정적 분기점 역할을 했다. 이를 계기로 "국가와 민족을 위기에서 구하는 것은 소수의 위대한 인물이 아닌 전선에서 죽어가는 무명의 용사라는 믿음이 대대적으로 선전"됨으로써 "영웅이라는 개념에 근본적인 변화"가 발생했다. 대중영웅의 시대, "대량생산된 새로운 영웅들"의 시대가 도래한 것이다.[7] "알려지지 않은 자의 명성"이라는 "현대의 송덕(頌德) 패러독스"와 같은 표현 역

---

7) 권형진, 「영웅숭배, 그 미몽(迷夢)의 기억을 찾아서」, 권형진·이종훈 편, 『대중독재의 영웅 만들기』, 휴머니스트, 2005, 8-10쪽.

시 사실상 동일한 현상을 가리키고 있다.[8] 앤서니 스미스도 "보통 병사들의
영웅주의"가 "대중 속의 인민, 특히 평범한 병사들을 공동체 및 공동체의 운
명의 화신으로 승격시킨다."라고 말했다.[9] 유럽에서 무명용사에 초점을 맞추
는 전사자 추모일(Remembrance Day)이 등장한 것도 바로 이때였다. "'대중정
치의 시대'인 제1차 세계대전 후에 새로운 '민주적' 종류의 민족의식이 대두
했을 때 전사자 추모일이 시작되었다."[10]

  '무명용사묘지'라는 국가적 전사자 추도 공간이 유럽에서 유행처럼 출현
한 때도 제1차 대전 직후였다. 제1차 대전 정전기념일(Armistice Day)에 해당
하는 1920년 11월 11일에 런던(웨스트민스터대성당 화이트홀)과 파리(개선문)에
서 최초의 무명용사 안장식이 동시에 거행되었던 것을 비롯하여, 1921년에
는 미국을 대표하는 알링턴국립묘지에도 무명용사묘(Tomb of the Unknown
Soldier)가 만들어졌다. 이 무명용사묘는 곧 알링턴국립묘지에서 이루어지
는 다양한 의례와 순례의 핵심 공간이 되었다. 역시 1921년에 이탈리아, 벨기
에, 포르투갈, 1922년에 유고슬라비아와 체코슬로바키아, 1925년에 폴란드,
1927년에 오스트리아에 각각 무명용사묘지가 설치되었다.[11] 베네딕트 앤더
슨의 유명한 언명처럼 "근대 민족주의 문화의 상징으로 무명용사의 기념비

---

8) 알라이다 아스만, 『기억의 공간』, 78쪽.

9) 앤서니 D. 스미스 저, 김인중 역, 『족류: 상징주의와 민족주의─문화적 접근방법』, 아카넷,
   2016, 180쪽.

10) Gabriella Elgenius, "The Appeal of Nationhood: National Celebrations and Commemorations," Mitchell
   Young, Eric Zuelow and Andreas Sturm eds., *Nationalism in a Global Era: The Persistence of Nations*,
   London: Routledge, 2007, p. 89.

11) 미나미 모리오, 「독일 전몰자 추도 역사와 야스쿠니신사·국립묘지 문제(상): 19세기에서
   제2차 세계대전까지」, 일본의전쟁책임자료센터 편, 박환무 역, 『야스쿠니신사의 정치』, 동
   북아역사재단, 2011, 237~240쪽.

나 무덤보다 더 인상적인 것은 없다. 일부러 비워놓았거나 누가 그 안에 누워 있는지를 모른다는 바로 그 이유 때문에 무명용사의 기념비와 무덤에 공식 적으로 의례적 경의를 표한다는 것은 일찍이 그 전례가 없던 일이다 …… 그 안에 신원이 밝혀진 유물이나 불멸의 영혼은 없어도 이 무덤들은 기괴한 '민 족적 상상물들'로 가득 차 있다."[12] 도이야마 이치로 역시 앤더슨의 표현을 빌 려 "'귀기 서린 국민적 상상력'이 꿈틀거리는 무명전사의 묘지"의 중요성을 강조한 바 있다.[13]

한국에서도 한국전쟁 발발 이후 무명전사에 대한 강조가 현저히 증가했 다. 대한민국 정부 수립 이후 최초로 창출된 국립묘지에 최초로 안장된 대상 도, 그곳에 최초로 세워진 기념비의 대상도 무명용사였다는 점이 매우 흥미 롭고도 중요하다. 서울 동작동 국군묘지에 처음 등장한 기념조형물이 바로 '무명용사문'과 '무명용사탑'이었다. 국군묘지에 최초로 안장된 전사자도 신 원 불명의 무명 군인이었다. 무명용사문과 무명용사탑 사이의 공간은 전사 자 의례의 핵심 무대가 됨으로써 국군묘지 안에서도 가장 신성한 공간이 되 었다. 무명용사문이 현충문으로, 무명용사탑이 현충탑으로 바뀌었을 뿐 이 런 사실은 지금도 변함이 없다. 이처럼 국립묘지에서 가장 신성한 공간이 평 범한 무명용사들에게 헌정되었다. 무명용사문과 무명용사탑 앞에서 대통령 이 참석한 가운데 매년 현충일 추도식이 거행되었다. 1967년에 현충탑이 등 장하기까지 매년 열린 현충일 의례의 하이라이트는 대통령이 무명용사탑에 꽃과 향을 바치는 행위였다. 1961년 현충일에는 전사한 무명용사들에게 최

---

12) 베네딕트 앤더슨 저, 윤형숙 역, 『상상의 공동체: 민족주의의 기원과 전파에 대한 성찰』, 나 남, 2002, 29쪽.

13) 도이야마 이치로 저, 임성모 역, 『전장의 기억』, 이산, 2002, 111쪽.

대의 예우로써 한국 최고의 무공훈장인 '금성 태극무공훈장'이 수여되었다. 윤보선 대통령이 헌정한 이 훈장의 훈기(勳記)에는 "국토방위와 민주 수호를 위한 공산군과의 가열한 싸움에서 목숨을 바친 위훈은 영원히 국민들의 찬양을 받을 것"이라고 적혀 있었다.[14]

조지 모스는 많은 근대사회들에서 전사자 숭배가 남자다움이나 남성성과 직결됨을 적절히 부각시킨 바 있다. 전사(戰士)가 "이상적 남성의 이미지"로 제시되었다. 유명한 전투들은 "젊음과 남자다움의 시험"으로 기억되었고 "남자다움을 교육하는 본보기"로 기능했다. 나아가 몇몇 전투들이 신화화(神話化)됨에 따라 "전사(戰死)한 청년들은 가장 훌륭한 남자를 상징"하게 되었다. 또 남성성과 전우애의 연결, 다시 말해 진하고도 강렬한 형제적 유대로 간주된 전우애가 남성성과 결부됨에 따라 "진정한 남성성을 상징하는 참호의 전우애"가 대대적으로 강조되었다. 전사자 숭배의 이런 특징은 조각과 동상 등 전쟁기념물에서 가장 뚜렷하게 드러났다. 특히 "전사자를 기리는 전쟁기념물은 자국 청년의 강인함과 남자다움을 상징"하게 되었다.[15] 한국도 예외가 아니었다.

전사자 숭배의 또 다른 특징으로, 숭배 행위를 통해 사자(死者)의 정체성·지위·호칭에서 극적인 변화가 발생한다는 점을 들 수 있다. 사자에게 새로운 정체성, 지위, 호칭을 부여하는 주체는 물론 산 자들이다. 아울러 권헌익이 지적했듯이 '사자의 상징적 변형'을 가능하게 만드는 것은 의례 행위이다.[16] 다중(多衆)이 참여하는 공적 의례의 상징적 변형 능력은 강력하다. 사자

---

14) 『동아일보』, 1961.6.6.

15) 조지 모스, 『전사자 숭배』, 44, 66, 83, 87, 262쪽.

16) 권헌익, 『학살, 그 이후』, 54쪽.

의 의례적 변형이 진행된다는 점에서, 공적인 전사자 의례는 전사자가 새로운 지위와 정체성을 획득하면서 사회로 재통합되는 '망자의 통과의례'라고도 해석할 수 있다.[17] 이런 변화가 주로 의례를 통해 이루어지는 것은 사실일지라도, 동일한 변화가 때로는 전쟁기념물을 통해서도, 기념비의 비문(碑文) 내용을 통해서도, 나아가 '전쟁기념물의 숲'이라고도 볼 수 있는 군인묘지를 통해서도, 묘지를 무대로 펼쳐지는 다양한 기념·추도 행위를 통해서도 이루어질 수 있다.

'부활과 불멸의 모티프' 역시 대부분의 전사자 숭배에서 발견되는 특징이다. 전몰자들은 죽음을 이기고 되살아나 불멸성(영생)과 구원을 얻고, 숙명적이고 영원불멸하는 민족공동체에 참여하며, 나아가 민족의 영원함과 불멸성을 상징하는 존재가 된다.[18] 아군 전사자는 "집단적 죽음과 민족적 부활의 구원드라마"[19]의 한복판에 놓여 있다. 특히 국립묘지에는 "공동체의 이념과 가치를 위해 자신을 초월한 이들을 정치적 생명체로 다시 살아나게 하는 마법의 힘"이 작용하고 있다고 하상복은 말한다. 국립묘지에 안장된 전사자들은 "잠들어 있으면서 잠들어 있는 것이 아니라는 아이러니"를 체현하고 있으며, 정치적 국면에 따라 부단히 "상징적 산 자로 부활할 것을 요청받는다."[20] 알라이다 아스만은 문화적 기억(cultural memory)의 기능 중 하나로서 '송덕'을

---

17) 여기서 '망자의 통과의례' 개념은 방주네프와 빅터 터너 등이 발전시킨 통과의례 개념을 필자가 더욱 확장한 것이다. Arnold van Gennep, *The Rites of Passage*, Chicago: University of Chicago Press, 1960; Victor W. Turner, *The Ritual Process: Structure and Anti-Structure*, London: Routledge & Kegan Paul, 1969.

18) 베네딕트 앤더슨, 『상상의 공동체』, 274~275쪽 참조.

19) 앤서니 스미스, 『족류』, 180쪽.

20) 하상복, 『죽은 자의 정치학』, 6, 446쪽.

제시하면서, '송덕을 통한 이름과 명성 남기기'를 불멸성의 가장 확실한 형식이라고 주장한 바 있다.[21] 대중의 정기적인 참례를 받는 비(碑)와 탑에 전사자의 이름을 새기거나, 전사자의 이름이 적힌 위패·신위(神位)를 사원(寺院)이나 봉안시설에 영구히 합사하는 것도 그런 불멸성을 획득하는 또 다른 방법들이다.[22]

여기서 부활과 영생(永生)이 '종교적인' 주제임은 명백하다. 순교자라는 종교적 영웅이 순국자(殉國者)라는 세속적 영웅으로 대체되었을 뿐 '순교'라는 종교적 주제 역시 고스란히 계승되었다. 시민종교 신전에 바쳐진 숭고하고도 순결한 '희생제물'이라는 '순교자' 이미지가 전사자에게도 중첩적으로 덧씌워지는 것이다. '선과 악의 대결'이라는 종교전쟁의 논리도 종종 등장한다. 이 밖에도 전사자 숭배에는 다양한 종교적 의례와 상징들이 동원된다. 이처럼 국가 차원의 전사자 숭배 장치나 제도를 창출하는 데 종교적 자원들을 폭넓게 이용한 것이 근대적 전사자 숭배의 또 다른 중요한 특징 중하나였다. 지배적 종교전통과의 연속성 유지, 민중에게 친숙한 전통적 죽음관·의례·상징과의 타협을 통해 전사자 숭배가 별다른 거부반응 없이 더욱쉽게 대중적으로 확산될 수 있었을 것이고, 의례의 효과 또한 극대화할 수 있었을 것이다.

특히 많은 이들이 종교의 장례·추모 의례와 전사자 의례의 유사성에 주목한 바 있다. '종교의 죽음 의례'가 '정치 의례'—여기선 전사자 추모 의례—에 미

---

21) 알라이다 아스만, 『기억의 공간』, 46쪽.

22) 스포츠 영웅·예술 영웅·전쟁 영웅 등 다양한 유형의 현대 '대중 영웅' 가운데서도 전쟁 영웅(특히 전사한 전쟁 영웅)의 장수(長壽) 경향은 주목할 만하다. 이 역시 전사자 영웅에게 부여되는 이런 부활·불멸·영생의 이미지와 관련이 있을지 모른다.

친 강력한 영향은 동서양을 막론하고 폭넓게 발견된다. 영국 전사자추도일 의례의 경우, "이 이벤트의 상징주의(전반적인 행동, 침묵, 나팔, 화환)는 그리스도교적 장례식과 강한 유사성을 갖고 있다. 이는 런던 화이트홀의 세노타프 (Cenotaph)에서 진행되는 엄숙한 의식 내내 명확히 드러난다."[23] 서구 여러 나라들뿐 아니라 식민지 시대부터 일본·조선 등에서 확산된, 전사자를 위한 전 국민 동시 묵념에서도 진한 종교적 흔적을 발견할 수 있는데, 묵념이 "기도의 세속화된 형태"[24]라는 점에서 그러하다. 실제로 식민지 시대와 해방 직후의 전사자 합동위령제에서는 '묵념'이라는 말 대신, "눈을 감고 말없이 마음속으로 기도함"을 뜻하는 '묵도'(黙禱)라는 용어가 빈번히 사용되었다. 군인묘지의 묘비 역할을 하는 십자가 상징도 빠뜨릴 수 없을 것이다. 한국 전쟁 당시 부산에 마련된 유일한 유엔 소유 묘지에도 십자가 묘비가 압도적으로 많았다. 일본에선 신도와 불교가 전사자 의례에 활용되었다. 한국에선 식민지 이전에는 유교와 불교·무교(무속)가, 식민지 시기에는 신도와 불교가, 식민지 이후에는 불교와 그리스도교·유교가 국가적 전사자 의례에 활용되었다.

2. 전사자 숭배의 동아시아적 특성

이번 절에선 전사자 숭배에서 발견되는 동아시아적 특징들에 초점을 맞

23) Elgenius, "The Appeal of Nationhood," p. 89.

24) 앙투안 프로, 「전사자 기념비: 공화국 숭배인가, 공민 숭배인가, 애국자 숭배인가」, 피에르 노라 편, 김인중·유희수·문지영 역, 『기억의 장소1: 공화국』, 나남, 2010, 210쪽.

출 것이다. 필자가 보기에 동아시아의 특징은 두 가지로 압축된다. 그 하나는 '조상신 승화(昇華) 기제에 의한 전사자의 신격화'이다. 다른 하나는 '촘촘한 영적 안전망으로 대표되는 전사자 거처의 다중성(plurality)과 다양성'이다.

권헌익은 "조상숭배와 영웅 숭배의 유사성"에 대해 말한 바 있다. "국가의 영웅 숭배와 공동체의 조상숭배는 모두 계보 패러다임에 바탕"하고 있다는 점에서 그런데, 그럼으로써 "조상숭배에 특유하게 계보적으로 개념화된 축복사상"이 국가의 영웅 숭배로 전염된다. 아울러 "영웅 숭배에서는 혁명전쟁의 열사들을 고대로부터 이어지는 애국 영웅들의 기다란 계보 속에 자리매김"시키며, "가족의 계보이데올로기를 민족사의 애국적 영웅들의 심원한 계보로 확대한다."[25] 전사자들은 '민족의 판테온' 혹은 '민족의 명예전당'에 자신들의 이름과 족적을 등재한다. 이런 방식으로 이순신 장군과 육탄10용사 사이에 분명한 연속성이 생겨나고, 민족으로 확대된 성가족(聖家族)의 계보에서 10용사가 이순신의 직계후손으로 자리매김 되는 것이다.

그러나 조상숭배 전통이 강한 동아시아 사회들과 유일신 전통이 강한 서구 사회들 사이에는 전사자 숭배에서 중요한 차이가 발견되기도 한다. 전사자의 부활–불멸 모티프 그리고 전사자의 성화(聖化)는 서구와 동아시아 모두에서 일어나는 현상이지만, '인간에서 신으로의 격상'은 오로지 조상숭배 전통을 가진 동아시아 사회들에서만 가능한 일이다. 그리스도교나 이슬람교·유대교처럼 유일신 사상에 기초한 사회들에서는 전사자들을 순교자나 애국 영웅으로 추앙할지언정 '호국신'이나 '군신'으로 떠받들지 않는다. 전사자의 '신격화' 시도는 신성모독이나 우상숭배에 해당하므로 명백히 불가능했다. 그러나 한국이나 일본에서는 미혼이자 무자녀, 객사까지 겹쳐 조상신

---

25) 권헌익, 『학살, 그 이후』, 48~49, 287쪽.

지위에조차 오르기 어려웠던 젊은 전사자들이 20세기 들어 공공연히 신(神)으로 명명되었다. 대한제국 시기에도 '순절'(殉節)이나 '순국'이라는 용어가 사용되었고, 전사자를 '신령'(神靈)으로 지칭하기도 했다.[26] 이를 대한제국이 근대적인 전사자 숭배를 부분적으로나마 수용한 증거로 해석할 수도 있겠지만, 당시 '순국'이나 '신령'이라는 명예가 과연 얼마나 민주화·평등화되었을지에 대해선 더 면밀한 검토가 필요할 것이다. 어쨌든 20세기 들어 조상숭배와 영웅 숭배가 적극적으로 수렴하는 가운데, 전사자들이 '가문의 조상신' 지위를 훌쩍 뛰어넘어 '선열'(先烈)이라는 이름으로 '민족의 조상신' 지위로 올라선 것이다. 조상신 개념을 적극적으로 재해석하고 확장하여, '가문의 수호신'에서 '국가의 수호신'으로의 변형을 가능케 한 '조상신 승화의 기제'가 여기서 핵심적인 역할을 수행한다.

오에 시노부는 일본의 전사자 신격화를 신도(神道) 신앙의 전통에 따른 것으로 설명한다. 그에 의하면 "기독교나 이슬람교 등 일신교 사상에서는 사람이 신이 되는 것은 있을 수 없고 불교에서는 성불이라는 사상은 있으나 죽은 사람이 신이 된다는 사상은 없다. 어디까지나 신사신도의 고유한 사상이다."[27] 야스쿠니신사에서 거행되는 초혼제를 통해 전사자의 인령(人靈)이 신령(神靈)으로 전화한다는 사고방식은 확실히 국가신도에 독특한 것이긴 하다. 그러나 필자는 전사자의 신격화를 사자(死者)를 조상신으로 승화시키는 조상숭배 전통 일반으로 더욱 확장할 수 있다고 본다. 다시 말해 각종 의례와 기념 행위를 통해 전사자들을 '가문의 조상신·수호신'을 초월하는 '국가와 민족의 조상신·수호신'으로 전환시키는 조상신 승화의 기제로써 설명하

---

26) 하상복, 『죽은 자의 정치학』, 185~188쪽 참조.

27) 오에 시노부 저, 양현혜·박규태 역, 『야스쿠니신사』, 소화, 2002, 179쪽.

려는 것이다.[28] 우리가 주목할 대목은 야스쿠니신사 스스로가 전통적인 조령(祖靈)신앙—즉 일본의 조상숭배 전통—과 야스쿠니의 군신·호국신 신앙 사이의 밀접하고도 친화적인 관계를 강조하고 있다는 것이다.[29]

더구나 유일신 전통에서는 사자가 현세적인 정치·사회구조에 실제적인 영향을 미치지 않는 것으로 간주되는 데 비해, 조상숭배 전통에서는 사자가 실질적인 영향력을 행사하는 존재로 간주된다. 그들은 단순히 출신 가문 사람들만이 아니라, 대통령을 포함한 전체 국민의 절(拜)을 받는 드높은 존재가 된다. 국립묘지에 모셔진 전몰자들은 '살아 있는' 국가수호신이 되어 대통령과 고위 공무원, 주요 정치인들로부터 끊임없이 경배와 참배를 받는다. 아울러 그들은 그곳을 찾은 젊은이들과 후세들에게 구원·영생을 얻는 수단으로서 국가를 위한 자기희생의 길—설사 그것이 죽음을 의미할지라도—을 선택하도록 명령한다.

미혼·무자녀 등 전사자를 원혼으로 몰아가는 부정적인 조건들이 오히려 그들이 국가 수호신·조상신으로 변신하는 데서 강점으로 재해석될 수도 있다. 다시 말해 미혼이나 무자녀라는 조건이 세속사회의 오염으로부터 자유로운 순결이나 순수의 상징으로, 여러 갈래로 '분산되는 충성'이 아닌 조국에 대한 '온전한 충성'을 가능케 하는 조건으로 해석될 수 있다는 것이다. 태평양전쟁 말기 인간어뢰인 가이텐(回天)에 몸을 싣기 직전 한 일본군 병사의 마지막 독백이 이와 비슷한 정조를 담고 있는 듯하다. "신카이와 나는 우리가

---

28) 조상숭배 전통을 강하게 갖고 있으면서도 전사자를 신격화하지 않는 북한, 중국, 베트남의 경우는 사회주의 사회 특유의 '무신론 이데올로기' 때문에 그러하다고 말할 수 있을 것이다.

29) 박규태, 「야스쿠니의 신화: 현대일본의 종교와 정치」, 『종교연구』 50집, 2008, 5~53쪽.

찾을 수 있는 가장 큰 배를 침몰시킬 것이라고 서로 약속했다. 나는 내 나이 열아홉 살을 생각하고 이러한 말을 떠올렸다. '사람들이 아직 너의 죽음을 슬퍼할 때 죽어라. 당신이 아직 순수하고 순진할 때 죽어라. 이것이 진정한 무사도이다.'"[30]

전사자 숭배에서 한국과 일본, 중국 등 동아시아에서 발견되는 또 하나의 특징이 있다. 이는 전사자 숭배의 삼위일체를 이루는 의례, 묘, 기념시설 가운데 '묘'와 주로 관련된다. 유럽과 북미의 그리스도교문명 지역들에서는 전사자들을 집단적으로 매장한 군묘지가 숭배의 '유일한' 장소가 되는 경향이 강한 데 비해, 유교나 불교 문명권인 동아시아 사회들에서는 전사자의 '육신'과 '영혼'(혼)에 대한 이원론적 구분[31]에 기초하여 군묘지 말고도 다양한 형태의 숭배 장소들이 만들어지는 경향이 있다. 따라서 필자는 '군묘지'보다 더욱 넓은 개념으로, 전사자들의 집 혹은 안식처라는 의미에서 '전사자 거처(居處)'라는 용어를 사용하고자 한다. '독특하게 동아시아적인 이원론'은 전사자의 육신을 안치한 장소들뿐 아니라, 전사자의 혼을 안치한 장소들을 별도로 만들어내는 것을 가능케 했다. 동아시아 사회들에서 '전사자 혼의 거처들'이

---

30) 이언 바루마·아비샤이 마갤릿 저, 송충기 역, 『옥시덴탈리즘: 반서양주의의 기원을 찾아서』, 민음사, 2007, 77~78쪽.

31) 한국식이나 중국식으로 말하자면, 영혼과 육신의 이원론적 구분은 '혼'(魂)과 '백'(魄)의 구분에 해당할 것이다. 역사학자인 전우용은 『한겨레』 연재 기사(2017.10.12, 21면)에서 다음과 같이 설명하고 있다. "고대 중국인들은 사람을 천지음양의 기운이 응집된 특별한 생명체로 취급했다. 사람의 몸에 들어온 하늘의 기운이 혼(魂)이며 땅의 기운이 백(魄)이다 …… 혼과 백은 사람이 살아 있는 동안에는 몸 안에서 공존하나 죽은 뒤에는 각자 제자리로 돌아간다. 혼은 일단 죽은 사람의 위패에 깃들었다가 하늘로 올라가며, 백은 죽은 이의 몸과 함께 땅속에 묻혔다가 몸이 썩으면 흙으로 흩어진다. 그래서 혼비백산(魂飛魄散), 즉 '혼은 날아가고 백은 흩어진다'고 한다."

시신·유골을 안치한 묘와 분화되어 독립적인 전사자 추모시설로 등장하는 경향은 서구 사회들과 뚜렷하게 구분되는 특징이다. 따라서 전사자 거처라는 용어는 전사자 '육신의 거처들'과 '혼의 거처들'을 아우르게 된다.

필자가 보기엔 이런 현상을 보여주는 데 20세기 전반기의 제국주의 일본보다 더 좋은 사례는 없다. 당시의 일본은 전사자의 육신을 안치한 군용묘지와 충령탑과 불교 사찰, 그리고 전사자의 혼을 안치한 야스쿠니신사와 호국신사와 충혼비 등 모두 여섯 가지의 전사자 거처들을 만들어냈다. 이보다는 단순하지만, 20세기의 한국 역시 전사자의 육신을 안치한 군묘지와 불교 사찰, 그리고 전사자의 혼을 안치한 유교식 사당과 충혼탑·현충탑 등을 보유했다. 21세기인 현재까지도 일본에는 야스쿠니신사가 여전히 존재하며, 한국에도 국립묘지 내의 위패봉안실을 비롯하여 전사자 위패를 내장한 전국 각지의 현충탑·충혼탑들이 존재한다. 전사자의 '사후(死後) 복지'(afterlife well-being)를 보장하기 위해 다양한 제도와 장소들을 만들어낸 동아시아 사회의 특징들을 보다 선명하게 부각시키기 위해, 필자는 이 책에서 '영적 안전망'(spiritual safety net)이라는 개념을 사용하려 한다. 이 개념에 대해서는 해당 부분(9장)에서 보다 자세하게 설명할 것이다.

한편 한국, 중국, 일본 등 동북아시아 사회들에서는 독특한 죽음관에 기초하여 근대 이전부터 나름의 전사자 의례를 거행하고 있었다. 서구 사회들의 영향도 받으면서, 이런 전근대적 전사자 의례는 20세기 이후 근대적으로 변형되었다. 필자의 견해로는, 동북아시아 전사자 의례 근대화의 요체를 다음 다섯 가지로 정리할 수 있다: (1) 사건(전투·전사)과 의례(전사자 의례)의 괴리에서 일치로의 변화, (2) 자연재해와 전염병 등을 예방 혹은 종식시키기 위한 기양(祈禳) 의례에 종속되었던 전사자 의례가 독립성을 획득하는 것, (3) 전사자에 대한 위령 – 진혼 의례와 현창 – 송덕 의례의 분리로부터 양자의 결합으로의 변화, (4) 대다수 전사자들이 오로지 위령 – 진혼 의례의 대상일 뿐인 부정적 존재에서 긍정적 존재로, 따라서 위령 – 진혼 의례 및 현창 – 송덕의례 모두의 대상으로 변화하는 것, (5) 소수 전쟁 영웅에 대한 현창 – 송덕에서 무명의 전사들에 대한 현창 – 송덕으로의 변화. 이에 대해서는 3장에서 보다 자세히 살펴볼 것이다.

3. 유가족, 국민, 국가 — 전사자 숭배의 기능들

전사자 숭배에는 네 주체가 참여한다. 전사자 의례인 현충일을 예로 들자면, 첫째, 의례의 주최자이자 집전자인 국가와 지배층, 둘째, 의례의 대상인 전사자, 셋째, 의례의 주빈인 유가족, 넷째, 의례의 참여자이자 수행자인 국민이 주체가 된다. 필자가 보기에 국가·지배층, 전사자, 유가족, 국민은 '기억 – 정체성의 변증법' 안에서 상호작용하고 있다. 이 상호작용의 중심에 자리하면서, 상호작용을 촉발하고 이끌어가는 것은 다름 아닌 "기억의 매체로서 군인들의 육신"[32]이다. 많은 이들이 현대의 국가적 기억을 구성하는 데서 '전사자의 전유'가 중심을 차지한다고 인정한다. 또 많은 이들이 근대적 기억의 등장을 (전사자에 대한) '집단적 애도의 경험'과 연결시켰다.[33] 그런데 전사자의 전유를 둘러싸고 살아 있는 자들이 각축을 벌인다는 점에서, 전사자 전유를 통한 집단기억의 구성 과정 자체가 갈등적 성격을 띠는 경우가 많다. 바로 그

---

32) 알라이다 아스만, 『기억의 공간』, 56쪽.

33) 권헌익, 『학살, 그 이후』, 47, 112쪽.

때문에 "죽은 자는 정치적 기호, 그것도 매우 힘 있는 기호"가 될 수 있다.[34]

'기억 – 정체성의 변증법'은 철저히 전사자 숭배의 맥락 안에서 작동한다. 거기서 전사자를 향한 기억과 기념 행위는 그 행위자들의 정체성 형성에 영향을 미치고, 새로운 정체성은 다시금 이전의 집단기억을 강화하거나 변형시키는 방식으로 환류 효과를 발휘한다. 전사자 숭배는 일차적으로 전사자의 정체성을 변형시키며, 그뿐만 아니라 거기에 참여하는 국민·유가족·국가의 정체성도 변화시킨다. 앞서 서술했듯이 전사자 숭배를 통해 전사자들은 원혼이라는 부정적 정체성과 결별하면서 현대의 국가적 영웅, 이상적인 남성, 민족 불멸성의 상징이 되며, 나아가 위대한 민족 영웅들의 계보에 이름을 올리는 영예를 획득한다.

그렇다면 전사자 숭배는 나머지 세 주체, 즉 유가족, 국민, 국가(지배층)의 정체성에 어떤 변화를 초래하는가? 필자는 전사자 숭배의 기능 내지 효과를 다음과 같이 요약할 수 있을 것이라고 본다. 우선, '유가족'과 관련해서는 성가정(聖家庭)의 창출과 감정의 연금술이 가장 중요하다. 두 번째로, '국민'과 관련해서는 의례 참여와 희생의 논리 수용을 통한 국민 형성 및 통합·동원 효과가 중요하다. 세 번째로 국가 및 지배층과 관련해서는 국가 형성 및 국가 숭배, 전쟁 경험의 신화화와 전쟁 미화, 지배의 정당화 효과가 중요하다.

(1) 유가족: 성가정의 창출과 감정의 연금술

전사자 숭배는 성가정을 주조해내는 핵심 기제이기도 하다. 전사자를 배출하여 성가정으로 공인된 유가족들은 국가로부터 다양한 예우와 특혜를 제

---

34) 하상복, 『죽은 자의 정치학』, 7쪽.

공받는다. 해방 후 한국에서는 전사자 숭배를 통한 성가정 창출이 반공주의와 애국이라는 양대 가치를 기준으로 한 정치적 – 이데올로기적 '신(新)신분제'와 결합되었다. 따라서 성가정을 대규모로 창출하는 것은 새로운 정치적 귀족 계층을 만들어내고, 기존 체제의 핵심 지지 세력을 만들어내고, 시민종교의 참신자들(true believers)을 대규모로 획득하는 과정이기도 했다.

국방부나 내무부가 주관하는 위령제, 추도식, 현충일 행사에서 유가족들은 마치 무대 위에 전시(展示)되듯 집중적인 스포트라이트의 대상이 된다. 그들은 소복(素服) 등으로 구별되는 독특한 복장에다, 행사장 중심부에 마련된 전용 좌석으로 초대되며, 행사 후에는 대통령 혹은 장관과의 직접 만남이 마련되며, 행사를 전후하여 다양한 우대·면제·선물 등이 제공되고, 언론의 집중적인 보도 대상으로 떠오른다. 이런 의례의 과정이 서훈·표창, 원호 정책 등과 결합하여 신성가족의 성별화와 공인(公認) 기제로 작용하는 것이다.

전쟁기념이 이스라엘의 민족 정체성 형성에 미치는 영향을 연구한 벤아모스는 대규모의 전사자 추모의례 과정에서 나타나는 유족들의 감정, 태도, 정체성 변화에 주목했다. "인구의 상당수가 유가족으로서 기념 과정에 참여하게 되는데, 이런 참여 경험은 그렇지 않았더라면 무의미한 죽음으로 체험될 수도 있었을 가족의 죽음에 대해 의미와 위로를 제공해준다. 애도의 큰 규모 자체가 사적이고 가족 지향적인 사건을 공적이고 민족적인 현상으로 전환시키며, 이것이 상상된 이스라엘 공동체의 성원들 사이에 유대를 강화한다. 유가족 개개인은 자신의 기념 행위 그리고 거기에 귀속된 애국적 의미가 다른 유가족들에 의해서도 공유되고 있음을 알고 있고, 이런앎은 유가족들을 하나의 민족으로 결속시킴과 동시에 그들을 다른 민족공동체들로부터 분리시킨다."[35]

---

35) Ben-Amos, "War Commemoration and the Formation of Israeli National Identity," pp. 179~180.

다카하시 데쓰야는 조금 더 나아갔다. 그에 의하면 의례를 통해 죽은 가족(전사자)을 대하는 남은 가족(유족)의 태도가 극적으로 반전되는 '감정의 연금술'이 펼쳐진다. 국가 의례를 통해 전사자 유족의 슬프고 불행한 감정을 기쁘고 행복한 감정으로 변화시키는 감정 통제의 기술 말이다. "(유족의 - 인용자) 슬픔이 국가적 의식을 거침에 따라 완전히 달라져 기쁨으로 전화(轉化)된 것이다. '슬픔에서 기쁨으로', '불행에서 행복으로' 마치 연금술에 의한 것처럼 유족 감정이 180도 반대 방향으로 변해버리는 것이다."[36] 1949년 5월 28일 오후 서울운동장에서 제1사단 사단장(師團葬)으로 치러진 '육탄10용사'의 장례식에서도 유사한 감정의 연금술이 작용했음을 확인할 수 있다.

식에 참석하였던 유가족들은 굳센 표정을 지으며 이구동성으로 다음과 같이 말하였다. "참으로 장하였다. 내 아들들이 이 같이 국가를 위하여 씩씩하게 싸워주었다는 것은 놀라운 일이다. 오늘 이 영령들을 위하여 이처럼 성대히 베풀어주신 여러분들의 이 뜻을 더욱 마음에 색여(새겨 - 인용자) 후손들도 이들과 같이 훌륭한 일을 더 할 수 있도록 노력할 것이며 충심으로 감사를 올리나이다."[37]

그러나 감정의 연금술이 항시 제 효과를 내는 것은 아니다. 성가정의 창출과 감정의 연금술이 체제의 핵심 지지 세력을 만들어내기는 하나, 그 과정이 성공적이지 못할 경우에는 성가정들이 오히려 체제의 아킬레스건 내지

---

36) 다카하시 데쓰야 저, 현대송 역, 『결코 피할 수 없는 야스쿠니 문제』, 역사비평사, 2005, 44~45쪽.

37) 『동아일보』, 1949.5.29.

균열 요인으로 작용할 수도 있다. 특히 성가정에 대한 국가의 예우가 말뿐인 것에 그칠 때, 그래서 예컨대 성가정의 평균적인 경제형편이 일반가정의 그 것에도 턱없이 미치지 못할 때, 감정의 연금술은 거의 효력을 잃고 만다. 감정의 연금술이 주로 '의례'와 '기념물'을 통해 일어난다면, 이런 감정 변화가 안정되게 착근하도록 만드는 기제는 이른바 '원호·보훈'으로 통칭되는 국가의 유가족 예우 조치들이다. 그러나 예우에 대한 정부의 약속이 거듭 불이행되거나 파기됨으로써 '의례와 보훈의 괴리' 현상이 지속될 때, 분노와 환멸의 감정이 감정의 연금술을 압도할 수 있다. 그런데 한국에서도 1950년대 말에 이런 일이 실제로 일어났다. 성가정의 궁핍 상황은 말할 것도 없고, '상이용사'라고 불렸던 한국전쟁 전상자(戰傷者)들의 처지도 몹시 비참했다.

(2) 국민: 국민 형성·통합과 희생의 논리

전사자 숭배, 특히 전국 규모의 전사자 의례는 여기에 직간접으로 참여하는 수만 명, 혹은 전체 국민으로 구성되는 일시적인 기억공동체, 의례공동체(제사공동체), 애도공동체를 형성함으로써 국민적 통합에 기여한다. '그때 거기'에는 "일반화된 사별의 경험을 민족 화합을 강화하는 적극적인 사회적 힘으로 변형"시키는 그 무언가가 작용한다.[38] 물론 이렇게 형성되는 커뮤니타스는 기존 질서로부터의 탈주를 촉발하는 '해방의 커뮤니타스'가 아니라, 기존 체제의 충성스런 추종자로 거듭나도록 만드는 '질서의 커뮤니타스'에 가까울 것이다.[39]

---

38) 권헌익, 『학살, 그 이후』, 284쪽.

39) '커뮤니타스' 개념에 대해서는 다음을 볼 것. Victor W. Turner, *The Ritual Process*, pp. 95~97,

라디오나 텔레비전, 뉴스영화 등 정보통신기술의 발달은 기억·의례·애도 공동체의 범위를 '전국화'함과 동시에 '동시화'한다. 그럼으로써 거의 모든 국민이 탈(脫)일상적이고 초월적인 의례의 증인이자 목격자이자 참여자가 되도록 만든다. '의례의 중심', 즉 의례를 통해 일시적으로 형성된 상징적 우주의 중심과 때를 맞추어 한날한시에 각 지방에서 무수한 사람들이 같은 행사를 치르는 의례적 스펙터클이 펼쳐진다. 그런 경험은 참여자들 사이에 "국민적 동시성의 의식, 즉 하나의 국가적 시간에 살고 있다고 느끼는 감정", 국민 전체가 "시간을 공유하고 있다는 의식", 나아가 "단일 역사를 국민이 공유"하고 있다는 느낌을 만들어낸다.[40]

일본에서 이런 '행사의 동시성'은 사이렌·타종(打鐘)·라디오방송 등의 보조 장치까지 동원된 전국 동시 묵념, 중앙과 지방의 행사를 동시에 개최하기, 전국적인 중계방송 등에 의해 가능하게 되었다. 아울러 신문과 엽서·기념소인, 교통·통신기기 및 네트워크, 전 국민 국기 게양, 임시공휴일 지정 등과 같은 것들에 의해 그 효과가 극대화되었다.[41] 한반도에서도 이미 식민지 시대부터 동일한 시간에 사이렌 혹은 타종 소리에 맞춰 전 국민이 동시에 묵념을 하고, 하루 동안 조기(弔旗) 게양과 음주가무 금기라는 동일한 행동을 하는 일들이 자리 잡았다.

111, 128~132, 185~188; Victor W. Turner, Dramas, *Fields, and Metaphors: Symbolic Action in Human Society*, Ithaca: Cornell University Press, 1974, pp. 46~53, 166~167, 231~238, 245; Victor W. Turner, *From Ritual to Theatre: The Human Seriousness of Play*, New York: PAJ Publications, 1982, pp. 47~50; Edith Turner, *Communitas: The Anthropology of Collective Joy*, New York: Palgrave MacMillan, 2012.

40) 다카시 후지타니 저, 한석정 역, 『화려한 군주: 근대일본의 권력과 국가의례』, 이산, 2003, 80, 130, 148, 252쪽.

41) 위의 책, 254~255, 260, 267쪽 참조.

전사자 의례 과정에서 유가족들 사이에서 작용하는 감정의 연금술에 대해 앞서 언급했다. 그런데 유족들에게 발생한 변화는 같은 의례에 참여한 군중에게로, 나아가 이 광경을 텔레비전이나 뉴스영화 등을 통해 지켜본 전체 국민에게로 확산될 수 있다. 다시 다카하시 데쓰야에 의하면 "결정적으로 중요한 것은, 유족이 감격의 눈물에 목이 메어 가족의 전사를 기뻐하게 되고, 거기에 공감한 일반 국민은 전쟁이 나면 천황과 국가를 위해 죽기를 스스로 희망하게 될 것이라는 점이다."[42] 전사자 의례가 국민을 형성하는, 다시 말해 '애국적 국민'이라는 정체성을 형성하는 데도 기여하는 것이다.

앙투안 프로는 '공민 양성 교육'으로서의 전사자 추모의례, 그리고 전사자 기념식의 '교육적' 측면을 강조한 바 있다. 그는 "교육하지 않고 기념하지 않는 공화국은 죽은 공화국, 다시 말해 사람들이 그것을 위해 더 이상 죽으려고 하지 않는 공화국"이라고 단언했다.[43] 나아가 이런 국민 형성 효과를 위해선 미래 세대의 의식 참여가 필수적이라고 보았다.

> "자유롭게 동의를 얻은" 규율을 통해 죽음에 이르기까지 자신의 의무를 다했던 시민들에 대한 경의는 시민들을 더 좋은 시민으로 만들기 위해 그들을 감동시키는 것을 목적으로 삼았다 …… 그렇기 때문에 초등학교 학생들의 참여가 중요했다 …… 학생들을 의식에 참석시키고, 헌화하도록 하고, 노래시키고, 근엄하고 감정에 젖은 청중들 앞에서 죽은 자의 호명에 대답토록 했다. 이 기념행사는 학생들에게 감명을 주고 영향을 주어야 했다.[44]

---

42) 다카하시 데쓰야, 『결코 피할 수 없는 야스쿠니 문제』, 45쪽.

43) 앙투안 프로, 「전사자 기념비」, 227쪽.

44) 위의 글, 219쪽.

한국의 경우에도 마찬가지였다. 실제로 식민지 시대와 해방 후에 치러진 대규모 전사자 의례에는 거의 항상 학생 청중이 동원되었다. 그들은 단순히 머릿수를 채우기 위해 동원된 것만은 아니었다.

다카하시 데쓰야는 전사자 숭배의 국민 형성 효과를 '희생의 논리'라는 개념으로 설명한 바 있다. '전사자 추모시스템'에 의해 전사자의 죽음은 끊임없이 '숭고한 희생'으로 찬양된다. 이 시스템을 통해 반복되는 "숭고한 희생의 논리와 레토릭"은 "국가가 '조국을 지키기 위하여' 목숨을 바친 전사자를 '숭고한 희생'자로 받들고 그의 공적에 대하여 국가적 차원에서 경의와 감사를 올리는 것"이다. 아울러 "전사는 '숭고한' 것으로 찬양되고, '존경'받고 '감사'를 받아야 할 대상으로 미화된다." "전사자들이 목숨을 바쳐 '희생'한 덕분에 그 공적으로 패전 후 일본이 '평화와 번영'을 향유할 수 있게 되었다고 생각하는 것, 바로 그 때문에 그들의 '희생'은 '숭고한' 것이며 따라서 그들에게 '경의와 감사'를 바쳐야 마땅하다."라는 것이다.[45]

1949년 5월 개성 송악산전투에서 전사한 '육탄10용사'에게 바쳐진 국민학교 교과서의 한 대목 역시 전형적인 희생의 논리를 담고 있다. "님이 있었기에 오늘의 우리가 있는 것이 아닌가 생각하니, 숙연한 마음 금할 수 없었습니다. 아! 육탄10용사! 님이 있었기에 오늘의 우리가 있는 것입니다. 오늘의 대한민국이 있는 것입니다."[46] "숭고한 희생"을 감행한 이들에게 살아 있는 국민과 후손들이 바쳐야 할 것은 "경의와 감사"만이 아니다. 죽은 이들의 고귀한 희생에 제대로 보답하는 길은 선열을 본받아 후손들도 국가를 위해 자신을 과감하게 희생하는 것이다. 국가는 "(전사자의 - 인용자) 죽음을 '조국을

---

45) 다카하시 데쓰야, 『국가와 희생』, 16, 24~25쪽.

46) 최병렬, 「송악산 전투의 영웅 이희복 용사 동상 제막」, 『오마이뉴스』, 2009.6.22.

위한' '숭고한 희생'으로 찬양하면서 살아남은 다른 국민들에게까지 그들의 뒤를 이어 조국을 위해 희생할 것을 요구"하며, 그러다 보면 "국민들 중에는 자진해서 '조국을 위하여' 기꺼이 제 한 몸을 '희생'하려는 사람까지 나타나고, 심지어는 '국민'이라는 개념 자체가 자기 자신을 '희생'의 관념이나 감정의 울타리로 조직하려"는 일도 벌어진다.[47]

　　결국 희생의 논리의 끝에는 '또 다른 희생'이 기다리고 있는 셈이다. 전사자들의 '선구적·모범적 희생'을 계승하는 '보은(報恩)의 희생'이 후세들에 의해 이어지는 가운데 조국의 영속성이 보장된다. 물론 이 보은의 희생의 정점에는 나라를 위해 자신의 목숨마저 바치는 행위, 즉 순국(殉國)이 자리 잡고 있다. 베네딕트 앤더슨이 제기했던 질문, 곧 왜 사람들은 두 세기 밖에 되지 않는 자신들의 발명품이자 상상된 공동체에 불과한 것(즉 민족)을 위해 죽기를 각오하고 또 실제로도 기꺼이 죽음을 선택했는가 하는 질문도 이와 무관치 않을 것이다. 앤더슨에 의하면 "20세기의 대전들은 사람들로 하여금 전례 없이 많은 사람들을 죽이게 했다는 것보다는 대량의 사람들이 자신들의 목숨을 바치도록 설득을 당했다는 점에서 이례적이라 할 수 있다." 조국을 위한 "궁극적인 희생"에는 "죽음을 통한 순수성"이라는 관념이 동반되었고, 그 희생은 어느 죽음과도 "견줄 수 없는 도덕적 엄숙함"을 지니고 있는 것으로 간주되었다.[48] 결국 희생의 논리는 (1) 전사자들의 죽음을 숭고한 희생으로 찬양하는 것, (2) 그들의 희생 덕분에 오늘날의 평화와 번영이 가능했다고 감사하는 것, (3) 후속 세대들이 선대의 희생을 본받아 혹은 그 희생에 대한 보답으로 또 다른 자발적인 희생을 감수 내지 다짐하는 것의 3단 논법으로 구성

---

47) 다카하시 데쓰야, 『국가와 희생』, 15쪽.

48) 베네딕트 앤더슨, 『상상의 공동체』, 27, 183, 186~187쪽.

되어 있는 셈이다.

(3) 국가와 지배층: 국가 숭배, 전쟁의 신화화, 지배 정당화

우리는 '전사자 숭배와 국가 숭배의 밀접한 연계'에 주목해야 한다. 역사적으로 볼 때 '전사자 성화(聖化)'와 '국가 성화'는 시기적으로 병행하고 중첩되었다. 영웅으로 떠받들어진 전사자들을 통해 성화되는 것은 결국 민족국가 자신이었다. "전사자 숭배는 국가라는 종교에 순교자를 제공했고, 죽은 이들의 마지막 안식처는 국가적 경배의 신전이 되었다."[49] 다카하시 데쓰야에 의하면 "프랑스혁명에 의한 '국민군'의 탄생 이래 '조국을 위해 죽는 것'은 근대 내셔널리즘이라는 세속종교 교의의 핵심"이 되었다.[50] 무명 전몰용사들의 집단 무덤과 기념비—추상적인 국가를 감각적·가시적으로 구체화하는데 이보다 효과적인 장치가 또 있을까?

전사자 숭배는 '국가 형성'과 '국민국가 정당화'에도 기여했다. 전쟁 직후의 베트남에서 그러했듯 "영웅적 전사자들을 기념하는 일은 국가 건설 과정에서 핵심적인 사업이 되었다."[51] 전진성의 지적대로 전사자 숭배는 국민국가 체제를 정당화하는 이념적 원천이기도 했다. "근대 도시의 전쟁기념시설들은 단순한 승전만이 아니라 병사들의 의로운 죽음을 상기하도록 촉구한다. 프랑스혁명 이래 조국을 위해 바쳐진 이름 없는 병사들의 죽음은 새로운

---

49) 조지 모스, 『전사자 숭배』, 44쪽.

50) 다카하시 데쓰야, 「애도작업을 가로막는 것: '희생의 논리'를 넘어서」, 이영진 외, 『애도의 정치학: 근현대 동아시아의 죽음과 기억』, 길, 2017, 248쪽.

51) 권헌익, 『학살, 그 이후』, 119쪽.

국민국가 체제에 정치적 정당성을 제공하는 이념적 원천으로 기여했다."[52] 한국에서는 전사자 숭배가 '반공국가'의 형성과 정당화에 기여했다.

앞에서 전사자 숭배의 한 특징으로 전사자의 부활과 불멸에 대한 강조를 든 바 있다. 여기서 덧붙일 것은, 전사자가 부활하고 영원한 생명을 얻는 바로 그 순간에 민족·국가 공동체 역시 갱생의 기회와 영속성을 획득한다는 사실이다. 민족은 전사자와 함께, 또한 전사자를 통해 부활한다.

아마 이 세속종교(민족주의를 가리킴 - 인용자)의 가장 분명한 사례는 '그들의 나라를 위해' 전쟁에서 죽은 병사들을 위한 여러 제례와 민족적 추도의식일 것이다. 여기서 종교적 모티프와 세속적 – 민족적 모티프를 구분하는 것은 어려워진다 …… 집단적 수준에서, 그것은 또한 공동체의 운명, 적과 마주한 민족의 트라우마와 생존, 민족의 갱생을 보장하기 위해 되풀이되는 젊은이들의 피의 희생의 엄숙하고 장엄한 회상이다. 희생의 개념은 그것과 함께 갱신과 구원의 희망을 가져오며, 그러한 약속의 상징체계는 종교적인 함축을 띠고 있거나 종교적 모티프와 예배식을 직접적으로 차용한다 …… 모든 사람의 무덤이자 그 누구의 무덤도 아닌 런던 화이트홀에 있는 전사자 기념비가 죽은 자와 공동체 전체의 부활을 아우르고 있는 것과 똑같이, 그 계단에서 매년 추모식을 재연하는 것은 상실과 죽음과 궁극적인 승리의 약속에 대한 거친 서사를 되짚는다.[53]

이것은 동서양을 막론하고 전사자 의례의 추념사와 조사(弔辭)에서 끝없

---

52) 전진성, 「프롤로그: 유엔기념공원을 부산 속에 재배치하기」, 민주주의사회연구소 편, 『유엔기념공원과 부산: 국제평화도시의 환상을 넘어』, 선인, 2013, 24쪽.

53) 앤서니 스미스, 『족류』, 178-179쪽.

이 반복되는 메시지이자 모티프이기도 하다. 동아시아의 맥락에서 한 가지 덧붙이자면, 부활하고 성화된 전사자는 민족·국가의 조상신이자 수호신이 되어 국가·민족의 영속성을 보증하는 역할을 담당한다는 것이다.

전사자 숭배는 '지배의 정당화' 내지 '기존 질서의 수호'에도 기여한다. 피어슨이 말하듯이 "의례는 삶의 정치적, 사회적, 경제적 측면으로부터 전적으로 분리될 수 있는 성질의 것이 아니다. 장송의례는 …… 신흥계급과 엘리트들의 권력 장악과 밀접하게 연관된 정치적 활동일 수 있다."[54] 아울러 우리는 전사자 숭배에 가장 적극적으로 나섰던 주체가 국가와 지배층이었음을 기억해야 한다. 보다 일반적인 어조로 말하자면 "기념물을 설립하는 주체는 대개 국가 또는 그 내부의 유력한 사회집단이다."[55] 전쟁기념과 전사자 기념 역시 마찬가지이며, 대체로 그런 기념 행위는 지배의 정당화 동기에 의해 추동된다. "궁극적으로 전쟁기념은 현재의 권력을 공고히 다지는 데 이바지한다고 할 수 있다. 죽은 자에 대한 숭배가 산 자의 삶을 위하여, 과거는 현재에 봉사한다."[56]

전사자 숭배는 조지 모스가 강조했던 '전쟁 경험의 신화'(myth of the war experience)와도 연결된다. 특히 "전사자 숭배는 평상시에도 전쟁의 영광과 도전을 되새기게 하는 역할을 했다."[57] 모스가 주로 제1차 대전 후의 패전국 독일에서 이 현상을 발견했다면, 엘지니어스는 승전국인 영국에서도 유사한

---

54) 마이크 피어슨, 『죽음의 고고학』, 354쪽.

55) 전진성, 『역사가 기억을 말하다: 이론과 실천을 위한 기억의 문화사』, 휴머니스트, 2005, 190쪽.

56) 전진성, 「프롤로그」, 22~23쪽.

57) 조지 모스, 『전사자 숭배』, 44쪽.

현상을 발견했다. "제1차 대전 후 영국의 전사자 숭배는, 특히 자기 나라를 위해 시민과 민족 구성원들이 감행한 많은 희생을 통해, 전쟁과 분쟁이야말로 민족이 자신의 덕목들(virtues)을 획득하는 방식을 구성한다는 사실을 더 명확히 보여준다."[58] "본질적으로 받아들이기 어려운 과거를 받아들일 만한 것으로 만들려는" 시도이자, "전쟁의 공포로부터 전쟁의 의의와 영광으로 돌리려는" 시도인 '전쟁 경험의 신화화'는 "전쟁 경험에서 좀 더 값진 의미를 찾아내고 희생과 상실에 어떤 정당성을 확보하려는 열망"에 반응하는 것이다.[59]

> 그리하여 전쟁 경험의 실상은 '전쟁 경험의 신화'로 변형되기에 이르렀다. 전쟁을 뜻깊은, 나아가 신성한 사건으로 회고하는 …… 전쟁 경험의 신화는 전쟁을 은폐하고 전쟁 경험을 정당화하는 방향으로 고안되었다 …… 신성한 경험으로 개조된 전쟁의 기억은 국가에 전에 없던 종교적 분위기를 부여하고, 도처에 존재하는 성인과 순교자, 경배의 장소와 본받을 유산을 국가의 뜻대로 쓸 수 있게 했다 …… 전후에 이르러 전사자 숭배는 내셔널리즘이라는 종교의 핵심 장식물이 되었고, 전쟁에 패하고 평시로의 이행 과정에서 혼돈의 벼랑까지 내몰린 독일 같은 나라에서 가장 큰 정치적 영향력을 발휘했다.[60]

전쟁 경험의 신화는 "용감한, 용맹한"과 같은 형용사를 통해 호전적 가치를 창출할 뿐 아니라, 죽음을 명예롭게 여기도록 만듦으로써 "전사(戰死)를

---

58) Elgenius, "The Appeal of Nationhood," p. 89.

59) 조지 모스, 『전사자 숭배』, 12~13, 61쪽.

60) 위의 책, 13~14쪽.

초월하게 하는" 효과를 발휘하기도 한다.[61] 이것은 이언 바루마와 아비샤이 마갤릿이 옥시덴탈리즘의 맥락에서 주목했던 '죽음 숭배'(cult of death)와도 상통한다. 여기서는 숭고한 이상과 대의를 위한 자기희생적 죽음을 아름다운 죽음으로, 영웅적인 죽음으로, 심지어 즐거운 죽음으로 찬양한다.[62] 죽음의 미학에 대한 이런 찬미 속에서 전쟁 경험의 신화화가 더욱 촉진될 것이다.

전쟁 경험의 신화화 같은 '전쟁예찬'이 전쟁의 부정적 측면들을 은폐하는 기능을 수행하리라는 것은 너무도 명백하다. 20세기 일본에서는 전쟁 경험의 신화화를 넘는 노골적인 전쟁 찬미가 난무했다. 예컨대 전쟁은 "국가적 에너지의 발로", "국가적 생명의 발동", "창조의 아버지"로 간주되는 등 긍정적·적극적으로 해석되곤 했다.[63] 다카하시 데쓰야는 앞서 소개한 희생의 논리가 전쟁의 실상을 은폐하고 호도하는 핵심적 기제로 작용한다고 주장했다. "전사자들의 '숭고한 희생'을 찬양하고, 그것을 '경의와 감사'의 대상으로 미화하는 행위는 모종의 중요한 효과를 만들어낸다. 태평양전쟁은 비참한 전쟁이었을 뿐이라는 인식과 무참히 전사한 장병들의 실체, 전쟁의 잔혹함을 은폐하고 말살하는 효과를 만들어내는 것이다."[64]

전쟁 경험의 신화화나 숭고한 희생의 논리가 대중의 마음을 바로잡을 때, 전쟁에 대한 진지하고도 비판적인 성찰의 여지는 그만큼 줄어들게 마련이다. 달리 말해 전쟁이 "국가라는 괴물이 하나하나 존재가치를 지닌 생명을 송

---

61) 위의 책, 58, 61쪽.

62) Ian Buruma and Avishai Margalit, *Occidentalism: The West in the Eyes of Its Enemies*, New York: The Penguin Press, 2004, pp. 49~73.

63) 이시다 다케시, 「누구의 죽음을 잊고, 누구의 죽음에 의미를 부여할 것인가」, 일본의전쟁 책임자료센터 편, 박환무 역, 『야스쿠니신사의 정치』, 동북아역사재단, 2011, 36쪽.

64) 다카하시 데쓰야, 『국가와 희생』, 26쪽.

두리째 잡아먹는 지옥도"에 다름 아니라는 현실, "전쟁의 폭력은 대부분 전투 자체가 아니라 참호에 대한 집중포화, 도시에 대한 일방적 공격, 마을에서의 살육처럼 비무장 상태에 있는 사람들에 대한 학살" 등의 형태로 행사된다는 사실 등은 제대로 드러나지 못한다.[65]

---

65) 신기철, 『국민은 적이 아니다: 한국전쟁과 민간인 학살, 그 잃어버린 고리를 찾아서』, 헤르츠나인, 2014, 286쪽.

제2부
전사자 의례

3장

전사자 의례 — 쟁점과 개념

1. 근대 이전 동북아시아 사회들의 전사자 의례

거듭 말하지만 국가에 의한 전사자 위령 혹은 추도 의례가 '근대 이후'에만 행해졌던 것은 아니다. 서양 사회들에서는 물론이고 '근대 이전'의 동양 사회들, 예컨대 조선이나 중국, 일본 등의 동북아시아 사회에서도 전사자 의례의 숱한 사례들을 확인할 수 있다.

조선시대에 국가의 원혼(冤魂)의례는 전염병이나 자연재해를 일으킨다고 믿어지는 원혼들을 위로하는 유교식 여제(厲祭)나 불교식 수륙재 형식으로 주로 행해졌다. 여제와 수륙재는 각각 '무사귀신'(無祀鬼神)과 '무주고혼'(無主孤魂)으로 통칭된 원혼들을 대상으로 삼았다.[1] 여제나 수륙재는 "가뭄, 질병, 불행 등 일상적 세계질서를 무너뜨리고 삶을 위협하는 상황이 닥쳤을 때 거행하는 기양의례(祈禳儀禮)"의 일환이었다.[2] 여제나 수륙재를 통해 억울하게 죽은 불특정 다수의 원혼들을 위로한다는 것인데 이런 원혼에는 정쟁(政爭), 전쟁, 사고 등으로 죽은 이들이 포함되었다. 국가적 의례로서 불

---

1) 김유리, 「조선시대 재난상황과 사자(死者) 인식에 관한 연구: 여제(厲祭)의 실천을 중심으로」, 서울대학교 석사학위논문, 2016, 97쪽.

2) 이욱, 「조선 전기 유교국가의 성립과 국가제사의 변화」, 『한국사연구』 118집, 2002, 186쪽.

교식 수륙재가 개최되기 시작한 때는 고려시대부터였다. 유교식 여제는 조선시대부터 시작되었다. 조선시대 들어 처음에는 국가적 원혼의례로 수륙재와 여제가 공존하는 양상을 보였지만, 수륙재는 1450년경(문종 시대)부터 쇠퇴하기 시작하여 1490년경(성종 시대)에는 완전히 자취를 감추게 되며, 그 자리를 여제가 차지하게 된다. 여제는 무사귀신인 여귀(厲鬼)를 제사 대상으로 삼는 중국 전통을 선택적으로 수용한 것이자, 한국의 전통적인 무속적(무교적) 죽음관을 차용한 것이기도 했다. 조선시대에 여제는 매년 세 차례씩 정기적으로, 또 전염병이 돌거나 가뭄이 들 때에 맞춰 거행되곤 했다.[3] 이욱은 임진왜란과 병자호란 당시 전사자들이 다수 발생했던 장소들, 즉 전몰처(戰歿處)에서 정기적이거나 부정기적인 여제가 행해졌음을 밝힌 바 있다. 그에 따르면 "'전몰처'란 진주·금산 등 12곳과 민충단(愍忠壇)을 설치하여 임난과 호란에 전망한 자들을 제사하는 곳이다. 숙종 27년(1701)에 12곳을 일시에 제사하는 것이 번잡하여 단지 험천과 쌍령과 민충단에서만 제사하기도 했다."[4]

일본에서도 조선이나 중국과 비슷한 성격을 갖는 전사자 의례가 행해졌다. 니시무라 아키라에 의하면, 일본에서도 전쟁이나 학살·정쟁 등 '사회적 폭력'에 의해 희생된 원령(怨靈)이 자연재해나 역병 등의 '자연적 폭력'을 일으키며, 따라서 원령을 위무함으로써 자연적 폭력이 진정된다는, 이른바 '어령(御靈)신앙'에 근거한 국가의 의례적 대응이 주로 나타났다고 한다.[5] "생전에 원한을 가진 채로 죽은 사람의 원령이 역병을 비롯하여 여러 가지 재앙을

---

3) 이욱, 「조선시대 국가 사전(祀典)과 여제(厲祭)」, 『종교연구』 19집, 2000; 이욱, 「조선 전기 원혼을 위한 제사의 변화와 그 의미: 수륙재와 여제를 중심으로」, 『종교문화연구』 3호, 2001; 송현동, 「현대 한국 원혼의례의 양상과 특징」, 138~140쪽.

4) 이욱, 「조선시대 국가 사전(祀典)과 여제(厲祭)」, 160쪽.

5) 니시무라 아키라, 「위령과 폭력」, 254쪽.

불러온다고 하여 두려워하는 신앙"인 어령신앙에 기초하여, 일본에서는 원령의 활동을 진정시키기 위한 '어령진제'(御靈鎭祭)가 10세기 이전부터 행해졌다고 한다.[6]

이처럼 '사회적 폭력'에 희생된 원혼·원령이 자연재해나 전염병 등 '자연적 폭력'의 원인으로 작용한다는, '사회적 폭력과 자연적 폭력의 내적 연계성'을 가정하는 것은 전근대 시대의 중국, 조선, 일본 모두에서 공히 나타났던 현상이었다. '근대 이전'의 공적인 전사자 의례는 '근대국가'의 전사자 의례와 뚜렷하게 비교되는 몇 가지 특징을 갖고 있었다.

첫째, 전사자 의례는 전시나 전쟁 직후 시기가 아닌, 자연재해나 전염병이 창궐하거나 예견될 때 그리고 특정 절기(節氣)에 맞춰 행해지게 된다. 전쟁 통에 죽은 원혼들이 자연재해나 전염병을 일으킨다고 믿었기 때문이다. 반면에 근대적 전사자 의례는 대규모 전사라는 사건이 발생한 그 시기에, 즉 전쟁 도중에 혹은 전쟁 직후에 집중적으로 거행된다. 전쟁이 끝난 후 국가기념일 등으로 제도화되어 의례의 주기성이 생겨날지라도, 그날은 대부분 '전쟁의 기억'을 상기시키기에 좋은 날로 정해진다.[7] 이처럼 '사건과 의례의 시간적 괴리', 즉 전사라는 사건과 전사자를 위한 의례가 시간적으로 동떨어져 있다는 사실이 근대 이후의 전사자 의례와 크게 다른 점이었다.

둘째, 의례의 진정한 목적이 자연재해나 전염병을 진정시키는 데 있다는 점에서, 전사자 의례는 독립적이라기보다는 종속적이었다. 단적으로 말

---

6) 오에 시노부, 『야스쿠니신사』, 128~129쪽; 박규태, 「야스쿠니(靖國)신사와 일본의 종교문화」, 139~140쪽.

7) 근대적인 전사자 의례는 국가기념일로 제도화되는 경향이 강하다. 이 경우엔 의례가 (돌발적인 사건과는 일정한 거리를 두고) 주기적이고 항구적으로 거행되는 특징을 얻게 되기 때문에 근대 이전의 '절기에 따른' 전사자 의례와 다시 유사해진다.

해 자연재해나 전염병이 없다면 전사자 의례도 없는 관계, 자연재해·전염병이 발생해야 비로소 전사자 의례의 필요성이 제기되는 관계였다. 가뭄이 들 때 전사자들이 다수 발생한 이른바 "전몰처"에서 기우제를 지내는 모습을 상상해보라. 죽은 이들의 영적 복지보다는 산 이들의 당면한 생존과 안녕이 급선무였다. 죽은 자들의 존재와 정체성은 희미한 데 비해 산 자들의 공포와 욕망은 더없이 또렷했다. 한편 해원(解冤)의례의 대상인 원혼·원령은 '사회적 폭력'에 의해 억울하게 죽은 이들이고, 이 범주에는 전쟁·학살·정쟁·사고 등에 의한 사망자들이 두루 포함되었다.[8] 더구나 전사한 군인들은 철저히 몰개성적인 존재들로서, 죽음 속에서 다른 무수한 원혼들과 구별되지 않은 채 뒤엉켜 있었다. 예컨대 조선시대에 수륙재나 여제의 대상이 된 이들은 "개별적 특성이 약화된 익명의 원혼들"이었고, "인귀(人鬼)이면서도 개체성을 상실한 존재"였고, "개별적인 존재가 아니라 불행의 상황으로만 기억될 수밖에 없는 존재"들이었다.[9] 그렇다면 결국 근대 이전에는 '독자적인' 전사자 의례는 사실상 존재하지 않았던 셈이 된다. 반면에 근대국가의 전사자 의례는 독립적

---

8) 조선시대 여제의 대상인 무사귀신은 '후손이 없어 제사 받지 못하는 사자'와 '불행한 죽음을 맞은 자'라는 두 가지 부류를 통칭한다. 보다 구체적으로 여제에서 제단에 모셔진 신위는 모두 15위(位)인데, 왼편에는 ① 칼에 맞아 죽은 자, ② 수화(水火)나 도적을 만나 죽은 자, ③ 재물을 빼앗기고 핍박당해 죽은 자, ④ 처첩(妻妾)을 강탈당하고 죽은 자, ⑤ 형화(刑禍)를 만나 억울하게 죽은 자, ⑥ 천재(天災)나 역질(疫疾)을 만나 죽은 자 등 6위가, 오른편에는 ⑦ 맹수와 독충에 해를 당해 죽은 자, ⑧ 얼고 굶주려 죽은 자, ⑨ 전투에서 죽은 자(戰鬪死者), ⑩ 위급하여 스스로 목매어 죽은 자, ⑪ 담이 무너져 압사한 자, ⑫ 난산(難産)으로 죽은 자, ⑬ 벼락 맞아 죽은 자, ⑭ 추락하여 죽은 자, ⑮ 죽은 뒤에 자식이 없는 자 등 9위가 배치되었다(김유리, 「조선시대 재난상황과 사자(死者) 인식에 관한 연구」, 32쪽). "전투에서 죽은 자(戰鬪死者)"는 15가지의 억울한 죽음 유형 중 하나에 불과한 것이다.

9) 이욱, 「조선 전기 원혼을 위한 제사의 변화와 그 의미」, 170쪽; 이욱, 「조선시대 국가 사전(祀典)과 여제(厲祭)」, 158쪽.

이고 독자적인 성격을 갖고 있다.

셋째, 근대 이전 전사자 의례의 대상은 원혼·원령·원귀(寃鬼)·무주고혼, 다시 말해 긍정적인 사회적·정치적 기능이 철저히 결여된 '부정적인 존재들'이었다. 조선시대에는 전사자가 "귀신으로 변하는 것을 미리 막기 위해" 전사자 유골을 특별한 공간에 유폐해두기도 했다.[10] 전몰처들이 "조선 후기 여제의 주요 제장"이었는데,[11] 이곳들에서 거행된 정기적 제사의 대상 역시 대체로 부정적인 존재들이었다고 봐야 할 것이다. 이처럼 전근대의 전사자 의례는 위령·추도·추모·진혼·해원의 측면에 집중되어 있었고, 근대적 전사자 의례의 필수적인 부분인 현창(顯彰)·송덕(頌德)·성화·영웅화의 측면이 매우 약했다. '송덕'을 망자에 대한 기억의 '세속적' 차원으로, '추모'를 망자에 대한 기억의 '종교적' 차원으로 보았던 아스만이 옳다면, 근대 이전의 전사자 의례는 망자 기억의 종교적 차원에 좀 더 치중했다고 말할 수도 있을 것이다.[12]

넷째, 근대 이전의 전사자 의례에도 현창·송덕·성화·영웅화의 측면이 나타나는 경우, 그것은 대개 전쟁에 크게 기여한 극소수 지도자들에 한정되었다.[13] 대부분의 전쟁지도자들은 평민이 아닌 귀족이나 양반 출신이었다. 개

---

10) 任東權, 『朝鮮の民俗』, 東京: 岩崎美術社, 1982, p. 10; 지영임, 「한국 국립묘지의 전사자 제사에 관한 일고찰」, 476쪽에서 재인용.

11) 이욱, 「조선시대 국가 사전(祀典)과 여제(厲祭)」, 160쪽.

12) 여기서 '송덕'은 칭송으로 명성을 얻고 이름을 영구적으로 남기는 것을, '추모' 혹은 '경건함'은 후손 즉 살아 있는 자들이 망자를 기리며 추모하려는 의식과 의무를 가리킨다. 알라이다 아스만, 『기억의 공간』, 39쪽.

13) 그런 면에서 칠백의총, 순의단(殉義壇), 종용사(從容祠) 등으로 현창되었던 '700의사(義士)'와 같은, '집합적 전사자 범주'에 대한 숭배는 오히려 예외적인 현상이었다.

별적 전쟁 영웅들은 예컨대 (원혼들을 대상으로 하는) 조선시대 식 여제나 수륙재의 대상에서 당연히 제외되었고, 별도의 장소와 별도의 의례를 통해 추앙되었다. 이들은 국가적 영웅일 뿐 아니라 가문의 조상신이기도 하기에, (원혼을 대상으로 하는 무교나 불교 의례가 아니라) 정상적이고 좋은 죽음을 대상으로 하는 유교 의례를 통해 기억되고 기념되었다. 결국 위령·추모의 대상이 부정적 정체성을 지닌 익명적이고 몰개성적인 '다중'(多衆)이었다면, 현창·송덕의 대상은 뚜렷하고도 긍정적인 개성을 지닌 '개인'이었던 셈이다. 이처럼 위령·추모 의례와 현창·송덕 의례가 분리되어 있었을 뿐 아니라 현창·송덕 의례의 대상이 소수의 개인 영웅들에 한정되었다는 점에서, 근대 이전의 전사자 의례는 '위령─현창의 적극적인 결합'(혹은 추모─송덕의 결합) 그리고 '무명의 대중영웅에 대한 강조'로 특징지어지는 근대 민족국가의 전사자 의례와 차이를 보인다.

결국 근대 이전의 전사자 의례는 (1) 사건과 의례의 괴리, (2) 재해 예방·종식을 위한 기양의례(祈禳儀禮)에의 종속성, 즉 전사자 의례의 독립성·독자성 결여, (3) 전사자에 대한 위령─진혼 의례와 현창─송덕 의례의 분리, (4) 오로지 위령─진혼 의례의 대상일 뿐인 부정적 존재로서의 전사자들, (5) 소수 전쟁 영웅에 국한된 전사자 현창─송덕 의례 등의 문제들을 드러냈던 셈이다. 조선왕조 식의 여제나 수륙재 같은 국가 의례는 '징병제로 동원된 국민군 전사자들'에 대한 의례적 대응 수단으로서는 명백히 부적절해졌다. 무명 전사자들에 대한 국가의 무관심과 독자적 의례의 부재라는 측면에서 볼 때, 그들에 대한 위령·추모와 현창·송덕의 소극성 측면에서 볼 때, 조선왕조는 극소수 영웅적 장군들을 제외한 일반 병사들의 영적인 '사후(死後) 복지'에는 거의 무신경하다시피 했다고 평가할 수 있다.

2. 근대로의 과도기? ─ 대한제국의 전사자 의례

일부 학자들은 1897~1910년 사이에 존속했던 '대한제국'의 전사자 의례에서 '근대적인' 성격을 발견할 수 있다고 주장했다. 이 학자들은 일종의 '국립 위령시설' 내지 '관립 위령시설'로 새로이 만들어진 두 장소, 곧 1900년 서울에 건립된 '장충단'(獎忠壇)과 1904년 청주에 건립된 '모충단'(慕忠壇)에 주목했다.[14]

대한제국기 전사자 의례의 근대성을 주장하는 근거는 대략 두 가지이다. 첫째, 전사자 제사 시설인 장충단 설립과 유가족에 대한 원호 대책 마련을 지시하는 고종 황제의 평등주의적 언명, 둘째, 장충단과 모충단의 정례적인 제사 대상이 장교와 고위 관료만이 아니라 무명의 사졸(士卒)까지 포함했다는 것이었다. 먼저, 고종의 지시 내용 중 "갑오년 이후로 전사한 병졸들"이나 "개국 503년 이후부터 장령(將領), 호위하는 군사, 병졸, 액속(掖屬) 가운데 절개를 지켜 죽었거나 몸에 상처 입은 사람"이라는 표현들에서 '무명용사 예찬'과 '평등주의'라는 근대적인 전사자 숭배 담론과 비슷한 것이 읽혀진다는 것이다.[15] 또한, 장충단은 동학농민군 토벌, 을미사변, 춘생문사건 과정에서 죽은 이들을, 모충사는 동학군 토벌 당시 전사한 군인들을 각각 제사 대상으로 삼고 있는데, 이때 계급에 따른 차별을 두지 않고 장교와 사졸 모두를 제사 대상에 포함시켰다는 것이다.

그러나 장충단과 모충단의 평등주의는 '절반의 평등주의'에 불과했다.

---

14) 이상배, 「장충단의 설립과 장충단제」, 『지역문화연구』 4호, 2005; 이민원, 「대한제국의 장충사업과 그 이념: 장충단과 모충단을 중심으로」, 『동북아문화연구』 33집, 2012.

15) 이상배, 「장충단의 설립과 장충단제」, 83-84쪽.

장충단의 경우 설립 이듬해인 1901년에 단사(壇祠)에 해당하는 '장충포열사'(奬忠褒烈祠)를 건립하여 죽은 이들의 위패를 안치했다.[16] 그러나 배향(配享) 대상으로 결정된 9명 가운데 사졸에 해당하는 이는 전무했다.[17] 모충단의 경우 이미 1894년부터 전사한 장교 3명과 사졸 70명을 위한 제사를 지내왔지만, 1903년에 지역민들의 건의에 의해 "벼슬이 추증(追贈)된" 이들은 장교 3명뿐이었다. 모충단에도 단사인 '모충사'가 만들어지고 장교 3명과 사졸 70명 모두의 위패가 안치되었지만, 모충사가 건립된 시점은 이미 대한제국이 멸망하고 식민지로 접어든 1914년이었다. 더구나 "사당에는 장교 3인과 병사의 위패가 각기 별도의 방에 안치되어" 있었다.[18] 사당에 사졸들의 위패까지 안치했다는 점에서 모충사가 장충단보다 진일보했다고 볼 수 있겠지만 그것은 대한제국이 역사 무대에서 퇴장한 후의 일이었고, 사당 '내부'에서조차 장교와 사졸의 차별이 관철되었다. 사졸 전사자들은 모충사 내부로 진입하는 데는 성공했지만, 그 즉시 사당 내부의 또 다른 차별과 맞닥뜨리게 되었던 셈이다.

대한제국이 아군 전사자를 재앙을 불러오는 부정적인 존재, 여제나 수륙재 같은 원혼의례를 통해 달래야 하는 무사귀신·무주고혼으로 간주하는 사고방식과 결별했음은 분명해 보인다.[19] 전사자 의례는 더 이상 자연적·사회

---

16) 김해경·최현임, 「일제강점기 장충단공원 변화에 관한 시계열적 연구」, 『한국전통조경학회지』 31권 4호, 2013, 98쪽.

17) 이상배, 「장충단의 설립과 장충단제」, 94~98쪽 참조.

18) 이민원, 「대한제국의 장충사업과 그 이념」, 139~145쪽.

19) 그렇다고 대한제국이 여제를 폐지한 것도 아니었다. 유기쁨은 통감부의 압력 속에서 1908년에 '향사이정건'이라는 칙령을 통해 여제가 폐지된 것으로 기록하고 있다. "1908년 무렵부터 대한제국의 유교식 국가의례는 환구단, 사직, 종묘, 영령전[이상 대사(大祀)]만 남기고

적 재난의 시기에, 혹은 차후의 재난을 예방하기 위한 목적으로 행해지는 것이 아니다. "나라를 위한 일에서 죽은 자에 대하여 제사를 지내어 보답하는 것은 귀신을 위로하여 기쁘게 하기 위한 것이며 군사들의 기세를 고무하기 위한 것"[20]이라는 고종의 말에는 전통적인 원혼의례를 뒷받침하는 사고방식과 다른 무언가가 분명히 작용하고 있다. 그러나 군인의 죽음과 관련된 대한제국의 대응은 '담론상의 평등'과 '현실의 불평등'이 교차하는, 또한 '제단의 평등'과 '사당의 불평등'이라는 모순과 균열을 내포하고 있는 것도 엄연한 사실이었다. 대한제국 시기의 이런 '전(前)근대성' 혹은 '반(半)근대성'을 보다 완전한 근대성을 향해 나아가는 과정에서 나타나는 '과도기적' 현상이라고 단언할 수 있을까? 이에 대한 손쉬운 대답이나 추정은 불가능할 것이다. 어쨌든 이런 어정쩡한 상황에서 일본에 의한 식민 지배가 시작되었다.

예전의 왕조시대 방식으로 대처할 수도 없고, 그렇다고 새로운 시대에 걸맞은 국가 의례가 확립되지도 않은 상태에서, 1948년 대한민국 정부 수립을 전후하여 군인·경찰 전사자들이 속출하는 사태가 지속되었다. 이것이 한국전쟁이라는 '죽음의 대량생산' 사태로 이어졌다. 전사자를 위한 적절한 국가 의례가 부재한 상태에서 어떻게 대한민국의 이름으로 징집된 '국민군 전사자의 대량생산' 사태를 감당할 수 있겠는가? 국민군 시대에 걸맞은, 전사자를

대폭 축소되었으며, 그나마 남겨진 국가 의례조차 한일 강제병합 이후 폐지되거나 구 황실의 집안행사로 의미가 약화되고 있었다. 일제는 1908년 7월 23일 칙령 제50호 '향사이정건'(享祀釐正件)을 반포해서 대한제국의 국가 의례를 대폭 축소, 폐지했으며 날씨와 관련된 농경의례와 여제(전염병제)를 비롯하여 대한제국의 사전(祀典)인 『대한예전』(大韓禮典)(1896년)에서 규정한 각종 국가 의례들을 폐기했다. 또한 1910년에 조선총독부는 사직이 신사의 기념제와 중첩된다는 이유로 사직을 폐지했다."(유기쁨, 「남산의 근·현대 수난사: 종교적 상징의 이식과 '공간화' 과정」, 『종교문화연구』 21호, 2013, 242~243쪽).

20) 이상배, 「장충단의 설립과 장충단제」, 83쪽.

위한 새로운 국가 의례가 시급히 창출되거나 발명되어야만 했다. 그런데 이 대목에서 식민지 시대의 체험적 학습이 요긴하게 작용했다. 일본에서는 메이지시대에 전사자를 위한 '근대적' 국가 의례가 등장했고, 이것이 식민지 조선에도 적용되었던 것이다. 식민지 시기의 중요성이 바로 여기에 있다.[21]

3. 근대 초기 일본의 전사자 의례

일본은 일찍부터 징병제를 도입했다. 일본이 징집제를 도입한 것은 1873년의 일로, 영국보다 훨씬 빨랐다.[22] 그에 따라 국가적인 전사자 의례도 비교적 빠르게 발달했다. 메이지 원년인 1868년부터 이런 움직임이 본격화되었다. 니시무라 아키라가 지적했듯이 "전쟁 사망자의 위령·추도가 국가적으로 제도화되는 것은 …… 메이지 정부가 목표로 한 근대국가로서의 체제에 기

---

21) 송현동의 2010년 논문(「현대 한국 원혼의례의 양상과 특징」)은 전사자 의례 주제를 다룬 아주 드문 연구인데, 그럼에도 식민지 시대를 간단히 생략한 채 조선시대에서 현대사회로 곧바로 건너뛴 것은 식민지 시대의 영향을 간과했다는 점에서 문제라고 생각한다. 박사학위논문과 다른 논문들을 통해 해방 후의 전사자 의례를 연구한 지영임도 식민지 시대에 대해서는 아예 언급하지 않거나(지영임, 「한국 국립묘지의 전사자 제사에 관한 일고찰」; 지영임, 「현충일의 창출 과정: 순국선열과 전몰장병을 중심으로」, 『비교민속학』 25집, 2003), 아무런 근거도 제시하지 않은 채 대한제국 말기와 식민지 시대를 단지 "과도기적 단계"라고 규정하면서 1926년 순종의 국장에 대해 간략히 언급하고 지나갈 뿐이다(池映任, "韓國國立墓地における戰死者祭祀に關する文化人類學的硏究", 博士論文, 廣島大學大學院 國際協力硏究科, 2004, p. 28). 김현선 역시 식민지 시대의 전사자 의례에 대해 언급하지 않는다(김현선, 「'현충일' 추념사의 내용과 상징화 의미 분석, 1961~1979」, 『청계논총』 15호, 2000; 김현선, 「현대 한국사회 국가의례의 상징화와 의미 분석」, 한국정신문화연구원 한국학대학원 박사학위논문, 2004).

22) 베네딕트 앤더슨, 『상상의 공동체』, 131쪽.

인"한다고 볼 수 있다. 도쿄 초혼사(招魂社, 쇼콘샤)를 필두로 여러 초혼사들(나중에 호국신사로 개칭됨)로 대표되는 항상적인 국가 위령시설, 즉 "일시적 초혼을 위한 장소로서의 '초혼장'이 아니라, 초혼제를 위한 항상적인 시설을 갖추고 계속해서 새로운 전사자도 합사하는 형태"가 등장한 것이다.[23]

　"죽은 자의 영을 하늘에서 지상으로 불러내어 위무함"을 뜻하는 '초혼' 관념이 일본 대중 사이에 널리 퍼진 것은 그리 오랜 과거의 일이 아니었다. 초혼 관념은 에도시대 말기부터 유행하게 되었고, 1862년에 최초의 초혼제가 거행된 이래 공적인 혹은 사적인 초혼제들이 빈번히 행해지게 되었다.[24] 이런 상황에서 메이지유신을 계기로 공적인 초혼제와 초혼사들이 급격히 확대되고 활성화된 것이다. 1865~1870년의 짧은 기간에 정부 지원을 받은 신사가 105개나 새로 생겼다.[25] 유골이나 위패도 없이 다만 합사된 전사자들의 명부(名簿)인 '영새부'(靈璽簿, 레이지보)를 봉안해놓았을 따름인, 독특하게 일본적인 전사자 위령·제사시설이 본격적으로 기능하기 시작한 것도 1869년의 일이었다. 징집제 도입 이전인 1869년에 도쿄 초혼사가 건립되면서 3,588명에 달하는 전사자들의 영(靈)이 최초로 합사되었던 것이다.[26] 창설 당시 도쿄 초혼사는 내무성·육군성·해군성의 관할 아래 있었고, 그중 내무성이 신사에 종사하는 관리에 대한 임명권을 행사했다. 그러다 1887년부터는 내무성이 빠지고 육군성과 해군성이 관할하면서 신사 책임자도 군이 직접 임명하게

---

23) 니시무라 아키라, 「위령과 폭력」, 256, 261쪽.

24) 박규태, 「야스쿠니(靖國)신사와 일본의 종교문화」, 138쪽.

25) 다카시 후지타니, 『화려한 군주』, 128쪽.

26) 노길호, 『야스쿠니신사』, 도서출판 문창, 1996, 21쪽.

되었다.[27] 1870년대를 거치면서 도쿄 초혼사 곧 야스쿠니신사는 명칭 변경과 등급 승격 등 눈부신 발전을 거듭했으며, 천황과의 관계도 더욱 밀접해졌다.[28]

도쿄 초혼사에 전사자들의 영이 처음 합사되던 1869년 무렵에는 이미 전쟁의 승리를 "전사자의 공적(功績)으로 보는 사고"가 진제식(鎭祭式) 축사에서 표현되는 등 "전사자의 위령만이 아니라 현창이라는 요소의 맹아"도 뚜렷하게 나타났다고 한다.[29] 앞서 지적했듯이 무명 전사자들을 대상으로 한, '위령'에서 '현창'으로, '추모'에서 '송덕'으로 의례의 강조점을 이동시키는 것은 근대적 전사자 숭배의 등장에서 대단히 중요하다.

청일전쟁과 러일전쟁은 일본의 전사자 숭배에서 중대한 분기점을 이룬다. 야스쿠니신사에 안치된 전사자 숫자가 급격히 증가함에 따라 전사자 숭배 전반에 활력이 생겨났다. 1869년부터 청일전쟁 발발 이전까지 야스쿠니신사에 합사된 전사자 혼은 모두 14,520명에 불과했다. 그러나 청일전쟁 발발 후 두 번의 대(大)봉안식—향후 국가제사의 대상이 될 전사자의 이름을 영새부에 등재하는 의식—을 통해 12,877명이 추가되었고, 러일전쟁 발발 후 세 차례의 대봉안식을 통해 다시 85,500명이 안치되었다. 러일전쟁 직후에는 야스쿠니신사에 합사된 전사자 숫자가 이미 11만 명을 넘어선 것이다. 청일전쟁과 러일전쟁 당시 사무라이 계급이 아닌 평민층에서 전사자가 폭발적으로 증가함에 따라 야스쿠니신사의 연례 축제와 봉안의식이 국민들의 큰 관심과 참여 대상이 되었다. 야스쿠니신사에 부설된 전쟁박물관인 유슈칸(遊就館) 입장객

---

27) 가와카미 다미오, 「'야스쿠니 문제'에 대한 세 가지 시점」, 30~31쪽.

28) 노길호, 『야스쿠니신사』, 24~25쪽.

29) 니시무라 아키라, 「위령과 폭력」, 261쪽.

수도 급격히 증가했다.[30] 오에 시노부의 평가처럼 야스쿠니신사는 러일전쟁 이후 "국민통합의 정신적 중핵"으로 역할하게 되었다.[31]

야스쿠니신사의 초혼제는 적군 전사자 같은 원령들을 철저히 배제하고 오로지 아군인 '황군'(皇軍) 전몰자만을 제사의 대상으로 삼았던 점, 그리고 "공적을 세워 현세에 한을 남길 여지가 없는 영혼"만을 제사 대상으로 삼았다는 점에서 전통적인 어령신앙과도 완전히 단절했다. 오에 시노부는 야스쿠니신사의 등장 및 초기 변화를 "진혼에서 위령으로, 위령에서 현창(顯彰)으로"라고 요약하면서 다음과 같이 부연했다. "야스쿠니신사는 그 기원은 어령신앙의 계보를 밟으면서도 메이지 새 정부의 성립에 의한 관제화(官祭化)와 함께 위령을 위한 초혼제로 변질되어 전통적인 민간신앙으로부터 괴리되고 야스쿠니신사라는 개칭과 함께 위령의 성격에 덧붙여 훈공·표창이라는 성격이 강하게 대두되었던 것이다." 아울러 국가신도는 "전장에서 죽은 자를 적군인가 아군인가를 불문하고 함께 제사 지내는 습관"과도 절연했다.[32]

메이지시대에 일어난 또 다른 중요한 변화는 국가적 장례의 형식이 '불교식'(佛式)에서 '신도식'(神式)으로 바뀌었다는 사실이었다. 일본에서는 불교 사찰을 통한 주민의 종교 정체성 등록제도인 '사청제도'(寺請制度), 그리고 사청제도에 기초하여 주민들의 죽음 의례 독점권을 불교가 장악하게 만들어준 '단가제도'(檀家制度) 혹은 '사단제도'(寺檀制度)가 에도시대인 17세기 중반 이후 제도화되고 정착되었다. 그에 따라 압도적으로 불교적인 죽음 경관이 형

---

30) 다카시 후지타니, 『화려한 군주』, 167~168쪽.

31) 오에 시노부, 『야스쿠니신사』, 141쪽.

32) 위의 책, 131~133쪽.

성되었다.[33] 이것은 민간 영역에서나 국가 영역에서나 마찬가지였다. 그런데 메이지유신 이후 국가 영역에서는 장례의 경관이 불교 중심에서 신도 중심으로 변화되었다는 것이다.[34] 메이지 정부는 불교 사찰이 담당해왔던 호적(戶籍) 관리 업무도 신사로 이관시켰다.[35] 이로써 단가제도를 지탱해왔던 제도적 기반 자체가 상당 부분 허물어졌다. 이처럼 메이지 정부는 대중의 사랑을 받는 종교의례 요소들을 전사자 의례로 전용하는 기존 패턴을 유지하면서도, 그 전용의 대상이 되는 종교를 불교에서 신도로 대체했다. 물론 이런 변화는 앞서 소개한, "전몰자 위령소" 내지 "중심적인 전쟁기념 장소"가 초혼사 혹은 호국신사 등 신도(神道) 사원 형태로 설립된 것과 맥을 같이한다고 하겠다. 보다 근원적으로 보면, 이런 변화들은 국가신도가 천황제 일본국의 시민종교로 자리 잡았음을 의미할 것이다.

그렇다고 불교식 전사자 의례가 공적 무대에서 완전히 퇴장한 것은 아니었다. 유가족이나 인척 같은 사적 영역들은 말할 것도 없고, 낮은 단위의 행정기관이나 사회단체 등에서는 여전히 불교식 의례들이 애용되고 있었다. "유족의 사적 차원의 위령·추도에서는 국가적 위령시스템의 신도식 제사 형식을 따르는 것이 아니라, 불교나 민속종교 등 개개인의 신앙생활 속에서 병사의 죽음을 받아들였던 것이다······ 신도 형식으로 행해진 야스쿠니신사·호국신사의 합제와 달리, 사단(師團) 차원이거나 시정촌(市町村) 차원에서

---

33) 허남린, 「일본불교와 단가제도」, 『불교신문』, 2007.10.3; 이와타 시게노리 저, 조규헌 역, 『일본 장례문화의 탄생』, 도서출판 소화, 2009, 107~109쪽; 조규헌, 「일본 장례문화에서 '영혼'의 다양성에 관한 고찰」, 『한일어문논집』 16집, 2012, 214~215쪽.

34) 다카시 후지타니, 『화려한 군주』, 196~197쪽.

35) 차남희, 「일본의 시민종교와 신도: 메이지 초기의 국가신도를 중심으로」, 『담론 201』 12집 1호, 2009, 88쪽.

행해진 초혼제에서는 신도식(神式)만이 아니라 불교식(佛式)도 병행된 사례가 많으며, 공양회(供養會) 등 불식에 의한 위령도 행해지고 있었다."[36] 중앙정부 차원에서는 신도가 불교를 대체했을지라도, 공적 영역 전체로 보면 전사자 의례를 위해 신도와 불교가 나란히 의례적 자원들을 제공하고 있었던 것이다.

메이지 정부의 '신불분리'(神佛分離, 신도와 불교의 분리)에도 불구하고, 전사자 의례에서 신도와 불교를 모두 주요 의례 자원으로 활용하는 신불혼용(神佛混用) 내지 신불병용(神佛併用)의 사례는 러일전쟁과 그 후 시기에도 빈번했다고 한다. 오에 시노부는 1904년 6월 19일 행해진 제1군 초혼제와 1906년 5월 16일 나가노현 주최로 열린 전몰군인 초혼제의 예를 소개하고 있는데, 나가노 초혼제는 승려가 참석한 가운데 불교 사찰에서 거행되었지만 의례 형태는 신도식이었다고 한다.[37] 일본군 당국의 공식 정책을 살펴보더라도, 최초의 '군용묘지'가 등장하던 1871년에는 신도적 전사자 의례를 명문화했지만, 1873년부터는 신도식과 불교식 전사자 의례 중 하나를 선택하도록 했다. 1897년부터는 의례의 종교적 성격에 대해서는 아무런 명문 규정을 두지 않게 되었지만, 1930년대 이후 군용묘지의 경관은 점점 불교식으로 바뀌게 되었다.[38] 이런 과정을 거치면서 군대 안에서도 신불혼용 혹은 신불병용의 전통이 점점 자리를 잡아가게 되었던 것으로 보인다.

러일전쟁 이후에도 일본의 전사자 의례는 지속적인 변화와 숙성 과정을

36) 니시무라 아키라, 「위령과 폭력」, 265쪽.

37) 오에 시노부, 『야스쿠니신사』, 196~198쪽.

38) 하라다 게이이치, 「누가 추도할 수 있는가: 야스쿠니신사와 전몰자 추도」, 일본의전쟁책임자료센터 편, 박환무 역, 『야스쿠니신사의 정치』, 동북아역사재단, 2011, 213~220쪽 참조.

거쳤다. 일본이 만주와 중국 침략을 본격화한 1930~1940년대가 특히 중요하다. 1910년 이후 일본의 전사자 의례에서 발생한 변화들이 식민지 조선으로 직수입되었기 때문이다. 식민지 시대에 일본에서 발생한 전사자 의례의 변화는 조선에서의 변화와 거의 동시화되었다.

4. 의례경관, 의례장치, 의례미장센

이런 문제의식 아래 필자는 전사자 의례에 관한 논의를 식민지 시대의 그것에서 시작하려 한다. 논의의 목표는 전사자 의례와 관련해 식민지 시대를 거치면서 특정한 '의례패턴'(ritual pattern)이 등장하고 굳어지는가를 탐구하는 것이다. 의례패턴은 불문율로서 일정하게 정형화된 의례적 공식(ritual formula)일 수도 있고, 법적으로 제도화되거나 매뉴얼로 작성된 의례 양식으로 존재할 수도 있다. 의례패턴의 구체적 형태와 성격을 결정하는 것은 대략 두 가지로 정리될 수 있다. 필자가 각각 '의례경관'(ritual landscape)과 '의례장치'(ritual apparatus)라고 명명한 그것이다.

이 가운데 의례경관에서는 (1) 종교성 – 세속성, (2) 의례 무대 혹은 의례장(場)의 미장센(mise en scène)이라는 두 요소가 가장 중요하다.

먼저, 의례경관은 종교적 경관과 세속적 경관으로 대별된다. 전자는 의례가 교회·사찰·신사 등의 종교적 공간에서 특정한 종교적 예법에 따라 진행되는 경우이고, 후자는 의례가 광장·운동장·연병장·강당 등의 세속적 공간에서 세속적인 방식으로 진행되는 경우를 가리킨다. 식민지기에 종교적 의례경관과 세속적 의례경관은 나란히 발전했다. 세속적인 장소에서 종교적인 방식으로 거행되는 전사자 의례처럼 둘은 혼합 내지 중복될 수 있으며, 실제로도 그런 사례들은 흔한 편이었다.

두 번째로, 의례의 미장센은 의례가 펼쳐지고 연행(演行)되는 무대 혹은 장(場)을 어떻게 선택하고 구성하는가의 문제와 관련된다. 구체적으로는 '의례의 장소' 선택과 구성, 그리고 '제단(祭壇)의 구성' 두 가지가 특히 중요하다. 예컨대 전사자를 기리는 탑·비나 군인묘지를 건립하고 동시에 그 앞에 널찍한 광장을 함께 조성하여 그곳을 무대로 대규모 군중이 참여하는 전사자 의례를 거행하는 모습은 식민지 시대에 처음 나타난 것으로, 이전 시대에는 전혀 발견되지 않던 낯선 광경이었다. 이처럼 '탑·비·묘지와 광장과 의례의 다중적인 결합'은 새로운 의례경관을 창출하게 마련이다. 무명의 전사자들을 위해 공설운동장이나 학교 운동장, 군부대 연병장 등지에서 수천 혹은 수만 명의 대규모 군중이 집결한 가운데 합동위령제를 치르는 모습 역시 이전 시대에는 좀처럼 볼 수 없던 낯선 풍경이었다.

우리가 기념비 기능과 묘 기능이 결합된 조형물을 '묘탑'(墓塔)이라고 명명할 수 있다면,[39] 식민지 시대부터 나타나기 시작한 충혼탑·충령탑·충렬탑 등은 '기념비와 묘의 일체화'를 구현한 세속적인 묘탑의 대표 사례들이라고 할 수 있다. 오늘날의 납골묘나 납골당과 유사하게, 묘탑에는 화장하거나 매장 후 육탈(肉脫)된 유골이 안치된다. 그런데 사자의 시신이나 유골은 전혀 존재하지 않지만, 사자의 위패나 명부(名簿)·상징물을 안치하여 제사나 의례의 공간으로 활용되는 탑이나 비도 존재한다. 일본의 야스쿠니신사·호국신사나 한국의 사당과 같은 건물이 아니라, 탑이나 비가 그와 동일한 기능을 수

---

39) 통상 '묘탑'은 승려의 사리나 유골을 안치한 부도(浮屠)를 가리키지만, 여기서는 그 뜻을 확대하여 기념비와 묘가 결합된 충령탑·충렬탑·충혼탑 등을 통칭하는 용어로 사용하려는 것이다.

행하게 되는 것이다. 식민지 시대부터 이런 유형의 탑과 비가 다수 등장했다. 이처럼 기념비 기능과 사(祠, 社), 즉 신사·사당 기능이 결합된 조형물을 필자는 '영탑'(靈塔)이라 부르고자 한다.[40] '기념비와 묘의 일체화'가 묘탑이라면, '기념비와 사의 일체화'는 영탑이 되는 셈이다. 그런데 이런 묘탑·영탑의 등장은 의례미장센에 중요한 변화를 초래한다. 두 가지 측면에서 그러하다.

우선, 묘탑·영탑 앞에 인위적으로 조성된 광장에서 전사자 의례가 치러질 경우에는 '제단의 구성' 방식 자체가 크게 달라지는 경향이 있다. 기존의 종교적 성소(聖所)들에서 거행되는 전사자 의례는 제단 구성 방식이 종교별로 제각각일 것이지만, 운동장·연병장·강당 등 세속적인 공간에서 의례를 거행할 경우에는 여러 단으로 구성된 임시제단 위에 신위·영정·유골 등을 배치하는 것이 보통이었다. 신도·유교·불교 양식의 죽음 의례에서는 제단 위에 사자에게 바치는 음식물도 등장했을 것이다.[41] 그런데 묘탑·영탑이 건립되고 그 광장에서 의례가 개최되면 묘탑·영탑이 제단의 기능도 겸하면서 묘탑·영탑 자체가 신위·영정·유골 모두를 대신하게 되는 것이다.

다음으로, 국가 주도에 의한 '공공(public) 묘탑·영탑'의 등장과 확산은 의례경관의 종교성 – 세속성 측면에서도 중요한 변화를 촉진할 수 있다. 전사자를 위한 묘탑·영탑은 종교적 공간의 바깥에, 예컨대 주요 전투의 현장이나, 근대 민족국가 건설 과정에서 일어났던 주요 사건들의 현장, 대규모 군중

---

40) 필자는 이 용어를 1949년에 추진된 '육탄10용사 영탑'에서 빌려왔다.

41) 신도식 위령제에서도 망자에게 음식을 바치고 거두어 치우는 '헌찬'(獻饌)과 '철찬'(撤饌) 순서가 포함되어 있다. 참고로 1938년 11월 25일 경성중학 강당에서 열렸던 '조선교육 순직자 병(並) 물고자 위령제'의 순서는 다음과 같았다. ① 수불(修祓), ② 강신(降神), ③ 헌찬, ④ 축사(祝詞) 주상(奏上), ⑤ 제문(祭文) 주상, ⑥ 다마구시(玉串) 봉전(奉奠), ⑦ 철찬, ⑧ 승신(昇神), ⑨ 유족 배례(『동아일보』, 1938.11.21).

이 쉽게 접근하고 집결할 수 있는 곳 등에 건립되는 경향이 있다. 따라서 광장과 일체형으로 조성된 묘탑·영탑이 전사자 의례의 공간으로 공인되고 제도화될수록 '의례 공간의 탈종교화'가 지배적인 추세로 자리 잡게 될 공산이 크다. 말하자면 전사자 의례의 장소가 '종교적 – 초월적 공간'에서 '세속적 – 초월적 공간'으로 바뀌는 것이다(이 '세속적 – 초월적 공간'을 '시민종교적 공간'으로 부를 수도 있을 것이다).

한편 '의례장치'는 의례의 효과를 높이기 위한 다양한 수단과 기제들을 가리킨다. 보통 의례장치들은 의례 주체 세력에 의한 정교하고도 의도적인 기획의 산물이며, 이를 통해 의례 효과를 드높이고 대중의 시선과 관심을 집중시키고 대중의 참여를 촉진하려는 목적으로 배치되고 동원된다. 이런 의례장치들 덕분에 의례가 시각적으로 더욱 화려해지거나 웅장해질 뿐만 아니라, 마치 그것이 하나의 연극이나 공연인 양 의례 자체가 극화(劇化) 내지 드라마화(化)되거나 예술적 퍼포먼스처럼 심미화되는 효과가 발생한다. 무엇보다 한 도시의 전체 시민, 나아가 전체 국민으로 하여금 특정 전사자 합동위령제에 집중하거나 참여하게 만드는 의례장치들은 특별한 주목을 받을 가치가 있다. 확성기·라디오의 사이렌 소리 혹은 종교시설·학교의 종치는 소리에 맞춰 전체 주민들이 동시에 전사자를 위한 묵념을 바치는 집합행동이 대표적이다. 반기(半旗) 혹은 조기(弔旗) 게양, 임시공휴일 지정, 음주가무에 대한 금기(禁忌) 설정, 금융 혹은 일채주의(一菜主義) 실행, 철시(撤市), 전사자 관련 성역들의 청소와 참배·순례·헌화, 행사 표어 제정과 홍보, 표어를 새긴 조형물 설치나 현수막 게시, 추모탑 설치, 특별 추모방송 편성, 추모비행, 추모 가두행진, 비둘기 풀어주기(放鳩) 행사, 추모강연회, 추모음악회, 추모전시회, 유가족 초청 위로행사나 위문금품 전달 등도 의례장치의 목록에 추가될 수 있다.

지금부터는 시대별로 전사자 의례의 변화상을 살펴보려고 한다. 이때 ①
의례의 시기별 빈도 추이, ② 의례경관, ③ 의례장치, ④ 전사자의 의례적 변형
등 네 가지 측면들에 초점을 맞출 것이다. 그것이 해방 후 '대한민국'의 전사
자 의례 형성에 미칠 잠재적 영향에 유념하면서, 식민지 시대의 전사자 의례
를 먼저 분석해보도록 하자.

4장
식민지 조선의 전사자 의례

1. 의례의 빈도, 추이, 계기

식민지 조선에서 최초로 거행된 전사자 의례는 청일전쟁 희생자들을 기리는 것이었다. "청일전쟁의 추모의례는 '위령제'라는 명칭으로 남산공원에 건립된 '일청전승기념비' 앞에서 매년 거행"되었다는 것이다.[1] '일청전승기념비'(혹은 '갑오전승기념비')는 1899년 남산 왜성대공원 경성신사 앞에 건립되었고, 이후 매년 기념비 앞 혹은 뒤쪽 광장에서 초혼제가 거행되었다고 한다.[2] 이 연례적인 추모행사가 1930년대 이전에 식민지 조선에서 거행되던 거의 유일한 전사자 의례였을 것이다.

이번 연구에서 필자는 『동아일보』의 기사들을 텍스트 삼아 중점적으로 조사했는데, 1930년대 이전에는 한반도에서 벌어진 전사자 위령제나 추도식 관련 기사를 전혀 발견할 수 없었다. 최초의 관련 기사가 등장한 때는 1932년 2월 말이었다. 그 위령제의 대상자는 공교롭게도 일본인이 아닌, 조선인

---

1) 정호기, 「일제하 조선에서의 전쟁사자 추모 공간과 추모 의례」, 『사회와 역사』 67집, 2005, 149쪽.

2) 김대호, 「20세기 남산 회현 자락의 변형, 시각적 지배와 기억의 전쟁: 공원, 신사, 동상의 건립을 중심으로」, 『도시연구』 13호., 2015, 14쪽.

〈표 4 - 1〉 식민지 시기 조선인 전사자를 위한 위령제: 1940년 8월 7일 이전

시기	대상	장소	주최	주요 사항
1932.3.1	채달묵(일등헌병보)	공회당(경성)	경성헌병대	앞서 2월 24일 길림 헌병대에서 고별식 거행
1938.8.15	전북 출신 전사자	전주 심상소학교	전북군사후원연맹	
1939.1.21	최산암	동지소학교	경남 방어진읍	읍장(邑葬), 정무총감 이 조사(弔辭)를 보냄
1939.4.27	신영호(통역)	종로소학교	관훈·인사·견지 ·공평정	경성부내 4개 정(町) 의 공동 정장(町葬)
1939.7.30	이인석	태고사	동양지광사	불교식. 조선인 지원 병중 최초 전사자. 3 천여 명이나 참여
1939.8.31	허철(통역)	강화면*	경기 강화면	불교식, 면민장(面民 葬). 장례식 후 지역 의 공동묘지에 매장
1940.5.20	임행이(육군 중위)	훈련원 회장	경성 신당정	정장(町葬)
1940.5.23	홍명용(육군 군속)	심상소학교	경남 구산면	면민장
1940.5.26	용산중 출신 전사자	교내 진신당	용산중학교	임행이 중위도 위령 제 대상자에 포함됨.
1940.7.24	백춘구(통역)	함흥공설운동장	함남 함흥부	부민장(府民葬), 5천 여 명이나 참여한 대 규모 장례식이었음

* 강화면 관내의 구체적인 장소는 미상임.

일등헌병보였던 채달묵이었다. 같은 해 2월 20일 만주 돈화동문에서 전사한 그를 위해 현지의 길림헌병대가 2월 24일에 관민 합동의 '고별식'을 치러주 었고, 2월 28일 그의 유골이 열차 편으로 경성에 도착하면서 3월 1일에 경성 헌병대가 공회당에서 '위령제'를 거행하리라는 내용이 『동아일보』 1932년 2 월 28일 자(3면)에 실려 있다. 그에게는 1934년 10월에 금치(金鵄)훈장이 수여 되기도 했다.[3] 조선인 전사자와 관련된 위령제 뉴스는 그 후 6년 이상 등장하

---

3) 『동아일보』, 1934.10.7.

지 않다가, 1938년 8월부터 1940년 7월까지 약 2년 사이에 아홉 차례 나타난 다(〈표4-1〉 참조).

조선인 전사자와 관련된 공적인 의례, 즉 가족 단위를 넘어 국가기관이나 사회단체·학교 등이 주관한 의례의 숫자는 식민지 조선에서 거행된 공적인 전사자 의례의 전체 사례에 견줘보면 극히 일부분에 지나지 않는다. 더구나 〈표4-1〉의 몇몇 사례, 예컨대 1938년 8월 15일에 있은 "전북 출신 전사자"를 위한 위령제, 그리고 1940년 5월 26일에 있은 "용산중학교 출신 전사자" 위령 제에는 일본인 전사자도 상당수 포함되었을 가능성이 높다. 징병제가 조선 으로 확대 시행되기 이전에 조선인 중 참전자 자체가 적었을 터이니 조선인 전사자 의례가 드문 것은 자연스런 현상이기도 했다.

조선인 전사자 위령제 관련 기사가 대부분 단신(短信)이어서, 위령제가 세속적 혹은 종교적 의례경관을 보였는지, 종교 중에서는 어떤 종교가 주로 동원되었는지를 확인하기란 쉽지 않다. 단 두 사례에서만 '종교적 의례경관' 을 확인할 수 있는데, 두 번 모두 불교식으로 위령제가 거행되었다. 적어도 1940년 여름까지 조선인 전사자 중 신도식(神道式) 의례를 치른 사례는 없었 던 것으로 보인다. 조선인 전사자 의례에서 발견되는 이런 특징은 '신도식'과 '불교식'이 모두 활용되었지만 공식성이 높고 규모가 클수록 신도식이 다수 를 차지했던 식민지 시대 전체의 전사자 의례경관과 대조된다. 전사자의 종 족성(ethnicity) 차이가 전사자 의례에도 반영되고 있었던 셈이다.

이번에는 조선인과 일본인 모두를 포함한 전사자 전체로 시야를 넓혀 의 례의 시기별 빈도 추이를 관찰해보자. 1920년 4월 창간부터 1940년 8월 폐간 까지 약 20년 동안 『동아일보』에 게재된 조선에서의 위령제 관련 기사는 모 두 75건이었다. 이 기사들의 연도별 분포는 〈표4-2〉에 정리되어 있다.

<표 4 - 2> 식민지 시기 한반도에서 거행된 공적인 전사자 의례: 1940년 8월 10일 이전

연도	위령제 건수	위령제를 거행하게 된 주요 계기
1932	2	만주사변 전사자 발생
1933	4	만주사변 전사자 발생, 만주사변 2주년
1934	2	해군기념일, 만주사변 3주년
1935	0	
1936	0	
1937	10	중일전쟁 전사자 발생, 만주사변 6주년, 퉁저우사건, 전승행사(난징 함락)
1938	20	중일전쟁 전사자 발생, 육군기념일, 해군기념일, 전승행사(쉬저우, 한커우 함락), 중일전쟁 1주년, 장고봉사건, 총후후원강화주간
1939	17	중일전쟁 전사자 발생, 육군기념일, 해군기념일, 장고봉사건 1주년, 만주사변 8주년, 총후후원강화주간
1940*	20	중일전쟁 전사자 발생, 육군기념일, 해군기념일, 중일전쟁 3주년기념일, 장고봉사건 2주년
합계	75	

* 1940년 8월 7일 자가 마지막 관련 기사임.

〈표 4 - 2〉에서 보듯이 만주사변 이듬해인 1932년에 식민지 조선에서 전사자 의례가 본격적으로 등장하기 시작하여 1932년 2건, 1933년 4건, 1934년 2건 등으로 이어지다가, 1935~1936년의 2년 동안에는 그 흐름이 끊어졌다. 그러다 중일전쟁이 발발하자 1937년 10건, 1938년 20건, 1939년 17건, 1940년 8월 초까지 20건 등으로 의례 빈도가 급증했다. 이 가운데 특정 개인만을 위한 위령제보다는 '전사자 집단'을 대상으로 하는 합동위령제가 훨씬 많았다. 규모가 작고 사적인 성격이 강한 위령제는 아예 보도되지 않은 탓도 클 것이다.

의례 빈도의 연도별 추이가 그러하다면, 전사자 의례를 거행하게 되는 주요 계기는 무엇이었을까? 다시 말해 전사자 의례는 언제 개최되는가? 우선, 위령제는 '전자사의 대규모 발생' 사태에 대응하는 측면이 강했다. 1930년대에는 만주사변, 중일전쟁, 퉁저우(通州)사건, 장고봉사건(하산호 전투) 등이 여기에 해당한다. 조선에 주둔한 19사단과 20사단 병력이 이런 일련의 전투와 전쟁에 참여했다. 두 번째로, 이런 사건들의 발발일이 빠르면 이듬해부터 연례 기념일이 되어 그 사건들로 희생된 전사자를 기리는 위령제를 개최하도록 작용했다. 세 번째로, 러일전쟁 승전기념일 성격이 강한 육군기념일과 해군기념일에 다채로운 전승 행사를 진행하면서 그 일환으로 전사자 위령제를 거행했다(표 4-3) 참조). 네 번째로, (승전기념일인 육군기념일·해군기념일과 비슷하게) 중일전쟁 발발 이후 전승 행사의 일환으로 전사자 위령제를 배치하는 것이다. 예컨대 1937년 12월의 '난징(南京) 함락', 1938년 5월의 '쉬저우(徐州) 함락', 1938년 11월의 '한커우(漢口) 함락'을 경축하면서 전사자 위령제를 거행하도록 유도했다. '전승행사와 위령제의 결합'은 식민지 조선의 중요한 특징이었다. 다섯째, 1939년 이후에는 '총후(銃後)후원강화주간'을 제정하고 이 기간 중에 전사자 위령제를 거행하도록 했다. 여섯째, 일본이나 중국 등 한반도 외부에서 개최되는 중대한 전사자 위령행사에 조응하여 동시에 의례를 치르는 것이다. 1938년 5월 6일 중국 산시성에서 거행되는 일본군 부대 위령제에 맞춰 평안남도 전역에서 치러진 위령제나, 1938년 4월 26일과 10월 19일 도쿄 야스쿠니신사에서 열린 전사자 합사(合祀) 의식에 맞춰 조선 전역에서 거행된 위령제가 좋은 예이다.

이렇게 보면 1932~1940년 사이 75건이라는, 『동아일보』 기사를 통해 확인한 전사자 의례의 빈도는 실제 건수보다 훨씬 적게 집계된 것임이 분명해진다. 매년 거행되는 육군기념일과 해군기념일, 만주사변과 중일전쟁 등 주요 전쟁·전투를 기리는 연례 기념일, 주요 도시 '함락' 축하행사, 총후후원강화주간, 야스쿠니신사 임시대제 등의 계기에는 한반도의 주요 도시들마다 동시다발적으로 전사자를 추모하고 현양하는 위령제들이 거행되곤 했기 때문이다. '동시다발 의례'라고 부를 수 있는 이런 현상 외에도, (나중에 자세히 살펴볼) '이동의례' 및 그와 연계된 '의례의 연쇄' 현상 역시 의례 빈도를 대폭 증가시킨다. 전사자 유해의 이동경로에 따라, 유해가 출발하고 도착하고 매장되는 매듭들마다 의례들이 연쇄적으로 발생하는 것이다.

〈표 4 - 3〉 전사자 의례가 거행된 전쟁 관련 주요 기념일들

기념일	기념일의 명칭	배경 및 주요 행사
2월 22일	육탄3용사 추모일	1932년 전사
3월 10일	육군기념일	1905년 러일전쟁 중 펑톈(奉天)전투 승리 기념
4월 하순	야스쿠니신사 춘계대제	임시 합사, 천황 참배, 군인원호운동주간
5월 27일	해군기념일	1905년 러일전쟁 중 발트함대 격파 기념
7월 7일	중일전쟁 기념일	1937년 노구교사건(20사단 참전)
8월 10일	장고봉사건 기념일	1938년 소련과의 전투(19사단 참전)
9월 18일	만주사변 기념일	1931년 만주 펑톈에서 발생(20사단과 19사단 예하 각 연대 병력 참전)
10월 하순	야스쿠니신사 추계대제	임시 합사, 천황 참배, 군인원호운동주간
10월 하순	군마제(軍馬祭)	중일전쟁 이후 실시
12월 8일	대동아전쟁 기념일	1941년 태평양전쟁 발생

* 출처: 정호기, 「일제하 조선에서의 전쟁사자 추모 공간과 추모 의례」, 152쪽.

지금까지 살펴보았듯이 1931년의 만주사변과 1937년의 중일전쟁 발발은 전사자 의례가 본격적으로 등장하고 발전되는 역사적 계기였음이 명백하다. 특히 중일전쟁을 고비로 '위령제의 봇물'이 한꺼번에 밀려드는 형국이 펼쳐졌다. 식민지 시대의 전사자 의례에서 가장 이채로운 대목 중 하나는 사람만이 아니라 전쟁에 동원된 동물들도 때때로 위령제의 대상이 되었다는 사실이다. 군마(軍馬), 군견(軍犬), 군구(軍鳩)를 위한 위령제가 바로 그것이었

다. 예컨대 1939년 10월 24일에는 전국적인 규모로 '지나사변 군마제(軍馬祭)'가 거창하게 열렸는데 '군마 위령제'가 핵심 행사 중 하나였다. 이날 경성 부민회관과 인천 등지에서 "군마의 무훈을 생각하여 성대한 위령제"가 거행되었고, 여기서 군마들은 '무언(無言)전사'('무언전사의 혼백은 눈 감으라」)로 호명되었다.[4] 같은 해 12월 10일에도 전몰장병과 군견·군마·군구를 위한 '00부대 야전본부 합동위령제'가 열린 데 이어, 1940년 2월 24에도 전몰장병·군마·군견·군구를 위한 '20사단 대(大)합동위령제'가 큰 규모로 거행되었다.[5] 이후에도 매년 10월 하순경 일본과 조선에서 동시에 군마제가 열렸다. 조선에서는 주로 남산 조선신궁이 행사의 무대가 되었다. 1944년 3월 1일 열린 조선마사회 주최 행사를 비롯하여, 전쟁이 격화되면서부터는 '군마의 무운장구 기원제'가 더욱 자주 열렸다고 한다.[6]

2. 의례경관

이번에는 식민지 시기 전사자 의례를 지배했던 의례경관에 대해 살펴보자. 당시에는 어떤 종교적 요소도 전용하지 않은, 순전히 비(非)종교적이거나 세속적인 의례경관이 펼쳐진 사례는 많지 않았다. 의례경관이 비교적 잘 드러난 사례들 가운데, 1939년 8월 10일 장고봉사건 1주년 기념행사의 일환으로 전남 능주면 신사에서 거행된 전사자 위령제가 세속적인 의례경관을 보

---

4) 『동아일보』, 1939.10.20, 1939.10.25, 1939.10.26.

5) 『동아일보』, 1939.12.8, 1940.2.16.

6) 정호기, 「일제하 조선에서의 전쟁사자 추모 공간과 추모 의례」, 158쪽.

여주는 희귀한 경우에 해당된다고 생각된다. 이 위령제의 식순은 "① 개식의 사(辭), ② 국기 게양, ③ 국가 합창, ④ 궁성요배, ⑤ 묵도, ⑥ 면장(面長)의 고사(告辭), ⑦ 학교장 훈사(訓辭), ⑧ 국민서사 제창, ⑨ 폐식의 사(辭)"로 구성되어 있었다.[7] '신사'라는 종교적 경관을 배경으로 삼기는 했지만, 능주면신사 위령제는 세속적인 형태의 새로운 의례 양식을 드러내고 있다. 여하튼 종교적 의례경관과 세속적 의례경관 가운데 전자가 압도적으로 우세했던 것이 식민지 시기 전사자 의례의 중요한 특징 중 하나였다.

그렇다면 종교적 의례경관 중에서는 어떤 종교가 주로 동원되었는가? 우선, '종교단체들'이 자신들의 고유한 의례 양식에 따라 거행한 전사자 의례들이 꽤 있었다. 이 의례들은 물론 한층 강한 종교적 의례경관을 띨 수밖에 없었다. 『동아일보』 지면에 보도된 20개 사례를 한데 모으면 〈표 4 - 4〉와 같다.

〈표 4 - 4〉 식민지 시대 종교단체들의 전사자 의례 사례: 1940년 8월 10일 이전

시기	행사 및 의례 명칭	주최(장소)
1937.8.19	지나사변 전사자 위령대법회	내선불교각종파연합회(박문사)
1937.9.9	지나사변 전몰황군 장사(將士) 위령제	천주교 평양교구 신리교회(동평학교 강당)
1937.10.10 ~10.16	무운장구 기도와 전망(戰亡) 장사 위령제	대구 외곽 화원불교포교당
1937.12.21	남경 함락으로 인한 황군 절사자(節死者) 위령제와 황군 무운장구 기원제	양양군 5개 사찰과 양양읍 불교포교소
1938.4.10	제3회 상공제 및 전상(戰傷) 장사 위령제 및 재지(在地) 장사의 무운장구제	군산신사
1938.5.21	서주 함락 기념 전몰장병 위령제	개성신사
1938.5.21	서주 함락 기념 전몰장병 위령제	군산신사

7) 『동아일보』, 1939.8.13.

1938.6.20	전사자위령제	조선신직총회
1938.7.7	지나사변 발발 1주년 기념 전몰자 위령제	경성 동본원사
1938.7.7	지나사변 발발 1주년 기념 위령제	경성 대념사
1938.7.7	지나사변 발발 1주년 기념 위령제	경성 서본원사
1938.7.7	지나사변 발발 1주년 기념 위령제	시천교(경성 견지정 교당)
1938.7.7	지나사변 발발 1주년 기념 무운장구 기원제와 위령제	예천신사
1938.10.15	전사자 위령제	청주신사
1938.10.25	지나사변과 장고봉사건 전몰자 위령법회	경성 총본산 태고사
1939.8.10	장고봉사건 1주년 기념 위령제	개성신사
1939.11.7	전남 출신 용사를 위한 위령제	천주교 광주교구(장성교회)
1940.5.10	춘계예제에 즈음한 전사자 위령제	안주읍신사
1940.5	황군 위령제	불교 울산포교당
1940.7.7	지나사변 3주년 기념식과 위령제	강화읍성공회

〈표 4-4〉에서 확인할 수 있다시피, 전사자 의례를 개최한 종교단체를 세
분하면 신도 8회, 불교 8회, 그리스도교 3회(천주교 2회, 개신교 1회), 시천교 1회
로 나타난다. 신도와 불교 계통 종교단체들이 전사자 의례에 가장 적극적이
었다는 사실이 확연히 드러난다. 종교단체가 아닌 국가기관이나 세속 사회
단체가 주최한 전사자 의례의 경우에도 의례경관은 대동소이하다. 흥미로
운 점은 국가기관이나 세속 사회단체가 주관하는 전사자 의례에서 신도와
불교의 존재가 훨씬 더 뚜렷하게 나타난다는 것이다. 의례경관의 윤곽을 확
인할 수 없는 사례들을 제외하고, 국가기관 및 세속 사회단체 주최의 전사자

의례에 투영된 의례경관을 정리해놓은 것이 〈표 4-5〉이다. 표의 괄호 안에는 의례의 시기, 장소, 주최자, 참석인원이 차례대로 제시되어 있다. 참석인원의 경우 규모가 상당한 사례들만 기재했다.

〈표 4-5〉 식민지 시대 종교적 의례경관의 주요 사례들: 1940년 8월 10일 이전

시기	신도식 의례경관	불교식 의례경관
1932 ~1936년	만주사변 2주년 위령제(1933.9.15, 평남 진남포); 만주사변 2주년 위령제(1933.9.18, 원산, 원산부); 만주사변 사몰자 위령대제(1933.11.11, 용산 26연대 연병장, 조선군사령부, 5천 명); 만주사변 3주년 위령제(1934.9.18, 총독부 광장, 경성부상공회의소 등 공동주최, 수천 명)	
1937 ~1940년	만주사변·중일전쟁 전사자 위령제(1937.9.15, 서기산 충혼비 앞, 평양부); 중일전쟁 전사자 위령제(1938.1.25, 용산 연병장, 78연대); 육군기념일 위령제(1938.3.10, 개성신사, 개성부); 중일전쟁 1주년 위령제(1938.7.7, 경성운동장, 경성부); 장고봉사건 전사자 위령제(1938.9.16, 부민회장, 경성부, 1만 명); 야스쿠니신사 임시대제 기념 위령제(1938.10.20, 경성 부민회장, 총독부); 제8회 합동위령제(1939.2.27, 부대 연병장, 야포부대, 8천여 명); 장고봉사건 1주년 위령제(1939.8.10, 강서신사, 국민정신총동원연맹 지부); 제10회 합동위령제(1939.9.30, 용산 연병장, 78연대); 20사단 합동위령제(1940.2.24, 용산 연병장, 20사단, 5만여 명); 순직 경찰·경방직원 위령제 겸 초혼제(1940.5.19, 경복궁 근정전, 조선경찰협회·경방협회); 제13회 용산위수지 합동고별식(1940.5.28, 용산 연병장, 79연대, 5천여 명)	중일전쟁 전사자 위령제(1937.8.18, 연백경찰서 무덕전, 군사후원연맹); 퉁저우사건 전사자 위령제(1937.8.29, 북평, 내선거류민단 등 공동주최); 사토(佐藤) 중위 위령제(1937.11.30, 약초정 서본원사, 경성세무서); 이인석 위령제(1939.7.30, 태고사, 동양지광사, 3천 명); 장고봉사건 1주년 위령제(1939.8.10, 박문사, 경성군사후원연맹); 허철 위령제(1939.8.31, 강화, 강화면); 전몰장병위령추도회(1939.10.5, 박문사, 경성군사후원연맹); 중일전쟁 전사자 추도회(1940.7.9, 훈련원 회장, 경성부·경성군사후원연맹); 장고봉사건 2주년 위령제(1940.8.10, 화경사·애국부인회 등 공동주최)

〈표 4-5〉에서 1933년 9월 15일 평안남도 진남포에서 있은 전사자 위령제, 그리고 같은 해 9월 18일 원산부(府)가 주최한 위령제의 경우 기사에는 의

례경관이 기술되어 있지 않다. 그러나 15일 행사에 대해, 천주교회가 운영하는 용정리 소재 해성학교가 "천주교 교의에 용납되지 않는 점"이 있다는 이유를 들어 불참함으로써 평안남도 당국이 조사에 착수하여 진상을 보고하도록 엄명을 내렸고, 그로 인해 해성학교가 폐교되는 게 아니냐는 우려가 확산되었다고 한다.[8] 9월 18일에 있은 원산 위령제의 경우 원산부가 부내 각 공사립학교에 참례하라고 통첩했음에도 불구하고 캐나다장로회가 경영하던 명석동 소재 진성여자보통학교가 "종교상 견지에서 단연 이에 참례할 수 없다."라면서 결국 불참했고, 원산부는 그 이유를 제출하도록 지시했다고 한다.[9] 만약 이 행사가 불교식 의례경관을 지닌 것이었다면 행정기관이 참석을 강요할 리 없었을 것이고, 세속적 의례경관의 행사였더라도 그리스도교 계통 학교들이 이토록 강하게 반발할 리 없었을 것이다. 따라서 두 행사는 모두 신도식 의례경관에 따른 것이었거나, 그렇지 않더라도 신도 색채가 강한 절차가 식순에 포함된 것이었을 가능성이 높다. 결국 위령제 참석을 둘러싼 이 충돌은 신사참배를 둘러싼 충돌과 거의 동일한 갈등구조 속에서 전개되고 있었다고 볼 수 있다. 다시 말해 식민지 당국은 '국가신도의 비(非)종교성'을 주장하고, 반면에 우상숭배를 경계하는 개신교와 천주교 측에서는 그 주장의 진정성을 심각하게 의심하는 그런 갈등구조 말이다. 1930년대 초에 전사자 의례 문제로 국가-그리스도교 사이에 갈등이 발생했던 사실은 1937년에 이르기까지 자발적인 그리스도교적 전사자 의례가 전혀 발견되지 않는 이유를 이해하는 데도 도움이 된다.

어쨌든 앞의 〈표 4-5〉는 우리에게 대략 세 가지 사실을 알려준다. 첫째,

---

8) 『동아일보』, 1933.10.20.

9) 『동아일보』, 1933.9.27.

세속 기관이나 단체가 주관하는 전사자 의례의 경우에도 '종교적' 의례경관의 지배력이 관철되었다. 둘째, 이런 종교적 의례경관은 다시 '신도적' 의례경관과 '불교적' 의례경관에 의해 독점적으로 양분되었다. 그런 가운데서도 불교식 의례보다는 신도식 의례가 더욱 잦았다. 셋째, 의례의 공식성·중요성·규모가 커질수록 신도적 의례경관이 우세해졌다. 총독부나 경성부, 군사령부 등이 주도하는 의례는 거의 예외 없이 신도 방식으로 치러졌다. 반면에 불교적 의례경관은 민간단체가 주도하는 의례에서 선호되었다. 일본군 당국의 방침 역시 각급 부대들에게 1871년에는 신도식 의례만을 요구했지만, 1873년 이후로는 신도식과 불교식 의례 모두를 허용했다.[10] 1943년 11월과 1944년 11월에 경성호국신사와 나남호국신사가 각각 완공된 이후에는 호국신사가 식민지 조선에서 가장 중요한 전사자 의례의 장소가 되었다.[11]

한편 우리는 신도식과 불교식 전사자 의례 중 가장 규모가 크고 화려했던 두 사례를 통해 의식의 세부적인 절차가 어떻게 진행되었는지를 확인해볼 수도 있다(표 4-6 참조). 하나는 '20사단 대(大)합동위령제'인데 무려 5만 명의 군중이 운집한 가운데 1940년 2월 24일 용산 연병장에서 신도식으로 거행되었다. 다른 하나는 '지나사변 전몰장병 대(大)추도회'인데 경성부와 경성군사후원연맹 공동주최로 1940년 7월 9일 훈련원 회장에서 불교식으로 거행되었다.

이미 언급했듯이 식민지 말기에는 1943년 11월 남산 기슭에 건립된 경성호국신사가 가장 중요한 전사자 의례의 장소로 떠올랐다. 당시 호국신사에서 거행된 '신령(神靈) 합사(合祀)의례'의 순서는 다음과 같았다. ① 수불식(修祓式) 진행, ② 폐물 공진(幣物供進), ③ 신비(神扉)를 열고 참여자 경례, ④ 신악

---

10) 하라다 게이이치, 「누가 추도할 수 있는가」, 214~215쪽.

11) 정호기, 「일제하 조선에서의 전쟁사자 추모 공간과 추모 의례」, 154쪽.

(神樂) 연주[정국(靖國)의 춤], ⑤ 축사 이후 제문 낭독, ⑥ 순서대로 다마구시(玉串) 봉납, 마지막은 폐물공진사(幣物供進使), ⑦ 참여자 일동 배례, ⑧ 승신식(昇神式) 이후 궁사(宮司)가 신비(神扉)를 닫음.[12]

<표 4-6> 전사자 의례의 절차

20사단 대합동위령제(신도식)	지나사변 전몰장병 대추도회(불교식)
- 수불(修祓) - 초신(招神)=초혼(招魂) - 경필(警蹕) - 헌찬(獻饌) - 재주(齋主)의 축사 주상(奏上) - 제주(祭主)의 제문 주상 - 조사(총독, 군사령관) - 조전(弔電) 낭독 - 다마구시(玉串) 봉전(奉奠)(재주, 제주) - 군대 배례 - 다마구시 봉전(유족, 위원장, 각계 대표) - 방구(放鳩) - 위원장 인사 - 철찬(撤饌) - 승신(昇神) - 참석자 일동 퇴장	- 주악과 함께 승려 입장 - 일동 배례 - 독경 - 영성(迎聖) - 시주(施主) - 추도사(경성부윤) - 도사(導師)의 법어, 시주, 소향(燒香) - 유족 소향 - 참석자 대표들의 소향 - 일동 배례

* 출처: 『동아일보』, 1940.2.19, 1940.2.25, 1940.7.6, 1940.7.10.

신도 및 불교 의례경관의 지배력은 전사자 의례의 명칭에서도 확인된다. 식민지 시대에는 거의 모든 전사자 의례가 '위령제'(慰靈祭)라는 명칭으로 거행되었다. 심지어 천주교나 개신교 쪽에서 주최한 전사자 의례조차 위령제

---

12) 비온티노 유리안, 「일제하 서울 남산 지역의 일본 신도·불교 시설 운영과 의례 연구」, 서울대학교 박사학위논문, 2016, 180쪽.

라는 명칭을 사용하는 게 대부분이었다. 이것은 해방 후 전사자 의례 명칭을 두고 '위령제'와 '추도식'[13]이 경합했던 것과 대조를 이룬다. '추도식'이라는 이름의 전사자 의례는 찾아볼 수 없고, 다만 1940년 7월 9일 불교식으로 치러진 '지나사변 전몰장병 대(大)추도회'가 '추도회'라는 명칭을 표방한 유일한 사례였다. 그 대신 '초혼제'나 '고별식'이라는 명칭은 간혹 등장했다. 이 중 '초혼제'는 1940년 5~6월에 걸쳐 경성·평양·춘천에서 각각 치러진, 중일전쟁에서 사망한 경찰과 경방(警防) 직원의 죽음 의례에서 세 차례 발견되는데 모두 신도식 의례였던 것으로 판단된다.[14] 마지막으로, '고별식'이라는 명칭으로 행해진 전사자 의례는 모두 네 차례 등장한다. 이 중 두 차례는 신도식 의례였음을 확인할 수 있고, 구체적인 의례경관을 확인하기 어려운 나머지 두 사례는 모두 조선인(신영호, 임행이)이 대상이 된 전사자 의례였다.[15]

의례경관에는 종교적이거나 세속적인 경관만 존재하는 것은 아니다. 의례의 '종교성' 정도만이 아니라 앞에서 필자가 '의례의 미장센'이라 말했던 것, 곧 의례의 '장소성'과 '규모', '제단 구성' 등도 의례경관을 구성하는 데 중요하다. 그런 면에서 국가가 대규모 군중이 집결하여 밀도 있는 상호작용을 할 수 있도록 광장 혹은 공설운동장을 짓거나 전쟁기념물을 건립하고 그곳에서 주기적이거나 비주기적인 전사자 의례를 거행하는 '근대적인' 양상을

13) 당시 '추도식'이라는 명칭은 주로 그리스도교 쪽의 지지를 받았다.

14) 『동아일보』, 1940.5.17, 1940.5.19, 1940.5.23, 1940.6.5 참조. 정호기도 경찰과 소방직원 전사자 의례는 통상 '초혼제'로 불렸음을 지적한 바 있다. 아울러 경찰 전사자 의례는 1920년부터 시작되었고, 1935년부터는 경찰과 소방직원을 통합하여 전사자 의례가 거행되었고, 이 의례들은 조선경찰협회와 조선소방협회 주최로 진행되었다. 정호기, 「일제하 조선에서의 전쟁사자 추모 공간과 추모 의례」, 156쪽.

15) 『동아일보』, 1938.9.17, 1939.4.27, 1940.5.21, 1940.5.29 참조.

눈여겨볼 필요가 있다. 특히 충혼비 등의 전쟁기념물과 그 앞의 광장을 일체형으로 조성하여 성역화하는 것, 그리고 이처럼 인위적으로 창출된 성스런 장소에서 전사자 의례를 거행하는 모습은 전례가 없는 새로운 풍경이요 볼거리였다. 1937년 9월 15일 평양부가 서기산 충혼비 앞에서 만주사변 전사자 59명과 중일전쟁 전사자 90명의 신도식 위령제를 거행하고 이듬해 4월 26일에도 현지 위수사령부와 평양부가 같은 장소에서 중일전쟁 전사자 26명의 위령제를 거행했던 일, 1938년 9월 16일 평강읍 주민 약 1천 명이 연봉정 충혼비 앞에서 장고봉사건 전사자 위령제를 거행한 일, 1940년 3월 10일 제55회 육군기념일을 맞아 대구에서 군중이 대명동 충령탑으로 행진하여 묵념을 바치고 광주에서도 충혼비 앞 광장에 모여 전사자 위령제를 거행한 일, 1940년 5월 10일 안주읍에서 군중이 충혼비 앞에 결집하여 전사자 위령제를 거행한 일 등이 좋은 사례들이다.[16]

대규모의 공공 광장이나 공설운동장을 무대로 수천 혹은 수만 명의 군중이 집결하여 전사자 의례를 치르는 광경 또한 생소한 현상이었다. '총독부 광장'에서 개최된 1934년 9월 18일의 만주사변 3주년 기념 위령제, '경성운동장'에서 열린 1938년 7월 7일의 중일전쟁 1주년 기념 위령제, 마산부 '중앙그라운드'에서 열린 1938년 11월 30일의 전사자 3인 위령제와 1939년 10월 6일의 총후후원강화주간 위령제, '함흥공설운동장'에서 열린 1940년 7월 24일의 백춘구 부민장(府民葬) 등이 바로 그런 행사들이었다.[17]

식민지 이전 시기에도 이와 유사한 일이 있었을까? 아마도 대한제국 시기에 비교적 큰 규모의 '장충단 권역(圈域)'을 조성하여 그 내부에 제단(장충

16) 『동아일보』, 1937.9.12, 1937.9.17, 1938.4.27, 1938.9.19, 1940.3.12, 1940.5.15 참조.

17) 『동아일보』, 1934.9.19, 1938.7.6, 1938.12.2, 1939.10.8, 1940.7.29 참조.

단)과 단사(장충포열사)와 비(장충단비)·비각을 조성해놓고, 장충포열사 앞 공터에서 봄과 가을에 대규모의 제사를 거행했던 일을 우선 연상할 수 있을 것이다. "해마다 춘추로 제사를 지낼 때는 군악을 연주하고 군인들이 조총(弔銃)을 쏘면서 엄숙하게 거행"했다는 것이다.[18] 『동아일보』1925년 6월 30일 자기사는 의례미장센을 좀 더 상세히 묘사하고 있다. "장충포열이라고 써 붙인 그 집 앞에는 위풍이 당당한 수천 장졸이 쭉 둘러서 비장하고도 끝없이 엄숙한 제사를 드렸습니다 …… 군인들은 제사를 마치고 '받들어총'을 하고 보무당당한 분열식(分烈式)을 거행하였답니다 …… 구경꾼들은 목책에 둘러진 채 먼발치에서 물끄러미 바라보고 …… ."[19] 당시 장충포열사에 위패가 안치된 이들의 다수가 군인이었으므로, 정례 제사의 주역 역시 군인들이었다. 이 전사자 의례에서 '대중'의 존재는 눈에 띄지만 그들은 적극적인 '참여자'가 아닌, 목책 바깥으로 밀려난 '구경꾼들'이었을 따름이다. 아울러 여기서는 '기념비'(묘탑 혹은 영탑)의 자리를 '사당'(祠堂)이 대신함으로써, '기념비와 광장의 일체화'가 아니라 '사당과 광장의 일체화'가 두드러진다. 식민지 시대를 거치면서 기념비·탑과 광장 모두의 규모가 점점 거대해지고, 특히 기념비·탑이 동상이나 조각상 등을 주위에 거느리면서 대중 시선의 초점으로 부각되어갔던 데 비해, 전사자의 위패를 품은 사당은 대중 시선의 초점이 되기 어려웠다. 무엇보다 장충단 의례는 다른 지역들로의 '공간적 확장성'이 부족했다. 장충단과 유사한 의례미장센은 대한제국 시기의 한반도 어디에도 추가로 구현되지 못했던 것이다.

---

18) 이상배, 「장충단의 설립과 장충단제」, 90쪽.

19) 김해경·최현임, 「일제강점기 장충단공원 변화에 관한 시계열적 연구」, 100쪽.

3. "신이 되다" — 전사자의 의례적 변형

이번에는 전사자의 의례적 변형 측면에 대해 살펴보자. 앞서 언급한 것처럼 전사자 의례는 '전사자의 통과의례'이기도 해서, 그들은 의례를 통해 되살아날 뿐 아니라 새로운 지위와 정체성을 획득하게 된다. 필자는 이 측면을 '전사'와 '전사자'에 대한 호칭이나 호명 방식의 변화를 통해 가장 잘 포착할 수 있다고 생각한다. 식민지 시대에 시간이 흘러가면서 어떤 호칭들이 등장했는지는 〈표 4-7〉에 요약되어 있다.

〈표 4-7〉 식민지 시대 전사 및 전사자 호칭의 변화

연도	호칭
1932	전사자
1933	전몰자, 순난자, 사몰자, 전사몰자
1934	전몰자, 전몰장사, 순국 장병
1937	영령, 호국의 인주, 호국의 귀신
1938	영령, 호국영령(호국의 영령), 순국영령, 명예의 전사, 호국의 꽃, 호국의 군신
1939	영령, 호국영령(호국의 영령), 명예의 전몰, 영예스러운 전사, 호국의 전몰장병, "흥아 성업의 귀한 인주로서 대륙의 땅에 꽃으로 진 호국영령"
1940	영령, 호국영령(호국의 영령), 조국의 영령, 순국영령, 전몰영령, "흥아 건설의 주춧돌", "흥아 성업의 주춧돌이 된 대륙의 꽃", "흥아의 초석으로 진몰된 영령", "성전에 참가하야 진충보국의 정성을 다하고 동양평화의 초석으로 떨어진 장병의 영령"

앞서 기술했듯이 전사자의 공적·공덕(功德)이라는 사고방식이나, 전사자 위령·추모뿐 아니라 현창·송덕 측면을 강조하는 모습은 이미 메이지 초기부터 나타났다. 의례의 강조점이 위령·추모로부터 현창·송덕으로 이동하는 것이 근대 민족국가들의 중요한 특징이기도 했다. 그럼에도 식민지 조선에서 전사자 의례가 처음 등장했던 1932년부터 1934년까지는 전사자의 영웅화

나 성화의 측면이 그다지 두드러지지 않았다. 〈표 4-7〉에서 보듯이 주로 만주사변 전사자들에 대한 의례가 집행되었던 이 시기에 전사자들은 "전몰자", "순난자"(殉難者), "사몰자"(死沒者), "전사몰자"(戰死歿者), "전몰장사(將士)" 등 대체로 중립적인 용어로 호명되었을 따름이다. 다만 1934년에 "순국(殉國) 장병"이라는 표현에서 현창과 송덕의 측면이 보다 선명하게 나타나기는 하지만 말이다.

그렇지만 중일전쟁 발발 이후인 1937년부터는 전사나 전사자에 대한 호칭이 한층 격상되고 화려해진다. 전체적으로 1937년 이후 전사자들에 대한 현창이나 송덕, 현양(顯揚), 선양(宣揚)의 측면이 두드러지게 강조되었던 것이다.[20] 예컨대 1937년에는 "영령"(英靈), "호국(護國)의 인주(人柱)", "호국의 귀신(鬼神)"라는 호칭이 등장하더니, 1938년에 가서는 "영령"은 물론이고, "호국영령(호국의 영령)", "순국영령", "호국의 꽃", "호국의 군신(軍神)"과 같은 표현이 사용되었다. 이찬수 박사에 의하면 "'영령'이라는 말은 메이지시대 이래 전쟁을 통해 국가의 모양을 갖추어가던 과정에 나라를 위해 죽은 전몰군인을 지칭하기 위해 일본에서 발명된 언어이다."[21] 영령이라는 용어는 러일전쟁 이후부터 점차 사용되었다고 한다.[22] 특히 1937년의 "호국의 귀신"이나 1938년의 "호국의 군신" 호칭은 당시 전사자들의 '신격화' 내지 '신적 지위로의 승격' 시도가 이루어지고 있었음을 명백하게 보여준다. 이미 지적했듯이 전사자의 신격화는 그리스도교나 이슬람교·유대교 등의 유일신 문화에서는 발

---

20) 사전적 의미로만 본다면, '현창'은 "밝게 나타나거나 나타냄"을, '현양'은 "이름이나 지위 따위를 세상에 높이 드러냄"을, '선양'은 "명성이나 권위 따위를 널리 떨침"을 뜻한다.

21) 이찬수, 「'귀신의 정치'가 지속되고 있는 일본」, 『오마이뉴스』, 2013.11.22.

22) 정호기, 「일제하 조선에서의 전쟁사자 추모 공간과 추모 의례」, 130쪽.

견되지 않는, 조상숭배 전통을 지닌 사회들에서나 등장한다. 다시 말해 '가문의 조상신'으로도 부적격인 원혼이 되기 십상이었던 전사자들이 화려한 국가 의례를 거치면서 '민족과 국가의 조상신'으로 승화된 것이다.

　"호국의 군신"이라는 표현은 『동아일보』 1938년 5월 6일 자 1면에 게재된 「각 위수지(衛戍地)에 육군묘지 신설」이라는 제목의 기사에서 등장한다. "호국의 군신(軍神)으로 된 용사들의 훈(勳)을 영구히 예찬코저 육군에서는 금번 내지·조선·대만의 각 위수지마다 1개소 이상 육군묘지를 설치, 영령을 합장하야 각지 국민 존숭(尊崇)의 중심으로 제사지내기로 하고 5일(1938년 5월 5일 – 인용자) 성령(省令) 제16호로 '육군묘지규칙'을 공포, 즉일(即日) 시행"했다는 것이다. 또 "호국의 귀신"이라는 표현은 『동아일보』 1937년 11월 29일 자 3면에 등장한다. 조선군사후원연맹이 "사변을 기회로 하야 반도로부터 제일선에 출정하야 호국의 귀신이 된 용사의 영혼을 영원히 반도에 머물도록 초혼사(招魂社) 또는 충혼탑의 건립을 계획"하고 있다는 내용이었다.

　아울러 군인들의 죽음도 "명예의 전사", "명예의 전몰"이나 "영예스러운 전사"로 재해석되었다. 실상 1945년 이전의 일본에서 "'명예 전사'라는 식으로 항상 '전사'와 '명예'는 한 세트의 개념이었다."[23] 1938년 이후에는 기존의 호칭들에 덧붙여 '흥아(興亞) 성업'이니 '흥아 건설', 혹은 '성전'(聖戰), '동양평화'와 같은 표현들이 전사자를 미화하는 데 동원되었다. "흥아 성업의 귀한 인주(人柱)로서 대륙의 땅에 꽃으로 진 호국영령", "흥아 건설의 주춧돌", "흥아 성업의 주춧돌이 된 대륙의 꽃", "흥아의 초석(礎石)으로 진몰(陳歿)된 영

---

23) 니시사토 후유코, 「'야스쿠니 합사'의 구조: 초혼된 '영령'은 자격심사를 거쳐 '제신'으로」, 일본의전쟁책임자료센터 편, 박환무 역, 『야스쿠니신사의 정치』, 동북아역사재단, 2011, 332쪽.

령", "성전에 참가하야 진충보국의 정성을 다하고 동양평화의 초석으로 떨어진 장병의 영령" 등의 표현들이 그런 예들이다.

4. 의례장치

이번에는 전사자 의식에 동원된 의례장치들에 주목해보자. 이를 보도한 신문기사들에서 의례의 세부 절차나 순서를 기술한 경우가 드문 게 한계이긴 하나, 〈표 4-8〉에는 새로이 등장한 의례장치들이 연도별로 정리되어 있다.

〈표 4-8〉 식민지 시대 전사자 관련 의례장치의 변화

연도	주요 의례장치
1932	
1933	기념전람회
1934	
1937	초혼사/충혼탑 건립운동
1938	사이렌에 맞춘 전국 동시 묵념, 전체 주민 국기(조기) 게양, 임시공휴일 지정, 가무음곡 중단, 라디오방송에서 연예프로그램 중단, 생업보국 실천, 식사의 간소 절약(일채주의), 군인 가족과 유족 위문·위자, 강연회·간화회, 시가행진, 육군묘지 청소
1939	전국 동시 묵념, 전체 주민 조기 게양, 육군묘지·충혼비 참배와 청소, 표충탑 건립운동
1940	전국 동시 묵념, 전체 주민 조기 게양, 육군묘지·충혼비 참배, 건립된 표충탑 제막식 거행, 전사자 유족 위문, 전방 군인에게 위문문 보내기, 강연회, 좌담회, 영화회, 특별 라디오방송

* 밑줄은 새로 등장한 의례장치를 가리킴.

〈표 4-8〉에서 보듯이, 1932년부터 전사자 의례가 등장하긴 했으되 1937년까지는 변변한 의례장치들이 존재하거나 작동하지 않았다. 그러다 중일전쟁 발발 이듬해인 1938년에 의례 효과를 제고하고 대중 참여를 조장하려

는 의례장치들이 폭발적으로 증가했다. 그뿐만 아니라 1938년이 다 지나가기도 전에 의례장치의 레퍼토리 자체가 거의 완성된 모습을 보였다. 1938년 한 해 동안 전사자 의례가 있는 날 등장했던 의례장치들의 목록은 사이렌에 맞춘 동시 묵념, 국기(조기, 반기) 게양, 임시공휴일 지정, 가무음곡 중단, 라디오방송에서 연예프로그램 중단, 생업보국(근로봉사정신) 실천, 식사의 간소 절약(일채주의), 군인 가족과 유족 위문·위자(慰藉), 강연회·간화회(懇話會) 등을 포함한다. 사이렌 소리나 타종 소리에 따른 동시 묵념이나 조기 게양은 1939~1940년에도 계속 활용되면서 금세 자리를 잡는 모습을 확인할 수 있다. 1938년 7월 7일에는 중일전쟁 발발 1주년 기념행사의 일환으로 국민정신총동원조선연맹의 발회식을 마치고 참가자들이 시가를 행진한 후 '전몰장사 위령제'를 거행하는 역동적인 장면이 연출되기도 했다.[24]

〈표 4-8〉에서 조기 게양, 가무음곡 중단, 라디오의 연예방송 중단, '생업보국' 실천, 식사의 간소 절약 혹은 '일채주의' 실행 등은 주로 추도 분위기 조성을 위한 의례장치들이었을 것이다. 한편 사이렌에 따른 동시 묵념이나 임시공휴일 지정은 대중 참여를 유도하기 위한 의례장치들이었을 것이다. 물론 국기 게양, 생업보국 실천, 식사의 간소 절약 등도 대중 참여를 촉진하는 효과가 있었을 것이다. 이 밖에 전사자 유족 위문, 좌담회·강연회·간화회·전람회, 초혼사·충혼탑·충혼비·표충탑·육군묘지와 같은 전사자기념물 건립 운동이나 이미 건립된 전사자기념물의 참배 독려 등도 주요한 의례장치로 동원되었음을 알 수 있다. 1940년부터는 방송과 영화 같은 신종 대중매체들도 전사자 관련 의례장치로 활용되기 시작했다.

전사자 의례장치의 발전 과정에서, 1938년 7월 7일의 '지나사변 발발 1주

---

24) 『동아일보』, 1938.7.1, 1938.7.6, 1938.7.7.

년 기념행사'에 대한 총독부 지시는 특별히 강조할 필요가 있을 만큼 중요한 계기였다고 판단된다. 다음 기사를 보자.

> 총독부에서는 오는 7월 7일의 기념일을 기하야 총후 국민의 정신적 급 물질적 동원의 정신적 철저와 전몰영령에 대하야 위도(慰悼)를 목적한 지나사변 1주년 기념행사를 다음의 각 항으로 설명하기로 하야 25일 각 도 지사에게 통달되어 전 조선적으로 일대 기념일을 마지하게 되었다.
>
> 일(一), 1분간 묵도. 당일 정오를 기하야 각 국민의 당해 소재지에서 전몰황군의 위령, 무운장구의 기원을 위하야 1분간 묵도할 것.
>
> 이(二), 기원제·위령제·추도회. 당일 오전 8시를 기하야 조선총독이 원주(願主)가 되어 조선신궁의 국위의 선양, 무운장구의 기원제를 거행. 부·읍·면·동 지방 일반 행사로서는 적당한 장소를 선택하야 위령제 추도회를 거행할 것. 당일 오전 6시에는 전 조선 신도, 기독교, 각 사원 사찰, 각 포교소에서 위령의 법요(法要) 및 무운장구의 기원제를 거행함.
>
> 삼(三), 응소 군인과 그의 유족 가족의 위문.
>
> 사(四), 가무음곡의 정지. 자발적으로 가무음곡을 정지케 하며 특히 이 정지는 철저를 기하야 전 조선적으로 실시하며 라디오방송에도 연예방송의 종목을 제하여 버리고
>
> 오(五), 생업보국 근로봉사정신의 철저.
>
> 육(六), 식사의 간소 절약의 실시.
>
> 칠(七), 강연회 간화회의 실시.[25]

---

25) 『동아일보』, 1938.6.26.

위 인용문에서 특히 주목되는 부분은 '시공간의 동질화' 및 '사건의 동시화' 시도이다. 같은 날 전국 모든 곳에서 동일한 의례를 거행하는 것처럼, 전국적인 차원에서 그리고 전체 민족 수준에서 '동시성의 창출'은 국민 형성에 지대한 중요성을 지닌다. 무릇 모든 기념이 그러하듯이, 전사자 의례라는 형태의 기념행위 역시 "집합기억의 재현을 통해 공동체의 균질적인 시공간을 창출하고 공동체적 동시성을 만들어내는 상징행위"[26]의 하나라고 할 수 있다. 국가나 지배층이 시공간의 동질화와 사건의 동시화를 통해 기대하는 것은 다름 아닌 전체 국민·민족 수준에서의 '행동·인식·감각의 동시화/동질화'일 것이다. 그럼으로써 '국민' 혹은 '민족'이라는 웅장한 규모의 의례공동체가 탄생하기를 기대할 것이다. 이런 의도로 그들은 국가적인 기념일에, 혹은 국가적 중요성을 갖는 특정 의례의 날에 전체 국민이 준수해야 할 행동강령을 선포하고 국민적인 동시행동을 조직한다.

그리하여 전사자 위령제가 거행되는 하루 동안 한반도 전역에서 조선 민족 성원 전체가 비슷한 행동을 하게 되는 것이다. 앞서 보았듯이 국민적 일체감을 창출해내는 이 같은 '행동의 조율'에는 국기(조기) 달기, 1분 동안 묵념하기, 음주가무를 하지 않기, 육식을 삼가기 등이 포함된다. 이런 동시화 기제들을 통해 어떤 전사자 위령제가 국지적이고 지역적인 의례가 아닌 전국적이고 전 민족적인 의례로 발돋움하는 것이다. 이런 조율된 행동의 정점에 '전 국민 동시 묵념'이 자리하고 있다. "당일 정오를 기하야 각 국민의 당해 소재지에서 전몰황군의 위령, 무운장구의 기원을 위하야 1분간 묵도할 것." 정각 12시에 맞춰 전국 모든 곳에서 사이렌과 종이 일제히 울리면 이 신호에 따라

---

26) 이화진, 「'극장국가'로서의 제1공화국과 기념의 균열」, 전진성·이재원 편, 『기억과 전쟁: 미화와 추모 사이에서』, 휴머니스트, 2009, 227쪽.

행인은 걸음을 멈추고 자동차도 정지하고, 온 국민이 사이렌이나 종이 두 번째 울리기까지 1분 동안 눈을 감고 죽은 군인의 위령과 산 군인의 무운장구를 기원한다는 것이다. 국경선 안의 모든 이들이 동일한 시간에 동일한 행동을 하기를, 나아가 동일한 생각과 감정을 갖기를 기대하는 것이다.

시공간 동질화, 사건의 동시화와 관련해서 매우 흥미로운 시도들이 1938년에 처음으로 그리고 여러 차례 나타났다는 점을 반드시 언급해야 한다. 그 것은 '전국적인 동시화 의례'를 뛰어넘어 '국제적인 동시화 의례'가 나타났다는 사실이다. 이는 무엇보다 '의례 스케일'의 급진적 확대를 의미한다. 다시 말해 의례 리듬을 동시화하는 범위가 '일국(一國) 전체' 차원으로, 나아가 '제국(帝國) 전체' 차원으로 확장됨을 뜻한다. 제국주의 시대에 전형적으로 어울리는 이런 '의례의 국제화'는 의례 참여의 범위를 제국의 판도 전체로 확대함과 동시에, 일국적 차원을 넘어 제국 신민 전체의 시간적 리듬을 동시화하고, 그럼으로써 '제국'이라는 광대한 지정학적 단위에 상응하는 의례공동체를 일시적으로 창출하는 것을 목표로 삼는다.

의례의 국제화는 도쿄 야스쿠니신사의 의례 리듬에 조선 – 일본 전체를 동시화하는 방식으로 이루어졌다. 1938년의 야스쿠니신사 대제(大祭)와 임시대제(臨時大祭)에 맞추어 전체 일본인과 전체 조선인들이 동시에 전사자를 위해 묵념을 바치는 장관이 펼쳐졌다. '대일본제국'이라는 소우주의 두 중심인 천황과 야스쿠니신사가 전사자 혼의 합사 의례에서 상징적으로 결합하고, 천황과 야스쿠니신사의 결합이 성사되는 그 마법적인 순간에 제국 신민 전체가 이제 막 '제국의 수호신'이 된 전사자들을 향해 일제히 절과 묵념을 바치는 것이다. 이 동시화된 시간은 제국의 영토 안에 있는 모든 주민들이 제국의 존재를 실감하는 '제국의 시간'이기도 했을 것이다. '로고 지도'(map-aslogo)가 '제국의 공간'을 상징적으로 가시화한다면,[27] 전사자 의례에서의 동시 묵념은 '제국의 시간'을 상징적으로 가시화한다.

먼저, 1938년 4월 26일 오전 10시 15분에는 야스쿠니신사 대제를 맞아 천황이 신사에서 전사자들에게 절하는 그 시간에 정확히 맞춰 조선 전역에서도 일제 묵도가 행해졌다. 다음은 『동아일보』 1938년 4월 19일(3면)과 27일(2면) 기사이다.

> 지난번 각 성 차관회의에서 오는 26일은 정국신사(靖國神社) 대제에 당하므로 황공하옵게도 천황폐하 어친배하옵시는데 동일 오전 10시 15분 전국 일제히 정국신사에 대하야 1분간의 묵도기렴을 하기로 되엇는데 조선에서도 이에 호응하야 전 조선 일제히 이날 동 시각을 묵도의 시간으로 정하고 순국의 영령에 대하야 경건한 감사 애도의 뜻을 표하기로 되엇다. 18일 대야 정무총감으로부터 통첩을 발하였고 이날 동 시각에는 기적, 싸이렌, 종을 울려 이를 일반 민중에게 알리도록 하게 되었다.

> 전 조선 관민 함께 순국의 영령에 경건한 감사와 애도의 뜻을 표하는 1분간 묵도의 시간은 황공하옵게도 천황폐하께옵서도 정국신사에 어친배하옵신 26일 오전 10시 15분 기적, 싸이렌, 종 등으로 조선 일제히 장엄리에 거행되었다. 이날 경성에서는 조선신궁 봉찬전(奉讚殿) 측 광장에서 남 총독, 대야 정무총감 이하 관민 약 1천 명 참열 하에 엄숙히 정국신사 요배식이 집행되어 오전 10시 제원 참열 수발의 뒤 아지화(阿知和) 궁사(宮司)의 요배식사 주상이 잇고 뒤이어 10시 15분 남 총독 이하 전원은 1분간의 묵도를 멀리 정국신사에 배하여 묵도

---

27) 베네딕트 앤더슨, 『상상의 공동체』, 224~225쪽.

를 마치고 엄숙리에 동 20분 식을 마치었다.

『동아일보』 1938년 10월 9일 자 2면에는 야스쿠니신사의 임시대제에 즈음한 국민 행동규범을 제시하는 정무총감의 통첩 기사가 게재되었다. 여기 포함된 '일제 묵도'의 시각은 야스쿠니신사의 의례시간에 맞춰 10월 19일 오전 10시로 최종 결정되었다. 또 이날은 모든 관청과 학교가 휴업하는 임시공휴일로 지정되었다.[28] 천황은 1938년 4월과 10월 외에도, 1939년부터 1944년까지 매년 4월과 10월의 임시대제 때 대원수 군복 차림으로 야스쿠니신사를 찾아 '친배'(親拜)를 했다.[29] 1944년 10월 26일 경성호국신사에서 있었던 전사자 합사 의례가 야스쿠니신사 임시대제와 동시간대에 진행되었던 사례에서 보듯이,[30] 제국 수도인 동경과 식민지 수도인 경성의 전사자 의례를 동시화하려는 시도는 1938년 이후에도 계속되었다.

야스쿠니신사에서 새 영령이 합사될 때마다 조선신궁과 마찬가지로 호국신사 요배식도 열렸다. 이러한 행사를 통해 조선의 호국신사가 야스쿠니신사의 지방사로서 일본과 조선을 더욱 연결시켰던 것이다. 1944년 10월 25일과 26일 이틀간 472주(柱)의 신령(新靈)이 호국신사에 합사되었다. 23일부터 야스쿠니신사 본사가 예제를 진행하였고, 호국신사에서도 다른 남산 신사들과 마찬가지로 같은 시간에 요배식이 거행되었다. 일본 본토와 같은 시간에 예식을 함께

---

28) 『동아일보』, 1938.10.14.

29) 오에 시노부, 『야스쿠니신사』, 147쪽.

30) 정호기, 「일제하 조선에서의 전쟁사자 추모 공간과 추모 의례」, 155쪽.

진행한다는 것은 상징적 행위였다. 이를 통해 제국의 일치성이 강조되었다.[31]

　이런 사례들이 일본과 조선을 단일한 의례공동체로 결속시키려는 시도였다면, 1938년 5월에는 중국과 조선을 연결하려는 시도도 나타났다. 1938년 5월 4일 자 『동아일보』에는 "오는 5월 6일 산서성(山西省) 곡옥(曲沃)에서 지나사변 폭발 이래 응징 지나의 성전에 종군하야 명예의 전몰을 한 00부대 소속 장병들과 동 군마를 위한 위령제를 집행키로 되었다."라는 기사가 게재되었다. 이어서 5월 9일 자에는 "5월 6일 멀리 지나 산서에서 집행되는 00부대의 위령제에 당하야 정오 시각을 알리는 사이렌 소리에 따라 평남도 150만인은 엄숙한 가운데 일제히 묵도를 행하였다."라는 기사가 실렸다. 중국에서 거행되는 위령제에 맞춰 평안남도 전역에서 일제 묵념을 바쳤다는 것이다. 중일전쟁의 최전방(중국 산시성)과 후방(조선의 평안남도)을 하나의 의례공동체로 결속시켰던 셈인데, 이 기사들에 등장하는 "00부대"는 필시 평안남도 어느 곳에 본부를 두고 주둔하다가 중일전쟁 발발 이후 중국 전선으로 출정한 부대였을 것이다.

　'동시화 의례장치들'을 동원한 이런 의욕적이고 야심만만한 시도들은 의례의 동시화를 가능케 하는 사회적·정치적·경제적·기술적 기초, 즉 필자가 '의례 인프라'(ritual infrastructures)라고 명명한 어떤 것들이 없이는 아예 불가능하다. 이 중에서도 인구의 집중도(대체로 도시화 수준으로 가늠될 수 있는), 신문과 라디오의 보급 정도, 행정네트워크의 밀도와 확산 정도 등이 중요하다. '사이렌 네트워크'라고 이름붙일 만한 물적 기반도 어느 정도 구축되어야 할 것이다. 단적으로, 1930년대 후반이라는 시점은 이런 의례 인프라가 어느 정

---

31) 비온티노 유리안, 「일제하 서울 남산 지역의 일본 신도·불교 시설 운영과 의례 연구」, 179-180쪽. 원문 첫 문장의 일부 오자(誤字)를 바로잡은 것임.

도 갖춰진 시점이었다고 말할 수 있다. 〈표 4-9〉에서 보듯이 경성·평양·부산·대구·인천 등 5대 도시의 인구는 1925년 641,238명에 그쳤지만 1935년에는 943,355명으로, 10년 사이에 47.1%포인트나 증가했다. 1925년에는 조선의 도시 수가 12개로 도시인구 비율이 4.4%에 불과했지만, 1935년에는 도시 수 17개, 도시인구 비율 7.0%로 성장했다. 해방 직전인 1944년에는 도시 수 21개, 도시인구 비율 13.2%로 다시 늘어났다.[32] 1927년부터 경성방송국을 통해 라디오방송이 진행되고 있었다. 1930년대 말부터는 전시총동원체제를 구축하면서 인구이동을 포함한 인구통계 시스템, 주민등록 및 주민 감시·동원 시스템을 망라하는 행정네트워크도 전체 국민의 일상생활을 장악할 수 있을 만큼 강화되었다.

〈표 4-9〉 조선 5대 도시 인구의 변화   단위: 명

도시	1925년	1935년
경성	302,711	404,202
평양	109,285	172,746
부산	103,522	180,271
대구	72,127	105,716
인천	53,593	80,420
합계	641,238	943,355

* 출처: 한석정, 『만주 모던: 60년대 한국 개발체제의 기원』, 문학과지성사, 2016, 83쪽에서 재구성.

전체 도민(道民)·부민(府民)·국민에게 특정한 날짜 특정 시간에 모든 행동을 멈추고 1분 혹은 3분 동안 묵념을 바치라고 명령할 수 있는 직접적인 수단이자 명령의 목소리 그 자체이기도 했던, 바로 그 '사이렌' 설비가 1920년

---

32) 권태환·김두섭, 『인구의 이해』, 서울대학교출판부, 1990, 243쪽.

대 말부터 1930년대 초에 걸쳐 빠른 속도로 보급·설치되었다. 사이렌은 철도와 함께 식민지 조선인들을 '근대적 시간'으로 포섭하는 핵심적 기제이기도 했다. 사이렌은 보통사람들로 하여금 국가권력의 존재를 체감하게 만드는 중요한 기제였다. 우리는 여러 기사들을 통해 1920년대 말부터 사이렌 시설이 크고 작은 도시들을 중심으로 유행처럼 확산되었음을 확인할 수 있다.[33] 처음에는 시간을 알리거나 비상시 위험경보의 목적으로 사이렌이 설치되었지만, 1930년대 초부터는 시보(時報)나 경보(警報) 기능을 넘어 마라톤대회의 출발 신호나 야구의 경기 시작 신호 등으로도 쓰였다. 그러다가 1930년대 말엽부터는 전사자 숭배의 의례장치로까지 그 기능이 확대되었던 것이다. 무슨무슨 관공서에서 이번에 최신 사이렌 시설을 설치했다는 기사는 1930년대 내내 이어지며, 1940년대에는 태평양전쟁 발발 이후 방공용(防空用) 사이렌 수요가 급증하게 되면서 '사이렌 네트워크'도 한층 조밀해지고 촘촘해졌다.

5. 소결

지금까지 의례의 시기별 빈도 추이와 의례 거행의 주요 계기들, 의례경관, 전사자의 의례적 변형, 의례장치를 중심으로 식민지 시기 전사자 의례를 개관해보았다. 앞으로 차차 밝혀지겠지만 중일전쟁 시기, 특히 전쟁 발발 직

---

33) 예컨대 『동아일보』, 1928년 6월 28일 5면의 「남포에 시보기(時報機)」 기사, 1930년 9월 14일 3면의 「지방잡신」 기사, 1930년 10월 6일 3면의 「회령 호우로 양 철도 불통」 기사, 1931년 1월 18일 3면의 「오포 폐지코 싸이렌 설치 부산부에서」 기사, 1931년 5월 10일 3면의 「신흥에 싸이렌」 기사, 1931년 11월 26일 7면의 「대구부의 모터 싸이렌 내월부터 사용」 기사 등을 볼 것.

후인 1938~1939년은 비단 전사자 의례에서만이 아니라 전사자 묘지나 기념시설에서도, 한마디로 전사자 숭배 전반에서 대단히 중요한 전환점이었다. 의례를 중심으로 지금까지의 논의를 간략히 정리해보자.

첫째, 조선에서 전사자 의례는 만주사변 직후인 1932년부터 본격적으로 등장했으며, 특히 중일전쟁이 발발한 1937년 이후 그 빈도가 폭발적으로 증가했다. 전사자의 대규모 발생, 주요 전쟁이나 전투의 연례 기념일, 육군기념일과 해군기념일, 중일전쟁의 전승(戰勝) 축하행사, 총후후원강화주간, 도쿄 야스쿠니신사나 중국의 전투현장에서 전사자 의례를 거행할 때 등이 조선에서 전사자 의례를 기획하고 집행하는 주요 계기들로 작용했다.

둘째, 식민지 시대의 전사자 의례는 종교의례의 강한 영향 아래 있었다. 따라서 전사자 관련 의례경관에서 '종교적' 경관이 '세속적' 경관을 압도했던 것이 시대적 특징이었다. 종교적 경관은 다시 '신도적' 경관과 '불교적' 경관에 의해 독점적으로 양분되었다. 그런 가운데 의례의 공식성, 중요성, 참여 규모가 커질수록 신도적 의례경관이 더욱 우세해졌다. 묘탑·영탑 혹은 전쟁기념물과 광장이 일체화된 성역을 창출하고 그곳에서 전사자 의례를 거행하는 모습, 공공 광장이나 공설운동장을 무대로 대규모 군중이 집결하여 전사자 의례를 치르는 광경도 식민지 시대에 처음 등장한 의례경관이었다.

셋째, 전사자의 의례적 변형과 관련해서도 중일전쟁 발발 이후인 1937년부터 전사나 전사자에 대한 호칭이 한층 격상되고 화려해짐을 확인할 수 있었다. 특히 이 무렵부터 전사자들을 향한 '신격화' 시도가 등장하기 시작하는데, 이는 일본과 조선의 조상숭배 전통을 반영한 것으로 판단된다.

넷째, 1938년부터 의례 효과를 제고하고 대중 참여를 조장하려는 의례장치들이 폭발적으로 증가했으며, 그해에 등장한 의례장치들이 1939년 이후 빠른 속도로 안착되는 양상을 보였다. 전국적 차원에서 나아가 국제적 차원에서 시공간의 동질화를 가능케 하는 의례장치들이 1938년에 등장했던 사실은 특별히 주목할 만하다.

1930년대 이후 전사자 의례의 빈도가 잦아지면서 조선인들도 점점 거기에 익숙해졌을 것이고, 어떤 면에선 일상화되고 당연시했을 것이다. 그러나 '의례의 일상화'와 '의례의 효력'이 항상 비례하거나 병행하는 것은 아니다. 서발턴이나 호모 사케르 처지에 가까웠을 '보통 조선인들'에게 식민지 시대의 전사자 의례가 과연 얼마나 강렬한 감흥과 공감을 불러일으켰을까? 이런 전사자 의례들이 조선인 유가족에게 '감정의 연금술', 나아가 천황을 정점으로 한 '가족국가'에서 영웅을 배출한 '국가적 성가정(聖家庭)'의 일원이 되었다는 자부심을 갖게 해주었을까? 나아가 이 의례들은 조선인들 일반에게 이른바 '희생의 논리'를 수용·내면화하고 전사자들에게 감사와 보답의 감정을 품게 만듦으로써 국민 형성이나 국민통합의 효과를 순조롭게 발휘했을까? 숱한 전사자 의례들이 '전쟁 경험의 신화화'나 '지배의 정당화'에는 또 얼마만큼의 효과를 발휘했을까? 종주국이 벌인 제국주의 전쟁을 바라보는 식민지민들의 시각이 대개 그러하듯이, 조선인들에게도 만주사변이나 중일전쟁이나 태평양전쟁은 어디까지나 '일본인 지배자들의 전쟁'일 따름이었고, 그 전쟁의 전사자들을 기리고 영웅으로 떠받드는 의례들 역시 '그들만의 떠들썩한 이벤트' 정도로만 비쳐지지 않았을까?

앞서 언급한 의례 인프라에 대해서도 양면적인 평가가 가능할 것이다. 한편으로 보면, 의례의 전국적·국제적 동시화, 의례의 국제화가 가능할 만큼 강력한 의례 인프라가 1930~1940년대에 구비되어 있었다고 평가할 수 있을 것이다. 그러나 다른 한편으로 보면, 1930년대 중반까지도 조선인의 90% 이상이, 해방 직전까지도 조선인의 85% 이상이 일제 묵념을 권유하는 사이렌 소리조차 제대로 들리지 않을 농어촌에 흩어져 살고 있었고, 그런 면에서 전사자 의례의 효과는 조선인들에게 매우 제한적이었다는 평가도 가능할 것이다. 그런 면에서 식민지 시대의 전사자 의례장치들, 특히 1930~1940년대의 의례 인프라는 가능성의 제공과 그것의 제한, 행위 지평의 개방과 폐쇄 측면을 동시에 내장하고 있었다고 말할 수 있을 것이다. (비록 전혀 다른 맥락에서 사용되었을지라도, 앤서니 기든스의 표현을 빌리자면) 식민지 시대의 전사자 의례장치들은 무언가를 가능하게 만드는(enabling) 측면과 그 효과를 제약하는(constraining) 측면 모두를 갖고 있었던 셈이다.[34]

그러나 식민지 시대에 주로 도시에 거주했던 소수의 선택받은 조선인들, 일본인 지배자들과 밀도 있는 상호작용을 할 수밖에 없는 '조선인 식민지엘리트들'은 전사자 의례의 비교적 강한 영향권 아래서 살았을 가능성이 높다. 특히 군대와 경찰 조직에 속했던 조선인들은 더더욱 그랬을 것이다. 이들은 공적인 전사자 의례들에 직접 참석하여 그 과정을 눈여겨봤을 것이다. 대부분의 조선인들에게는 식민지 시대의 전사자 의례가 큰 영향을 미치지 못했다고 할지라도, 소수의 식민지엘리트 그룹을 매개로 식민지 전사자 의례가 해방 후 한국사회에도 의미 있는 영향을 미칠 가능성은 충분히 존재했다. 바로 이런 견지에서 식민지 전사자 의례가 해방 이후까지 연속적으로 계승되는 요소들은 무엇인지, 변형되는 요소들은 무엇인지, 단절되는 요소들은 무엇인지를 찬찬이 따져볼 필요가 있는 것이다.

그런데 별다른 조사를 해보지 않고서도 우리는 탈식민지 시대를 맞아 '의례적 단절'의 측면이 두드러질 수밖에 없을 두 가지를 지적할 수 있다. 우선, 해방 후에는 '신도식(神道式) 의례경관'을 더 이상 계승하거나 유지하기 어

---

34) Anthony Giddens, *Central Problems in Social Theory*, Berkeley: University of California Press, 1979.

려우리라는 것이다. 다음으로, 해방 후에는 의례 스케일의 급진적 확대를 통해 (식민제국 차원의) 광대한 '국제적 의례공동체'를 형성하는 게 더 이상 가능하지 않게 되리라는 것이다. 이 두 가지를 가능케 했고 지탱해주던, 말하자면 의례적 하부구조로 기능하던 식민지시스템 자체가 허물어졌기 때문이다.

신도적 의례경관이 급속히 사라질 수밖에 없는 운명이었다면, 이 의례경관의 공백을 채운 것은 과연 무엇이었을까? 신도적 경관은 다른 '종교적인' 경관으로 대체될 것인가, 아니면 아예 '세속적인' 경관으로 대체될 것인가? 만약 종교적 경관이 유지된다면 어떤 종교가 가장 유력한 후보였을까? 식민지 시대에 신도와 함께 공적 의례에서 자주 활용되었던 불교가 신도의 자리를 차지하게 될 것인가? 아니면 해방과 함께 그리스도교 국가에 가까운 미국의 직접 지배를 받게 된 상태에서, 식민지 시대에는 주변화 되었던 다른 종교들, 예컨대 그리스도교가 대안적인 의례경관을 만들어낼 핵심 주체로 부각될 가능성은 없었을까? 다음 장에서 이런 질문들에 대한 답을 찾아보려 한다.

5장

해방 후의 전사자 의례 [1]

1. 버림받은 전사자들, 망각된 죽음

해방이 되자 일본인들은 물러갔다. 일본인들의 전쟁에 동원됐다 죽거나 살아남은 조선인들은 돌아왔다. 그나마 유해라도 귀국한 전사자보다 유해조차 수습되지 못한 전사자들이 더 많은 실정이었다.[1] 한국사회는 해방과 동시에 태평양전쟁 전사자 처리 문제에 직면했다. 해방 후 최초로 치러진 전사자 의례도 태평양전쟁 전사자를 위한 것이었다. 1946년 1월 18일 서울 경기중학교 강당에서 열린 (당시 대략 7만 명으로 추산된) '전재(戰災) 사망동포 위령제'가 바로 그것이었다. 전사자 의례로 보긴 어려우나, 식민지 말기 징용되어 히로시마 비행기공장에서 일하다 해방 후 귀국선이 난파하는 바람에 사망한 245명의 위령제가 같은 해 4월 27일 서울 태고사(오늘날의 조계사)에서 거행되었다. 두 위령제는 모두 불교식으로 치러졌다.[2]

그러나 이 추모행사들을 개최한 주체는 국가가 아닌 민간단체나 개인들

---

1) 식민지 시대에 전쟁에 동원된 조선인은 일본군 지원병 25,049명, 징집병 184,230명, 군속 154,186명 등 모두 363,465명에 이르렀다. 김민영, 「조선인 강제연행」, 이병천·조현연 편, 『20세기 한국의 야만』, 일빛, 2001, 139쪽.

2) 『자유신문』, 1946.1.16, 1946.1.18, 1946.1.19, 1946.4.17; 『조선일보』, 1946.1.18; 『동아일보』, 1946.1.16 참조.

이었다. 전재 사망동포 위령제는 국민후생대(國民厚生隊)라는 민간단체에 의해, 귀국길에 사망한 징용자들을 위한 위령제는 "동지들의 발기로" 성사되었다. 국가는 태평양전쟁 전사자들을 시종 외면했다. 미군정도 그랬고 대한민국 정부도 마찬가지였다. 게다가 이들의 죽음은 더 이상 '명예로운 죽음'이 아니었다. 대신 그들은 "고혼"(孤魂)이나 "불귀객"(不歸客), "이역만리에서 횡사한 이들"로 호명되었다. 식민지 시대에 총독부 등에 의해 '호국의 영령'으로 추앙되면서 화려한 합동위령제의 대상이었던 이들이, 해방 후에는 객사(客死)나 횡사(橫死)를 당한 원혼, 보살핌을 받지 못하는 외로운 귀신들로 취급되면서 사회적 무관심과 냉대의 대상으로 전락해버린 것이다.

약 2년 동안 잠잠했던 태평양전쟁 전사자 문제가 재차 공론화된 때는 1948년 초였다. 두 가지 계기에 따라 두 갈래로 태평양전쟁 전사자 의례가 추진되었다. 우선, 1948년 2월과 4월 두 차례에 걸쳐 일본 정부가 남한 출신 전쟁 사망자 8,133명의 명부·유골·유품·위패 등을 송환해온 것을 계기로, '태평양동지회'라는 단체가 1948년 2월부터 '전사(戰死) 동포 합동위령제'를 준비하기 시작했다. 이 단체는 유골과 유품을 유가족에게 전달하기에 앞서 성대한 위령제를 거행하기를 원했다. 두 번째로, 1948년 8월 20일 조선 출신 해군 전사자에 관한 일본 정부의 조사 결과를 담은 조서(調書)가 도착하고, 이를 통해 1948년 7월 1일까지 사망한 조선인 해군 군인·군속 숫자가 17,858명에 이른다는 사실이 밝혀지자, '조선민족해양청년단'이 같은 해 9월 17일에 '태평양전쟁 희생자 위령제 집행위원회'를 구성하고 위령제 준비를 본격화했다. 태평양동지회는 징병·징용 생환자(生還者)를 중심으로 결성된 단체였으므로 위령제의 대상도 군인, 군속, 징용자, 보국대원, 정신대원을 망라하고 있었다. 조선민족해양청년단은 태평양전쟁 해군 참전자를 주축으로 결성되었고, 따라서 일본 해군에 종군했던 군인과 군속만을 위령제의 대상으로 삼고

있었다.[3]

그러나 국가와 사회의 무관심, 외면 속에서 위령제는 난항을 거듭했다. 태평양전쟁 해군 전사자 합동위령제의 경우 처음엔 1948년 9월 중순경에 거행할 예정이었지만, 10월 초순으로 연기되었다. 그러나 이 위령제가 개최되었음을 보도하는 기사는 찾을 수가 없다. 이로 미루어 예정됐던 조선민족해양청년단 주최의 위령제는 끝내 열리지 못했던 것으로 판단된다. 1948년 2월 "조만간" 거행하리라던 태평양동지회의 위령제도 거듭 미뤄졌다. 같은 해 9월 중순에 이 단체가 "9월 말경"에 개최하리라 예고했던 '태평양전쟁 희생자 유골이안식(遺骨移安式)'도 무산되었다. 해를 넘겨 1949년 5~6월에도 이 단체는 행사경비 부족으로 모금운동을 계속하고 있었다. 같은 해 10월 30일에 서울 시공관에서 합동위령제를 거행한다고 공표했지만, 결국 11월 13일에 가서야 용산 삼각지 인근 본각사(本覺寺)에서 송환된 유골 8,133위(位)를 위한 '제1차 중앙합동위령제'를 간신히 거행할 수 있었다. 물론 '제2차'나 '제3차' 합동위령제는 그 이후에도 영영 열리지 못했다.

2년 가까이 위령제가 지연되는 동안 태평양동지회 측은 여러 차례 국가와 사회의 방관적이고 무책임한 태도를 비판했다. 대한민국 정부 수립 직후

---

3) 태평양동지회 위령제 관련은, 『동아일보』, 1948.2.6; 『국제신문』, 1948.9.14; 『영남일보』, 1949.5.18, 1949.5.21; 『민주중보』, 1949.5.20; 『경향신문』, 1949.10.19, 1949.11.15, 1949.11.18 등 참조. 또 조선민족해양청년단 위령제 관련은, 『경향신문』, 1948.8.25; 『대공일보』, 1948.9.17; 『동아일보』, 1948.9.19; 『자유신문』, 1948.9.22 등 참조. "여운형 씨 피살사건에 대한 복수공작으로 한국민주당 위원장 김성수 씨와 경무부장 조병옥 씨를 살하려" 했던 '우익 요인 암살미수사건'으로 1947년 11월 말 체포된 10명 중 8명이 조선해양청년단 단원이었던 사실로 미루어(『동아일보』, 1947.12.24), 이 단체는 좌익 성향이 강한 이들로 구성되었던 것으로 보인다. 이 단체는 1949년 10월 18일 공보처가 발표한 133개의 등록취소처분 대상 정당·단체 명단에도 포함되었다(『경향신문』, 1949.10.19; 『국도신문』 1949.10.19 참조).

인 1948년 9월에는 '친일파가 득세했던' 미군정 시기의 남조선과도정부를 정면으로 비판하기도 했다.[4] 그 후로도 태평양동지회는 "요로 당국의 무성의한 방관적 태도"를 문제 삼았다. 그들은 "유골 송환 문제는 국가적 견지로나 민족적 견지로서도 시급을 요하는 문제이며 고향에서 일루의 희망을 가지고 생환을 기대하는 친근자에 유골·유품이나마 속히 송환시킨다는 것은 전 민족의 이름으로 조홀(粗忽)히 해서는 안 될 것"이므로, "요로 당국은 물론 각계의 성의 있는 절대적인 협조와 원조"를 바란다는 입장을 표명했다.[5] 이를 보도한 기자 역시 일본 정부가 보내온 유골들이 방치되고 있는데도 "일반 사회에서 방관 태도를 취하고 있어 뜻있는 사람들로 하여금 울분을 금치 못하게" 만들고 있다고 고발했다.[6]

앞에서 본 1946년의 상황도 그러했지만, 1948~1949년에도 혹은 그 이후에도 태평양전쟁 전사자들이 해방 후 한국사회에서 환영받지 못하는 존재였음은 분명했다. 그들을 찬양하거나 칭송하는 이들은 전무했다. 그들은 "명분도 목적도 없는 본의 아닌 태평양전에서 쓰러진 해군 관계 전몰자 명령(冥靈)"이거나 "전화(戰禍)로 인하여 현지에서 불귀객(不歸客)이 된 동포들"일 따름이었다.[7] 그들은 대개 억울한 죽음을 당한 이들이거나, 원한에 차 있는 존재로 간주되었다. 당시 신문 기사에서는 태평양전쟁 전사자들과 관련하여 "태평양의 원혼"(『동아일보』, 1948.9.19), "철천의 원한을 품고 전진 속에 사라진 영혼", "원한의 전사 동포"(『동아일보』, 1948.2.6), "원한을 품은 채 영

---

4) 『국제신문』, 1948.9.14.

5) 『민주중보』, 1949.5.20.

6) 『경향신문』, 1949.10.19.

7) 『대공일보』, 1948.9.17; 『영남일보』, 1949.5.21.

혼이 된 동포", "원한을 품은 고혼(孤魂)"(『민주중보』, 1949.5.20), "태평양 고도에서 원혼이 된 우리 겨레"(『경향신문』, 1949.10.19), "동포의 원혼", "일제의 강제 징용·징발에 의해서 억울하게 왜놈을 위해 아까운 생명을 바친 동포"(『영남일보』, 1949.5.18), "일제 침략전쟁에 끌리어 나가 억울하게 죽음을 당한 우리 동포"(『경향신문』, 1949.11.18) 등의 표현들이 주로 동원되었다.

　해방을 계기로 처지와 대접의 극적인 변화를 겪은 이들이 바로 태평양전쟁 전사자들이었다. 직전까지도 '호국영령'이나 '군신'으로 호명되던 이들이 해방 후 졸지에 호모 사케르 처지로 전락했다. 그들의 죽음은 거의 아무런 사회적 관심과 반향도 불러일으키지 못했다. 그들을 찬양하는 이도, 그렇다고 그들에게 손가락질을 하는 이도 없었다. 그들은 그저 '부재하는 존재들'이었다. 그들을 위해 특별히 마련된 기념비도, 의례도, 묘지도 더 이상 존재하지 않았다. 미군정과 대한민국 정부는 일본 정부가 보내준 전사자 유골들조차 민간 영역과 유족에게 미뤄둔 채 방치하기만 했다. 그 후로도 오랫동안 한국 정부는 일본과 중국, 동남아시아, 태평양 도서 곳곳에 흩어진 조선인 전사자들의 유해를 수습하려는 노력을 기울이지 않았다. 김동춘의 표현대로 "(태평양전쟁 전사자들은–인용자) 모두 개죽음을 당한 결과가 되었다. 그나마 일본인 희생자들은 국가를 위해 죽었다는 자기위안이라도 있지만, 한국인 희생자들은 남의 나라, 남의 왕을 위해 죽고 모국의 위로도 받지 못하는 참담한 신세가 되고 말았다."[8]

　태평양전쟁 전사자들은 한마디로 '버림받은 전사자들'이었다. 그들의 죽음은 급속히 사회적 망각 속으로 빨려 들어갔다. 아무도 기억해주지 않는, '망각된 죽음'이 되어갔던 것이다. 망각의 깊고 깊은 계곡에 방치되어 있던 그들이 집단적 기억의 장으로 다시 호출된 것은 반세기 이상의 공백기가 흐

---

8) 김동춘, 『전쟁정치: 한국정치의 메커니즘과 국가폭력』, 도서출판 길, 2013, 151쪽.

른 후, 특히 2004년 3월에 '일제강점하 강제동원 피해 진상규명 등에 관한 특별법'이 제정된 후의 일이었다. 1949년 11월에 '제1차 중앙합동위령제'가 거행된 후 다시금 전국적인 차원의 합동위령제가 거행되기까지는 무려 67년의 세월이 필요했다.[9] 더구나 이마저 '징용'을 당한 이들이 중심이었지, '징병'을 당하거나 '지원병'으로 참가했다 전사한 이들은 아니었다. 태평양전쟁 전사자들은 힘겨운 '기억의 복권(復權)' 과정에서조차 차별과 편견의 대상으로 남아 있었다.

2. '반공 영령들'의 화려한 등장

태평양전쟁 전사자들의 비참한 처우와 극명한 대조를 이룬 사람들이 바로 해방 이후 '반공전선'(反共戰線)에서 목숨을 잃은 이들이었다. 반공전사(反共戰士)들의 죽음은 대단한 사회적 관심과 스포트라이트 아래 놓였고, 이내 집중적인 현창과 선양의 대상으로 떠올랐다. 1946년 가을이 되기까지 남한에서 '반공전사자'를 위한 의례가 등장하지는 않았지만 그와 비슷한 것, 반공전사자 의례의 전조(前兆)라 할 만한 것은 이미 1945년 말부터 나타났다. '신의주학생사건'의 희생자들이 그 대상이었다.

1945년 12월 29일 오후에 서울 태고사에서 대한독립촉성전국청년총연

---

9) 2016년 8월 11일 행정자치부 산하 일제강제동원피해자지원재단이 부산의 일제강제동원역사관에서 '일제 강제동원 희생자 전국합동위령제'를 개최했다. "일제강점기 강제동원 희생자들을 기리는 추모제는 더러 열렸지만 전국의 희생자 유족들이 참가한 합동위령제는 처음" 있는 일이었다. 『한겨레』 2016년 8월 12일 13면의 「일제강점기 강제동원 희생자 기리는 첫 전국 합동위령제」 기사(김광수 기자).

맹 주최로 신의주학생사건 희생자들을 위한 위령제가 거행되었다.[10] 1946년 9월 27일 경남 웅천의 웅동국민학교에서 열린 주기용 추도식도 신의주학생 사건 희생자 위령제와 유사한 반공주의적 맥락 안에 자리매김되었다. 오산학교 교장으로 조선민주당에도 가담했던 그가 반공 활동 때문에 북한 당국에 의해 체포되어 신의주에서 옥사(獄死)한 것으로 잘못 알려졌던 것이다.[11] 신의주학생사건 희생자들은 1945년 이후 매년 11월마다 추도식과 기념식을 통해 기억되었다. 예컨대 1946년 11월 23일에는 신의주학생사건 1주년 기념일을 맞아 서북학생총연맹(서북학련) 주최로 서울 천도교강당에서 추도식과 기념강연회(열변대회)가 열렸다. 이때 신의주학생사건 희생자들은 "순국동지"로 호명되었다.[12] 신의주 반공투쟁에서의 사망을 순국(殉國), 즉 나라를 위하여 목숨을 바친 행위로 추앙하기 시작한 것이다. 그런 면에서 신의주학생사건은 연례적으로 기억된 최초의 반공기념 사건이라는 영예를 차지했던 셈이다. 얼마 지나지 않아 여순사건이 그 뒤를 잇게 된다.

다른 나라의 경우와 마찬가지로 또 식민지 시대에서와 마찬가지로, 해방후 남한에서 국가가 전사자 의례에 적극적으로 나서도록 만든 결정적 계기역시 '전사자의 대량생산' 현상이었다. 대구10월사건, 여순사건, 제주4·3사건, 38선 접경지역에서의 잦은 군사충돌 그리고 뒤이은 한국전쟁에 이르기까지 '반공전사자들'이 대규모로 발생하는 사태들이 줄을 이었고, 그에 따라 자연스럽게 전사자 의례들이 등장했다.

신문에 보도된 사례들을 조사하여, 1945년부터 현충일이 등장하기 직전인

10) 『자유신문』, 1945.12.28.

11) 『동아일보』, 1946.9.25 참조.

12) 『동아일보』, 1946.11.21.

1955년까지 약 10년 동안 전사자 의례의 연도별 빈도와 주요 계기를 정리해놓은 것이 〈표 5 - 1〉이다. 이 표에는 대부분 해방 이전 전사자들인 '태평양전쟁 전사자' 관련 의례들이 빠져 있다(물론 앞서 보았듯이 이에 해당하는 사례는 극소수에 불과하다). 반면에 반드시 전투나 전쟁이 아니더라도 해방 후 남한에서 벌어진 격렬한 좌우익 폭력 충돌 과정에서 사망한 우익 측 인사들과 관련된 의례는 표에 대부분 포함되어 있다. 이 우익 측 희생자의 범주는 경찰, 군인, 군속, 철도원, 의용소방대, 민간 반공단체 회원 등을 포괄한다. 따라서 이 표에 실린 의례의 대상은 예외 없이 '반공 전사자들'인 셈이다. 그만큼 해방 후 10년 동안 국가와 지배층은 반공 전사자 의례에 진력해왔다고도 말할 수 있다.

〈표 5 - 1〉 해방 후의 전사자 의례: 1945~1955년

연도	의례 건수	의례를 거행하게 된 주요 계기
1945	0	
1946	2	미군 전몰장병기념일(5월 30일), 대구 10월 사건 당시 경찰 사망자 발생
1947	3	3월 파업을 비롯한 좌우익 갈등, 38선 인근에서의 남북 간 충돌로 인한 경찰 사망자 발생
1948	19	대구 10월 사건 이후 좌우익 갈등, 여순사건, 제주 4·3사건, 38선 인근에서의 남북 충돌로 인한 경찰·군인 사망자 발생
1949	54	38선 인근에서의 남북 충돌, 제주 4·3사건, 지리산 일원 진압작전에서 전사자 발생, 여순사건 1주년
1950	10 (9+1)*	38선 인근에서의 남북 충돌, 지리산 및 한라산 일원 진압작전에서 전사자 발생, 충혼비 제막 및 영혼 안치, 한국전쟁 발발로 인한 대규모 전사자 발생.
1951	12	한국전쟁 전사자 발생, 외국군 전사자 전용묘역 조성 및 헌정, 연합군 전몰장병기념일(5월 30일), 한국전쟁 발발 1주년, 서울수복 1주년, 전사자 유골의 대규모 이송, 국제연합일(10월 24일)
1952	18	한국전쟁 전사자 발생, 한국전쟁 발발 2주년, 서울수복 2주년, 학살당한 우익 측 민간인 합동묘역 조성, 전사자 유골의 대규모 이송, 국제연합일
1953	30 (17+13)*	한국전쟁 전사자 발생, 전사자 유골의 대규모 이송, 서울수복 3주년, 충렬탑·충혼탑·충령탑 제막 및 영혼 안치, 미국 해병대 창설기념일, 국제연합일
1954	25	한국전쟁 관련 전사자 추가 발생, 전사자 유골의 대규모 이송, 유엔군 측과 공산군 측(북한군, 중국군) 간의 시신 교환, 충렬탑·충혼탑·충령탑 제막 및 영혼 안치, 연합군 전몰장병기념일, 국제연합일

1955	19	한국전쟁 관련 전사자 추가 발생, 한국군 전사자 전용묘지 조성, 서울수복 5주년, 충렬탑·충혼탑·충령탑 제막 및 영혼 안치, 국제연합일.
합계	192	

* 1950년에는 한국전쟁 발발 이전에 9회, 발발 이후 1회 거행되었음. 1953년에는 휴전 이전 17회, 휴전 이후 13회 거행되었음.

〈표 5-1〉에서 보듯이 1945년 8월 중순부터 1955년 12월 말 사이에 남한 지역에서는 모두 192회의 전사자 의례가 거행된 것으로 보도되었다. 해방 당시부터 한국전쟁 발발 이전까지 약 5년 동안에 전체의 45.3%에 해당하는 87회가 등장했고, 한국전쟁 발발 이후인 나머지 5년 동안 전체의 54.7%에 해당하는 105건의 의례가 거행되었음을 확인할 수 있다. 그중에서 한국전쟁 기간 중에는 48회(전체의 25.0%), 휴전 후부터 1955년 말까지는 57회(29.7%)의 전사자 의례가 개최되었다. 1948년부터 1955년 사이 8년 동안에만도 무려 187회의 전사자 의례가 개최되었다. 연평균 23.4회로서, 매월 두 차례 꼴로 전국 어디에선가 크고 작은 전사자 의례들이 열리곤 했던 것이다.

정확히 10년의 시차를 둔 채, 해방 후의 전체적인 추이가 식민지 시대 말기와 마치 쌍생아처럼 닮았다는 점이 이채롭다. 중일전쟁을 계기로 1938~1939년부터 전사자 의례 빈도가 급증했다가 그런 추세가 1945년 패전 때까지 8년 동안 유지되었던 것처럼, 분단국가 수립을 계기로 1948~1949년부터 전사자 의례 빈도가 급증했다가 그런 추세가 1955년까지 8년 동안 유지되었다. 현충일이 등장함에 따라 1956년부터는 국지적인 전사자 의례들이 급감했다. 이런 단순한 외형상의 유사성을 넘어, '독립 한국'의 전사자 의례를 좀더 자세히 분석해볼 필요가 있다. 식민지 시기와 비교할 때 무엇이 달라졌는가, 혹은 달라지지 않았는가?

남한에서 전사자 의례는 1946년부터 등장했다. 그해에 두 차례, 이듬해인 1947년에 세 차례 전사자 의례가 거행되었다. 해방 후 남한에서 거행된 최초의 전사자 의례는 미군 전몰장병기념일 혹은 메모리얼 데이(Memorial Day)인 1946년 5월 30일 오전 용산 미군 육군묘지에서 열린 7사단 주관 추념식이었다. 제2차 세계대전 말부터 1946년 5월까지 사망한 미군 장병 120명이 추도의 대상이었다.[13] 이 추념식이 한국인이 아닌 미군만을 대상으로 한 것이었다면, 한국인 전사자를 대상으로 한 최초의 의례는 그해 11월 30일 오전 미군정 경무부 주관으로 대구에서 열린 '전국 순직경관 합동위령제'였다. 10월 사건의 현장이기도 했던 대구 본성정의 키네마구락부에서 거행된 이 위령제는 이른바 "10·1소요사건" 과정에서 죽은 60명의 경찰을 기리기 위한 것이었다.[14] 1947년 5월 20일에는 3월파업 당시 사망한 손정규 경위 등 7명의 합동위령제가 전주 종동 중앙구장에서 있었고,[15] 같은 해 10월 11일에는 수도관구와 제1관구 소속으로 전사한 경찰 19명을 위한 '순직경찰관 합동위령제'가 수도관구경찰청 주최로 창경원 식물원 광장에서 열렸다.[16] 1947년 11월 25일에는 "이북보안대와 소련군에 납치된 후 순직한" 박만주 경위, 홍윤기 순경을 위한 위령제가 강릉경찰서 주최로 거행되었다.[17] 1948년부터 전사자 관련 의례 빈도가 급격히 증가하며(연간 19회), 1949년에는 그 빈도가 무려 54회에 이르게 된다. 대구10월사건과 이후 연이은 좌우익 갈등에다, 1947년부터 전사자가 꾸준히 증가한 38선 인근 남북 간 무력충돌, 1948년에 발생

---

13) 『동아일보』, 1946.5.30, 1946.5.31.

14) 『자유신문』, 1946.11.29, 1946.12.3; 『동아일보』, 1946.11.27, 1946.12.4; 『경향신문』, 1946.12.4.

15) 『동아일보』, 1947.5.20.

16) 『자유신문』, 1947.10.1, 1947.10.7, 1947.10.12; 『동아일보』, 1947.10.3, 1947.10.12; 『경향신문』, 1947.10.12; 『조선일보』, 1947.10.12.

17) 『경향신문』, 1947.12.13.

한 여순사건, 제주4·3사건 등으로 경찰과 군인 사망자가 다수 생겨났기 때문이다. 1949년에는 여순사건 1주년을 기념하는 전사자 추모의례가 줄을 이었다. 〈표 5 - 2〉에서 보듯이 여순사건 관련 추모의례나 기념의례들이 한국전쟁 이전 시기에 비교적 빈번히 거행되고 있었다. 특히 1949년 10월에 집중된 의례나 행사들은 추모의례가 여순사건 1주기라는 '주기성'에 맞춰 제도화되기 시작했음을 보여준다.

〈표 5 - 2〉 여순사건 관련 추모 및 기념 의례: 1948~1949년[18]

일자	행사 명칭	추모 대상	장소(주최)
1948.11.4	순천지구 사망자 합동추도회	순천지구 전투 중 전사자	
1948.11.6	합동위령제	지정계 등 군인 7명	광주공업고등학교
1948.11.13	수도경찰 장의식	경찰 6명	서울시청 앞 광장(수도경찰청)
1948.11.21	전남지구 반란사건 희생동포 합동위령제	여순사건 관련 희생자	태고사(조선불교중앙교무회)
1948.12.1	제1차 전몰장병 합동위령제	여순사건 진압작전에서 전사한 군인 91명	서울운동장(국방부)
1948.12.17	철도경찰청 산하 순직경관 위령제	철도경찰 26명	순천철도경찰서 구내(철도경찰청)
1949.4.28	제3회 순직경찰관 합동위령제	여순사건을 전후하여 전사한 경찰 722명	창덕궁 비원(내무부)
1949.6.1	서울유격대 전몰용사 합동위령제	지리산지구 진압작전에서 전사한 17명	수원 육군수색학교 연병장(육군수색학교)
1949.6.6	제2차 전몰장병 합동위령제	여순, 지리산, 제주에서 전사한 군인 345명	서울운동장(국방부)

18) 정호기, 「과거의 재조명에서 시민주체의 형성과 연대 그리고 와해: '여순사건'의 의례를 중심으로」, 『사회와 역사』 87집, 2010, 98-99쪽의 표들을 재구성. 1949년 10월 19일의 여수 행사, 10월 20일의 순천 및 목포 행사, 같은 해 12월 12일의 광주 행사는 필자가 추가했다. 아울러 몇 가지 사실 관계를 바로잡았다. 1948년 12월 16일 위령제는 17일로, 1949년 4월 28일 위령제의 주최는 경찰청이 아닌 내무부로, 1949년 6월 1일 위령제의 대상은 16명이 아닌 17명으로, 해당 위령제의 주최는 서울유격대가 아닌 육군수색학교로 각각 수정했다.

1949.10.19	추도식과 분격궐기대회	여수사건 관민 희생자	전남 여수 각 동(여수시)
1949.10.19	여순사건 분발궐기대회		전남 광주(사회단체)
1949.10.19	합동위령제	군경과 민간인 83명	고흥동초등학교(고흥군과 사회단체들)
1949.10.19	여순사건 분격궐기대회		전남 장흥(관공서, 사회단체, 직장별)
1949.10.20	추도회	경찰과 군인 25명	전남 장흥
1949.10.20	여순사건 1주년 합동위령제	여순사건 관민 희생자	순천농림학교(순천시)
1949.10.20	목포경찰관 합동위령제	여순사건 경찰관 희생자	경찰서 광장(목포경찰서)
1949.10.26	순국 관민 합동위령제와 분격궐기대회	경찰, 대한청년단원, 부인회원 등 126명	구례 중앙국민학교(구례군과 사회단체들)
1949.12.12	전남 소요 진무(騷擾鎭撫) 군경 찬양회		광주 중앙국민학교(전남 지역 국민회, 한청, 대한노총, 대한부인회)

1950년 이후 전쟁으로 대규모 전사자가 발생하면서 전사자 의례가 재차 활성화되었다. 전사자 의례에 대한 국민의 관심 역시 급격히 고조되었다. 1951년부터는 한국전쟁 발발 기념일이나 서울수복 기념일, 국제연합일(유엔데이)에 맞춘 전사자 의례 관행들이 새로 생겨났다. 특히 1951년부터 1953년까지 세 차례 연속으로 가장 규모가 크고 성대했던 전사자 의례가 모두 서울수복 1주년, 2주년, 3주년 기념일에 맞춰 열렸거나 그렇게 계획되었던 점을 강조할 필요가 있다. 1951년 9월 28일에 개최되었던 제1차 3군 전몰장병 합동위령제(부산 육군보병학교), 1952년 9월 28일에 개최되었던 제2차 국군 전몰장병 합동추도식(부산 육군병기학교), 원래는 1953년 9월 28일로 예정되었지만 "국방부 기구 개편" 때문에 10월 16일로 연기되어 개최된[19] 제3차 3군 전몰장병 합동추도식(서울운동장)이 바로 그것이었다. 위령제나 추도식의 택일(擇日)에 고심했을 국방부 지도자들은 9·28 수복이라는 '전승'(戰勝)의 분위기 속

---

19) 『경향신문』, 1953.8.24.

에서 전사자 의례를 치르는 것이 의례효과를 극대화할 수 있는 선택이라고 생각했을 것이다. 이런 관념이 식민지 시대에 조선총독부 지도자들이 러일전쟁 승전일이기도 한 육군기념일·해군기념일이나, 중일전쟁 전승 축하행사를 전사자 위령제와 결합시켰던 발상과 대단히 유사한 것임은 물론이다. 아울러 매년 동일한 날짜에 전몰장병 합동추도행사를 거행하려 했던 것은 의례에 '정례성'과 '주기성'을 부여하고, 그럼으로써 이 의례를 국가적·국민적 행사로 격상시키려는 시도이기도 했다. 내무부 역시 전사자 급증에 따라 '제3회 전국 순직경찰관 합동위령제'가 열렸던 1949년 4월 말부터는 매월 28일 혹은 29일에 맞춰 위령제를 월 1회씩 정례화하기로 결정한 바 있지만,[20] 계획대로 실행되지는 못한 것으로 보인다.

전쟁 직전인 1950년 1월에는 전사한 경찰관을 기리는 '충혼비'를 제막하면서 위령제를 함께 거행하는 의례패턴이 전남 여수에서 등장했다. 이런 풍경이 전쟁 기간 동안 사라졌다가 종전 직전인 1953년 6월 인천에서 '전몰영령충혼탑' 제막식과 결합된 합동위령제 형태로 되살아났다.[21] 필자가 앞에서 '묘탑/영탑'이라고 명명한 것, 즉 기념비와 묘, 기념비와 사(祠)의 일체화'를 구현한 충혼탑·충령탑 등을 완성하는 때가 전사자 의례를 거행하기에도 좋은 때가 되는 것이다. 이런 묘탑/영탑이 일단 완성되면 향후 주기적·비주기적 전사자 의례를 거행하는 핵심 장소로 자리 잡을 가능성이 높았다.

전사자 전용묘지를 조성하여 망자들에게 헌정함과 동시에 대중에게도 선보이는 형식의 위령제가 1950년대에 나타나기도 했다. 1951년 4월 6일 부산 유엔묘지에서 열린 한미 합동 유엔군 위령제 그리고 1955년 4월 22일 동

---

20) 『경향신문』, 1949.4.18.

21) 『동아일보』, 1950.1.30; 『경향신문』, 1953.6.9.

작동 국군묘지에서 열린 제4차 3군 전몰장병 합동추도식이 그런 '묘지 헌정 의례'의 사례였다. 1951년 4월 위령제에서 미8군사령관 리지웨이 중장은 추도사를 통해 "이 묘지를 그 영전에 삼가 바치노라"고 말했다.[22] 『경향신문』 1955년 4월 21일 자 사설에 의하면, 1955년 4월의 합동추도식은 "국군 창설 이래 1954년 말까지 전몰한 79,201주를 국군묘지에 봉안하는" 의례였다.

앞서 제시한 〈표 5-1〉에서도 확인할 수 있듯이, 1950년부터 1953년까지 꾸준히 증가하던 전사자 의례의 빈도는 1953년을 고비로 점차 감소하는 양상을 보인다. 그러나 우리는 이런 수치들의 해석 문제에 좀 더 신중하게 접근해야 한다.

우선 〈표 5-1〉에 수록된 의례 빈도는 언론에 보도된 사례만을 집계한 것이므로, 실제 전사자 의례 건수는 이보다 많았다고 봐야 한다. 예컨대 미군 전몰장병 기념일 추도식 사례는 표에는 1946년과 1951년 사례만 반영되어 있지만, 1947~1948년과 1952~1955년에도 보도만 되지 않았을 뿐 매년 추도 행사가 있었을 것이 분명하다. 여순사건이나 4·3사건 기념일에 즈음한 추도 행사 역시 (비록 집계되지는 않았지만) 1950년대에도 계속되었을 것이고, 한국전쟁 발발 기념일과 서울수복 기념일에 맞춘 전사자 의례도 마찬가지였을 것이다. 1956년에 현충일이 제정되면서부터는 매년 6월 6일에 맞춰 전국에서 동시다발적으로 의례가 열리게 된다.

의례 빈도 문제에서 더욱 중요한 사실은 사자(死者) 유해의 소재를 옮기는 '이동의례'(translocation ritual) 및 그와 연계된 '의례의 연쇄'(chain of rituals), '동시다발 의례', '촘촘한 의례주기'라고 부를 만한 현상들과 관련된다. 이런

---

22) 『동아일보』, 1951.4.8.

현상들은 두 가지 역사적 계기, 즉 1951~1954년 사이 전사자 유골의 이동, 그리고 휴전협정에 따른 1954년의 유엔군-공산군 측 시신 교환으로 인해 발생했다. 1951년부터 1954년 사이에는 남한 내부에서 전사자 유골의 대규모 이송 행사가 다양한 형태의 전사자 의례들을 동반했다. 1954년에 있었던 남-북 간 전사자 시신(유해) 교환 역시 동일한 결과를 낳았다.

아군 전사자의 시신은 지극히 존엄한 대상으로 간주되었으므로, 유해의 이동은 그에 합당한 의례들, 여기서 필자가 '이동의례'라고 명명한 의례들로 치장되고 예우되어야 한다. 전사자 유해의 이동은 통상적인 위령제나 추도식과는 다른, 또 단순한 '이장'(移葬)과도 다른, 매우 특이한 형태의 전사자 의례들을 반복적으로 수반한다. 이런 의례들은 일종의 '약식 위령제·추도식'이나 '유사(類似) 위령제·추도식'이라고도 부를 만했다. 예컨대 (1) 기존의 임시 안치장소에서 유해를 내보내는 봉송식(奉送式), (2) 유해를 맞아들이는 봉영식(奉迎式) 혹은 봉수식(奉受式), (3) 유해를 새로운 장소에 안치하는 봉안식(奉安式), (4) 안치된 유해를 유가족에게 전달하는 봉도식(奉渡式) 등이 유해의 이동 단계마다 촘촘하게 배치된다. 필자가 '의례의 연쇄'라고 부른 현상이 뚜렷이 드러나는 것이다. 또 (5) 유해를 최종적으로 매장하거나 납골하기 전에 성대한 장례식이나 위령제·추도식이 추가되기도 한다. 유골 이동과 시신 교환 모두 〈표 5-1〉에는 단 한 차례씩만 전사자 의례가 있었던 것으로 집계했지만, 실제로는 유골의 개별적인 대규모 이동 시기마다 그리고 유엔군-공산군 간 시신 교환마다 여러 차례의 다양한 전사자 의례들이 줄을 이었다. 따라서 표에서 1951~1954년의 전사자 빈도는 실제보다 크게 과소집계되었다고 할 수 있다. 전사자 유해 처리와 관련하여, 1940~1950년대에 걸쳐 현란할 정도로 잦은 변화를 보였던 한국 정부의 방침 내지 정책도 의례 빈도를 높인 중요한 요인이었다. 정책의 비일관성과 불안정성 때문에 유해 이동이 더욱 빈번해지고 복잡해졌던 것이다.

먼저, 전사자 유골의 대규모 이동은 여러 차례 있었지만 언론 기사를 통해 확인할 수 있는 사례는 1951년 10~12월, 1952년 11월 28일, 1953년 4월 28일, 7월 2일, 7월 3일, 11월 26일, 1954년 2월 11일, 12월 16일 등 모두 여덟 차례이다. 1951년 9월 28일 열린 제1차 3군 전몰장병 합동위령제 당시 위령제의 대상이 된 전사자는 24,819명이었다. 국방부는 이들 중 부산 범어사에 안치되어 있던 유연고(有緣故) 유해를 대상으로 10월 1일부터 이른바 '유골향제봉송'(遺骨鄉第奉送), 즉 제각기 고향으로 이송하는 프로젝트를 시작했다. 경상남도(10월 1~2일), 경상북도(10월 3~5일), 전라남도(10월 6~9일), 전라북도(10월 10~13일), 충청남도(10월 14~17일), 충청북도(10월 18~21일), 강원도(10월 22~26일), 제주도(10월 23~26일)에 이어, 서울(11월 2~6일)과 경기도(10월 27일부터 12월)에서 종결되는 긴 일정이었다. 그런데 합동위령제 당시 유골을 "각기 출신지로 봉송하여 도군장(道郡葬)을 행할 것"이라는 방침도 함께 발표되었다.[23] 전사자 유골이 전국의 도청소재지에 도착할 때마다, 또 뒤이어 군청·시청소재지에 도착할 때마다 장례에 준하는 의례들이 거듭 거행되리라는 것이다. "당지(청양군 청남면 - 인용자) 출신 호국의 영령 고 김 이등상사 외 3주의 유골은 지난 3일(1954년 8월 3일 - 인용자) 관민 다수 출영한 가운데 당지에 안착하여 위령제로 엄숙히 거행하였다."라거나,[24] "화성군 출신 영현 12주가 15일(1955년 4월 15일 - 인용자) 하오 2시 관계자 다수 봉영 리에 당지에 도착되어 각 출신 면에서 합동위령제가 거행되었다."[25]라는 기사에서 확인할 수 있듯이,

23) 『동아일보』, 1951.9.28, 1951.9.29, 1951.10.2.

24) 『경향신문』, 1954.8.10.

25) 『경향신문』, 1955.4.19.

군 단위 봉영식은 종종 면 단위의 위령제로 이어지곤 했다. 이런 과정은 '동시다발 의례'와 유사한 상황을 조성했다. 식민지 시기에는 비교적 자주 있었던 '전국적인 동시다발 위령제'가 해방 후부터 1956년 현충일 제정 이전까지는 거의 존재하지 않았으나, 유골의 대규모적인 이동 과정에서는 (반드시 같은 날 혹은 같은 시각에 의례가 발생한 것은 아니라 할지라도) 동시다발성과 유사한 현상이 발생하게 마련인 것이다.

휴전 직전인 1953년 7월 2일부터 13일 사이에 있었던, 부산 범어사에서 서울 태고사로, 다시 유가족에게로 서울 출신 27명의 전사자 유골이 이동하는 과정에서는 '이동의례'와 '의례 연쇄'의 전형적인 모습을 발견할 수 있다: (1) 7월 2일 범어사에서 유해 봉송식 거행, (2) 같은 날 영등포역에서 유해 봉영식 거행, (3) 봉영식 후 군인의 품에 안긴 유해를 자동차편으로 태고사로 이동, (4) 도착 후 태고사에서 유해 봉안식 거행, (5) 7월 13일 태고사에서 유해를 유족에게 전달하는 봉도식 거행.[26]

유골 이동의 과정은 1955년 이후에도 계속되었다. 특히 국군묘지가 점차 자리를 잡아감에 따라 1950년대 후반에는 역(逆)방향의 이동, 즉 유가족에게 전달되었던 전사자 유골이 국군묘지로 다시 이동하는 흐름이 기존의 흐름과 뒤섞이게 되었다. 이런 쌍방향의 유골 이동 모두가 적절한 의례적 절차와 예우를 요구했음은 물론이다.

한편, 유엔군－공산군 측 간 시신 교환은 1954년 9월 1일부터 10월 30일까지 2개월 동안 진행되기로 예정되어 있었다. 남쪽으로 올 유엔군 및 한국군 유해가 4,011주, 북쪽으로 갈 공산군 유해가 14,069주였다.[27] 시신 교환의

---

26) 『경향신문』, 1953.7.4, 1953.7.15, 1953.7.19.

27) 『경향신문』, 1954.9.1; 『동아일보』, 1954.9.1.

전체 기간 동안 비무장지대 내 문산 동장리의 유엔군 측 영현인수본부에서는 '매일' 합동영현봉영식 겸 약식 위령제가 열렸다. 이처럼 여러 차례에 걸친 유해의 교환행위 자체가 다양한 형태의 이동의례들을 발생시키게 마련이다. 또 유해 교환이 이뤄지는 날이면 어김없이 전사자 의례가 거행되는 모습이야말로 앞서 언급한 '촘촘한 의례주기'의 전형적인 사례이다. 또 인수한 유해들을 특별열차를 통해 문산, 서울, 부산, 일본 등지로 이동시키는 과정에서 산발적으로 진행되는 봉영식·봉안식·위령제들은 시신의 이동에 따른 '의례의 연쇄'를 보여준다.

해방 후의 전사자 의례에서는 국가의 적극성과 주도성이 두드러졌다. 이것이 식민지 시대와의 뚜렷한 유사점이기도 한데, 전사자 의례를 국가 차원의 대단히 중요한 행사 중 하나로 빈번하게 거행했던 것이다. 앞에서 보았듯이 '한국인' 전사자를 대상으로 한 남한 최초의 전사자 의례는 최초의 국가적인 전사자 의례이기도 했다. 1946년 이후 미군정 경무부와 대한민국 내무부가 주관했던 일련의 전국 순직경찰관 합동위령제 혹은 추도식, 1948년 이후 국방부가 주관했던 일련의 3군 전몰장병 합동위령제 혹은 추도식은 국가가 전면에 나선 대표적인 전사자 의례들이었다.

대한민국 정부가 수립되는 1948년부터 전사자 의례가 급격히 증가하고 그 이듬해인 1949년에 전사자 의례 빈도가 절정에 이르렀던 것도 국가의 적극적인 의지를 보여주는 중요한 지표이다. 1948년에 있은 19회의 전사자 의례 중 15회가 정부수립일인 8월 15일 이후에 거행되었고, 나머지 4회 역시 모두 5·10선거 이후에 치러졌다. 1948~1949년의 전사자 의례 대부분이 중앙 및 지방의 정부기관들에 의해 주관되었음은 물론이다. 국가가 직접 의례 주체로 나섬으로써 단위 의례의 규모가 한껏 커졌고, 의례의 영향권 역시 전국 차원으로 최대한 확장할 수 있었다. 대중은 국가적인 위령·추도 과정의 일부가 됨으로써 국가의 존재를 몸소 체험하고, 국가·민족의 일부로 편입되는 가운데 국민으로서의 정체성을 형성하고, 이 과정에서 민족국가 차원의 애도공동체 내지 추모공동체가 일시적으로 구성될 수 있을 것이었다.

그러나 자세히 들여다보면 국가의 의례 개입은 대단히 선별적이었음을 발견할 수 있다. 해방 후 독립투쟁·전쟁 희생자, 태평양전쟁 희생자, 반공투쟁·전쟁 희생자, 적군·반란군 희생자라는 네 그룹이 국가의 의례적 개입을 요구하는 대표적인 집단으로 떠올랐다. 앞서 확인했듯이 국가는 태평양전쟁 전사자·희생자들을 철저히 외면했다. 그뿐만 아니라 독립을 위한 무장투쟁 과정에서 사망한 이들에 대해서도 국가는 대체로 무관심했다. 국가의 관심과 개입은 반공투쟁·전쟁 전사자와 희생자 그룹에 집중되었다. 반공투쟁·전쟁 희생자들에 대한 의례에서 국가의 주도성과 민간 부문의 보조적 역할이 지배적이었던 반면, 독립투쟁·전쟁 희생자에 대한 의례에서는 민간 부문의 주도성과 국가의 보조성 내지 소극성이 두드러졌다.

그런데 반공투쟁·전쟁 전사자와 희생자 그룹 안에서조차 국가의 차별이 발견된다. 이 그룹은 크게 군인, 경찰, 민간인(이른바 '애국단체' 회원)이라는 세 집단으로 구성된다. 1948년 이후 전사자 의례의 대상은 기존의 경찰과 군인을 넘어 민간인들로까지 점차 확대되었다. 의례 대상의 이런 확대가 해방 후 전사자 의례가 식민지 시대와 구분되는 중요한 특징이기도 했다. 그러나 식민지 시대와 마찬가지로 국가(특히 중앙정부)는 오로지 군인과 경찰에만 의례적 관심을 기울이는 모습을 보였다. 군경과 함께 여러 전투에 참여했던 청년단체 회원 등 다수의 민간인 전사자들은 기껏해야 지방정부의 관심 대상이 되었을 따름이었다.

<표 5 - 3> 의례적 환대와 냉대: 주체와 대상에 따른 구분

의례의 대상		의례의 주체		
		중앙정부	지방정부	민간(시민사회)
반공전사자	군인, 경찰	○	○	○
	민간인	○	○	○
독립투쟁 희생자		○	○	○
태평양전쟁 전사자		×	×	×
적군 및 반란군 전사자		×	×	×

* "○"는 적극적 환대, "○"는 소극적 환대, "×"는 냉대.

결국 국가가 '반공전사자 중 군인과 경찰'에 의례적 관심을 집중했던 반면, '반공전사자 중 민간인' 및 '독립투쟁·전쟁 희생자'에 대한 의례적 배려는 대부분 지방 차원이나 민간 부문의 몫으로 미뤄졌다. 태평양전쟁 희생자는 민간 및 지방 차원에서조차 아예 관심권 바깥으로 밀려났다. 이처럼 전사자 유형에 따라 의례 주체와 국가 개입 정도 측면에서 의미 있는 차이가 나타났던 것이 1940~1950년대 전사자 의례의 중요한 특징이었다. 아울러 군인·경찰 전사자에 대한 국가의 적극적 관심에도 불구하고, 1956년에 현충일이 제정되기까지 전사자 의례의 제도화와 정례화 수준이 여전히 낮은 편이었다는 또 다른 특징도 추가해야 할 것이다.

3. '위령제'에서 '추도식'으로
― 해방 후 의례경관의 형성 및 변형

해방 후 전사자 의례의 기조가 '종교적인' 혹은 '세속적인' 의례경관에 의해 규정되었는가를 먼저 따져보기로 하자. 식민지 시대에 지배적이었던 '신도식(神道式) 의례경관'은 공적인 의례 무대에서 사라질 수밖에 없는 운명이었다. 그렇다면 이 공백을 메운 것은 과연 무엇이었나?

앞서 확인했듯이 해방 후 남한에서 처음 등장한 전사자 의례는 1946년 5월 30일 있었던 미군 전몰장병기념일 행사였다. 이 행사는 군종목사의 개회 기도로 시작하여 하지 중장의 추념사, 십자가를 향한 헌화, 군종목사의 기도, 조포, 화환 증정 등으로 진행되었다.[28] 철저히 그리스도교적인 의례경관으로 특징지어지는 행사였다. 미군(전몰장병기념일)과 유엔군(국제연합일)의 연례적인 전사자 의례는 1940년대는 물론이고 1950년대에도 그리스도교적 의례경관을 그대로 유지했다. 일례로 국제연합일인 1955년 10월 24일 부산 유엔묘지에서 이승만 대통령 등이 참석한 가운데 열린 추도식은 천주교 대구교구장인 서정길 주교의 강복(降福)으로 마무리되었다.[29]

한국의 정치엘리트와 군·경찰 지휘부에게 미군과 유엔군의 전사자 의례는 지속적인 관찰 대상이었을 것이다. 그러나 해방과 함께 신도적 의례경관의 공백을 채웠던 것은 그리스도교적 의례경관이 아니었다. 대신 해방 직후 가장 유력하게 부상한 것은 '불교적 의례경관', 그리고 '서구식의 영향을 받은 세속적 의례경관' 두 가지였다. 그리고 1952~1955년 사이에 '불교적 의례경관'은 '그리스도교적 의례경관'으로 재차 대체되어갔다. 따라서 국가 주도의 대규모 의례에 주목할 경우 1945~1955년 사이에 전사자 의례의 경관이 두 개의 국면을 거쳤다고 말할 수 있다. 신도적 의례경관을 불교적 의례경관 및 서구적–세속적 의례경관이 대체했던 첫 번째 국면, 그리고 불교적 의례경관이 그리스도교적 의례경관으로 다시 대체되면서 그리스도교적–서구

---

28) 『동아일보』, 1946.5.31.

29) 『경향신문』, 1955.10.25.

적 의례경관이 자리를 잡아가는 두 번째 국면으로 말이다. 해방 후 10년 동안 가장 중요했던 경찰 및 군인 전사자 의례를 한데 모아놓은 〈표 5-4〉와 〈표 5-5〉를 통해 이런 변화를 확인할 수 있다. 두 표 모두 당시 신문 기사들에 기초하여 작성된 것이다.

〈표 5-4〉 해방 후 경찰 대상 전사자 의례의 경관

행사 명칭(날짜, 장소)	식순
제1회 전국 순직경관 합동위령제 (1946.11.30, 대구 키네마구락부)	① 위제사(慰祭辭), ② 국기경례, ③ 애국가 합창, ④ 순직 영령에 대한 묵상(黙想), ⑤ 애도가 합창, ⑥ 추도사(경무부장), ⑦ 각계 대표 조사, ⑧ 조전(弔電)·조문(弔文) 낭독, ⑨ 유가족 위문사(총무부장), ⑩ 유가족 대표 인사, ⑪ 각계 대표 분향
수도관구 순직경찰관 합동위령제 (1947.10.11, 창경원 식물원 광장)*	① 개제사(開祭辭), ② 조악, ③ 영령에 대한 일동 배례, ④ 독경, ⑤ 조포, ⑥ 제문 낭독(수도경찰청 고문관), ⑦ 각계 대표 추도사, ⑧ 분향, ⑨ 조악, ⑩ 제주(祭主) 인사(수도관 구경찰청장), ⑪ 유가족 대표 답사
제2회 전국 순직경찰관 합동위령제 (1948.6.25, 세종로 경찰전문학교 강당)	① 개회사, ② 진혼나팔, ③ 일동 배례, ④ 순직경찰관 약력 보고, ⑤ 애도사 합창, ⑥ 애도사(경무부장), ⑦ 각계 대표 조사, ⑧ 조문·조전 낭독, ⑨ 유가족 대표 인사, ⑩ 조포, ⑪ 조악, ⑫ 분향, ⑬ 종제사(終祭辭), ⑭ 일동 배례
제3회 전국 순직경찰관 합동위령제 (1949.4.28, 창덕궁 비원)	① 개회사, ② 일동 배례, ③ 독경, ④ 애도가 합창, ⑤ 추도 사(내무부 장관), ⑥ 각계 대표 조사, ⑦ 조전·조문 낭독, ⑧ 유가족 답사, ⑨ 조포, ⑩ 조악, ⑪ 분향, ⑫ 폐회 인사(내 무부 차관)
제4회 전국 순직경찰관 합동위령제 (1950.4.25, 창덕궁 비원)	① 착석(着席), ② 개제사, ③ 일동 배례, ④ 순직경찰관 약 력보고, ⑤ 독경, ⑥ 조악, ⑦ 애도가 합창, ⑧ 애도사(내무 부 장관), ⑨ 각계 대표 조사, ⑩ 조문·조전 낭독, ⑪ 유가족 대표 인사, ⑫ 조포, ⑬ 조악, ⑭ 분향과 독경, ⑮ 종제사, ⑯ 일동 배례, ⑰하석(下席)
제5회 전국 순직경찰관 합동추도회 (1952.4.15, 부산 토성국민학교 교정)	① 개회, ② 조악, ③ 순직경찰관 공적 보고, ④ 고사(내무 부 장관), ⑤ 국회의장 등 각계 대표 추도사, ⑥ 조가 합창, ⑦ 조포, ⑧ 폐회
제1회 경기도 순직경찰관 합동추도식 (1953.9.13, 경기도경찰국 정원)**	① 조악, ② 개회사, ③ 국민의례, ④ 초혼가 합창, ⑤ 독경, ⑥ 충혼탑 제막과 영령 안치, ⑦ 순직경찰관 공적 보고, 충 혼탑 건립 경위보고, ⑧ 고사(경기도지사), ⑨ 제문 낭독 (경기도경찰국장), ⑩ 각계 대표 추도사, ⑪ 조문 낭독, ⑫ 추도가 합창, ⑬ 조포, ⑭ 각계 분향, ⑮ 유가족 대표 인사, ⑯ 일동 배례 및 폐회

제6회 전국 순직경찰관 합동추도회 (1953.5.4, 부산 아미동 시립병원 뒤뜰)	① 조악, ② 국민의례, ③ 공적 보고, ④ 고사(내무부 장관), ⑤ 추도사(대통령, 부통령, 대법원장, 국방부 장관), ⑥ 조 전·조문 낭독, ⑦ 추도가 합창, ⑧ 조포, ⑨ 유가족 대표 인 사, ⑩ 폐회
제7회 전국 순직경찰관 합동추도회 (1955.4.20, 세종로 경찰박물관 뒤뜰)	① 개식사, ② 주악, ③ 일동 배례, ④ 공적 보고, ⑤ 추도사 (내무부 장관), ⑥ 대통령 등 각계 조사, ⑦ 추도가(〈순국 경찰님〉) 합창, ⑧ 조포, ⑨ 유가족 대표 인사, ⑩ 조악 및 분향, ⑪ 폐식사

* 수도관구경찰청 주최. ** 경기도경찰국 주최.

〈표 5 - 5〉 해방 후 군인 대상 전사자 의례의 경관

행사 명칭(날짜, 장소)	식순
제1차 순국장병 위령제 (1948.12.1, 서울운동장)	① 조악, ② 개제사(開祭辭), ③ 전력(戰歷) 보고, ④ 독경, ⑤ 대통령 등 각계 대표 조사, ⑥ 각계 분향, ⑦ 독경, ⑧ 조포, ⑨ 조악, ⑩ 폐제사(閉祭辭)
10용사 장의식* (1949.5.28, 서울운동장)	① 주악, ② 묵상, ③ 영령에 대한 경례, ④ 전투경과 보고, ⑤ 조문(사단장), ⑥ 조사(각계 대표), ⑦ 조악, ⑧ 〈10용사 노래〉 합창, ⑨ 조포, ⑩ '우리의 맹서'(사단 참모장)
제2차 전몰군인 합동위령제 (1949.6.6, 서울운동장)	① 개식사, ② 주악 및 국기 게양, 순국영령의 명복을 비는 묵념, ③ 애도가 합창, ④ 조포, ⑤ 전투경과 보고, ⑥ 제문 낭독(육군참모총장), ⑦ 대통령 등 각계 대표 조사, ⑧ 조 시(弔詩) 낭독, ⑨ 각계 분향, ⑩ 조가 독창, ⑪ 조총, ⑫ 조악 및 폐식사
72연대 제3차 전몰장병 합동위령제 (1949.11.22, 인천공설운동장)**	① 국민의례, ② 생화(生花) 봉정, ③ 독경, ④ 전투경과 보 고, ⑤ 제문 낭독(상주), ⑥ 추도사, ⑦ 조사, ⑧ 조악, ⑨ 각계 분향, ⑩ 조포, ⑪ 유족에게 조위금 수여, ⑫ 유족 대표 답 사
제3차 전몰군인 합동위령제 (1950.6.21, 서울운동장)	① 조포, ② 개식 선언, ③ 국기에 대한 경례, ④ 전몰군인 영령을 위하여 배례 및 묵념, ⑤ 애국가 제창, ⑥ 추도문 낭 독(육군참모총장), ⑦ 대통령 등 각계 대표 조사, ⑧ 각계 분향, ⑨ 추도가 합창, ⑩ 조총, ⑪ 폐회 선언
제1차 3군 전몰장병 합동위령제 (1951.9.28, 동래 육군보병학교)	① 조악, 조포, ② 개식사, ③ 국민의례, ④ 전력 보고, ⑤ 추 모비행, ⑥ 제문 낭독(국방부 장관), ⑦ 헌화(화환 봉정, 각 군 참모총장), ⑧ 대통령 등 각계 대표 조사, ⑨ 조가 합창, ⑩ 각계 분향, ⑪ 훈장 수여, ⑫ 유가족 대표 인사, ⑬ 조총, ⑭ 조악 및 폐회
서울지구 전몰장병 합동위령제 (1951.10.30, 덕수궁)***	① 조포, ② 개회사, ③ 국기에 대한 경례, ④ 순국열사에 대 한 묵념, ⑤ 전력 보고, ⑥ 추모문 낭독, ⑦ 각계 대표 조사, ⑧ 각계 분향, ⑨ 조총, ⑩ 유가족 대표 인사, ⑪ 주악

제1회 경남지구 전몰장병 합동추도식 (1952.4.6, 범어사)****	① 주악 및 국기 계양, ② 애국가 봉창, ③ 조포, ④ 묵념, ⑤ 독경, ⑥ 축원문 낭독(범어사 조실), ⑦ 제문 낭독(경남지구병사구사령관), ⑧ 추도사(경남도지사), ⑨ 각계 분향, ⑩ 만가 합창, ⑪ 주악
제2차 국군 전몰장병 합동추도식 (1952.9.28, 동래 육군병기학교)	① 조악, ② 국기에 대한 경례, ③ 애국가 봉창, ④ 전몰장병에 대한 묵념, ⑤ 전투경과 보고, ⑥ 헌화와 추도문 낭독(각군 참모총장), ⑦ 조가 독창, ⑧ 대통령 등 각계 대표 추도사, ⑨ 각계 분향, ⑩ 추도가 합창, ⑪ 조포, ⑫ 유가족 대표 인사, ⑬ 조악 및 폐식
제3차 3군 전몰장병 합동추도식 (1953.10.16, 서울운동장)	① 개식사, ② 조포, ③ 조악, ④ 국기에 대한 경례, ⑤ 전몰장병에 대한 묵념, ⑥ 추도식사(국방부 장관), ⑦ 추도사와 헌화(대통령, 미8군사령관), ⑧ 각계 대표 헌화, ⑨ 유가족 대표 인사, ⑩ 추도가 합창, ⑪ 조총, ⑫ 폐회사(식후 참가자 분향)
제4차 3군 전몰장병 합동추도식 (1955.4.22, 동작동 국군묘지)	① 개식, ② 조포, ③ 영령을 위한 묵념, ④ 영령을 위한 기도(군목), ⑤ 추도사(대통령), ⑥ 대통령 등 각계 대표의 헌화, ⑦ 추도가 합창, ⑧ 조총, ⑨ 폐식(식후 참가자 분향)

* 1사단이 주최하는 사단장(師團葬)으로 치러짐. ** 72연대 주최. *** 서울시와 서울지구병사구사령부 공동주최. **** 경상남도와 경남지구병사구사령부 공동주최.

사실상의 첫 번째 전사자 의례, 즉 대구10월사건 당시 사망한 경찰관들을 위해 1946년 11월 30일 열린 '제1회 전국 순직경관 합동위령제'의 의례경관은 그 성격이 다소 모호했다. 식장 전면에 전사자들의 "신주(神主)와 유영(遺影)"이 배치되고 각계 인사들의 분향(焚香)도 마지막 순서로 포함되었지만,[30] 식순 전체를 보면 '세속적인' 경관에 더 가까워 보인다. 『동아일보』 1946년 11월 27일 자(2면)에 위령제의 장소가 극장(키네마구락부)이 아닌 '대구남산교회'로 보도되었던 것을 보면, 이 위령제가 그리스도교적 의례경관을 취했을 가능성도 꽤 있었던 것 같다.

1947년부터는 '서구식' 의례경관이 등장하기 시작했다. 1947년 10월 11일의 수도관구 순직경찰관 합동위령제에서는 '조포(弔砲) 발사' 순서가 처음 나

---

30) 『자유신문』, 1946.12.3.

타났고, 이후 대부분의 군경 대상 주요 전사자 의례들에도 포함되었다. '조총(弔銃) 제발(諸發)' 순서는 1949년 6월 6일의 제2차 전몰군인 합동위령제 때 처음 등장한 이후 주로 군인 대상 전사자 의례에서 빈번히 출현했다. 1946년 11월 열린 경무부 주최 경찰 위령제에서는 여고생들의 조가(弔歌) 합창이 있었다. 1947년 수도관구 경찰 위령제에선 조가 합창이 빠졌다가, 1948년 이후엔 주요 위령제·추도식들에 거의 일관되게 조가 합창 순서가 포함되었다. 1948년 6월 25일 열렸던 제2회 전국 순직경찰관 합동위령제에서는 '진혼나팔' 순서가 처음 포함되었다. 1947년 10월 위령제에서는 진혼곡 연주를 '구(舊) 왕궁아악부 부원들'이 맡았지만,[31] 이후 주요 전사자 의례에서 '주악'(奏樂)이나 '조악'(弔樂)이라는 이름으로 행해진 진혼곡 연주의 레퍼토리는 대체로 서양식 음악으로 굳어진 것으로 보인다. 진혼곡 연주는 의례의 첫 부분과 마지막 부분에서 독자적인 식순으로 배치되기도 하고, 조포·조총 발사나 각계 인사 분향 순서에서 배경음악으로 제공되기도 했다.

'헌화'(獻花) 순서가 처음 등장한 것은 이보다 늦은 1951년 9월 28일의 제1차 3군 전몰장병 합동위령제에서였다.[32] 해방 후에는 현장에서 직접 국기를 게양하고 경례를 바치는 행위를 전사자 의례의 일부로 포함하는 사례도 나타나는데, 이 역시 서구풍의 영향을 보여준다고 할 것이다. 국기 게양 행위가

---

31) 『동아일보』, 1947.10.12.

32) 그런데 불과 2년 전인 1949년에만 해도 장례식에서 화환을 사용하는 것을 "일제 잔재"라고 비판하면서 이를 폐지하자는 캠페인이 벌어지기도 했다. 1949년 5월 25일 시청에서 열린 서울시 신생활촉진회 도의의례 각 분과위원회에서 채택한 첫 번째 안건이 바로 "화환을 폐지하자"는 것이었다. 『동아일보』 1949년 5월 27일 자의 「화환 사용은 일제 잔재」라는 기사(2면)에 따르면, 이 안건(「화환을 폐지하자」)의 내용은 다음과 같다. "결혼식 혹은 장의식 등에 화환을 사용하는데 그것은 일본의 잔재이다. 기타 외국에는 화환을 쓰는 법이 없으니 이를 없애도록 하자는 것이 채택되었다."

의례의 중심을 이루다시피 한 1951년 4월 6일의 한미 합동 유엔군 위령제가 좋은 사례일 것이다. 이 의례에서는 개회 직후 "한국 전투에 참가하고 잇는 미영불(美英佛) 등 14개국의 유엔군과 한국군 각 3명 식(式)으로 편성된 각자 고국의 국기와 화환을 든 의장병이 입장하여 묘지 앞에 세워진 백색 게양대에 15개국의 국기를 동시 게양"했을 뿐아니라, 리지웨이 장군이 추모사에 이어 "우렁찬 주악이 흐르는 속에 커다란 청색 유엔기를 하늘 높히 게양"했다.[33]

조포, 조총, 진혼나팔, 헌화 등은 서구식 전사자 의례의 영향을 명확히 보여주는 요소들이다. 조가 합창이나 진혼곡 연주 등 식민지 시대에 비해 음악적 요소가 대폭 늘어난 것은 분명 해방 후 전사자 의례에서 발견되는 중요한 특징이다. 이를 두고 반드시 서구식 관행이라고 말할 수는 없겠으나, 대학생이나 고등학생들로 구성된 합창단의 조가 합창, 서양식 악대의 서양풍 진혼곡 연주에서 (종교적인 혹은 세속적인 색채를 띤) 서구식 죽음 의례의 영향을 읽어내는 게 그리 무리한 일은 아닐 것이다.

서구식 의례경관의 모방과 함께, 불교적 의례경관의 활성화 역시 해방 직후의 두드러진 특징이었다. 〈표 5-4〉에 소개된 경찰 전사자 의례 가운데 수도관구 순직경찰관 합동위령제(1947.10.11), 제3회 전국 순직경찰관 합동위령제(1949.4.28), 제4회 전국 순직경찰관 합동위령제(1950.4.25), 제1회 경기도 순직경찰관 합동추도식(1953.9.13) 등이 불교식으로 치러졌다. 승려들의 '독경'(讀經)이 명확한 증거이다. 1948년 6월 25일의 제2회 전국 순직경찰관 합동위령제 역시 전사자 신위·영정 혹은 유골을 향한 (묵념이 아닌) 두 차례의 '배례', 그리고 각계 대표들의 '분향' 순서에서 강한 불교적 성격을 확인할 수 있다. 〈표 5-5〉에 수록된 군인 전사자 의례 중에서는 제1차 순국장병 위령제

33) 『동아일보』, 1951.4.8.

(1948.12.1), 72연대 제3차 전몰장병 합동위령제(1949.11.22), 제1회 경남지구 전몰장병 합동추도식(1952.4.6) 등이 불교 방식으로 거행되었다.

의례 자체는 불교 양식을 채택하지 않았을지라도 의례 전후에 유골을 임시로 안치해둘 장소로서 불교 사찰이 중요한 역할을 담당할 수도 있다. 1949년 5월 28일 서울운동장에서 사단장(師團葬)으로 치러진 '육탄10용사 장의식'이 좋은 사례이다. 서울 수색 소재의 부대에 안치되어 있던 전사자 유골은 장의식 당일인 5월 28일 아침 부대에서 태고사로 이동했다가 그날 오후 행사장인 서울운동장 제단으로 옮겨졌으며, 행사가 끝난 후 다시 태고사로 돌아갔다가, 다음 날인 5월 29일 호남선 및 경부선 특별열차 편을 이용하여 고향으로 이동했다.[34] 그 직후인 6월 6일에 서울운동장에서 있었던 제2차 전몰군인 합동위령제 때도 비슷한 풍경이 재연되었다. 이 위령제 역시 의례 형식은 불교식이 아니었으나 의례의 전과 후에 두 차례 태고사가 등장했던 경우였다. 제주에서 전사한 2연대 소속 전사자 92명의 유골을 대전에 소재한 연대본부에 안치하고 있다가 6월 3일 특별열차 편에 서울로 옮겨 태고사에 안치했고, 6일 서울운동장 위령제 식장으로 옮겨 제주 전사자 92명을 포함한 345명의 위령제를 거행했고, 식후에는 다시 일시적으로 태고사로 유골을 옮겼다가 얼마 후 최종 안치 장소인 장충단으로 이동했던 것이다.[35] 〈표 5 - 4〉와 〈표 5 - 5〉에 실릴 정도의 중요성을 갖지 못한 지방 차원이나 민간 차원의 전사자 의례들에서는 불교적 의례경관이 더욱 애용되었다. 많은 전사자 의례들이 아예 사찰을 무대로 거행되었다는 사실도 유념해야 할 것이다.

이처럼 1947년부터 1952년경까지 약 5년에 걸쳐서 '불교식과 세속 - 서구

---

34) 『동아일보』, 1949.5.29; 『경향신문』, 1949.5.29.

35) 『자유신문』, 1949.6.4; 『연합신문』, 1949.6.4; 『동아일보』, 1949.6.4, 1949.6.7.

식의 혼합'을 특징으로 하는 독특한 의례경관이 형성되어갔다. 우리가 신도적 의례경관의 급격한 퇴장 사실에 주목하면 식민지 시대와의 '단절' 측면을 강조해야 할 것이고, 서구식 의례경관의 도입 사실에 주목하면 식민지 시대로부터의 '변형' 측면을 강조해야 할 것이다. 그런데 불교적 의례경관의 부상(浮上)이라는 사실은 식민지 시대와의 '연속성'이 더욱 강했다. 불교적 의례경관은 식민지 시대에도 신도적 의례경관과 함께 전사자 의례경관의 양대 축을 형성하고 있었기 때문이다. 다만 불교적 의례경관이 종전의 지방－민간 영역에서 중앙－국가 영역으로 상승했을 따름인 것이다. 결국 해방 이전이나 이후나 불교적 의례경관은 대다수 조선인들에게 매우 친숙했고, 따라서 해방 후 그것이 전사자 의례에서 적극 활용되었을 때에도 별다른 심리적 저항 없이 대중에게 비교적 빠르게 수용될 수 있었다. 종교인구의 분포로 볼 때 해방 당시 불교가 다른 유력한 경쟁 종교들—유교, 천도교, 대종교, 개신교, 천주교 등—을 압도할 만큼 단연 '최대 종교'의 지위를 점유하고 있었던 점도 불교적 의례경관의 지배에 유리하게 작용했을 것이다. 해방 후에도 세속적인 경관보다는 종교적인 경관이 여전히 지배적이었던 사실 역시 식민지 시대와의 유사점이라고 말할 수 있다. '위령제'라는 용어의 연속성 또한 쉽게 확인된다. 전사자 위령제를 가장 중요한 국가적 행사 중 하나로 거행하는 모습도 식민지 전통을 계승하는 측면이 강했다.

그런데 1952~1955년 사이에 '불교적 의례경관'은 급격히 퇴조하거나 주변화되었던 반면, '그리스도교적 의례경관'이 빠르게 전면으로 부상했다. 전사자 의례경관에서 해방 후 두 번째의 큰 변화가 진행된 것이다. 특히 한국전쟁 후반부인 1952~1953년은 '그리스도교적 의례경관과 불교적 의례경관의 경합'이 두드러졌던 시기였다. 1952년 이후 진행된 변화에 주목해보자.

첫째, 1952년을 고비로 전사자 의례의 명칭이 '위령제'에서 '추도식'(혹은 추도회)으로 바뀌었다. 해방 후 전사자 의례의 명칭은 위령제와 추도식 등이 두루 사용되었지만, 이때까진 위령제라는 용어가 압도적이었다. 내무부(경무부) 주관의 경찰 전사자 의례와 국방부 주관의 군인 전사자 의례 모두 1951년까지는 예외 없이 '위령제' 명칭을 사용했다. 그러나 1952년에 들어서자 경찰과 군인 전사자 의례 명칭이 일제히 '추도식' 혹은 '추도회'로 바뀌었다. 제5회 전국 순직경찰관 합동추도회(1952년 4월 15일), 제1회 경남지구 전몰장병 합동추도식(1952년 4월 6일), 제2차 국군 전몰장병 합동추도식(1952년 9월 28일)이 그러했다. 추도식 명칭은 1953년 이후에도 계속 유지되었다.

류성민은 한국의 경우 역사적으로 '위령'(慰靈)과 '추모'(追慕)에 대한 선호가 종교에 따라 차별적이었음을 강조한 바 있다. 한국의 죽음 의례에서 '위령'은 죽음에 대한 부정적 태도를 기초로 산 자가 망자에 영향을 주는 측면이 강조되며 불교와 무속(무교)에서 주로 나타났고, '추모'는 죽음에 대한 긍정적 태도를 기초로 산 자가 망자로부터 영향을 받는 측면이 강조되며 주로 그리스도교와 유교에서 나타났다는 것이다.[36] 그렇다면 전사자 의례의 명칭이 '위령제'에서 '추도식'으로 바뀌었다는 것은 의례의 종교적 경관도 불교 중심에서 그리스도교 중심으로 변화됨을 의미할 수 있었다.(물론 동일한 변화가 유교적 의례경관으로의 회귀를 뜻할 수도 있었다.) 그러나 불교식으로 치러진 제1회 경남지구 전몰장병 합동추도식(1952.4.6)과 제1회 경기도 순직경찰관 합동추도식(1953.9.13)이 '추도식'이라는 명칭을 사용한 데서 보듯이, '불교'와 '추도식'이 양립 불가능한 대립관계에 있었던 것은 아니었다. 상황은 여전히 유

---

36) 柳聖昃, "追慕と慰靈の雙曲線: 韓國の宗敎儀禮と國家儀禮を中心に", 國際宗敎硏究所 編, 『現代宗敎 2006』, 東京: 東京堂出版, 2006, pp. 34~35.

동적이었다. 의례의 명칭 변화는 중대한 변화를 함축할 수 있지만, 그것만으론 충분치 않았다.

둘째, '헌화'와 '분향'의 관계 역전도 눈여겨봐야 한다. 앞서 지적했듯이 헌화 순서가 처음 등장한 것은 국방부 주최로는 전쟁 발발 후 처음 열린 1951년 9월 28일의 제1차 3군 전몰장병 합동위령제에서였다. 이후 1952년의 제2차 국군 전몰장병 합동추도식, 1953년의 제3차 3군 전몰장병 합동추도식, 제4차 3군 전몰장병 합동추도식 모두에 헌화 순서가 포함되었을 뿐 아니라, 의례 전체에서도 핵심적인 자리를 차지하고 있었다. 1951년의 1차 합동위령제와 1952년의 2차 합동추도식에서는 헌화와 분향이 모두 공식 식순에 포함되었다. 그러나 1953년의 3차 합동추도식과 1955년의 4차 합동추도식에서는 헌화 순서는 그대로였지만, 분향 순서는 '식후'(式後) 행사로 밀려났다.

흥미로운 사실은, 1953년의 3차 합동추도식이 열리기 열흘 전에 국방부가 발표한 바로는 분향이 '공식' 식순에 포함되었으나 막상 추도식 당일에는 식후 행사로 밀려났다는 것이다. 『경향신문』 1953년 10월 17일 자(2면)에 보도된 식순은 ① 개식사, ② 조포, ③ 조악, ④ 국기에 대한 경례, ⑤ 전몰장병에 대한 묵념, ⑥ 전투경과 보고, ⑦ 식사(式辭), ⑧ 헌화와 추도사, ⑨ 추도가 합창, ⑩ 조총, ⑪ 분향, ⑫ 유가족 대표 인사, ⑬ 조악, ⑭ 폐식사, ⑮ 전달사항, ⑯ 퇴장 등으로 구성되어 있었다. 분향을 하는 차례까지 ① 국방부 장관, ② 유가족 대표, ③ 국무총리, ④ 대한유족회장, ⑤ 대한재향군인회장, ⑥ 대한상이군인회장, ⑦ 대한군경원호회장, ⑧ 대한부인회장, ⑨ 학도 대표로 명시되어 있었다. 그런데 불과 열흘 사이에 미묘하고도 중요한 변화가 일어났던 것이다. 변화의 핵심은 분향의 자리를 헌화가 대체하는 것이었다. 1951년의 1차 합동위령제와 1952년의 2차 합동추도식의 헌화 순서에는 육군·해군·공군 참모총장 3인만이 참여했었다. 그러나 1953년의 3차 합동추도식에서는 대통령과 미8군사령관이 차례로 추도사와 헌화를 한 후, 각계 대표 자격으로 국회의장, 대법원장, 국무총리, 유엔한국위원회 대표, 주한 중국대사, 국방부 장관, 3군 참모총장들이 차례로 헌화를 하고, 마지막에 유가족 대표가 헌화를 하는 방식으로 진행되었다. 비교적 긴 시간에 걸쳐서 대통령과 각계 대표, 유가족 대표가 연이어 분향을 하던 풍경을 이제 같은 방식으로 줄지어 헌화를 하는 풍경이 대신하게 되었다. 바로 이 점 때문에 전사자 의례경관의 변화에서 1953년은 대단히 중요한 해였다고 보아야 한다. 이 새로운 풍경은 1955년의 4차 합동추도식에서도 재연되었다.

앞에서 필자는 헌화를 서구식 전사자 의례 요소가 도입된 것으로만 해석했었다. 그러나 오늘날의 장례식 풍경에서도 보듯이 고인에 대한 헌화 행위(그리스도교)와 분향 행위(불교, 유교)는 명백히 다른 종교적 함의를 담고 있다. 그렇다면 헌화의 '중심화'와 분향의 '주변화'라는 변화 역시 불교적 경관의 그리스도교적 경관으로의 전환을 보여주는 것으로 해석될 수 있을 터이다. 그러나 앞서 〈표 5-4〉에 소개된 경찰 전사자 주요 의례에서는 (그것이 위령제든 추도식이든) 헌화 순서는 단 한 번도 포함되지 않았다. 반면에 분향 순서는 해방 후부터 1955년에 이르기까지 거의 누락된 적이 없었고, 공식 식순의 바깥으로 밀려나지도 않았다. 이것은 경찰 전사자 의례와 군인 전사자 의례에서 불교로부터 그리스도교로의 의례적 전환 내지 이행의 속도가 동일하지 않았음을 보여준다. 다시 말해 경찰에서는 군대에서보다 그리스도교로의 의례 전환이 한층 늦게 진행되었다.

셋째, 1954년부터 전사자 의례에서 그리스도교식 '기도'가 등장했다. 유엔군 – 공산군 측 간 시신 교환 당시 유해가 도착할 때마다 문산 동장리 영현 인수본부에서 매일 위령제가 열렸다고 앞서 언급했다. 1954년 9월 1일에 열린 최초의 위령제에는 미군과 한국군으로 구성된 의장대의 "받들어총" 순서,

"4명의 군목의 기도", 각계 인사의 헌화 순서가 포함되어 있었다.[37] 『경향신문』 1954년 9월 1일 자(2면) 관련 기사는 '4명의 군목'에 대해 "가톨릭 신부와 예수교 및 한국인 등 4명의 목사들"이라고 상술하고 있기도 하다. 9월 2일에 있었던 두 번째 동장리 위령제에서는 "군목의 성경 낭독"도 행해졌다고 한다.[38] 9월 3일 용산역에서 열린 '시민영현봉영식'에서는 "국방부 군목실장 정 중령의 기도"와 각계의 헌화 순서가 포함되어 있었다.[39] 1954년에 등장한 이런 모습이 현충일 제정 이전 마지막으로 열렸던 1955년의 4차 합동추도식에서도 반복되었다. 이때 국방부 주최의 3군 합동추도식에서는 처음으로 "영령의 영복을 비는 정 군목의 기도"가 공식 식순에 포함되었던 것이다.[40] 여기서 "정 군목"은 아마도 1954년 9월 3일의 용산역 봉영식에서 기도를 바쳤던 국방부 군목실장일 것이다. 당시 국방부 군목실장은 해군 군종장교 출신인 정달빈 목사였다.[41] 이런 흐름에 편승하여 1956년에 열린 제1회 현충일 합동추도식에서도 기도가 행해졌다. 더욱이 이번에는 국방부 군목실장 정도가 아닌, 당시 현직 부통령이던 함태영 목사가 기도의 주역으로 나섰다. 함 부통령은 이 자리에서 "하늘에 계신 전능하신 하나님 아버지시여 …… 조국과 민족의 자유를 위하여 앞길이 망망한 젊은 생명을 버린 이 거룩한 영령에 길이 명복을 내리시옵소서"라면서, "전능하신 능력을 나리시어 영령을 보호하시

---

37) 『경향신문』, 1954.9.3.

38) 『동아일보』, 1954.9.3.

39) 『동아일보』, 1954.9.4.

40) 『경향신문』, 1955.4.23.

41) 백창현 편저, 『대한민국 군종목사 67년사』, 한국군목회, 2015, 704쪽 참조.

고 유가족도 길이 보호"해달라고 기도했다.[42]

목사가 바치는 기도가 공식 식순에 등장한 것이야말로 불교 경관에 대한 그리스도교 경관의 '승리'를 보여주는 가장 확실한 증거이다. 이 변화는 행사 명칭이 추도식으로 변화된 것, 또 헌화 순서가 의례 중심부에 등장하고 마침내 분향 순서를 공식 행사에서 탈락시킨 것보다 그 함의가 훨씬 명료하고 논쟁의 여지가 적다. 가사장삼을 차려입은 승려들이 의례석상에서 함께 독경을 하는 모습이 강렬하고도 명료한 함의를 전달하듯이 말이다.

추도식, 헌화, 기도의 세 가지로 압축되는 변화가 의미하는 바는 결국 '의례경관의 그리스도교화와 서구화'였다. 이런 변화가 하필이면 1952~1955년의 군인 전사자 의례에서 집중적으로 발생했던 이유는 무엇이었을까? 전쟁과 유엔군의 영향을 우선 꼽을 수 있을 것이다. 전쟁은 한국군과 유엔군 사이의 밀도 있는 상호작용의 기회들을 풍부하게 제공했다. 비록 짧은 기간이었지만 이토록 다양한 나라의 외국인들이 한반도에서 죽음의 경계를 넘나들며 치열한 삶을 살았던 적은 일찍이 없었다. 전쟁은 참전국들의 다양한 전사자 의례를 관찰하고 벤치마킹할 기회와 유인을 제공했을 것이고, 그런 의례들이 한국군 수뇌부에게 강한 인상을 남겼을 것이다. 그런데 미군정 시기부터 그런 기회를 제공했던 미군은 물론이고, 전쟁 당시 전투부대를 파병했던 16개 나라 가운데 터키와 타이를 제외한 14개 국가가 그리스도교 문명권에 속했다. 1950년대 당시 절대권력자에 가까웠던 이승만 대통령 역시 변화를 촉진한 주역이었을 것이다.

이승만 대통령도 순서와 절차가 이전과 다름에 관해 언급하여, 위령제가 전

---

42) 『동아일보』, 1956.6.7.

통에 근거하지 않음을 강조하였다. 예를 들면, "사람들이 제사를 지낼 때 조상을 위해 먹을 것을 만들어 영혼을 기다리는 것은 미신적인 생각이며 전통적 관습에 따라 제사를 행하면 시간이 걸리고 손님이 출석하지 않게 된다."라고 했다. 그러므로 위령제에서는 "꽃다발 증정과 군례의 나팔과 총을 쏘는 방식에 따라 위령제를 계속할 것"을 강조하였다(제4차 삼군 추도식에 관하여, 1955년 4월 22일).[43]

위 인용문은 1955년의 발언을 전하고 있지만, 이승만 대통령의 이런 소신이 1955년에 와서야 비로소 형성되지는 않았을 것이다. 헌화, 진혼나팔, 조포, 조총 등 서구식 의례경관을 구성하는 요소들 역시 이미 몇 년 전부터 실행되고 있었다. 한국 그리스도교 교회들도 의례경관 변화를 이끈 동인 중 하나였을 것이다. 특히 한국 개신교 측은 1950년대 들어 정부를 상대로 국가 의례경관이 그리스도교적인 것으로 바뀌어야 한다는 청원과 건의를 꾸준히 제기하고 있었다. 다음 인용문에서 보듯이 '위령제'라는 명칭, '충령탑'이라는 명칭, '분향' 예식 등이 개신교 쪽이 제기하는 불만의 핵심이었다.

"국군장병의 '위령제'를 '추도식'으로 개칭할 것"(1952년 4월의 장로교 37회 총회), "'충령탑'이란 명칭을 '기념탑'으로 변경할 것"(1953년 4월의 장로교 38회 총회), "3·1절 기념행사의 '33인 합동추념식'에서 33인 중 기독교인이 다수이므로 '분향'을 실시하지 말 것"(1955년 4월의 장로교 40회 총회) 등 국가 의례와 관련된 개신교회의 요구사항이 계속 늘어나고 있었다. 우리의 논의 맥락에서는 개신교 측의 이런 요구들이 대체로 수용되었다는 사실이 중요하다 …… '위령제'라는 이름은 개신교 측의 요구대로 '추도식'으로 바뀌었다. 역시 개신교의

---

43) 지영임, 「한국 국립묘지의 전사자 제사에 관한 일고찰」, 483쪽.

요구대로 분향 대신에 기도와 헌화가 등장했다. 이로써 연중(年中) 가장 중요한 국가 의례가 뚜렷한 그리스도교적 색채를 띠게 되었다.[44]

한국전쟁 발발 직후 생겨난 군종제도에 참여할 수 있는 자격이 그리스도교(개신교와 천주교)에게만 주어졌던 사실도 의례경관의 그리스도교적 전환에 유리하게 작용했을 것이다. 전쟁 당시부터 다수의 개신교·천주교 성직자들이 군대 안에 이미 자리 잡고 있는 상태였으므로, 그들은 국방부의 정책 결정 과정에 개입하기 용이한 위치에 있었기 때문이다. 반면에 한국 최대의 종교였음에도 불교는 군종제도에서 철저히 배제당했다. 군종제도 내 불교의 부재는 이미 형성된 불교적 전사자 의례경관이 빠르게 퇴조하는데도 속수무책으로 바라볼 수밖에 없게 만든 요인 중 하나였을 것이다.

마지막으로, 필자가 의례경관 중 '의례의 미장센'이라고 이름 붙인 측면에 대해 잠시 살펴보자. 의례경관이 서구식으로 바뀌기는 했어도 의례미장센에선 여러모로 식민지 때부터 익숙한 양상이 펼쳐진다. 그만큼 의례미장센에서는 식민지 유산의 영향이 강하게 작용하고 있었다고 말할 수 있을 것이다. 공설운동장이나 연병장 등을 활용하여 수천 혹은 수만 명, 때로는 10만 명 이상의 대규모 군중이 참여하는 화려한 전사자 의례를 연출하는 것, 묘/사와 기념비의 기능을 결합한 '묘탑/영탑'을 광장과 일체형으로 건립한 후 이곳을 무대로 정례적인 전사자 의례를 거행하는 것, 그 자체 제단이자 묘이기도 한 묘탑/영탑이 등장함에 따라 종전에 임시제단 위에 놓이던 유골·신위·영정이 사라지는 등 제단의 구성 방식이 변화되는 것이 특히 그러하다. 국가가

---

44) 강인철, 『종속과 자율: 대한민국의 형성과 종교정치』, 한신대학교출판부, 2013, 123쪽.

주최하는 전사자 의례들의 경우 참여자 숫자로 본 의례 규모가 식민지 시대보다 더욱 커졌다. 예컨대 전쟁 발발 나흘 전인 1950년 6월 21일 서울운동장에서 거행된 제3차 전몰군인 합동위령제에는 "10만 추도객"이 참여했다고하고, 1952년 9월 28일 부산 동래 육군병기학교에서 열린 제2차 군군 전몰장병 합동추도식에는 "십수만 명"이 참가했다고 한다.[45]

1949~1955년의 군인 전사자 의례에서 제단 주변의 전형적인 풍경들을 〈표5-6〉에 소개된 몇몇 사례들을 통해서도 엿볼 수 있다.

〈표5-6〉 해방 후 군인 전사자 의례의 제단 주변 풍경: 1949~1955년

행사 명칭과 시기	장소	제단 풍경(출처)
10용사 장의식 (1949.5.28)	서울운동장	"정면 단상에 안치된 10용사 외 00주의 유해가 자리 잡은 좌우에 유가족들이 자리"(『동아일보』, 1949.5.29); "제단 중앙에 10용사의 유영이 검은 테두리 속에 모시어"(『경향신문』, 1949.5.29).
제3차 3군 합동위령제 (1950.6.21)	서울운동장	"식장인 서울운동장에는 제단을 10단으로 영령들의 위패를 나란히 모시고 오른쪽의 이 대통령, 왼쪽의 이 부통령이 보내신 조화를 위시하여 각 부처 장관, 관공서, 각 사회단체, 각 사단, 각 부대 장병 일동으로부터 보내온 조화가 위패를 파묻듯이 에워쌌으며 붉고 노란 만장이 하늘 높이 휘날리고 소향(燒香)의 냄새가 한층 더욱 애도의 감을 금치 못하는 가운데"(『경향신문』, 1950.6.22).
제3차 3군 합동추도식 (1953.10.16)	서울운동장	"나라와 민족을 위하여 그 한 몸을 초개와 같이 내던저 적과 싸우다가 호국의 신으로 산화한 고 이용문 소장 이하 33,964주의 영위가 생화 속에 아담하게 봉제되어"(『동아일보』, 1953.10.17).
제4차 3군 합동추도식 (1955.4.22)	국군묘지	"생화로 그득이 싸인 제단에는 고 채병덕 중장 이하 79,201주의 호국의 영령이 안치되었다."(『경향신문』, 1955.4.23).

45) 『경향신문』, 1950.6.22, 1952.9.29.

1930년대 말부터 조선총독부가 묘탑의 일종인 '충령탑' 건립 캠페인을 벌였던 것처럼, 1950년대의 대한민국 정부도 영탑의 일종인 '충혼탑 건립촉진운동'을 대대적으로 전개했다. 그리하여 1950년대 말엽에는 도(道) 단위의 정례 전사자 의례 대부분을 충혼탑 앞 광장에서 거행할 수 있게 되었다. 같은 시기에 시나 군 단위의 전사자 의례를 충혼탑이나 충령탑 앞 광장에서 거행하는 곳들도 빠르게 증가했다. 1955년부터 중앙정부가 주관하는 최대 규모 전사자 의례의 장소가 된 국군묘지는 처음부터 거대한 광장과 묘탑/영탑을 결합한 공간으로 정교하게 디자인되었다. 요컨대 점점 더 많은 전사자 의례들이 국가에 의해 인위적으로 조성된 전국 곳곳의 '세속적 성(聖)의 공간들'에서 실행되도록 변해갔다. 이에 대해선 이어지는 장들에서 보다 자세히 다루려 한다.

의례경관에서 해방 후 새롭게 변화된 측면은 조포·조총·헌화·국기 게양 등이 대두하면서 '의장대'(儀仗隊)의 존재와 역할이 중요하게 부각된 것, 그리고 음악적 요소들이 전반적으로 늘어나면서 '군·경찰 악대'와 '합창단'의 역할과 존재가 부각된 것을 우선 꼽을 수 있다. 제단 구성 측면에서 식민지 시대와 눈에 띄게 달라진 점은 의례경관의 그리스도교화에 따라 제단에서 음식물이 점차 사라진 게 아닐까 싶다. 아울러 꽃(花)의 기능과 위치가 의례 시작 '이전'에 신위·영정 등을 꾸미기 위해 제단 '위'에 놓이는 것이 아니라, 의례 '도중'에 전사자에게 직접 헌정되어 제단 '앞'에 놓이게 되었다는 점도 지적할 만하다.

제단 위 음식물 진설(陳設) 문제와 관련해서는 위에서 인용한 이승만 대통령의 발언, 즉 "사람들이 제사를 지낼 때 조상을 위해 먹을 것을 만들어 영혼을 기다리는 것은 미신적인 생각이며 전통적 관습에 따라 제사를 행하면 시간이 걸리고 손님이 출석하지 않게 된다."라는 발언에 주목할 필요가 있다. 이 발언을 했던 시점이 제4차 3군 합동추도식 당일인 1955년 4월 22일이었다는 사실에도 유의할 필요가 있다. 제단에서 음식물이 사라진 게 정확히 언제부터였는지는 분명치 않으나, 적어도 첫 번째 현충일 추도행사가 열린 1956년 6월 6일에는 제단 위에 아무런 음식물도 놓이지 않았음을 분명히 확인할 수 있다. 그날 유가족들은 "추도식에 와보니 제물 하나 없고 술 한 잔 부을 곳이 없으니 그 서운한 마음은 이루 말할 수 없습니다.", "참말로 남편, 자식에게 사이다 한 잔이라도 떠놓고 싶었습니다.", "덕수궁에서의 좌담회에서 사과나 과자, 사이다를 나누어주었는데 우리는 그 돈으로 영령 앞에 제물이나 바쳤으면 얼마나 좋았을까! 생각되어 우리 경남 대표들은 한 사람도 그것을 받지 않았습니다."라는 푸념을 쏟아냈다.[46]

"전통적 관습에 따라 제사를 행하면 시간이 걸리고 손님이 출석하지 않게 된다."라는 대통령의 발언에도 유의할 필요가 있다. 이 말이 "전통적 관습에 따른 제사"의 어떤 것을 지칭하는지는 분명치 않다. 그러나 대통령이 재촉한 전사자 의례경관의 서구화가 '의례의 간소화'와 그에 따른 '의례시간의 단축'으로 이어졌던 사실만큼은 분명한 편이다. 종전의 추모의례에서 비교적 많은 시간이 소요되는 순서는 각계 대표 혹은 요인의 조사(弔辭, 때로는 추도사), 역시 각계 대표 혹은 요인의 분향, 그리고 여러 곳에서 보내온 조전(弔電)이나 조문(弔文)의 낭독 등이었다. 그런데 앞의 〈표 5 - 4〉에 소개된 주요 경찰 전사자 의례의 경우 조전·조문 낭독 순서는 1952년 이후 대체로 생략되는 반면, 각계 대표 혹은 요인의 조사 및 분향 순서는 1950년대 중반까지도 대체로 유지되었다. 따라서 경찰 전사자 의례에서는 의례의 간소화나 의례시간의 단축 효과가 그다지 뚜렷하게 확인되지 않으며, 대부분 의례에 2시간 안팎의

---

46) 『경향신문』, 1956.6.11.

비교적 긴 시간이 소요되었다. 이와는 대조적으로 〈표 5-5〉에 소개된 군인 전사자 의례의 경우 의례 간소화나 의례시간 단축 효과가 매우 뚜렷하게 확인된다. 1948~1952년의 군인 합동위령제·추도식에서는 대부분 각계 대표 혹은 요인의 조사와 분향 순서가 포함되었고 시간도 2시간 안팎이 소요되었지만, 각계 조사와 분향 순서가 생략된 1953년 이후에는 의례 시간이 종전의 절반 정도로 대폭 감소했다. 최대 2시간 30분가량이 소요되던 의례가 1953년에는 불과 45분만에 종료되었다.[47] 1948년의 제1차 합동위령제 때부터 조전·조문 낭독 순서가 한 번도 포함되지 않았던 것도 군인 전사자 의례의 특징이었다. 인용된 이 대통령의 지시는 1955년에 있었지만, 이미 그 이전부터 의례 간소화가 (경찰 전사자 의례보다 훨씬 규모도 컸고 사회적 주목도도 높았던 군인 전사자 의례 쪽에서) 상당 부분 현실화되고 있었던 것이다.

의례 서구화와 병행된 의례 간소화 추세가 낳은 중요한 결과는 '대통령 추도사'와 '각계 대표의 헌화'가 의례의 초점으로 부각되었다는 점이었다. 1953년의 제3차 합동추도식에서만 해도 국방부 장관의 '추도식사'(追悼式辭), 대통령과 미8군사령관의 '추도사'가 이어졌지만, 1955년의 제4차 합동추도식에서는 오직 대통령만이 '추도사'를 발표했다. 이런 패턴이 1956년부터 시작된 현충일 의례에서는 하나의 전통처럼 굳어졌다. 이제 국가적 전사자 의례 무대의 주역은 둘로 압축되었다. 물론 그 하나는 국가원수이자 국가의 상징적·실질적 대표자인 '대통령'이었고, 다른 하나는 (헌화와 묵념과 경례의 대상인) 하나의 집합적 존재로서의 '호국영령'이었다.

산 자들 중 전사자 의례의 최대 수혜자는 다름 아닌 대통령이었다. 화려

---

47) 『경향신문』 1953년 10월 17일 자 기사(2면)에 따르면, 1953년 10월 16일의 제3차 합동추도식은 9시 50분에 시작하여 10시 35분경에 끝났다고 한다.

한 볼거리를 만들어내는 다양한 의례장치들과 결합된 대규모 전사자 의례는 그 자체가 '권력을 창출하는' 상징적·문화적 수단으로 기능할 수 있다. 대통령 단독 추도사 패턴이 시작된 때가 이승만에 대한 우상화와 개인숭배가 절정에 이른 시점과 일치한다는 점도 주목할 만하다. 1950년대 중후반의 전사자 숭배가 대통령 개인숭배의 맥락 속에서 진행되었던 것이다. 예컨대 이승만 대통령이 전쟁과 죽음을 테마로 한 의례 드라마의 단독 주연으로 활약한 1955년 4월의 합동추도식은 그의 80회 생일을 맞아 거국적으로 다채로운 행사들이 요란스럽게 치러진 직후 열렸다. 1953년과 1955년의 3군 합동추도식에서 이 대통령은 전사자 유가족들에게 명령조로 훈계와 지도를 하는 모습을 보이기도 했다. 이 시기에 전사자 의례의 두 주역 중 대통령은 종종 조국수호신들(호국영령)보다 더 우월한 지위에 있는 것처럼 보였다.

6장

해방 후의 전사자 의례 [2]

1. 전사자의 의례적 변형

이번에는 전사자의 의례적 변형 측면에 주목해보자. 이미 지적했듯이 대부분의 민족국가들에서 전사자들은 국가적 의례를 통해 '부활'하고, '영원한 생명'을 얻어 '불멸'의 존재로 거듭난다. 나아가 사자에게 새로이 상승된 지위와 정체성을 부여한다는 의미에서 전사자 의례는 '망자의 통과의례'로 기능기도 한다. 식민지 시대의 전사자 의례들은 전사자를 잠재적 '원혼'에서 '신적 지위'로, 즉 군신이나 호국신으로 격상시키고 변형시켰다. 해방 후에도 이런 일들이 지속되었을까?

여기서도 전사(戰死)에 대한 규정, 그리고 전사자들을 호명하는 방식이나 호칭을 부여하는 방식을 통해 이 쟁점에 접근해보기로 하자. 식민지 시대에는 관련 자료가 빈약했지만, 해방 후에는 추도사나 표어, 당국의 공식 담화 등이 풍부한 편이어서 분석하기가 비교적 용이하다. 더 나아가 추도사나 조사를 통한 '메시지의 부각'은 식민지 시대와 뚜렷이 차별화되는 해방 후의 특징인 것처럼 보인다. 식민지 시대에는 신도식이든 불교식이든 '의례의 엄숙성과 경건함' 그리고 '의례 절차의 충실한 준수'를 상대적으로 중시했던 것으로 판단된다. 특히 신도식 전사자 의례의 경우 사자의 '신격화' 자체에, 불교식 전사자 의례에서는 사자의 '진혼·위령' 측면에 주력했고, 때문에 조사나 추

도사가 의례에서 차지하는 비중은 그다지 크지 않았던 것 같다. 해방 후 10년
동안 전사 및 전사자 호칭이 어떻게 변해왔는지가 〈표 6-1〉에 연도별로 정
리되어 있다.

〈표 6-1〉 해방 이후 전사 및 전사자 호칭의 변화: 1945~1955년

연도	호칭
1946	• 순직영령(경찰)
1947	• 영령, 국도(國都)의 수호신, 건국의 초석, 건국 치안의 꽃, 거룩한 순직(경찰)
1948	• 국군의 거룩한 영, 호국의 영, 거룩한 죽엄(군인) • 영령, 건국 치안의 주석(柱石), 건국의 초석, "치안전사의 꽃, 영령", 거룩한 피(경찰) • 순의(殉義), 순의동지, 순국동지(민간인)
1949	• 군신(軍神), 대한의 군신, 호국신, 호국의 신, 조국의 수호신, 불멸의 조국수호신, 조국의 초석, 조국 재건의 초석, 호국의 영령, 호국의 꽃, 순국영령, 순국영혼, 순국 장병, 민족정의의 화신, 조국수호의 정화, 국군의 정화, 거룩한 죽음, 대의의 죽음, 영원한 생, 영광스러운 산화, 순국적 대의, 장엄한 충성, 충렬 위대한 공훈(군인) • 건국의 꽃, 건국의 초석, 건국하는 국민의 모범, 순직영령, 국가의 간성, 국가의 보루, 성스러운 피, 가치 있는 죽엄(경찰) • 조국수호신, 순의자, 순국학생, 순국동지, 순국단원, 순국 관민(官民), 순직영령(민간인)
1950	• 호국의 신(군인, 경찰) • 국토수호 영령, 호국의 영령(군인) • "국가와 민족을 위하여 수호의 신으로 사라진 치안의 전사", 조국 만대의 수호신, 순직 영령, 순열의 유지(경찰) • 건국의 초석(군인, 경찰, 민간인)
1951	• 조국의 수호신(조국수호신), 나라의 수호신, 호국의 신, 호국의 영령, 순국의 영령들(순국영령), 순국열사, 순국군(殉國軍), 호국의 이슬(군인), 병몰 영령/영혼(英魂)(군병원 사망자); 세계평화의 수호신(유엔군) • 순직국원(철도원) • 애국열사(민간인)
1952	• 조국수호의 신, 호국의 수호신, 우리의 수호신들, 호국의 신, 호국의 영령, 민족의 꽃, 국가의 별, 고귀한 생명, 숭고한 충성(군인) • 민족의 영여(靈輿)(경찰) • 애국지사, 명예의 전사(민간인)
1953	• 호국의 신, 조국의 수호신, 호국영령, 호국의 이슬, 북진통일의 초석, 고귀한 희생, 고귀한 생명(군인) • 순국경관(경찰) • 순국지사, 순국동지(민간인)
1954	• 호국의 영령(군인, 경찰) • 호국의 신, 조국의 수호신, 민국(民國)의 수호신(군인) • 조국의 수호신, 순국열사, 애국지사(민간인)
1955	• 호국의 신, 조국의 수호신, 호국의 영령, 한국의 초석 영령, 순국용사(군인) • 순국경찰(경찰) • 호국의 대의, 영령, 순직자(철도원) • 순국투사, 순국반공투사, 순국동지(민간인)

〈표 6-1〉을 대충 훑어봐도 전사자에 대한 호칭, 전사에 대한 찬양이 식민
지 시대의 그것과 놀랍도록 유사하다는 사실을 발견하게 된다. 물론 이전에
비해 표현이 한결 다양해지고 현란해졌을지라도 말이다. "흥아 성업/건설"이

나 "동양평화"가 "건국"이나 "조국 재건", "북진 통일" 등으로 대체된 것을 제외하면, "호국영령, 순국영령, 호국신, 군신"이라는 호명·호칭이 고스란히 반복되고 있다. "이슬, 별, 간성, 보루" 같은 새로운 이미지나 비유가 등장하긴 하나, 가장 자주 반복된 "기둥(주석, 인주), 주춧돌(초석), 꽃" 비유는 식민지 시대로부터 물려받았다. 이런 역사적 유산 덕분에 해방 후의 국가와 지배층은 대단히 능숙하게 전사자에 대한 현창·현양에 나설 수 있었을 것이다.

식민지 시대의 작품인 전사자 '신격화' 시도는 해방 후 거의 당연시될 정도로 이전보다 훨씬 빈번하게, 더욱 적극적으로 이루어졌다. 경찰 전사자를 향한 "국도(國都)의 수호신" 호칭에서 시작하여 군신, 대한의 군신, 호국신, 호국의 신, 조국의 수호신, 불멸의 조국수호신, 조국수호의 신, 나라의 수호신, 민국(民國)의 수호신, 국가와 민족 수호의 신, 조국 만대의 수호신, 우리의 수호신, 세계평화의 수호신 등의 호명들이 현란하게 이어졌다. 무장투쟁의 주역이었던 이들을 포함한 독립운동가들에게는 그런 시도가 행해지지 않았다는 점에서, 반공전사자들에 대한 신격화 시도는 특별히 주목받을 자격이 있다. 한국전쟁을 겪으면서 의례경관의 그리스도교적 전환이 빠르게 진행되었음에도 불구하고, 다시 말해 조상숭배 전통과 거리가 먼 유일신교 전통에서는 사자(死者)를 신적 존재로 격상시키는 것이 명백히 불가능함에도 불구하고, 전사자의 신격화 사례가 지속되었다는 점도 중요하다.

1946년 11월에 열린 최초의 한국인 대상 전사자 위령제에서 조병옥 경무부장은 추도사를 통해 경찰 전사자들에게 "우리에게 뒷일을 맡기고 명복하라"고 당부했다.[1] 당시만 해도 전사자들은 '영령'으로 불렸을지언정 아직은 부활하여 현실에 개입할 능력을 갖지 못한 존재로 남아 있었다. 그러나 1949

년 5월에 열린 '10용사 장의식'의 조사에서 신성모 국방부 장관은 "고천의 영령이시어! 명목하시고 호국의 신이 되어 민족 숙원 달성을 보호하소서"라고 간청했다.[2] 이제 전사자는 부활하고 신이 되어 민족의 현실에 능동적으로 개입하는 존재로 간주되고 있다. 1955년 4월의 제4차 합동추도식에 즈음하여 국방부가 선정한 세 가지 표어 가운데 "한국의 초석 영령들이여 엎드려 명복을 비는 삼천만을 보소서", 그리고 "길손이여 자유 국민에게 전해다오, 우리는 겨레의 명령에 복종하여 이곳에 잠들었다고" 등 두 가지에서도 유사한 일들이 발생한다.[3] 집합적 주체로서의 국군 전사자들은 살아 움직이면서 삼천만 민족 구성원들을 굽어보고, 의인화된 민족의 명령을 따르며, 국민들에게 적극적으로 자신들의 의지와 메시지를 전하고 있는 것이다.

군대 창설 이전 시기에 다수 발생한 경찰 전사자들, 더욱이 군인이나 경찰이 아님에도 불구하고 전투에 동원되거나 자발적으로 가담한 청년단체 회원 등 민간인 전사자들이 한국전쟁 이전부터 다수 발생했던 것은 식민지 시기와 다른 점이었다. 최고의 찬사가 군인 전사자들을 향하고 있기는 하나, 경찰과 민간인 전사자들에 대한 현창·현양의 의지 또한 대단히 강렬했던 것이 '해방 10년' 시기의 특징이었다. 1948년 처음 등장하는 민간인 전사자들의 경우 "순의(殉義)동지나 순국동지, 순국학생, 순국단원" 정도로 시작했지만, 1951~1954년에 이르러서는 "애국열사, 애국지사, 순국지사, 순국열사" 등으로 호칭이 격상되었다. 호칭 측면에서 '반공 민간인 전사자들'이 독립운동가들과 대등한 상징적 지위를 획득한 것이다. 다시 말해 한국전쟁 이전에는 주로 '항일 독립투쟁 희생자'를 가리키던 기표가 전쟁 발발 이후에는 '반공투쟁

---

2) 『동아일보』, 1949.5.29.

3) 『경향신문』, 1955.4.20.

민간인 희생자'를 지칭하는 방식으로 변화되었다. 더 나아가 민간인 전사자들을 "조국수호신"(1949년), "조국의 수호신"(1954년)으로 신격화하는 호명 사례도 등장한다.

전사자들의 죽음은 "순직, 순의, 순국"을 넘어, "거룩한 순직, 거룩한 죽엄, 거룩한 죽음"으로, "영광스러운 산화, 명예의 전사"로, "가치 있는 죽엄, 고귀한 희생"으로 찬양된다. 국가를 위한 죽음은 거룩하고 영광스럽고 명예롭고 가치 있고 고귀한 행동이다. 나아가 "국가와 민족을 위하여 대의의 죽음 속에 영원한 생을 택한 그 장지(壯志)"[4]라는 표현이 잘 드러내듯이, 전사자들은 바로 그 죽음으로써 "영원한 생", 곧 불멸성을 획득했다. '피의 상징주의'도 자주 등장한다. "거룩한 피, 성스러운 피, 고귀한 피" 등의 표현이 그런 예들이다.

2. 산 자의 의무 — 희생의 논리와 영웅 만들기

군인들의 죽음과 희생을 미화하고 찬양함으로써, 그것의 고귀함과 거룩함과 명예로움을 강조함으로써 당면한 전쟁과 전투가 정당화된다. 살아남은 이들이 감당해야 할 의무와 사명은 전사자들이 남긴 "순국적 대의, 호국의 대의, 순열의 유지", "장엄한 충성, 숭고한 충성", "충렬 위대한 공훈"이 헛되지 않도록 분발하고 그 대의·유지·충성심·공훈을 계승하는 것이다. 1948년 12월 1일 열린 제1차 순국장병 위령제에서 발표된 이승만 대통령의 조사에도 등장하듯이 "거룩한 죽엄을 헛되이 하지 않을 것을 맹세"하는 것,[5] 이것이 산

---

4) 『동아일보』, 1949.5.29.

5) 『동아일보』, 1948.12.2.

자들의 임무이다. 한국인을 대상으로 한 두 번째 주요 전사자 의례였던 1947년 10월의 수도관구 순직경찰관 합동위령제에서도 잘 나타났듯이, '찬양과 결의' 곧 전사자의 공덕에 대한 찬양과 전사자들의 유지를 따르겠노라는 남은 이들의 결의와 맹세야말로 전사자 추모사에서 가장 자주 등장하는 담론 구조이기도 하다. 당시 보도에 의하면 "조문(弔文) 하나하나가 그들의 순직정신을 찬양하는 동시에 그 유지를 받들어 조국 자주독립의 결의를 굳게 표명하는 것이었다."[6] 전사자들의 숭고한 희생을 역사에 기록하고, 그들의 공적이 영구히 기억되도록 기념하는 것 또한 마찬가지이다. 그럴 경우 1949년 4월 제3회 전국순직경찰관 합동위령제 추도사에서 내무부 장관이 말했듯이 "민족을 위하여 순직한 고인의 공훈은 영원히 우리 민족 청사에 남을 것"이다.[7] 남은 유가족들을 보호하고 돕는 것도 산 자들에게 남겨진 역할이다. 다음 인용문들이 바로 이런 메시지들을 담고 있다.

"우리들은 여러분이 뿌린 성스러운 피를 우리 혈관에 환원시켜 통일 완전독립에 헌신할 것을 맹서한다."(내무부 장관 추도사); "우리는 여러 영령들의 순국일념과 희생정신을 받들어 분투하며 아울러 유가족을 보호할 터이니 안심하고 명목(瞑目)하라."(국무총리 조사); "우리는 건국 대업을 완수함에 있어 최후까지 분골쇄신할 것을 영전에 맹서한다."(국방부 장관 조사) (제3회 전국 순직 경찰관 합동위령제, 1949.4.28)[8]

---

6) 『경향신문』, 1947.10.12.

7) 『동아일보』, 1949.4.29.

8) 『자유신문』, 1949.4.29.

이 경찰관들이 목숨을 바쳐 민족과 민국의 자유와 독립을 보호하고저 충성을 다하여 의를 세운 것은 우리 민족으로서 영영 잊을 수 없는 것임으로 …… 민중이 그 공로를 기념하기 위해서 이 추도회가 년년이 있게 되는 것이니 이것이 우리들 산 사람의 직책이오 마땅히 행할 의무입니다. (대통령 추도사, 제4회 전국 순직경찰관 합동위령제, 1950.4.25)[9]

우리가 뼈에 사무친 애국심으로 이 뜻을 길이 이어가야 할 것이며 이분들의 그 뜻과 함께 3천리 강산에서 우리의 민주주의를 보전해서 우리의 권리를 수호해야 하며 또 각오를 해야 합니다 …… 우리 산 사람은 싸워 죽은 사람들에게 빚을 갚고 죽은 아들을 가진 유가족에게는 모두가 아들이 되고 죽은 남편이 있으면 나라에서 남편을 대신해서 도와주어야겠으니 모든 국민들이 이런 마음으로 협력하야 나가야 합니다. (대통령 추도사, 제1차 3군 전몰장병 합동위령제, 1951.9.28)[10]

우리가 순국용사의 빚을 갚고 순국을 빛나게 하는 유일한 방법은 용사의 유지를 받들어나가 전사한 용사의 남북통일의 목적을 달성하는 것이므로 유가족은 서로 위로하며 근면하여 오늘을 영광스러운 날로 알아서 나가기 바란다. (대통령 추도사, 제4차 3군 전몰장병 합동추도식, 1955.4.22)[11]

다카하시 데쓰야가 말했던 "숭고한 희생의 논리와 레토릭"이 전형적인

---

9) 『경향신문』, 1950.4.26; 『동아일보』, 1950.4.26.

10) 『동아일보』, 1951.9.30.

11) 『경향신문』, 1955.4.23.

형태로 펼쳐지고 있음을 여기서도 확인할 수 있다. 이처럼 산 자들은 전사자들의 죽음을 숭고한 희생으로 찬양하고, 그 숭고한 희생에 경의와 감사를 표하면서, 가능하다면 선열을 본받아 자신들도 국가를 위해 희생하는 것으로 보답해야 한다. 이런 죽은 자와 산 자 사이의 피드백적인 상호작용 사이클이 완성된다면, 전사자 의례는 중대한 국민 형성 및 통합 효과를 발생시킬 것이다.

좀 더 자세히 들여다보면, 추도사나 조사에 담긴 '희생의 논리'는 ① 현양, ② 감사와 기원, ③ 성찰, ④ 결의, ⑤ 보은(報恩)과 기념 등의 다섯 부분들로 구성되어 있다. 풀어쓰자면, 첫째, 전사자들의 탁월한 공적을 찬양하고 칭송하면서 궁극적으로 그들을 신적인 지위로 격상시키는 '현양' 부분, 둘째, 그들의 '고귀한 희생' 덕분에 오늘날의 평화·자유·풍요·안전 등이 가능하게 되었음을 재확인하고 고인을 추모하면서 사후의 복을 비는 '감사와 기원' 부분, 셋째, 당면한 현실을 분석하여 시대적 과제를 진단하고 도출하면서 전사자들이 산 자들과 후손들에게 남긴 유훈과 과업·당부 등을 찾아내는 '성찰' 부분, 넷째, 전사자들의 유지를 받들고 계승하여 국가에 충성을 다하며 현재의 시대적 과업을 실천하고 해결하겠다고 다짐 혹은 맹세하는 '결의' 부분, 다섯째, (결의의 연장선상에서) 전사자들의 은덕을 영원히 기억하고 기념할 것이며 그 은덕에 감사하는 마음으로 유가족 원호, 즉 유가족 부조와 보호에 최선을 다하겠다고 약속하는 '보은과 기념' 부분 등 다섯 요소들로 희생의 논리가 구성되어 있는 것이다. 다른 부분들은 세월의 흐름과 상관없이 대체로 비슷하지만, 시대적 과제를 도출하는 '성찰' 부분은 정권의 이해관계나 전략적 목표에 따라 변동이 심한 대목이었다. 그것이 '북진통일'이든 '멸공통일'이든 '민족통일'은 비교적 변함없는 시대적 과업으로 공유되었지만, 집권세력에 따라 복지사회 구현이나 정치풍토 쇄신, 정치민주화 등 다양한 역사적 과제들이 표방되었다.

1952년 9월 28일 개최될 제2차 국군 전몰장병 합동추도식을 앞두고 국방부 정훈국이 현상모집한 표어의 당선작들, 결국 국방부의 의지와 선호를 반영할 수밖에 없는 표어들도 하나같이 산 자들의 다짐과 결의, 맹세, 의무 등을 반영하고 있다: "호국의 영령 앞에 맹세하자 통일완수"(1등), "조국 위해 바친 영령 통일로서 보답하자"(2등), "나라 위해 가신 영령 승리로서 모셔오자"(2등), "전몰장병 세훈 공훈 통일로서 빛내우세"(3등), "유가족 애호에 북돋는 국군 사기"(3등).[12] 이날 합동추도식 관련 소식을 전하고 있는 『경향신문』 1952년 9월 28일 자 2면에도 지면 한가운데에 "영령 앞에 맹세하자! 멸공통일"이라는 표어가 큼직하게 박혀 있었다. 정부만이 아니라 언론들도 이런 움직임을 적극 선도하고 있었던 것이다. 1955년 4월 제4차 3군 전몰장병 합동추도식을 앞두고 국방부가 선정한 첫 번째 표어도 "호국의 영령이여 고이 잠드시라 품고 가신 그대의 원한 갚겠나니"라는 내용이었다.[13]

한국전쟁이 발발하기 약 1년 전인 1949년 5월 28일 수만 명이 참석한 가운데 서울운동장에서 거행된 '10용사 장의식'은 전사자의 의례적 변형과 현창 과정에서 하나의 분수령이었다. 이날 의례의 대상은 개성지구전투에서 전사한 39명이었지만 그 초점은 이른바 '육탄10용사'로 명명된 사병들이었다. 전사자에 대한 영웅화는 절정에 도달했고, 그런 면에서 이날 의례가 열린 서울운동장은 전형적인 '대중영웅들'이 탄생하는 산실이기도 했다. 이날 의례를 주최한 1사단은 10용사에게 "6계급 특진"을 해달라고 건의하기도 했

---

12) 『경향신문』, 1952.9.15.

13) 『경향신문』, 1955.4.20.

다.[14] 유가족을 돕기 위해 전국적인 모금운동이 벌어졌는데 시민, 사회단체, 기업, 심지어 국회의원들까지 발 벗고 나섰다.

'육탄10용사'에 대한 국가적인 영웅화 과정은 5월 말의 장례식 이전부터 이미 시작되었다. 시간이 지나면서 '10용사 신화'는 점점 공고해졌다. 그들에게 최고의 찬사들이 각계에서 쏟아졌고, 이 과정을 정부가 주도했다. 육탄10용사 신화는 '대한민국'의 최고지도자들에게 굉장한 자신감과 자부심을 제공해주었던 것으로 보인다. 먼저, 1949년 5월 17일 신성모 국방부 장관이 기자회견을 통해, "10용사에 대하여는 비단 국방부에서만 할 일이 아니고 국가적으로 민족적으로 거대히 찬양할 것이며 그들의 유가족에 대하여는 우리 전 국민이 굶는 한이 있더라도 절대로 부자유를 느끼지 않도록 생활을 보장하여야 할 것"이라고 말했다.[15] 이틀 후인 5월 19일에는 이범석 국무총리가 "육탄10용사를 치하하는" 담화를 발표했다. 그는 "우리의 10용사는 소위 왜적의 육탄3용사와 같이 명령에 의한 결사대가 아니요 전술상 필요를 통감하고 자진하여 살신성인한 것이니 그들의 충용한 행동이야말로 국군의 해모(楷模)이며 조국수호의 정화(精華)라고 할 것이오 세계만방에 자랑하여 대한남아의 기백을 선양하여야 할 것"이라고 했다.[16] 5월 21일에는 서울방송국을 통해 「10용사의 정신으로 공비를 격멸하자」라는 제목으로 "화랑도의 피를 이은 우리 국군의 정화이며 조국의 수호신이 된 10용사 …… 공산도배들과 더욱 용감히 싸워서 10용사의 애국애족의 정신을 이어가자"는 요지의 대북(對北)방송이 행해졌다. "(10용사의 행위는 - 인용자) 반만년 역사를 자랑하는

---

14) 『동아일보』, 1949.5.19.

15) 『연합신문』, 1949.5.18.

16) 『조선일보』, 1949.5.20.

178 | 전쟁과 희생 ─ 한국의 전사자 숭배

○○ 당찬 기백이며 ○○ 초인간적인 ○○ 국군의 용맹을 세계적으로 떨친 것이다 …… 이를 귀감 삼아 군인들의 각오도 새로울 것이다. 동시에 유가족의 원호에 많은 힘을 기우려야 할 것이다."라는 공보처 담화가 5월 23일에 발표되었다.[17] 5월 25일에는 이화여대 동창회가 시공관에서 '10용사 유가족 원호 음악회'를 개최했다.[18] 5월 28일에 서울운동장에서 성대한 장의식이 이미 열린 바 있는데, 6월 6일 같은 장소에서 열린 제2차 전몰군인 합동위령제 역시 10용사에 대한 찬사로 뒤덮였다. 특히 제주(祭主)인 채병덕 총참모장(육군참모총장)의 제문(祭文)이 그러했는데, 여기에는 10용사를 위한 장충단 내 비각이나 충무탑을 건립하는 계획도 포함되어 있었다.[19] 다음 날인 6월 7일에는 국회가 나섰다. 이날 열린 제3회 13차 국회본회의에서 「육탄10용사의 충혼에 대한 감사문」(결의안)이 채택되었던 것이다.

　　장렬하다. 10용사 육탄으로 적진을 분쇄하여 살신성인의 의용을 천추만대에 빛나게 하였구나. 이는 곧 배달민족 반만 년 맥맥(脈脈)히 뻗쳐 내려오는 정화(精華)이며 한데 뭉친 민족정기의 발로의 광휘(光輝)로다. 우리 화랑도를 계승하는 국군정신의 정화로 만민의 찬양함을 금치 못하노라. 오호(嗚呼)라 10용사 국군정신의 화신. 대적하여 분전(奮戰)한 나머지 몸은 비록 죽었으나 조국의 군신(軍神)이로다. 우리 대한민국에 영원불멸의 정의의 봉화일 것이다. 10군신의 엄연한 가호가 우리 무적 국군에 엄연히 존재하여 있도다. 이를 범할 자 어찌 있으며 이에 대적할 자 또 어디 있으랴. 우리 3천만 동포는 10군신을 귀감으

---

17) 『자유신문』, 1949.5.24.

18) 『동광신문』, 1949.5.26.

19) 『동아일보』, 1949.6.7.

로 대동단결 오로지 소공보족(掃共保族) 국가 초석 수호함에 결사 총진군을 기
(期)하여 10용사의 영령에 명복을 빌어마지 않는다.[20]

이로부터 다시 한 달가량 지난 1949년 7월 5일에는 '순국10용사기념사업
회'가 창립되었다. 신익희 국회의장이 회장을 맡은 기념사업회는 "송악(松嶽)
의 수호신으로 장렬한 죽음을 한 순국 10용사의 공렬(功烈)을 후세에 길이 빛
내게 함은 물론 이 성스러운 유영(遺影)을 널리 3천리 방방곡곡 직장에, 교실
에 또한 유람지와 공원에 현시(顯示)하여 국가의 초석이 될 청소년의 사기를
북돋아주는 동시 10용사의 동상을 건립하여 민족의 흠앙(欽仰)의 적(的)이 되
게" 하려는 목표를 세웠다.[21] 전쟁 직전인 1950년 3월에 10용사기념사업회는
국방부 정훈국의 후원을 받아 '10용사위령탑'을 건립하기로 했는데, "우선 서
울시내에만 불원간 위령탑을 건립하기로" 결정했다.[22]

전쟁 전 전사자를 현양하고 대중영웅으로 끌어올리는 데서 '육탄10용사'
가 집중적인 대상이었다면, 전쟁 발발 후에는 '무명용사'가 새로운 대상으
로 떠올랐다. 한국전쟁에 참전한 국군은 전쟁 이전의 군인과는 전혀 다른 군
인, 곧 시민군이자 국민군인 징집병들이었다. 징집병 전사자에 대한 응분의
송덕과 현양은 국민국가 존립에 필수적인 문제가 되었다. '송덕을 통한 이
름·명성 남기기'가 불멸성의 가장 확실한 형식이라는 아스만의 주장을 상기
해보면, 다음의 언명들은 '무명(無名)'을 통한 득명(得名)'이 가능하고 타당함
을 설파하고 있다고도 볼 수 있지 않을까. "아무런 보수, 사후의 득명도 없이

20) 대한민국국회, 『국회속기록』, 제3회, 제13호, 대한민국국회, 1949, 256쪽.

21) 『경향신문』, 1949.7.17.

22) 『경향신문』, 1950.3.16.

순국하신 무수의 무명의 전사들은 조국의 이름 아래 여러분의 생명과 재산을 보호하기 위하여 얼마든지 빛날 수 있는 아까운 그의 일생을 짧게 끝마친 것입니다.", "불행한 조국 대한의 남아로 태어나 아무런 보수도 영화도 사후의 득명도 없이 조국의 이름 아래 그 젊고 꽃같이 아름다운 청춘을 저 바다에서 높은 창공에서 산야에서 자기의 고귀한 생명을 호모(毫毛)와 같이 던진 숭고한 충성을 찬양하나이다."[23]

1955년에 이르러 무명용사는 의례 무대의 중심에 위치하면서, 헌화와 분향을 비롯한 의례적 봉헌의 초점이자 대상으로 자리 잡게 되었다. 무명용사가 의례경관의 핵심부를 차지하게 된 것이다. 국군묘지에서 처음 열린 1955년 4월의 제4차 3군 전몰장병 합동추도식은 정면에 자리한 '무명용사비'[24]로 이어지는 '무명용사문' 앞 광장에서 거행되었다. 이듬해부터 시작된 현충일 전례에서도 내내 이 의례적 구도가 유지되었다. 그뿐만 아니라 1955년 6월경부터는 서울시를 중심으로 '무명전사의 탑' 건설이 추진되었다.[25] "피바다, 뼈의 언덕. 실로 우리의 귀한 젊은 용사들은 전란을 겪는 동안 애석하게도 7만 9천 명의 존귀한 희생자를 내게 되었던 것이니 겨레는 다함께 이들 충혼의 명복을 빌어마지 않는다. 이름 없는 골짜구니에서 이름 모를 이 나라의 초석이 된 거룩한 젊은이의 희생, 생각할수록 창자가 끊어지는 듯한 비통뿐이다. 무명이면서 만년 청사에 길이길이 빛날 그들

---

23) 1952년 4월 6일의 제1회 경남지구 전몰장병 합동추도식에 즈음한 경남지구병사구사령관과 경남도지사의 '안내의 말씀'(『경향신문』, 1952.4.6); 같은 추도식에서 발표된 경남지구병사구사령관의 제문(『경향신문』, 1952.4.8).

24) '무명용사비'는 1956년 1월 16일 무명용사 1인의 유골을 이 비에 안장하면서 '무명용사탑'으로 이름이 바뀌었다.

25) 『경향신문』, 1956.6.6.

용사"라는,[26] '무명전사의 탑' 건설을 촉구하는 『경향신문』 기사의 한 대목 역시 "만년 청사에 길이 빛날 무명"이라는 역설적 표현으로써 '무명을 통한 득명'과 유사한 발상을 드러내고 있다.

3. 성가정(聖家庭)의 창출과 보호 — 감정의 연금술?

전사자 의례는 전사자를 성화·영웅화하고 그들에게 새로운 지위와 정체성을 부여하는 의례적 변형의 기제였고, 또 국민들로 하여금 '희생의 논리'를 내면화하도록 만드는 기제였다. 그뿐만 아니라 전사자 의례는 국가적인 환대와 보호를 받는 '성가정을 창출하는' 기제이기도 했다. 다시 말해 이 의례는 '명예의 전사자들', '국가의 군신·수호신'을 배출한 성가정들을 대중 앞에 '현시'(顯示) 내지 '전시'(展示)함으로써 사회적 '공인'을 받는 기제로도 작용했다. 전사자들의 유해를 국가적 성소로 조성된 묘에 안장하는 것, 전사자들을 서훈하거나 표창하는 것 역시 성가정을 창출하는 보조적인 기제들이었다. 물론 성가정의 창출은 반공주의를 중심으로 한 '정치적 신(新)신분제'를 형성하는 과정이기도 했다. 전사자 의례나 국가묘 안장, 서훈·표창 등이 '성가정 창출'의 기제들이라면, 다양한 원호·보훈 사업이나 정책들은 '성가정 보호'의 기제들이라고 말할 수 있다. 성가정 창출 및 성가정 보호의 기제들이 유효하게 잘 작동한다면, 그리고 유가족들이 전사한 가족 성원에 대한 상징적·물질적 보상에 만족할 경우, 유가족들 사이에서 가족의 전사를 자랑스럽게 여기고 나아가 감사하게 여기는 '감정의 연금술'이 일어나게 될 것이다.

---

26) 『경향신문』, 1955.6.23.

식민지 시대의 경우 전사자 의례를 전후하여 식민당국이 유가족들을 어떻게 예우했는지를 보여주는 기사가 거의 없었다. 반면에 해방 후에는 그런 기사들이 넘쳐나는 편이다. 이 때문에 국가의 유가족 정책이나 처우 측면에서 식민지 시대와 탈식민지 시대를 직접적으로 비교 평가하기는 어렵다. 어쨌든 해방 후 국가적인 전사자 의례가 준비되고 수행되는 과정에서 유가족들이 의례의 '내부'와 '외부'에서 여러 가지 배려, 예우를 받을 수 있었음은 분명하다. 의례의 내부와 외부를 구분하여 연도별로 제시한 것이 〈표6-2〉이다.

〈표6-2〉 전사자 의례와 유가족: 1945~1955년

연도	전사자 의례에서의 유가족 예우	
	의례의 내부	의례의 외부
1946	유가족 위문사(慰問辭), 유가족 대표 인사/답사, 각계 분향 순서에 유가족 대표 참여	유가족 부조를 계획
1947	유가족 대표 인사, 분향에 참여	유가족과의 대화
1948	유가족 대표 인사, 분향에 참여	연극, 영화, 악대(樂隊) 공연 등 유가족 위안회
1949	유가족 대표 인사, 분향에 참여	극장의 유가족 특별대우, 유가족 원호음악회, 유가족 원호를 위한 전국적·지역적 조위금 모금
1950	유가족 대표 인사, 분향에 참여	유가족을 위한 연극·연예·음악·강연·무도(武道)대회, 유가족 안내소 설치와 숙소 제공, 극장 무료입장, 전국적인 조위금 모금
1951	유가족 대표 인사, 분향에 참여	유가족좌담회, 위안공연, 유가족 안내소 설치와 숙소 제공, 영화 상영, 극장 무료입장, 전국적인 조위금 모금
1952	유가족 대표 인사, 분향에 참여	유가족 안내소 설치와 숙소 제공, 초청 대상 유가족을 위한 전용 열차와 자동차 운행, 시내버스·전차·목욕탕·이발소 무료이용, 선박 반액 이용, 전국적인 조위금 모금
1953	유가족 대표 인사, 분향 혹은 헌화에 참여	유가족 안내소 설치와 숙소 제공, 유가족좌담회, 무료 승차권 제공, 조위금 제공, 광목 등 선물 증정
1954	유가족 대표 인사	
1955	유가족 대표 인사, 분향 혹은 헌화에 참여	유가족 안내소 설치와 숙소 제공, 유가족좌담회, 무료 승차권 제공, 극장 무료관람, 선물 증정

먼저 '의례의 내부'에서 볼 때, 〈표 6-2〉에서 확인할 수 있듯이 '의례의 내부'에서 볼 때 최초의 국가적인 전사자 의례 당시부터 줄곧 유가족 대표의 인사 순서가 마련되었고, 아울러 각계 대표들의 분향 혹은 헌화 때도 유가족 대표가 참여할 수 있는 권리가 부여되었다. 의례 장소 내의 위치도 유가족의 존재가 돋보이게 만들었다. 국가는 각 지역별로 초청된 유가족 대표들을 위해 식장 중심부에 지정좌석을 배치하곤 했다. 대개 그곳은 대통령, 3부 요인을 비롯한 국가 최고지도자들과 근접한 곳이었다. 식장에 참석한 유족들은 국가 최고지도자들이 죽은 가족을 향해 국가적 영웅으로 나아가 국가의 조상신(수호신)으로 떠받드는 발언을 할 뿐 아니라, 그들에게 절을 하고 향이나 꽃을 바치는 모습을 직접 목격할 수 있었다.

의례 중에 대통령이나 각계 대표들은 유가족들의 슬픔과 상실감을 위로할 뿐 아니라 유족으로서의 품위나 자부심 유지, 나아가 유가족의 의무 같은 것들을 거듭 강조하기도 했다. "유가족은 서로 위로하며 근면하여 오늘을 영광스러운 날로 알아서 나가기 바란다."라거나, "유가족은 다 같이 용사(전사자—인용자)의 유지를 받들어나가기 바란다."라는, 1955년 4월 전몰장병 합동추도식에서의 대통령 추도사도 그런 예 중 하나일 것이다.[27] 대통령은 1953년 10월의 제3회 3군 전몰장병 합동추도식에선 "내 남편이나 내 자식이 전사한 데 대하여 괴롭고 슬픈 것은 당연하겠지만 우리는 이것을 마음속으로 느껴 우는" 모습을 보이자면서, 슬픔의 감정을 표출하는 것마저 억제해달라고 유가족에게 요구하기도 했다.[28]

'의례의 외부'에서도 유가족을 위한 다양한 예우와 프로그램들이 준비되

---

27) 『경향신문』, 1955.4.23.

28) 『동아일보』, 1953.10.17.

었다. 식전을 전후한 며칠 동안 교통편과 숙소가 무료로 제공되었고 전용 안내소가 운영되었다. 다양한 위안 프로그램이나 극장 관람 기회도 주어졌다. 장관급 고위 관료들과 유가족의 대화 혹은 좌담회가 별도로 마련되었다. 전국적·지역적으로 조위금이 모금되었고, 조위금 외에 유가족을 위한 선물도 준비되곤 했다. 단 며칠에 불과했을지라도 유가족들은 국가의 극진하고도 세심한 배려를 받는다는 느낌을 충분히 가질 법했다.

이번엔 '성가정의 보호' 측면에 주목해보자. 이승만 대통령의 표현을 빌자면, 성가정의 보호는 "죽은 아들을 가진 유가족에게는 모두가 아들이 되고 죽은 남편이 있으면 나라에서 남편을 대신해서 도와주"는 일이었다.[29] 한국인 전사자를 위한 첫 번째 의례였던 1946년 11월의 제1회 전국 순직경찰관 합동위령제에서부터 "유가족 부조를 계획"하고 있다는 보도가 있었지만,[30] 국가 차원의 체계적이고 조직적인 유가족 부조(扶助) 움직임은 뒤따르지 못했다. 1949년 4월 말 열린 세 번째 전국 순직경찰관 합동위령제에서는 "국가는 그들(유가족 – 인용자)의 고통을 알아 그들을 보호할 것"(부통령), "유가족을 보호할 터이니 안심하고 명목하라"(국무총리)는 약속이 반복되었다.[31] '육탄10용사'의 신화화·영웅화가 절정에 이른 1949년 5~6월 즈음부터 "유가족을 돕자"는 국민적인 캠페인이 벌어지는 등 '유가족 원호 담론'이 봇물처럼 쏟아져 나왔다. 앞의 〈표 6-2〉에서도 확인할 수 있듯이, 1949년부터 1952년에 이르기까지 주요 전사자 의례를 전후하여 유가족을 경제적으로 지원하기 위한

---

29) 『동아일보』, 1951.9.30.

30) 『자유신문』, 1946.12.3.

31) 『자유신문』, 1949.4.29.

여러 차례의 전국적인 혹은 국지적인 모금운동이 이어졌다. 언론도 "전몰 유가족을 구호하는 국민운동을 전개하자"면서 힘을 보태기도 했다.[32]

특히 '육탄10용사'와 관련해서, 국무총리와 국방부 장관을 비롯한 최고위급 각료들이 앞 다투어 유가족을 국가가 적극적으로 도울 것임을 밝히고 나섰다. 앞서 인용했듯이, 당시 국방부 장관은 "유가족에 대하여는 우리 전 국민이 굶는 한이 있더라도 절대로 부자유를 느끼지 않도록 생활을 보장하여야 할 것"이라거나, "용사들 유가족에 대하여서는 거족적인 원호운동과 국군으로서도 최선을 다할 것"이라고 공개적으로 거듭 다짐했다. 국무총리도 담화를 발표하여 "유가족은 정부에서 최선의 구휼을 도(圖)할 것"이라고 밝혔고,[33] 공보처도 "유가족의 원호에 많은 힘을 기우려야 할 것"이라는 입장을 공표한 바 있다.

유사한 맥락에서 1950년 6월에는 제3차 전몰군인 합동위령제를 앞두고 정부대변인인 공보처장이 '군사원호사업'의 중요성을 강조하면서 국민의 동참을 촉구하는 담화를 발표했다. 그에 따르면 "군사원호의 완벽은 군민일치와 국군의 전투력 강화와 한국의 부동의 태세를 과시하고 국가 민족으로서 유구한 자유를 확보하는 또 하나의 원동력이 되는 것"이었다.[34] 같은 시기에 사회부 산하의 '군사원호과'도 "10억여 원의 예산이 통과되는 대로 활발한 원호를 하게 될 것"이라면서, 국민들에게 '군원사업'에 동참해달라고 호소했다. 구체적으로 "군원사업은 유가족에 대한 생활부조, 조산(助産)부조, 육영비 및 매장비 등 거액의 경제적 후원이 있어야 할 것이고 제대군인에 대한 직

---

32) 『동아일보』, 1951.9.27.

33) 『조선일보』, 1949.5.20.

34) 『경향신문』, 1950.6.18.

업 알선 등 여러 방면의 원호를 필요로 하는 것"이며, 위령제에 즈음하여 "각 동 단위로 군인 유가족에 대한 위문 위자를 시행하는 동시에 그 동 출신 장병에게 위문문 또는 위문품을 보내고 일반 특지가들은 될 수 있는 대로 많은 조위금을 사회부 또는 국방부로" 보내달라고 요청했다.[35]

이처럼 '군사원호'를 위해 정부 예산도 일부 투입되지만 아울러 국민들의 자발적인 부조를 촉구하고 있었던 것이 한국전쟁 발발 직전의 상황이었다. 결국 이 즈음에는 전사자 유가족을 보호하는 군사원호사업의 중요성이 충분히 부각되긴 했지만, 그 성격은 '반관반민'(半官半民) 혹은 '관민 협력' 사업으로 자리매김되고 있었던 셈이다. 전쟁은 유가족의 생존 문제를 훨씬 더 절박하게 만들었지만, 그럼에도 이런 기조가 전쟁 발발 이후까지 이어졌다. 전쟁이 한창이던 1952년 2월 18일에 발표된, "유가족은 호국의 명예, 합심 원호에 힘쓰자"는 취지의 국방부 장관 담화를 통해서도 이런 기조를 명확히 재확인할 수 있다.

국방부와 사회부는 목하 다방면으로 원호 기획을 추진하고 있으며 군경원호회도 불원하여 최대한의 실효를 발휘할 것입니다. 다만 가득이(가뜩이나 — 인용자) 핍진한 국력에 너무나 거대한 전쟁을 치러내기에 여력이 부족함을 한탄하여 마지않는 바입니다. 이 기회에 다시 한 번 제언코저 함은 원호사업을 오로지 국가기관에만 믿지 말고 전 국민이 합심 협력하여 어느 동리 어느 직장에서도 다함께 자기네의 근린에서 그 대상을 찾어 고의와 온정으로써 물심양면의 정성을 다해주시기를 요망하는 바입니다 …… 이 강산 이 살림이 이만큼이라도 편한 것이 누구 덕이겠습니까. 여러분은 당연히 민족의 이름으로 후히 대

35) 『동아일보』, 1950.6.18.

접받아야 할 가장 존귀한 분이십니다. 지금 당장은 모든 태세가 구비되지 못하였으며 인식 부족한 일부 국민들을 계도할 시간이 아직 부족함은 죄송한 일일 지나 반드시 머지않은 장래에 여러분에게는 성심을 다한 3천만의 감사와 원조의 꽃다발이 바쳐질 것입니다.[36]

군사원호라는 영역이 국가적 과업으로 인정되었던 것은 유가족 보호 조치가 의례 전후의 일시성을 넘어 상당한 지속성과 안정성을 획득하는, 말하자면 일정한 '제도화'의 단계로 넘어감을 의미했다. 그러나 군사원호의 내실은 여전히 빈약했고, 제도화의 정도 역시 아직 낮은 수준에 머물러 있었다. 그러나 그럴수록 국가나 민간단체가 주도하는 "거족적인 원호운동"의 광경은 더욱 자주 연출되었다. 국가엘리트의 고조된 의욕에도 불구하고 국가의 경제적 무능력은 지속되었고, 그로 인해 시민사회에서 유가족 원호 캠페인의 물결은 더욱 자주 출현했던 것이다. 반면에 충분한 재정여력을 확보한 국가가 유가족 보호를 안정적으로 전담했을 경우 시민사회는 유가족 문제에 다소간 무관심한 채 잠잠했을 것이다.

비록 실현가능성이 적을지라도 유가족 보호를 향한 국가 지도자들의 절절한 약속들이 거듭 공언되고, 이에 호응하여 시민사회 성원들도 적극 나서는 상황에서는 유가족 사이에서 '감정의 연금술'와 유사한 현상이 발생할 가능성이 높아진다. 거국적인 모금운동이 벌어지고 온갖 현란한 수사를 동원한 찬사들이 난무했던 '육탄10용사'의 유가족들이 그러했을 것이다. "오늘 이 영령들을 위하여 이처럼 성대히 베풀어주신 여러분들의 이 뜻을 더욱 마음에 색여 후손들도 이들과 같이 훌륭한 일을 더 할 수 있도록 노력할 것이며

---

36) 『경향신문』, 1952.2.20.

충심으로 감사를 올리나이다."라는, 1949년 5월 28일의 '육탄10용사' 장례식에서의 유가족들 말이다. 비록 언론에 보도되지는 않았을지라도, 전사자 의례의 '유가족 대표 인사말(답사)'에서는 감정의 연금술을 연상할 만한 발언들이 꽤 있었을 것이다.

그러나 유가족의 존재와 역할이 더욱 부각될수록, 예상치 못한 부작용이 현실화될 가능성도 증가한다. 성가정 '창출'은 별문제로 하더라도, 성가정의 '보호'는 결코 쉬운 일이 아니었다. 유가족들이 의례 무대에 더 빈번히 등장하고 조금씩 무대의 중심 쪽으로 이동할수록, 의례를 전후하여 유가족들에 대한 예우나 위로 프로그램들이 증가할수록, 무엇보다도 유가족 원호·부조가 중대하고도 시급한 현안으로 부각될수록, 전사자 의례 전반에 대한 유가족들의 영향력은 점점 커지게 마련이다. 유가족들의 (긍정 혹은 부정적인) 반응이 점점 더 전사자 의례 전체의 효과나 성패를 좌우하는 핵심 변수가 되어가는 것이다. 의례를 통한 '감정의 연금술'이 유가족들 사이에서 효력을 발휘해야 '희생 논리의 내면화'라는 변화가 국민들 사이에서 퍼질 것이다.

전쟁이 끝나자 유가족 보호 문제는 점차 국가의 책임이 되어갔다. 〈표6-2〉에서 보듯이, 1949~1952년까지 활발하던 유족들을 위한 전국적인 모금운동도 1953년부터는 더 이상 벌어지지 않았다. 전쟁이 끝나면서 유가족 보호에 대한 시민사회의 관심과 열의도 시들해진 것처럼 보였다. 그런데 전쟁 후 정부가 유가족 원호사업을 거의 전담하게 된 상황이 초래한 의도치 않은 결과 중 하나는 유가족과 국가 사이의 긴장이 점점 고조되었다는 사실이었다. 국방부가 주최하는 전사자 의례가 끝난 후 그날 오후에 열리곤 했던 '유가족 좌담회'는 전쟁의 한복판이던 1951년에 처음 등장했다. 1952년의 전몰장병 합동추도식 때는 유가족좌담회가 일시적으로 사라졌다가 전쟁이 끝난 직후 열렸던 1953년의 전몰장병 합동추도식 때 유가족좌담회가 되살아났다. 이후 전사자 의례가 현충일로 통합된 후에도 1950년대 말까지 유가족좌담회가 매번 개최되었다. 1951년과 1953년 당시만 해도 좌담회장의 분위기는 비교적 화기애애했던 것 같다. 그러나 1955년 합동추도식에 즈음하여 열린 유가족좌담회의 분위기는 많이 달랐다. 여기서는 극심한 생활고를 토로하는 절규에 가까운 호소, 그리고 지켜지지 않는 정부의 헛된 약속들에 대한 성토와 불만 섞인 아우성이 쏟아졌다. 이런 상태에서는 슬픔이 기쁨·감사·자부심의 감정으로 바뀌는 감정 연금술은커녕, 슬픔이 분노·좌절·절망의 감정으로 전환되는 감정 연금술이 작동하기 쉽다.

전사자 유가족들에게 감정의 연금술이 제대로 작동하지 않는 상황에서는 이런 모습을 지켜보는 국민들 역시 희생의 논리를 수용·내면화하고, 더 나아가 국가와 민족을 위해 아낌없이 자기 목숨을 바치려는 결의 따위를 하지 않게 될 것이다. 주로 성가족 '창출'보다는 '보호'의 영역에서 문제가 발생하는 셈이지만, 결국 전사자 의례에서 유족의 존재와 역할이 중요해질수록 그로 인한 '의례 실패'의 잠재적 위험도 증가하는 모순은 피할 길이 없다. 이런 모순을 피하기 위해 유가족들을 다시금 의례 무대의 주역 위치에서 객체 내지 관객 위치로 끌어내릴 수도 있겠지만, 그럴 경우 전사자 의례의 효과 자체가 반감되는 또 다른 딜레마에 직면하게 될 것이다.

4. 의례장치 ─ 계승과 혁신

이제 마지막으로 의례 효과를 끌어올리기 위해 동원되는 다양한 의례장치들을 다룰 차례이다. 앞서 의례경관에 관한 논의의 과정에서 서구식 혹은 그리스도교식 의례경관을 만들어내는 의례장치들, 예컨대 조포, 조총, 진혼나팔, 악대, 합창단, 헌화, 기도 등에 대해선 이미 충분히 언급했다고 본다. 분향을 비롯하여 불교식 의례경관을 만들어내는 의례장치들에 대해서도 이미 다뤘다. 따라서 여기서는 아직 논의되지 못한 요소들에 초점을 두고자 한다. 1945~1955년 사이에 등장했던 전사자 관련 의례장치들을 연도별로 정리한 것이 〈표6-3〉이다.

〈표6-3〉해방 이후 전사자 관련 의례장치의 변화: 1945~1955년

연도	주요 의례장치
1946	조가(弔歌) 합창, 분향
1947	진혼곡 연주(구 왕궁아악부원), 조포, 조가 합창, 분향
1948	진혼곡 연주(진혼나팔), 조포, 조가 합창, 분향
1949	사이렌에 맞춘 전국 동시 묵념, 전 국민 국기(조기) 게양, 유흥업소 영업 중단, 조포, 조총, 조시(弔詩), 진혼곡 연주, 조가 합창, 분향, 식후의 시가행진(망자들의 행진), 유해 이동을 위한 특별열차 운행, 전사자 합사·합장시설(장충단) 마련, 국회의 결의; (이하는 '육탄10용사'에만 해당) 〈10용사 노래〉 창작 및 합창, 국무총리/정부대변인 특별담화, 특별방송, 순국10용사기념사업회 창립; (이하는 '여수시'에만 해당) 철시(撤市) 및 전 시민 영업 일체 중지, 가무음곡·음주 금지
1950	공휴일(임시 장충공휴일) 지정, 전국 동시 묵념, 조기 게양, 비둘기 풀어주기(放鳩), 추모비행, 조포, 조총, 진혼곡 연주, 조가 합창, 분향, 식후의 시가행진(망자들의 행진)
1951	전 국민 일제 청소, 전국적 철시, 전국적 가무음곡 금지, 전국적 주육(酒肉) 자제, 가정마다 표어 작성 및 게시, 표어탑 설치, 전국 동시 묵념, 전 국민 조기 게양, 훈장 수여, 추모비행, 헌화(화환 봉정), 조포, 조총, 진혼곡 연주, 조가 합창, 분향, 특별연극; (이하는 '한미합동 유엔군 위령제'에만 해당) 참전국 국기 및 유엔기 게양, 전사자 전용묘지(유엔묘지)의 헌정
1952	국기일(國忌日)로 선포, 전국 동시 묵념, 전 국민 조기 게양, 음주가무·유흥 금지, 현상 표어 모집, 현수막과 추모탑 설치, 헌화, 조포, 진혼곡 연주, 조가 합창, 유해 이동을 위한 특별열차 운행
1953	전국 동시 묵념, 전 국민 조기 게양, 현수막과 아치 설치, 헌화, 추모비행, 조포, 조총, 진혼곡 연주, 조가 합창, 분향, 유해 이동을 위한 특별열차 운행
1954	군목의 기도, 군목의 성경 낭독, 헌화, 조총, 진혼곡 연주, 조가 합창, 분향, 유해 이동을 위한 특별열차 운행, 유골을 도보로 이송(망자들의 행진)
1955	추도가인 〈순국경찰님〉 창작·합창, 전사자 전용묘지(국군묘지)의 헌정, 전국 동시 묵념, 전 국민 조기 게양, 가무음주 금지, 국방부의 공식 표어 선정, 정례 국무회의 중지, 군목의 기도, 진혼곡 연주, 조가 합창, 추모비행, 헌화, 조포, 조총, 분향

* 밑줄은 새로 등장한 의례장치를 가리킴.

전사자 관련 의례장치에서도 식민지 시대의 강한 영향을 감지할 수 있다. 1949년부터 등장하는, 사이렌에 맞춘 전국 동시 묵념과 전 국민 국기(조기) 게양을 비롯하여 가무음곡 금지, 유흥업소 영업 중지 등의 의례장치들은 식민지 시대와 사실상 동일하다. 1950년 6월 21일의 제3차 전몰군인 합동위령제 때 처음 '임시 장충(獎忠)공휴일'이라는 이름으로 임시공휴일이 지정되었는데, 이 역시 1938년에 이미 나타났던 전례가 있다. 중앙정부의 전사자 의례가 있는 날을 '국기일'(國忌日)로 선포하는 것도 임시공휴일 지정과 유사한 장치라고 할 수 있다. 식민지 시대에 '일채주의'(一菜主義) 혹은 '식사의 간소 절약'이라는 이름으로 나타났던 전 국민에 대한 절제와 금육(禁肉) 요구도 1951년에 '주육(酒肉) 자제'라는 형태로 재등장했다. 사이렌에 맞춘 전국 동시 묵념, 전 국민의 조기 게양과 가무음곡 금지, 금육과 절제, 유흥업소 영업 중지, 임시공휴일 지정 등은 모두 시공간의 동질화 및 사건의 동시화를 통한 의례공동체·기억공동체의 형성과 관련되어 있다. 이를 통해 몇몇 전사자 의례들이 진정한 의미에서 전국적이고 전 국민적이고 전 국가적인 의례가 될 수 있었다. 앞서 강조한 것처럼 이는 '국민 형성'에서 중요한 의미를 갖는다.

필자는 앞 장에서 이런 시도들은 의례의 동시화를 가능케 하는 사회적·정치적·경제적·기술적 기초, 곧 '의례 인프라'라고 부를 만한 어떤 것들이 없이는 아예 불가능할 것이라고 주장했다. 아울러 의례 인프라의 주요 사례들로 인구의 집중도(도시화 정도), 신문과 라디오의 보급 정도, 행정네트워크의 밀도와 확산 정도, '사이렌 네트워크'의 구축 정도 등을 들었다. 거의 모든 면에서 해방 후의 의례 인프라는 식민지 시대보다 우위에 있었다. 아직은 농촌 구석구석에까지 이르지는 못했을지라도 도시 지역을 중심으로 해방 후, 특히 1950년대를 거치면서 신문과 라디오의 보급률은 식민지 시대에 비해 크게 높아졌다.[37] 정부의 의례 지침을 국민들에게 전달하는 핵심 매체가 바로 신문과 라디오였으므로 신문과 라디오 보급률이 주요 의례 인프라가 되는 것이다. 도시화율도 해방 전에 비해 상당히 높아졌다. 해방 직전인 1944년에는 한반도 전체의 도시 수가 21개, 도시인구 비율은 13.2%에 그쳤지만, 1949년에는 남한에서만도 도시 수 19개, 도시인구 비율 17.1%에 이르렀다. 이후 1955년(남한)에는 도시 수 25개, 도시인구 비율 24.5%, 1960년에는 도시 수 27개, 도시인구 비율 28.0%로 증가했다.[38] 전국 동시 묵념의 핵심 의례 인프라로서 식민지 시대에 거의 완성 단계에 이르렀던 사이렌 네트워크도 해방 후 더욱 개선되었다. 1930년대 말부터는 방공용(防空用) 사이렌이 급증하는 가운데, 해방 당시 서울에만도 방공용 사이렌이 24개소나 설치되어 있었다고 한다.[39] 해방 후에도 시보(時報) 용도로, 또 야간통행금지의 시작과 해제를 알리려는 목적으로 사이렌이 광범위하게 사용되었다.[40]

전체 국민들이 '상징적 우주의 중심'인 어떤 곳을 향해 (대개 머리를 숙이면서) 일제히 묵념을 바치는 모습도 식민지 시대의 유산 중 하나이다. 식민지 시기에 간혹 등장했던 '국제적인 동시화 의례'에서 전국적인 동시 묵념 행위의 대상은 도쿄에 자리 잡은 야스쿠니신사였다. 해방 후에 국민들의 묵념 행위가 지향했던 대상은 무엇이었을까? 1949년까지는 전사자 의례의 장소에 마

---

37) 강인철, 「한국전쟁과 사회의식 및 문화의 변화」, 266~269쪽 참조.

38) 권태환·김두섭, 『인구의 이해』, 243쪽.

39) 『동아일보』, 1947.11.26.

40) 예컨대 서울에서는 1947년 3월 6일부터 야간통행금지와 관련해 저녁 9시 30분에 예비 사이렌을 울린 후 10시에 통행금지 사이렌을 울리기로 했고(『경향신문』, 1947.3.7; 『동아일보』, 1947.3.7), 1949년 12월 18일부터는 시간을 알리는 사이렌을 새벽 5시(통행금지 해제), 낮 12시, 밤 11시(통행금지 시작) 등 하루 3회씩 울리기로 했다(『경향신문』, 1949.12.17).

런된 '임시제단'이 그 대상이었을 것이다. 전사자들의 유골 혹은 신주가 놓인 제단 말이다. 그러나 1950년부터는 더 이상 임시제단이 아닌, 전사자들의 유골과 신위를 안치한 '장충사' 혹은 '장충단'이 묵념 행동의 대상지로 떠올랐다. 이런 견지에서 우리는 "사이렌 소리와 같이 전국 국민들이 장충사(獎忠祠)를 향하여 올리는 묵념"이라는 문구에 주목해야 한다.[41] 한국전쟁 발발 며칠 전에 열린 제3차 전몰군인 합동위령제에서 바로 이런 일이 벌어졌다. 종전의 야스쿠니신사 자리를 장충사가 대체한 것으로, 식민지 시대와 탈식민지 시대 사이에 국민적 묵념 의례의 형태적 유사성이 확연하다. 그런데 채 열흘도 지나지 않아 서울이 북한군에 함락당하면서 장충사·장충단은 상징적 중심의 지위를 잃고 말았다. 1955년부터 국가적인 전사자 위령제의 '항구적인' 장소로 국군묘지가 등장함으로써 의례의 상징적 중심, 국민적 묵념의 대상이 되살아났다.

해방 후 추가된 의례적 레퍼토리들에는 앞서 언급한 서구화나 그리스도교화와 관련된 요소들 말고도 몇 가지가 더 있다. '전 국민 일제 청소', 즉 전사자 의례가 있는 날 아침에 '정화(淨化)의례'의 일환으로 집 주변을 깨끗이 청소하는 것이나, 전체 시민이 의례 날에 맞춰 일정 시간 동안 모든 영업행위를 중단하는 '철시'(撤市), 의례 날과 중첩된 정례 국무회의를 중단하는 것 등은 의례의 동시화 효과를 노린 의례장치들이라고 말할 수 있다. 표어 선정 혹은 현상모집, 표어탑·선전탑·추모탑·아치, 현수막, 특별연극, 특별열차 등도 사회적 분위기 조성을 위해 적극적으로 활용되었다. 〈10용사 노래〉나 〈순국경찰님〉과 같은, 조가 합창 순서에서 특별히 작곡된 노래들이 등장하는 점도 눈에 띈다. 공군의 추모비행이나 훈장 수여 같은 프로그램들도 의례의 효과

---

41) 『경향신문』, 1950.6.22, 2면을 볼 것.

를 드높이기 위한 정교한 기획의 산물일 것이다.

필자는 해방 후 새로이 선보인 의례장치들 가운데 세 가지를 특히 강조하고 싶다. 첫째는 전사자 전용묘지 헌정과 의례를 결합하는 것이다. 부산 유엔 군묘지와 서울 국군묘지는 거대한 추모의례라는 형식을 통해 전사자들에게 헌정되었고, 또 대중에게 처음 공개되었다. 1949년 6월에 열린 제2차 전몰군인 합동위령제의 경우도 유사한 사례인데, 비록 위령제 장소는 서울운동장이었지만 전사자들이 곧 장충단에 함께 안치되리라는 사실이 의례 과정 내내 강조되었다. 전용묘지 헌정과 의례의 결합은 기념비나 묘탑의 제막식과 추모의례를 결합하는 것과 유사하지만, 훨씬 웅장하고 거국적인 규모로 행해진다는 점에서 구별된다. 이렇게 헌정되고 공개된 전사자 전용묘지는 이내 최고 권위의 국가 의례가 열리는 '세속국가의 판테온' 혹은 '세속국가의 신전(神殿)'이 되었다.

두 번째는 전사자 의례의 정례화 그리고 국가 의례 체계에서의 지위 격상이 성사되었다는 것이다. 이는 1956년에 현충일을 국가공휴일이자 법정 국가기념일로, 동시에 매년 전사자 추모의례를 거행하도록 결정함으로써 이루어졌다. 해방 후 10년 동안 전사자 의례의 두드러진 특징이었던 비주기성과 불안정성 문제가 이로써 말끔히 해결되었다. 1946년에 최초의 전사자 의례가 등장한 때부터 따지면 꼭 10년이 소요되었던 셈이다.

세 번째는 의례에 역동성을 부여하는 의례장치, 특히 '망자들의 행진'(ritual parade of the fallen soldiers)이라고 부를 만한 의례적 퍼포먼스가 자주 등장했다는 점이다. 필자는 해방 후 새로이 등장한 의례 요소 중 이것이 가장 흥미롭다고 생각한다. 이는 의례와 행진의 결합, 혹은 의례의 일부로 행진을 배치하는 것이다. '움직이는 의례 무대'를 연출하거나 의례 무대에 역동성을 부여한다는 측면에서 '의례미장센'의 한 가지로 볼 수도 있지만, 필자는 일단

이를 의례장치 중 하나로 간주하려고 한다. 의례에 행진을 곁들이는 것은 행진의 주체가 누구냐에 따라 둘로 구분될 수 있다.

먼저, 산 자들이 행진의 주체인 경우이다. 이는 1938년 7월 경성에서 국민정신총동원조선연맹 발회식 후 참가자들이 시가행진하여 전몰장사 위령제를 거행하거나, 1940년 3월 제55회 육군기념일에 대구에서 군중이 대명동 충령탑으로 행진하여 묵념을 바치는 장면 등에서 보듯이 식민지 시대에 이미 나타났던 현상이다. 해방 후에도 전사자 추모행사 직전이나 직후에 때때로 시가행진이 벌어지곤 했다. 특히 의례의 장소로 국군묘지가 선을 보인 1955년 이후 산 자들의 행진에서 새로운 지평이 열렸다. 국군묘지의 구조 자체가 '산 자들의 행진'을 필수적인 것으로 만들었던 것이다.

1961년 6월 6일, 제6회 현충일 추념식. 내빈 헌화 및 분향을 위해 무명용사문을 지나 무명용사탑을 향해 가는 모습.

국군묘지는 부채꼴로 넓게 펼쳐진 전사자 묘역을 배경으로 국군묘지의 정중앙에 무명용사의 탑이 위치하고, 그로부터 북동쪽을 향해 일정한 거리를 두고 일직선으로 무명용사탑 – 무명용사문 – 차도(車道) – 잔디광장 – (분수대) – 정문이 차례로 이어지는 구조로 디자인되었다. 무명용사문이 차도·광장보다 약간 높은 곳에 위치했으므로 용사문 앞의 여유 공간이 자연스럽게 현충일 의례의 무대이자 단상(壇上)으로 이용되었다. 의례 중의 헌화·분향 순서를 위해 그리고 식후에 유가족들의 분향을 위해 설치된, 향로(香爐)를 포함하는 제단(祭壇) 공간은 추모객이 자리한 용사문 앞 광장 쪽이 아니라 무명용사탑 앞에 소규모로 설치되었다. 따라서 누구든 용사문을 통과하려면 먼저 그 앞의 낮은 계단을 올라 용사문 앞의 평평한 공간을 지나가야 했다. 무명용사문 앞에 광장을 바라보는 방향으로 혹은 무명용사문 좌우측에 서로 마주보면서 앉아 있던 내빈들은 자신의 헌화 혹은 분향 순서가 될 경우 자리에서 일어나 먼저 용사문을 통과한 후 양편에 의장병들이 도열한 가운데 용사문과 무명용사탑 사이의 거리만큼을 걸어가야만 했다. 용사문을 마주보면서 광장 쪽에 앉아 있던 유가족들이 헌화 혹은 분향을 하기 위해서는, 먼저 광장 앞 차도를 건너 용사문 앞 계단을 오르고, 용사문을 지나 다시 무명용사비까지 걸어가야 했다. 무명용사문과 무명용사탑 사이의 거리는 60m나 되었다.[42] 짧은 행진을 거쳐 무명용사탑에 도착하면 화환을 바친 후 향을 피우고, 뒤로 물러나 탑을 향해 목례나 절을 바치며, 다시 왔던 경로로 행진하여 제자리로 돌아가게 되는 것이다. 유가족석에서부터 따지면 100미터 이상을 행진해 가야 비로소 무명용사탑에 다다를 수 있었던 것이다.

다음으로, 행진의 주체가 죽은 자인 경우로서 마치 분열식에 참가한 군

---

42) 국립묘지관리소 편, 『민족의 얼』, 국립묘지관리소, 1988, 68쪽.

인처럼 전사자들이 질서정연하게 행진을 하는 것이다. 곧 '망자들의 행진'이다. "무언의 개선을 한 영령은 이날 해군군악대의 주악으로 시가행진을 한 후 각 고향으로 향하였다."[43] 이것은 1953년 4월 28일 경남지구병사구사령부 주최로 부산 묘심사에서 열린 경남 출신 전몰장병 391명의 '영현 봉송식'에 대한 기사의 일부로, '망자들의 행진'에 대한 짧지만 정확한 기술이다. 망자들의 행진 사례는 1949년 5월의 '육탄10용사' 장례식에서부터 발견된다. 서울운동장에서의 장례식이 끝난 후 서울운동장 → 을지로6가 → 조선은행 앞 → 남대문/시청 앞 → 광화문 → 안국동 → 수송동 태고사에 이르는 거대한 행렬, 장엄한 스펙터클이 연출되었다. "식이 끝나자 헌병대를 선두로 군악대, 의장대, 장갑차, 그 뒤에 유골을 실은 영구차와 다시 장갑차, 그 뒤에 유가족이 따르고 청년단체를 위시하여 각 단체가 천천히 뒤따라 동 행렬은 을지로6가를 지나 조선은행 앞을 거쳐 태고사에 이르러 유골은 안치되었다."[44] 그 며칠 후인 1949년 6월 6일에도 서울운동장에서 열린 제2차 전몰군인 합동위령제가 끝나고 "영령을 선두로 참가 회중이 시가행진하여 장충단으로" 향했다고 한다.[45] 1950년 6월 21일의 제3차 전몰군인 합동위령제 때도 식후에 서울운동장에서 장충사까지 거창한 가두행진이 벌어졌다. 당시 『동아일보』는 이를 "거안(擧安)행진"으로 명명했다.[46] 앞서 소개했듯이 1954년 2월 11일 서울역에서 열린 서울 출신 전사자 2,554명의 '봉수식'에서도 비슷한 풍경이 펼쳐졌다. "봉수식이 끝나 10시 30분 영현은 14대의 뻐스에 분승되고 그중 54주 만

43) 『동아일보』, 1953.4.30.

44) 『경향신문』, 1949.5.29.

45) 『자유신문』, 1949.6.7.

46) 『동아일보』, 1950.6.21.

은 전우의 가슴에 안겨 태고사까지 보송(步送)되었다. 이들 영현 중에는 한때 용명을 떨치던 수도사단 1연대 최정택 중령도 포함되었으며 이들을 맞이하기 위한 서울시민은 이른 아침부터 가로에 열을 지어 봉송 뻐스가 통과할 때 단단히 옷깃을 여미고 애도의 머리를 숙였다."[47] 이와는 다르지만, 1952년 10월 27일 부산시 아미동 부립병원 뒤뜰에서 열린 '제1회 경남 순직경찰관·일반공무원·소방관·애국청년단체원 합동추도식'에서는 경찰악대의 장송곡 연주 속에 경기여고 학생들이 위패를 들고 행진해 들어와 제단에 안치하면서 추도식이 시작되는 장면이 연출되기도 했다.[48]

　그러나 이처럼 의례가 시작되기 '전'에 행진이 이뤄지는 경우는 극히 드물었고, 대부분의 경우 망자들의 행진은 의례가 끝난 '후'에 실행되었다. 이는 전사자들이 '의례를 통해' 죽음을 이기고 '되살아났음'을, 그리하여 그들이 이제는 생생하게 '살아 있음'을 뭇 대중에게 현시하고 과시하고 설득하는 이벤트이기도 했다. 아울러 망자들의 행진 과정에서 시민들은 망자를 바라보고 망자들 또한 연도의 시민들을 바라보는 시선의 상호적 교차가 이루어진다. 이런 상호적 응시 속에서, 살아 있는 시민들 중 일부는 이 순간 망자들로부터 무언의 강렬한 메시지를 전달받는 듯한 느낌에 사로잡히기도 했을 것이다.

5. 소결

　필자는 지난 두 개 장에 걸쳐 해방 후 현충일 등장에 이르는 약 10년 동안

---

47) 『동아일보』, 1954.2.13.

48) 『경향신문』, 1952.10.28.

전사자 의례의 변천과 특징들에 관해 고찰했다. 해방 후의 전사자 의례에서는 식민지 시대의 영향과 흔적이 비교적 강하게 그리고 다양한 측면들에서 확인된다. 지금까지의 논의를 간략히 정리해보자.

미군정이든 대한민국 정부든 국가는 식민지 말기의 조선인 전사자들, 즉 태평양전쟁 전사자들에 대해 관심을 두지 않았다. 이들은 국가의 배려를 받지 못하는 '버림받은 전사자들'이었다. 그들의 죽음은 '망각된 죽음'이 되었다. 반면에 국가가 부여하는 강렬한 스포트라이트 아래 '반공 영령들'이 눈부시게 등장했다. 해방 후 전사자 의례에서는 국가의 적극성과 주도성이 두드러졌지만, 국가의 의례 개입은 대단히 차별적이었다. 국가는 반공전투 희생자, 특히 전사한 군인·경찰과 관련된 의례에는 열심이었지만 독립투쟁 희생자, 태평양전쟁 희생자, 적군·반란군 희생자들은 대체로 외면했다.

미군정기의 남한에서 국가가 전사자 의례에 나서도록 만든 계기는 '전사자의 대량생산' 현상이었다. 최초의 국가적인 전사자 의례가 1946년 가을에 등장했고, 대한민국 정부가 수립된 1948년부터는 전사자 의례의 빈도가 급격히 증가했다. 1951년부터는 한국전쟁 발발 기념일, 서울수복 기념일, 국제연합 창립기념일 등에 맞춰 주기적으로 전사자 의례를 거행하는 관행도 생겨났다. 광장과 일체화된 묘탑·영탑을 제막하면서 전사자 의례를 거행하는 양상도 나타났다. 한국전쟁 발발 이후 여러 차례 '전사자 시신의 대이동'이 진행되었고 이 과정에서 '이동의례'와 '의례의 연쇄', '동시다발 의례', '촘촘한 의례주기'와 같은 현상들이 가시화되었다.

1945~1955년 사이에 전사자 의례의 경관은 (1) 신도 및 불교로 양분되었던 식민지적 의례경관을 '불교적' 의례경관과 '서구적 – 세속적' 의례경관이 대체했던 단계(1945~1952년), (2) 불교적 의례경관이 그리스도교적 의례경관으로 재차 대체됨에 따라 '서구적 – 그리스도교적' 의례경관이 자리 잡아가

는 단계(1952~1955년)로 구분된다. 공설운동장이나 연병장 등에 대규모 군중이 운집하여 전사자 의례를 거행하는 것, 묘탑·영탑을 광장과 일체형으로 건립하여 이곳을 정례적인 전사자 의례의 무대로 활용하는 것, 묘탑·영탑의 등장에 따라 의례미장센이 달라지는 것에서 우리는 식민지 시대의 영향을 읽어낼 수 있다. 반면에 조포·조총·헌화·국기 게양의 대두로 의장대의 역할이 중요해진 것, 음악적 요소들이 늘어나면서 악대와 합창단의 역할이 중요해진 것, 의례경관의 그리스도교화에 따라 제단에서 음식물이 사라진 것 등은 해방 후의 의례경관에서 새롭게 등장한 요소들이었다. '의례의 서구화'와 병행된 '의례의 간소화' 추세로 인해 '대통령 추도사'와 '각계 대표의 헌화'가 전사자 의례의 초점으로 부각되었다. 1950년대 중후반의 전사자 숭배는 대통령 개인숭배의 맥락 속에서 진행되는 특징을 드러내기도 했다.

식민지 시대에 자주 나타났던 전사자의 '신격화' 시도는 해방 후 훨씬 빈번해졌다. 추도사·조사를 통한 '메시지의 부각'은 식민지 시대와 뚜렷하게 구분되는 해방 후의 특징이었지만, 의례 주역들은 추도사·조사를 통한 전사자 신격화에 적극적이었다. 아울러 추도사나 조사에 담긴 '희생의 논리'는 대개 ① 현양, ② 감사와 기원, ③ 성찰, ④ 결의, ⑤ 보은과 기념 등 다섯 부분들로 구성되었다. 한국전쟁 이전에는 전사자 현양과 영웅화의 집중적인 대상이 '육탄10용사'였다면, 전쟁 발발 후에는 '무명용사'가 새로운 대상으로 떠올랐다. 특히 1955년에 이르러 무명용사는 의례경관의 핵심부를 차지하게 되었다.

전사자 의례는 국가적인 환대와 보호를 받는 성가정을 창출하는 기제이기도 했다. 이 의례는 국가의 군신·수호신을 배출한 성가정들을 대중 앞에 현시하고 공인받는 기제였다. 전사자 의례나 국립묘 안장, 서훈·표창 등이 '성가정 창출'의 기제라면, 원호·보훈 정책은 '성가정 보호'의 기제라고 말할 수 있다. 해방 후 유가족들은 전사자 의례의 '내부'와 '외부'에서 갖가지 예우를 받았다. 반면에 원호·보훈 정책을 통한 성가정 보호의 측면은 전반적으로 미흡했다. 이런 상황에서 유가족들 사이에서 가족을 잃은 슬픔이 감사와 자부심의 감정으로 바뀌는 '감정의 연금술'은 원활하지 못했고, 이런 모습을 지켜보는 국민들 역시 '희생의 논리'를 내면화하기 어려웠다.

전사자와 관련된 의례장치에서는 식민지 시대의 영향이 더욱 강하게 감지된다. 사이렌에 맞춘 전국 동시 묵념과 전 국민 조기 게양, 가무음곡 금지, 유흥업소 영업 중지, 전 국민에 대한 금육(禁肉) 요구, 임시공휴일 지정 등이 특히 그러하다. 이 모두는 시공간의 동질화, 사건의 동시화를 통한 의례공동체·기억공동체의 형성과 긴밀히 관련되어 있다. 한편 의례의 서구화·그리스도교화와 관련된 요소들을 비롯하여, 전 국민 일제 청소, 철시, 표어 선정 혹은 현상모집, 표어탑·선전탑·추모탑·아치 설치, 현수막 게시, 특별연극 상연, 유가족을 위한 특별열차 운용, 추모곡 작곡과 합창, 추모비행, 훈장 수여 등은 해방 후 추가된 의례적 레퍼토리들이었다. 해방 후 등장한 보다 중요한 새로운 의례장치들로서, 전사자 전용묘지 헌정과 의례의 결합, 국가공휴일인 현충일 제정을 통한 전사자 의례 정례화와 국가 의례 체계에서의 지위 격상, 의례에 역동성을 부여하는 '망자들의 행진' 등을 강조할 필요가 있다.

현충일은 1956년 4월 14일 열린 국무회의에서 제정되었다. 『경향신문』 보도에 의하면 "(4월 14일 – 인용자) 하오 중앙청에서 속개된 임시 국무회의에서는 6월 6일을 현충기념일로 정하는 한편 이날을 공휴일로 정하고 매년 이날에는 전몰장병의 위령제를 거행하기로 합의를 보았다."[1] 그 직후인 4월 19일에는 "6월 6일(현충기념일)"을 관공서의 공휴일 목록에 추가하는 내용으로 '관공서의 공휴일에 관한 건'이 대통령령 제1145호로 개정되었고 첫 번째 현충기념일인 6월 6일부터 시행되었다.[2] 같은 해 4월 25일에는 "6월 6일을 현충기념일로 정한다."라는 내용의 '현충기념일에 관한 건'이 국방부령 제27호로 공포·시행되었다.[3] 이로써 국가기념일이자 법정공휴일인 현충일의 제정 과정이 마무리되었다.

현충일 제정으로 나타난 가장 즉각적인 변화는 국지적·지역적 차원의 전사자 의례 빈도가 급격히 감소했던 사실이다. 앞 장에서 소개했듯이 전사자 의례는 1953년 30회, 1954년 25회, 1955년 19회가 열린 것으로 보도되었다. 그

---

1) 『경향신문』, 1956.4.16.

2) 법제처 국가법령정보센터(www.law.go.kr)의 '관공서의 공휴일에 관한 건' 항목(2014.1.20 검색).

3) 「현충기념일에 관한 건」, 『관보』 1541호, 1956.4.25, 1쪽.

런데 현충일이 처음 등장한 1956년에는 (현충일 행사를 제외한) 전사자 의례의 빈도가 6회, 이듬해인 1957년에는 3회, 1958년에는 2회, 1959년에는 1회에 불과했다. 현충일 당일에 있었던 전사자 의례들을 제외한, 그리고 '해방 이후'의 전사자를 대상으로 한 의례의 빈도만을 따질 때 그러하다는 것이다. 한국전쟁이 끝난 후부터 전사자 의례 빈도가 감소하는 추세가 이미 진행되고 있긴 했지만, 1956년 이후엔 현충일이 마치 블랙홀처럼 국지적·지역적 전사자 의례들을 빨아들여버렸다.

그러나 현충일 의례의 특징인 '동시다발성'을 고려할 때 현충일 등장을 계기로 전사자 의례 빈도가 급감했다거나, 전사자 의례의 열기가 식어버렸다고 성급히 단정해선 안 될 것이다. 1956년의 첫 번째 현충일 행사는 (그 이전의 3군 합동추도식들이 그랬던 것처럼) 서울 국군묘지 한곳에서만 열렸다. 물론 1956년 6월 6일에 맞춰 대구 교외의 영현보관소에서 열린 경상북도 차원의 추도식[4]처럼 일부 지방에서도 현충일 행사가 있었지만, 적어도 중앙정부의 방침은 수도인 서울에서만 현충일 행사를 갖는다는 것이었다. 그러나 1957년부터는 서울 국군묘지에서 열리는 중앙정부 행사뿐 아니라, 각 도·시·군 모두에서 6월 6일 오전 10시에 맞춰 일제히 '제2회 현충 전몰장병 추도식'을 거행하도록 했다. 그뿐만 아니라 도·시·군 차원의 추도식에 참여하기 어려운 경우에는 학교·기관·단체별로도 별도의 추도식을 거행하도록 하고, 해당 식순까지 세세하게 정해주었다. 정부의 1957년 현충일 지침은 "학교, 기타 기관 단체는 전기(前記) 각급 추도식에 참가함을 원칙으로 하나 거리, 장소, 기타 관계로 동 식전에 참가하지 못할 시에는 그 자체로서 식

---

4) 『경향신문』, 1956.6.8.

을 거행하되 별표 제4호 식순에 의한다."라는 것이었다.[5] 결국 목요일이었던 1957년 현충일에는 전국적으로 적어도 수백 곳에서 동일한 시간에 맞춰 전사자 추도식이 거행되었다. 이런 방침은 1958년에도 그대로 유지되었다. 도 및 시·군 추도식 외에 "전기 각급 이외의 추도식"을 별도로 두어, "상기 각급 추도식에 참가 못한 유가족, 학교 아동 또는 기관원"을 위해 적당한 장소를 골라 "학교 또는 기관" 주최로 추도식을 거행하도록 했다.[6] 1958년 6월 6일 명동성당에서 열린 '순국용사들을 위한 추도미사' 등에서 보듯이,[7] 종교단체 등 민간 부문에서도 현충일에 맞춰 전사자 의례를 거행하고 있었다. 경찰 역시 현충일에 맞춰 매년 부평 경찰전문학교에서 '전국 순직 경찰관 및 소방관 합동추도식'을 거행했다.[8] 어쨌든 현충일 제정 이후 두드러졌던 전사자 의례의 이런 '동시다발성'은 '전사자 의례의 중앙화·국가화' 추세를 보여주는 것이기도 했다.

1959년에는 일시적으로 서울의 중앙 추도식과 전국 도청 소재지에서의 도별 추도식으로 정부 계획이 축소되었던 것으로 보인다. "서울 행사와 때를 같이하여 지방에서도 각 도별로 추도식을 거행"할 예정이라는 사전 보도,

---

5) 국무원 사무국, 「제2회 현충일 행사 계획에 관한 건」(국무회의 의안), 1957.4.29, 2쪽. 국가기록원의 국가기록포털(www.archives.go.kr) 수록 자료임(2016.9.10 검색).

6) 국무원 사무국, 「제3회 현충일 행사 실시의 건」(국무회의 의안), 1958.5.8, 6-7쪽. 국가기록원의 국가기록포털(www.archives.go.kr) 수록 자료임(2016.9.10 검색).

7) 『경향신문』, 1958.6.6.

8) 치안국 주최로 1958년(제9회)부터 매년 현충일에 거행되던 경찰전문학교에서의 경찰관·소방관·애국단체원 합동추도식은 1966년(제16회)까지 따로 거행되다가, 1967년부터는 동작동 국립묘지에서 열리는 현충일 행사로 통합되었다(『동아일보』, 1966.6.6). 1957년의 '제8회 전국경찰관 합동추도회'는 10월 25일 서울고등학교 강당에서 개최되었다(『경향신문』, 1957.10.18).

그리고 "국군묘지와 전국 도청소재지에서 추도식"이 동시에 열렸다는 사후 보도의 구절들이 이런 사실을 입증한다.[9] 그러나 1960~1963년에는 중앙 및 도·시·군 모두의 동시 현충일 행사 패턴이 되살아났다.[10] 그러나 1964년에는 중앙(서울) 및 도별 추도식 패턴으로 재차 환원되었고, 이런 정부 방침은 1960 년대 후반 이후에도 대체로 비슷하게 유지되었던 것으로 판단된다. "각종 행 사는 총무처 조정 하에 거행한다. 다만, 지방 행사는 부산시 및 각 시·도가 조 정하여 그 지방 실정에 맞도록 한다."(1964년), "중앙의 행사는 총무처 조정 하 에 서울특별시에서 거행하고, 지방 행사는 중앙 행사에 준하여 부산직할시, 각 도에서 조정하여 각기 그 지방 실정에 맞도록 거행한다."(1973년), "(1) 중앙: 서울특별시 주관 국립묘지 추념식에 의한다. (2) 지방: 국립묘지 추념식 계획 에 준하여 부산시장 및 각 도지사 책임 하에 그 지방 실정에 맞도록 거행한 다. (3) 재경 각 중앙행정기관 및 정부 관리기업체는 서울특별시가 주관하는 추념식 계획에 의한다."(1980년)라는 대목들이 이런 판단을 뒷받침해준다.[11] 요컨대 1963년까지는 중앙정부가 시·군 및 학교·기관 단위의 현충일 행사에 대해서도 세세하게 지침을 제공했지만, 1964년 이후에는 직할시와 각 도가 자율적으로 결정하도록 책임을 위임한 것이다. 물론 이 사실이 도 단위 이하 기관·단체들이 주관하는 현충일 의례들이 예외 없이 중단되었음을 뜻하지 는 않는다.

---

9) 『동아일보』, 1959.6.2, 1959.6.7.

10) 『동아일보』, 1960.6.6, 1961.5.31; 『경향신문』, 1962.6.5, 1962.6.6, 1963.6.5 등 참조.

11) 총무처, 「제9회 현충일 행사 계획(안)」(국무회의 의안), 1964.5.12, 5쪽; 총무처, 「제18회 현 충일 행사 계획(안)」(국무회의 의안), 1973.5.17, 3쪽; 총무처, 「제25회 현충일 추념행사 계 획(안)」(국무회의 의안), 1980.5, 5~6쪽. 이상은 모두 국가기록원의 국가기록포털(www. archives.go.kr) 수록 자료임(2016.9.10 검색).

1957년부터 현충일 행사의 주관 부서가 기존의 '국방부'에서 '국무원 사무국'으로 교체되었다.[12] 현충일 프로그램이 갈수록 다채로워지고 동작동 국군묘지의 식전도 매번 2만 명 안팎이 참여하는 대규모 행사가 되면서, 국방부만이 아니라 여러 부처들의 개입과 역할 분담이 불가피하게 되었고, 그에 따라 이를 효율적으로 조정해야 할 필요성이 생겨남에 따른 자연스런 조처였을 것이다. 국무원 사무국의 조정 기능은 행정기구 개편 이후 '국무원 사무처'(1960년), '내각 사무처'(1961년)를 거쳐 '총무처'(1963년)로 계승되었다. 다만 국군묘지에서 거행되는 현충일 중앙 기념행사만은 국방부가 계속 맡다오다가, 도별 추도식 체제가 자리를 잡아가면서 이 역시 서울시로 자연스레 이관되었다. "제36회 국무회의(63.4.30)에서 종전에 국방부가 주최하던 중앙의 추념식을 64년도부터는 서울특별시가 주최키로 결정"함에 따라, 현충일 추념식을 서울시가 떠맡게 되었던 것이다.[13] 그러나 이 경우에도 서울시가 국군묘지 현충일 행사를 '주최'하지만, 총무처가 중앙 부처들 간의 현충일 업무를 '조정'하는 역할을 담당하는 형식은 그대로 유지되었다.

---

12) 『동아일보』, 1957.3.29.

13) 총무처, 「제9회 현충일 행사 계획(안)」, 4쪽. 국립서울현충원에 의하면, 현충일 중앙 행사는 (1) 1956~1958년에는 국방부 주관으로, (2) 1959~1982년은 총무처 계획 아래 서울시 주관으로, (3) 1983년 이후로는 국가보훈처 주관으로 치러졌다고 한다[국립서울현충원 편, 『민족의 얼』(제8집), 국립서울현충원, 2015, 97쪽]. 이런 기술은 위의 신문 기사나 정부 문서와 일치하지 않는데, 중앙 행사는 (1) 1956년에는 국방부 계획·주관(주최)으로, (2) 1957~1963년에는 총무처(국무원 사무국, 내각 사무처) 계획 아래 국방부 주관으로, (3) 1964~1982년에는 총무처 계획 아래 서울시 주관으로, (4) 1983년 이후에는 국가보훈처 계획·주관으로 치러졌다고 수정되어야 할 것 같다.

1. 현충일 등장의 의미

현충일의 등장은 무엇보다도 '장례에서 기념으로의 점진적 이행'을 의미했다. 우리는 여기서 '점진적'이라는 말에 유의해야 한다. 1956년 이후에도, 심지어 1960년대 중반까지도 서울 국군묘지에서 열린 현충일 행사에는 '기념'과 '장례'의 성격이 혼재되어 있었다. 전쟁이 끝난 지 이미 3년 이상 지났음에도 불구하고 곳곳에 흩어져 있던 전사자 유골이 국군묘지로 이동하는 경우가 많았기 때문이다. 특히 이 가운데 (1) 전국에 산재한 국군묘지들과 영현보관소, 사찰에 안치되어 있던 전사자 유골들이 서울 동작동 국군묘지로 이송된 경우, (2) 실종 내지 행방불명자로 처리되어 있다가 전사자로 뒤늦게 확정 판단되어 (유해는 여전히 부재한 채로) 국군묘지에 이들의 위패가 안치된 경우, (3) 전쟁 도중이나 직후 일단 고향 인근에 안장되었던 전사자들이 국군묘지로 이장되어 온 경우, (4) 1960년대 중반 이후 경찰 충혼탑에 안치되어 있던 경찰 전사자의 유골이 국군묘지(당시에는 국립묘지)로 이장되어 온 경우 등네 가지 '시신 이동'의 흐름이 중요하다. 이로 인해 1950~1960년대의 현충일 의례에서는 기념 못지않게 장례의 기능 또한 큰 비중을 차지할 수밖에 없었다. 이에 대해서는 다음 장에서 상세히 다루려 한다.

어쨌든 현충일은 장례로부터 기념으로의 이행을 상징한다. 이전에는 일회적인 장례식 성격의 위령제 내지 추도식만 거행되었지만, 전쟁이 끝나고 전사자 대량발생 사태가 종결됨에 따라 이제는 장례보다는 기억·추모·추념·기념의 측면이 더욱 중요해졌고, 현충일이 바로 그런 역할을 떠맡게 되었다. 현충일 제정 직후에는 추념식이 장례식 기능과 기념의례 기능을 겸했지만, 종전(終戰) 시점으로부터 멀어질수록 장례인 '안장식·봉안식'과 기념의례인 '현충일 추도식·추념식'이 비교적 뚜렷하게 구별되었다. '6월 6일'이라는 택일(擇日)에는 제사 지내기 좋은 날이라는 '절기적'(節氣的) 고려와 한국전쟁 기억하기라는 '정치적' 고려가 동시에 작용했던 것으로 보인다.[14] 10장에서 자세히 보겠지만, 대한민국 최초의 국립납골묘였던 장충사에 전사자 유해를 처음 안치한 날도 1949년 6월 6일이었다. "전몰장사(將士)들을 추모하는 국가로서의 거룩한 제사"라는 신문 기사의 구절처럼,[15] 시간이 흐를수록 현충일에서 '연례 국가제사'의 성격이 점점 강화되었다. 유족들 가운데서도 전사 날짜나 전사통지를 받은 날과 상관없이 현충일에 맞춰 고인의 제사를 지내는 관행이 점차 지배적으로 되어갔다.[16] 아울러 실상 현충일은 '6·25사변일'보다 훨씬 중요한 '전쟁기념일'로 간주되었다. '현충기념일'이라는 공식 명칭 자체가 '기념으로의 전환'이라는 지배층의 의도를 명료히 보여준다. 이승만 대통령이 제1회 현충기념일을 맞아 발표한 담화가 탁월한 예증을 제공해준다.

공산침략을 당한 이후로 육해공군의 합동으로 지금까지 순국의사(殉國義士) 들을 기념해오던 것인데 금년부터는 다만 군인뿐이 아니라 전 민족이 우리 충렬의용(忠烈義勇)한 장병의 공훈을 위하여 전 국민이 다 같이 이 현충기념일을 지켜서 이날을 국정공휴일로 하여 관민이 사업을 정지하고 순국의사를 추모하여 일편으로는 우리나라 역사에 영광스럽고 빛나는 영예를 드러나게 하는 것이니 다른 나라에서 지켜오는 '메모리얼 데이'가 되는 것이다 …… 대대손손

---

14) 지영임, 「현충일의 창출 과정」, 592~593쪽; 지영임, 「한국 국립묘지의 전사자 제사에 관한 일고찰」, 487쪽 참조. 지영임은 '세시풍속'에 따른 절기적 고려보다는 "한국전쟁의 전사자를 추모·기념하려는 정치적 의도" 쪽이 더 크게 작용했을 것으로 보았다(지영임, 「현충일의 창출 과정」, 599쪽).

15) 『동아일보』, 1958.6.2.

16) 지영임, 「한국 국립묘지의 전사자 제사에 관한 일고찰」, 491~493쪽 참조.

내려가며 매년 이날에는 간담에서 우러나오는 느낌을 가지고 추모하며 기념할 것이다.[17]

기념으로의 이행에선 '주기성'이 중요하다. '의례의 정례화'는 '의례의 정형화'를 동반하면서 전체적으로 '의례의 안정성'을 더해준다. 아울러 의례에 주기적인 리듬을 부여하고, 의례의 참여자와 관객들에게는 예측가능성을 제공한다. 이런 과정을 거치면서 특정 의례가 하나의 국가적인 관습 내지 전통으로 서서히 자리를 잡게 되는 것이다. 주기적인 기념의례를 법적으로 제도화하는 것은 그 기념의례에 항구성 내지 영구성을 부여하는 듯한 효과를 낳기도 한다. 말하자면 '국군'의 이름으로 죽은 전사자들을 '영원히' 기억하고 기념할 것임을 약속하는 것이다. "대대손손 내려가며 매년 이날에는 간담에서 우러나오는 느낌을 가지고 추모하며 기념할 것"이라는 이승만 대통령의 언약이 이 점을 정확히 포착하고 있다.

현충일 등장에 담긴 또 하나의 함의는 '전사자 의례의 국민화'였다. 전사자 의례가 명실상부하게 전 국민적 참여 속에 이루어지는 민족적이고 거국적인 행사로 올라서게 되었다는 것이다. 현충일을 '법정공휴일'로 지정한 데서 이런 의도가 잘 드러난다. '공휴일화'에는 한편으로 일체의 영업행위와 유흥행위를 중단한다는 '철시'(撤市)의 의미, 다른 한편으로는 국민적 참여를 보장하고 유도하기 위한 제도적 장치라는 의미가 동시에 담겨 있다. 앞서의 대통령 현충일 담화에서 "금년부터는 다만 군인뿐이 아니라 전 민족이 …… 전 국민이 다 같이 이 현충기념일을 지켜서 이날을 국정공휴일로 하여 관민이 사업을 정지하고"라는 표현이 이런 의도를 잘 보여준다. "지난 14일의 국무회의

---

17) 『동아일보』, 1956.6.7; 『경향신문』, 1956.6.7.

에서는 '6월 6일'을 공휴일로 하여 '현충(顯忠)의 날'로 제정, 거족적으로 국토 수호에 바친 고인들의 영혼을 추모키로 결정"했다는 『동아일보』 기사, 그리고 "국방부 장관을 제주로 한 3군 합동 전몰장병 추도식이 작년까지 4회를 거듭하였다가 금년부터는 이 현충 영령의 추모기념을 거국적 행사로 끌어올리기 위하여 대통령령(4월 19일 자)으로써 6월 6일의 이날을 특히 공휴일로 정하고 멸공통일의 사기를 북돋는 하나의 계기로 만들게 되었다."라는 『경향신문』 사설 역시 동일한 취지를 담고 있다.[18] 기사들에서 무엇보다 "거족적으로 추모키로 결정하였다."라거나, "거국적 행사로 끌어올리기 위하여" 등의 구절들이 우리의 시선을 끈다. 특정 부처(국방부)로부터 모든 부처를 관장하는 국무원 사무국으로 현충일 행사 업무가 이관된 데에도 유사한 의도가 드러난다고 해석할 수 있다. 현충일이 아닌 날에 열리는 국지적인 전사자 의례들이 1956년 이후 급격히 감소했던 현상도 ('전사자 의례의 중앙화·국가화' 뿐 아니라) 현충일로의 집중을 통한 '전사자 의례의 국민화' 경향과 관련이 깊을 것이다.

특정한 날을 국가적인 기념일로 천명하고, 이날을 공휴일로 지정하고, 이날 행해지는 의례를 정례화하는 것은 전국적이고 전 국민적인 기억공동체의 형성을 더욱 용이하게 만들어주는 측면이 있다. 그뿐만 아니라 이러한 조치들은 현충일 제정 이전부터 확립되어 있던 전국적 동시화 의례장치들, 예컨대 전체 국민 일제 묵념, 전 국민 조기 게양, 전국적인 음주가무 금기 설정 등의 효과를 한층 높여주는 측면도 있다.

현충일 등장의 세 번째 의미는 의례의 '장소성'과 관련된다. 그 핵심은 의례를 위한 '장소의 고정', 그리고 '공간과 의례의 (항구적인) 결합'이었다. 1956년 이후 국가적인 전사자 의례의 장소는 예전처럼 공설운동장이나 학교 운

---

18) 『동아일보』, 1956.4.16; 『경향신문』, 1956.6.8.

동장, 부대 연병장, 강당 등이 아닌, 국군묘지라는 한 장소로 고정되었다. 동시에 탄생한 쌍둥이처럼 현충일과 국군묘지는 처음부터 불가분의 관계로 맺어져 있었다. 국군묘지가 창설된 때는 1955년 7월이었지만, 국군묘지 설치를 법적으로 뒷받침하는 '군묘지령'이 대통령령으로 제정·시행된 때는 국무회의에서 현충일을 제정하기 하루 전날인 1956년 4월 13일이었다. 국군묘지와 현충일의 환상적인 결합으로 인해 가장 성스러운 공간과 가장 성스러운 시간의 주기적인 만남이 성사되었다. "전쟁이 끝난 직후 국가의 가장 성스러운 공간, 곧 최고 성지인 '국립묘지'가 조성되었다. 또한 국가적으로 가장 성스러운 시간인 현충일이 제정되었다 …… 매년 돌아오는 현충일에는 최고 성지인 국립묘지에서 최상의 국가 의례가 엄숙하게 거행되었다."[19] 국군묘지와 현충일이라는 특정한 공간-시간의 결합은 전사자 의례의 경관과 미장센에 큰 변화를 가져왔을 뿐 아니라, 가장 성스러운 곳에서 의례를 거행함으로써 의례 효과의 극대화 또한 도모할 수 있게 되었다.

1960년대에는 현충일 의례 장소를 국군묘지로 고정시키는 법제화가 진행되었다. 우선, 1963년 2월 15일 제정되고 시행에 들어간 '군묘지운영관리규정'에는 제11조(현충식)로 "현충일에 거행하는 현충식의 절차는 정부계획에 의한다."라는 내용이 포함되었다. 국군묘지에서 '현충식'으로 명명된 현충일 의례를 거행하는 것이 당연시되고 있음을 확인할 수 있다. 1965년 4월 30일에 제정되고 시행된 '국립묘지령'에도 제17조(현충식)에 "국가에 유공한 자의 영령을 추모하기 위하여 연 1회 현충식을 거행한다."라는 내용이 포함되었다.[20] 국립묘지에서 1년에 한 번씩 현충식, 곧 현충일 행사를 한다는 사

19) 강인철, 『종속과 자율』, 122~123쪽.

20) 이 조항은 2005년 7월 '국립묘지의 설치 및 운영에 관한 법률'(법률 제7649호)이 제정되

실이 법적으로 명문화된 것이다.

국가적 영웅들의 유해가 점진적으로 집결함에 따라, 1950~1960년대를 거치면서 국군묘지(국립묘지)의 위상과 권위, 그에 부수되는 성스러운 후광은 더욱 증가했다. 전쟁기념물들이 하나씩 추가로 건립되면서 이 묘지 자체가 거대한 '기념비들의 숲'으로 변신해갔다. 미군에 의해 조성된 부산 유엔군 묘지를 제외할 경우, 한국 정부가 조성한 최초의 공원묘지이기도 한 국군묘지는 시간이 지날수록 울창한 숲을 품은 대형 도심공원으로 성장했다. 그에 따라 이곳을 찾는 시민들의 숫자도 빠르게 증가했다. 1967년에는 이전까지 각기 다른 장소에서 별도로 행해지던 순직 경찰관 추도식과 현충일 의례가 후자 쪽으로 통합되었다. '장소와 공간의 성성(聖性)', 곧 의례의 무대가 되는 국군묘지의 성스러움이 증가될수록 '의례의 성성'도 비례적으로 증가하는, 장소와 의례의 결합에 따르는 '성성의 상승작용'이 선명히 나타나게 되었다.

의례 장소의 고정에 따른 부수효과 중 하나는 '광장 – 제단 일체형 의례'가 지배적인 의례경관으로 자리를 잡게 된다는 것이다. '묘 – 탑' 혹은 '사 – 탑' 기능이 융합된 묘탑·영탑이 제단을 대신하고, 묘탑·영탑 앞쪽에 넓게 조성된 광장에 대규모 군중이 집결하여 전사자 의례를 행하는 의례경관 말이다. 한국에서는 이런 광장 – 제단 일체형 공간이 (비록 '성스럽기는' 하나) 철저히 '세속적인' 공간이었다는 특징을 갖고 있었다. 지금도 그러하지만, 창설 당시부터 국군묘지의 경우 거대한 문(門)이 광장 영역과 묘탑 영역을 분리시키고 있었다. 국군묘지라는 큰 성역(聖域) 안에서 다시금 성(聖, 묘탑 영역)과

면서 기존의 '국립묘지령'이 폐지될 때까지 줄곧 유지되었다. 법제처 국가법령정보센터(www.law.go.kr)의 '군묘지운영관리규정', '국립묘지령', '국립묘지의 설치 및 운영에 관한 법률' 항목(2014.1.20 검색).

속(俗, 광장 영역)의 공간이 이중으로 구분되어 있는 것이다. 첫 번째 현충일 당시의 국군묘지 의례경관을 『경향신문』은 이렇게 묘사했다.

> 흰빛 사당문을 통한 안쪽에는 8만8천5백41주의 전몰장병들의 넋을 모신 '무명용사의 영'이라 씌어진 비석이 있다. 사당문 양쪽에는 원형의 생화가 상장(喪章)을 달고 너풀거리고 있었고 왼쪽 국기게양대에는 다 올리지 않은 태극기가 나라를 위해 젊은 피를 내쏟고 쓰러진 장병들의 넋을 찬양하듯 흐린 하늘을 향해 펄럭이고 있었다.[21]

1955년 이후 국군묘지에서 합동추도식과 현충일 행사를 거행하게 되면서 의례경관과 의례미장센 모두에서 중대한 변화가 생겨났다. 그 이전과 이후를 한번 대조시켜보자. 1955년 합동추도식 이전의 국군 전사자 의례, 예컨대 그 직전 열렸던 1950년과 1953년 의례에서는 식장(式場)과 제단이 (분리되지 않고) 일체화되어 있었다. 다시 말해 제단이 식장인 서울운동장의 일부를 이루고 있었고, 제단이 운동장의 본부석 공간을 차지했다. 1950년의 경우 "식장인 서울운동장에는 제단을 10단으로 영령들의 위패를 나란히 모시고 오른쪽의 이 대통령, 왼쪽의 이 부통령이 보내신 조화를 위시하여 각 부처 장관, 관공서, 각 사회단체, 각 사단, 각 부대 장병 일동으로부터 보내온 조화가 위패를 파묻듯이 에워쌌으며 붉고 노란 만장이 하늘 높이 휘날리고 소향(燒香)의 냄새가 한층 더욱 애도의 감을 금치 못하는 가운데"라는 표현에서 보듯이,[22] 제단을 전사자 위패들이 가득 채우고 있었고 제단 앞쪽에는 각계에서

---

21) 『경향신문』, 1956.6.7.

22) 『경향신문』, 1950.6.22.

보내온 수많은 조화들이 세워져 있었다. 1953년에도 "유페(위패 – 인용자)를 모신 제단 위에는 각종 가을꽃으로 장식되었으며"라는 구절에서 보듯이,[23] 제단을 차지한 것은 전사자들이었다. 아울러 이 기사 옆에 실린 "제3차 삼군 합동추도식장 광경"이라는 사진을 통해 제단 앞쪽에 수많은 화환이 늘어선 모습을 확인할 수 있다. 1955년 이전에는 신주·위패·지방(紙榜)·영정(유영) 등의 신위 혹은 전사자 유골이 의례 무대격인 제단 위 공간을 전부 차지하고 있었다. 때로는 제사음식 곧 제물(祭物)이나 제수(祭需)까지 제단 위에 올랐었다.[24] 요컨대 의례 무대의 주인공이자 중심부를 차지한 이들은 '생자'(生者)가 아닌 '사자'(死者)였다. 결국 1950년이든 1953년이든 내빈, 유가족, 일반 추모객들은 모두 전사자들이 안치된 제단(무대)을 올려다보면서 운동장 쪽(객석)에 자리를 잡을 수밖에 없었다. 죽은 이들이 높임을 받았던 반면, 살아 있는 이들은 적어도 의례적으로는 평등한 편이었다.

그런데 국군묘지로 의례 장소가 옮겨지면서 기존의 구도가 결정적으로 흔들리게 되었다. 핵심적인 변화를 (1) 식장과 제단의 분리, (2) 내빈석과 유가족석의 분리, (3) 내빈들이 식장의 단상(壇上) 위로 이동한 것의 세 가지로 요약할 수 있겠다. 우선, '무명용사문 및 광장'으로 구성되는 추도식장 영역과 '무명용사비 및 향로'로 구성되는 제단 영역이 분리되었다. 또 과거에는 추도

---

23) 『경향신문』, 1953.10.17.

24) 이미 1950년대에 국가적 전사자 의례에서 제사음식이 제단에서 사라졌지만, 이것이 법적 규범으로 명문화된 것은 1962년 9월 14일 '내각고시 제1호'로 고시된 '선현열사(先賢烈士) 제례규범(祭禮規範)'을 통해서였다. '선현열사 제례규범'의 총칙 3조에는 "제물(祭物), 부복(俯伏), 배례(拜禮) 등을 약(略)하고 헌화, 악무(樂舞), 추모사, 소향(燒香) 등을 주요 절차로 한다."라고 규정되었다. 아울러 총칙 4조에서는 "본 규범에 의한 제례는 중앙에서 봉행함으로 원칙으로 하나 지방에서 봉행할 때도 이에 준한다."라고 규정했다. 「선현열사 제례규범」, 『관보』 3247호, 1962.9.14, 1쪽.

식장의 내빈석과 유가족석(그리고 일반 추모객의 좌석)이 (비록 약간의 간격을 두었을지언정) 정면에 자리 잡은 제단을 '함께' 바라보면서 '나란히' 배치되었지만, 1955년 이후로는 내빈석 – 유족석 사이에 상당한 거리가 생겼고 좌석의 배치 방향과 시선의 방향도 바뀌었다. 유족석은 용사문 앞의 널찍한 차도(車道)를 건넌 광장 쪽에,[25] 내빈석은 용사문 입구 쪽에 배치되었다. 그 결과 유가족석과 내빈석 사이에 상당한 거리가 생겨났다.

'무명용사문 및 광장'으로 구성되는 추도식의 무대에는 약간의 높이 차이도 생겨났다. 내빈석이 자리한 용사문 입구 공간은 유가족석이 있는 광장 쪽에 비해 약간 높은 곳에 위치해 있었다. 그 결과 용사문 입구 좌우측에 자리 잡은 내빈석과 광장에 자리 잡은 유가족석이 차도를 사이에 두고 서로를 마주보는 구도로, 나아가 유족석에서는 내빈석을 올려다보고 내빈석에서는 유가족석을 내려다보는 구도로 바뀐 것이다. 용사문 좌우에서 내빈들끼리 서로 마주보는 방식으로 내빈석이 배치되기도 했다. 이 경우에는 내빈과 유족·청중이 서로 마주보지는 않게 된다. 어쨌든 과거에는 내빈석과 유가족석이 모두 '단하'(壇下)에 나란히 있었다면, 이제는 '단상'의 내빈석과 '단하'의 유족석으로 명확히 나뉘었다. 그럼으로써 유가족들은 무대 위의 '주역'인 내빈들의 의례적 퍼포먼스를 지켜보는 '관객'으로 역할이 축소되고 지위가 낮아졌다. 1955년 이전에 대체로 평등주의가 지배했던 의례의 경관과 미장센이 이런 거리와 높이 차이로 인해 불평등하고 차별적이고 위계적인 것으로 바뀌었다. 이제 국군묘지 전사자 의례는 권력을 과시하고 확인시키는 시공간으로 변했다.

---

25) 여기서 '차도'는 고위인사들이 묘지를 방문할 때 이곳까지 차를 타고 들어와 하차하는 공간이자 주차도 가능한 공간이다. 또 광장은 현재 '겨레얼마당'이라는 이름으로 불리고 있다.

『경향신문』, 1953.10.17, 2면 상단의 3군 합동위령제 전경 사진

『경향신문』, 1955.4.23, 3면 상단의 3군 합동추도식 전경 사진

의미심장한 사실은 국군묘지에서 구현된 광장과 묘탑·영탑 일체형 의례 경관이 1950~1960년대를 거치면서 빠르게 전국 각지로 확산되었다는 것이다. 이를 위해선 묘탑·영탑의 건설이 필수적인 전제조건이다. 그런데 일찍이 한국전쟁 중인 1950년대 초부터 정부 주도로 충혼탑 건립운동이 벌어졌다. 1957년에는 중앙정부에서 도별 현충일 추도식을 "각 도 충혼탑(忠魂塔) 소재

지"에서 거행할 것을 지시할 정도로,[26] 광장과 묘탑·영탑의 일체형 공간들이 도청소재지마다 대부분 마련되어 있었다. 여기서 충혼탑으로 통칭된 묘탑들이 지역마다 제각기 다른 이름을 갖고 있었을지라도 말이다. 그리하여 이를테면 부산과 경상남도는 부산 용두산공원의 충혼탑 앞에서, 충청남도는 대전 용두동 영렬탑(英烈塔) 광장에서, 강원도는 춘천 우두동 충렬탑(忠烈塔) 앞에서 현충일 행사를 갖는 식의 풍경이 만들어지고 확산되었다. 전국의 군(郡)이나 시(市)들 역시 앞 다퉈 충혼탑이나 현충탑을 건설한 후, 그곳에서 현충일 행사를 치르는 새 흐름에 속속 합류했다.

현충일 등장의 마지막 의미는 '현창 및 충성에 대한 강조'였다고 말할 수 있다. 다시 말해 위령·추모보다는 현창·현양 쪽으로 강조점을 더욱 이동시키고, 아울러 애국과 충성의 가치를 더욱 강조하는 것이다. 현창과 충성을 부각시키려는 의지가 바로 '충렬(忠烈)을 높이 드러냄'을 뜻하는 현충(顯忠)이라는 용어에 담겨 있다.

물론 식민지 때에도 위령제라는 형식 속에서 전사자의 현창을 적극적으로 시도해왔고, 특히 승전기념일 행사 속에 위령 차원을 포함시킬 경우에는 현창의 의미가 좀 더 선명하게 살아나는 효과가 있었다. 근대적 전사자 의례의 특징이 '위령과 현창의 불가분한 결합'에 있다면, 현충일 제정은 이를 분명하게 드러낼 뿐 아니라 '위령을 부분적으로 포함하는 현창'이라는 방식으로 현창 측면을 대대적으로 확장했다고 말할 수 있다. 해방 후 국가적 전사자 의례의 명칭이 위령제에서 추도식으로 바뀌었음은 이미 살펴본 바이나, 1960년대 초에는 아예 '현충식'이라는 새로운 명칭이 등장하기도 했다. 전사자들은 과거와 마찬가지로 호국영령, 호국신, 조국수호신으로 호명되었다.

---

26) 국무원 사무국, 「제2회 현충일 행사 계획에 관한 건」, 2쪽.

또한 그들의 영원한 집단적 안식처인 국립묘지가 조성되고 그곳이 점차 '전사자 찬양의 시각화' 산물인 기념비들의 숲으로 변모해감에 따라, 전사자 현창·현양 과업은 좀 더 용이하게 달성될 수 있게 되었다.

전사자 의례에서 충성과 애국 가치가 전면으로 부각되는 것 역시 식민지 시대 이래로 줄곧 하나의 전통으로 지속되어왔다. 특히 해방 이후 '장충'(獎忠)에서 '현충'으로 이어지는, 충성에 대한 연속적인 강조가 주목된다. 한국전쟁 직전인 1949년 장충단공원 안에 소재한 '장충사'를 국립납골묘로 정했던 일, 1950년 6월 21일의 제3차 전몰군인 합동위령제 때 '장충' 공휴일이라는 이름으로 처음 임시공휴일을 지정했던 일, 그리고 전쟁 후 '현충일' 의례를 동작동에 조성한 국립묘지에서 거행하기 시작한 데 주목할 필요가 있다. 동작동 국립묘지의 명칭을 아예 '현충원'(顯忠苑)으로 바꾸자는 주장이 1960년대 초부터 제기되기도 했다.[27]

현충일 제정 직후에 만들어진 〈현충의 노래〉에 현창과 충성의 두 가치가 잘 녹아 있다. 이 노래는 1957년 현충일 행사 때 상명여자고등학교 학생들의 합창으로 선을 보였다.[28] 노랫말은 시인 조지훈이 지었고 임원식이 작곡했다. 이 노래를 두고 『동아일보』는 "대공 적개심을 불러일으키는 우리 겨레의 제2의 애국가"라고 평가하기도 했다.[29] 이 노래의 가사는 다음과 같다.

> 겨레와 나라 위해 목숨을 바치니 / 그 정성 영원히 조국을 지키네
> 조국의 산하여 용사를 잠재우소서 / 충혼은 영원히 겨레 가슴에

---

27) 『동아일보』, 1962.6.6, 3면의 「국군묘지의 연혁」 기사 참조.

28) 『동아일보』, 1957.6.7; 『경향신문』, 1957.6.7.

29) 『동아일보』, 1964.6.6, 1면의 「횡설수설」 난.

임들은 불멸하는 민족혼의 상징 / 날이 갈수록아, 그 충성 새로워라

〈현충의 노래〉 어디에도 죽은 이에 대한 '애도'의 감정은 거의 드러나지 않는다. 전체적으로 보면 '충성'에 대한 강조가 두드러진다. 첫 소절부터 "겨레와 나라 위해 목숨을 바치니"로 시작되어 조국, 충혼, 민족혼 등의 단어들이 이어지다가 "날이 갈수록 아, 그 충성 새로워라"로 끝을 맺는다. 진혼과 위령의 느낌을 진하게 전달하는 "용사를 잠재우소서"라는 구절마저 애국주의를 연상시키는 "조국의 산하여"라는 구절과 짝을 이루고 있다.

지금까지 살펴본 것처럼 현충일의 등장이 국가적 전사자 의례의 변천사에서 갖는 함의는 다양하다. 그것은 (1) 장례에서 기념으로의 점진적 이행, (2) 전사자 의례의 국민화, (3) 의례 장소의 고정 및 공간-의례의 결합, (4) 광장-제단 일체형 의례경관의 지배, (5) 현창 및 충성에 대한 강조 등 대략 다섯 가지로 요약될 수 있다. 이런 의미들은 지금도 여전히 유효하다고 말할 수 있다. 그러나 그렇다고 해서 현충일의 등장이 한국 전사자 의례 역사의 종언을 뜻하지는 않았다. 이후에도 몇 가지 측면에서 기본 모티프의 변주가 부단히 시도되었고, 혁신적 요소들이 계속해서 출현했고, 심지어 기본 패턴으로부터의 일시적인 일탈 움직임도 나타났다.

2. 현충일 주변에 배치된 종교행사들

현충일 제정 이후 하나의 정형화된 의례 패턴이 점차 자리를 잡아가면서도, 다른 한편으로는 의례의 경관이나 의례장치 등에서 주목할 만한 변화들이 나타나기도 했다. 종교적-세속적 경관의 길항, 의례의 명칭·순서·장

소·규모, 대통령과 유가족의 역할 등에 주목하면서 1956년 이후 전사자 의례의 변화와 지속이라는 양 측면에 대해 살펴보자.

먼저, 의례 자체는 종교적 경관에서 세속적 경관으로 확고하게 변화되었으면서도, 종교적 경관의 흔적은 전체 의례경관의 주변부에서 유지되는 구도가 새롭게 형성되었다. 이를 종교적 경관이 세속적 경관을 감싸고 있는 의례경관, 혹은 종교적 경관이 세속적 경관의 배경 노릇을 하는 의례경관이라고도 말할 수 있을 것이다.

앞 장에서 살펴본 것처럼 해방 후부터 10년 사이에 전사자와 관련된 의례경관은 '종교적 경관'이 우세한 가운데, 처음에는 '불교적 경관'으로, 이후 다시 '그리스도교적 경관'으로 변화되었다. 같은 시기에 '의례경관의 서구화' 역시 빠르게 진행되었다. 조포, 조총, 진혼나팔, 헌화 등은 서구식 의례경관을 상징하는 핵심 요소들이었다. 또 전사자 의례 명칭이 위령제에서 추도식으로 바뀐 것, 전사자 의례에 기도 순서가 포함된 것, (헌화 순서가 의례의 중심에 자리 잡는 것과 대조적으로) 당시 그리스도교 지도자들에 의해 불교나 유교의 요소로 간주되었던 분향 순서가 '식후'(式後)로 밀려난 것은 그리스도교적 의례경관의 지배력을 상징하는 요소들이었다. 그러나 1954년 9월 유엔군 – 공산군 시신 교환 당시, 1955년 제4차 3군 합동추도식, 1956년 제1회 현충일 추도식 때 모습을 드러냈던 '기도'는 1957년부터 자취를 감췄다. 추도식이라는 명칭은 유지되었지만, (앞서 지적했던 것처럼) '위령제=불교'나 '추도식=그리스도교'와 같은 언어상의 등식이 항상 성립하는 것은 아니다. 더욱이 '분향'이 (불교나 유교적 색채를 그다지 띠지 않은 채) 1957년부터 공식 식순 안으로 되돌아왔다. 서구적 의례경관의 요소들은 온전히 유지되었다. 이런 일련의 변화들이 의미하는 바는 '의례경관의 세속화'로 요약될 수 있다.

전사자 의례에서 그리스도교식 기도가 유난히 자주 등장했던 1954~

1956년은 다소 특이한 시기가 아니었나 생각된다. 위에서 언급한 사례들 말고도, 1956년 3월 17일 3군단사령부 연병장에서 민의원 의장과 육군참모총장 등이 참석한 가운데 열린 '제3군단 예하 선하지구 순국장병 합동장의식' 역시 기도로 시작했음을 공보실이 제작한 〈대한늬우스〉 제78호를 통해 확인할 수 있다. 같은 영상에는 그 이틀 전인 3월 15일 이승만 대통령과 외교사절, 미8군사령관 등이 참석한 가운데 열린 제1군사령부 창설 2주년 기념식도 "경건한 기도를 올린 다음" 시작되었다는 보도를 발견하게 된다. 사실 1956년 제1회 현충일의 경우에도 국방부가 직전에 공식 발표한 식순은 ① 개식, ② 조포 발사, ③ 국기에 대한 경례, ④ 묵념, ⑤ 추도사, ⑥ 헌화, ⑦ 조총 발사, ⑧ 폐식으로 구성되어 있었다.[30] 애초에 없던 '기도' 순서가 어떤 이유에서인지 급작스레 포함되었던 것이다.

어쨌든 1957년부터는 현충일 의례에서 명백하게 종교적 색채를 띠는 순서는 모두 사라졌다. 그렇지만 현충일의 본행사인 추도식에서 사라졌던 종교적 요소들은 1960년부터 본행사의 '바깥에서' 다채로운 방식으로 재등장했다(〈표 7-1〉 참조).

〈표 7-1〉 종교들의 현충일 의례

연도	유교	불교	천주교	개신교
1959				
1960	전야제 (유도회)	진혼제 (조계종 총무원)		
1961	전야제 (성균관)	진혼제 (조계종 총무원)		

30) 『동아일보』, 1956.6.6.

연도				
1962	전야제 (성균관)	진혼제 (조계종 총무원)	추도미사, 헌화(잎 사귀회, 수녀들)	
1963	전야제	진혼제 (조계종 총무원)	헌화	추도예배 (기독장교회)
1964	전야제	진혼제 (조계종 총무원)		추도예배 (기독장교회)
1965		진혼제 (조계종 총무원)		추도예배 (기독장교회)
1966		진혼제 (조계종 총무원)		추도예배 (기독장교회)
1967				추도예배 (기독장교회)
1968			추도미사 (군종신부단)	추도예배 (기독장교회)
1969			추도미사 (군종신부단)	추도예배 (기독장교회)
1970			추도미사 (서울대교구)	추도예배 (기독장교회)
1971			추도미사 (서울대교구)	추도예배 (기독장교회)
1972			추도미사 (서울대교구)	추도예배 (재향군목회)
1973			추도미사 (서울대교구)	추도예배 (재향군목회)

〈표 7-1〉에서 보듯 1960년대에 현충일 본(本) 의례 주변에 배치되는 종교적 의례경관은 요동에 가깝도록 큰 변화를 겪었다. 친(親)개신교적인 이승만 정권의 붕괴가 변화의 직접적인 계기로 작용했다. 현충일 전날 저녁의 유교식 전야제와 현충일 당일 저녁의 불교식 진혼제가 1960년에 함께 등장했다. 유교식 전야제는 1964년까지 5년 동안 국군묘지에서, 불교식 진혼제는 1966년까지 7년 동안 국군묘지(국립묘지)에서 매년 계속되었다. 천주교의 경우 1962~1963년에 국군묘지에서 추도미사 혹은 헌화 행사를 가진 데 이어, 1968년부터는 추도미사를 거행하기 시작했다. 현충일 추도미사는 1968~

1969년에는 천주교 군종신부단 주최로, 1970년 이후로는 서울대교구 추최로 열렸다. 1963년부터 시작된 개신교의 현충일 추도예배만은 국군묘지가 아닌 장소에서 거행되었다. 추도예배는 1963년부터 1971년까지는 각급 기독장교회(OCU)의 주최로, 1972년 이후로는 재향군목회의 주최로 열렸다.

유교식 전야제와 불교식 진혼제에 대해서는 그리스도교, 특히 개신교 측의 항의와 문제제기가 거듭되었다. 그 결과 유교 전야제와 불교 진혼제는 얼마 못 가 중단되고 말았다.[31] 결국 국립묘지에서 진행되던 현충일 종교행사 가운데 1968년 이후로는 오로지 '추도미사'만 남게 되었다. 한국 4대 종교들이 분투한 '현충일 의례투쟁'의 최종 승자는 천주교였던 셈이다.

다음 인용문은 1961년 6월 5일 밤 8시 국군묘지 무명용사문 광장에서 성균관 주최로 열린 유교식 전야제의 풍경이다. "이날의 전야제는 홍수의(紅袖衣)를 입은 30명의 국악사들의 구슬픈 주악이 울리는 가운데 시작되어 최(崔益) 성균관장의 분향(焚香), 강신(降神), 헌작(獻爵), 독축(讀祝)이 있었고 국방장관을 대리하여 이(李鍾泰) 대령의 헌작이 있었고 이어 명(明雲鳳) 유도회 부위원장의 마지막 헌작이 있었고 젊은 넋들을 달래는 사신(謝神)과 망료(望燎)를 끝으로 거룩한 향내가 번지는 가운데 30분간에 걸친 전야제를 고요히 끝마쳤다."[32] 1960년대 초의 유교식 전야제 사진들을 보면 제물(祭物)이 진설된

---

31) 강인철, 『저항과 투항: 군사정권들과 종교』, 한신대학교출판부, 2013, 18-22쪽. 필자는 『저항과 투항』의 현충일 서술 부분에서 몇 가지 사실 관계의 오류를 범했다. 전야제와 진혼제가 처음 등장한 시기는 1961년이 아니라 1960년이고, 전야제와 진혼제가 사라진 시기는 1964년이 아니라 각각 1965년과 1967년이었다. 필자가 자료를 충분히 검토하지 못했거나, 부정확한 신문 기사를 잘못 인용한 탓에 이런 오류가 발생했다.

32) 『경향신문』, 1961.6.6.

별도의 제단이 무명용사문 아래에 설치되었음을 확인할 수 있다.[33] 제단을 무명용사탑이 아닌 무명용사문으로 옮김으로써 전통적인 제상 차리기가 가능해졌다고 말할 수도 있을 것이다. 한편 다음 인용문은 1962년 6월 5일 저녁 국군묘지에서 거행된 천주교의 현충일 행사를 보도한 기사이다.

> 백 도밍고 신부 집전으로 오후 7시 30분부터 시작된 가톨릭식 전야제는 6·25 참전 16개국 국기와 육군 사단기가 휘날리는 '용사문' 안 무명용사비 앞에서 거행되었다. 이 전야제는 멀리 부산에서 올라온 잊사귀회(부인들의 모임) 회원 6명과 서울에 있는 교우들이 참석하여 연미사와 기구 및 강론 등의 행사가 있은 다음 진혼나팔로 끝났다. 잊사귀회 회원들은 영령들을 '이메이지'로 한 꽃을 '용사문' 안 십자가에 헌화했다.[34]

현충일에 즈음한 이러한 종교행사들은 해당 종교의 신자들만이 아니고, 전사자 유가족들을 위한 것이기도 했다. 나아가 대중적 호소력이 강한 종교들이 참여함으로써 전사자 의례에 성스러운 후광을 제공하는 효과도 상당했을 것이다. 그렇지만 어디까지나 이 종교행사들은 정부의 공식행사가 아니었다. 정부의 허락을 얻는 절차가 필요했을 뿐 민간 종교단체들이 스스로 경비를 부담하여 직접 주최하고 주관한 행사들이었다.

---

33) 국립서울현충원, 『민족의 얼』(제8집), 2015, 197, 248쪽의 전야제 사진 참조.
34) 『경향신문』, 1962.6.6.

3. 의례의 명칭과 식순, 그리고 유가족의 소외

현충일 의례의 명칭도 1956년 이후 몇 차례 바뀌었다. 앞서 보았듯이 해방 후 전사자 의례의 명칭으로 쓰이던 '위령제'라는 용어는 1952년 이후 '추도식'으로 바뀌었다. 추도식이라는 명칭은 현충일 제정 이후에도 한동안 유지되었다. 첫 번째 현충일 의례의 공식 명칭도 '제1회 현충 전몰장병 추도식'이었다. 4·19혁명으로 이승만 정권이 붕괴된 후 열린 1960년 현충일 의례의 명칭도 여전히 '추도식'이었다. 그런데 5·16쿠데타 직후 열린 1961년 현충일 의례의 명칭은 갑자기 '현충식'(顯忠式)으로 바뀌었다. 1961년 이전에는 언론에조차 전혀 등장하지 않았던 이 낯선 용어로 바뀐 연유는 알려져 있지 않지만, 아마도 쿠데타를 주도한 군부세력의 선호가 반영되었을 가능성이 높을 것이다. 그러나 현충식이라는 명칭도 1961~1962년의 단 두 해 동안만 사용되었고, 1963년부터는 '추념식'(追念式)이라는 새로운 명칭으로 다시 바뀌었다. 1964년 이후로는 언론보도에서도 현충식이라는 용어를 더 이상 찾을 수 없게 된다. 그러나 이미 언급했듯이 현충식이라는 용어는 1963년 제정된 군묘지운영관리규정(제11조)과 1965년에 제정된 국립묘지령(제17조)에 의해 법률 용어로 제도화된다.

요컨대 현충일 의례의 공식 명칭은 (1) 1956~1960년에는 추도식, (2) 1961~1962년에는 현충식, (3) 1963년 이후에는 추념식으로 변해왔던 셈이다. '현충식'이라는 짧은 우회로를 거치기는 했지만, '추도식에서 추념식으로의 명칭 변경'에는 두 가지 의미가 함축되어 있는 것으로 보인다. 그 하나는, '(장례로부터) 기념으로의 전환'을 가속화함과 동시에 재확인하는 것, 다른 하나는, 추도식이라는 명칭에 잔존해 있던 종교 색깔—다분히 그리스도교적인 색깔—을 탈색하는 것이다. 요컨대 추도식에서 추념식으로의 이동은 '세속적 기념으로의 전환'을 상징하고 있다.

　필자가 보기엔 1962년 5월 재건국민운동본부가 주도한 '선현열사 제례 규범' 제정 작업이 추념식 명칭으로의 이행에 중요한 계기였던 것 같다. 1962 년 5월 13일 자 『동아일보』(3면)에 의하면, "12일 상오 국민운동본부에서 열린 '선현열사 제례규범 기초위원회'는 국가적으로 존경을 받는 선열들의 제사 를 모실 때는 이제까지의 번잡한 제단 분향 등 제사 관념을 버리고 간소하고 정중한 추념식의 형식으로 현대적 감각에 맞는 원칙을 세웠다." 선현열사 제 례규범은 같은 해 9월 14일 '내각고시 제1호'로 확정되었는데, 이에 따라 이 듬해부터 현충일 제사의 명칭도 '추념식'으로 변한 게 아닐까 생각한다. '간 소화'라는 취지에 맞도록 '제사 형식'에서 '추념식 형식'으로 변화를 꾀한다 는 것인데, 사실 현충일 의례 자체는 처음부터 상당히 간소화되어 있었다. 애 초부터 "번잡한" 요소가 별로 없었다는 얘기이다. 앞서 소개했듯이 선현열사 제례규범(제3조)에서는 "제물, 부복, 배례 등을 약하고 헌화, 악무, 추모사, 소 향 등을 주요 절차로 한다."라고 규정하고 있었다. 그러나 현충일 의례를 비 롯한 중앙정부의 전사자 의례에서는 이미 몇 년 전부터 제물, 부복, 배례 등이 모두 사라진 상태였던 것이다. 실제로도 '명칭'이 추념식으로 바뀐 것을 제외 하고는, 제례규범 이전과 이후에 현충일 의례의 구성요소와 순서에서는 아 무런 변화가 없었다.

　다만 당시 군사정부의 지도자들은 의례 '간소화'의 의미를 '경비 절감'으 로 해석했던 것으로 보인다. 그래서 가장 많은 경비가 소요되는, 그러나 대한 민국 정부 수립 이래 오랫동안 지속되어왔던 유가족 대표 초청행사를 1963 년부터 일거에 폐지해버렸다. "국방부는 지금까지 유가족 대표들만이 현충 식에 참석하던 지금까지의 방침을 바꾸어 올해에는 전 유가족이 모두 서울과 지방에서 거행되는 현충식에 자유롭게 참가토록 했다."라고 하나,[35] 실제로는 재정 부담 경감에 대한 고려가 우선했던 것으로 보인다. 일찍이 1957년에 재정 절감을 명분으로 유가족 초청행사를 폐지하려다 실패했던 전례도 있었다.[36] 유가족 초청행사에 많은 비용이 드는 것은 사실이었다. 1961년 5월 국무원 사무처가 제9회 국무회의에 "양해사항"으로 보고한 문건에 따르면, 유가족 대표 200명을 초청하여 광목 1필씩을 선물할 경우 포장비와 운반비를 포함하여 최소 189만 환, 최대 389만 환이 소요될 예정이었다.[37] 이런 선물경비에다 교통 및 숙식, 위로행사에 소요되는 비용도 만만치 않았다. 역설적인 사실은, 〈표 7 - 2〉에서도 보듯 군사쿠데타 이후 유가족 대표 초청행사는 그 이전보다 더욱 다채롭고도 화려해졌다는 점이었다. 특히 유가족 대표들의 청와대 초청 행사는 군사쿠데타 이전에는 전혀 없던 일이었다. 그토록 극진하게 유가족을 예우하던 기조가 일거에 뒤집혀진 것이다.

〈표 7 - 2〉 현충일 유가족 대표 초청행사: 1956~1962년

연도	주요 행사와 특전
1956	교통 및 숙식 제공, 좌담회(덕수궁), 선물(쌀) 증정
1957	교통 및 숙식 제공, 좌담회(육군회관), 위안의 밤, 명승고적 관광, 관극(觀劇)
1958	교통 및 숙식 제공, 좌담회(육군회관), 위안의 밤, 명승고적 관광
1959	교통·및 숙식 제공, 대통령 초청 다과회(경회루), 위안의 밤, 명승고적 관광
1960	교통 및 숙식 제공, 과도내각수반 초청 다과회(경회루), 비원 관람, 중앙방송극 시찰, 관극(원각사)

---

35) 『경향신문』, 1963.6.5.

36) 『동아일보』, 1957.3.29, 3면의 「현충일의 행사 간소화하기로」 기사 참조.

37) 국무원 사무처, 「현충일 유가족 대표에게 기념품 증정의 건」(국무회의 의안), 1961.5.31. 국가기록원의 국가기록포털(www.archives.go.kr) 수록 자료임(2016.9.10 검색).

1961	교통 및 숙식 제공, 대통령 초청 다과회(청와대), 내각수반 초청 다과회(비원), 국방부·보사부 장관 초청 다과회(중앙방송국), 경복궁 관람, 위안음악회, 시내 명소 관광, 선물(광목) 증정
1962	교통 및 숙식 제공, 국방부 초청 환영만찬(현충일 전날), 내각수반 초청 위로만찬(현충일, 한국의집), 대통령 권한대행 겸 최고회의 의장의 기념품 증여(청와대), 비원 관람 및 다과회, 중앙방송국 참관, 극영화 상영(시민회관)

 앞서 보았듯이 국군묘지가 전사자 국가 의례의 장소로 고정된 1955년 이후 유가족들의 의례 내 지위가 낮아졌고, 그들의 역할도 무대 위 주역들의 의례적 퍼포먼스를 지켜보는 관객으로 축소되었다. 전국에서 선발되어 온 유족 대표들의 독점적인 자리 자체가 의례 공간에서 사라지고, 다양한 초청행사들마저 모두 사라진 1963년 이후에는 유족들의 의례적 지위 하락 추세가 더 가속화되었다. 〈표 7-2〉에서 한 가지 주목할 대목은 (1951년에 처음 등장하여) 1958년까지 유지되었던 '유가족좌담회' 행사가 폐지되고, 1959년부터 '대통령 초청 위로다과회'로 대체되었다는 점이다. 1953년 이후 유가족좌담회는 적절한 원호정책의 부재를 질타하는 성토의 장으로 변해갔고, 급기야 1957년에는 유가족 대표 초청행사 자체를 아예 없애버리려 했고, 그로부터 2년 후에는 (유가족 초청행사는 그대로 두면서도) 유가족좌담회를 없애는 데 성공했던 것이다. 유가족좌담회는 그 후로도 영영 부활하지 못했다. 현충일 오후에 '호국영령들의 부모' 자격으로 관계 장관들을 앞에 두고 당당하게 호통을 칠 수 있었던 유일한 기회마저 사라져버렸다. 이제 유족들에게는 현충일 추념식에서 '헌화 및 분향' 순서에 참여하는 것 외에는 아무런 역할도 남지 않게 되었다. 유족들은 시간이 갈수록 현충일 의례경관에서 점점 주변으로 밀려났고, 그들의 입지는 점점 더 축소되고 초라해졌다. 결과적으로 1963년에 이루어진 '추념식으로의 전환'은 (경비 절감을 뜻했던) 간소화 명분에 밀려 유가족 초청행사의 전면 폐지를 낳았고, 그것은 조만간 현충일 의례에서 '유

가족의 주변화와 소외'를 촉진하게 되었다고 말할 수 있다.

현충일 제정 이후 추도식, 현충식, 추념식 등으로 명칭은 요란하게 변했지만 '식순'(式順)에선 큰 변화가 없었다. 1956년부터 1986년까지 30년 동안의 식순과 주요 변화를 정리해보면 대략 〈표 7 - 3〉과 같다.

〈표 7 - 3〉 현충일 추도식/현충식/추념식의 식순: 1956~1986년

연도	식순	변화
1956	조포, 국민의례, 묵념, 헌화, 기도, 추도사*, 조총	'기도' 추가
1957	조포, 국민의례, 묵념, 헌화, 추도사, 〈현충의 노래〉 합창, 조총, 분향	'기도' 빠짐, '〈현충의 노래〉 합창' 및 '분향' 추가
1958	위와 같음	
1959	조포, 국민의례, 묵념, 헌화(분향), 추도사, 〈현충의 노래〉 합창, 조총	'분향' 빠짐(대신 헌화 순서에 포함시킴)
1960	위와 같음	
1961	조포, 국민의례, 묵념, 혁명공약 낭독, 무명용사에 대한 훈장 수여, 헌화(분향), 추도사, 〈현충의 노래〉 합창, 조총	'혁명공약 낭독' 및 '무명용사에 대한 훈장 수여' 추가
1962	조포, 국민의례, 묵념, 혁명공약 낭독, 헌화(분향, 조위비행), 추도사, 〈현충의 노래〉 합창, 조총	'무명용사에 대한 훈장 수여' 빠짐
1963	조포, 국민의례, 묵념, 헌화(분향), 식사, 추념사, 추도사, 〈현충의 노래〉 합창, 조총	'혁명공약 낭독' 빠짐; 기존의 추도사가 '추념사'로 바뀌고, '식사'와 '추도사' 추가
1964	조포, 국민의례, 묵념, 헌화(분향), 식사, 추념사, 〈현충의 노래〉 합창, 조총	'추도사' 빠짐
1965~1968	위와 같음	
1969	조포, 국민의례, 묵념, 헌화(분향), 식사, 추념사, 〈현충의 노래〉 합창	'조총' 발사 빠짐
1970	위와 같음	
1971	조포, 국민의례, 묵념, 헌화(분향), 추념사, 〈현충의 노래〉 합창	'식사' 빠짐
1972	위와 같음	
1973	국민의례(조포), 묵념, 헌화(분향), 추념사, 〈현충의 노래〉 합창	'국기에 대한 경례' 순서에 '조포'를 발사

1974~1982	위와 같음	
1983	국민의례, 묵념, 헌화(분향), 추념사, 〈현충의 노래〉 합창	'조포' 빠짐
1984~1986	위와 같음	

* 1956년의 경우 이승만 대통령이 불참한 탓에 원래 포함되었던 추도사 순서를 생략함.

〈표 7-3〉에서 보듯이 1956년 이후 현충일 식순은 조포, 국민의례, 묵념, 헌화와 분향, 추도사(추념사), 〈현충의 노래〉 합창 등을 중심으로 구성되어 있었다. 이러한 의례 구성은 이후 30여 년 동안 결정적으로 변화되지 않았다. 다만 때때로 분리되곤 했던 '헌화'와 '분향'이 하나로 합쳐졌고, '조포' 발사 역시 국민의례(특히 국기에 대한 경례)와 통합되었다. 대체로 1960년대 중반부터는 비교적 안정된 의례 패턴이 착근하게 되었다고 말할 수 있다.

이번에는 미세한 변화의 측면들에 주목해보자. 첫째, 제1회 현충일 당시 존재했던 '기도' 순서는 1957년 이후 완전히 탈락했다. 둘째, 그 대신 1957년부터 〈현충의 노래〉 합창 순서가 포함되었는데 거의 항상 여고생들이 합창을 담당했다. 셋째, 이미 현충일 이전부터 공식 식순 바깥으로 밀려났던 '분향'이 1957~1958년에는 공식 식순 안으로 재차 진입했지만, 1959년 이후로는 다시 공식 식순에서 사라졌다. 그 대신 '헌화' 시간에 포함시키는 방식으로 분향 의례를 유지하게 되었다.[38] 이후에도 공식 순서에는 '헌화'로 되어 있음에도 불구하고 역대 대통령과 내빈들은 대개 이 시간에 헌화뿐 아니라 분향까지 했고, 언론들 역시 대통령이 헌화하는 사진보다는 분향하는 사진

---

38) 예컨대 〈대한뉘우스〉 제217호(1959.6.7)의 "제4회 현충일"이라는 보도 영상을 보면, 1959년 현충일에 이승만 대통령이 먼저 헌화를 한 후 분향을 하는 모습을 확인할 수 있다.

을 주로 지면에 올리곤 했다.[39] 넷째, 쿠데타 직후인 1961~1962년에는 현충일 의식 도중에 '혁명공약 낭독' 순서가 포함되었고, 1961년에는 윤보선 대통령이 무명용사들에게 최고무공훈장인 '금성 태극무공훈장'을 수여하는 일도 있었지만,[40] 그 후로는 지속되지 않았다. 다섯째, 1969년부터는 현충일 의식의 마지막을 장식해오던 '조총' 발사 순서가 사라졌다. 여섯째, 1965~1973년 사이 언젠가부터 조포 발사가 국민의례 순서와 겹쳐지게 되었다. 1964년 식순에는 "조포(육군 조포대)"가 '개식'(開式) 다음 순서로 배치되었지만, 1973년 식순에는 '개식' 다음 순서가 "국기에 대한 경례(예포 21발)"로 명기되어 있고,[41] 1965~1972년 사이의 관련 언론보도를 살펴봐도 언제부터 조포와 국민의례가 결합했는지를 명확히 보여주는 기사를 찾을 수가 없다. 일곱째, 1983년부터는 '조포' 발사 자체가 아예 빠져버리게 되었다. 이는 현충일 행사 장소가 야외 광장(국립묘지)이 아닌 실내 공간(국립극장)으로 옮겨진 데 따른 불가피한 선택이었다. 이에 대해선 조금 뒤 다시 자세히 언급할 것이다.

---

39) 예컨대, 『경향신문』, 1960.6.6, 1961.6.6; 『동아일보』, 1961.6.6의 관련 기사와 사진들을 볼 것.

40) 『동아일보』, 1961.6.6; 『경향신문』, 1962.6.6.

41) 총무처, 「제9회 현충일 행사 계획(안)」, 6쪽; 총무처, 「제18회 현충일 행사 계획(안)」, 5쪽.

8장

장례에서 기념으로 [2]

1. 대통령과 현충일

앞 장에서 제시한 바 있는 표(〈표 7-3〉)에는 추도사, 추념사, 식사(式辭) 등과 같은 의례 요소들의 변화상도 일부 담겨 있다. 필자는 이런 변화를 현충일 의례에서 대통령의 역할, 그리고 현충일 의례의 비중 및 위상 문제와 관련지어 해석해보고자 한다.

(1) 집중과 분산

추도사, 식사, 조사 등이 혼재하는 가운데 복수(複數)의 인물들이 등장하여 추모 메시지를 공표하던 전사자 의례의 패턴은 1955년부터 오직 대통령 1인만이 '추도사'를 발표하는 패턴으로 바뀌었다. 의례상의 이런 변화는 한편으로 대통령이 이룩한 '권력의 집중·공고화' 추세를 반영하며, 다른 한편으로는 의례를 통한 '권력의 창출'을 촉진하기도 한다. 나아가 이런 변화는 이승만 개인숭배와도 깊은 관련이 있었다. 대통령이 의례 무대를 독점하는 이런 패턴은 현충일 등장 이후인 1956~1959년에도 그대로 유지되었다. 4·19혁명 직후 어수선한 분위기 속에서 치러진 1960년 현충일에도 이전의 패턴이 반복되었다. 즉 현충일 추도사의 주역은 과도정부 수반이자 대통령 권한대

행인 허정 수석국무위원 한 사람뿐이었다.

그러나 쿠데타 직후인 1961~1963년에는 '권력의 분산'을 암시하는 듯한 '의례의 분산', 즉 '의례 주역의 복수화', '화자(話者)와 메시지의 분산' 현상이 뚜렷하게 나타났다. 1961년 추도사 순서에서는 대통령과 최고회의 의장 겸 내각수반 등 2명이 차례로 의례 무대에 올랐다. 1962년 추도사 순서에서는 대통령 권한대행 겸 최고회의 의장, 내각수반, 유엔군사령관 등 3명이 차례로 등장했다. 1963년에는 국방부 장관의 '식사', 최고회의 의장의 '추념사', 유엔군사령관의 '추도사'가 이어졌다. 그러나 1964년 이후부터는 (1950년대 후반에 그랬던 것처럼) 권력의 공고화에 성공한 대통령에게 현충일 무대의 스포트라이트가 집중되었다. 이것도 다시 두 단계를 거쳤다. 먼저 1964년부터 1970년까지의 7년 동안에는 주인공인 대통령의 등장을 예고하는 서울시장이 짧은 '식사'에 이어 대통령의 '추념사'가 이어졌다. 그러나 박정희 대통령이 절대 권력자의 지위에 올라선 1971년 이후에는 서울시장의 식사마저 사라지고 오로지 대통령의 추념사만 남았다. 대통령의 현충일 추념사 내용은 매년 대대적으로 보도되고 홍보되었다. 1960년대 초에 잠시 교란되었다가 1960년대 중반 이후 재등장한 '대통령 단독 추념사'의 패턴은 (1980~1990년대의 일시적인 예외를 제외한다면) 하나의 전통으로 착근하게 된다.

(2) 존재와 부재

이처럼 현충일 의례가 '대통령의 독무대'가 되었음에도 불구하고, 정작 주인공인 대통령이 현충일 무대에서 퇴장해버리는 기묘한 상황이 1970년대 중반부터 무려 20년 넘게 지속되었다. 이로 인해 현충일 의례의 비중 축소와 위상 하락은 물론이고, '현충일의 위기' 징후마저 나타나게 되었다. 현충일보도는 해가 갈수록 축소되었고, 1980년대에는 눈에 잘 띄지도 않는 단신(短信)으로만 취급되었다. 현충일에 대한 대중의 관심 역시 세월 탓만 할 수 없을 만큼 쪼그라들었다. 〈표 8-1〉은 대통령 단독 추념사 체제가 확립된 1964년 이후의 추이를 행사 장소, 대통령의 행사 참여 여부, 현충일 추념사의 주체와 발표자를 중심으로 정리한 것이다.

〈표 8-1〉 1970년대 이후 현충일과 대통령

연도	장소	대통령 참석 여부	추념사의 주체	추념사 발표자
1971~1974	국립묘지(동작동)	참석	대통령	대통령
1975~1979	국립묘지	불참	대통령	국무총리
1980	국립묘지	참석	대통령	대통령
1981~1982	국립묘지	불참	대통령	국무총리
1983~1987	국립극장(장충동)	불참	대통령	국무총리
1988~1995	국립묘지	불참	국무총리	국무총리
1996년 이후	국립묘지*	참석	대통령	대통령

* 1999년과 2018년에는 서울현충원이 아닌 대전현충원에서 중앙정부 추념식이 거행되었음.

〈표 8-1〉에서 보듯이 1970년대 이후 현충일 추념식에서 대통령의 존재와 역할은 상당한 부침을 겪었다. 1974년까지는 국립묘지에서 열리는 현충일 추념식에 대통령이 직접 참석하여 대통령 명의의 추념사를 낭독하는 것이 관례였다. 그러나 박정희 대통령은 1975년부터 "경호상의 이유를 들어" 현충일 추념식에 불참하기 시작했다.[1] "70년 6월 22일 국립묘지 현충문에서 일어난 북한 공작원의 박정희 대통령 위해 폭파사건을 계기로 75년부터 현충일 추념식에는 대통령 대신 국무총리가 참석하는 게 관례화"되었다는 주

---

1) 『동아일보』, 1996.6.7.

장도 있지만,[2] 1974년 광복절 기념식장에서 있었던 대통령 저격사건의 충격이 보다 직접적으로 작용했다고 보아야 할 것이다. 대통령은 추념식에 참석하지 않은 채 대통령 명의로 된 추념사를 국무총리가 대독(代讀)하는 형식이 새로이 등장했다. 그러다 박정희 정권이 무너지고 처음 열린 1980년 현충일 추념식에는 최규하 대통령이 직접 참석해서 추념사를 낭독했다. 그러나 전두환, 노태우, 김영삼 정부로 이어진 1981~1995년 사이 14년 동안에는 다시금 대통령들이 추념식에 나타나지 않았다. 심지어 의례 장소가 국립묘지로 환원된 1988년부터 1995년까지 7년 동안에는 추념사 자체가 아예 국무총리 명의로 발표되었다. 1996년에 가서야 김영삼 대통령이 국립묘지에서 열린 현충일 추념식에 직접 참여하여 자신의 명의로 된 추념사를 직접 발표했다.

문민정부가 들어서자 대통령의 현충일 추념식 불참에 대한 비판 여론이 고조되었다. 『동아일보』 1996년 6월 6일 1면의 가십난('횡설수설')이 좋은 예이다.

나라마다 명칭은 다르지만 현충일은 국가 최대의 제례(祭禮) 추념일로 꼽힌다 …… 국가원수의 현충일 추념식 참석은 불문율(不文律)로 지켜진다. 엄숙한 국가적 의식을 통해 국민들에게 나라는 목숨을 걸고라도 지켜야 할 가치가 있는 공동체라는 애국심을 심어주기 위해서다. 우리의 경우는 안타깝게도 지난 75년 이후 대통령이 추념식에 참석하지 않는 것이 관행처럼 돼 있다.

이런 여론 그리고 정권 정통성 제고라는 정치적 이해관계가 김영삼 대통령으로 하여금 추념식에 직접 참석하도록 만들었다. 『경향신문』은 1996년

---

2) 『경향신문』, 1996.6.7.

현충일 다음 날 기사에서 "문민정부의 정통성 있는 국가원수가 민족의 성지(聖地)에서 현충일 추념행사를 직접 주재함으로써 호국영령들의 희생에 담긴 정신 가치를 선양하고 국민의 사회공동체의식을 고취해 국민 계층 간 일체감과 화합을 도모하려는 것"이라는 청와대 측의 설명을 소개했다. 『동아일보』 역시 같은 날 기사에서 "김 대통령이 전두환·노태우 전 대통령 등 5·17 및 5·18 책임자들을 단죄한 직후 첫 현충일 추념행사에 직접 참석한 것은 '역사 바로 세우기'의 외연을 넓히려는 것"이라는 청와대 측의 입장을 전달했다. 대통령이 20여 년 만에 현충일 추념식에 다시 참석하기 시작한 데 대해, '역사 바로 세우기'를 포함한 정권(문민정부)의 정당성·정통성 차원에서도 적극적으로 의미를 부여한 것이다. 물론 이런 모습이 현충일 행사 경비를 절감한 것을 문민정부의 치적(治績)으로 자랑스레 내세우던 1993년 9월의 모습과는 판이하게 달라진 것이지만 말이다.[3] 김영삼 정부는 1996년 현충일 직전 열린 국무회의를 통해 '국립묘지관리소'의 명칭을 '국립현충원'으로 바꾸기도 했다.[4]

어쨌든 지난 60여 년 동안 현충일 경관은 대통령의 존재나 역할 측면에서 대략 20년을 주기로 세 차례 큰 변화를 겪었던 셈이다. 1956년부터 1974년까지 18년 동안 이어지던 '대통령 참석, 대통령의 추도사(추념사)'라는 패턴이 1975~1995년의 20년 동안에는 '대통령 불참, 국무총리의 추념사'라는 새로운 패턴으로 바뀌었다가, 1996년부터는 다시금 '대통령 참석, 대통령의 추념사'라는 종래의 패턴으로 환원되었다. 이 패턴은 지금까지 20년 넘게 유지되고 있다. 전체로 보면 '대통령 참석, 대통령의 추념사 발표'가 '정상적인' 패턴

---

3) 『경향신문』, 1993.9.27.

4) 『동아일보』, 1996.5.22.

이고, '대통령 불참, 국무총리의 추념사 대독/발표'는 '예외적인' 패턴에 가깝다고 말할 수 있다. 아울러 현충일의 60여 년 역사 중 1956~1960년과 1964~1974년 동안에는 대통령이 현충일 의례 무대에서 독보적인 존재감을 과시했던 게 특징이었다.

(3) 추도사 혹은 추념사

이번에는 대통령 추도사 혹은 추념사에 초점을 맞춰보자. 현충일 제정 이후 식전에서 발표된 추도사·추념사에 대해서는 몇몇 연구자들이 해석을 시도한 바 있다. 1951년부터 1966년까지 이승만·박정희 대통령의 추념사를 분석한 지영임, 그리고 1961~1979년 사이 박정희 대통령의 추념사를 분석한 김현선은 모두 추념사가 전사자들을 어떻게 호명하고 정체성을 부여하는지에 초점을 맞추었다. 우선, 추념사의 상징화 측면에 주목한 김현선은 '전몰자를 신으로 만들기' 그리고 '그들의 죽음을 자발적 희생에 의한 성스러운 죽음으로 만들기'라는 두 가지 상징작용 속에서 추념사의 기능을 발견한다.[5] 이와 비슷한 맥락에서 지영임은 대통령이 전사자의 죽음을 "영광스러운 죽음"이나 "고귀한 희생"으로, 전사자를 "호국충혼"이나 "건국의 초석" 혹은 "민족혼의 상징" 등으로 묘사했음을 밝혔다.[6] 결국 김현선과 지영임은 모두 '사자의 신격화'와 '죽음의 성화'에 초점을 맞춰 추념사를 분석했던 셈이다. 이와 달리 송현동은 추념사가 "국정이념을 공포하는 자리"로, "통치이데올로기를

---

5) 김현선, 「'현충일' 추념사의 내용과 상징화 의미 분석, 1961~1979」.

6) 지영임, 「한국 국립묘지의 전사자 제사에 관한 일고찰」, 487~488쪽.

전달·전파하는 기제"로 활용되는 측면을 강조했다.[7]

추념사의 '상징적' 기능을 부각시킨 김현선과 지영임, 그것의 '정치적' 기능을 부각시킨 송현동 모두가 중요한 사실들을 포착했다고 필자는 생각한다. 대통령의 추념사는 '상징적 기능과 정치적 기능의 총합'이기 때문이다. 대통령들은 전사자와 그 죽음을 성화함으로써 국가·민족의 영원불멸성과 초월성을 기정사실화함과 동시에, 전사자들의 모범을 따라 오늘의 국가·민족 구성원들이 떠안아야 할 위대한 사명과 과업을 제시하며, 그럼으로써 또 다른 주요 청자(聽者)인 국민과 유가족에게 복종과 충성과 단합을 요구한다.

필자는 현충일 제정 이후의 추념사들이 이전 시대, 즉 1945~1955년 당시의 그것과 별다른 차이가 없다고 본다. 다시 말해 강조점이 그때그때 달라질 수밖에 없을지라도 현충일 '이전'과 '이후'에 추념사의 담론구조는 근본적으로 동일하다는 것이다. 필자는 앞에서 추도사에 담긴 '희생의 논리'가 ① 현양, ② 감사와 기원, ③ 성찰, ④ 결의, ⑤ 보은과 기념의 다섯 부분들로 구성되어 있다고 주장했는데, 이런 기본 구조가 1956년 이후에도 거의 그대로 유지되었다. "군인이 나라와 겨레를 위하여 그 목숨을 바치는 것은 최대의 명예일뿐더러 그것은 '죽음'이 아니라 우리 겨레의 가슴 깊이 영원히 사는 길"이라는,[8] 송요찬 내각수반의 1962년 현충일 추도사처럼 전사자들을 현양하면서 그들에게 불멸성을 부여하고, 나아가 신격화하는 것은 '희생의 논리'가 작동하기 위한 전제이자 출발점이다. 1966년 현충일에 즈음한 『동아일보』 사설은 희생의 논리에 대한 탁월한 해설이다 "우리가 지금 평화 속에서 독립된 나라의 자유 인민으로 복된 생활을 영위하고 있는 것은 이들 순국의 영령들 덕택이다. 현충일은

---

7) 송현동, 「죽음의 정치학: 죽음의례를 중심으로」, 『종교문화비평』 9호, 2006, 136~139쪽.

8) 『동아일보』, 1962.6.7.

바로 이들 앞에 경건한 마음으로 감사를 드리는 날이요 그 명복을 비는 날이며 그들의 자기희생정신을 계승하여 봉공의 결의를 새로 다짐하는 날이다."[9]

앞에서 필자는 추도사 담론구조의 다섯 구성요소 가운데, 당면 현실을 분석하여 시대적 과제를 진단·도출하고 전사자들이 생존자와 후손에게 남긴 유훈·과업을 찾아내는 '성찰' 부분이 지배세력의 상황인식이나 목표에 따라 가장 많은 변화를 겪은 영역이었다고 주장했다. 이 부분은 정치적인 이해관계와 정세의 변화에 민감하게 반응한다. 1956년 제1회 현충일에는 대통령이 불참했을 뿐 아니라 추도사 자체가 생략된 유일한 사례였다. 그런데 1957년 현충일에는 자유당 소속의 이승만 대통령과 민주당 소속인 장면 부통령이 각각 현충일 추도사와 현충일 담화를 발표했다. 이 대통령의 추도사는 전사자 현양과 희생의 논리에 충실했던 반면, 장 부통령의 담화는 희생의 논리를 전제로 삼으면서도 "민주대한의 성장 발전"에 초점을 맞췄다. 추도사와 담화 자체가 상이한 정치세력 간의 상이한 상황인식을, 양자 간의 정치적 갈등을 재현하고 있는 것이다.[10] 1958년 현충일에도 유사한 일이 반복되었다. 전사자의 현양과 희생의 논리에 비교적 충실한 이 대통령의 추도사과 비교할 때, 장 부통령의 담화는 희생의 논리 자체를 위협하는 현실, 즉 유가족들의 경제적 곤경과 원호정책의 미흡함을 부각시켰다.[11]

박정희 정권으로 넘어가서도 추도사/추념사에서 '성찰' 부분의 강조점은 계속 달라졌다. 예컨대 1962년 현충일에 대통령권한대행 자격으로 추도사를 발표한 박정희 국가재건최고회의 의장은 쿠데타의 정당화("구국혁명")

---

9) 『동아일보』, 1966년 6월 6일 자 3면의 사설(「현충일에 즈음하여」).

10) 『동아일보』, 1957.6.7 참조.

11) 『동아일보』, 1958.6.7; 『경향신문』, 1958.6.6 참조.

에 초점을 맞췄다. 그러다 민정이양을 앞둔 1963년 현충일에는 "국가 융성" 내지 "자유와 번영이 깃든 풍유(豊裕)한 복지사회"로 초점을 이동시켰다. 대통령으로 신분을 바꾼 1964년 현충일에는 다시금 "승공통일"에 대한 강조로 돌아갔다.[12] 박정희 대통령의 현충일 추념사 강조점은 삼선개헌을 추진하던 1969년에는 "조국 근대화", "약진 한국", "자주국방과 경제부흥"으로, 유신체제 성립 직전인 1972년에는 "일면 국방, 일면 건설", "새마을정신과 새마을운동", "총력안보체제"로 옮겨갔다.[13]

한편 대통령이 현충일 추념식에 불참하기 시작한 1975년부터 20년 넘는 세월 동안에는 언론도 대통령 추념사에 큰 관심을 기울이지 않았다. 추념사의 내용 역시 대체로 천편일률적으로 변해갔다. 박정희 대통령 추념사의 특징이기도 한 '전사자(선열)들과의 대화체(對話體)'가 1970년대 후반에는 잘 보이지 않는다. 1962년 추도사의 "구천에 계신 영령이시여", 1963년 추념사의 "영령들이여!", 1969년 추념사의 "거룩합니다. 영령이시여!"나 "낙화처럼 흩어진 국군장병들의 꽃다운 영혼들이여! 고이 잠드시오", 1972년 추념사의 "하늘에 계신 영령들이시여!" 같은, 강렬한 감정이 생생하게 전달되는 힘 있는 표현들은 거의 사라지고 그 자리를 담담하고 건조한 어투들이 메우고 있는 것이다. 또 1976~1979년의 추념사는 이전 시기와 사실상 동일한 주제, 즉 "10월유신", "유신이념", "총화유신(總和維新)과 새마을정신"을 부각시키는 데 주력하고 있다.[14]

---

12) 『경향신문』, 1962.6.6, 1964.6.6; 『동아일보』, 1963.6.6 참조.

13) 「대통령 각하 추념사: 제14회 현충일을 맞이하여」, 『관보』 5267호, 1969.6.7, 3쪽; 「제17회 현충일 추념사」, 『관보』 6172호, 1972.6.7, 3~4쪽.

14) 「제21회 현충일 대통령 각하 추념사」, 『지방행정』 272호, 1976, 11쪽; 「제22회 현충일 추념식 대통령 각하 추념사」, 『지방행정』 285호, 1976, 11쪽; 「제24회 현충일 대통령 각하 추념

1980년 현충일은 6년 만에 대통령이 추념식에 직접 참석하여 추념사를 발표했다는 점에서 우리의 관심을 끈다. 최규하 대통령의 추념사는 다른 추념사들과 마찬가지로 "나라를 위하여 신명을 바치신 호국영령들의 거룩한 공훈"이나 "나라와 겨레에 대한 무한한 충의정신"을 찬양하는 것으로 시작된다. 그러나 추념사의 중반부 이후에 "국가적 난국"과 "시련"이 여러 차례 강조되고 있음에도 불구하고 "우리에게 부하된 역사적 사명"은 여전히 모호한 채로 남겨져 있다. 그 대신 "법질서 확립", "사회안정", "질서와 안정"과 같은, 질서 유지와 현상유지 지향의 가치들이 두드러진다.[15]

1981년부터 추념사의 주인공은 전두환 대통령으로 바뀐다. 그러나 그는 현충일 추념식에 한 번도 참석하지 않았다. "나라와 겨레를 위해 신명을 바치신 호국영령의 …… 그 거룩한 희생과 높은 충절", "선열들이 보여준 이러한 충의정신과 호국의지야말로 우리의 5천 년 민족사를 지켜온 국난극복의 저력이며, 새 역사 창조의 추진력"이라거나 "선열들의 유덕(遺德)과 위업(偉業)을 추앙"하자는 표현들에서 분명히 확인되듯이, 그 역시 1981년 추념사의 앞부분을 '현양'과 '감사' 주제로 채웠다.[16] 이것은 1982~1987년의 추념사에서도 마찬가지였다. 그러나 '성찰'과 '결의'에 해당하는 추념사의 뒷부분은 1981년의 경우 막연한 편이고, 1983~1984년에는 "선진조국의 창조"와 "통일조국의 성취, 민족통일 과제의 성취"로 사실상 동일하다.[17]

사」, 『지방행정』 285호, 1976, 12쪽 참조.

15) 「제25회 현충일 대통령 각하 추념사」, 『지방행정』 285호, 1980, 10-12쪽.

16) 「대통령 각하 현충일 추념사」, 『지방행정』 332호, 1981, 8-10쪽.

17) 위의 글, 11쪽; 「제28회 현충일 추념식 대통령 각하 추념사」, 『지방행정』 356호, 1983, 11쪽; 「제29회 현충일 추념식 대통령 각하 추념사」, 『지방행정』 368호, 1984, 10쪽 참조.

대통령이 현충일 추념식에 불참할 뿐 아니라 추념사의 주체도 대통령에서 국무총리로 격하된 1988년부터 1995년 사이에는 추념사의 중요성도, 추념사에 대한 관심도 더욱 저하될 수밖에 없었다. 김현선이 적절하게 지적했듯이 현충일 추념사를 통해 지속적으로 강조된 "핵심적인 주제는 '국가를 위하여 목숨을 바치는 희생정신'"이었다. "전몰자들의 호국, 애국의 희생정신은 현충일 제정 후 현재까지 기념행사를 통해 지속되는 핵심적인 내용"이었다. 1990년대의 문민정부 이후에도 "조국을 위한 죽음의 실천과 희생정신"이 "과거와 동일하게 재생산"되었고, "국가주의적 사고와 반공주의를 재생산"하는 종래의 패턴이 반복되었다.[18]

그러나 최초의 평화적 정권교체가 이루어진 1998년 이후 대통령 추념사에도 새로운 활력, 새로운 메시지가 주입되었다. 예를 들어 김대중 대통령은 1999년 현충일 추념사에서 "생산적 복지를 민주주의와 시장경제와 함께 '삼위일체'로 추진하겠다."라는 입장을 천명하는가 하면, "지금까지 잘못된 제도와 관행을 철저히 청산해야 할 것"이라면서 "고비용 저효율 구조, 각종 부조리와 비리, 지역이기주의를 청산해야 한다."라고 강조했다. 나아가 "남북 간의 화해와 협력을 통해 분단의 근본원인인 한반도 냉전구조를 종식시키기 위한 우리의 대북 포용정책이 그 결실을 거두어가고 있"으며 "이산가족의 재결합이 실현될 것"이라고 밝히기도 했다.[19] 국가주의와 반공주의로 채워졌던 상투적인 추념사 담론이 '민주정부 및 남북화해 시대'를 맞아 큰 변화를 보였던 것이다.

또 한 번의 정권교체가 이뤄진 후 이명박 대통령과 박근혜 대통령도 국

---

18) 김현선, 「현대 한국사회 국가의례의 상징화와 의미 분석」, 45~47쪽.

19) 『경향신문』, 1999.6.8; 『한겨레』, 1999.6.7, 1999.6.28.

정이념을 추념사에 반영했다. 예컨대 2011년에 이명박 대통령은 선열의 뜻을 계승하여 현 세대가 감당해야 할 과업을 "잘사는 국민, 따뜻한 사회, 강한 나라"로 제시했다.[20] 박근혜 대통령은 2013년 추념사에서 '국민 행복시대'라는 슬로건을 부각시키면서 "선열들이 보여주신 애국심을 이어받아, 국민 여러분과 함께 자유와 행복이 넘치는 국민 행복시대를 만들어 갈 것"이라고 천명했다.[21] 민주화 이후에도 현충일 추념사에서는 "국가를 위하여 목숨을 바치는 희생정신"의 중요성이 지속적으로 강조되었다. 다만 특히 김대중-노무현 정부 시기에는 종래 '국가주의와 반공주의'가 차지했던 자리를 '민주주의와 평화, 복지' 주제가 상당 부분 잠식했다. 마지막으로, 문재인 대통령은 2017~2018년 현충일 추념사에서 '이념의 정치' 청산, '애국'의 다양한 방법, 모든 유형의 국가유공자들에 대한 국가의 예우와 보훈 책임을 강조함으로써 사회통합의 의지를 부각시켰다.

한편 추념사의 청자(聽者)가 누구인가에 주목해보면, 우리는 한 가지 흥미로운 사실을 발견하게 된다. 필자는 앞에서 박정희 대통령 추념사의 특징 중 하나가 '전사자(선열)들과의 대화체'라고 언급했다. 대통령 추념사의 청자는 전사자(선열)·국민·유가족의 세 그룹으로 구성되지만, 박 대통령 추념사의 일차적 청자는 바로 전사자였던 셈이다. 그런데 대통령이 추념식에 참석하지 않게 되면서 추념사의 청자 자체가 모호해지는 경향이 나타난다. 위에서 인용한 1970년대 후반의 대통령 추념사들에서는 '영령이시여'나 '국민 여러분' 따위의 호명 자체가 등장하지 않는다. 1980년의 최규하 대통령 추념사에서는 "호국의 영령들이시여"라는 호명이 한 차례 등장하고, 1981년의 전두환 대통령

---

20) 「이명박 대통령 현충일 추념사 전문」, 『뉴데일리』, 2011.6.6.

21) 「[전문] 박근혜 대통령 제58회 현충일 추념사」, 『뉴시스』, 2013.6.6.

추념사에서는 다시 일체의 호명이 사라진다. 그러나 국립극장으로 무대를 옮긴 1983년 이후에는 호명이 재등장하는데, "국민 여러분"이 가장 빈번히 나타나고 간혹 "유가족 여러분"이나 "국가유공자 여러분"도 등장한다. 대신 전사자나 선열은 거의 호명되지 않는다. 위에서 인용한 2011년의 이명박 대통령 추념사나 2013년 박근혜 대통령 추념사에도 호명 대상은 주로 '국민'이고, 부차적으로는 '국가유공자, 유가족'으로 나타나 1980년대와 기본적으로 동일하다. 문재인 대통령 추념사에서도 마찬가지였다.

이런 호명의 변화는 1970년대 초까지 현충일 추념식 참여자들이 공유해왔던 전제, 즉 불멸의 생명력을 획득한 전사자(선열)들이 현충일 의례에 살아 임재(臨在)한다는 공유된 전제가 흔들리고 있음을 보여주는 징후일지도 모른다. 전사자를 추념사의 청자로 간주하는 행위는 전사자가 영원한 생명을 얻어 조국의 수호신으로 부활했고 현재도 살아 있다는 가정 내지 설득력구조(plausibility structure)에 의존한다. 전사자들이 생생하게 살아 있기 때문에, 예컨대 (1972년 추념사에 나타나는 것처럼) "하늘에 계신 영령들"에게 "조국의 평화통일을 기필코 성취할 수 있도록 이끌어 주시기를 기원"할 수도 있었던 것이다.[22]

2. 국립묘지라는 장소

현충일 이후 전사자 의례의 변화는 많은 경우 의례 장소의 변화와 연동되어 있다. '의례 장소의 고정'과 '의례 – 장소의 결합'이 현충일 등장의 주요 의미 중 하나였는데, 이로 인해 의례 장소에서 발생한 변화들이 의례 자체에도

---

22) 「제17회 현충일 추념사」, 『관보』 6172호, 1972.6.7, 5쪽.

직접영향을 미칠 수밖에 없었던 것이다. 의례의 장소에서 발생한 변화들 가운데 세 가지가 우리의 특별한 주의를 요구한다.

우선, 1965년에 '국군묘지'가 '국립묘지'로 재편되었다는 사실이다. 이것은 묘지의 위상이 높아짐을 뜻하기도 하고, 전사 군인뿐 아니라 다양한 분야의 국가적인 위인과 영웅들이 국립묘지로 집중되면서 묘지의 성성(聖性)이 강화됨을 뜻하기도 한다. 그러나 동시에 이는 묘지의 '안장 대상', 따라서 의례의 대상이 다원화됨을 뜻한다. 국군묘지의 국립묘지 승격 이전부터 안장 대상의 다원화가 진행되고 있기는 했다. 군묘지령이 1957년 1월 7일에 개정되면서 "묘지에는 국방부 장관의 제청으로 국무회의의 의결을 거쳐 순국열사 또는 국가에 공로가 현저한 자의 유골, 시체를 안장할 수 있다."라는 규정이 추가되었기 때문이다.[23] 그럼에도 불구하고 국립묘지로 개편되는 1965년까지 군인이 아닌 인물로서 국군묘지에 안장된 사례는 거의 없었다.

여기서 자연스럽게 제기되는 질문은 다음과 같은 것들이다. 국립묘지로의 전환으로 인해 그곳에서 거행되는 사자(死者)의례의 성격도 변할 수밖에 없지 않을까? 안장 대상이 확대되고 다원화되면 의례의 초점이 분산되고 흐려지는 결과로 이어지지 않을까? '군인묘지에서 이루어지는 전사자 의례'라는, 당연시되던 현충일 추도식의 성격도 달라지지 않을까? 지영임은 국립묘지로의 전환과 안장 대상 다원화 이후에도, 심지어 2000년대 초까지도 '국군묘지'의 성격이 강하게 유지되고 있다고 주장했다. "안장 대상자를 중심으로 국립묘지의 성격을 고찰한 결과, ① 장사병(將士兵)이 전체 안장자의 97%를 차지하고 있는 점, ② 군인, 군무원이 다른 안장자보다 우선순위인 점, ③ 국립묘지가 국방부의 권한으로 관리되고 있다는 점에서 국군묘지로서의 성격

---

23) 법제처 국가법령정보센터(www.law.go.kr)의 '군묘지령' 항목(2014.1.20 검색).

을 강하게 가지고 있"다는 것이다.[24] 2015년 현재로도 국립서울현충원의 전체 안장자 174,900여 명 가운데 약 71%, 묘역 안장자 54,000여 명의 51%가 한국전쟁 전사자들이었다.[25] 나아가 "겨레와 나라 위해 목숨을 바치니 그 정성 영원히 조국을 지키네 / 조국의 산하여 용사를 잠재우소서"로 시작되는, 1957년 이후 단 한 번도 빠짐없이 합창되거나 제창된 〈현충의 노래〉 자체가 현충일 추념식에 깊게 각인된 전사자 의례의 성격을 입증한다. 그렇다면 국립묘지로의 재편이 현충일 제전의 전사자 의례 성격을 약화시키는가라는 질문에 대해서도 부정적으로 답해야 옳을 것이다. 더구나 국립묘지 체제로 개편된 1960년대 중반부터 1970년대 초까지 이곳에 안장되거나 이장된 이들은 대부분 베트남전쟁 전사자들, 혹은 해방 후 좌익이나 공산군과의 전투 중에 사망한 경찰관들이었다.

두 번째로, 1967~969년에 걸쳐 국립묘지에서 현충일 추념식이 거행되는 핵심 공간이었던 '무명용사문'과 '무명용사탑'이 '현충문'과 '현충탑'으로 대체되었고, 무명용사탑의 위치가 달라졌다. 이전까지 현충일 추념식은 일직선으로 배치된 '광장(유족 및 일반인) – 무명용사문(내빈) – 무명용사탑(제단)'의 공간에서 거행되었다. 이 중에서 유가족과 시민들이 자리 잡은 광장 그리고 내빈들이 자리 잡은 무명용사문이 '추도식 식장 공간'을 형성하고, 무명용사탑과 그 앞에 놓인 석제 제단 및 향로가 '제향(祭享) 공간'을 이루고 있었다. 그

---

24) 지영임, 「한국 국립묘지의 전사자 제사에 관한 일고찰」, 496쪽. 국립대전현충원과 민주묘지, 호국원 등 다른 모든 국립묘지들은 국가보훈처 관할인 데 비해, 유독 국립서울현충원만은 아직도 국방부 관할로 남아 있다(한홍구, 『한홍구와 함께 걷다: 평화의 눈길로 돌아본 한국 현대사』, 검둥소, 2009, 55쪽). 1985년에 준공된 국립대전현충원도 2006년에 이르기까지 20년 이상 국방부 관할 기관으로 남아 있었다.

25) 국립서울현충원, 『민족의 얼』(제8집), 106쪽.

런데 1967년에 기존의 '무명용사탑' 뒤에 '현충탑'을 새로 건립했다. 1968년에는 무명용사탑을 무명용사문 좌측(동쪽)으로 이설한 후 학도의용군 무명용사 48명의 유골을 탑 뒤쪽 반구형 석함(石函)에 이장하면서 탑의 명칭마저 '학도의용군 무명용사탑'으로 개칭했다. 1969년에는 '무명용사문'을 헐고 그 자리에 '현충문'을 새로 건립했다.

무명용사비는 1954년 10월에 건립되었다. 3개의 화강석 아치 문형(門型) 중 중앙의 큰 문형 안에 자리 잡은 무명용사비의 높이는 3.6m였다. 중앙 문형의 높이는 5.5m, 좌우 문형의 높이는 3m, 문형 전체의 폭은 8m, 화강석 바닥의 면적은 165㎡였다. 비의 석재는 오석이고, 표면은 황등석이었다. 비의 뒤쪽 중앙에는 사각의 화강암 석함으로 된 반구형의 분묘가 설치되어 전사자 유골을 안장할 수 있도록 했다.[26] 비의 앞면에는 "무명용사의 령"이라는 이승만 대통령의 한글 글씨와 함께 "갑오 10월 30일 건립 / 대한민국 대통령 리승만"이라고 새겨져 있었다. 비의 뒷면에는 "조국의 안전과 인류의 평화와 민주 자유를 수호하기 위하여 멸공전선에서 혁혁한 공훈을 세우고 귀중한 생명을 바친 국군 장병 및 종군자의 전체를 대표하여 상중함"이라는 문구가 새겨졌다. 1956년 1월 16일 무명용사를 대표하는 한 명의 유골을 이곳에 안치하면서 비의 명칭은 '무명용사탑'으로 변경되었다. 4·19혁명 이후 "비문에는 이승만 대통령의 필적과 성명이 조각되어 있어 특정인이 비를 세운 듯한 인상을 준다는 여론이 있었기 때문에", 1960년 9월 21일 비문 전면에는 "無名勇士英顯"(무명용사영현)이라는 한자로 된 글씨를, 후면에는 "이곳에 겨레의 영광인 한국의 무명용사가 잠드시다. 단기 4288년 7월 15일 대한민국"이라는 글씨

26) 위의 책, 203쪽.

를 새로 새겼다.[27] 현충일 의례의 중심이 되는 무명용사탑 비문을 일종의 과거사청산 차원에서 고쳐 쓴 것이다. 언론 보도에는 1956년 이후에도 '무명용사비'와 '무명용사탑' 명칭이 혼용되고 있었다. 1963년 12월 9일에 있었던 "무명용사비 개축 낙성식" 기사에서 확인할 수 있듯이,[28] 무명용사탑은 개축 과정을 한 차례 더 거쳤다. 1968년에 위치가 변하면서 탑의 명칭도 '학도의용군

1960년 현충일에 허정 과도정부 수반이
무명용사탑에 화환을 바치고 절하는 모습

27) 국립묘지관리소, 『민족의 얼』, 67~72쪽.

28) 『동아일보』, 1963.12.10.

무명용사탑'으로 한 번 더 바뀌었다.

현충탑 건립 프로젝트는 1966년에 있었던 박정희 대통령의 말레이시아 방문이 직접적인 자극으로 작용했다고 한다. "말레이시아 수도 쿠알라룸푸르의 왕궁에서 가까운 곳에 위치한 국립묘지에는 1950년대 공산당과 싸우다 전사한 용사들을 위해 세웠다는 군인군상이 세워져 있었는데, 당시 이곳의 모뉴먼트로부터 깊은 인상을 받아 국가적인 기념물의 필요성을 실감하였던 통치자의 요구와 격려에 의해 국립묘지 프로젝트도 박차를 가하게 되었다."라는 것이다.[29] 여기서 현충탑 건립 당시의 위치와 명칭에 주목해볼 필요가 있다. 『동아일보』 1966년 5월 9일 자 3면에 실린 「국립묘지에 충령탑 건립」이라는 제목의 기사를 보자. 이에 따르면 "국방부는 국립묘지에 충령탑을 세우기로 했다. 이 충령탑은 합동위령탑·유골봉안전 및 동상으로 삼위일체를 이루며, 5천2백만 원의 예산으로 국립묘지 무명용사영현비 뒤에 건립될 것인데 오는 7월에 착공하여 내년 5월 30일에 준공, 6월 6일 현충일에 제막된다." 같은 날짜 『경향신문』의 7면 기사도 거의 동일한 내용을 담고 있는데, "무명용사탑 뒤에" 새로 건립될 탑의 명칭을 '충현탑'으로 전하고 있다. 두 기사에 의하면 새 묘탑의 명칭은 '충령탑' 혹은 '충현탑'이며, 그 위치는 '무명용사탑 뒤'였다. 『동아일보』나 『경향신문』 중 하나가 용어를 잘못 보도했을 수는 있겠으나, 새 탑의 애초 명칭이 '현충탑'이 아니었던 것만큼은 분명하다. 그런데 1966년 6월 25일에 있었던 묘탑 기공식 소식을 전하는 『매일경제』 1966년 6월 24일 자 3면 기사(「국립묘지에서 십자형 현충탑 기공식」)에서는 건립될 탑의 명칭이 '현충탑'으로 바뀌어 있었다. 불과 1개월 정도 사이에

---

29) 김미정, 「1950·60년대 한국전쟁 기념물: 전쟁의 기억과 전후 한국국가체제 이념의 형성」, 『한국근대미술사학』 10집, 2002, 300-301쪽.

29) 김미정, 「1950·60년대 한국전쟁 기념물: 전쟁의 기억과 전후 한국국가체제 이념의 형성」,
『한국근대미술사학』 10집, 2002, 300-301쪽.

250 | 전쟁과 희생 — 한국의 전사자 숭배

탑의 이름이 바뀐 것이다.

현충탑이 1967년 9월 말 준공될 때까지도 기존 무명용사탑의 위치는 변하지 않았다. 그러므로 "1968년 4월 대표 무명용사 1위를 납골당으로 이장하고 무명용사탑을 현 위치로 이설"했다는 대목이 중요하다.[30] 무명용사탑과 현충탑은 1967년 9월부터 1968년 4월까지 반년 이상 앞뒤로 나란히 서 있었던 것이다. 짧은 기간이나마 거대한 현충탑을 배경으로 원래 자리를 지키던 무명용사탑이 1968년 4월 다른 곳으로 옮겨짐에 따라 국립묘지의 성스러운 중심부를 방문한 참배객들은 높이가 3.6m에서 31.0m로 무려 열 배 가까이 커진 웅장한 조형물과 직접 마주하게 되었다. 현충탑은 기념탑, 묘탑(납골당), 영탑(위패봉안관), 제단, 향로의 기능을 두루 갖춘 복합 건축물이었다. "탑의 앞쪽에는 오석 평판 제단이 설치되어 있고 제단 뒤쪽에는 헌시가 오석에 새겨져 있으며 제단 앞에는 향로와 향합대가 놓여 있다. 탑의 좌우에는 화강암 석벽이 펼쳐져 있으며 좌측 석벽 끝에는 5인의 애국투사상이, 우측 석벽 끝에는 5인의 호국영웅상이 각각 동상으로 세워져 있다. 또한 탑의 내부에는 위패봉안관이 있고 위패봉안관 지하에는 납골당이 설치되어 있다."[31]

한편 1968년 10월 1일 열린 국무회의는 '국립묘지 용사문 개축 경비' 626만 원을 1968년도 일반회계 예비비에서 지출하기로 결정했다. 아래 인용문에서 보는 바처럼 바로 그날 현충문 건축공사가 시작되었다. 착공 당시만 해도 '용사문'이라는 명칭이 유지되었지만, 이후 '현충문'으로 바뀐 것으로 보

---

30) 국립서울현충원 홈페이지(www.snmb.mil.kr) '주요 묘역·시설물' 중 '참배·추모시설'의 '학도의용군 무명용사탑' 항목(2016.10.15 검색).

31) 국립서울현충원 홈페이지(www.snmb.mil.kr) '주요 묘역·시설물' 중 '참배·추모시설'의 '현충탑' 항목(2016.10.15 검색).

인다. "고려 말기와 조선 초기의 사당전과 극락전을 본뜬 순 한국식"이라는 문구에서도 볼 수 있듯이, 건축양식에는 유교와 불교 색채가 강하게 각인되었다.

> 현충문은 국립서울현충원을 상징하는 현충탑의 출입문으로 1968년 10월 1일 착공하여 1969년 4월 30일 준공하였는데 건축양식은 고려 말기와 조선 초기의 사당전과 극락전을 본뜬 순 한국식이며, 목재를 전혀 사용하지 않고 콘크리트로만 축조하였다. 이 문의 좌측에는 현충탑 참배 시 귀빈들이 대기할 수 있는 귀빈실이 있고 우측에는 직원이 상주하여 현충탑 참배 안내 및 각종 방송을 실시하는 안내실이 있다 …… 현충문 입구 좌우측에는 두 마리의 호랑이상이 건립되어 있는데, 이 호상(虎像)은 국가와 민족을 위해 자신의 고귀한 생명을 바친 호국영령들을 두 마리의 호랑이가 지켜줄 것을 기원하는 뜻으로 세워진 것이다.[32]

정리해보자면, 현충일 추념식이 벌어지는 의례 무대는 ① 광장 – 무명용사문 – 무명용사탑의 구조(1967년 현충일까지)에서, ② 광장 – 무명용사문 – 무명용사탑 – 현충탑의 구조(1967년 9월부터 1968년 4월까지)를 거쳐, ③ 광장 – 무명용사문 – 현충탑의 구조(1968년 현충일), ④ 광장 – 현충문 – 현충탑의 구조(1969년 현충일부터)로 변화되었다. 이렇게 하여 1967년부터 1969년까지 3년 사이에 국군묘지를 무대 삼아 연행되는 전사자 의례에 깊이와 각본과 컨텍스트를 제공하는 상징적 소우주, 현충일 의례 무대의 신성한 중심부가 완전

---

32) 국립서울현충원 홈페이지(www.snmb.mil.kr) '주요 묘역·시설물' 중 '참배·추모시설'의 '현충문' 항목(2016.10.15 검색).

히 재구성된 셈이었다. 용사문이 현충문으로, 용사탑이 현충탑으로 변한 것은 군인 이외의 안장자들까지 포괄하기 위한 자연스런 변화였다. 비교적 왜소한 탑을 웅장한 탑으로, 비교적 단순한 외양의 문을 보다 화려한 문으로 바꾸는 효과도 있었을 것이다. 그럼에도 거대한 문을 경계로 추도식장 – 광장 공간과 제향 – 묘탑·영탑 공간을 나누는 의례 무대의 일직선적 기본구조 자체는 그대로였으므로, 국립묘지 중심부의 재구성이 현충일 의례에 초래한 변화는 그리 크지 않았다고 말할 수 있다.

무명용사탑이 현충탑으로 대체될 무렵 향로를 포함한 제향 공간에도 약간의 변화가 병행되었다. 기존 무명용사탑은 제단으로 기능할 공간이 협소했고, 그리 크지 않고 모양도 평범한 금속제 향로가 좌우에 배치된 구조였다. 현충탑이 들어서면서 오석 평판으로 만든 제단 부분이 한층 넓어졌다. 제단 뒤쪽엔 이은상이 짓고 박정희 대통령이 쓴, "여기는 민족의 얼이 서린 곳 / 조국과 함께 영원히 가는 이들 / 해와 달이 이 언덕을 보호하리라"는 '현충시'(顯忠詩)가 새겨졌다.[33] 국방부가 건군 20주년 기념사업으로 제작한 대형 향로가 1969년 1월 1일 봉납되었다. 이 향로에는 국방부와 육군·해군·공군·해병대를 상징하는 조각이 새겨졌다. 향로 내부의 아랫부분은 한국전쟁 전사자를 포함한 각군 장병의 인식표들로 채워졌다. 무명용사탑의 좌우에 놓였던 향로의 위치도 현충탑의 전면 중앙부로 이동했다. 향로 오른편에는 오석으로 제작된 향합대가 새로 설치되었다. 향합대 앞면엔 박 대통령이 휘호한 '충혼'이라는 한글 글씨가, 옆면에는 무궁화 문양이 새겨졌다.[34]

셋째, 의례 장소의 변화가 의례 자체에도 결정적인 영향을 미친 일은

33) 국립서울현충원, 『민족의 얼』(제8집), 198쪽.

34) 국립묘지관리소, 『민족의 얼』, 63-64쪽.

1980년대에 발생했다. 그동안 당연시되고 법적인 뒷받침까지 받던 국립묘지와 현충일의 공고한 결합이 1983년부터 1987년까지 5년 동안 해체되었다. 이 기간 동안 전두환 정부는 현충일 추념식을 서울 동작동 국립묘지가 아닌 장충동 국립극장에서 개최했다. 대중을 두려워하는 독재자의 '광장 공포증' 말고는 이런 변화를 설명하기 어려울 것이다. 1970년대에 대통령 취임식 장소가 광장에서 실내 체육관으로 바뀐 데 이어, 1980년대에는 현충일 추념식 장소도 실내 극장으로 바뀌었다. 국가가 주관하는 기념식들 가운데 비교적 대규모의 군중이 참여하던 두 행사가 비슷한 시기에 광장을 떠나 닫힌 공간으로 이동했던 것이다. 의례 장소의 이동에 발맞춰 현충일 중앙 추념식의 주관 기관이 기존의 '서울시'에서 '원호처'로 교체되었다.

야외 광장에서 실내 극장으로 바뀌면서 나타난 가장 큰 변화는 '추념식의 규모'가 현저히 줄었다는 사실이다. 신문 보도들을 조사해보면, 10만여 명이 참가했다는 1962년과 7~10만 명이 참가했다는 1967년을 제외하면,[35] 1950~1960년대에 동작동 국립묘지의 현충일 의식 참여 인원은 대략 2~3만 명 수준이었다. 1970년대에는 최소 1만 5천 명에서 최대 4만 명에 이르렀다. 1980년대로 접어든 이후 국립묘지에서 열린 현충일 추념식에 참여한 인원은 1970년대에 비해 크게 줄어들었다. 1980년에 1만 4천 명으로, 1981년에는 다시 1만 2,700명으로 감소했고, 1982년에는 1980년의 절반 수준인 6,900명으로 떨어졌다. 그러다 추념식 장소가 국립극장으로 변경된 1983년에는 2천여 명으로 다시 대폭 축소되었다. 이후 1984년에는 2,600명으로 소폭 증가했다가, 1985~1987년에는 다시 1,600명 수준으로 격감했다. 철저하게 사전에 지명되고 동원된 소수 인원만이 모여 치르는 행사로 전락해버린 것이다.

---

35) 『경향신문』, 1962.6.6; 『동아일보』, 1967.6.6; 『매일경제』, 1967.6.6 등 참조.

광장 – 묘탑·영탑 일체형 공간에서 치러지던 추념식이 실내 공간으로 이동할 경우 불가피하게 '의례미장센'에서도 큰 변화가 발생할 수밖에 없다. 제단 기능을 겸하는 묘탑·영탑이 존재하고 현충문을 경계로 추도식 공간과 제향 공간이 분리되어 있던 국립묘지와는 달리, 국립극장은 예술 공연을 위한 공간이어서 어쩔 수 없이 제단을 임시로 설치할 수밖에 없고 추도식 공간과 제향 공간도 어쩔 수 없이 다시 합체되었다. 국립묘지에서는 식장과 제단이 분리됨으로써 내빈석과 유족석/일반인석도 분리되어 위계화되었고, 그로 인해 '의례 불평등' 내지 '의례 지위의 차별'이 고착되었다. 그러나 의례가 연행되는 공간이 국립극장으로 옮겨지면서 식장과 제단이 통합되고 임시 제단이 극장 무대 쪽에 설치되면 내빈, 유가족, 일반인 모두가 제단(무대) 아래의 객석에 자리 잡을 수밖에 없게 되므로 의례적 평등주의가 되살아날 가능성이 충분했다. 그러나 이런 가능성은 현실화되지 못했다. 1973년 7월 완공된 장충동 국립극장의 대극장은 1,494석의 객석 그리고 무려 400평에 달하는 무대를 갖추고 있었다.[36] 국립극장이라는 대형무대에서 의례가 펼쳐지다 보니, 제단은 무대 뒤편에 배치하고 국무총리를 비롯한 극소수의 내빈석을 무대 앞쪽에 배치하는 식으로 의례상의 차별을 계속 유지할 수 있었다. 제단과 내빈석이 모두 '무대 위'에 자리하게 되고, 내빈들은 망자들과 '나란히' 앉아 유가족을 포함한 추도식 관객들을 '내려다보는' 구도가 만들어진 것이다.

국립극장에서 처음 열린 1983년의 제28회 현충일 추념식 현장 사진이 이를 잘 보여준다. 필자는 『매일경제』 1983년 6월 6일 자 1면에서 이 사진을 찾아냈다. 무대의 천정 쪽으로 양쪽 끝에 '추(追)' 자와 '념(念)' 자가 새겨지고 가운데에는 "제28회 현충일"이라고 새겨진 현수막이 걸렸고, 무대 중앙부 뒤

---

36) 『한국민족문화대백과사전』(encykorea.aks.ac.kr)의 '국립극장' 항목 참조(2016.10.19 검색).

『매일경제』 1983년 6월 6일 자 1면 중간의 28회 현충일 추념식 전경 사진

편 벽 위쪽에 대형 태극기가 부착되었다. 그 아래에 꽃으로 장식된 제단이 만들어졌다. 제단 한가운데에 큼직한 전사자 신위(神位)가 놓였고, 바로 앞에는 향로가 배치되었다. 제단 좌우측으론 한 명씩 호위병이 서 있고 그 옆으론 대형 화환들이 늘어섰다. 객석 쪽에서 바라볼 때 무대 오른편에는 헌화와 분향 순서를 기다리는 이들 몇몇이 서 있고, 중앙에는 누군가 한 사람이 헌화 혹은 분향을 하는 중이고, 무대 왼편에는 네다섯 명이 의자에 앉아 있었다. 앉아 있는 이들 중 한 사람이 곧 대통령 추념사를 대독할 국무총리였을 것이고, 다른 이들은 헌화와 분향을 마쳤거나 하게 될 3부 요인들이었을 것이다.

마지막 '국립극장 추념식'이 열린 지 불과 나흘 후에 6·10항쟁이 발생했다. 그 달이 끝나기 전에 여당 대통령 후보였던 노태우의 6·29선언으로 민주화 프로세스가 본격적으로 시작되었다. 1988년 현충일 추념식이 다시 서울 국립묘지의 거대한 광장에서 열렸던 사실에서 우리는 민주화의 영향을 강렬하게 감지하게 된다. 1987년에 불과 1,600명이 참가한 가운데 조용하고도 초라하게 치러졌던 현충일 추념식이 1988년에는 약 2만 명의 군중이 운집한 가운데 국립묘지 현충문 앞 광장에서 거행되었다. 이후 1~2만 명 규모를 유지하던 서울 국립묘지의 현충일 추념식 참여 인원은 1994~1995년에 2,500명 수준으로 갑자기 감소했고, 대통령이 직접 참석하기 시작한 1996년부터 2010년경까지 5천 명 안팎을 유지하다가, 2011년 이후에는 1만 명 정도로 늘어났다. 또 추념식이 실내행사가 되면서 어쩔 수 없이 사라졌던 '조포' 발사 순서도 국립묘지 환원 이후 '국기에 대한 경례'나 '묵념' 순서와 통합된 형태로 재등장했다.

국립극장 추념식 시기엔 서울과 직할시·도청 소재지에서만 열리던 추념식이 광장으로 복귀한 1988년부터는 직할시·도만이 아니라 전국 시·군청 소재지들에서도 일제히 거행되었다. 1956년에는 서울에서만 열렸던 현충일 추도식이 1957년부터 1963년까지는 도·시·군 및 학교·기관·사회단체 단위까지 확대되어 개최되다가, 1964년부터 1987년까지는 현충일 추념식 개최 범위가 서울과 직할시 및 도청 소재지만으로 축소되었고, 이것이 민주화 시대인 1988년을 맞아 시·군청 소재지들로 재차 확대되었던 것이다. 1992~1994년에는 추념식 개최 범위가 다시 서울과 직할시·도청 소재지로 축소되는 것으로 보이지만, 지방자치제도가 전면 부활한 1995년부터는 지방의 현충일 추념식이 "자치단체장 주관"으로 전환되었다. 따라서 전국 대부분의 시·군청 소재지들에서 현충일 추념식이 매년 빠짐없이 거행되는 오늘날의 현충일 경관은 1995년부터 서서히 뿌리내린, 바꿔 말하면 비교적 근자에 형성된 것이다. 이 무렵부터 정부는 각급 학교들에서도 현충일 추도행사를 거행하라고 권고했다. 예컨대 1997년에 국가보훈처는 "제42회 현충일 추도행사를 중앙과 지방자치단체뿐만 아니라 각급 초·중·고교에서도 자율적으로 치르도록 유도해 현충일이 행락성 공휴일이 아닌 선열의 숭고한 뜻을 기리는 '민족적 제전일'임을 부각시킬 방침"이라고 발표했다.[37]

어쨌든 현충일 의례의 공간적·지역적 확대에는 '민주화'라는 계기, 그리고 (넓은 의미에서 이 역시 민주화의 일환이라 말할 수 있는) '지방자치제의 부활'이 중요하게 작용했다고 말할 수 있다. 전국 곳곳에서 현충탑이나 충혼탑의 건립 내지 중건 붐이 일어난 시기도 1995년 이후였다. 이 무렵부터 시와 군들이 앞 다퉈 현충일 추념식의 무대가 될, (광장이 딸린) 현충탑이나 충혼탑 조성과 정비에 힘을 쏟은 탓이었다.

3. 현충일의 의례장치들

1956년 이후 일부 새로운 요소들이 등장하거나 퇴장했음에도 불구하고, 전체적으로 볼 때 현충일 의례의 효과를 드높이고자 동원된 의례장치들의 구성은 상당히 안정적인 편이었다. 식민지 시대와 해방 후 10년 동안 이미 관행으로 뿌리내린 요소들, 특히 전국 동시 묵념, 전 국민적 국기(조기) 게양, 추모의례 날 하루 동안 음주가무 억제·금지 등 전국적·국민적 동시화를 위한 '3대 의례장치'는 현충일 도입 이후에도 일관되게 유지되었다.

1959년 2월에 이르러 현충일 국기 게양은 법적인 근거까지 갖추게 되었다. 이때 "문교부에서는 관계 각부와 합의하여 국기 다는 날을 작정함과 동시에 이에 대한 규정(안)을 성안"했으며, 이에 따르면 현충일을 포함하여 "삼

---

37) 『매일경제』, 1997.6.3.

일절, 제헌절, 광복절, 개천절, 신정, 한글날, 유엔 날, 대통령탄신일, 국장 날, 국민장 날"에는 국기를 달기로 했다는 것이다.[38] 현충일은 "'국기를 게양하는 날'(대통령령 제11361호, '제3장 12조') 중에서 국장 기간을 제외하고는 유일하게 조기를 다는 국가의 제일(祭日)"이기도 했다.[39] 이 인용문에 소개된 "대통령령 제11361호"는 1984년 2월 21일에 제정되고 시행된 '대한민국 국기에 관한 규정'을 가리킨다. 보다 정확히 말하자면 조기 게양일은 현충일, 국장 기간 전체, 그리고 국민장 당일의 세 가지가 된다.[40] 어쨌든 현충일 국기 게양은 1980년대에 와서 대통령령이라는 보다 강력한 법적 근거를 갖추게 되었다.

필자는 일제 묵념, 국기 게양, 음주가무 금기의 세 가지에다 '공휴일 지정'을 더하여 '4대 의례장치'로 부를 수도 있으리라 본다. 공휴일 지정은 국가적 제사의 날을 일상적인 시간과 구별되는 특별한 시간으로 선포하고 구획하는 것이다. 이는 이미 식민지 시대와 그 이후에 간혹 시도되었던 전사자 위령제 날의 '임시공휴일 지정'을 통해 어느 정도 익숙해진 의례장치이기도 했다. 그런데 1956년에 이르러 국가는 현충일 제정과 함께 이를 법적 근거를 갖춘 '항구적인 공휴일'로 발전시켰을 뿐 아니라, 그럼으로써 국가적인 전사자 의례에 주기적 리듬과 예측가능성·안정성을 제공하고, 나아가 전사자 의례를 수도만이 아닌 전국 주요 도시들에서도 동시에 거행되는 전 국민적 행사로 만들었다.

이전부터 이어진 또 하나의 일관된 의례장치, 그러면서도 현충일 제정 후 한층 발전되고 세련되어진 의례장치로 꼽을 수 있는 것은 군 의장대의 체계

---

38) 『동아일보』, 1959.2.11, 3면의 「국기 다는 날 제정」 기사 참조.

39) 김현선, 「현대 한국사회 국가의례의 상징화와 의미 분석」, 45쪽.

40) 법제처 국가법령정보센터(www.law.go.kr)의 '대한민국 국기에 관한 규정' 참조(2016.10.31 검색).

적인 활용이다. 이는 현충일 의례의 장소가 국군묘지로 고정되고, 국군묘지 관리소 산하에 의장부대가 상설되면서 가능해졌다. 국군묘지에 상주하는 국방부 소속의 '합동의장대'가 창설된 때는 1962년 5월이었다.[41] 의장부대를 통해 전사자 의례에서 '조포'와 '조총'은 물론이고 다양한 '깃발들'을 조직적으로 활용할 수 있게 되었다. 1956년의 제1회 현충일 추도식 사진에서도 다수의 의장병 모습을 확인할 수 있거니와,[42] 해마다 현충일 행사에서는 무명용사문(현충문)과 광장 사이 그리고 무명용사문(현충문)과 무명용사탑(현충탑) 사이의 공간을 확대 편성된 각군 의장병들이 채우게 되었다. 특히 현충일 추념식에서는 전 국민적 묵념의 시간에 국가를 상징하는 깃발(국기)과 각급 부대를 상징하는 깃발들(부대기들)이 일제히 전사자들을 향해 내려지게 되는데, 이것은 국가와 부대들이 호국신이 된 전사자들에게 경건한 경례를 바치는 행위였다. 앙투완 프로의 표현을 빌자면 "묵념을 하는 동안 이 깃발들은 내려졌는데, 이것은 교회에서 막 축성된 빵과 포도주 앞에서 성체거양 때에 하는 것과 같은 방식으로 사망자들에게 경의를 표하는 것을 의미했다."[43] 이런 깃발 의례를 통해 이름 없는 전사자들이 살아선 절대로 향유하기를 기대할 수 없는 극진한 예우를 잠시나마 누리게 되는 것이다. 의장병들은 현충일 추념식만이 아니라, 국립묘지에서 빈번히 개최되는 봉안식과 안장식에서도 중요한 역할을 수행하게 된다.

앞서 보았듯이 1960년부터 시도되었던 유교식 전야제와 불교식 진혼제

---

41) 국립서울현충원, 『민족의 얼』(제8집), 36쪽.

42) 예컨대 『경향신문』 1956년 6월 7일 자 3면의 사진을 볼 것. 국립서울현충원, 『민족의 얼』(제8집), 238, 248쪽에도 1956년 현충일에 무명용사문과 무명용사탑 사이에 기수(旗手), 조총 발사 병사들, 나팔수, 기타 의장병들이 도열한 모습을 볼 수 있다.

43) 앙투안 프로, 「전사자 기념비」, 217쪽.

는 지속 가능한 의례장치로 착근하는 데 실패했다. 반면에 현충일 제정 이후 등장한 몇몇 의례장치들은 비교적 성공적으로 착근함으로써 전통 내지 관행으로 굳어졌다. 먼저, 1957년에 처음 나타난 두 가지 의례장치들이 주목된다. 그 하나는 이때부터 매년 '현충일 특집방송'(라디오)이 편성되기 시작했다는 것이다. 1957년 6월 6일에는 KBS의 전신인 중앙방송국(HLKA)을 통해 밤 8시 15분부터 1시간 동안 현충일 특집 시 낭송 프로그램과 방송극이 편성되었다. 시 낭송 시간에는 15분 동안 박종화·장수철·김용호·양명문의 시가 낭독되었고, 이어 특집 방송극 〈내일의 보람〉이 45분 동안 송출되었다.[44] 1958년의 경우 현충일 특집으로 중앙방송에서는 이상훈 작 〈강산은 말 없어도〉, 기독교방송(HLKY)에서는 한강수 작 〈최후의 얼굴〉 등 두 편의 방송극이 편성되었다. 둘 모두 "무명용사의 비장한 죽음"을 다루는 드라마였다고 한다.[45] 이처럼 현충일 특집 라디오방송은 시와 드라마로 출발했고, 이후 음악회 등으로 확대되었다. 1965년에는 동아방송(DBS)이 "현충일 추념식 실황을 중계방송"하는 '현충일 실황중계'가 처음 등장했다.[46] 이야말로 묵념, 국기, 음주가무 금기 등에 버금가는 탁월한 '동시화 의례장치'였다. 텔레비전 시대가 열린 1970년대 들어서는 "TV 3사"들이 드라마와 영화, 음악회를 포함하는 다채로운 현충일 특집 프로그램들을 매년 선보였다.

　　1957년부터 활용되기 시작한 '현충일 기념 통신일부인(通信日附印)'도 새로이 선보인 의례장치였다. 1961년 처음 등장한 '현충일 기념우표' 역시 현충일 기념통신일부인과 유사한 의례장치였다. 기념통신일부인은 예컨대 1962

---

44) 『경향신문』, 1957.6.6.

45) 『경향신문』, 1958.6.10.

46) 『동아일보』, 1965.6.5.

년 6월 6일 자 서울중앙우체국 소인에 "제7회 현충일"이라는 글귀와 함께 철
모와 향로, 화환 등을 그려 넣는 방식으로 특정한 날을 기념하는 것이다. 기
념통신일부인이나 기념우표 발행 모두 체신부의 소관 업무였다. 우선 현충
일을 기념하는 통신일부인은 1957년부터 1976년까지 무려 14회나 사용되
었다. 1957~1958년(2~3회 현충일), 1961~1963년(6~8회), 1967~1969년(12~14
회), 1971~1976년(16~21회)에 각각 현충일 당일에 맞춰 기념통신일부인이 등
장했다.[47] 현충일 기념우표는 군사쿠데타 이후 최초이자 6회째 현충일이 되
는 1961년, 그리고 20회 현충일을 맞는 1975년 등 두 차례에 걸쳐 발행되었다.
1961년의 기념우표에는 '태극기와 국군' 그림이, 1975년 기념우표에는 '묵념
하는 병사와 향로' 그림이 삽입되었다.[48]

　　1958년부터는 서울시 소재의 초·중·고교 학생들이 현충일 하루 전날인 6
월 5일에 모든 전사자 묘비마다 꽃다발과 소형 태극기를 장식하는 새 의례장
치가 출현했다. 이 행사는 이후 한 해도 빠짐없이 시행되었다. 서구 사회들에
서는 만성절(萬聖節) 혹은 '모든 성인 대축일'(11월 1일)이 "가족들이 망자의 무
덤에 가서 헌화할 때"지만,[49] 한국에선 6월 5일이 바로 그런 날이었다. 매년 6
월 5일마다 수천 혹은 수만 명의 학생들이 국립묘지를 방문하여 전사자들의
묘비마다 꽃과 태극기를 바치는 의식은 현충일 당일 학생들의 추념식 참석,

---

47) 정보통신부 우정사업본부, 『기념·관광통신일부인 총람: 근대우정 120년(1884~2003)』, 방
　　송통신위원회, 2004, 59, 62, 69, 71, 74, 91, 97, 113, 118, 122, 127, 132, 136쪽.

48) 우문관 편집실 편, 『2003한국우표도감』, 우문관, 2003, 75, 131쪽. 아울러 『경향신문』,
　　1961.5.31; 『매일경제』, 1975.6.4; 『동아일보』, 1975.6.4 등을 볼 것.

49) 앙투안 프로, 「전사자 기념비」, 210쪽. 상업주의 논란이 벌어지고 있기는 하나, 최근 미국
　　에서는 매년 12월 셋째 주 토요일인 '전국 화환의 날'(National Wreaths Across America Day)
　　에 국립묘지 묘비마다 화환을 바치는 행사가 펼쳐지고 있다(최정동, 「미국 '화환의 날', 전
　　국 국립묘지 화환으로 덮여」, 『중앙일보』(온라인판), 2018.12.16).

현충일 기념통신일부인(1957~1958년, 1961~1963년 등)

현충일 기념우표(1961, 1975년 등)

추념식에서의 학생 합창과 더불어 '공민 양성 교육'으로서의 전사자 추모의 례, 전사자 기념식의 '교육적' 측면을 잘 보여주는 의례장치들이었다. 미래의 군인들, 미래의 군인 아내 혹은 어머니가 될 학생들을 전사자 의례로 적극 끌어들이는 것은 국민 형성이나 공민·국민윤리 교육 차원에서도 대단히 중요했다. 그러나 학생 헌화의 부작용도 있었다. 『경향신문』은 1969년 6월 5일 자 「날로 심해지는 잡부금」 제하의 기사(3면)에서 '성북구의 S국민학교'를 예로 들어 "3~4학년생들에 용지대로 매달 3~5백 원, 학기말고사 때는 별도로 40 원, 그밖에 현충일 꽃값 10원, 교내 영화구경 20원씩 등 한 달에 3, 4차례 잡부금을 거둔다."라고 비판했다. 전교생에게 "현충일 꽃값"을 일률적으로 강제 징수했던 관행은 현충일 전날의 학생 헌화 의식이 자발성과는 거리가 있는 것이었음을 확인시켜준다.

현충일 식전에서 학생이라는 존재는 때로 '뜨거운 감자'이기도 했다. 한편으로는 학생들의 적극적인 참여를 유도할 필요성이 상존했다. 현충일 직전의 헌화/태극기 의식 참여, 현충일 추념식 참여, 추념식 합창 등에서 학생들의 존재가 뚜렷했고 1970년대 초의 대학생 추모 행군에서 절정에 이르렀다. 그러나 다른 한편으로 학생들은 잠재적 저항세력으로서 기피 대상이기도 했다. 한일협정 반대운동이 한창이고 서울시에 비상계엄이 선포된 가운데 열린 1964년 현충일 행사에는 남녀 고등학생들의 참여를 일체 금지했다.[50] 물론 그 후로도 청소년과 청년 세대를 전사자 의례 안으로 끌어들이려는 지배층의 노력은 끊임없이 되살아나곤 했다.

1963년부터는 현충일 직전 혹은 당일 아침에 재향군인회 회원들이 국립 묘지를 청소하는 의례장치도 생겨났다. 대규모 전사자 의례를 앞두고 군묘

---

50) 『동아일보』, 1964.6.6, 3면의 사설(「제9회 현충일을 맞으며」) 참조.

지나 묘탑·영탑 주변을 청소하는 '정화(淨化) 의례장치'가 이미 식민지 시대와 해방 직후에도 나타났음을 앞에서 본 바 있다. 1963년에는 대한적십자사 서울청소년단 단원들이 6월 2일 '군묘지 미화작업'을 한 데 이어, 6월 5일 재향군인회 간부 2백여 명이 국군묘지 청소에 나섰다.[51] 재향군인회는 이후에도 매년 국립묘지 청소에 나섰던 것으로 보인다.[52]

현충일과 한국전쟁기념일이 몰려 있는 6월 혹은 5~6월을 상이군인·경찰 및 전사자 유가족을 원호하는 기간으로 지정하는 의례장치도 1963년에 제도화·상례화되었다. 1963년 이전에도 유사한 시도가 몇 차례 있었던 것은 사실이다. 1954년에 6월을 '군경원호의 달'로 지정하거나, 1961년 6월을 '군경원호 강조의 달'로 지정한 일 등이 그런 예들이다.[53] 그런데 이런 간헐적인 움직임이 1963년부터는 '원호의 달'이라는 연례행사로 정착하게 되었다. 지영임에 의하면, "6월의 호국·보훈의 달은 1963년에 설정된 후 오늘에 이르기까지 여러 번의 행사 명칭 및 기간의 변화가 있었다. 1963년부터 1964년에는 5월 15일부터 6월 15일까지 31일간을 원호의 기간으로 하였으며, 1965년부터 1966년에는 6월 1일부터 15일까지 15일간으로 기간이 단축되었다. 1967년에는 5월 20일부터 6월 10일까지 20일간, 1973년에는 6월 4일부터 6월 9일까지 6일간이며, 1974년부터 6월 한 달간을 원호의 달로 정해 현재까지 시행해오고 있다."[54] 이 인용문에는 1968년부터 1972년 사이가 빠져 있는데, 1969년과 1972년에는 6월 1일부터 10일까지의 열흘 동안을 원호의 달로 정했음

---

51) 『동아일보』, 1963.6.1, 1963.6.5.

52) 『동아일보』, 1965.6.5; 『경향신문』, 1966.6.6 등 참조.

53) 강인철, 「한국전쟁과 사회의식 및 문화의 변화」, 249쪽; 『경향신문』, 1961.5.30.

54) 지영임, 「현충일의 창출 과정」, 598-599쪽.

을 신문기사를 통해 확인할 수 있다.[55] '원호의 달'이라는 명칭은 1989년부터 '호국보훈의 달'로 바뀌었다.

하나의 전통으로 정착되는 데 성공했던 또 다른 의례장치는 '〈현충의 노래〉 제창'이었다. 합창단만이 아니라 참여 군중 모두가 현충의 노래를 부르는 것은 참여의식을 고취한다는 측면에서도 의례의 효과를 높인다고 말할 수 있다. 그러나 언제부터 현충의 노래 '합창'(合唱)이 '제창'(齊唱)으로 변했는지는 분명치 않다. 분명한 사실은 적어도 1980년까지는 〈현충의 노래〉가 여고생 합창단의 '합창'으로 불렸고, 아무리 늦어도 1992년 즈음에는 이미 이 노래가 참석자 전체의 '제창'으로 불리고 있었다는 것이다. 예컨대 『경향신문』 1992년 6월 7일 자 2면에 실린 사진에는 "제37회 현충일 추념식에서 3부 요인과 여야 대표가 〈현충의 노래〉를 함께 부르고 있다."라는 설명이 달려 있고, 실제로 김영삼 민자당 대표, 김대중 민주당 대표, 정원식 국무총리 등이 악보를 보며 함께 노래하는 모습을 확인할 수 있다.

정부 측 자료를 보면 "현충일 의의(意義)의 강조"를 위해 1957년에는 "포스터 및 표어 반포(頒布), 아치 및 선전탑 건립, 현수막 게시, 특별방송, 영화·연극의 막간 해설, 우편물 특수일부인 사용, 전단 살포, 현충일 기록영화 제작, 현충전시회, 유가족 원호 공로자 표창" 등을, 1958년에는 "아치 및 선전탑 건립, 현수막 게시, 특별방송, 영화·연극의 막간 해설, 우편물 특수일부인 사용, 현충전시회" 등의 의례장치들을 동원했다.[56] 이 가운데 현충일 기록영화 제작, 유가족 원호 공로자 표창, 영화·연극의 막간 해설, 현충전시회 등은

---

55) 『매일경제』, 1969.6.3, 1972.6.1.

56) 국무원 사무국, 「제2회 현충일 행사 계획에 관한 건」, 3~4쪽; 국무원 사무국, 「제3회 현충일 행사 실시의 건」, 7-8쪽.

이후 지속되지 못한 일회성의 의례장치들이었다. 1961년 현충일에는 통행금지, 도로교통, 경범죄 등 위반자들에 대한 '일반사면'을 단행하기도 했는데 이 역시 일회적인 의례장치였다.[57] 군사쿠데타로부터 불과 20일밖에 지나지 않은 상태에서 맞은 1961년 현충일 행사는 일반사면과 최초의 기념우표 발행을 비롯하여, 유가족 대표 초청행사를 전례 없이 화려하고 다채롭게 준비한 것, 기존의 '추도식'을 '현충식'으로 바꾼 것, 현충식에서 혁명공약을 낭독하고 무명용사에게 최고 무공훈장을 수여하고 헌화 순서에 경비행기의 조위비행을 한 것 등 여러모로 현충일 역사에서 기록할 만한 요소가 많았다.

민정 이양을 앞두고 군사정부가 치른 1963년의 현충일 행사도 특기할 만하다. 특히 전사자 유가족들과 관련된 변화가 많았던 게 이 해의 특징이었다. 다양한 유가족 대표 초청행사들을 전면 폐지함으로써 유족들이 점유하던 '의례 지위'의 추락이 명백해진 때도 바로 1963년이었다. 반면에 매년 6월이 '원호의 달'이라는 연례행사로 정착하게 된 때도 바로 그해였다. 1963년 현충일에는 3명 이상의 전사자 자녀를 배출한 부모들에게 건국포장을 수여하기도 했다.[58] 이에 해당하는 사례는 모두 34가구였는데, 전사한 당사자가 아닌 유가족이 포장 수여 대상이라는 점이 특이했다. 『경향신문』 1963년 6월 7일 자 5면 기사는 3명 이상 전사자를 배출한 34가구 가운데 3가구는 이전 이승만 정부 때 이미 포장을 받았으므로 이번에 나머지 31가구가 건국포장을 받는 것이라고 설명하면서 "아들을 셋씩이나 나라에 바친 자랑스러운 집안 …… 여러분들은 그처럼 나라를 위해 가신 분들을 잊지 말아야 하겠습니다."라고 덧붙였다.

---

57) 『경향신문』, 1961.6.6.

58) 『경향신문』, 1963.5.31.

여기서 이승만 정부 때 이미 세 가구에게 포장을 수여했다는 대목은 1959년 8월 12일에 있었던 일을 가리킨다. 그날 이승만 대통령은 경무대에서 한국전쟁 때 "6형제를 나라에 바친 아버지"인 김병조에게 건국공로훈장(3급)을, "3형제를 바친" 한태봉 등 7명에게 '건국포장'을 수여했다. 아울러 "두 아들을 바친" 이정식 등 503명은 '표창장'을 받았다. 김병조는 그해 현충일 식전에서 유가족기장을 6개나 착용하고 있는 모습이 대통령 눈에 띄어 건국공로훈장을 받게 된 것인데, "우리나라 내국인으로서 영예의 이 훈장을 받은 것은 이번이 처음"이었고, 그때까지 외국인에게조차 장개석 총통과 고 딘 디엠(응오딘지엠) 남베트남 대통령 등 2인에게만 수여되었던 것이었다고 한다. 김병조는 그날 감격해서 다음과 같이 말했다. "나라에 아들을 바친 것은 당연한 일인데 대통령께서 이렇게 훈장까지 주시니 황송하기 짝이 없다. 내 자식들은 죽었으나 그 죽음이 보람이 있어 이 땅에 평화가 오기만을 소원한다."[59] 전사자 유가족의 속내에서 '감정의 연금술'이 작동하고 있음을 보여주는 또 다른 좋은 사례인 셈이다.

김현선이 소개하는 몇 가지 사례에서 보듯이 감정의 연금술이 반드시 훈장이나 포장을 받아야만 발동하는 것만은 아니리라. 다른 수많은 동기와 언행들, 배려들이 유가족 사이에서 감정의 연금술과 유사한 심리적 효과를 만들어낼 수 있고, 유가족들의 이런 모습 자체가 그것을 지켜보거나 전해 듣는 국민들 사이에서 현충일의 의례적 효과를 증폭시켜줄 것이다.

전몰자를 기념하는 또 다른 방식은 전몰자를 둔 가족들의 슬픔을 '자랑스러운 영광'으로 치환하여 전달하는 것이다. 남편, 아들, 손자 등을 잃었지만 그들

---

59) 『동아일보』, 1959.8.12.

의 죽음은 '나라를 위한' 죽음이었으므로 '영광스럽다'는 식이다. "날마다 묘지에 참배"하여 아들의 무덤을 '정성스레' 돌보는 노인에 대한 풍경, 마찬가지로 "5년을 하루같이 묘지를 찾는 것을 여생의 보람"으로 여기며 '잠든 아들을 지켜본다'는 노부부에 대한 묘사, 전쟁에서 모두 죽은 "세 동생들의 삶이 자랑스럽다."라는 등, 유가족들 스스로 전쟁에서 죽은 자신의 아들, 남편, 동생들의 죽음을 국가를 위한 자랑스럽고 영광된 것이라고 묘사하는 방식들이 해당한다.[60]

일시적으로 등장했다 사라진 현충일 의례장치 가운데 1972년에 있었던 대학생 추모 행군을 빠뜨려선 안 될 것이다. 1978년 현충일에는 주요 대기업들이 대대적으로 신문광고를 게재하고 원호성금을 내는 일도 있었는데, 이 또한 오래 지속되지는 못했던 것 같다. 사실 현충일이 제정된 이후 의례 장소가 국립묘지로 고정되고, 자발적 참여보다는 (철저한 사전계획에 따른) 부처별·학교별·부대별 할당에 의한 인원 동원에 의존하게 되면서, '의례의 역동성'은 전반적으로 감소했다. 국립묘지 추념식 가운데 헌화 및 분향을 위한 용사문(현충문)에서 용사탑(현충탑)까지의 '의례적 행진' 외에, 일반 시민들의 자발적인 참여를 유도하는 시가행진이나 퍼레이드, 망자들의 행진 등과 같은 요소들은 거의 사라졌다. 1970년의 현충문 폭파 기도 사건 이후 '요인 경호 우선주의'가 팽배해지면서 의례의 자발성과 역동성은 더욱 위축되었다. 대기업들의 현충일 신문광고와 원호성금 납부 역시 기업들의 자발성보다 '위로부터의 동원'에 의존한 탓에 지속성을 유지하기 어려웠으리라.

이런 상태에서 1972년 6월 6일에 있었던 '순국선열 추모 대학행군대회'는 오랜만에 의례의 역동성을 되살려낸 이례적인 의례장치였다고 말할 만하

---

60) 김현선, 「현대 한국사회 국가의례의 상징화와 의미 분석」, 48쪽.

다. 서울 시내에 소재한 28개 4년제 대학 재학생 4,557명이 참여한 이 행군은 '서울지구 대학 학생처 과장회의'의 주최, 서울대학교의 주관, 국방부의 지원으로 진행되었다. 현충일 아침 8시 서울대 문리대에서 열린 발대식에는 김종필 국무총리와 국방부 장관, 문교부 장관, 각 대학 총·학장 등이 참석했다. 이 자리에서 학생들은 "① 조국을 위협하는 어떤 세력도 단호히 물리친다, ② 새로운 역사관을 확립, 번영된 조국 건설의 힘찬 일꾼이 된다, ③ 행군을 통한 강인한 인내력과 패기를 생활화한다."라는 3개 항을 결의했다. "광명이 서려 있는 우리 조국, 한줄기 피로 얽힌 우리의 겨레" 가사의 〈학생행진곡〉이 울려 퍼지는 가운데 8시 30분에 출발한 학생들은 서울대 문리대 – 광화문 – 신촌 – 수색 – 항공대학을 거쳐 임진왜란의 전승지인 행주산성까지 23㎞를 행군했다. 행군 대열의 길이가 무려 3.5㎞에 이르렀다. M1소총과 배낭 등으로 완전 무장한 행군 대열은 광화문 네거리를 지나면서 현충일 행사 참석을 위해 이동하던 박정희 대통령에게 일제히 거수경례를 바쳤고, 대통령은 승용차 안에서 손을 흔들어 화답했다. 학생들은 행군 도중에 "모의 적기의 출현과 접적 상황에서의 각종 전술행군도 실시했다."[61]

앞서 언급했듯이 대체로 1960년대 초중반에는 비교적 안정된 현충일 의례 패턴이 착근하게 되었다. 추념식에서 조총 순서가 사라지고, 국기에 대한 경례와 조포 발사를 통합하고,[62] 의례 장소의 변경으로 조포가 일시적으로 사라졌다가 재등장한 것 외에는 1990년대 초까지 30년 가까이 큰 변화가 없었다. 그러다 현충일 무대가 국립묘지로 환원되고 대통령이 주연으로 재등장한 1990년대 중반 이후 추념식 안으로 새로운 요소들이 대거 들어오게 되

---

61) 『동아일보』, 1972.6.6; 『경향신문』, 1972.6.6; 『매일경제』, 1972.6.5.
62) 이후 조포 발사는 다시 묵념(사이렌에 맞춘 전 국민 일제묵념) 시간으로 옮겨졌다.

었다. 또 그로 인해 전반적으로 추념식이 화려하고 다채로워졌다. 2000년대에는 춤을 포함한 공연적(公演的) 요소들이 추가됨으로써 의례의 역동성이 증가했다.

1993년 현충일 추념식에 처음 등장한 추모헌시(獻詩) 낭독이 이런 움직임의 시발점이었다. 이후 국가보훈처는 매년 '현충일 추모헌시 및 보훈 표어·포스터 현상공모'를 하여 국민 참여를 유도하면서 공모 당선작을 현충일에 낭송하는 관행을 만들어갔다. 2005년부터는 '추모공연' 순서가 추념식 내부로 들어왔다. 추모공연은 대부분 합창 혹은 독창과 춤(무용)으로 구성되었다. 춤 공연이 진행되는 동안 '영상 헌시'가 자막으로 소개되거나 낭독되기도 했다. 2005년에는 추모공연 시간에 〈비목〉 노래와 〈천둥소리〉 공연이 준비되었다.[63] 2010년부터는 '추모영상'이 등장했고, 영상을 통해 '추모헌시'가 낭송되기도 했다. 2011~2012년에 새로 선을 보였던 '다시 부르는 영웅'(Roll Call) 순서, 2012년과 2014년에 각각 처음 등장한 '나라사랑큰나무 배지 달기'와 '국가유공자증서 수여' 순서도 주목된다. 2012년부터 해마다 '현충일 주제'가 선정되기 시작했다. 2012년 2016년까지는 "국가와 국민을 위한 희생 영원히 잊지 않겠습니다."라는 주제가 동일하게 유지되었다. 박근혜 대통령의 탄핵에 따른 정권교체가 이뤄진 직후 열린 2017년 현충일에는 "나라를 위한 희생과 헌신, 강한 안보로 보답하겠습니다."가, 2018년에는 "428030, 대한민국의 이름으로 당신을 기억합니다."가 주제로 선정되었다. 2014년부터 2016년까지 추념식의 구성 요소들은 완전히 동일하지만, 그 배열의 순서는 약간 달라졌다. 2018년에는 공식 추념식에 이어 대통령 부부가 참석한 가운데 '순직 소방공무원 추모식'이 진행되었던 점이 이채롭다. 2005년부터 2018년까

---

63) 『연합뉴스』, 2005.6.6.

지 현충일 추념식 식순을 한데 모으면 〈표 8 - 2〉와 같다.

〈표 8 - 2〉 현충일 추념식 식순: 2005~2018년

연도	식순
2005 ~2009	국민의례, 묵념, 헌화·분향, <u>추모공연</u>, 추념사, 〈현충의 노래〉 제창
2010	국민의례, 묵념, 헌화·분향, <u>추모영상 상영</u>(영상 헌시 낭독 포함), 추모공연, 추념사, 〈현충의 노래〉 제창
2011	국민의례, 묵념, 헌화·분향, 추모영상 상영, <u>다시 부르는 영웅</u>(Roll Call), 추념사, 〈현충의 노래〉 제창
2012	국민의례, 묵념, 헌화·분향, 추모영상 상영, <u>추모헌시 낭송</u>, 다시 부르는 영웅(Roll Call), <u>나라사랑큰나무 배지 달기</u>, 추념사, 〈현충의 노래〉 제창
2013	국민의례, 묵념, 헌화·분향, 추모영상 상영, 추모헌시 낭송, 추모공연, 나라사랑큰나무 배지 달기, 추념사, 〈현충의 노래〉 제창
2014	국민의례, 묵념, 헌화·분향, 추모영상 상영, 추모헌시 낭송, 추모공연, <u>국가유공자증서 수여</u>, 나라사랑큰나무 배지 달기, 추념사, 〈현충의 노래〉 제창
2015	국민의례, 묵념, 헌화·분향, 추모영상 상영, 추모헌시 낭송, 추모공연(호국정신 계승 다짐문 낭독 포함), 국가유공자증서 수여, 나라사랑큰나무 배지 달기, 추념사, 〈현충의 노래〉 제창
2016	국민의례, 묵념, 헌화·분향, 추모영상 상영, 국가유공자증서 수여, 나라사랑큰나무 배지 달기, 추념사, 추모헌시 낭송, 추모공연, 〈현충의 노래〉 제창
2017	국민의례, 묵념, 헌화·분향, 추모영상 상영, 추념사, 국가유공자증서 수여, 추모공연, 〈현충의 노래〉 제창
2018	묵념, 국민의례, 헌화·분향, 추모헌시 낭송, 국가유공자증서 수여, 추념사, 추모공연, 〈현충의 노래〉 제창, 대합창, <u>순직 소방공무원 추모식</u>

* 밑줄은 식순 중 새로 등장한 의례 요소를 가리킴

　　현충일 추념식에 추모공연과 추모영상 상영이 추가됨으로써 불가피하게 의례미장센도 상당히 달라졌다. 대형 스크린이 새로 등장했던 것은 물론이고, 춤과 노래와 시 낭독의 배경 역할을 할 무대장치들도 현충문 앞에 등장했다. 현충일 추념식장 자체가 마치 대규모 공연무대처럼 변했던 것이다. 기존의 내빈석이 공연무대로 바뀜에 따라, 대통령을 포함한 내빈들이 기존의 유족·일반인석 쪽으로 이동했다. 단상 – 단하로써 위계적·공간적으로 분리되었던 내빈석과 유족·일반인석이 다시 합쳐지면서 잔디광장 쪽에 동일한 높이로 나란히 재배치되었고, 참여자의 시선도 모두 공연무대와 대형 스크린을 향하도록 통일되었다. 일부러 의도하지는 않았을지언정, 공교롭게도 민주화 시대에 걸맞게 의례의 평등성이 현저히 개선되었다.

1990년대 중반 이후 새로 나타난 의례장치들도 있었다. 지방자치제 부활의 영향도 작용했을 것이지만, 지방자치단체들이 주관하는 독창적인 현충일 행사들이 나타나기 시작했다. 강원도 화천군이 1996년부터 개최하기 시작한 '비목문화제'가 대표적인 사례이다.[64] 1999년에는 현충일 기념복권이 발행되기도 했다. 주택복권의 앞면에 「6월은 호국·보훈의 달」이라는 제목 아래 국립묘지 현충탑 등 여러 장의 사진들이 배치되었고, 뒷면에는 "6월 6일은 현충일입니다. 이날에는 조기를 게양하고 선열들께 묵념을 올립시다."라는 문구가 새겨졌다.[65] 2011년엔 새로 발견한 한국전쟁 전사자 유골의 '안장식'을 추념식 직전에 갖기도 했다. 이명박 대통령은 같은 날 열린 현충일 추념사의 서두에서 이 사실을 상세히 언급하면서, 전사한 이천우 이등중사와 그 형인 이만우 하사를 "호국의 형제"로 명명했다.[66] 이 밖에 2012년에는 한국전쟁 전사자 신원 확인을 위한 '유가족 DNA(유전자) 시료 채취 행사'가 열렸다. 2015년 6월 6일 밤에는 국가보훈처가 현충일 의례 장소인 겨레얼광장에서 '현충의 빛기둥'을 하늘로 쏘아 올리는 이벤트를 실행하기도 했다.[67]

64) 『동아일보』, 1996.5.29. 이보다 앞서 1990년 6월 6일에는 부산 대청공원 충혼탑에서 '현충일 추념 제1회 국제어린이백일장'이 열리기도 했다(『동아일보』, 1990.5.30).

65) 『매일경제』, 1999.6.2.

66) 「이명박 대통령 현충일 추념사 전문」, 『뉴데일리』, 2011.6.6.

67) 『뉴시스』, 2011.6.6; 『아시아경제』(온라인판), 2012.6.6; 〈MBN〉(온라인판), 2015.6.6.

4. 장례 ─ 안장식과 봉안식

반복하거니와 현충일 등장의 일차적 의미는 장례에서 기념으로의 이행이었다. 기념으로의 전환은 '장례와 기념의 점진적 분리'를 수반한다. 이에 따라 현충일 추념식이 '기념'의 기능을 주로 수행하고, 안장식이나 봉안식이 '장례'의 기능을 주로 수행하게 되었다. 이때 장례는 다른 곳에 납골 혹은 매장되어 있던 유해를 유가족들의 희망에 따라 국립묘지로 이장하는 경우까지 포함한다.

시신을 땅속에 묻든 유골을 납골당에 두든 모두 '안장'(安葬) 행위에 속한다고 볼 수 있다. 실제로도 매장과 납골당 안치를 가리지 않고 유해를 국립묘지로 수용하는 의례를 '안장의식'(安葬儀式)이라고 통칭하고 있다. 그러나 매장인 경우는 모두 '안장식'(安葬式)으로 부르지만, 유골 납골인 경우에는 '봉안식'(奉安式)과 '안장식' 용어를 혼용하는 것으로 보인다. 또 봉안식의 경우 그 대상이 유골이냐 위패냐에 따라 전자는 그냥 '봉안식'으로, 후자는 '위패봉안식'으로 구분하는 것으로 보인다. 현재의 국립서울현충원을 예로 들어 말하자면, 안장식을 마친 유해는 해당 '묘역'으로, 봉안식(혹은 안장식)을 마친 유골은 납골시설인 '충혼당'이나 위패봉안관 지하의 '무명용사 봉안실'로, 위패봉안식을 마친 위패는 현충탑의 '위패봉안관'으로 이동하게 된다.

현충일 추념식과 안장식·봉안식 모두가 국립묘지 내부에서 치러진다. 그러나 안장식과 봉안식은 현충문 앞 광장에서 거행되는 현충일 추념식과는 다른 장소에서 거행된다. 1965년까지는 노천에서, 1966~1968년에는 임시 가설 장의식장에서, 1969년부터는 실내 장의식장에서 안장식을 거행했다. 국립서울현충원의 경우 현충관(1968년)과 봉안식장(2013년)이 건립됨에 따라 대부분의 안장식과 봉안식이 광장이나 야외 묘역이 아닌 실내에서 이루어지게 되었다.[68] 대통령 묘역, 애국지사 묘역, 장군 묘역 등 개개 묘지의 규모가 상당한 경우에는 안장식이 묘역 혹은 묘역 인근에서 개별적으로 열리기도 한다. 그러나 이런 사례는 드물고 대부분의 안장식이나 봉안식은 실내에서 합동으로 치러진다. 이 경우 '제단 일체형 광장'에서 거행되는 현충일 추념식과는 상당히 다른 의례미장센이 필요하게 된다. 현충일 추도식이 1980년대에 일시적으로 실내(국립극장)에서 치러짐에 따라 의례미장센이 크게 바뀌었던 것과 마찬가지이다. 지영임은 국립대전현충원에서 2002년 9월 23일에 있었던 군·경 합동안장식의 제단 주변 모습을 다음과 같이 기술하고 있다. "제단 주변에는 꽃이, 제단의 제일 윗단에는 유골과 위패가 놓여 있었다. 제물은 사과, 대추, 배, 모나카, 떡, 돼지고기, 약과, 정종 등을 준비한다. 관계자에 의하면, 이와 같은 의식은 현충원 내규에 의한 것이지만, 내규는 유교의례를 근거로 작성되었다고 한다."[69] 지영임은 안장식장의 모습을 그림으로도 제시했다.(다음 페이지의 그림 참조.)

유골과 위패, 제물이 등장하는 전형적인 '유교적 경관'이지만, 여기서 제물이 안장식·봉안식에 항상 등장하는 요소는 아니다. 오히려 현충원에서 일상적으로 열리는 소규모의 봉안식이나 안장식에는 제물이 거의 등장하지 않으며 영정, 유골, 위패, 향로, 꽃 등만 눈에 띈다. 제물은 비교적 대규모의 봉안식이나 안장식에서만 등장하는 것으로 보인다. 예컨대 국무총리와 국방부 장관이 참여한 가운데 국립서울현충원 현충관에서 2014년 12월 4일 거행된 '2014년 6·25 전사자 합동봉안식'(818명)이나 2015년 12월 4일 거행된 '2015년 6·25 전사자 합동봉안식'(608명)에서는 태극기에 싸인 사각형 유골함들을 비

68) 국립묘지관리소, 『민족의 얼』, 94쪽.

69) 지영임, 「한국 국립묘지의 전사자 제사에 관한 일고찰」, 484쪽.

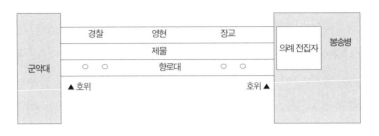

군악대	경찰	영현	장교	의례 전집자	봉송병
	제물				
	○　○	향로대	○　○		

▲ 호위　　　　　　　　　　　　　　호위 ▲

사회자 ●

헌화병 ▲

유족 대표			제주(祭主)	각군 및 유관기관 대표
유족 대표	●	●	귀빈	
유족 대표	●	●	귀빈	
	●	●		
유족 및 조문객	●	●	유족 및 조문객	
	●	●		
	●	●		
	의장대			

롯하여 꽃, 향로, 제물까지 빠짐없이 등장한다.[70] 반면에 2015년 5월 13일에 열린 국립서울현충원의 '호국영령 합동 위폐봉안식'은 대상자가 43명에 이르고 장소도 큰 의례가 열리는 현충관에서 거행되었지만, 제단 위에는 위패와 향로만이 발견된다.[71]

안장식이나 봉안식의 식순도 현충일 추념식과는 상당히 다르다. 이남우

---

70) 「6·25 전사자 818명 유해 합동봉안식 거행」, 〈YTN뉴스〉(온라인판), 2014.12.4의 영상; 「6·25 국군 전사자 유해 봉안식…현충원에 안장돼」, 『중앙일보』(온라인판), 2015.12.4의 사진 참조.

71) '유히다희'의 네이버 블로그(blog.naver.com/elfdahee)의 '즐기고!!:)' 중 「국립서울현충원 합동 위패봉안식! 할아버지, 할머니 편히 쉬세요~」(2015.5.15) 제목의 글과 사진 참조. http://blog. naver.com/elfdahee/220360150583(2016.10.27 검색).

2015년 6·25 국군 전사자 합동봉안식

가 제시하는 베트남전 당시와 1981년의 국립묘지 합동안장식 식순,[72] 그리고 지영임이 제시하는 2002년 9월 23일의 대전현충원 합동안장식 식순을 비교해보면 〈표 8-3〉과 같다.[73] (다음 페이지의 표 참조.) 표에서 보다시피, '조사'나 '추모사'의 유무 외에 1960년대부터 2000년대에 이르기까지 합동안장식 식순은 거의 변화가 없다. 영현(고인)에 대한 경례, 종교의례, 헌화와 분향, 조총 발사와 묵념이 안장식의 골격을 이룬다. 화장된 유골을 매장하는 묘역과 안장식 장소가 다르므로 '영현(유골) 봉송' 순서가 들어가는 것도 모두 동일하

---

72) 이남우, 「전시체제의 한국군 상·장례 절차에 관한 연구」, 동국대학교 석사학위논문, 2004, 30, 44쪽. 1981년의 안장식 순서는 육군본부가 1981년에 발행한 『군종예범』에 따른 것이다.

73) 지영임, 「한국 국립묘지의 전사자 제사에 관한 일고찰」, 486쪽.

다. 1960~1980년대에는 '하관'으로만 되어 있던 것을 2000년대에는 '하관, 허토, 성분'으로 세분화했을 따름이다. 최초 매장 당시 임시 목비(木碑)를 설치했다가 얼마 후 이를 석비(石碑)로 교체하는 것도 1960년대 이후 동일하게 반복되는 순서이다.

〈표 8 - 3〉 베트남전쟁 시기, 1981년, 2002년의 국립묘지 안장의식 순서 비교

1960~1970년대 (베트남전 당시)	1981년	2002년
① 개식사	① 개식사	① 개식
② 영현(고인)에 대한 경례	② 영현(고인)에 대한 경례	② 영현(고인)에 대한 경례
③ 종교의례	③ 조사	③ 추모사
④ 헌화와 분향	④ 종교의례	④ 종교의례
⑤ 조총 발사 및 묵념	⑤ 헌화와 분향	⑤ 헌화와 분향
⑥ 영현(유골) 봉송	⑥ 조총 발사 및 묵념	⑥ 조총 발사 및 묵념
⑦ 하관	⑦ 영현(유골) 봉송	⑦ 영현(유골) 봉송
⑧ 폐식사	⑧ 하관	⑧ 하관/허토/성분
(이후 유가족 가정의례)	⑨ 폐식사	⑨ 폐식
		(이후 유가족 가정의례)

2004년에 표인주가 대전현충원에서 관찰한 안장식 식순도 2002년과 사실상 동일하다. 구체적으로 ① 개식, ② 영현(고인)에 대한 경례, ③ 종교의식(불교, 개신교, 천주교), ④ 헌화, ⑤ 분향, ⑥ 조총, ⑦ 묵념, ⑧ 폐식, ⑨ 영현(유골) 봉송, ⑩ 하관, ⑪ 허토, ⑫ 성분의 순서로서,[74] 2002년에 비해 '추모사'가 빠졌을 뿐이다. 결국 추모사 순서는 필요에 따라 생략할 수도 있는 것이다. 지영임이 말하듯이 안장식에서 "하관, 허토, 성분은 묘에 유골을 넣는 유교 의례의 일부

---

74) 표인주, 「한국전쟁 희생자들의 죽음 처리방식과 의미화 과정」, 281쪽.

분"이다.[75]

〈표 8 - 4〉는 2015년 현재 국립서울현충원에서 거행하고 있는 안장의식과 합동위패봉안식의 순서를 한데 모은 것이다. 괄호로 표시된 부분은 필요에 따라 생략할 수도 있는 순서를 가리킨다.

〈표 8 - 4〉 2015년 현재 국립서울현충원의 안장의식 및 합동위패봉안식 순서

충혼당 안장 시(납골)	묘소 안장 시	20명 이상 합동안장 시	합동위패봉안식
① 개식	① 개식	① 개식	① 개식
② 고인에 대한 경례	② 고인에 대한 경례	② 고인에 대한 경례	② 고인에 대한 경례
③ (약력소개/진급추서)	③ (약력소개/진급추서)	③ (종교의식)	③ 종교의식
④ (추모사)	④ (추모사)	④ 헌화 및 분향	④ 헌화 및 분향
⑤ 헌화 및 분향	⑤ 헌화 및 분향	⑤ 조총 발사 및 묵념	⑤ 조총 발사 및 묵념
⑥ 조총 발사 및 묵념	⑥ 하관	⑥ 유골 봉송	⑥ 현충탑으로 이동
⑦ (유가족 인사)	⑦ 허토	⑦ 유골 안치	⑦ 현충탑 참배 및 유가
⑧ 유골 봉송	⑧ 성분	⑧ 고인에 대한 묵념	족 대표 헌화·분향
⑨ 유골 안치	⑨ 조총 발사 및 묵념	⑨ 폐식	⑧ 위패봉안관
⑩ 고인에 대한 묵념	⑩ (유가족 인사)		(위패 안내)
⑪ 폐식	⑪ 폐식		⑨ 폐식
봉안식장 → 충혼당	봉안식장 → 묘소	현충관 → 충혼당	현충관 → 위패봉안관

* 출처: 국립서울현충원, 『민족의 얼』(제8집), 52-57쪽.

여기서 '기념'의 성격이 강한 현충일 추념식과 '장례'의 성격이 강한 봉안식·안장식 사이의 중요한 차이가 드러난다. '기념의 세속화'와 대비되는 '장례의 종교성'이 바로 그것이다. 이미 언급했듯이 현충일의 등장은 '장례로부터 기념으로의 점진적인 이행' 그리고 '장례와 기념의 점진적인 분리'를 의미했다. 현충일 추념식에서는 1957년 이후 직접적으로 종교적인 요소들이

---

75) 지영임, 「한국 국립묘지의 전사자 제사에 관한 일고찰」, 486쪽.

전부 사라졌고, 1960년대에는 종교행사들이 추념식의 배경 역할을 담당하는 방식으로 재등장했다. 현충일 의례의 명칭이 추도식에서 추념식으로 변경된 것도 '세속적 기념으로의 전환'을 상징한다. 반면에 우리는 봉안식·안장식에서는 '장례와 종교의 친화성', 양자의 밀접한 관련과 상호 얽힘을 새삼 확인하게 된다. 현충일 이전에도 장례의 성격이 강했을 때는 전사자 의례에서 종교적 경관이 지배적이었다는 사실을 기억할 필요가 있다. 그것이 불교식 위령제였든 그리스도교식 추도식이었든 말이다.

봉안식과 안장식에서 종교의 영향은 두 측면에서 명확히 확인된다. 그 하나는, 제단 구성과 매장 의례에서 유교의 영향이 강하게 나타난다는 것이다. 다른 하나는, 봉안식과 안장식의 '종교의식' 혹은 '종교의례' 순서이다. 1974년 8월 19일에 있었던 대통령 영부인 육영수의 국민장(國民葬)에서는 영결식(중앙청 광장)과 안장식(국립묘지)에서 이른바 '3중 종교의례'가 처음 시행되었다. 영결식에서 천주교, 개신교, 불교 순서로 '종교의식'이 행해진 데 이어, ① 개식, ② 고인에 대한 경례, ③ 종교의식(천주교, 개신교, 불교 순), ④ 헌화, ⑤ 하관, ⑥ 허토, ⑦ 성분, ⑧ 조총, ⑨ 묵념, ⑩ 폐식의 순서로 진행된 안장식의 경우에도 종교의식이 포함되었다.[76] 이후 3중 종교의례가 국장(國葬)이나 국민장에서 정착하게 되고, 국립묘지에서 행해지는 봉안식이나 안장식에도 준용되었다.

그런데 2009년 5월에 거행된 노무현 전 대통령 국민장과 같은 해 8월의 김대중 전 대통령 국장에서는 기존의 3대 종교들 외에 원불교가 처음으로 장례에 참여하게 되었다. 국가적인 장례의 종교 순서가 '3중 종교의례'에서 '4중 종교의례'로 바뀐 것이다. 이 변화가 국립묘지의 안장식과 봉안식에 반영

---

76) 편찬위원회 편, 『정부의전편람』, 행정자치부, 1999, 529-546쪽 참조.

되기 시작한 때는 이듬해인 2010년 7월이었다. 다시 말해 2010년 7월 1일부터 대전현충원에서 매일 거행되는 안장식에 원불교까지 참여하게 되었던 것이다.[77] 또 2011년 7월부터는 개신교, 불교, 천주교, 원불교 순서로 고정되어 있던 대전현충원 안장식의 종교의례 순서가 '순환제'로 바뀌었다. 『원불교신문』의 설명에 따르자면, "이번 개선안은 매일 각 종교의 집전 순서를 교대로 바꿔 전날 마지막 집전한 종교가 다음날 첫 순서가 되는 방식으로 진행된다. 전날에 기독교, 불교, 천주교, 원불교 순서로 진행됐다면 다음날은 원불교, 기독교, 불교, 천주교 순서로 일일 안장의식이 열리게 된다."[78] 아직 국방부 관할로 남아 있고 여전히 '3중 종교의례'를 고수하고 있는 서울현충원과는 달리, 2006년부터 국가보훈처가 관할해온 대전현충원에서는 2010년 이후 '4중 종교의례'가 구현되고 있는 셈이다.

---

77) 『원불교신문』(온라인판), 2010.7.2.

78) 『원불교신문』(온라인판), 2011.7.22.

제3부
전사자 거처와 기념시설

9장
식민지 조선의 전사자 거처

1. 군묘지 혹은 전사자의 거처

국가가 직접 설립한 군묘지(military cemetery)야말로 가장 대표적이고 효과적인 '죽음의 공공화' 기제일 것이다.[1] 특히 국립 군묘지는 국가에 의한 '전사자 시신의 전유와 국유화'를 전제하며, 때로는 '전사자 시신의 중앙집중화'마저 포함한다. 이미 언급한 바 있듯이 현대의 국가적 기억을 구성하는 데서는 '전사자의 전유'가 중심적인 위치를 차지하고 있다. 국가가 주도한 군인 전용묘지는 사적인 죽음들과 공간적으로 분리되어 있다. 이 묘지는 치밀하게 기획된 공간 성역화 프로젝트의 산물이기도 하다. 하상복의 표현을 빌자면 국립묘지는 "신성의 공간미학"이 구현된 곳이다.[2] 아군 전사자 시신의 성성(聖性) 그리고 그 시신들이 안치된 공간의 성성은 국가 개입에 의한 '죽음 위계의 재구축', 즉 국가가 좋은 죽음과 나쁜 죽음의 전통적인 이분법을 전복시키면서 죽음의 위계를 정치적으로 재편하는 작업과 깊은 관련이 있다. 이를 통해 '정치적으로 좋은 죽음'과 '정치적으로 나쁜 죽음'이라는 새로운 죽

---

1) 기존 문헌들에서는 군사묘지, 군인묘지, 군용묘지 등 다양한 명칭들이 사용되고 있지만, 필자는 이 책에서 '군묘지'라는 용어를 주로 사용할 것이다.

2) 하상복, 『죽은 자의 정치학』, 446쪽.

음 이분법이 선명해지며, 아군 전사자들이 집단적으로 묻힌 국가묘(國家墓)는 '정치적으로 좋은 죽음'을 대표하는 장소가 된다.

전쟁기념물은 예로부터 존재했지만 군묘지는 미국에서 남북전쟁 시기에 처음 등장했다. 유럽에서는 1차 세계대전을 계기로 군묘지가 본격적으로 등장하고 확산되었다. 조지 모스에 의하면, "(유럽에서 – 인용자) 19세기에 벌어진 대부분의 전쟁에서 전사자는 따로 묘지를 갖기는커녕 제대로 매장되지도 않았다 …… 전사자의 시신은 관심의 대상이 아니었다 …… 연대 차원에서 자기 부대와 장교를 기리기 위해 전투 현장에 기념물을 세우는 경우도 있었지만, 일반 병사는 그대로 잊힐 뿐이었다. 전사자는 여전히 하나의 집합으로 취급되고 공동묘에 매장되었다. 군복무의 위상이 달라졌다고는 해도 죽어서의 익명성은 프랑스혁명 이전 시대 병사들의 그것과 결코 다르지 않았다."[3] 1870~1871년의 프로이센–프랑스 전쟁 중에 독일 최초의 군묘지가 등장했다. 그러나 이 묘지는 "아직 국가적 경배의 신전도 아니었고 무언가의 선례가 되지도 않았다."[4]

미국에서는 이보다 앞서 남북전쟁 당시인 1860년대 초부터 군묘지가 등장했다. 1861년 9월의 국방성 일반명령 75호, 1862년 4월의 국방성 일반명령 33호에 이어, 1862년 7월에는 연방의회가 묘지의 건립과 관리 권한을 국방성에서 대통령으로 이관하는 법률을 제정함으로써 군묘지가 체계적으로 만들어지기 시작했다. 새 법률에 의해 1862년 말 14개의 국립묘지가 처음 탄생했고, 1863년과 1864년에는 가장 유명한 국립묘지들인 게티스버그국립묘지와

---

3) 조지 모스, 『전사자 숭배』, 54-55쪽.

4) 위의 책, 55쪽.

알링턴국립묘지가 차례로 등장했다.[5] 남북전쟁 말기부터는 타향에 매장된 병사들의 주검을 발굴하여 고향 인근 군묘지로 이장하기도 했다. 1865년에 개시된 '연방 재매장 프로그램'(Federal Reburial Program)이 그것이었다.[6] 1870년대 초에는 미국 전역에 군묘지가 이미 73개소나 존재하고 있었다. 그러나 미국의 군묘지가 유럽에 영향을 미쳤다는 확실한 증거는 없다.[7] 사실 미국은 군묘지, 전사자 의례, 전사자 기념물 등 전사자 숭배의 모든 주요 영역에서 유럽을 반세기가량 앞질렀지만,[8] 미국의 전사자 숭배가 유럽에 미친 영향은 여전히 모호한 채로 남아 있는 편이다.

제1차 세계대전은 유럽의 군묘지 역사에서 획기적인 전환점이었다. 앞서 인용한 바 있는 모스의 말대로 "전례 없는 희생 규모는 전사자를 적절하게 매장하도록 군을 압박했다. 전쟁이 계속되면서 가족을 잃지 않은 가족이 거의 없었고, 온당한 매장과 국가 차원의 추모를 요구하는 그들의 막대한 압력 때문에 이전처럼 전사자를 방치하는 것이 불가능해졌다." 이때 "군사묘지의

---

5) 하상복, 『죽은 자의 정치학』, 128~143쪽. 알링턴국립묘지에 대한 더 상세한 사항은, James E. Peters, *Arlington National Cemetery: Shrine to America's Heroes*, 3rd edition, Bethesda: Woodbine House, 2008; Robert M. Poole, *On Hallowed Ground: The Story of Arlington National Cemetery*, New York: Walker & Company, 2010 등을 볼 것.

6) 하상복, 『죽은 자의 정치학』, 144쪽; 조지 모스, 『전사자 숭배』, 56쪽.

7) 조지 모스, 『전사자 숭배』, 55~56쪽. 미국의 국립묘지는 이후에도 계속 증가하여, 1994년에 114개소, 2001년에는 120개소에 이른다. 이 가운데 24개소는 노르망디나 멕시코시티 등 '국외'에 위치하고 있었다. 2001년 현재 미국에는 이들 국립묘지 외에도 36개 주에 모두 70개의 '주립묘지'도 존재하고 있었다(요시다 다카시, 「미국의 전몰자 추도」, 일본의전쟁책임자료센터 편, 박환무 역, 『야스쿠니신사의 정치』, 동북아역사재단, 2011, 308~309쪽). 2010년 현재로는 미국의 국립묘지 숫자가 141개나 되었다(이영자·이효재, 「외국의 국립묘지」, 『국제보훈동향』 2권 2호, 2010, 20쪽).

8) Grant, "Raising the Dead," p. 510.

발전은 바로 이 요구를 충족하고 1914년 세대의 희생을 기리는 일을 보다 쉽게 해주었다." 이런 맥락에서 "1915년 12월 29일, 유럽 최초로 프랑스가 전사자 전원에게 영구적 안식처를 배정하기로 했고, 다른 나라들도 곧 뒤를 따랐다."[9] 1921년에 이탈리아, 벨기에, 포르투갈이, 1922년에 유고슬라비아, 체코슬로바키아가, 1925년에 폴란드가, 1927년에 오스트리아가 이 대열에 합류했다.[10]

제1차 대전 이후 군묘지 등장을 계기로 근대적인 전사자 숭배가 본격화되었다. "전사자 숭배는 국가라는 종교에 순교자를 제공했고, 죽은 이들의 마지막 안식처는 국가적 경배의 신전이 되었다." 군묘지는 "국가적 경배의 신전"이요, "새로운 시민종교의 성역"이 되었다.[11] 국립묘지는 "국가의 최고의 성지"이자, "근대국가의 가장 중요한 상징물"로 인정받는다.[12] 이처럼 국립군묘지는 전사자 숭배의 최고 성지, 나아가 시민종교의 최상급 신전이 탄생함을 의미했다. 특히 군묘지가 전국에 한두 곳밖에 없을 경우 더더욱 그러했다. 전사자 시신의 가치는 더할 나위 없이 드높아졌으며, "전사자는 숭배의 대상, 시민종교의 중심, 즉 그 본질 자체가 특별한 존재"로 간주되었다.[13]

군묘지 안에서도 무명용사의 묘와 기념비가 핵심적인 관심 대상으로 부각되었다. 앞서 인용한 베네딕트 앤더슨의 말처럼 "근대 민족주의 문화의 상징으로 무명용사의 기념비나 무덤보다 더 인상적인 것은 없다." 유사한 취지

---

9) 조지 모스, 『전사자 숭배』, 56-57쪽.

10) 미나미 모리오, 「독일 전몰자 추도 역사와 야스쿠니신사·국립묘지 문제(상)」, 240쪽.

11) 조지 모스, 『전사자 숭배』, 42, 44쪽.

12) 한홍구, 『한홍구와 함께 걷다』, 56, 58쪽.

13) 조지 모스, 『전사자 숭배』, 108쪽.

에서 조지 모스는 "전사자 숭배의 초점"으로서의 무명용사 묘에 대해 다음과 같이 말했다.

> 국내외 여기저기에 흩어져 있는 군사묘지들은 그 하나하나가 국가적 신전으로 기능하긴 했지만, 전사자 숭배의 초점으로 기능하기에는 한계가 있었다. 국가는 산 자들에게 전사자의 죽음과 계속되는 국가적 사명을 되새기게 할 숭배의 구심점을 마련해야 했다. 휴전기념일 같은 정치적 의식에 군중이 참여할 수 있는 장소 같은 것 말이다. '무명용사의 묘'가 바로 이 기능을 달성했다. 무명용사의 묘는 독일을 비롯해 모든 참전국에 조성되었지만, 가장 먼저 그것을 국가적 숭배의 장소로, 즉 옛 전선 전역에 퍼져 있는 모든 군사묘지를 상징하는 "조국의 제단"으로 삼은 것은 영국과 프랑스였다.[14]

영국과 프랑스에서 "전투 현장의 한 무명용사를 본국의 수도로 옮겨와 가장 중요한 국가의 신전에 매장한다는 발상"이 동시에 나타났고, "이윽고 모든 국가가 무명용사의 묘를 전사자 숭배의 편리한 중심 장소로 삼았다." (2장에서 언급했듯이) 제1차 대전 정전기념일인 1920년 11월 11일에 런던과 파리에서 동시에 최초의 무명용사묘가 출현했고, 1921년에는 미국의 알링턴국립묘지에도 무명전사묘가 설치되었다. 한국에서도 그러했던 것처럼 무명용사의 묘는 곧 "국가적 의식의 초점"이 되었으며, "군사묘지라는 국가적 숭배의 신전은 순례의 장소가 되었다."[15] 뒤에서 자세히 언급하겠지만, 한국의 경우 전쟁 전에는 서울의 장충사가, 전쟁 후에는 서울 국군묘지와 부산 유엔군묘

---

14) 위의 책, 111쪽.

15) 위의 책, 110, 112, 114쪽.

지가, 이 밖에도 인천·제주·대전·전주 등에서도 군인·군경(軍警)묘지가 전사자 의례의 핵심 장소로 창출·선택되었다.

군묘지는 그 자체가 웅장한 기념비이기도 하고, '기념비들의 숲'이기도 하다. 기념비들로 가득 찬, 화려한 기념비들로 장식된 거대한 공간이 바로 군묘지이다. 묘지가 기억과 기념의 집중적인 대상이 되는 연유이다. 무엇보다 중요한 것은 "기억의 매체인 군인들의 육신"(알라이다 아스만)이다. 피어슨이 지적했듯이, "(망자의 - 인용자) 안치 장소들은 그 일부 혹은 심지어 전부가 보이지 않게 되고 금방 잊힐 수도 있지만 그렇지 않고 뚜렷이 드러나 보이도록 표시가 되거나 기념물이 되는 경우도 허다하다. 죽음이 경관 속에 새겨지는 것이다. 그래서 산 자들이 언제든 그 사건과 그 지점을 볼 때마다(혹은 생각만 해도) 다시 경험을 하게 된다." 이와 유사하게 "그 봉분은 그 사건을 눈에 보이도록 하는 물리적 표시이자 장례 절차의 정점 역할을 하였을 뿐 아니라 기억과 기념의 시발점 역할을 하기도 하였다." 피어슨은 묘지건축과 기념물이 제공하는 물화·화석화 효과, 영구불변(영구성)의 효과에도 주목했다. "장례 관련 기념물은 실로 그 사건 이후 여러 세기가 지나서도 모든 사람들이 볼 수 있도록 물화되고 화석화된 것"이다. 무덤은 "웅대하고 견고하며 아름답고 육중하게 구축됨으로써 마치 죽음을 극복한 듯 보이는 영구불변의 효과를 얻는다. 이 기념물의 영구성은 사람들이 살았던 경관을 영원히 바꾸어 놓으며 미래 세대들에게는 시공간의 고정된 점이 된다."[16]

군묘지는 고도로 정치적인 공간이기도 하다. 그곳에는 부활·전우애·희생을 표상하는 상징들이 가득하고, 민족주의 이념이 이 전쟁 상징들을 연결시키고 있다. 군묘지는 전쟁을 미화하고 국가와 지배질서를 정당화하는 공

---

16) 마이크 피어슨, 『죽음의 고고학』, 354, 358, 360~361쪽.

간이기도 하다. 그곳에선 전사자들이 국가의 희생제물로 바쳐진 순교자 이미지로 묘사되고 있다.[17] 그런 면에서 군묘지는 국가주의와 애국주의를 재현하거나 촉진하는 공간이다. 그곳에선 전쟁의 비극적 폭력성이 실감나지 않는다. 공원처럼 잘 가꾸어진 군묘지는 "국가 차원에서 관리하는 죽음에 정당성과 가치를 부여하는 기능을 함과 동시에 전쟁의 폭력성을 은폐하는 이중적 효과"를 발휘한다.[18] 한국의 권력자들이 서울의 국립현충원을, 정부 비판자들이 국립 민주묘지들을 자주 방문해왔던 것처럼, 묘지는 "최적의 상징정치 무대"이기도 하다.[19] 미국에서도 오랫동안 국립묘지는 인종주의와 정치이념이 갈등적으로 교차하는 '애도 정치'(politics of mourning)의 무대였다.[20]

오늘날의 한국사회에서는 전사한 군인을 국립묘지에 안장한다는 것이 상식처럼 되어 있다. 그렇지만 인류사에서 국가적 성소로서의 군묘지가 등장한 것이 제1차 대전 이후라는 비교적 근자의 일이었듯이, 한국사에서도 전용 군인묘지가 등장한 것은 '가까운 과거'의 일이었다. 한반도에서는 식민지 시대에 군묘지가 처음 등장했다. 해방 후로는 대한민국 정부가 수립된 지 8년이 지난 후에야 비로소 군묘지가 생겨났다. 해방 후 10년 동안, 더 길게는 1930년대 이후 약 20년 동안 매우 다채로운 묘지 형태들이 실험되었고, 공존하고 명멸했다. 전사자 의례에서 그랬던 것처럼 전사자의 시신 처리 내지 묘영역에서도 식민지 지배의 영향이 대단히 강하게 나타난다. 그러니 여기서

---

17) 조지 모스, 『전사자 숭배』, 36, 41, 44, 259~260쪽.

18) 정호기, 「국민국가의 신성성과 '죽은 자 모시기': 국립묘지의 조성과 유지를 중심으로」, 『호남문화연구』 36집, 2005, 213쪽.

19) 하상복, 『죽은 자의 정치학』, 7쪽.

20) McElya, The Politics of Mourning.

도 식민지 시대의 전사자 묘로부터 논의를 시작하려 한다.

필자는 전사자의 육신과 영혼, 백(魄)과 혼(魂)을 구분하는 독특한 이원론에 기초하여 군묘지 외에도 다양한 형태의 숭배 장소들·제도들을 창출하는 동아시아 사례들을 포괄하기 위해 '군묘지'보다 더욱 넓은 '전사자 거처(居處)'라는 용어를 사용할 것이다. 따라서 전사자 거처라는 용어는 죽은 군인들의 '육신의 거처들'(묘지와 불교 사찰, 충령탑 등)과 '혼의 거처들'(사당이나 신사, 충혼비 등)을 아우르게 된다.

2. 영적 안전망 — 일본과 조선

식민지화를 전후한 시기에 일본과 조선에는 대조적인 장묘문화가 뿌리내리고 있었다. 이 무렵 일본사회는 압도적으로 '불교적인 화장(火葬)문화'로 기울었던 데 반해, 조선사회는 압도적으로 '유교적인 매장(埋葬)문화' 쪽으로 기울어 있었다. 물론 일본에서 시신 매장문화가 잔여적 범주로써 일부 존속했던 것처럼 조선에서도 불교식 화장문화가 부분적으로 잔존했다. 그러나 '화장 이후'의 과정, 즉 화장한 유골을 처리하는 방식과 절차에서도 일본과 조선은 크게 달랐다.

따라서 식민지화를 계기로 조선사회를 향해 전면적으로 침투해 들어온 일본식의 전사자 장묘문화가 식민지 조선의 장묘문화를 어떻게 역동적으로 재편해나가는지를 추적하는 게 중요해진다. 특히 '근대적인 전사자 숭배'라는 맥락에서 식민지화 이후 전사자 시신이 처리되는 방식이 어떻게 형성되고 변화되는지를 파악하는 것이 중요해진다. 일본과 조선 장묘문화의 첨예한 대조는 식민지 시대의 조선사회 내부에 '전통적이고 익숙한 장묘문화'와

'새롭고 낯선 장묘문화'가 그 귀추를 쉽게 예측하기 어려울 만큼 복합적·갈등적으로 혼재하게 되었음을 뜻했다.

이와타 시게노리가 강조했듯이 전통적으로 일본에는 매장과 화장, 매장과 비(非)매장, 묘석(墓石)의 건립과 비(非)건립이 공존하는 '묘의 다양성'이 존재했다.[21] 통시적으로 볼 때 다양한 묘제(墓制) 가운데 일본 열도에서 가장 일반적이었던 것은 '시체의 매장'(즉 토장)과 '묘석의 건립'이 결합된 양식이었다고 한다.[22] 그러나 (앞에서 언급했듯이) 17세기 중반 이후 죽음 의례 독점권을 불교에 보장한 '단가제도'(혹은 '사단제')를 통해 민간 및 국가 영역 모두에서 압도적으로 불교적인 죽음 경관이 형성되고 정착되었다. 이 시기에 '장례식 불교' 식의 조상제사가 뿌리를 내리는 가운데, 불교 색채의 묘석을 중심으로 한 '오하카'(お墓) 장묘문화가 확산되었다. 묘석 역시 사자의 불교식 계명(戒名) 내지 법명(法名)을 새긴 개인별 묘석에서 '조상 대대(代代)의 묘'라는 집단적 묘석 양식으로 변천되어갔다.[23]

메이지유신 이후 공적인 죽음 의례의 측면에서 '신도로의 전환'이 이루어졌음은 이미 앞에서 살펴본 바이나, 공적인 장묘문화의 측면에선 '짧은 탈(脫)불교적 우회'를 거쳐 1880년대에는 이전의 불교적 장묘문화로 회귀했다. 메이지 정부는 1873년 8월에 화장 금지 포고에 의해 화장을 일시적으로 금했지만, 이후 묘지 부족 문제가 제기되자 1875년 5월에는 화장 금지를 해제했다. 1884년 10월에는 '묘지 및 매장 취체(取締) 규칙'을 제정하여 매장을 금지하고 화장을 장려하는 정책으로 다시 선회했다. 이런 기조는 그 후로도 유지

---

21) 이와타 시게노리, 『일본 장례문화의 탄생』, 특히 119~145쪽 참조.

22) 위의 책, 129쪽.

23) 위의 책, 특히 86~88, 99~100, 154~160쪽.

되었다.[24] 공적 죽음 의례의 신도로의 전환에도 불구하고, 장묘문화는 화장을 기조로 하는 17세기 이래의 불교식 장묘문화가 지속되었던 것이다.

여기서 두 가지 사실에 주목할 필요가 있다. 첫째, "일본의 화장 관행은 화장 후 산골 방식이 아니라 화장 후 매장하는 방식"이라는 것이다.[25] 다시 말해 통상 일본에서는 '화장한 유골을 빻아 가루로 만든 후 숲이나 바다·강 등에 뿌리는 장례'인 산골(散骨) 방식이 아니라, 화장한 유골을 용기에 담아 땅에 매장하는 방식을 택한다. 그렇다면 일본식 화장 관행의 특징은 '화장 후 매장', 즉 화장과 매장의 순차적 결합에 있는 셈이다. 화장 장묘문화가 압도적인 일본에서도 묘지가 필요해지는 것 역시 이런 화장 후 매장 관습 때문이었다. 화장 후 매장이 기본패턴이므로 매장은 필수가 되지만, 이때 매장은 사망 당시의 온전한 시신을 관에 넣어 매장하는 것이 아니라 화장한 유골을 매장하는 것이라는 점에서 한국에서와는 전혀 다른 의미를 지닌다. 매장의 사전적 의미가 '시체나 뼈를 땅에 묻음'이라고 할 때, '시체를 묻음'(한국)과 '뼈를 묻음'(일본)의 차이인 셈이다. 한국에서는 '시체를 땅에 묻는 장례법'인 토장(土葬)이 대부분이나 일본에선 이런 토장 사례가 드물다. 둘째, 일본에서는 "화장 시 분골하지 않고 그대로 수습"한다는 것이다.[26] 여기서의 '분골'은 '뼈를 가루로 만든다'는 뜻의 분골(粉骨)을 가리킨다. 이처럼 유골을 '분골'(粉骨)하지 않은 채 수습을 하게 되면, '유골을 두 곳 이상에 나누어 묻음'을 뜻하는 또 다른 '분골'(分骨)이 용이해진다. 실제로도 일본에서는 이런 분골(分骨)이

---

24) 선진장묘시설 합동연수단, 『외국의 장묘시설 연수보고서: 일본과 미국을 중심으로』, 서울특별시, 1999, 41, 44~45쪽.

25) 위의 책, 42쪽.

26) 위와 같음.

종종 관행처럼 이루어졌다. 예컨대 조선총독에 이어 총리(수상)를 역임한 사이토 마코토(齋藤實)가 암살되자 1936년 3월 16일 도쿄 스키치의 본원사(本願寺)에서 불교식으로 영결식이 치러졌다. 그 후 화장된 유골 중 일부는 분골되어 도쿄의 묘에 안장되고 나머지는 고향인 이와테현 모리오카시로 보내졌다. 아울러 유발(遺髮)은 그를 기리기 위해 경성 남산 기슭에 창건된 약초관음당에 안치되었다.[27] 반면에 한국에서는 이런 방식의 분골(分骨)이 극히 제한적으로만 이루어졌다.

이처럼 (1) 압도적인 불교식 화장문화, (2) 화장 후 매장이라는 관행, (3) 화장 시 분골(粉骨) 없는 유골 수습, (4) 화장한 유골의 분골(分骨) 관행은 근대 일본의 전사자 묘, 나아가 식민지 조선의 전사자 묘 양식을 독특하게 만들어나가게 된다. 식민지 시대에는 육군/해군 묘지, 충령탑, 불교 사찰 납골이 전사자의 유골을 안치하는 세 가지 주요 형식이었다.

한편 근대 일본에서 전사자 장묘문화의 또 다른 축은 국가신도에 의해 구축되었다. 여기서 가장 중요한 것은 '혼(魂)과 육신의 분리'라는 사고방식이다. 혼과 육신의 분리는 때로 너무 철저하여, 전사자의 시신이나 유골을 '불결한 것'으로 간주하기도 한다. 다음 인용문이 이런 사고방식을 잘 보여주는데, 태평양전쟁 당시 국외에서 사망한 군인과 민간인 중 신원이 불분명한 유골을 안치한 도쿄의 '지도리가후치(千鳥ヶ淵) 전몰자 묘지'가 1959년에 탄생하게 된 경위를 설명하는 대목이다. "전후 남쪽에서 일본인 전몰자의 '유골수집단'이 몇 번이나 찾아가서 합계 수십만 명의 유골을 일본으로 가지고 왔습니다. 그 첫 회에 그들은 유골을 제일 먼저 야스쿠니신사에 가져갔는데, 불

---

27) 비온티노 유리안, 「일제하 서울 남산 지역의 일본 신도·불교 시설 운영과 의례 연구」, 210~212쪽.

결한 것은 받지 않는다는 이유로 유골 그 자체는 받아들이지 않겠다고 했습니다. 그런 까닭에 고생하며 가지고 온 사람들은 어찌할 바를 몰랐습니다."[28] 최근 비온티노 유리안은 약간 더 상세한 설명을 제공했다. "일본의 신도는 위령과 초혼을 맡았지만, 장례식과 사망에 관련된 것은 맡지 않았다. 신도의 정화 개념, 수불(修祓) 개념에 따라 신사 경내에서 '부정'(不淨)이 생기면 안 되기 때문이다. 신사는 정화된 신으로서 죽은 자를 받아들일 수는 있지만 사체를 받아들일 수는 없다. 따라서 시체를 직접 대하는 것은 박문사 등의 불교시설들이 담당하였다."[29]

결국 국가신도에서 전사자 장묘문화의 핵심은 전사자의 육신은 배제하고(혹은 전사자의 육신은 전적으로 불교적 방식에 내맡겨두고), 오로지 전사자의 '혼' 내지 '영혼'의 측면에만 집중하는 것이다. 특별한 결함이 없는 한 당사자나 유족의 의지와 상관없이 전사자의 혼은 전국 차원의 야스쿠니신사와 지방 차원의 호국신사(護國神社)에 합사되어 주기적인 제사의 대상이 된다. 이보다 작은 마을 단위에서도 전사자의 혼은 "마을의 야스쿠니"[30]로 일컬어지는 충혼비(忠魂碑)에 봉안된다. 야스쿠니신사, 호국신사(관제 초혼사, 지정 호국신사), 충혼비 삼자(三者)가 하나의 수직적인 피라미드 구조를 이루게 되었다.[31]

---

28) 가와카미 다미오 외, 김정훈·박승원·홍두표 역, 『야스쿠니신사와 그 현주소: 비전(非戰)·진혼(鎭魂)·아시아』, 학사원, 2007, 77쪽.

29) 비온티노 유리안, 「일제하 서울 남산 시역의 일본 신도·불교 시설 운영과 의례 연구」, 205~206쪽.

30) 오에 시노부, 『야스쿠니신사』, 181쪽.

31) 위와 같음; 정호기, 「일제하 조선에서의 전쟁사자 추모 공간과 추모 의례」, 141쪽.

9장 식민지 조선의 전사자 거처 | 295

논의를 정리해보자. 국가신도에 의해 전사자의 혼과 육신은 일단 명확히 분리된다. 이 가운데 특정 전사자의 혼은 충혼비, 호국신사, 야스쿠니신사에 삼중(三重)으로 봉안되어 제사와 참배와 기념의 대상이 된다. 한편 전사자의 육신은 화장된 후 육군·해군 묘지에 매장되거나, 충령탑에 안치되어 국가에 의한 위령과 현창의 대상이 된다. 전사자의 유가족은 분골(分骨) 관행을 활용하여 전사자의 유골 일부를 묘지 혹은 충령탑에 두고, 나머지 유골 일부를 불교 사찰에도 동시에 안치할 수 있다. 이 가운데 사찰 납골이 '죽음의 사사화(私事化)' 기제라면, 이를 제외한 나머지는 모두 '죽음의 공공화' 기제들이다. 이처럼 제제2차 대전 패전 때까지 제국주의 일본에는 불교와 신도가 잘 결합된 군대식 장묘문화가 형성되어 있었다. 추정컨대 이 장묘문화의 효과와 위력은 대단했던 것 같다.

로렌스 야나코니는 동양 종교나 뉴에이지 계열 종교들이 지배하는 곳에서 종교적 소비자·투자자들이 종교적 선택(종교적 소비·투자)에 따르는 위험을 최소화하기 위해 구사하는 전략을 '종교적 포트폴리오'(religious portfolio)로 명명한 바 있다. 종교상품의 사적인 생산이 지배적인 다신교적 상황에서는 여러 종교들에 두루 참여하는 방식으로 종교적 투자를 분산시키는 '포트폴리오 다변화'(portfolio diversification)가 최선의 위험 축소(risk reduction) 전략이자 위험 관리(risk management) 전략이 될 수 있다는 것이다.[32] 전사자의 유골을 분골하여 불교 사찰에도 안치함으로써 신도·불교 모두로부터의 보상과 혜택을 기대하는 유가족의 '합리적인' 선택은 야나코니가 말하는 포트폴리오 다변화 전략을 연상시킨다.

그러나 필자는 '사회적 안전망'(social safety net) 개념을 응용한 '영적 안전

---

32) Laurence R. Iannaccone, "Risk, Rationality, and Religious Portfolios," *Economic Inquiry*, vol.33, no.2, 1995.

망'(spiritual safety net) 개념이 일본식 전사자 장묘문화를 설명하는 데 더욱 적절하리라고 생각한다. 살아 있는 이들을 실업, 빈곤, 재해, 노화, 질병 등의 사회적·환경적 위험들로부터 보호하기 위한 제도적 장치를 우리는 '사회적 안전망'이라고 부른다. 이와 유사하게 필자는 한편으로는 죽은 이들을 원혼(冤魂)이 될 여러 위험으로부터 보호하고, 다른 한편으로는 그들의 사후 복지(afterlife well-being)를 극대화하기 위한 제도적 장치들을 '영적 안전망'이라고 부를 수 있다고 본다. 물론 여기서 필자는 '전사자의 사후 복지를 위한 영적 안전망'을 염두에 두고 있다. 1945년 이전 일본에서는 전사자들의 사후 복지를 위해, 혼과 관련된 세 가지 거처(야스쿠니신사, 호국신사, 충혼비), 육신과 관련된 세 가지 거처(군용묘지, 충령탑, 불교 사찰) 등 모두 여섯 가지의 전사자 거처들이 영적 안전망으로 동원되고 있었던 셈이다. 개개 전사자들은 이 가운데 최소 세 가지(즉 야스쿠니신사, 호국신사, 충혼비), 최대 다섯 가지(즉 야스쿠니신사, 호국신사, 충혼비, 군용묘지와 충령탑 중 하나, 불교 사찰)의 영적 안전망을 향유할 수 있게 된다. 여기에 가정 단위의 불단(佛壇)까지 추가될 수 있다.[33]

'종교적 포트폴리오'는 위험의 회피와 분산에 초점을 둔, 기본적으로 소극적인 개념이다. 반면에 '영적 안전망'은 (위험으로부터의 보호라는 소극적 측면도 있긴 하나) 사후 복지의 극대화에 초점을 둔 매우 적극적인 개념이다. 개개의 전사자 혼은 모두 도쿄의 야스쿠니신사, 자신의 출신 도부현(道府縣) 호국신사, 자신의 출신 마을(市町村) 충혼비에 삼중(三重)으로 소속된다. 중앙정

---

33) 신도와 불교라는 두 종교의 경계마저 자유롭게 넘나들며 집, 지역사회, 국가에 이르기까지 다층적으로 진행되는 전사자 제사의 이런 특이함을 일본 학계에서는 '다중제사'(多重祭祀)라고 부른다고 한다. 이와타 시게노리, 『일본 장례문화의 탄생』, 210쪽.

부와 천황과 국민들은 야스쿠니신사에서, 도부현 지방정부와 주민들은 호국신사에서, 마을 주민들은 충혼비에서 전사자 집단의 사후 복지를 주기적으로 기원한다. 일본의 태평양전쟁이나 그 후의 한국전쟁에서도 그랬듯이 전쟁 상황에서는 전사자의 유골조차 수습하지 못하는 사례가 허다하며, 이처럼 유골조차 부재한 경우에는 전사자 '혼'을 위한 영적 안전망이 결정적으로 중요해진다. 전사자의 혼에 개입하는 신도와 육신에 개입하는 불교가 서로 충돌하는 것도 아니다. 신불혼용(神佛混用) 내지 신불병용(神佛倂用), 즉 신도와 불교의 융합 혹은 병용 전통이 민중 속에서 뿌리를 내린 가운데 전사자 의례와 장묘 모두에서 신도와 불교는 서로 협력하여 전사자의 사후 복지 증진 효과를 낳게 된다.

종교적 포트폴리오는 개개인의 합리적인 선택에 맞춰진 개념이지만, 영적 안전망의 많은 요소들은 개인들이 자유롭게 선택할 수 있는 대상이 아니다. 먼저, 전사자 육신과 관련된 두 가지 안전망에 대해서는 유가족에게 선택권이 부여된다. 전사자 유해를 처리하는 방식 중 유족들은 군용묘지 매장이나 충령탑 안치 모두를 선택하지 않고, 전사한 가족의 유해를 고향의 선영(先塋)이나 일반묘지에 매장할 수 있다. 유해의 사찰 납골이 전적으로 유가족의 선택에 맡겨졌음은 물론이다.

반면에 전사자 혼과 관련된 세 가지 영적 안전망의 경우에는 개인적 선택권이 인정되지 않는다. 다시 말해 전사자들은 일정한 심사를 거쳐 당사자나 유족의 의사와 관계없이 야스쿠니신사, 호국신사, 충혼비에 모두 합사(合祀)되며, 일단 합사되면 그 어떤 혼도 분사(分祀)가 불가능해진다.[34]

---

34) 바로 이 때문에 야스쿠니신사에 합사된 조선인 전사자들의 혼을 분사해달라는 유가족들의 요구는 지금까지 수용되지 않고 있다. '합사 – 분사 선택권의 부재'는 불교·신도의 신자

요컨대 일본은 제2차 대전 패전에 이르기까지 세계 어느 곳에서도 발견되지 않을 정도로 강력하고 효율적인 전사자 영적 안전망을 구축해놓고 있었다. 불교와 신도라는 상이한 종교들이 동일한 목적에 동원되고 활용되었다. 그런데 이것은 전사자 시신과 관련된 '이중의 분리', 즉 ① 혼과 육신의 분리, ② 유골의 분리(分骨)에 의해 비로소 가능해졌다. 군국주의 일본은 이처럼 이중의 분리에 기초하여 20세기 전반기에 세계 최고 수준의 영적 안전망을 구축할 수 있었다. 이런 맥락에서 촘촘하고도 두터운 영적 안전망에 대한 믿음이 일본인 병사들에게서 죽음에 대한 공포를 상당히 완화시켜주었으리라 추정할 수도 있을 것이다.

앞서 언급했다시피 식민지로 전락할 당시 조선에는 일본과는 대조적인 장묘문화가 자리 잡고 있었다. 유교적 매장문화가 확고하게 지배적인 지위를 차지하고 있었고, 단지 잔여적인 범주로서만 불교식 화장문화가 존속하고 있었다. 일본과는 정반대의 구도였다. '선산'(先山)이라는 용어에 잘 나타나듯이 조상들의 무덤이 모여 있는 묘지는 공적 공간이 아닌, 철저히 친족과 문중 단위의 사적인 공간이었다. 불교식 납골 공간은 호모 사케르나 서발턴의 공간, 혹은 미셸 푸코가 말한 '헤테로토피아'에 가까웠다.[35] "우리나라(조선 – 인용자)에서는 묘자리를 중시하는 풍수지리설과 조선시대의 억불숭유 정책으로 화장문화가 금기시되었기 때문에 대개 무연고자나 묘지 관리가 어려

가 아닌 이들, 예컨대 그리스도교와 같은 다른 종교를 신봉하는 전사자나 유족들에게도 문제를 산출한다. 결국 '민족-종족'(특히 식민지 피지배 민족)과 '종교'(불교와 신도 외의 종교)이라는 두 영역에서 갈등이 발생할 가능성이 높은 셈이고, 실제로도 종종 갈등이 발생하고 있다. 종교와 관련된 갈등에 대해서는, 이와타 시게노리, 『일본 장례문화의 탄생』, 211~212쪽 참조.

35) 미셸 푸코 저, 이상길 역, 『헤테로토피아』, 문학과지성사, 2014.

운 사람, 또는 저승을 부처님의 힘에 의지하고자 하는 사람들이 사찰 납골당을 이용했다."[36] 이 인용문에도 적시되어 있듯 '무연고자'나 '묘지 관리가 어려운 사람' 아니면 독실한 불교 신자들만이 시신을 화장한 후 '골당'(骨堂)이나 '봉안당'(奉安堂)으로도 불린 사찰 납골당에 유골을 안치했다. 화장한 유골을 처리하는 방식과 절차에서도 일본과 중요한 차이를 드러냈다. 식민지화 직전의 조선사회에서는 ① 화장한 유골을 다시 매장하여 묘지처럼 꾸미는 일도 거의 없었고, ② 화장한 유골을 여러 곳에 나눠 안치하는, 즉 분골(分骨)을 실행하는 일도 거의 없었다.

망자의 '육신'을 위한 영적 안전망으로 유교와 불교가 활용된 것처럼, 망자의 '혼'을 위한 영적 안전망으로도 유교와 불교가 동원되었다. 조상의 신주(神主)를 안치한 가문 단위의 유교식 사당을 건립하는 일, 사찰에 망자의 신주나 위패를 안치하는 일, 아니면 가옥 내부에 망자의 신위(神位)를 모셔두는 일 등이 그것이었다. 해방 후의 사례이기는 하나, 미혼 상태로 죽은 함평사건의 피학살자를 위해 "무속적인 방법으로 사후 혼인을 시키고 그 영혼들을 절에 안치"한다거나, "아들에게 제사 지내줄 후손이 없는 관계로 어머니가 월성사 절에 신주를 봉안하여 해원을 해주었고, 그 절이 폐사되자 신주를 집으로 봉안하여 음력 10월 27일에 간단한 음식상에 술 대신 물을 올려놓고 어머니 혼자서 제사를 지내주었다."라는 모습[37]은 망자의 혼을 위해 불교식 영적 안전망을 주로 활용하면서도 무속(영혼결혼)과 유교(신주를 가내에 봉안하고 기일에 맞춰 제사를 지내는 것) 방식의 영적 안전망까지 함께 결합시킨 경우라 할 것이다. 압도적인 매장문화 속에서 '유교식 묘지(육신)와 사당(혼)의 이원구조'가

---

36) 「납골당」, 원광대학교 원불교사상연구원 편, 『원불교대사전』, 원불교출판사, 2013, 192쪽.

37) 표인주, 「한국전쟁 희생자들의 죽음 처리방식과 의미화 과정」, 294쪽.

20세기 초 조선 장묘문화의 골간을 이루고 있었고, '불교식 납골(육신)과 신주 봉안(혼)의 이원구조'가 이를 보완하고 있었다.

　식민화 전야(前夜)의 조선에는 전사자들의 '혼'을 돌보기 위해 전국에 걸쳐 야스쿠니신사 – 초혼사 – 충혼비로 이어지는 공적인 영적 안전망을 구축한 일본의 장묘 체계에 비견할 만한 것은 전혀 없었다. 일본의 군인묘지나 충령탑과 유사한, 전사자 '육신'의 사후 복지(死後福祉)를 위한 공적인 영적 안전망 역시 거의 없거나 체계적이지 못했다. 이런 상태에서 식민지화를 계기로 이질적이고 낯선 일본식의 전사자 장묘문화와 장묘시스템이 식민지 조선으로 한꺼번에 밀려들어왔다. 야스쿠니신사가 조선에서도 점점 중요해졌을 뿐 아니라 충혼비, 육군묘지, 충령탑, 호국신사 등이 시차를 두고 조선 각지에 들어섰다. 이것은 독특하게 일본적인 방식으로 형성된 '근대적인' 전사자 숭배가 식민지 조선으로 이식되는 과정이기도 했다. 이제부터 일본식 영적 안전망을 하나씩 좀 더 자세히 살펴보면서, 그것이 식민지 조선에 도입되는 과정과 양상에 대해서도 주목해보도록 하자.

3. 전사자의 혼

(1) 야스쿠니신사

　야스쿠니신사로 대표되는 국가신도의 장묘문화는 불교 색채가 강한 일본의 전통적인 장묘문화에 도전하지 않았고, 그것을 훼손하지도 않았다. 국가신도의 장묘문화는 기존 전통과 별다른 충돌 없이 공존을 추구하면서 전사자들의 영적 안전망을 전반적으로 강화했다. 전사자 시신이 이전처럼 불교 사찰에 의해 사적으로 전유되는 가운데, 새롭게 국가신도 체계를 구축함으로써 군인의 죽음을 공공화하는 일본적인 방식을 창출해낸 것이다.

무엇보다도 야스쿠니신사는 군인·군속들의 죽음을 국가화·국유화하는 기제이다. 유족들은 전사자의 시신이 매장될 장소에 대해서는 선택권을 갖지만, 전사자의 혼에 대해서는 선택권을 행사하지 못한다. 단순히 선택권을 갖지 못하는 정도를 넘어, 전사자 혼에 대한 통제권이나 소유권을 주장하는 행위 자체가 "잘못된 행동양식" 혹은 "나라의 신에 대한 불근신"으로 간주되어 비난의 대상이 된다.[38]

그렇다고 죽음의 국가화·국유화가 '모든' 일본군의 죽음에 해당하는 것은 아니다. 전쟁으로 사망한 민간인 신분의 일본인이나 적군 전사자 역시 당연히 해당되지 않는다. 야스쿠니신사 측은 관계 당국으로부터 전사자들의 개별 명단인 '제신명표'(祭神名票)를 전달받아 해당 전사자가 '제신'(祭神)의 합당한 자격을 갖추었는지 심사한다. 패전 직전인 1945년 7월 현재의 '합사 표준 최저한'(군인, 군속)에 의하면, ① 전사 또는 전상(戰傷) 때문에 사몰한 자, ② 전지, 사변지에서 특정 유행병을 앓거나 또는 중대한 과실에 의하지 않고 상병(傷病)을 입거나 혹은 질병을 앓아서 이로 인해 사몰한 자, ③ 전지, 사변지 이외의 장소에서 전역(戰役)·사변에 관한 공무 때문에 상질(傷疾)을 입거나 혹은 질병을 앓아서 이로 인해 사몰한 자, ④ 전지, 사변지 등에서 자살한 자 등으로 그 정상이 속사(屬祀)라 인정할 수 있는 자가 제신 자격을 갖춘 것으로 인정되었다.[39]

이런 '행정적' 심사절차를 통과했다고 해서 전사자가 곧바로 제신이 되는

---

38) 오에 시노부, 『야스쿠니신사』, 151~152쪽.

39) 니시사토 후유코, 「'야스쿠니 합사'의 구조」, 337쪽.

것은 아니다. 일정한 '종교적' 절차를 밟아 비로소 제신의 반열에 오르게 되는데, 그 절차가 바로 '초혼제'(招魂祭)와 '영새부(靈璽簿) 등재'이다. 이 두 가지 종교적 절차를 거침으로써 일본군 전사자들은 '신령(神靈)으로의 전환'과 '합사'(合祀)라는 사후(死後)의 통과의례를 모두 완료하게 된다. 초혼제는 "사람의 영에서 신의 영으로 전화하는 의례적 수속"이다.[40] 이를 좀 더 풀어 말하면 다음과 같다. "초혼장에서의 제사는 인령을 그곳에 초빙한다. 이때는 사람의 영이다. 일단 그곳에서 합사의 봉고제를 행한다. 그렇게 하여 정전에 안치하게 되면 이때 비로소 신령이 되는 것이다 …… 초혼제는 고인의 영을 개인의 영으로서 또는 유족의 혈연의 영으로서가 아니라 국가신도 하의 국가제사의 대상으로서의 신령으로 전화시키는 의식이다."[41] 요컨대 '전사자의 신격화'를 위한 종교적 기제가 바로 초혼제인 것이다. 한편 합사는 영새부에 전사자의 이름을 등재하는 것으로 완성된다. "합사(合祀)는 사전적으로 둘 이상의 죽은 사람의 혼령을 한곳에 모아 제사(祭祀)한다는 뜻이다. 야스쿠니에서는 새로운 혼령을 추가, 신으로 제사를 하겠다는 의미이다. 야스쿠니 합사절차는 제사 대상자 명단인 '영새부'(靈璽簿)에 이름을 올리는 것으로 완료된다. 유골을 안치하거나 위패를 따로 설치하지는 않는다."[42]

결국 야스쿠니신사에는 전사자 개인별로 작성된 '제신명표', 합사 자격심사를 통과하고 초혼제를 통해 신령으로 전환된 전사자들의 명부인 '영새부', 개별 명단을 명부로 묶은 것으로 영새부와 동일한 내용을 갖는 '제신

---

40) 오에 시노부, 『야스쿠니신사』, 178~179쪽.

41) 위의 책, 150~151쪽.

42) 차학봉, 「'전범(戰犯) 합사'가 어떤 의미 갖길래 한·일(韓·日) 외교쟁점 될까」, 『조선일보』(온라인판), 2014.8.19.

부'(祭神簿)라는 세 가지 명부가 보존되어 있다.[43] 이 가운데 '영새부'는 신령이 된 전사자들의 혼이 깃든 '어령대'(御靈代)로 인정된다. 어령대는 신령으로 전화한 사자 영혼이 새롭게 획득한 '신비스러운 신체'로서, 한국식으로 말하자면 신위(神位)와 유사한 것이다. "어령대는 신검(神劍) 및 신경(神鏡)에 계시고 …… 내전의 좌우의 영상(靈床)에 부영새(副靈璽)로서 관위성분(官位姓分)을 열거해 적어놓은 두루마리 첩책을 봉안한다."라는 『야스쿠니신사지』의 표현처럼,[44] 영새부와 함께 신성한 검과 거울도 야스쿠니신사의 또 다른 어령대를 이룬다. 신검과 신경이 야스쿠니신사의 '본전'(本殿)에 위치한다면, 영새부는 본전 뒤편의 '영새부 봉안전(奉安殿)'에 위치하고 있다.[45] 이처럼 '혼과 육신의 분리'라는 국가신도의 독특한 종교적 기제가 야스쿠니신사라는 그리 넓지 않은 공간 안에 수백만 명 군인의 혼을 합사하고, 그들의 죽음을 국가화하고, 전사자를 신격화하여 국가적 숭배의 대상으로 만드는 것을 가능케 했다. "외국인이나 젊은이들은 야스쿠니신사는 '묘'와 같은 곳이라 이해하는 경향도 있는 것 같은데, 246만 명이나 되는 묘를 만드는 데는 방대한 토지와 비용이 필요하니까 '영'(靈)이라면 부피가 크지 않으며 무겁지도 않다. 토지는 필요 없으며 유골을 찾을 필요도 없다. '국가'의 입장에서 보면 참으

---

43) 이재연, 「日 야스쿠니 한국인명부 일부 없앤다」, 『서울신문』, 2009.2.28; 「[사설] 日 법원의 야스쿠니 합사 옹호 황당하다」, 『국민일보』(온라인판), 2011.7.22.

44) 오에 시노부, 『야스쿠니신사』, 191쪽에서 재인용.

45) 오영환, 「영새부(靈璽簿)」, 『중앙일보』(온라인판), 2006.7.26; 조은지, 「전범들의 '귀신놀음' 야스쿠니」, 〈YTN뉴스〉(온라인판), 2013.12.26; 임기상, 「'야스쿠니 신사' 어떤 곳인가?」, 『중앙일보』(온라인판), 2013.12.26; 방송뉴스팀, 「야스쿠니신사 내부 전격 공개…'의문의 공간' 정체는?」, 〈JTBC뉴스〉(온라인판), 2013.12.26.

로 편리한 구조인 것이다."[46]

대다수가 인정하듯이 야스쿠니신사는 사회적·정치적 통합 외에도 중대한 정치적 기능들을 수행하는 종교시설이다. 그 첫 번째는 일종의 정치교육 기능이다. 전사자 현창을 통해 단순히 국민적 통합을 도모하는 데 그치지 않고, 후속 세대를 전쟁에 동원하기 위한 기반을 구축한다는 것이다. 박환무는 "야스쿠니신사의 역할은 전사자를 천황과 국가를 위해 희생된 영령(英靈)으로 위령하고 현창하는 것을 통해 새로운 전사자를 재창출하는 것"이라고 요약하면서, 이를 "전사 → 천황에 의한 위령·현창 → 교육 → 징병 → 새로운 전사자"로 도식화했다.[47] "국립중앙전몰자추도소로서의 야스쿠니신사의 본질은 …… 단지 죽은 자를 추도한다거나, 더구나 애도하는 것이 아니라 어디까지나 현창하는 것이 그 본질이다. 전몰병사들을 칭송함으로써 뒤에 남은 자들을 다음 전쟁에 동원하기 위한 정신적 기반을 양성하는 것이 일본 국가에 있어서 야스쿠니신사의 본질적인 역할이었다."[48]

야스쿠니신사의 또 다른 정치적 기능들은 '비판의 봉쇄', 그리고 '전쟁과 침략의 정당화', 그에 따른 '전쟁지도자의 면책'이라고 할 수 있다. "전몰병사의 신격화는 '현창'의 최고 형태"일 수밖에 없는데, 이 경우 "인간인 '영령'이라면 아직 비판의 여지가 있지만 '신'이 되면 일체의 비판은 허용되지 않는 존재가 되기 때문이다."[49]

---

46) 니시사토 후유코, 「'야스쿠니 합사'의 구조」, 346쪽.

47) 박환무, 「해제: 야스쿠니신사란 무엇인가?」, 일본의전쟁책임자료센터 편, 박환무 역, 『야스쿠니신사의 정치』, 동북아역사재단, 2011, 7쪽.

48) 미나미 모리오, 「독일 전몰자 추도 역사와 야스쿠니신사·국립묘지 문제(하)」, 일본의전쟁책임자료센터 편, 박환무 역, 『야스쿠니신사의 정치』, 동북아역사재단, 2011, 285쪽.

49) 위의 글, 286쪽.

'보통국가'에서는 전쟁 희생자를 국가의 영광을 위해 죽은 자로 여긴다 ……
그러나 일본의 경우에는 '영령'으로서 전사자 자체가 신으로 여겨진다. 그 결과
평화를 구하고 전쟁 확대를 비판하는 소리는 '영령'의 이름으로 봉쇄된다. 청
일·러일전쟁 이래 중국 대륙에서 피를 흘린 '영령'에게 죄송하다는 구실 하에
중국 침략의 군사행동을 해왔다. 그리고 아시아·태평양전쟁 직전의 미일교섭
때 중국으로부터의 철병이라는 조건을 거부하게 한 것도 군이 주장한 '영령에
게 뵐 면목이 없다'라는 논리였다. 즉 중국 대륙에서의 기득권을 국가이익의 관
점에서 다른 이해와 비교해서 고려한다는 냉철한 계산을 방해한 것은 '영령' 관
념이 성역(聖域)을 만들어 버렸기 때문이다.[50]

미나미 모리오에 의하면, 야스쿠니신사는 "단순한 추도시설이 아니라
…… 필연적으로 일본이 행한 모든 전쟁을 정의의 전쟁으로 긍정하는 정치적
인 주장을 가진 시설"일 수밖에 없다.[51]

정의롭지 못한 전쟁에서 죽은 자는 애도될 수 있지만 칭송되지 못한다. 여기
에 전몰병사 현창 시설로서 야스쿠니신사가 지닌 또 하나의 정치적 역할이 있
다. 메이지 이후 일본이 행한 모든 대외전쟁과 식민지 지배를 긍정하는 것, 정
의의 행위로 간주하는 것이다. 그리고 그것을 통해 전쟁을 계획하고 수행한 책
임자들의 책임이 불문에 부쳐지게 된다. 전몰병사를 현창하는 것은 이러한 의
미에서 전쟁지도자에게 중요하다.[52]

---

50) 이시다 다케시, 「누구의 죽음을 잊고, 누구의 죽음에 의미를 부여할 것인가」, 35쪽.

51) 미나미 모리오, 「독일 전몰자 추도 역사와 야스쿠니신사·국립묘지 문제(하)」, 296쪽.

52) 위의 글, 286~287쪽.

이처럼 "국민 정신교육의 정점"이자 "정신적 국민통합의 중심"으로서, 러일전쟁 이후 제2차 세계대전이 끝날 때까지 40년 동안 야스쿠니신사는 "국민에게 천황을 위해 생명을 내던지는 정신인 야마토다마시를 불어넣기 위한 국가의 거대한 신전"이었다.[53] 아울러 야스쿠니신사가 수행했던 이런 일련의 정치적 기능들은 우리가 이번 장에서 살펴볼 다른 전사자 영적 안전장치들에서도 거의 유사하게 나타난다는 점을 강조해둘 필요가 있다.

야스쿠니신사는 1930년대부터 식민지민인 조선인들에게도 의미 있는 존재로 다가오게 되었다. 만주사변에서 전사한 조선인 경찰 5명이 1933년 4월의 야스쿠니신사 임시대제에서 합사된 것을 비롯하여, 조선인들도 순차적·누적적으로 야스쿠니신사에 합사되기 시작했던 것이다. 중일전쟁 발발 후에는 야스쿠니신사에서 진행되는 전사자 합사 의례가 조선에서의 전사자 의례와 '동시화'되는 양상도 나타났다. 1941년 가을부터는 조선인 유가족도 도쿄 야스쿠니신사에서 거행되는 임시대제에 참가하기 시작했다. 조선인 유가족의 야스쿠니신사 임시대제 참석은 1944년 가을 경성호국신사 참석으로 대체될 때까지 계속되었다.[54]

(2) 충혼비

충혼비는 뒤에 살펴볼 충령탑과 유사한 기능을 수행하는 비(碑) 혹은 탑(塔)이다. 물론 전사자 육신(유골)을 안치한 충령탑과는 달리, 충혼비는 전사자의 혼만 안치하고 있을 뿐이지만 말이다. 그러기에 충령탑이 묘(墓)와 기념

---

53) 오에 시노부, 『야스쿠니신사』, 153쪽.

54) 정호기, 「일제하 조선에서의 전쟁사자 추모 공간과 추모 의례」, 140-141, 154쪽.

비의 기능을 일체화한 묘탑을 대표한다면, 충혼비는 사(祠)와 기념비의 기능을 일체화한 영탑을 대표한다고 말할 수 있다. 충혼비가 영탑의 일종이라는 사실은 충혼비의 준공 시에 '초혼제'를 거행하고, 충혼비를 다른 곳으로 이전할 때 공사 착수 전에 먼저 '탈혼식'(脫魂式)을 거행하고, 이전공사가 끝났을 때 다시 '입혼식'(入魂式)을 거행하는 모습을 통해서도 확인할 수 있다.[55]

충혼비는 야스쿠니신사 – 호국신사 – 충혼비로 이루어진 피라미드 형태의 전사자 영혼 안전망의 밑바닥에 위치하며, 야스쿠니신사와 많은 공통점을 갖고 있다. 우선 오에 시노부는 "야스쿠니신사의 제신 자체가 '충혼'"임을 강조한다.[56] 야스쿠니신사의 초혼제를 통해 신령이 됨으로써 국민의 제사를 받을 자격을 갖춘 전사자의 혼을 가리키는 명칭이 바로 '충혼'이라는 것이다. "야스쿠니의 신(神)'이 되는 자격을 나타내는 핵심어가 '충혼'이고 '충혼'이 신령으로 전화되기 위한 종교적 수속이 '초혼' 의식이었다."[57] 제국재향군인회 사사야마 지부 미노마을 분회가 1916년 건립한 미노시(市)의 충혼비 사례를 통해 오에 시노부가 입증하고 있듯이, 전사자 혼이 깃든 어령대를 내장하고 있는 것 역시 야스쿠니신사와 동일한 구조이다.[58]

니시무라 아키라는 러일전쟁 이후의 충혼비 건립 붐이 '밑으로부터의 (자발적인) 움직임'이었음을 지적한 바 있다.[59] 그러나 오에 시노부는 충혼비가 "국가 차원의 야스쿠니신사와 동일하게 공적인 군사조직이 소유하는 공적

---

55) 오에 시노부, 『야스쿠니신사』, 168, 183쪽.

56) 위의 책, 178쪽.

57) 위의 책, 198~199쪽.

58) 위의 책, 190~191쪽.

59) 니시무라 아키라, 「위령과 폭력」, 262~263쪽.

인 제사의 대상"이었음을 강조하고 있다.[60] 그에 따르면 러일전쟁 직후에는 충혼비 건설 주체가 다양했지만 1910년에 제국재향군인회가 결성되면서부터는 재향군인회의 각 마을 분회가 충혼비 건설 주체가 된 사례가 많으며, 건설 이후의 관리와 제사 주재 역시 재향군인회의 각 지부 분회들이 담당했다. 그런데 재향군인회는 창립 직후부터 각 분회가 점차 시나 마을의 보조금을 교부받게 되었고, 1927년 이후에는 국고보조금을 교부받았으며, 1936년 9월에는 '제국재향군인회령(칙령)'이 공포되면서 보다 완전한 '공적 단체'(준국가 기구)가 되었다.[61] 야스쿠니신사와 유사하게 각 지방의 충혼비들 역시 사실상 국가의 관할 아래 있었던 것이다.[62]

식민지 조선에서도 1920년대 이후 곳곳에 충혼비들이 건립되었다. 정호기에 의하면 1919년 3월 문을 연 평양 서기산공원과 평양 선교리공원에 각각 충혼비가 건설되었고, 1909년 9월부터 개시된 '남한 대토벌 작전'에서 사망한 일본인을 추모하는 충혼탑이 광주공원에 건립되었다.[63] 평양 외곽 선교리에 세워진 충혼비는 청일전쟁 당시 현지에서 전사한 일본군들을 위한 것이었다.[64] 1926년에 건립된 성환 충혼비 역시 청일전쟁 최초의 육상전투가 벌어졌던 이곳에서 전사한 일본군 전사자들을 기리는 것이었다. 정호기에 따르면 1909년에 "러일전쟁 전사자의 기념비"가 추진되었고, 1929년 6월에는

---

60) 오에 시노부, 『야스쿠니신사』, 190쪽.

61) 위의 책, 182, 188~189쪽.

62) 일본 본토의 충혼비들은 패전 직후 대부분 철거되었다. 일본 내무성은 1946년 1월 27일에 충혼비와 충혼탑을 철거하라는 통첩을 하달했다(오에 시노부, 『야스쿠니신사』, 190쪽). 이런 사실 역시 각지의 충혼비들이 마치 '국유재산'처럼 취급되었음을 강력히 시사한다.

63) 정호기, 「일제하 조선에서의 전쟁사자 추모 공간과 추모 의례」, 145쪽.

64) 『동아일보』, 1926.4.27.

1894년 당시 일본군 혼성여단사령부가 주둔했던 곳에도 기념비가 건립되었다고 한다.[65] 성환 충혼비, 광주 충혼비를 비롯한 충혼비는 통상 광장과 함께 건설되어 참배와 전사자 의례의 대상이 되곤 했다.[66] 1927년에는 인천에, 1930년에는 원산 장덕산에, 1935년에는 군산에 각각 충혼비가 건립되었다.[67] 이 밖에도 서울 헌병사령부 앞뜰의 충혼비, 평강읍 연봉정의 충혼비, 안주읍의 충혼비, 회령 육군묘지의 충혼비 등도 전사자 의례의 무대로 활용되었음을 신문 기사를 통해 확인할 수 있다. 1940년 초 경북 안동에서의 충혼비 건립 움직임도 발견된다.[68] 1920년대 이후 '순직 경찰관'을 위한 충혼비들도 속속 등장했다.[69]

(3) 호국신사

1930년대 말에 등장한 호국신사는 야스쿠니신사에 합사된 전사자의 혼을 출신지별로 다시 안치하는 게 주목적이었다.[70] 일본 내무성은 "국가를 위해서 전몰한 지역의 영령을 위령·현창"하기 위해 1938년에 '지방 초혼사의

---

65) 정호기, 「일제하 조선에서의 전쟁사자 추모 공간과 추모 의례」, 144~145쪽.

66) 「故松崎大尉以下忠魂碑の除幕式」, 『朝鮮』, 1926年 7月; 『동아일보』, 1938.7.9, 1938.11.2, 1940.3.12.

67) 「仁川の忠魂碑建設地鎭祭」, 『朝鮮』, 1927年 11月; 「元山長德山上の忠魂碑」, 『朝鮮』, 1930年 12月; 『동아일보』, 1935.10.5.

68) 『동아일보』, 1938.5.10, 1938.9.19, 1940.1.13, 1940.5.15, 1940.8.1.

69) 「殉職警察官の招魂祭と忠魂碑」, 『朝鮮』, 1923年 9月; 「我が署の忠魂碑建立」, 『警務彙報』, 1934年 11月.

70) 정호기, 「일제하 조선에서의 전쟁사자 추모 공간과 추모 의례」, 142쪽.

310 | 전쟁과 희생—한국의 전사자 숭배

신사화(神社化)'를 중요 현안으로 채택했다. 일련의 준비과정을 거쳐 1939년 3월 25일에 '초혼사'를 '호국신사'(고고쿠진샤)로 개칭한다는 내무성령 제12호가 발령되었다. 이에 따라 같은 해 4월 1일부로 해당 초혼사들이 일제히 호국신사로 이름을 바꿨다.[71] 종전의 '관제/사제 초혼사들'이 1939년 3월에 호국신사로 개칭되고 개편된 것이다.

단순히 '신사'라는 형태적 유사성을 넘어, 호국신사와 야스쿠니신사의 유사성은 충혼비에 비해 훨씬 명료하게 확인된다. "호국신사의 제신(祭神)을 야스쿠니신사의 제신으로 한다."라는 규정, 다시 말해 야스쿠니신사에 제신으로 합사된 전사자들은 반드시 호국신사의 제신이 되고 그 역도 사실이라는 규정에서 드러나는 제사 대상의 완벽한 일치성이 특별히 중요하다. 따라서 법적으로는 양자가 독립적일지라도 야스쿠니신사와 호국신사는 '사실상의 본사(本社) – 분사(分社) 관계'를 맺고 있는 것으로 널리 인정된다. 오에 시노부의 말처럼 "그 제신이 그 지방 출신의 야스쿠니신사 제신과 일치하도록 규정되어 도부현 호국신사가 실질적으로 야스쿠니신사의 지방 분사가 된" 셈이라는 것이다.[72]

충혼비가 "마을의 야스쿠니"였던 것과 비슷하게, 야스쿠니신사와의 이런 밀접한 관계로 인해 지방 호국신사들도 "무라(ムラ=村)의 야스쿠니", "지역의 야스쿠니", "미니(mini) 야스쿠니" 등으로 자리매김되어왔다. 호국신사는 "지역 출신의 전몰자를 호국의 신(神)으로 위령(慰靈)·현창(顯彰)"하는 것, 그리고 이를 통해 "전몰자 유족의 정신적 원호"를 도모하는 것이 가장 중요하고도 직접적인 목적이었다. "전쟁의 장기화에 따른 …… 전몰자의 증가는 전몰

---

71) 김현아, 「호국신사와 전시기 민중동원」, 『일본역사연구』 39집, 2014, 102~103쪽.
72) 오에 시노부, 『야스쿠니신사』, 177쪽.

9장 식민지 조선의 전사자 거처 | 311

자 유족의 증가로 이어지고, 전몰자 유족들 사이에 감도는 '염전(厭戰)적·반전(反戰)적' 분위기와 전몰자 유족 사이에 경제적 원호를 둘러싼 '가정 분쟁'을 필두로 수많은 여러 문제가 발생했다. 그래서 일본 정부는 전몰자가 국가를 위해서 전사하여 '호국(護國)의 신(神)'으로 모셔지고 있는 점을 부각시키고 …… 전몰자를 '군국의 신'으로 위령·현창함으로써 전몰자 유족에게 '명예로운 가문'(譽れの家, 호마레노이에)이라는 명분을 내세웠던 것이다."[73] 나아가 호국신사 건립 재원의 모금운동, 건립 과정의 근로봉사, 건립 이후 각종 의례와 행사에의 참여 등을 통한 대중동원과 사회통합 역시 호국신사의 중요한 기능이었다. 특히 중일전쟁 종반 및 태평양전쟁 시기에는 "전의(戰意) 고양의 공간" 및 "후방의 전쟁 동원을 위한 이벤트 공간"으로서의 기능이 대폭 강화되었다.[74] 총동원체제 구축 단계에서는 남녀노소 모두가 동원 대상이 되기 마련이지만, 그중에서도 곧 군인이 될 학생과 청소년들은 전의 고양과 전쟁 동원의 일차적 타깃이었다.

초혼사가 호국신사로 개편되기 이전인 1937년 11월 즈음에 조선군사후원연맹은 식민지 조선에 초혼사나 충혼탑 건립을 계획했던 적이 있었다. 당시 보도에 따르면 "조선군사후원연맹에서는 금번 사변을 기회로 하야 반도로부터 제일선에 출정하야 호국의 귀신이 된 용사의 영혼을 영원히 반도에 머물도록 초혼사(招魂社) 또는 충혼탑의 건립을 계획하고 잇다."라는 것이었다.[75] "용사의 영혼이 영원히 반도에 머물도록" 한다는 표현에서도 드러나듯이, 당시 구상되고 있던 초혼사나 충혼탑은 사실상 항구적인 전사자 거처로

73) 김현아, 「호국신사와 전시기 민중동원」, 98~100쪽.

74) 위의 글, 101~110, 117~125쪽.

75) 『동아일보』, 1937.11.29.

기획되고 있었다. 이런 움직임은 결국 1939년 이후 조선의 두 곳에 호국신사를 건립하는 프로젝트로 현실화되었다.

　호국신사 건립을 위한 조선에서의 첫 회의는 1939년 3월 30일 조선총독부에서 개최되었다. 호국신사 건립 계획은 총독부 내무국의 주관으로 1940년 6월 30일 개최된 '호국신사봉찬회' 제1회 간사회의를 통해 구체화되었다. 이를 통해 일본군 사단사령부 주둔지인 서울 용산중학교 뒤편이자 남산의 남서쪽 기슭(경성부 용산구 용산정 한강통 산 2-1), 그리고 나남의 천명산 중턱(함경북도 청진부 생구정) 등 두 곳에 호국신사를 건립하기로 결정되었다.[76] 건립 재원은 국비와 기부금 등으로 조달하고, 노동력은 학생과 사회단체의 근로봉사에 의존하기로 계획되었다. 이 가운데 경성호국신사는 1940년 10월 26일 기공을 위한 지진제(地鎭祭)를 거행했고, 1943년 11월 26일에 완공하여 진좌제(鎭坐祭)를 거행했다. 경성호국신사는 21,971평에 달하는 거대한 규모로 조성되었다. 진좌제 당시 모두 7,447명의 전사자 혼이 제신으로 경성호국신사에 안치되었다. 그 대부분은 임오군란 이후 조선과 관련해 전사한 일본인들이었고, 조선인 279명도 포함되었다. 한편 나남호국신사는 1941년 6월 16일에 착공하여 1944년 11월 1일에 완공되었다. 나남호국신사에는 장고봉 사건 때 사망한 경찰까지 포함하여 모두 384명의 혼이 제신으로 안치되었다. 이 가운데 조선인은 10명이었다.[77] 1945년에 이르러 경성호국신사 합사자는

---

76) 비온티노 유리안(「일제하 서울 남산 지역의 일본 신도·불교 시설 운영과 의례 연구」, 174~175쪽)은 '나남'을 '전라남도'로 잘못 표기했다.

77) 정호기, 「일제하 조선에서의 전쟁사자 추모 공간과 추모 의례」, 142~144쪽; 안종철, 「1930~40년대 남산 소재 경성호국신사의 건립, 활용, 그리고 해방 후 변화」, 『서울학연구』 42호, 2011, 54~58쪽.

7,919명으로 증가했다.[78]

아울러 비온티노 유리안이 지적했듯이 "야스쿠니신사의 대리시설인 호국신사의 건립은 남산 '신역화'(神域化)의 완성을 뜻하며, 또한 전시체제 하 남산을 최대한 이용하려던 시도"였다.[79] 경성호국신사의 등장과 함께 서울 남산을 '한반도라는 식민지 소우주의 상징적 중심'으로 만들려는 제국주의적 프로젝트가 완성되었다. 안종철은 식민지 말기 남산 일대에 신도와 불교 시설들이 조밀하게 자리한 풍경을 다음과 같이 요약했다. "남산 지역은 북쪽으로는 일본인 거류지, 동본원사(현 적십자사와 남산초등학교 일대)와 경성신사(현 리라초등·컴퓨터고등학교, 숭의초등·숭의여자대학), 서쪽으로는 조선신궁(현 남산공원과 과학도서관), 동쪽으로는 박문사(현 신라호텔과 동국대학교 일부)를 중심으로 한 약초여래당(藥草如來堂, 현 미군종교수양관), 그리고 남쪽으로는 경성호국신사가 자리 잡고 있었다."[80]

일본에서와 마찬가지로 식민지 조선에서도 호국신사는 '전몰자 위령·현창'과 '유족의 정신적 원호', '대중동원과 사회통합' 기능을 수행할 것이 기대되었다. 다음은 비온티노 유리안의 설명이다.

1943년 말부터 제2차 세계대전 종전까지만 운영된 호국신사는 짧은 기간 동안 일본 본토 야스쿠니신사의 한반도 대리시설로 왕성하게 운영되었던 것이다. 사실상 만들어진 과정에서부터 호국신사는 선전적으로 이용되고, 총후의

---

78) 비온티노 유리안, 「일제하 서울 남산 지역의 일본 신도·불교 시설 운영과 의례 연구」, 174쪽.

79) 위의 글, 173-174쪽.

80) 안종철, 「1930~40년대 남산 소재 경성호국신사의 건립, 활용, 그리고 해방 후 변화」, 68쪽.

통합을 기부금 모집과 근로봉사를 통해 이루려고 하였다. 추모와 위령 행사를 중심으로 특히 유가족과 젊은이의 총후 통합을 도모하였다 …… 남산에는 이미 신사 시설이 많았으나 호국신사는 다른 신사들이 가지지 않았던 기능, 즉 전사자를 신으로 합사하는 기능을 가지고 있었다는 점에서 특별하였다 …… 호국신사에서 유가족이 단체로 동원됨으로써 그들이 통제되고, 그 결과로 일제에 대한 반대의 목소리를 봉쇄하였다. 그리고 아버지가 전사한 아이들에게 그의 죽음이 명예로운 일이라고 가르치면서 죽은 자를 아이들의 호전성과 충성심을 기르기 위해 이용하였다.[81]

1943년 11월(경성호국신사)과 1944년 11월(나남호국신사)이라는 시점이 보여주듯이, 해방 직전에야 문을 연 두 호국신사는 조선인들에게 자신의 존재를 각인시키기에 충분한 시간을 갖지 못했다. 물론 식민지 조선에서 호국신사가 대중에게 실질적인 영향을 미친 기간은 대대적인 근로봉사와 모금운동이 시작된 1940년으로까지 소급되어야 할 것으로 보이지만 말이다.

4. 전사자의 육신

(1) 육군묘지

일본에서 최초의 군인 전용묘지가 등장한 때는 (야스쿠니신사의 전신인)

---

81) 비온티노 유리안, 「일제하 서울 남산 지역의 일본 신도·불교 시설 운영과 의례 연구」, 181쪽.

도쿄 초혼사가 설립된 지 2년 후인 1871년이었다. 오사카의 사나다야마(眞田山) 육군묘지가 바로 그것이다. 해군 최초의 군묘지는 1873년에 설치된 도쿄의 시로카네(白金) 해군장의장이었다. 1874년 6월에는 도쿄 교외에 9개의 군묘지를 설치하라는 지시가 내려진다. 이 묘지들의 법령상 명칭은 초기의 '해군매장지'에서 '해군장의장'으로, 그리고 '육군매장지'에서 '육군묘지'로 각각 변화했다.[82] 육군묘지는 각 부대의 주둔지별로 조성되었으나, 묘지가 설치되지 않은 부대인 경우에는 인근 사찰 등에 유해를 안장했다고 한다. 제2차 대전 종전 시점까지 군인묘지는 계속 증가하여, 1946년 6월 현재 일본 내에 육군묘지 83개소, 해군묘지 7개소 등 모두 90개소의 군묘지가 존재하고 있었다.[83]

군묘지는 사찰 묘지나 불교와 밀접한 관계를 맺고 있는 것, 시민 공동묘지와 일체화된 것 등 비교적 다양한 유형들을 포함한다. 그 규모도 적게는 개인 묘 7기부터 많게는 5천 기 이상까지 폭넓게 분포하고 있다. 묘지의 넓이도 다양하지만 1~2천 평 규모인 묘지들이 다수였던 듯하다. "선영에 묻힌 자", "집에서 제사를 모시길 희망한 자", "일반 묘지에 매장한 자" 등의 표현에서 보듯이, 전사자를 군묘지에 매장하는 것이 강제사항은 아니었으며 유족들의 묘지 선택권이 인정되었다.[84]

일본의 초기 군묘지는 전사자만의 '배타적인' 공간도 아니었고, 처음부터 '성스러운' 곳으로 간주되지도 않았다. 하라다 게이이치에 따르면 "군용

---

82) 하라다 게이이치, 「누가 추도할 수 있는가」, 208-212쪽. 군인묘지의 명칭은 육군묘지, 해군묘지, 관군묘지, 군인묘지 등 다양했지만 1946년에 '군용묘지'로 통일되었다(정호기, 「일제하 조선에서의 전쟁사자 추모 공간과 추모 의례」, 137쪽).

83) 정호기, 「일제하 조선에서의 전쟁사자 추모 공간과 추모 의례」, 137, 139쪽.

84) 하라다 게이이치, 「누가 추도할 수 있는가」, 208, 215, 218, 222~223쪽 참조.

묘지는 전몰자를 위해서 만들어진 것이 아니다. 징병된 병사부터 직업군인인 장군이나 장교, 하사관까지 군대에 복무한 자가 묻히는 장소였다." 당시에는 "처벌을 받은 군인 사망자"까지 포함하여 "대체로 군인으로서 아우를 수 있는 사람 전부"가 군묘지에 묻힐 자격을 갖고 있었다. 이처럼 일본의 군묘지는 처음에는 "평상시 사자를 장사지내는 곳"으로 설치되었다. 그러나 청일전쟁 이후 육군·해군 매장지에 '위령'의 의미가 부가되었다. 1920년대부터는 위령 장소로서의 '정화'나 '신성'이 요구되도록 변화했으며, 중일전쟁 시기에 위령·정화·신성의 의미가 더욱 증폭되었다. 아울러 만주사변 이후에는 수발(水鉢), 석등롱(石燈籠), 영대등(永代燈) 등 당초 인정되지 않던 종교성 강한 설비들—주로 불교 색채가 강한 설비들—을 묘지 내에 설치하는 것이 대부분 허용되었다. 이런 과정을 거치면서 군묘지는 점차 "숭경의 염을 가지는 추도의 장"이 되어 갔으며, "군용묘지의 권위와 위엄"도 증가되었다.[85]

이처럼 1920~1930년대를 거치면서 군묘지의 성스러움이 증가하고 종교적 색채(주로 불교)도 강해지고 있었다. 그러나 이 묘지들은 '국민군'에 걸맞은 '죽음의 평등성과 민주성'을 제대로 구현하지 못하고 있었다. 다시 말해 일본 군묘지들은 1930년대에도 여전히 국민국가 시대에는 어울리지 않게 계급에 따른 '차별의 공간'으로 남아 있었다. 1873년 7월의 육군성 통첩(육군성 제298호)에 등장하는, "장교 이하 하사관, 병졸에 이르기까지 각각 구역이 정해졌으므로"라는 표현에서 볼 수 있듯이 육군묘지는 계급에 따라 묘의 구역이 달랐다.[86] 1897년의 '육군매장규칙' 역시 '1인묘지'(즉 개인별 묘지)로서 "장교·준

---

85) 위의 글, 208-209, 211~212, 221~224쪽.

86) 위의 글, 211쪽.

사관·하사관·병의 묘를 각기 따로 조성"했다.[87] 계급별 차별은 '묘역'(墓域)의 구분만이 아니고, '묘표'(墓標)의 크기에도 관철되었다. 많은 유가족들, 특히 병사의 유가족들이 이런 차별에 불편함을 느꼈을 것은 당연하다. 이런 연유로 "장교, 하사관, 병사의 계급 차가 묘표의 크기에 반영되는 것을 꺼려서" 상당수 유가족들은 종전(終戰) 후 "더 큰 묘표를 같은 장소에 건립"하기도 했다.[88]

이런 측면에서 볼 때 차별적인 '육군매장규칙'을 대신하여 1938년 5월 5일에 육군성령 제16호로 공포·시행된 '육군묘지규칙'은 '죽음의 평등화·민주화', 그리고 이에 기초한 '묘지의 성역화(聖域化)'에서 획기적인 계기였다고 평가할 만하다. 다음은 『동아일보』 1938년 5월 6일 자 1면에 게재된 「각 위수지(衛戍地)에 육군묘지 신설」이라는 제목의 기사 전문이다.

호국의 군신(軍神)으로 된 용사들의 훈(勳)을 영구히 예찬코저 육군에서는 금번 내지·조선·대만의 각 위수지마다 1개소 이상 육군묘지를 설치, 영령을 합장하야 각지 국민 존숭(尊崇)의 중심으로 제사지내기로 하고 5일(1938년 5월 5일 - 인용자) 성령(省令) 제16호로 "육군묘지규칙"을 공포, 즉일(卽日) 시행하얏다. 지금까지는 전장(戰場)과 공무 사망의 용사들은 육군매장규칙에 의하야 육군 매장지에 매장되엇든바 동 규칙은 시대의 변선(變選)에 반(伴)하야 불비(不備)의 점이 만코(많고 - 인용자) 특히 장교·준사관, 하사관 등의 병(兵)마다 묘지를 구분하는 등은 황군(皇軍) 건군(建軍)의 정신상(上)으로 보아 자미(滋味)없다. 우(又) 1인1인(一人一人)의 묘지는 제사에도 불편이 다(多)하므로 금번의 개정이

---

87) 정호기, 「일제하 조선에서의 전쟁사자 추모 공간과 추모 의례」, 137쪽.

88) 하라다 게이이치, 「누가 추도할 수 있는가」, 224쪽.

된 것이다. 신규칙의 내용은 대체 여좌(如左).

1. 군인 군속의 전사상자(戰死傷者) 급(及) 전시 사변 때문에 부상자 우(又)는 전시 사변의 상병(傷病) 질병이 원인으로 되어 그날부터 3년 이내에 사망한 자, 병(並) 평상에 잇어서도 공무로 상이 질병을 수(受)하고 동 2년 이내에 사몰한 자는 전부 각 위수지의 육군묘지에 합장한다.

2. 합장은 유골 우(又) 유발(遺髮)을 나누어 직경 약 10촌(十吋) 고(高) 약 20촌의 백색호(白色壺) 우(又)는 백회재(白檜材)의 상(箱)에 너허(넣어 – 인용자) 정면에 용사 등의 계위(階位) 훈공(勳功) 씨명(氏名)을 쓰고 이면에 사몰의 연월일을 쓴다.

3. 합장묘탑은 1전쟁 1시도(一戰爭一時度)마다 1기(基)를 건립, 평시는 공무사몰(公務死沒)로 별(別)로 1기를 건립함.

4. 합장묘탑의 표면에는 "何何戰役(하하전역) 戰歿者合祀之墓(전몰자합사지묘)"라고 기입, 이면에는 건설 연월일 희생자의 소속 부대도 별기(別記)하고 별개로 묘탑 각기(各基)마다 묘탑지(墓塔誌)를 명기(銘記), 합사 경과의 상세를 기록하고 번사(番舍)에 비부(備付)한다.

이 기사는 몇 가지 중대한 전환들을 전달하고 있다. 그것을 관통하는 정신과 원칙은 다름 아닌 '평등주의'였다. 첫째, 계급에 따라 묘역을 차별적으로 구분하던 관행을 철폐했다. "장교·준사관, 하사관 등의 병(兵)마다 묘지를 구분"하는 것이 "황군(皇軍) 건군의 정신"에 어긋난다고 분명히 밝히고 있다. 둘째, 계급별로 묘지를 만들지 않고 전쟁별로, 전쟁 사망자가 다수일 경우에는 다시 부대별로 나눠 합장묘탑을 조성한다. "1전쟁 1시도(一戰爭一時度)마다 1기(基)를 건립"한다는 방침이 바로 그것이다. 계급과 상관없이 같은 전쟁·전투에서 함께 싸운 '전우'(戰友)라는 점이 강조됨으로써 전사자의 수평적 우애와 연대성이 그만큼 부각된다. 셋째, "1인1인(一人一人)의 묘지" 즉 개인별 묘지를 인정하지 않고 모두 묘탑에 합장(合葬)한다. 넷째, 합장묘탑을 만들게 되면 '묘표' 자체가 더 이상 필요하지 않게 되므로, 묘표의 크기에 따른 차별 또한 자연스레 사라지게 된다. 다섯째, 합장묘탑에 안치되는 유골함은 계급을 불문하고 동일한 크기이고, 유골을 담은 항아리나 상자에 새길 글씨에도 계급별 차별은 없다. 여섯째, 종전과 마찬가지로 전시가 아닌 '평시의 공무 사몰자(公務死沒者)'에게도 안장 자격을 부여한다. 일곱째, 새로운 묘지 규칙을 통해 '전사자의 현창'과 '군묘지의 성역화' 의지가 명료하게 표현되고 있다. "호국의 군신(軍神)으로 된 용사들의 훈(勳)을 영구히 예찬"한다거나(현창), "영령을 합장하야 각지 국민 존숭(尊崇)의 중심으로 제사지내기로"(성역화) 한다는 표현이 바로 그것이다.

그런데 육군묘지규칙에는 1938년 이전에 조성된 기존 육군묘지들에 대한 언급이 없다. 이는 계급에 따른 차별이 존재했던 구(舊) 육군묘지들 역시 1938년 이후에도 그대로 존속하게 됨을 뜻한다. "현재(2002년 – 인용자) 일본에 90개소에 달하는 군용묘지가 있다 …… 대부분 소실되지 않았고 지금도 묘표(墓標)를 늘어세운 묘지경관을 볼 수 있다."라는 구절에서도 확인할 수 있듯이, 실제로도 1938년 이전에 조성된 구 육군묘지들이 2000년대까지도 유지되고 있었다.[89] 개인별 묘표 유무(有無)는 1938년 이전의 구(舊) 묘지와 이후의 신(新) 묘지를 구분 짓는 핵심적인 기준이다. 묘표의 존재야말로 육군묘지규칙 이전의 구 묘지임을 입증하는 결정적인 증거였다. 그 결과 1938년 이후에는 그 이전에 조성된 '불평등한 구 묘지들'과 그 이후에 조성된 '평등한 신 묘지들'이 어색하게 공존하는 상황이 되었다. 1938년 이후 '평등주

---

89) 위의 글, 208쪽.

의로의 전환'에도 불구하고 '평등과 불평등이 교차하는 묘지경관'이 새롭게 형성된 것이다.

　한편 식민지 조선에 주둔하던 일본군 중 전사자는 대부분 1930년대 이후 '조선 외부'에서 발생했다. 수습된 전사자의 유해는 화장한 후 흰색 나무상자에 담겨 소속 부대의 주둔지로 후송되었다. 소속 부대에서 전사자 의례를 마친 후 유골은 주둔지의 군묘지에 매장되거나, 고향 혹은 거주지로 이송되었다.[90] 여기서 "고향 혹은 거주지"에는 당연히 일본 본토도 포함된다. 다음은 1940년 5월 28일 서울 용산에서 열린 합동고별식 풍경인데, 중국에서 전사한 군인들의 유해를 소속 부대로 옮겨와서 고별식을 마친 후 다시 '내지'(內地)로 이송한다는 내용이다. "북지 산서(山西) 하북(河北) 전선에 출정하여 갖은 고난을 다 겪어 혁혁한 무훈을 세우고 흥아의 초석으로 화한 복본(福本) 준위 이하 00주의 영령을 합사하는 제13회 용산위수지 합동고별식은 훈풍이 부는 28일 오전 10시 반부터 용산 보병 79연대 영정에서 군관민 5천여 명의 참석하에 장엄하게 진행되었다 …… 고별식을 마친 영령들은 28일 밤 10시 10분 용산역 발 남행열차로 일로 내지로 귀환하게 되었다."[91]

　"용산, 평양, 마산, 나남, 회령 등지에 육군매장지를 설치하기 위하여 구역을 정하였다."라는 1911년 1월 8일 자『매일신보』기사에 근거하여, 정호기는 식민지 조선에도 1911년 혹은 그 직후부터 일본군의 육군묘지가 설치되었을 것으로 추정한 바 있다. 그러나 1930년대 이전에는 조선 주둔 일본군 가운데 전사자가 거의 발생하지 않았기 때문에 묘지에 대한 수요 자체가 별로 없었다고 할 것이다. 정확히 언제부터 조선에 군묘지가 등장했는지는 확증하기

---

90) 정호기,「일제하 조선에서의 전쟁사자 추모 공간과 추모 의례」, 139, 151~152쪽.

91)『동아일보』, 1940.5.29.

어려우나, 1938년의 육군묘지규칙 이전에도 인천 율목정에 육군묘지가 이미 존재하고 있었음을 보여주는 기사가 있다. 『동아일보』 1938년 1월 13일 자 7면에 실린 「'아가시아' 나무에 의문의 액수시(縊首屍)」 제하의 짧은 기사가 그것이다. 직전에 "인천부 율목정(栗木町) 뒷산 육군묘지" 안에서 목을 매어 죽은 한 남자의 시신이 발견되었고, 그 전해에도 같은 장소에서 한 여자가 자살했음을 전하는 내용이었다.

어쨌든 1938년 5월에 육군묘지규칙이 발표된 직후 식민지 조선에도 육군묘지 2개소가 신설되었다. 사단사령부 주둔지인 서울 용산(20사단)과 함경북도 나남(19사단)에 각각 육군묘지가 설치된 것이다. 용산 육군묘지에는 주로 중일전쟁 전사자들이, 나남 육군묘지에는 주로 장고봉(張鼓峯) 사건 전사자들이 매장되었다고 한다.[92] 1938년 설립된 용산 육군묘지에선 1939년과 1940년 여름에 각각 묘역 확장공사가 진행되었다. 먼저 경기도 학무과는 1939년 여름방학 기간 동안 '중학생 근로보국대'를 결성하고 그해 7월 21일부터 약 10일 동안 육군묘지 부지확장공사 등에 학생들을 동원했다. 이때 도내 남자 중등학교 25곳과 여자 중등학교 14곳에 재학하던 3학년 이상 남학생 8천 명과 여학생 4천 명 모두 1만 2천 명이 작업에 투입되었다.[93] 1940년 8월 23일부터 31일까지도 경성사범학교 학생들이 동원되어 용산 육군묘지 확장 작업이 진행되었다.[94] 종종 '회령 육군묘지'로 불리기도 했던 나남 육군묘지에는 충혼비도 건립되었다.

용산 육군묘지와 나남 육군묘지에는 '전사자 현창'과 '군인묘지 성역화'

92) 정호기, 「일제하 조선에서의 전쟁사자 추모 공간과 추모 의례」, 138쪽.

93) 『동아일보』, 1939.7.14.

94) 정호기, 「일제하 조선에서의 전쟁사자 추모 공간과 추모 의례」, 138쪽.

의지가 뚜렷하게 반영되었다. 또 이 묘지들은 설립 직후부터 "국민 존숭의 중심"으로 자리 잡게 되었다. 이 묘지들은 참배와 순례의 대상이자, 전사자 위령제를 거행하는 장소이기도 했다. 주요 행사를 앞두고는 성역 정화를 위한 청소가 관행처럼 행해졌다. "용산에 있는 각 부대의 영내 견학은 오후 1시부터 거행되었는데 기다리고 기다리던 묘지의 소제를 하고 고히 누은 용사에게 감격의 넘치는 뜻을 충심으로 나타냈다."라는 기사는 일례에 지나지 않는다.[95] 이 밖에도 1938~1940년의 『동아일보』 기사를 통해 육군묘지 주변에서 벌어진 일들을 일별해보면, '사상전향자들'이 용산 육군묘지에서 청소작업을 하고(1938.8.7, 2면), 한커우(漢口) 함락 전승축하의 일환으로 육군묘지를 청소하고(1938.10.26, 2면), 육군기념일 행사의 일환으로 육군묘지 청소를 하고(1939.2.14, 2면), 총독 일행이 용산 육군묘지를 방문하여 '호국의 영령'을 위로하고(1939.3.11, 2면), 애국부인회 경성부 분회 회원들이 육군묘지를 참배하고(1939.7.7, 2면), '지나사변기념일'을 맞아 회령고등여학교 학생 60여 명이 나남 육군묘지를 참배한 후 청소하고(1939.7.10, 4면), 장고봉사건 1주년 기념행사의 일환으로 나남 육군묘지와 묘지 경내 충혼비를 참배한 후 청소하고(1939.7.26, 2면), 장고봉사건 기념 및 만주사변 8주년 기념일을 맞아 용산 사단사령부가 '육군묘지 참례' 행사를 거행하고(1939.9.17, 2면), 용산 사단사령부 휘하 각 부대 대표자들이 육군묘지에서 위령제를 거행하고(1939.9.19, 3면), 이왕직(李王職)이 총후후원강화주간을 맞아 용산 육군묘지를 참배하고(1939.9.30, 3면), 육군기념일을 맞아 "육군묘지에 참배, 전몰용사를 위로하고"(1940.3.11, 3면), 장고봉사건 2주년 기념일에 나남 육군묘지 충혼비에 참배하는(1940.8.1, 3면) 등등의 사례들을 확인할 수 있다.

---

95) 『동아일보』, 1939.3.11.

용산과 나남의 육군묘지에 평등주의 원칙이 관철되었음은 분명하다. 하지만 이런 평등 원칙이 일본인과 조선인 사이에도 예외 없이 관철되었는지는 분명치 않다. 예를 들어 중국에서 일본군 통역으로 종군하다 사망한 허철이나, 조선인 지원병 중 최초 전사자였던 이인석 등 어느 정도 영웅시되면서 1939년 7월과 8월에 각각 거창한 장례를 치른 이들조차 육군묘지가 아닌 고향에 매장되었다.[96] 이런 사례는 1938년 이후에도 육군묘지 안장 자격 측면에서 민족 간 차별이 암암리에 개입하고 있었을 가능성, 육군묘지가 사실상 '일본인 전사자'만의 배타적 공간이었을 가능성을 시사한다. 만약 그렇다면 육군묘지규칙의 평등주의는 민족 간 차별을 포함하는 '불완전한 평등주의'였던 셈이 된다.

(2) 충령탑

충령탑(忠靈塔)의 역사적 기원은 러일전쟁 직후로 소급된다. 오에 시노부에 의하면 "충령탑의 기원은 러일전쟁 후 여순의 백옥산, 이령산의 충령탑으로 대표되는 것같이 격전지에 산란된 유골을 모아 매장한 것이다."[97] 그러다 1939년부터 지배층과 국가의 주도에 의해 충령탑 건립 움직임이 급속히 확산되어 태평양전쟁 종전 때까지 지속되었다. 관(官) 주도의 충령탑 건립운동이 본격화되던 1939년 7월 당시 각지에 이미 준공되어 있던 충령탑이 120기에 이르렀다고 한다. 1943년 8월 현재 추진 중인 충령탑만 해도 87기에 달했

---

96) 『동아일보』, 1939.7.9, 1939.7.30, 1939.8.1, 1939.9.3, 1939.9.9 참조.

97) 오에 시노부, 『야스쿠니신사』, 174쪽.

으며, 말단 시·정·촌에서 준비 중인 것은 무려 1,500기나 되었다.[98] 1939년 이후 일본의 국외 전투현장(전방)과 국내(후방) 모두에서 충령탑 건립이 활발했지만, 전체적으로는 국내/후방 쪽이 훨씬 많았다. 앞서 살펴본 것처럼 개별 군묘지의 평균적인 규모도 그리 큰 편은 아니었으나, 유골 합장묘인 충령탑 경역(境域)의 규모는 대부분 군묘지보다 작았을 것으로 보인다. 나남 육군묘지처럼 군묘지와 충혼비가 결합된 사례도 적지 않지만, 대부분의 충령탑은 참배나 추모의례를 위한 광장과 일체형으로 조성되었다.

1930년대 말부터 충령탑이 전방과 후방에서 빠르게 확산됨에 따라 전사자 묘 형태의 다양화 현상이 뚜렷해졌다. 어쩌면 당연한 얘기지만 충령탑과 군묘지의 관계는 근본적으로 '상보적'(相補的)이다. 1938년 이후 신설된 군묘지에 한정하면, 충령탑과 군묘지는 모두 전사자 유골을 담은 '합장묘탑'을 중심으로 하고 있기도 하다. 화장한 유골을 가로우토(カロウト) 방식의 묘석에 납골하는 '조상 대대의 묘' 방식의 오하카(お墓)가 일본 민간사회에서 일반화·획일화된 것이 "1960년대부터 1970년대 이후에 화장 지역을 정비한 행정력"이 강력하게 작용한 결과라는 지적을 감안하면,[99] 일본 군부는 이런 흐름을 최소한 20~30년이나 앞서 선도해갔다고도 말할 수 있을 것이다. 어쨌든 육군 당국 역시 군묘지와 충령탑의 '기능적 상보성'을 강조하면서 특정 지역에 둘 모두를 설치하지 말도록 지시했다. 물론 특정 지역에서 양자가 경합할 경우 '군묘지의 상대적 우위성'을 분명히 인정하고 있지만 말이다.[100]

한편 충령탑은 기념비와 묘를 일체화한 묘탑 유형을, 충혼비는 기념비

---

98) 정호기, 「일제하 조선에서의 전쟁사자 추모 공간과 추모 의례」, 148쪽.

99) 이와타 시게노리, 『일본 장례문화의 탄생』, 88쪽.

100) 하라다 게이이치, 「누가 추도할 수 있는가」, 221쪽 참조.

와 사(祠)를 일체화한 영탑 유형을 각각 대표한다. 둘은 종교적 배경 측면에서도 명확히 구분된다. 충령탑이 전사자의 '육신'을 담는 양식으로 '불교' 성격이 뚜렷했다면, 충혼비는 전사자의 '혼'을 담는 양식으로 '신도' 성격이 강했다. 그로 인해 국가 주도의 충령탑 건립운동에 대해 불교계는 적극 협력했던 반면 신도계는 반발했다.[101] 우선, 충령탑은 "분묘의 계보"에 속하며 "충령탑이 분묘적 성격이라는 것은 당시의 국민이 잘 알고 있는 사실"이었다. "충령탑은 일종의 분묘'라고 하는 것은 패전 전 충령탑에 관한 개념으로 이 경우 충령탑의 내부에는 전몰자의 유골이 매장되어 있는 것을 전제로 한다."[102] 또한, 충령탑에 내포된 종교적 성격 때문에 종교계로부터 상충하는 반응이 제기되었다. 불교계가 충령탑 건립운동에 적극 협력했던 것과 대조적으로 신도 쪽에선 반대의견이 개진되었다. "충령탑과 같이 유골과 영혼을 분리하지 않고, 함께 두는 방식은 야스쿠니신사나 호국신사가 추구하는 방식과 달라 반발을 사기도 했다."라는 것이다.[103]

앞서 언급했듯이 군묘지에서도 1930년대 이후 종교적 추모의례를 위한 시설의 설치가 점점 늘어났고 그 시설들 대부분이 불교적 성격이 강한 것이었다. 군묘지의 종교화—주로 불교적 성격 강화—는 대개 유가족이나 하급 군인들, 즉 '아래로부터의' 요구에 의한 것이었다. 일본 군부는 이를 주도하기보다는 소극적으로 용인하는 입장이었다. 하라다 게이이치는 불교 색채가 뚜렷한 충령탑 건립운동이 확산된 것도 군묘지 내 종교시설 설치에서와 유사

---

101) 니시무라 아키라, 「위령과 폭력」, 265쪽.

102) 오에 시노부, 『야스쿠니신사』, 174, 191~192쪽.

103) 정호기, 「국민국가의 신성성과 '죽은 자 모시기'」, 228쪽.

하게 아래로부터의 요구에 지배층이 반응한 결과로 해석하고 있다.[104] 그럼에도 불구하고 1939년부터 불붙은 '거국적인' 충령탑 건립운동이 '위로부터', 다시 말해 국가의 주도로 개시되었음은 의문의 여지가 없다. 이 운동은 중일전쟁 발발 2주년에 즈음하여 1939년 7월 7일 결성된 '대일본충령현창회'를 중심으로 전개되었다. 우리는 이 단체의 관주도적 성격에 주목할 필요가 있다. "이 조직은 육군·해군·내무·외무·후생·척무 등 6성의 공동 소관 업무로 시작되었으나, 내무성이 아니라 군부, 특히 육군이 주도했다 …… 이 조직에 참여한 사람들은 실로 상당한 지위와 권력을 갖고 있는 사람들이었고, 군관민이 망라되어 있었다."[105] 현역 육군대장이 이 단체의 회장이 되고, 현직 총리(수상)가 명예회장으로 위촉된 것도 그러하다. 1939년 7월 22일에 개최된 대일본충령현창회의 제1회 이사회 결의사항에서도 명확히 확인되듯이, 이 단체는 중앙 국가기구들을 자유자재로 조종하고 최고위층에 대해서까지 사실상의 강제 모금도 할 수 있을 정도로 강력한 힘을 갖고 있었다.[106]

1938년의 육군묘지규칙이 '전사자의 현창'과 '군인묘지의 성역화'에 중요한 전기가 되었다면, 1939년 이후의 충령탑 건립운동도 거의 동일한 목적을 추구했다. 대일본충령현창회 발회식 소식을 전하는 신문기사는 지배층의 의도를 명료히 보여준다. 특히 "충령 현창은 국가의 발전에 큰 힘"이라거나 "영구히 그 충령을 현창하려는 운동", "시정촌의 정신적 훈련의 중심"이라는 표현들이 그러하다.[107]

104) 하라다 게이이치, 「누가 추도할 수 있는가」, 221~222쪽.

105) 정호기, 「일제하 조선에서의 전쟁사자 추모 공간과 추모 의례」, 146쪽.

106) 『동아일보』, 1939.7.24의 해당 기사 참조.

107) 『동아일보』, 1939.7.2.

1938년 이후의 군묘지와 마찬가지로 1939년 이후의 충령탑 역시 죽음의 평등화와 민주화를 원칙으로 삼았다. 이런 방침은 대일본충령현창회의 대변인 격인 사쿠라이(櫻井) 중좌가 1939년 6월 30일 발표한 내용에서 명료하게 확인된다. "유골은 지금까지 모두 개인의 묘에 사(祀)하여 왔으나 그 보존은 만전을 기치 안코(않고 - 인용자) 원격한 곳에 잇으므로 보존할 수 없는 것도 잇다. 금회 합동묘라는 의미로 충령탑의 건설로 된 것이다 …… 그 귀한 영령의 묘에 대소(大小)의 구별 등이 잇어서는 안 된다."[108] 거의 비슷한 시기에 군인묘지와 충령탑 모두에서 평등주의 원칙이 표방되었던 것이다. 그런 면에서 1938~1939년이라는 시점은 일본 전사자 묘의 변천사에서 획기적인 의의를 갖는다고 말할 수 있다.

한편 일본 본토에서의 움직임에 호응하여 조선군사령부도 움직이기 시작했다. 1939년 9월 조선군사령부 보도부는 "충령 현창사업에 대한 국민의 협력을 요망"한다고 발표했다. 여기서 충령탑에는 "호국의 성단(聖壇)"이라는 역할을 부여되었다.

시국 중대의 차제 호국의 영령에 경앙(景仰)의 적성(赤誠)을 봉(捧)하기 위하여 충령의(을 - 인용자) 현창하고 영구히 호국의 성단(聖壇)을 제일선에 회전지(會戰地)는 물론 전국 방방곡곡에 설치하려고 한 충령 현창의 사업은 전자(前者)의 사변 2주년에 설립을 보게 된 재단법인 충령현창회를 중심으로 전 국민의 협력에 의하여야 할 것이 잇다. 아(我) 조선에서도 장고봉사건 기념탑에 설립을 위시 대구, 광주 등 각지 유지에 의하야 제종(諸種)의 계획이 되어 잇는데 이 만주사변 8주년을 중심으로 일층 조선의 실정에 즉응(卽應)한 적극적 계획을 회

---

108) 위와 같음.

망하고 잇는데 반도 2천 3백만 대중을 일원(一圓)으로 하는 이 일대 애국운동의 전개는 근근(近近) 구체화할 것이다.[109]

이후 식민지 조선의 일부 지역에서 소규모의 충령탑 건립 움직임이 나타나기도 했지만, 비교적 대규모의 충령탑 건립이 추진된 것은 1941년 9월경 대일본충령탑현창회 조선본부가 결성된 이후의 일이었다. 조선의 충령탑 건립운동은 1942년 5월경부터 본격화되었다. 경기도, 경상남도, 전라남도, 함경남도, 그리고 대전, 인천, 광주 등지에서 충령탑 건립이 시도되었다. 이 가운데 인천에서는 1941년 8월경 도산정(桃山町)공원에, 광주에서는 1943년 광주신사 안에 각각 충령탑이 건립되었다. 일본의 패전으로 비록 완공에는 이르지 못했지만, 경기도가 추진한 충령탑은 효창공원 내 부지 2만 평에 탑 높이 100척에 이르는 초대형 기념물 건립 프로젝트였다. 이곳에서 매년 봄과 가을에 대규모 위령제를 거행할 계획으로 부지를 넓게 설정했다고 한다. 1942년 7월 건립을 위한 첫 회의를 연 이래 1943년 6월에 조성 계획을 확정했고 1944년엔 문효세자와 의빈 성씨를 비롯한 효창원의 모든 묘들을 경기 고양의 서삼릉으로 이전했다. 이어 같은 해 6월에 충령탑 공사를 시작했지만 종전 및 해방과 함께 중단되었다.[110] 대전부(大田府)에서는 '황기(皇紀) 2600년 (1940년) 기념사업'의 일환으로 3만 원가량의 예산을 투입하여 춘일정(春日町) 3정목 황천별장(荒天別莊) 앞 언덕의 약 500평 부지에 높이 70여 척, 넓이

---

110) 정호기, 「일제하 조선에서의 전쟁사자 추모 공간과 추모 의례」, 147~148쪽; 『한겨레』, 2018.5.31, 4면의 「왕실묘→골프장→유원지→독립투사 묘지 '영욕의 232년'」 기사(노형석 기자) 참조.

9장 식민지 조선의 전사자 거처 | 329

52척 규모로 화강암 재질의 대충령탑(大忠靈塔)을 건립하기로 했다.[111] 애초 계획보다 착공이 지연되었던 대전 충령탑의 공사 역시 일본의 패전으로 인해 기단부까지만 건설된 상태에서 중단되었다.[112]

이 밖에 80연대가 주둔하고 있던 대구의 대명동에도 충령탑이 존재했음을 확인할 수 있다. 1940년 3월 10일 제15회 육군기념일을 맞아 군인과 학생·청년단원들이 "대명동 충령탑으로 행진하여 묵도하고 산회"했고, 같은 해 4월 7일에도 '제2회 애마일(愛馬日)'을 맞아 "대명동 충령탑 아래서 전몰마(戰歿馬)의 위령제"를 거행했다고 한다.[113] 대구 대명동 충령탑은 1938년 9월 이전에 건립되었다.[114] 이런 기사들을 통해 충령탑과 광장이 일체형으로 조성되어 주요 행사와 의례의 장소로 활용되었음을 알 수 있다. 목포에서도 1939년에 충령탑 건립이 시도되었다. 이와 관련하여 1939년 6월 목포부회(府會)가 호국신사와 충령탑을 건립하기 위해 기부금에 대한 심사를 진행했다는 보도를 발견할 수 있다.[115]

(3) 사찰 납골당

군묘지가 존재했음에도 불구하고 화장한 전사자 유골은 불교 사찰에도 비교적 폭넓게 안치되고 있었다. 물론 이는 일본식 분골 관행 때문에 가능했

---

111) 『동아일보』, 1940.1.30.

112) 정호기, 「국민국가의 신성성과 '죽은 자 모시기'」, 219쪽.

113) 『동아일보』, 1940.3.12, 1940.4.9.

114) 총독부의 촉탁을 받은 유광문학사(有光文學士)가 1938년 9월 16일부터 대명동 충령탑 남쪽에 소재한 신라시대 고분을 발굴 중이라는 기사도 볼 수 있다. 『동아일보』, 1938.10.1.

115) 『동아일보』, 1939.6.11.

다. 여기서 우리는 단순한 공(公) – 사(私) 이분법을 넘어설 필요가 있다. 다시 말해 군묘지는 죽음 처리의 공적인 방식으로, 불교 사찰 납골은 죽음 처리의 사적인 방식으로 손쉽게 이분법적으로 나누는 것은 오류일 수 있다. 사찰 납골 역시 국가와 군대가 전사자의 죽음을 공공화하는 또 다른 방식으로서 인정될 수 있기 때문이다. 앞서 언급했듯이 육군묘지가 주요 부대 주둔지별로 조성되었지만 육군묘지가 설치되지 못한 부대에서는 인근 사찰 등에 유해를 안장했다.[116] 일본군은 군묘지를 설치하기 시작한 초기부터 전사자 죽음을 공적으로 전유하는 방식으로 군묘지 매장과 사찰 납골 모두를 중요하게 활용하고 있었던 것이다.

전사자 유골의 사찰 안치는 육군묘지규칙 이후에도 지속되었다. 식민지 조선에서도 '사찰과 육군묘지의 상호의존적 공존' 사실을 확인할 수 있다. 한 예로 용산 20사단사령부는 1938년 7월 7일 중일전쟁 발발 1주년 기념행사의 일환으로 전사자의 유골 안치소인 용산 동본원사, 대념사(大念寺), 약초서본원사에서 전몰자 위령제를 거행했다.[117] 당시 20사단 주둔지인 용산 일대에 소재한 세 개 사찰에 전사자 유골이 나뉘어 안치되고 있었다는 얘기인 것이다. 이듬해 총후(銃後)후원강화주간의 둘째 날이던 1939년 10월 4일에도 용산 20사단사령부에 소속된 각 부대의 대표자들은 "육군묘지 분골(分骨) 안치 대념사(大念寺)에 참배하야 순국용사의 영령에 경근한 묵도를 바쳣다."라고 한다.[118] 그 이듬해인 1940년 3월의 제35회 육군기념일 행사 중에도 "유골 안

116) 정호기, 「일제하 조선에서의 전쟁사자 추모 공간과 추모 의례」, 137쪽.

117) 『동아일보』, 1938.6.25.

118) 『동아일보』, 1939.10.5.

치한 사원(寺院)에 참예(參詣)"한다는 내용이 포함되어 있었다.[119]

위 기사에 두 차례나 등장하는 대념사는 1938년에 경성육군묘지가 조성되기 전부터 용산 지역에 자리 잡고 있었다. 1937년에 발간된 『대경성사진첩』(大京城寫眞帖)에도 대념사 대웅전 사진이 수록되어 있었다.[120] 1934년 학무국 사회과에서 처리된 "대념사 건물 증축 허가원의 건"을 통해서도 대념사의 소재지가 "경성부 한강통(漢江通) 11번지"라는 사실 그리고 이 사찰의 주지 승려 이름(日比性賢)을 확인할 수 있다.[121] 용산에 소재한 육군묘지와 전사자 유골을 분골한 인근 사찰들은 유기적으로 하나의 쌍을 이루고 있었다.

5. 소결

지금까지 살펴본 것처럼 일본은 야스쿠니신사 – 호국신사 – 충혼비 등 전사자의 혼과 관련된 세 가지 기제, 군묘지 – 충령탑 – 사찰 등 전사자의 육신과 관련된 세 가지 기제 등 최대 '6중(六重)'에 이르는, 빈틈없이 촘촘하고 겹겹이 중첩된 두터운 영적 안전망을 구축했다. 그것은 독특하게 일본적인 현상이면서, 동시에 근대적인 현상이었다. 1930년대에 완성된 전사자 영적 안전망은 불교·신도 등 전통적인 일본식 장묘문화에서 발원하지만, 그럼에도 그것은 명백히 근대적인 현상들이기도 했다. 그 근대성은 무명용사 예찬과

---

119) 『동아일보』, 1940.2.14.

120) 문화체육과 편, 『용산구 문화재』, 용산구, 2012, 149쪽.

121) 이 문서는 대전국가기록정보센터 소장 자료이다. http://theme.archives.go.kr/next/pages/viewer/archiveViewer.jsp?archiveEventId=0027159164&singleData=Y(2016.7.15 검색).

숭배로 압축되는 '보통사람들의 영웅주의', 좋은-나쁜 죽음의 전통적인 도덕적 도식을 대신하는 죽음 위계의 재구축, 무명 전사자들의 시신 처리 방식에서 두드러지게 나타나는 '죽음의 공공화'(즉 주로 국가에 의한 전사자 죽음의 공적 전유), 공공화된 죽음을 가시적으로 구현한 장소를 성역화하기 등에서 비교적 명료하게 확인된다. 전사자 예찬과 죽음의 공공화에 근거한 전사자 합동 묘가 시민종교의 국가적이고 지역적인 신전(神殿)으로 부각되었다는 점이 특히 중요하다.

전사자 처우와 관련된 이런 종류의 근대성은 식민지 이전의 조선왕조 시대에는 명백히 결여된 차원이었다. 더구나 식민지 이전 일본과 조선의 장묘문화는 지극히 대조적이었다. 조선에선 유교적 매장문화의 확고한 지배력 아래 잔여적인 범주로서 불교식 화장문화가 병존하고 있었고, 화장한 유골의 매장이나 분골(分骨)도 거의 행해지지 않았다. 이런 상태에서 '근대적이지만 독특하게 일본적인' 전사자 영적 안전망의 구성요소들이 1910년 이후 식민지 조선에도 거의 온전히 이식되었다. 조선인들은 불현듯 야스쿠니신사와 상호작용 관계로 빨려 들어갔고 충혼비, 육군묘지, 충령탑, 호국신사 등 낯설고 이질적인 장묘문화 요소들과 빈번하게 접촉하게 되었다.

1930년대, 특히 중일전쟁 발발 1~2년 후인 1938~1939년이 제국 일본과 식민지 조선 모두에서 결정적으로 중대한 전환기였다. 당시는 전쟁이 장기화되는 가운데 전사자가 크게 증가함으로써 대중과 전사자 유가족들 사이에 염전 내지 반전의 분위기가 확산되던 때였다. 전쟁동원의 필요성은 폭증하는 데 반해 전쟁에 대한 염증과 공포 또한 점증하는, 일종의 잠재적 위기 상황이었다. 나아가 1938년부터는 조선에서도 지원병제가 도입되는 등 식민지 주민들까지 전쟁에 대대적으로 동원되는 상황이었다. 이런 상황이 전사자의 영적·육체적 거처와 관련된 의미심장한 방향 전환을 추동했고 일련의 문화적·상징적 혁신들을 산출했다.

1938~1939년 사이에 전사자 거처에서 일어난 변화는 대략 세 가지로 요약될 수 있다. 첫째, 전사자에 대한 현창·송덕·성화·영웅화 그리고 전사자 묘의 성역화 측면이 대폭 강화되었다. 1938년의 육군묘지 개편, 1939년 이후의 충령탑 건립운동, 1939년 호국신사의 등장은 모두 이런 목적을 명시적으로 표방하고 있었다. 둘째, 아래로부터의 민중적 요구에 적극 반응하여 전사자 묘 주변의 종교성이 전반적으로 보강되었다. 군묘지에서 불교적 색채가 강해졌던 것을 비롯하여, 불교 성격이 강한 충령탑 운동이나 '초혼사의 신사화'도 동일한 추세를 반영하고 있다. 셋째, 가장 중요한 것으로 전사자 죽음의 평등화 추세이다. 이는 1938년의 육군묘지규칙과 1939년 이후의 충령탑 건립운동에서 뚜렷하게 확인된다.

세 가지 변화 중 '전사자 예찬'과 '종교성 강화'가 이전부터 존재하던 추세를 단지 가속화한 데 불과했다면, '죽음의 평등화'는 전사자 묘의 불평등이라는 과거 전통과의 전면적 단절이라는 점에서 대단히 중요하다. 그것은 일본식 전사자 숭배에 잔존한 '근대성 속의 전근대성'을 극복한다는 점에서 전사자 거처의 '진정한 근대화'를 이룬 계기였다. 일본의 전사자 거처에서 나타났던 '평등화·민주화 없는 공공화' 현상, 곧 전사자 죽음의 공적 전유는 확고하지만 전사자 내부의 불평등과 차별은 지속되는 전근대성을 극복하려는 시도가 1938~1939년에 제도적으로 완결된 것이다. 물론 이런 평등주의 원칙이 식민지민인 조선인들에게까지 자연스럽게 확장된 것 같지는 않지만 말이다.

식민지 조선에 존재했거나 관계되었던 전사자 혼(야스쿠니신사, 호국신사, 충혼비)과 육신(군묘지, 충령탑, 사찰 납골당)의 여섯 가지 거처들은 해방 후에 어떤 변화를 겪게 될 것인가? 어떤 것이 계승되었고 어떤 것이 단절되었고 어떤 것이 변형되었는가? 여섯 가지 가운데 국가신도에 기초한 두 가지에서는 '단절'의 측면이 강할 수밖에 없었을 것이다. 실제로도 식민지 해방과 함께 야스쿠니신사와의 관계는 당장 단절되었고 호국신사는 해체되었다. 그렇다면 나머지 네 가지는? 이는 보다 미묘한 문제로서 구체적인 역사적 사실들에 기초하여 판단을 내릴 수밖에 없다. 이것이 다음 장의 과제이다.

10장
장충사, 대한민국 최초의 국립납골묘

해방을 맞을 당시 한반도에 존재하던 식민지적 전사자 거처는 육군묘지, 충령탑, 불교 사찰, 호국신사, 충혼비 등 다섯 가지였다. 전사자의 혼을 안치하던 호국신사와 충혼비는 해방 직후 파괴 내지 해체되었다. 충령탑도 마찬가지 운명이었다. 그러나 식민지 말기 대전에 건립 중이던 충령탑처럼 일부는 해방 후에도 살아남았다.[1]

함경도 나남과 서울 등 두 곳에 있던 육군묘지는 어떻게 되었을까? 적어도 서울 용산의 육군묘지는 해방 후에도 존속되었던 것으로 보인다. 해방 직후 "용산 미군묘지" 혹은 "미(美) 육군묘지"로 지칭되던 그 장소가 바로 식민지 시대의 '용산 육군묘지'(경성 육군묘지) 자리였을 가능성이 높다고 필자는 판단한다. 합장묘탑을 중심으로 형성되었던 기존 일본군 묘지를 십자가 묘비가 자리 잡은 개인별 묘지로 재편하여 계속 사용했을 가능성이 높다는 것이다. 1946년 5월 30일 오전에 '미군전몰장병추도일' 기념행사가 7사단 주관으로 "용산 미군묘지"에서 열렸다.[2] 『동아일보』 1946년 5월 31일 자(2면)에는 「'평화와 자유'에 바친 영령을 추도」라는 제목의 기사가 게재되었다.

---

1) 정호기, 「국민국가의 신성성과 '죽은 자 모시기'」, 219쪽; 정호기, 「일제하 조선에서의 전쟁 사자 추모 공간과 추모 의례」, 162쪽.

2) 『동아일보』, 1946.5.30.

1백20주 영령이시여 고히 잠드소서. 30일 상오 10시 용산에 있는 미 육군묘
지에서는 하지 중장 이하 제7사단 관하의 장교 등 500여 명이 모이어 진주 후
전몰한 장병 120주의 추념식을 집행하엿다. 식은 종군목사 00씨의 개회기도에
이어 하지 중장의 간곡한 추념사가 있고 꽃다발을 잠든 십자가에 바친 후 모레
이 목사의 기도, 제7사단에서 영령에 바치는 조포를 울러 재천의 영령을 위로
하고 민전(民戰) 외교부에서 보내온 화환을 용사들의 묘표 앞에 바침으로서 동
11시 반경에 마치었다.

이 묘지가 언제까지 운영되었는지는 알기 어렵다. 이와 관련된 언론 보도
도 더 이상 발견되지 않는다. 아마도 미군정 시기에는 존속했겠지만, 이미 그
당시에도 본국으로 유해를 송환하기 전까지 '임시적으로' 유해를 가매장하
는 용도로 사용되었을 수도 있다. 미군정이 종료된 후 미군이 한반도에서 철
수하던 1949년 당시 용산 미군묘지에 매장된 유해들을 본국으로 모두 송환
한 후 묘지도 자연스럽게 폐쇄했을 가능성이 높다고 생각한다.

한편 군묘지, 충령탑, 사찰 등에 산재된 일본군 전사자의 유골은 해방 후
에도 제대로 수습되지 못했던 것으로 보인다. 정호기의 다음과 같은 언급이
이런 판단을 뒷받침해준다. "조선에 있던 일본군의 유해는 한일협정이 체결
된 직후인 1965~69년 사이에 대부분 이송되었다. 이는 이때까지 일본군 유
해의 상당수가 한반도에 있었다는 점을 의미"한다.[3]

전사자의 거처 가운데 '혼'과 관련된 시설들은 해방 후 금세 자취를 감춘
반면, 전사자의 '육신'과 관련된 부분들은 어떤 식으로든 생명력을 이어갔던

---

3) 정호기, 「일제하 조선에서의 전쟁사자 추모 공간과 추모 의례」, 140쪽.

것으로 보인다. 이런 상황에서 미군정과 과도정부, 대한민국 정부는 해방 후 새롭게 발생한 전사자들에 어떻게 대응했는가? 전사자 죽음의 공공화 - 사사화 정도에 초점을 맞춰 큰 흐름을 살펴보자면, 전사자 죽음 처리와 관련하여 해방 후 10~20년 사이에 대략 네 차례의 주요한 변화가 진행되었다고 말할 수 있다. (1) 식민지 시대 말기 거의 완성상태에 도달했던 전사자 죽음 처리의 '공공화' 추세는 해방 직후, 특히 1946~1948년 사이에 '전면적인 사사화' 추세로 반전되었다. (2) 1949년부터는 '재(再)공공화' 추세로 다시금 역전된 가운데, 지배적 추세인 '공공화'와 종속적 추세인 '사사화'가 혼재하는 양상을 보였다. (3) 한국전쟁 발발 이후에도 이런 혼재 양상이 지속되었지만, '재(再)사사화' 추세가 보다 지배적인 흐름으로, '공공화'는 종속적·보조적인 흐름으로 또 한 번 뒤집혔다. (4) 1955년에 '공공화'의 최고 형태라 할 국립 국군묘지가 등장했고, 이후 약 10여 년에 걸쳐 '공공화' 흐름이 꾸준히 세력을 확대하여 '사사화' 흐름을 점차 압도해갔다.

주지하다시피 신생국가인 대한민국이 창출해낸 최초의 국립묘지는 서울 동작동에 있는 국립서울현충원이다. 그런데 이 국립묘지가 등장한 시기는 해방 후 10년 후, 무수한 전사자를 대량생산한 전쟁이 끝난 지도 2년이나 지난 1955년이었다. 그렇다면 1955년 이전에는 이런 국립묘지에 비견되는 공적인 장묘시설이 없었던 것인가? 한국전쟁 기간 중에 국군 전사자의 유골을 임시로 안치했던 범어사 등의 사찰 납골묘·납골당들이 "국립묘지의 효시"였다는 주장이 최근 제기되기도 했다.[4] 그러나 전쟁 전에 이미 '국립납골묘'가 명백히 존재했다. 서울 장충단에 소재했던 '장충사'가 바로 그것이었다.

그러나 현재까지도 이 장충사의 실체가 불분명한 채 남아 있었다. 장충사

---

4) 이성수, 「호국영현(英顯)의 안식처 범어사는 국립현충원 '효시'」, 『불교신문』, 2016.6.22.

는 20세기 초 장충단 내에 건립되었던 유교식 사당(壇祠)을 개조한 것이었나, 아니면 해방 후 아예 새로 지어진 세속적인 건물이었나? 이 장에서는 '장충사 =박문사'라는 전혀 다른 가설, 즉 식민지 기간에 이토 히로부미(伊藤博文)를 추도하기 위해 건립한 박문사(博文寺)가 장충사로 전용되었을 가능성이 높다는 가설을 처음으로 제기할 것이다. 지금까지 국립납골묘로서의 장충사에 대한 독립적인 연구는 전무했고, 발굴되어 공유된 관련 사료도 거의 없는 형편이다. 이 장에서는 주로 관련 신문 기사들 그리고 장충단에 관한 소수의 기존 연구들에 의존하여 장충사의 실체에 조심스레 접근해보려 한다. 먼저 장충사가 등장하는 역사적 맥락에 대해 간략히 정리해보자.

1. 죽음의 사사화로, 다시 공공화로

2부에서 살펴본 것처럼 남한에서도 경찰과 국방경비대원들이 전투/준전투 상황에서 사망하기 시작함에 따라 1946년 가을 이후 전사자 위령제들이 국가적 차원에서 행해지기 시작했다. 그러나 국가의 역할은 그곳에서 멈췄다. 국가는 전사자 의례에는 적극적이었지만 시신 처리엔 개입하지 않았다. 전사자들의 육신을 출신지로 귀향(歸鄉)시키는 것, 즉 유가족들에게 시신을 인계하는 것으로 국가의 역할은 마무리되곤 했다.

전사자와 관련된 '죽음 의례의 공공성'과 '시신 처리의 탈(脫)공공성', 혹은 '공적인 의례'와 '사적인 시신 처리'가 선명하게 대조되었던 게 해방공간으로 일컬어지던 1946~1948년 시기의 두드러진 특징이었다. 이런 상황은 '전사자 죽음의 공공화'에서 보이던 '식민지적 근대성'마저 퇴색하고, 다시금 식민지 시대 이전의 '전근대적 사사화' 관행으로 회귀하는 것처럼 보일 정도였다. 죽음 처리의 사사화에 따라 전통적인 유교식 매장문화로 회귀하는 양상도 확연해졌다. 그러나 1949년 초부터 '재(再)공공화'로의 반전이 개시되었다. 이제부터 이 변화에 대해 좀 더 자세히 살펴보기로 하자.

전사자 죽음 처리에서 재공공화로의 전환을 추동한 요인은 무엇이었을까? 이를 '전사자 숫자의 급증'과 '대한민국 정부의 수립'이라는 두 가지로 우선 압축할 수 있을 것이다. 나아가 독립정부 수립과 직결되는 또 하나의 요인을 연역해낼 수 있는데, 그것은 새 정부의 정통성 보강을 위한 '국가적 성역(聖域) 창출 프로젝트'였다. 성역 창출 프로젝트는 전사자 합장 시설인 '장충사'로 집중된다. 이렇게 보면 1949년 이후 죽음의 재공공화를 촉진한 요인을 (1) 전사자 급증, (2) 독립정부 수립, (3) 국가 성역 창출 필요성 등 세 가지로 정리할 수 있다.

한홍구에 의하면 "1950년 6월 25일 이전에 희생된 대한민국 군인의 숫자는 약 8천 명"에 이르렀다.[5] 또 1950년 3월 28일 군사원호법안을 국회에 긴급 상정했을 당시 권태희 의원은 같은 해 3월 20일까지 발생한 전사자가 1,948명, 순직자가 75명, 전상자가 2,819명, 이 모두를 합친 숫자가 4,842명에 이른다고 보고했다.[6] 아무리 낮춰 잡아도 한국전쟁 발발 이전에 이미 2천 명 이상의 군인·경찰 전사자들이 발생했던 것이다. 미국의 군정도 종료되고 선거를 거쳐 독립정부가 구성되어 유엔총회의 승인까지 받은 상태에서, 이런 전사자 대량발생 상황이 마냥 용인되거나 방치될 수는 없었다. 이런 가운데 1949년 봄부터 전사자 육신의 거처를 마련하려는 움직임이 본격화되었다.

그렇다면 죽음의 공공화를 추진한 구체적인 방안은 무엇이었던가?

---

5) 한홍구, 『한홍구와 함께 걷다』, 60쪽.

6) 김봉국, 「이승만 정부 초기 애도 – 원호정치」, 『역사문제연구』 35호, 2016, 479쪽.

1949~1950년 사이에 한국정부가 선택했던 해결책은 '군묘지'와 '납골묘/납골당'의 두 가지였다. 그러나 국지적 차원 혹은 보다 낮은 차원에서는 다른 형태의 공공화 시도들도 나타났다. 지역 차원에서 충령탑이나 충혼비를 건립하는 것, 사찰 혹은 부대 안에 집단적으로 무연고 전사자 유골을 안치하는 것 등이 그런 사례들에 속한다. 국립 군묘지와 납골묘에 대해 본격적으로 논하기에 앞서 지방·지역 차원에서 실행된 '다른 형태의 공공화' 시도들에 대해 간략히 살펴보자.

먼저, 식민지 시대에 등장했던 '충령탑'이 해방 후 재등장했다. 전쟁 직전인 1950년 5월 5일 옹진군 태봉산에 세워진 충령탑이 대표적인 사례였다. 언론보도를 쫓아가 보자. 『동아일보』 1950년 3월 26일 자(2면)에는 옹진군 18만 군민들이 자발적으로 150만 원을 모금하여 '순국 장병, 경찰, 일반인' 180여 명을 위한 충령탑을 건립하기로 했으며 늦어도 4월 중순까진 준공할 예정이라는 기사가 실렸다. 같은 신문 1950년 5월 7일 자(2면)엔 충령탑 완성을 앞두고 〈충령탑의 노래〉를 공모한다는 기사가 났다. 또 『동아일보』 1950년 5월 13일 자(2면)에 의하면, 옹진 주둔 1086부대 부대장인 백인엽 대령이 군수·경찰서장·향토건설대장 등과 협의한 결과 옹진읍 교외의 태봉산 산상(山上)에 충령탑을 건설하여 "38선 인근 옹진지구에서 여러 전투에서 전사한 조국의 수호신 …… 호국의 영령을 일당(一堂)에 고이 모시기로" 결정했고, 4월 19일 착공된 충령탑이 완공되자 5월 5일에 2만 명에 달하는 군민과 군인들이 운집한 가운데 제막식을 거행했다. 제막식이 끝난 후에는 옹진군 청년방위대 편단식을, 5월 5~6일에 걸쳐 충령탑 광장에서 체육대회를 개최했다고 한다. 무려 2만 명이 운집할 수 있고 체육대회까지 가능할 정도로 큰 광장을 지닌 대규모의 충령탑이 건설되었던 것이다. 어쨌든 한국전쟁 이전 치열한 격전지였던 38선 인근 옹진군 일대에서 전사한 군인, 경찰, 민간인의 유골을 충령탑에 안치하는 방식으로 전사자들의 죽음을 공공화했던 것이다.

식민지 시대에 등장한 전사자 혼의 거처들 가운데 신사는 해방과 함께 자취를 감췄지만, '충혼비'라는 형식만은 해방 후에도 계승되었다. 물론 일본인 전사자들의 명부나 상징물이 안치된 충혼비들은 대부분 파괴되었지만 말이다. 일례로 1950년 1월 25일 여수경찰서 새 청사의 준공식과 더불어 순직경찰관 위령제와 충혼비 제막식이 거행되었다.[7] 1949~1950년에 걸쳐 활발하게 추진되던 '10용사 영탑(靈塔)' 역시 식민지 시대의 충혼비와 유사한 성격을 지닌 것으로 판단된다. 전사자 영의 거처로 건립된 영탑들은 한국전쟁 발발 이후 충혼비, 충혼탑, 현충탑 등의 명칭으로 급속히 확산되었다.

38선 이북 출신의 월남자들 중 제주도와 지리산 일원에서 전사한 이들의 경우 유골을 사찰에 납골하거나 소속 부대에 안치하는 방식으로 죽음을 공공화했다. 1949년 4월 24일 서울 시공관에서는 이른바 '제주도 소탕전'에서 사망한 서북청년회 소속 38명을 위한 '순직 서청원(西青員) 합동 위령제'가 열렸다.[8] 이윤영 사회부 장관의 조사 등이 포함된 위령제가 끝난 후 38명의 유골은 삼각지 보광사에 안치되었다.[9] 군경과 공동작전을 펼 정도로 준(準)국가기구화 된 사회단체가 위령제를 주최하고 현직 장관이 거기에 참석하는 등 의례의 '공적인' 성격은 뚜렷이 확인된다. 의례 후 유골이 유가족에게 개별적으로 인도되는 것이 아니라 사찰에 '집단적으로' 안치되는 점도 주목된다. 그러나 여기서 우리는 "대개 무연고자나 묘지 관리가 어려운 사람, 또는 저승을 부처님의 힘에 의지하고자 하는 사람들이 사찰 납골당을 이용했다."

7) 『동아일보』, 1950.1.30.

8) 『자유신문』, 1949.4.25.

9) 『동아일보』, 1949.4.25.

라는 앞서의 언급을 상기할 필요가 있다. 서북청년회 전사자 대부분이 남한에 마땅한 연고가 없다는 사실을 감안할 때, 이들이 '대한민국의 영웅이나 수호신' 취급을 받기는커녕 사찰 납골 외에는 달리 방도가 없는 '가난한 무연고자' 취급을 당하는 것처럼 비치기도 한다. 그런 면에서 서북청년회 회원들의 죽음을 공공화하는 방식은 불완전했다.

얼마 후인 1949년 6월 1일에는 그해 1월 '지리산 토벌작전'에 참가한 수원 육군수색학교 특수부대(세칭 '서울유격대') 소속 전사자 17명의 합동위령제가 수색학교 영정(營庭)에서 열렸다.[10] "서울유격대는 대부분이 38 이북 출신이기 때문에 숙망을 달성치 못하여 원한을 품은 채 영령은 더 한층 서글프게 안치되어 있던바 …… 동 부대 영정에서 관민 다수 참석한 가운데 합동위령제는 엄숙히 거행하였다 …… 식은 하오 1시경 끝나고 유골은 다시 부대본부에 안치되었다."[11] 이북 출신이 대부분인 서울유격대 소속 17인 전사자들의 유골은 위령제 이전에나 이후에나 부대본부에 안치되었다. 시신 처리 방식은 분명 집단적이고 공적이었지만, 전체적인 분위기는 마땅한 안치 장소가 없어서 임시로 부대에 보관하는, 말하자면 '시신 처리의 유보'에 가까워 보인다.[12] 서북청년회 전사자 유골의 불교 사찰 납골처럼, 서울유격대 전사자 유골의 부대 안치 역시 시신 처리 측면에서 '불완전한 공공성'이 두드러진다고 하겠다.

한편 이전처럼 '시신 처리의 사사화·개별화'로 기운 사례도 여전히 발견된다. 1949년 11월 22일 인천 72연대 소속 전사자 11명을 위해 인천공설운동

---

10) 『자유신문』, 1949.6.7; 『동아일보』, 1949.6.13.

11) 『연합신문』, 1949.6.3.

12) 나중에라도 이들의 유골이 장충사로 옮겨졌는지는 현재로선 확인되지 않는다.

장에서 열렸던 '제3차 전몰장병 합동위령제'가 좋은 예이다. 이날 "호국 11용사"를 위한 위령제가 끝나자 "유골은 하오 5시경 서울을 경유하여 각기 본가에 환송 안치"되었다.[13] 1949년에는 전사자 죽음을 재차 공공화하려는 흐름과 함께, 1946~1948년 사이에 지배적이었던 죽음의 사사화 흐름도 동시에 존재하고 있었던 것이다.

이제 다시 중앙정부에 초점을 맞춰보자. 앞서 언급했듯이 1949~1950년 사이에 신생 대한민국 정부가 죽음의 공공화·집중화·집단화를 추진한 방법은 '군묘지'와 '납골묘' 두 가지였다. 서울 근교에 군묘지를 설치하는 한편, 서울 시내에 있던 장충단공원에도 납골묘를 마련하여 전사자 유골을 안치한다는 것이었다. 우선은 장충단공원 안에 조성된 납골묘인 장충사에 전사자 유해를 안치하다가 전사자 수가 증가함에 따라 1949년 말부터 육군본부 인사국을 중심으로 서울 근교에서 군묘지 터를 찾아 나섰다고 한다.

> 조국의 광복과 더불어 국군이 창설되어 국토방위의 임무를 수행하여 오던 중 북괴의 국지적인 도발과 여순반란사건 및 각 지구의 공비토벌작전으로 전사자가 발생하였던바, 당시에는 전사한 영현들을 서울 장충사에 안치하였다. 그러나 전사자의 수가 점차 증가함에 따라 육군에서 묘지 설치 문제가 논의되어 1949년 말 육군본부 인사국에서 공병감실의 협조 하에 서울 근교에 묘지 후보지를 물색하던 중 6·25동란으로 육군본부는 대구로 이동을 하게 되고 묘지 설치 문제는 일단 유보된 채 ……[14]

그러나 1949년 말부터 이승만 정부가 군묘지 조성을 추진했다는 신문 기

---

13) 『대중일보』, 1949.11.23.

14) 국립묘지관리소, 『민족의 얼』, 13쪽.

사는 발견되지 않는다. 이로 미루어 군묘지 조성 프로젝트는 국방부나 육군 본부 차원에서 조용하게 (그리고 대체로 비공식적으로) 추진되었던 것으로 판단된다. 이와는 대조적으로, 서울 장충사/장충단에 아군 전사자들을 안장한다는 사실은 이승만 정부에 의해 대대적으로 공표되고 또 강조되었다. 다음 절에서는 '국립묘지의 전신'이자 '대한민국 최초의 국립납골시설'이었던 장충사에 대해 집중적으로 탐구해보자.

2. 장충단과 장충사(獎忠祠) — 반공 성지의 탄생

전사자들의 유골을 한곳에 모아 안치하겠다는 이승만 정부의 계획이 언론을 통해 처음 공개된 시점과 장소는 1949년 5월 23일 연합신문사 주최로 열린 '국방부 수뇌부 좌담회'였던 것으로 보인다. 이때 채병덕 육군참모총장(총참모장)이 '육탄10용사'의 유해를 같은 해 5월 말경 장충단공원 안에 합장하겠다는 방침을 공표했다. 보다 구체적으로 채 장군은 "10용사의 유골은 장충단공원 안에 적당한 장소를 택하여 이달 말일경에 합장하며 사당도 건립할 작정"이라고 말했다. 아울러 그는 1948년 12월에 열린 제1차 순국장병 합동위령제의 대상이었던 102명 그리고 1949년 6월로 예정된 '제2차 전몰군인 합동위령제' 대상인 500여 명을 합친 600여 명을 장충단에 안치할 계획이라고 밝혔다.[15] "장충단공원 안에 적당한 장소"를 택하여 즉시 10용사의 유골을 합장할 뿐 아니라, 나중에는 별도로 "사당도 건립"하겠다는 것이다.

그러나 이로부터 일주일가량 지난 5월 28일 서울운동장에서 '10용사 장

---

15) 『연합신문』, 1949.5.26.

의식'이 열렸음에도 불구하고, 그들의 유골은 장충단공원에 안장되지 못했다. 오히려 당일 장례식을 마친 후 10용사 유골은 "태고사에 일단 안치 후 특별열차로 각각 고향으로 무언(無言)의 귀로"에 올랐다.[16] 장충단공원의 국립납골시설에 함께 합장되기는커녕, '육탄10용사' 유골은 출신지로 뿔뿔이 흩어졌던 것이다. 아마도 10용사 장례에 맞춰 본격 가동하려 했던 납골시설이 미처 준비되지 못한 탓이리라.

다시 그로부터 약 열흘 후인 1949년 6월 6일 서울운동장에서 열린 제2차 전몰군인 합동위령제를 계기로 447명 전사자의 유골이 장충사에 처음으로 안치되었다. 당시 언론에는 유골 안치 장소가 "장충단", "장충공원에 있는 묘당(廟堂)", "장충단 봉사(奉祠)" 등으로 보도되었다. 『자유신문』(1949.6.7, 2면)에 의하면, 호남 각지와 제주도와 38선 인근에서 1949년 5월까지 "호국의 영령으로 사라진 345위"를 대상으로 위령제가 열린 후 "영령을 선두로 참가 회중이 시가행진하여 장충단으로" 향했으며, "조국의 초석으로 사라진 이들의 귀혼은 이로써 기리(길이 – 인용자) 장충단에 모시게 되었다." 『경향신문』(1949.6.7, 2면)에는 다음과 같이 보도되었다. "위령제가 끝난 다음 영령 345위를 선두로 한 행렬은 동대문을 거쳐 종로를 지나 을지로를 통하여 장충동에 이르러 동 영령 345주는 작년 제1회 합동위령제의 전몰영령 102주와 함께 장충단 봉사에 안치하였다. 이로써 대한민국 수립 이래 전몰영령은 도합 447위이며 모두 장충동에 안치된 것이다."

그러므로 1949년 6월 6일이 장충사에 전사자 유골이 최초로 안치된 날인 것이다.[17] 바로 이날이 대한민국이 창출해낸 첫 국립납골묘가 대중에게 처

---

16) 『동아일보』, 1949.5.29.

17) 그러므로 1948년 합동위령제가 끝난 뒤 여순사건 희생자를 중심으로 한 345명의 전사자

음 공개된 날이자, 비로소 제 기능을 수행하기 시작한 때였다. 거대한 군중이 345명의 유골을 앞세우고 '서울운동장 → 동대문 → 종로 → 을지로 → 장충단공원' 코스로 시가행진을 벌인 후, 거기서 미리 도착해 있던 102명의 또 다른 전사자 유골과 합장하는 장관을 연출했던 것이다. 이로써 서울 중심부 인근에 대규모의 '반공 성지'가 탄생했다.

장충단-장충사는 신생 정권의 정통성 보강을 위한 '국가 성역 창출 프로젝트'의 일환이기도 했다. 식민지 당국이 서울에 대규모 도시공원으로 조성한 창경원, 효창공원, 장충단공원, 남산공원 가운데 애초부터 묘역 혹은 제사 시설로 만들어진 곳은 효창공원과 장충단공원 두 곳이었다. 이 중 효창공원은 1946년 이후 '독립운동 성지'로 변모했다. 그해 6~7월에 윤봉길·이봉창·백정기 등 '3의사(義士)'의 유해를 환국시켜 이곳에 안장했고, 같은 때 안중근의 가묘(假墓)도 조성했다. 1947~1948년에 걸쳐 임시정부 요인이던 차이석, 이동녕, 조성환의 유해도 이곳에 안장되었다. 효창공원을 독립 성지로 만든 주역이었던 김구 자신도 장충단이 반공 성지로 탄생한 지 불과 한 달 후인 1949년 7월 효창공원에 안장되었다. 김구의 안장 장소와 시기도 그러하려니와, 그가 반공 분단정권 수립의 핵심 세력에 의해 암살되었다는 사실은 더더욱 상징적이다. 시기와 인물 측면에서 독립 성지(효창공원)와 반공 성지(장충단공원)의 갈등적 경합이 생생하게 드러나는 대목이기도 하다.

를 장충단에 안치했다는 하상복의 기술은 오류이다. 하상복은 다음과 같이 썼다. "1948년 합동위령제를 서울운동장에서 개최한 뒤 345명의 전사자를 장충단에 안치했다. 이들은 여순사건 희생자들이었다. 정부는 다음해에도 102명의 전사자를 안치함으로써 국가적 추모공간으로서 장충단의 위상을 강화해 나갔다."(하상복, 『죽은 자의 정치학』, 188쪽) 이 인용문에서 위령제 대상이 되었던 전사자의 숫자도 잘못되었다. 1948년 12월 제1차 합동위령제 대상은 102명, 1949년 6월 제2차 합동위령제의 대상은 345명이었다.

장충단 – 장충사는 '독립 성지'인 효창공원에 버금가는, 혹은 효창공원의 성성(聖性)과 상징적 권위를 상대화하는 '반공 성지'로 가꾸어질 운명이었다. 그러나 해방 직후 장충단공원마저 '독립 성지'가 될 뻔했다. 1945년 10월 결성된 순국의열사봉건회(殉國義烈祠奉建會)가 그 첫 번째 주역이었다. 순국의열사봉건회는 단체 이름에서도 드러나듯이 "앞으로 순국의열사를 서울 장충단에다 따로 세우고 갑신(甲申) 10월 이래 금년 을유(乙酉) 8월 15일까지 희생하신 충혼을 세밀히 조사한 다음 봉안하기로" 했다. 동시에 "혁명 역사(力士)와 선열 전기를 편찬할 편찬위원회"와 "전국 각지는 물론 해외에 있는 선열 사적을 널리 찾아 세밀히 조사하고자 선열사적방사(訪査)위원회", "사당 건립기금을 관리하기 위하여 기금관리위원회"를 설치했다.[18] 이 계획이 현실화되었더라면 독립운동가들을 위한 사당인 '순국의열사'가 장충단에 등장할 수도 있었던 것이다. 1946년 1월에는 장충단 재건과 안중근 동상 건립을 목적으로 내세운 '안중근의사동상건립기성회'가 결성되었다.[19] 같은 해 3월에도 '안중근 열사 37주기'를 앞두고 추도준비회와 함께 '의사 안중근공 동상건립기성회'가 결성되었다. 기성회 측은 "서울 장충단공원에 있는 이등박문의 동상을 불에 녹여 그로써 안중근의 동상을 만들어 자리조차 이등(伊藤)의 동상이 서 있던 자리에 세우려는 것으로 예산은 2백만 원"을 계획하고 있었다.[20] 1947년 2월 말엔 '선열기념비기성회'라는 단체의 회장인 이종태가 "장충단공원 일대를 국립기념공원으로 해서 충렬사라든가 기념비 등을 건립하는 안"을 군정청에 제출했다. 당시 군정장관이던 러치 장군은 그 직후 장

---

18) 『매일신보』, 1945.10.28.

19) 『조선일보』, 1946.1.8.

20) 『서울신문』, 1946.3.6.

충단공원을 '국립기념공원'으로 만드는 문제를 남조선과도입법의원에 안건으로 회부했다. 여기서 '국립기념공원'이라 함은 명백히 독립운동가들에 대한 추모와 선양의 맥락에서, (입법의원 의원 김법린의 표현을 빌자면) 독립운동가들의 "충렬(忠烈)을 추모하자는 도량(道場)"을 조성하겠다는 맥락에서 이해되어야 한다. 그러나 1947년에 장충단공원의 용도를 놓고 입법의원에서 논의한 결과 "용도는 나중에 정하기로 하고 일단 공원시설, 즉 관유지로 귀속하는 것이 결정"되었고, 그에 따라 "장충단 지역은 적산에서 분리하여 서울시로 편입되었다."[21]

이로써 장충단공원에 순국의열사나 안중근 동상을 건립하려던 1945~1946년의 움직임, 이곳을 독립운동가들을 위한 국가기념공원으로 만들려던 1947년의 시도는 모두 결실을 맺지 못한 채 중단되고 말았다. '독립'의 맥락에서 장충단공원에 접근하려던 1945~1947년의 몇몇 시도들을 대신하여, 단독정부 수립 직후인 1948~1949년에 장충단공원 활용 문제가 '반공'의 맥락에서 되살아났다. 결국 1949년 6월에 이르러 '반공전사자들의 전당(殿堂)'이 장충단공원 내부에 등장하게 되었다. 장충단–장충사의 반공 성역화 프로젝트는 1948년 말 혹은 1949년 초부터 시작된 것으로 보이지만, 그것을 세상에 공표한 시점이 반공 분단정권이 발굴하고 창출해낸 최고 영웅인 '육탄10용사'의 장례식 직전이었다는 사실이 중요하다. 장충단은 무엇보다 '육탄10용사의 공간'이었던 것이다. 이승만 정부와 정치엘리트들은 장충단–장충사 성역화를 위해 몇 가지 사업을 진행했다.

우선, 이승만 정부는 '장충사 개수(改修)공사'를 벌여 1950년 4월 15일에

---

21) 안종철, 「식민지 후기 박문사(博文寺)의 건립, 활용과 해방 후 처리」, 『동국사학』 46집, 2009, 82, 84~86쪽.

완료했다.[22] 『동아일보』 1950년 4월 16일 자(2면)에도 "장충사 개수공사 준공" 제하에 "국방부에서는 조국 수호를 위하여 제일선에서 분투하다가 순직한 영령을 길이 안치하고자 벌써부터 시내 장충단공원에다가 장충사(獎忠祠)를 개수 중이던바 방금 준공을 보게 되었음으로 일반도 널리 이곳을 찾아 영령을 위로하여 주기를 바라고 있다 한다."라는 내용이 게재되었다.

두 번째로, 장충단공원에는 이 공간의 주인공들인 '육탄10용사'를 기리는 비교적 큰 규모의 탑도 세워질 예정이었다. 1949년 9월 순국10용사기념사업회는 전국 일곱 곳에서 '10용사 영탑' 건립을 추진하고 있으며, 이 가운데 서울의 영탑은 장충단에 건립할 계획임을 밝혔다.

그에 대한 설계도 끝나 제1 착수로 서울 장충단에 건립을 준비 중이라고 하며 늦어도 오는 10월경에는 준공시킬 예정이라고 하는데 탑의 높이는 22척에 직경 7척으로 정면 양옆에는 석조 사자(獅子)를 조각하고 위에는 무궁화 속에 태극을 표시한 밑에 동(銅)에다가 순국10용사 영탑이라는 글자를 박은 화려한 것이라고 한다. 더구나 각지 건립은 명년 봄까지는 전부 끝마칠 예정이라고 한다.[23]

1949년 10월에는 장충단의 10용사 영탑 준공 시기가 "11월 말경"으로 약간 늦춰져 보도되었다. 아울러 조선운수주식회사가 "약 1백만 원에 해당한 10용사 사진을 구입하여 각 가정에 걸기로 되고 동 사업회에서는 이 돈을 영

---

22) '서울육백년사 연표'에서는 1950년 4월 15일 "장충사(獎忠祠) 개수 공사 준공"이라는 대목을 발견할 수 있다. 네이버 지식백과(terms.naver.com)의 '서울육백년사 연표' 중 '경인년(庚寅年), 1950년' 항목 참조(2016.11.7 검색).

23) 『동아일보』, 1949.9.22.

탑 건립자금으로 사용하게 되었다."라는 기사가 실렸다.[24] 그러나 다시 5개월이 지난 1950년 3월 "10용사기념사업회에서는 국방부 정훈국의 후원 밑에 10용사의 영탑을 건립하기로 되어 우선 서울 시내에 불원간 영탑을 건립하기로 되었다 한다."라는 기사가 나타난다.[25] 이로 미루어 장충단의 10용사 영탑은 한국전쟁 발발 당시까지도 완공되지 못했던 것으로 보인다.

세 번째의 장충사 성역화 프로젝트는 '장충단전재민(戰災民)수용소' 폐쇄였다. 서울시는 1946년 3월 장충단공원 내의 '일본 육군 병영' 터에 '전재민구제연합회본부'를 두고 병영 안에 있던 여러 건물들을 활용하여 '전재동포수용소'를 만들었다. 이 수용소는 당시 서울 시내에 16번째로 설치된 전재민수용소였다.[26] 이승만 정부는 장충단공원에 전사자 납골시설 설치 사업을 본격화하던 1949년 3월에 "장충단수용소 4월 초 폐쇄" 계획을 공개했다. "장충동 전재민수용소에는 현재 1천5백여 명의 전재민이 수용되어 있어 …… 4월 초순경 우선 일차로 강원도에 이주를 시키는 한편 각지에 분산책을 강구하고 동 수용소는 폐지하기로 돼 있다."라는 것이다.[27] 그렇지만 이 계획은 제대로 이행되지 못했다. 한국전쟁이 발발하기 직전까지도 장충단수용소는 계속 존속하고 있었다.[28] 주무 장관인 이윤영 사회부 장관은 1950년 5월 10일 가진 기

24) 『경향신문』, 1949.10.20.

25) 『경향신문』, 1950.3.16.

26) 『동아일보』, 1946.3.29. 아울러 『서울신문』, 1946.8.3; 『동아일보』, 1946.10.20; 『경향신문』, 1948.9.3의 장충단수용소 관련 기사들도 볼 것.

27) 『동아일보』, 1949.3.17.

28) 『경향신문』, 1949.6.11, 1949.11.1, 1950.1.22; 『동아일보』, 1949.12.26 참조. 그런 면에서 장충단전재민수용소가 1949년 4월까지만 존속했다는 안종철의 기술(「식민지 후기 박문사의 건립, 활용과 해방 후 처리」, 82쪽)은 잘못된 것이다.

자회견에서 "장충단공원 재민 이주 문제"에 대해 다음과 같이 말했다. "장충단공원은 그 규모에 있어서나 시설 또는 위치에 있어 상당히 훌륭한 공원임에도 불구하고 현재 4백50여 세대에 달하는 전재민이 여기에 살고 있어 공원의 면목은 전혀 차자보기(찾아보기 - 인용자) 어려운 상태이다. 이러한 상태에 비추어 우리 사회부에서는 금년 가을까지 다른 것은 못하드라도 장충단에 사는 전재민을 타처에 전부 이주시킬 계획을 하고 있는데 추호라도 마찰과 혼란이 발생하지 않도록 미리 이재민용의 주택을 지어놓고 옮기게 할 생각이다."[29]

장충단 - 장충사 성역화 프로젝트 가운데 장충사 개수공사를 제외한 10용사 영탑 건립사업과 전재민수용소 폐쇄 계획은 기대만큼의 효과를 거두지 못하고 있었던 셈이다. 극심한 결핍·빈곤을 상징하는 전재민수용소와 이웃한 전사자 거처에 신성한 후광이 드리우긴 어려웠을 것이다. 그런 면에서 1949~1950년의 장충단 - 장충사 성역화 프로젝트는 많은 한계를 노출했다고 말할 수 있다. 그런 와중에도 전쟁 발발 4일 전인 1950년 6월 21일에 이르러 장충사는 국립묘이자 국가적 신전(神殿)으로서의 위상을 획득하기에 이른다. 이날 서울운동장에선 제3차 전몰군인 합동위령제가 열렸는데, 오전 10시가 되자 "사이렌 소리와 같이 전국 국민들이 장충사(奬忠祠)를 향하여 올리는 묵념"에 참여했던 것이다. 이 순간 대한민국에서 상징적 우주의 중심은 바로 장충사였다. 위령제가 끝나자 이날 의례에 참석했던 10만 명 인파는 정종근 대령을 비롯한 1,664명의 전사자 유해를 앞세우고 장충사까지 가두행진을 벌인 후 엄숙한 합장의례를 가졌다.[30] 『동아일보』(1950.6.21, 2면)는 서울운

29) 『동아일보』, 1950.5.11.

30) 『경향신문』, 1950.6.22.

동장에서 장충사까지 이어진 가두행진을 "거안(擧安)행진"이라고 명명하면서 장충사의 사진을 함께 게재했다. "사진은 영령을 봉안한 충혼전"이라는 설명에서 확인할 수 있듯이, 장충사로 명명된 성역 중에서 전사자 유골을 안치한 건물은 '충혼전'(忠魂殿)으로 불리기도 했던 것 같다. 첫 번째 전사자 안장(安葬)이 있었던 1949년 6월부터 불과 1년 사이에 (경찰 전사자를 제외하고도) 1,664명의 군인 전사자가 추가로 발생했다는 것이고, 이로써 1년 전 안치된 447명까지 합쳐 모두 2,111명이나 되는 전사자들의 유골이 장충사로 집결한 것이다. 전쟁의 기운이 점점 무르익어가는 가운데 최초의 국립납골묘인 장충사는 대한민국 영토 안에서 가장 성스러운 공간으로 부상했다.

3. 장충사의 실체는 무엇인가?

이승만 정권은 왜 장충단이라는 공간을 선택했을까? 믿을 만한 자료의 빈곤 때문에 현재로선 몇 가지 추론만 가능할 따름이다. 이곳이 식민지화 이전의 '국립 전사자 제사 장소'였다는 점이 중요했을 것이다. 이런 '기능적 연속성' 외에도, 도심에 가까운 대규모 도시공원이어서 교통이 편리하고 대중 동원이 용이하다는 점, 아울러 서울시 소유로 귀속된 국공유지여서 추가적인 재정투입을 최소화하면서 성역화를 추진할 수 있다는 이점도 고려되었을 것이다. 아마도 이승만 정권의 지도자들은 '장충'(獎忠)이라는 명칭에도 매력을 느꼈던 것 같다. 1950년 6월 21일 열린 제3차 전몰군인 합동위령제 때 '장충공휴일'이라는 이름으로 처음 임시공휴일이 지정되었던 사실이 이를 뒷받침한다.

해방 후 국가적 전사자 의례의 단골 장소인 서울운동장에서 시가행진이 가능할 만큼의 거리에 위치했다는 입지 또한 중요했을 것이다. 나아가 당시

정권의 핵심 인물들이 국가적 전사자 의례의 장소를 아예 장충단공원 내부로 옮기는 방안을 진지하게 고려했을 것으로 필자는 판단한다. 장충단공원 안에는 대규모 군중행사가 가능한 운동장들이 이미 만들어져 있었다. 공원 진입부에 큰 운동장이 있었고, 사당(장충포열사) 앞에도 또 하나의 비교적 작은 운동장 혹은 공터가 자리하고 있었다.[31] 해방 후에도 각종 행사와 운동경기들이 장충단공원에서 개최되고 있었음을 보도를 통해 확인할 수 있다. 따라서 전재민수용소 폐쇄와 10용사 영탑 건립이 계획대로 이행되었더라면, 1950년 6월 21일의 합동위령제는 서울운동장이 아닌 장충단공원에서 열렸을 가능성이 충분했다는 게 필자의 판단이다.

반면에 장충사의 성격 자체가 논란의 소지를 안고 있는 것도 사실이었다. 장충사의 미묘한 성격 문제 혹은 딜레마는 두 가지로 압축된다. 하나는 '전근대성과 근대성의 혼합'에 따른 모호성 문제다. 다른 하나는 '유교와 불교의 혼합', 또는 '식민 지배 상징의 계승'에 따르는 딜레마다.

1900년 대한제국에 의해 설립된 장충단 안에 근대성과 전근대성이 혼재함은 이미 앞에서 살펴본 바 있다. 전사한 사졸(士卒)들을 더 이상 원혼으로 취급하지 않을 뿐 아니라 제사 대상에서 장교와 사졸을 구분하지 않은 점은 근대적이지만, 장충단에 부속된 사당에 안치할 위패를 선택·선별할 때 사졸을 철저히 배제했다는 점에서는 전근대적이었다. 이를 두고 필자는 앞에서 "제단의 평등'과 '사당의 불평등' 사이의 모순과 균열"로 표현한 바 있다.

신분과 계급에 따른 차별이라는 이런 태생적인 한계는 해방 후 '제국(帝國)과 공화국(共和國)의 충돌·부조화'로 더욱 증폭될 수밖에 없다. 그런 면에서 장충단이 "갑오년과 을미년 등에 희생된 일반 군인들을 기리는 목적만이

---

31) 김해경·최현임, 「일제강점기 장충단공원 변화에 관한 시계열적 연구」, 103쪽.

아니라 을미지변과 함께 명성왕후에 대한 기억을 도시공간에 새김으로써 대한제국 위상과 황권을 일반 시민들에 각인시키기 위한 장소"였다는 평가에 주목할 필요가 있다.[32] 과연 '대한제국의 성지'는 '대한민국의 성지'가 될 수 있을까? 황제에 의해 의도적으로 창출된 제국의 성역이 식민지에서 갓 탈출한 공화국의 성역으로 안착할 수 있었을까? 아울러, 장충단에서 동학농민군 집압 과정에서 전사한 장졸들이 영웅시되며 제사의 대상이 되었다는 사실은 억압적 왕조 세력과 저항적 농민들의 쟁투, 나아가 '신민(臣民)과 시민(市民)의 충돌'을 여실히 보여준다. 더 근본적으로 보면 고종 황제를 비롯한 대한제국 주역들은 '망국의 주범', 다시 말해 무력으로 정복당해 식민지로 전락한 것도 아니고 중국과 러시아라는 대국들을 차례로 굴복시킨 일본제국의 위세에 눌려 국권을 무력하게 포기했다는 비난을 면할 수 없는 이들로 간주되었으므로, 그들을 계승할 역사적 명분 자체가 부족하기도 했다.

1949년 6월 6일 국군 전사자의 유골을 안치한 '장충사', 당시 "장충공원에 있는 묘당", "장충단 봉사", "충혼전" 등으로 불린 장충사는 과연 어떤 건물을 가리키는 것일까? 채병덕 육군참모총장이 1949년 5월 하순에 언급했던 "장충단공원 안에 적당한 장소"는 어디였을까? 그가 당시 "사당도 건립"하겠다고 말했을 때 그것은 미래의 계획을 언급했던 것이고, 따라서 같은 해 6월 전사자 유골을 처음 안치한 장소는 당시 이미 장충단공원 안에 존재하던 건물 중 하나였을 것이다. 1950년 4월 중순에 끝난 '장충사 개수공사' 역시 장충사가 신축건물이 아니었음을 강력히 시사한다. 그렇다면 1949년 당시 장충단공원 내에 존재하던 건물 가운데 어떤 것이 '장충사'로 낙점되었을까? 가장 유력한 후보는 장충단 부속 사당 즉 단사(壇祠)로 건립된 '장충포열사'(獎忠褒

32) 박희용, 「대한제국기 남산과 장충단(獎忠壇)」, 『서울학연구』 65호, 2016, 66쪽.

烈祠)였을 것이다. 장충사라는 명칭 자체가 장충포열사의 약칭인 것처럼 들리기도 한다. 그런데 또 하나의 유력한 후보가 있었다. 그것은 놀랍게도 박문사였다. 사실 현재로선 장충포열사보다는 박문사가 1949~1950년 당시의 장충사였을 개연성이 훨씬 높다. 우리는 이를 각각 '장충사=장충포열사 가설'과 '장충사=박문사 가설'로 명명할 수도 있을 것이다. 이제 두 가지 가능성을 하나씩 검토해보자.

(1) 장충사=장충포열사 가설

먼저, 해방 후의 장충사가 1901년 지어진 장충포열사였을 가능성이다. 1900~1901년 사이에 장충단 경내에는 여러 건물과 시설들이 건립되었는데 장충포열사는 1901년에 건립되었다. 건물과 시설의 세부 내역은 〈표 10-1〉과 같다. 장충포열사에는 동학농민군 진압, 을미사변, 춘생문사건 과정에서 사망한 이들 가운데 무신 7명을 포함하여 궁내부대신 이경직과 전(前) 시종 임최수 등 모두 9명의 위패가 안치되어 있었다.[33] 장충단에서 거행되던 전사자 제사는 한일병합 이후 전면 중단되었다. 그러나 장충포열사는 1931년의 장충단공원 설계도에는 물론이고 1944년의 장충단공원 평면도에도 표시되어 있는 등 식민지 시기에도 내내 존속되었다.[34] 1931년 6월 총독부 학무국 종교과(宗敎課)는 '조선 고적 명소 천연물 보존령'과 '보물 보존령'에 의한 보존 대상들을 심의한 바 있는데, 당시 여기에는 장충단과 장충포열사도 포함

---

33) 이상배, 「장충단의 설립과 장충단제」, 98쪽 참조.

34) 김해경·최현임, 「일제강점기 장충단공원 변화에 관한 시계열적 연구」, 102~103쪽 참조.

되어 있었다.[35] 이 기사대로라면 장충포열사는 식민지 시대에도 문화재로 보호되고 있었던 셈이다.

〈표 10 - 1〉 장충단 경내의 공간 구성요소

구분		명칭	규모 및 특징	조성 시기		주변 요소
				1900년	1901년	
건축물	단사	장충포열사	15칸, 3단의 축대 위에 조성		○	후면 송림
	비	장충단비와 비각	1칸	○		비각 주변 목책
	부속물	전사청(典祀廳)	6칸		○	주변 돌담
		요리정(料理亭)	30칸		○	화계, 화원(花苑), 목책, 목책문
		양위헌(楊威軒)	17칸 반(半)	○	중수	화계(花階)
		장무당(壯武堂)	10칸	○	중건	화계
	관리동	고직(庫直) 처소		○		
		사졸(士卒) 처소		○		
		고사(庫舍)	3칸	○		
		측간	1칸	○		
기지(基地)		내기지(內基地)		○	목책 신규	하마석, 목책 150칸, 목책문
		외기지(外基地)		○	철책 신규	철책 430칸
문(門)		송홍예문		○		
		일각문		○		
다리		석교		○	수리	
		중판교	길이 3칸, 폭 1칸 6척		○	
		대량판교	길이 3칸 6척, 폭 2칸 반		○	
기타		기장(旗章)			○	
		우물		○		

* 출처: 김해경·최현임, "일제강점기 장충단공원 변화에 관한 시계열적 연구", 99쪽.

---

35) 『동아일보』, 1931.6.9~10.

김해경과 최현임은 장충포열사에 대해 사진 두 장과 함께 다음과 같은 설명을 덧붙인 바 있다.

> 장충단의 사당에 해당하는 단사인 장충포열사는 15칸 규모의 건물이다. 주변 지형은 단사를 둘러싸는 형태로 정지되어 엄숙한 공간임을 보여준다. 건물은 3단의 축대 위에 축조된 팔작지붕 형태이며, 입면은 3개의 판장문으로 구성된 것이 외관상 특징이다. 건물 전면에는 장명등이 놓여 있고, 단사 좌측에는 제향 시 필요한 각종 제기 등을 보관할 수 있는 석담으로 둘린 전사청이 있다 …… 이는 장충포열사 내부에 순국 군인 위패를 모셨으며, 외곽에 목책을 둘러 접근성을 제한하여 위요된 입지와 함께 위엄성을 확보했음을 보여준다. 장충포열사 전면 공지에서는 추모 관련 행사를 진행하였고, 행사는 군제 개편에 따라서 근대 군인이 진행하는 형식을 취했다.[36]

장충포열사가 해방 직후 어떻게 활용되었는가에 대해서는 신문 기사나 자료를 찾기 어렵다. 그런데 만약 이 장충포열사가 1949년에 장충사로 명명되었다면, 전사자 위패를 안치한 전형적인 유교 사당에 전혀 어울리지 않게 불교식 납골이 이뤄진 셈이 된다. 이런 유교적 형태와 불교적 내용의 충돌, 유교적 명칭과 불교적 기능의 불일치를 필자는 앞에서 "유교와 불교의 혼합"이라고 표현했던 것이다.

(2) 장충사=박문사 가설

---

36) 김해경·최현임, 「일제강점기 장충단공원 변화에 관한 시계열적 연구」, 99~100쪽.

이번엔 박문사에 대해 검토해보자. 장충단공원 동쪽 41,882평의 넓은 부지 위에 들어선 박문사는 죽은 이의 위패를 안치하고 명복을 비는 보리사(菩提寺)로서, 조선통감부 초대 통감으로 한일병합 당시 결정적 역할을 수행한 이토 히로부미(伊藤博文)에게 헌정된 일본 조동종 소속의 불교 사찰이었다. 절이 자리 잡은 남산 동쪽 기슭은 이토의 호를 따 '춘무산'(春畝山)으로, 절 이름은 그의 이름을 따 '박문사'(博文寺)로 각기 명명되었다. 이토의 23주기 기일인 1932년 10월 26일에 박문사의 낙성식이 거행되었다. 건립비용도 조선 전체에 기부금을 할당하여 조달했다. 본전(本殿) 혹은 본당(本堂) 건물이 완공된 이후에도, 1932년 10월 경희궁 흥화문을 이축하여 총문(總門) 역할을 할 경춘문(慶春門)을 건립했다. 1933년에는 박문사비(碑)와 좌선당(坐禪堂)을, 1934년에는 위패당(位牌堂)을 각각 건립한 데 이어, 1935년에는 원구단 석고전을 이축하여 종루(鐘樓)로 활용했다. 본당 뒤쪽에는 경복궁 선원전을 이축하여 승려 거주공간인 숙사(고리)로 이용했다.[37] 박문사의 건물 중 대웅전 격인 본당이 특히 중요한데, 김해경과 최현임은 몇 장의 본당 사진과 함께 다음과 같은 설명을 제시하고 있다.

박문사는 남산 동쪽 능선에 건물향이 북서향으로 배치되었다. 건물 양식을 설정하면서 사찰 종파가 조동종으로 일본 불교이나 순수 일본식 건축보다는 절충하자는 의견이 개진되었다. 이에 가마쿠라(鎌倉) 시대의 선종 건축을 모방하나, 세부는 조선 양식을 가미하기로 했다. 이토 츄타는 이를 "순수한 내지풍도 아니고, 서양풍도 아니고, 조선풍도 아닌 점이 이 건축물의 특징이며, 각 장

---

37) 위의 글, 106~109쪽; 비온티노 유리안, 「일제하 서울 남산 지역의 일본 신도·불교 시설 운영과 의례 연구」, 182~190쪽.

점을 취해 조선풍의 지방색을 섞은 것이다."라고 부연했다. 더불어 박문사의
건축양식은 남성적인 기법의 조선신궁과 여성적인 기법의 박문사로 구분하여
설명했다. 이는 경성에서 박문사가 조선신궁과 견줄 만한 건축적 위계를 지녔
음을 반증한다.

박문사는 철근 콘크리트 2층 건물에 건평이 약 400평, 건물 높이 약 13m로 내
부 바닥은 다다미가 아닌 테라죠(terrazzo)이다. 건물 내부는 스팀 난방이 되며,
지하에는 집회실과 사무실로 구성한 근대식 건물이다. 구체적인 건축 재료는
일본산 동판 기와, 조선 목포산 외장 석재, 경성 부근 자연석을 활용한 돌담을
사용했다. 이처럼 건물 재료에 일본산과 조선산 재료를 혼용하여 내선융화(內
鮮融和)의 상징물로 식민지 당위성을 표현하는 매개체로 활용했다.[38]

안종철은 박문사 본당의 넓이가 387평이며, 본당 내부는 대리석으로 장
식되었다고 소개한다.[39] 해방 직후부터 동국대의 전신인 혜화전문학교 학생
들이 박문사를 기숙사로 활용했고, 조선불교학생동맹도 결성 당시부터 이곳
에 자리 잡았다. 그러나 미군이 진주한 후 이들을 박문사에서 쫓아냄에 따라
기숙사와 학생동맹은 인근의 개심사로 옮겼고, 미군 측은 이곳에 군인막사
나 장교클럽 같은 것을 지으려 했다. 1946년 중반에 혜화전문학교는 박문사
를 학교부지로 편입하려 재차 시도했지만 군정청의 허가를 얻는 데 실패했
다. 군정청은 다만 박문사를 혜화전문학교의 기숙사 용도로 사용하는 것은
허락해주었다고 한다.[40] 그러다 앞서 언급한 것처럼 1947년에는 입법의원에

---

38) 김해경·최현임, 「일제강점기 장충단공원 변화에 관한 시계열적 연구」, 107~108쪽.

39) 안종철, 「식민지 후기 박문사의 건립, 활용과 해방 후 처리」, 74쪽.

40) 위의 글, 81~84쪽.

서 박문사 부지의 용도를 정하지 않은 채 관유지로 결정하여 서울시에 귀속시켰던 것이다.

그렇다면 1947년 이후의 박문사 상황은 어떠했을까? 박문사에 대해 연구한 이들도 이 대목에선 머뭇거리는 기색이 역력하다. 그런 와중에도 대개 박문사의 '철폐' 혹은 '철거'를 기정사실화하고 있다. 안종철은 입법의원에서 박문사 부지 문제가 마무리된 시점에 주목하면서 "이 시기에 박문사는 다시 철폐되고 이 지역이 한국인들이 자유롭게 들어갈 수 있는 공원으로 바뀌었던 것 같다."라고 언급하는 데 그친다. 김해경과 최현임도 '해방 후 박문사 철폐'를 당연한 사실처럼 간주하면서, 박문사 본당 건물이 어떻게 처리되었는지에 대해서는 모호하게 남겨두었다. 이들에 따르면 "박문사 총문은 해방 이후 박문사가 철폐된 이후에도 존치되었다. 박문사 권역에 1962년에서 1967년까지 영빈관이 조성되고, 1973년 이 일대가 신라호텔에 불하된 뒤에도 호텔의 정문으로 사용했다."[41] 안종철이나 김해경·최현임이 말하는 '박문사 철폐'가 무엇을 가리키는지도 분명치 않다. 이민원 역시 "총독부가 철수하면서 서울 등 전국 각지에 들어섰던 수백 개의 일본 신사는 물론, 장충단 권역에 들어섰던 일본군 육탄삼용사의 동상과 박문사 등은 철거되었다."라고 적었다.[42] "해방 직후 이들 동상과 비는 모두 철거되었다. 박문사 또한 철거되었다."라는, 보다 과감한 서술도 만날 수 있다.[43]

---

41) 위의 글, 88쪽; 김해경·최현임, 「일제강점기 장충단공원 변화에 관한 시계열적 연구」, 107쪽.

42) 이민원, 「대한제국의 장충사업과 그 이념」, 146쪽.

43) 김은남, 「버려진 민족의 혼, 장충단」, 『한국논단』, 1993년 12월호, 57쪽. 이 인용문 속의 '동상'은 1937년 건립된 '육탄3용사 동상'을, '비'(송덕비)는 1934년 건립된 시부사와 에이치(澁澤榮一) 자작의 송덕비를 가리킨다(김해경·최현임, 「일제강점기 장충단공원 변화에 관

그러나 필자가 이제부터 제시할 몇 가지 사료는 1947년 이후에도 박문사, 특히 박문사의 거대하고 화려한 본당 건물이 건재했을 뿐 아니라, 우리가 논의 중인 '장충사'로 탈바꿈했음을 강력하게 뒷받침한다. 그 한 가지는 『자유신문』 1949년 9월 22일 자 2면에 실린 "순국장병 명복 비러 / 장충단에 장충사(奬忠祠)를 건립"이라는 짧은 기사이다. 이 기사는 박문사 자리에 장충사를 건립할 예정임을 분명히 알리고 있다.

> 육군 ○○○ 21일 발표에 의하면 유서 깊은 장충단에 순국장병의 영혼을 기리 받들 장충사를 건립하리라 한다. 이곳 장충단은 구 한국 광무 4년에 갑오(甲午) 을미(乙未) 사건 당시 순국한 충의열사의 충렬의 봉사를 위하야 장충단을 건립하였던 것인데 왜제의 유린으로 8·15 직전까지 민족의 원수 이등박문(伊藤博文)을 위한 박문사(博文寺)를 개축되어 있던 곳이다.

다른 하나는 『동아일보』 1950년 6월 21일 자 2면 우측 상단에 실린 큼직한 사진이다. 이 사진에는 "영령을 봉안한 충혼전"이라는 설명이 달려 있다. 그런데 사진에 나타난 장충사 건물(충혼전)은 의심할 여지없는 박문사 본당 모습이다. 이 사진 속의 건물은 독특한 외양을 지닌 장충포열사와 확연히 다르며, 해방 당시까지 장충단공원 내에 존재하던 그 어떤 건물 사진과도 일치하지 않는다. 위의 『자유신문』 기사는 『동아일보』의 이 사진이 오류가 아닐 가능성을 높여준다. 만약 이 사진이 오보가 아님을 전제할 경우, 결국 『자유신

한 시계열적 연구」, 104쪽). 조은정은 박문사 경내에 시부사와 에이치의 동상이 건립된 시기를 1933년으로 기록하고 있다(조은정, 『동상: 한국 근현대 인체조각의 존재방식』, 다할미디어, 2016, 54쪽).

『동아일보』 1950년 6월 21일 자, 2면 우측 상단의 장충사 사진

문』 1949년 9월 22일 자 기사는 1950년 4월 15일에 완료될 '장충사 개수공사'
가 곧 시작됨을 예고한 것이고, 『동아일보』 1950년 6월 21일 자의 사진은 6~
7개월에 걸친 개수공사에도 불구하고 박문사 본당의 외양은 거의 변함이 없
음을 보여주고 있다고 말할 수 있을 것이다. 이 경우 아마도 개수공사는 건물
의 외관은 바꾸지 않은 채 내부공간을 '불당'(佛堂) 구조에서 '납골당' 구조로
바꾸는 것이었을 가능성이 가장 높다고 판단된다.

박문사 본전

훨씬 나중의 기사이나, 『경향신문』 1974년 6월 14일 자 5면의 「한국의 재발견(65): 목조건물⑥ 경복궁」이라는 연재 기사(무기명)에서 "장충사(奬忠祠) 안의 조망대(眺望臺)는 선원전(璿源殿)을 …… 헐어지었다고 기록되어 있다." 라는 대목도 발견할 수 있다. 박문사 내의 '조망대' 역할을 담당했던 '종루'(鐘 樓)를 다른 건물과 혼동하는 것처럼 보이긴 하나, 어쨌든 이 기사의 필자가 '장충사=박문사'를 전제하고 있음은 분명하다. 2000년에 당시 『조선일보』 논설위원이던 이규태는 『한국인의 주거문화(1)』라는 저서에서 박문사의 정문 역할을 하도록 이축된 경희궁 흥화문에 대해 언급하면서, "장충사(奬忠祠)의 정문으로 옮겼던 흥화문을 제자리로 복원시켰다. 그것도 80년 만의 환궁이 니 그동안 너무 무심했다는 생각이 든다."라고 서술한 바 있다.[44] 여기서 "80

---

44) 이규태, 『한국인의 주거문화(1): 우리 땅 우리 건축의 수수께끼』, 신원문화사, 2000, 168쪽.

년 만의 환궁"이라는 표현은 정확하지 않은 것일지라도, "장충사의 정문으로 옮겼던 홍화문"이라는 표현 역시 박문사 자리에 장충사가 건립되었음을 전제하지 않고선 성립할 수 없다.

'장충사=박문사'일 경우 '장충사=장충포열사'였을 때 발생할 수밖에 없는 문제, 곧 전사자 유골 안치로 인한 유교 – 불교 혼합의 문제는 사라진다. 사찰에 납골묘를 설치하는 것은 매우 자연스러운 일이기 때문이다. 1949년에 장충사의 초대 '사장'(祠長)으로 임명된 이가 '대의'(大義)라는 법명의 현직 승려라는 점도 그런 면에서 자연스러워 보인다. 1901년생인 그의 본명은 이만업(李萬業)이고 경상북도 예천 출생이라고 한다. 한국학중앙연구원이 편찬한 『한국민족문화대백과』에 승려 '대의'를 소개하는 항목이 수록되어 있는데 다음은 그 일부이다.

> 1945년 수덕사에서 정진하다가 혜암의 법맥(法脈)을 이어받았다. 그 뒤, 선학원으로 옮겨서 서산(西山)의 『선가귀감』(禪家龜鑑)의 번역·간행사업에 착수하여 3년 만에 3,000부를 간행, 반포하였다. <u>1949년 1월 대한민국 육군본부 장충사(獎忠祠)를 맡아 경영하다가 장충단공원 및 국립묘지의 신설을 건의하였으며, 그 뜻이 받아들여지자 사장(祠長)의 직책을 사임하였다.</u> 6·25전쟁 때 부산으로 피난 갔다가 9·28수복 후 직지사 주지가 되었다. 1954년 불교정화사업을 발기하여 8월 24일 선학원에서 전국비구승대표자회의를 열고 재가승을 사원에서 추방할 것을 결의하였다. 같은 해 화계사 주지가 되었고 이듬해 대처승의 본부인 조계사를 점거하고 주지가 되었다. (밑줄은 인용자의 강조임)[45]

---

45) 『한국민족문화대백과사전』(encykorea.aks.ac.kr)의 '대의'(大義) 항목 참조(2016.11.7 검색).

그렇지만 '장충사=박문사'인 경우 ('유교-불교 혼합' 문제는 사라지는 대신) 헌법상의 '정교분리 위반'이라는 새로운 문제가 발생할 수밖에 없다. '장충사=장충포열사'인 경우 장충사의 핵심적 성격은 '유교 사당을 불교적으로 변형시킨 것', 혹은 '유교 사당을 불교적으로 뒤틀고 재구성한 것'이 된다. 따라서 이때 장충사는 유교 사당도 아니고 불교 사찰도 아닌 모호한 정체성을 갖게 되므로, 정교분리 논란을 그럭저럭 피해갈 수 있다. 그러나 '장충사=박문사'인 경우에는 국가의 종교적 중립성과 종교 영역 불개입을 요구하는 정교분리 헌법 원칙과 충돌할 수밖에 없다. 아울러 종교에 기초한 차별이나 특혜 제공을 금지한 헌법 원칙과도 충돌한다. 비록 특정 불교 종단에 소속되어 있지는 않을지라도 일개 불교 사찰을 '국립납골묘'로 지정하여 성역화하고, 그곳에 아군 전사자의 유해를 지속적·누적적으로 안치해간다는 것은 국가가 특정 종교(즉 불교)를 직접적으로 후원하고 특혜를 부여하는 효과를 산출함과 동시에, 다른 종교들에게는 차별적인 불이익을 강요하는 꼴이 되기 때문이다. 더욱이나 장충사가 등장한 지 불과 1년 만에 전쟁이 발발하자 '전사자 유골의 사찰 납골'은 더욱 확산되기조차 했다. 박문사의 변형인 장충사가 장기간 유지되었을 경우 정교분리 원칙과 관련된 논란이나 갈등은 불가피했을 것이다.[46]

납골묘 방식은 대중 정서와도 충돌할 수 있었다. 일본군이나 만주군 출신이 우세했던 초기의 한국군 지도자들은 전사자 시신을 화장하는 일본군의 관행을 자연스럽게 수용했던 것으로 보인다. 다만 일본군은 화장한 유골을 묘지에 매장하거나 묘탑에 합장하는 두 가지 방식으로 처리했지만, 한국의

---

46) 건물 명칭에서 장충사의 '사' 자를 사찰을 뜻하는 '寺'가 아닌 '祠'로 정했던 것도 정교분리 논란을 조금이라도 피해보려는 고려에서였을 것으로 추정된다.

경우 사찰, 혹은 사당을 개조한 건물에 납골하는 방식을 선택했다. 그러나 해방 후에도 여전했던 유교적 매장문화의 압도적 지배력을 감안할 때, 불교 색채가 강한 국립납골묘를 무한정 확장시켜나간다는 방침은 한국인의 집단심성 속에 순조롭게 착근하기가 쉽지 않았을 것이다. 널찍한 묘역에 시체나 유골을 직접 매장하는 '국립묘지' 형태보다 '국립납골묘' 쪽이 국가로서는 비용이 훨씬 덜 드는 경제적이고 합리적인 선택이었을지라도 말이다.

'장충사=박문사' 가설에서 발생하는 보다 근본적인 문제는 대한민국 최초의 국립납골묘를 이토 히로부미의 추모사찰에 설치하는 게 과연 정당화될 수 있는가 여부일 것이다.[47] 민족의 철천지원수나 다름없는 인물을 추앙하던 공간에 아군 전사자들을 숭배하는 국가적 성역을 조성한다는 발상을 대체 어떻게 받아들여야 할까? 적(敵)의 가장 중요한 성소(聖所)를 재전유하려는 상징 전략의 일환인가, 아니면 오로지 비용 절감을 위한 실용적인 고려 때문인가? 이승만 정부가 1949~1950년 사이에 박문사 본당의 면모를 일신한 것도 아니었다. 1949년 9월 당시에는 장충사를 새로 '건립'(建立)할 것처럼 공언했지만 실제 현실은 많이 달랐다. 1950년 4월 '개수'(改修) 선에서 마무리된 공사는 일본식 사찰 건축의 특징이 고스란히 나타나는 겉모습을 거의 그대로 둔 채 내부구조만 '위패 안치'에서 '유골 안치'를 위한 공간으로 개조한 데 가까웠다. 어쨌든 '장충사=박문사' 명제가 만약 진실이라면 이야말로 한국 현

---

47) 지금까지 학계의 그 누구도 '장충사=박문사' 가설을 제기조차 하지 않았을 뿐 아니라, 오히려 정반대로 '박문사의 해방 직후 철폐'를 당연시했던 것도 결국은 이런 민족주의적 정당성·정통성 문제와 관련이 있을 것이다. 필자 역시 왜 1949~1950년 당시 언론 지면이나 국회에서 장충사 입지를 둘러싼 찬반 논쟁이 벌어졌다는 자료를 발견하기 어려운지가 큰 의문이다. 그런 자료들이 역사의 응달 속 어딘가에 웅크리고 앉아 아직 발견되기를 기다리고 있을 뿐인 것인가? 아니면 단지 '장충사=박문사' 가설이 사실이 아니기 때문에 그런 자료가 나타나지 않는 것일까?

대사의 커다란 미스터리이자 논란거리 중 하나가 아닐 수 없다.

4. 소결

만약 장충단 – 장충사에 더 많은 시간이 주어졌더라면 '장충단 – 장충사 성역화 프로젝트'는 더욱 완성도를 높여갔을 것이다. 그러나 전쟁 때문에 그런 가능성은 현실화되지 못했다. 전쟁 발발 직후 장충사가 북한군의 수중에 들어갔을 뿐 아니라, 전쟁으로 인한 처참한 파괴까지 기다리고 있었기 때문이다. 1951년 3월 14일 '특파원' 자격으로 서울을 방문한 『동아일보』 김진섭 기자는 서울 각 지역과 주요 건물을 피해 정도에 따라 "건재(健在) 건물", "일부 피해 급(及) 건재 동(洞)", "피해 심대한 동(洞)" 등 세 등급으로 구분했는데, "장충단"은 세 번째의 "피해 심대한 동" 범주에 포함되어 있었다.[48]

모든 논자들이 이구동성으로 한국전쟁 때 장충단이 소실되고 장충단비(碑)만 남게 되었다고 서술하고 있다.[49] 이와 비슷하게 이정훈은 "6·25전쟁 때 서울로 들어온 북한군은 장충사부터 파괴했다."라고 썼다.[50] 그러나 다음의 기사는 전쟁이 끝난 시점인 1954년 11월에도 '장충사'가 남아 '육군 서울지구 영현봉안소'로 기능하고 있음을 보여준다. "지난 (1954년 – 인용자) 6월에 유엔군으로부터 인수된 539주의 실향사민(失鄉私民) 유해가 (같은 해 11월 – 인용자)

---

48) 『동아일보』, 1951.3.16, 2면의 「적풍(赤風) 사라진 '수도 서울'의 실태」 기사.

49) 이상배, 「장충단의 설립과 장충단제」, 93쪽; 이민원, 「대한제국의 장충사업과 그 이념」, 146쪽; 김은남, 「버려진 민족의 혼, 장충단」, 60쪽.

50) 이정훈, 「1평 채명신 묘가 80평 YS·DJ 묘보다 길지(吉地)?」, 『신동아』, 2016년 2월호, 384쪽.

20일 각 연고자 품으로 돌아가게 된다. 19일 국방부에서 발표한 바에 의하면 동 유해는 유엔군으로부터 인수한 후 영현중대에 의하여 화장된 후 시내 장충사(奬忠寺) 내의 육군 서울지구 영현봉안소에 안치하였다가 연고자가 판명된 유해를 인도하게 되는 것이라고 한다."[51] 장충단 내 건물들이 완전히 파괴되지는 않았으니 일시적이나마 한국군 영현보관소로 활용될 수 있었을 것이다.

1954년 8월에는 4억6천만 환을 투입하여 1만 명의 관중을 수용할 수 있는 "근대식 국민체육관"을 조만간 착공할 예정인데 창경원, 장충단, 효창공원의 세 후보 중에서 "장충단이 가장 물망에 오르고 있다."라는 기사가 나오기도 했다.[52] 그러나 주지하다시피 '국민체육관' 부지로 결정된 곳은 민족주의 성지인 효창공원이었다. 그 대신 장충사 인근에는 몇 년 후인 1960년에 장충체육관이 등장했다. 안창모가 설명하듯이 "당시 국내 최대 규모의 철골구조 대공간 건축물로 지어진 장충체육관은 건축가 김정수에 의해 디자인되었고, 1970년대까지 체육행사는 물론 통일주체국민회의 등 주요한 국가행사가 이루어졌던 곳이다."[53] 이승만 정권 말기에 이르러 박문사 부지에 외국 손님을 접대하는 공간이자 숙소이기도 한 '영빈관'(迎賓館)을 건립하기로 결정되었다. 1959년에 착공까지 했지만 오랫동안 지연되던 영빈관 공사는 결국 박정

---

51) 『경향신문』 1954년 11월 21일 자, 3면의 「실향사민 유해 20일 연고자에 인도」 기사. 보다시피 이 기사에서는 장충사의 한자를 '奬忠祠'가 아닌 '奬忠寺'로 적고 있다. 안창모 역시 부정확한 표현이긴 하나 "박문사는 해방 후 그 용도를 잃었지만, 한때 안중근 의사의 위패가 모셔지기도 했고, 6·25전쟁 직후에는 국군전몰장병합동위령소가 설치되기도 했다고 한다."라고 서술한 바 있다. 안창모, 「반공과 전통 이데올로기의 보루: 장충동」, 『건축과 사회』 5호, 2006, 288쪽.

52) 『동아일보』, 1954.8.7, 2면의 「1만 명 관중 수용의 근대식 국민체육관 불원 착공」 기사.

53) 안창모, 「반공과 전통 이데올로기의 보루」, 287쪽.

희 정권에 의해 1967년이 되어서야 완료되었다.[54] '장충사=박문사 가설'이 맞는 것이라면, '박문사 본당 → 장충사 → 영빈관'이라는 역사적 도식이 완성된 셈이었다. 어쨌든 이승만 정권에 의해 최초의 국립납골묘로 간택되어 최고의 반공 성지로 가꾸어졌던 장충사는 채 10년도 못 가 평범한 한국인들은 접근조차 할 수 없는 낯선 공간으로 변하고 말았다.

---

54) 김은남, 「버려진 민족의 혼, 장충단」, 59쪽.

11장
한국전쟁과 전사자 거처의 다변화

한국전쟁은 전사자 거처 문제에 대한 정부의 대응 방향을 정반대로 바꿔 놓았다. 대한민국 최초의 국립납골묘로서 1949~1950년에 걸쳐 전사자 죽음 처리의 공공화 – 중앙화 – 집중화 흐름을 선도했던 장충사는 전쟁 발발 직후 적군의 수중에 넘어감으로써 그 권위와 성스러움을 상실했다. 1949년 말부터 추진되던 군묘지 건설 시도도 전쟁 발발과 함께 중단되었다. 식민지 해방 직후에도 그랬던 것처럼, 전쟁이 터지자 공공화 – 중앙화 – 집중화 흐름은 또 한 번 '사사화 – 지방화 – 분산화' 흐름으로 완전히 뒤집혔다.

전쟁 직후부터 군대가 운영하는 영현봉안소나 임시 군묘지 등 죽음의 공공성·집단성을 보여주는 기제와 제도들이 다수 등장했던 것은 사실이다. 그러나 우리는 그런 외양에 현혹돼선 안 된다. 국립 국군묘지가 탄생하기까지, 보다 정확히는 국군묘지 탄생 이후에도 꽤 오랫동안 '전사자 죽음 처리의 사사화 – 지방화 – 분산화'가 확고하게 지배적인 흐름이었다. 당시 죽음의 공공화 – 중앙화 – 집중화는 보조적이고 종속적인 흐름으로 밀려나 있었거나, 사사화라는 최종 목적지를 향해가는 예비단계에 지나지 않았다.

전사자들이 대규모로 발생하자 한국군은 전투현장이나 부대 주둔지 인근에 임시 군묘지들을 마련하는 한편, 전사자 시신 처리를 전담할 부대를 창설하고 각급 영현봉안소들을 설치했다. 아울러 전쟁이 장기화되는 가운데 1949년 말부터 추진하다 중단했던 항구적인 군묘지를 설치하기 위한 준비작업에 다시금 착수했다. 유엔군도 1950년 7월 22일 왜관에 처음으로 제1기병 사단 공동묘지를 만드는 등 전사자 문제를 처리해나갔다.[1] 군묘지와 관련된 경험이 축적된 미군의 주도 아래 유엔군 측은 1951년 1월 부산에 영속적인 전용 군묘지를 마련하는 등 한국군보다 훨씬 빠른 속도로 전사자 문제에 대처해나갔다.

한국전쟁 초기부터 동작동 국립 국군묘지가 등장하는 1955년까지 약 5년 동안 '전사자 육신 거처'의 유형은 다수의 국군묘지들을 비롯하여, 영현봉안소, 유엔군묘지, 사찰 납골묘, 세속적인 합장납골묘탑 등 매우 다채로웠다. 이 시기에는 '전사자 혼의 거처들'(즉 영탑)도 충혼탑, 충혼비, 현충탑 등 여러 이름으로 다수 등장했다. 그럼에도 1950~1955년 시기의 전사자 거처 문제는 기존 연구가 거의 없는 영역이고, 앞으로 더 많은 자료가 발굴되고 더 깊이 연구되어야 할 부분이다. 그런 면에서 이번 장에서 전개될 논의 역시 잠정적인 것일 수밖에 없다.

〈표 11-1〉 국군묘지의 유형들

구분		설치 장소	특징
큰 국군묘지		서울 동작동	전국 차원의 영구적이고도 유일한 국립묘지.
작은 국군묘지들	임시적 국군묘지	전장, 부대 인근	여러 곳. 해당 부대 혹은 육군본부 영현중대가 설치. 종전 후 유골을 이송하고 폐쇄.
	항구적 국군묘지	전사자 출신지	여러 곳. 유가족, 지역주민, 지방관공서 등이 자발적으로 조성. 종전 후에도 상당 기간 존속.

---

1) 이남우, 「전시체제의 한국군 상·장례 절차에 관한 연구」, 16~17쪽.

본격적인 논의에 앞서 여기서 한 가지 지적해야 할 대목은 이 시기의 '군묘지'라는 범주에는 최소한 세 가지 이질적인 유형들이 포함되어 있다는 점이다. 이를 명확하게 구분할 필요가 있다(〈표 11 - 1〉 참조). 먼저, '큰 국군묘지'와 '작은 국군묘지'를 구분해야 한다. '큰 국군묘지'는 우리가 알고 있는 서울 동작동 국립묘지를 가리키며 단수(單數)이고, 고유명사이고, 알파벳 대문자에 해당하는 군묘지이다. '작은 국군묘지'는 전국 여러 곳에 산재해 있으며 보통명사이고, 알파벳 소문자에 해당하는 군묘지이다. 이 작은 국군묘지들에 대해서는 현재까지 거의 알려진 바가 없었다. 그리고 실인즉 '큰 국군묘지'도 원래는 '작은 국군묘지' 중의 하나였다. 마찬가지로 유엔군의 경우도 한국전쟁 초기에는 '작은 유엔군묘지'가 여럿 존재했었다. 따라서 1951년 봄 부산에 조성된 묘지가 '큰 유엔군묘지'에 해당된다고 말할 수 있다.

다음으로, '작은 국군묘지들'은 다시 '임시적 국군묘지'와 '항구적 국군묘지'로 구분된다. '임시적 국군묘지'는 대개 전장(戰場)이나 부대 주둔지 인근에 입지했다. 전쟁 당시 "영현관리 절차는 사체의 수집, 봉안, 봉송 등으로서 평시에는 자대에서 수집 화장하여 중앙봉안소에 이송하였으나, 긴급 시에는 영현중대 지원 하에 화장 또는 가매장(假埋葬)을 했다가 전황이 안정된 후 영현중대에서 가매장 사체를 탐색 확보하여 화장 후 관리하였다."[2] 전쟁 당시 한국군은 아군 전사자의 시신을 화장하여 중앙영현봉안소로 이송하는 것을 원칙으로 했지만, 그게 여의치 못할 때는 일단 가매장했다가 나중에 화장하여 중앙영현봉안소로 보냈다는 것이다. 이런 가매장의 장소가 바로 '임시 국군묘지들'인 것이다.

한편 중앙봉안소로 이송된 전사자 유골은 병사구봉안소를 거쳐 유족에

---

2) 위의 글, 11~12쪽.

게 전달된다. 이렇게 연고지 혹은 거주지로 도착한 동향 출신의 유골들을 집단적으로 매장한 곳이 바로 '항구적 국군묘지'이다. 또 애초 '임시 국군묘지'로 조성된 곳들 중 일부는 전쟁이 끝난 후에도 존속하게 되었다. 이 경우 '임시 국군묘지'는 '항구적 국군묘지'로 성격이 전화된다. 유족에게 인계된 유해 중 이처럼 국지적으로 조성된 국군묘지에 집단 매장된 경우가 많지 않음은 분명하나, 현재까지도 전국 40여 곳에 남아 있는 소규모 국군묘지들은 모두 이 범주에 포함된다. 귀향한 유골을 공동으로 매장할 부지나 사후 관리 서비스를 제공하는 등의 방식으로 지방 관공서가 개입하게 되는 경우 전사자 죽음의 공공성이 어느 정도 유지된다.

1. 전사자의 임시 거처들

국가 영역에 한정할 경우, 1950~1955년에 등장한 전사자 거처 중 육신의 거처는 영헌봉안소/안치소, 임시 국군묘지, 임시적인 사찰 납골묘 등 세 가지였다. 온전한 실상 파악을 위한 자료가 태부족이긴 하나, 하나씩 간략히 살펴보기로 하자.

(1) 영현관리부대와 영현봉안소

개전 초기에 한국군은 독립적인 전담조직도 없이 육군본부 인사국으로 하여금 전사자 시신 처리를 담당하도록 했다. 이런 상태에서 전사자 시신 처리 문제는 예하 부대들에 위임될 수밖에 없었을 테고, 그로 인해 시신 처리 방식도 제각각이었을 것이다. 육군은 1950년 9월 5일부로 병참단 산하에 '묘지

등록중대'라는 전담조직을 창설하게 되었다. 묘지등록중대는 1951년 봄부터 약 2년에 걸쳐 3개 영현중대로 확대 개편되었다. 1951년 3월에 기존의 묘지등록중대가 '81영현중대'로 명칭이 바뀐 데 이어, 1953년 2월과 5월에 '82 영현중대'와 '83영현중대'가 각각 창설되었다(〈표 11 - 2〉 참조). 개별 영현중대는 4개 영현소대로 구성되었다. 각 소대는 소대본부, 수집 및 후송반, 유품 및 등록반을 두고 있었다.[3]

〈표 11 - 2〉 영관관리부대 창설 및 활동 범위

부대	창설 시기	활동 범위	부대 위치
81영현중대	1951.3.25	육군 전체	부산
82영현중대	1953.2.20	서부 지역	서울
83영현중대	1953.5.15	동부 지역	춘천

* 출처: 이남우, "전시체제의 한국군 상·장례 절차에 관한 연구", 11쪽.

전사자 유골을 일시적으로 보관하기 위한 '영현봉안소' 혹은 '영현안치소'도 각급 부대별로 설치되었다. 1군 지역에는 '전방봉안소', 2군 지역에는 '관구봉안소', 개별 병사구에는 '병사구봉안소', 육군 전체 차원에서는 '중앙봉안소'가 설립되었다. 일부 불교 사찰들도 군의 영현봉안소로 활용되었다. 앞서 인용했듯이 현지 부대들은 전사자 시신을 수습하고 화장하여 곧바로 지정된 봉안소로 이송하거나, 긴급할 때에는 일단 시신을 임시 국군묘지에 가매장했다 전황이 안정된 후 영현중대를 통해 시신을 화장하여 지정된 봉안소로 이송하도록 되어 있었다. 물론 유골 이동의 최종 도착지는 '유가족'이었다. 보다 구체적으로 보면, 육군의 경우 ① 1군사령부 예하 부대들은 '현지부대 → 전방봉안소 → 중앙봉안소 → 병사구봉안소 → 유가족'의 코스로, ② 2

---

3) 위의 글, 10-11, 14쪽; 국립서울현충원, 『민족의 얼』(제8집), 36쪽.

군 예하 부대들은 '현지부대 → 관구봉안소 → 중앙봉안소 → 병사구봉안소 → 유가족'의 코스로 전사자 유골이 이동하게끔 되어 있었다.[4] 필자는 '유골의 이동' 과정에 대해 다음 장에서 보다 상세히 살펴보려 한다.

전쟁이 끝나면서 영현관리부대의 축소 개편이 불가피했을 것이나, 그렇다고 부대가 아예 폐지되지는 않았다. 예컨대 1958년 4월 현재에도 대구에는 육군영현중대(국군 제811영현중대)가 존재하고 있었음을 확인할 수 있다.[5] 영현봉안소/안치소 역시 전쟁 후에도 상당 기간 유지되었다. 부산 소재의 '국군중앙영현안치소'에 안치되어 있던 서울 출신 전사자 유골이 1953년 11월 서울 태고사로 이송되었다는 기사를 찾아볼 수 있다.[6] 앞서 보았듯 1954년 11월 현재 장충단에는 육군 서울지구영현봉안소가 운용되고 있었다. 1955년 12월 5일과 1956년 현충일에 대구 교외 수성지(수성못) 인근의 '영현보관소'에서 합동위령제와 현충일 추도식이 거행되었다는 기사도 발견된다.[7] 1956년 6월 하순에는 서울의 '중앙봉안소'에 안치되어 있던 경상남도 출신 전사자의 유골들이 부산으로 이송되었다고 한다.[8]

(2) 임시 국군묘지

현재로선 전모를 파악할 자료를 발견할 수 없으나, 한국전쟁 당시 전선 인근에 다수의 소규모 임시 국군묘지들이 만들어졌음은 분명하다. 여러 차

---

4) 이남우, 「전시체제의 한국군 상·장례 절차에 관한 연구」, 12-13쪽 참조.

5) 『경향신문』, 1958.4.11.

6) 『경향신문』, 1953.1.28.

7) 『경향신문』, 1955.12.20, 1956.6.8.

8) 『동아일보』, 1956.6.25.

례 언급했듯이 아군 시신을 화장하여 봉안소로 보낼 여력이 없을 때 급한 대로 임시 묘지를 조성하여 시신을 가매장해두었다. 이런 국군묘지 중 일부는 기존 공동묘지의 내부에 혹은 그에 연접하여 별도의 전사자 묘역을 조성하는 방식으로 만들어졌다.

늦어도 1951년 4월 중순에는 해군본부가 자리하던 진해의 창천동에 '해군묘지'가 존재하고 있었음을 확인할 수 있다. 해병대 창설기념일인 4월 15일에 해병대 전몰장병을 위한 추도식이 해군묘지에서 거행되었으며, 이것이 "해병대에서 있었던 최초의 전몰장병 추도" 의례였다고 한다.[9] 서울의 동작릉 인근에도 1950년 9월 서울수복작전 중에 사망한 해병대 전사자들을 가매장한 묘지가 있었다. 이정훈에 따르면 "1950년 9월 국군과 유엔군은 인천상륙작전에 성공하고 서울을 탈환했는데, 한강도하작전 때 많은 해병대 장병이 전사했다. 이들을 부산으로 운구하기 힘들어 동작릉 부근에 가매장했다."[10] 바로 이 임시 해병대묘지 일대가 얼마 후 국립묘지로 선정되어 대대적으로 개발되었다. 김포군 김포읍과 양촌읍 양곡리에도 각각 해병대묘지가 존재했다. 1953년 9월 28일 "9·28 경인지구 탈환 2주년 기념일을 맞아" 해병대 김포부대 군목실의 주최로 "김포읍 해병대묘지 및 양곡 해병대묘지에서" '김포지구 전몰해병 추도식'이 거행되었다고 한다.[11] 1955년의 9·28 5주년기념일에도 "서부전선 해병합동묘지에서" 충혼탑 기공식과 위령제가 거행되었다는 보도가 있었다.[12] 1951년 10월 현재 경북 경주에도 '육군묘지'가 존재

9) 해군본부 군종감실 편, 『해군군종사』(제3집), 해군본부, 1993, 27쪽.

10) 이정훈, 「1평 채명신 묘가 80평 YS·DJ 묘보다 길지?」, 384쪽.

11) 『경향신문』, 1953.10.5.

12) 『경향신문』, 1955.9.29.

하고 있었다.[13]

한국전쟁 시기 '공비토벌작전'이 펼쳐진 지역에도 소규모 임시 묘지가 만들어졌다. 광주와 화순을 잇는 너릿재 기슭의 화순군 화순읍 이십곡리에 1951년 4월 조성된 '너릿재 무명용사묘'도 그중 하나이다. 다음은 『동아일보』 1984년 6월 6일 자(7면)에 실린 "전우(戰友)의 이름은 잃었지만…33년 만에 단장된 '너릿재 무명용사묘'"라는 기사의 일부이다.

> 광주와 화순 사이를 잇는 너릿재 기슭의 화순군 화순읍 이십곡리 소재 무명용사묘는 6·25사변 중인 1951년 4월 6일 공비토벌작전인 화순 이양전투에서 5백60명의 공비들과 싸우다 산화한 육군 제8사단 3대대 10중대 소속 백모 소위 등 26명 국군용사들의 유택이다. 당시 이양 주민들은 이들의 장례식을 치르고 이십곡리에 안장, 나무로 비까지 세워놓았으나 근처 다리 밑에 살던 걸인들이 겨울철에 나무 비를 빼내 땔감으로 사용해버려 지금은 누구의 묘인지 알 수 없게 돼 있다는 것. 이 무명용사묘는 30여 년 동안 관리조차 제대로 하지 않아 봉분이 내려앉고 황폐되어 버렸으며 참배자도 없어 외롭게 지내왔다. 전남도재향군인회(회장 황하택)는 지난 80년부터 이들 영령들을 국립묘지에 안장키 위해 노력해왔으나 군번과 이름을 알 수 없어 뜻을 이루지 못하고 묘역 정비에 나서게 된 것. 전남도재향군인회는 작년 11월에 1,080만 원으로 묘역을 확장하고 충혼비, 충혼문을 세우고 묘를 말끔히 단장했으며 현충일, 한식날과 제삿날에는 정성들여 참배하고 넋을 위로하고 있다.

차성환은 이 묘지가 생겨난 경위를 다음과 같이 서술한 바 있다. "화순군

---

13) 『동아일보』, 1951.10.2.

청풍면 화학산을 점거한 350여 명의 무장공비를 소탕하기 위하여 육군 제8사단 3대대 10중대는 1951년 4월 2일 대구를 출발하여 이양면에 도착 주둔하다가, 동년 4월 6일 무장공비의 습격을 받아 백병전까지 치렀으나 김영훈 소위 외 26명이 전사하였다. 이 사체를 광주로 옮기다 현 위치에 가매장한 후 지금에 이르렀다."[14] 『동아일보』 기사에서 보듯이 너릿재 묘지는 군부대가 아니라 현지 주민들이 자발적으로 조성했다는 점에서 특이한 경우라 하겠다. 그러나 그 때문인지 묘역 조성 이후 무관심 속에 방치되어 사후관리가 제대로 이루어지지 않았다는 특징을 보여주기도 한다. 어쨌든 너릿재 국군묘지 사례나, 위의 서부전선 해병합동묘지처럼 애초 임시 묘지로 조성되었으나 종전 후까지 유지된 군묘지들도 일부 있었던 것으로 보인다.

(3) 사찰 납골묘

한국전쟁 발발 이후 정부의 요청으로 전사자 유골을 일시적으로 안치했던 불교 사찰들도 있었다. 부산의 범어사와 묘심사(妙心寺), 서울의 태고사(조계사), 인천의 해광사(海光寺), 평택의 수도사(修道寺) 등이 그런 사례들이었다. 전사자 유골을 안치한 사찰의 실제 숫자는 이보다 많았을 것이나, 필자가 현재까지 찾아낸 사례는 이 다섯 곳이다.

자세히 보면 각 사찰들의 기능 면에서 의미 있는 차이가 발견된다. 첫째, 부산 범어사와 묘심사는 전쟁 초기부터 주요한 전사자 유골 안치소로 기능한 경우였다. 둘째, 서울 태고사는 전쟁 말엽부터 유골의 귀향(歸鄕) 이동 과정에서 일종의 '중간 안치소'로 기능한 경우에 가까웠다. 셋째, 인천 해광사

---

14) 차성환, 『참전기념조형물 도감』, 국가보훈처, 1996, 864쪽.

와 평택 수도사는 전쟁 말엽 출신지로 돌아온 전사자 유골을 안치한 경우였다. 따라서 해광사와 수도사는 소규모의 국지적인 '상설 국군묘지'와 동일한 기능을 수행하는 '사찰 납골묘' 역할을 담당했다고 말할 수 있다.

우리의 논의 맥락에서 가장 중요한 곳은 부산에 소재한 범어사와 묘심사 두 곳이다. 두 사찰은 부산에 임시수도가 자리하던 당시부터 대규모로 전사자 유골을 안치하고 있었다. 국방부는 오래 전부터 한국전쟁 초기에 부산의 '금정사'와 '범어사'를 영현안치소로 지정하여 전사자 유골을 봉안했다고 설명해왔다. 그 때문에 이런 설명이 마치 정설이나 기정사실처럼 여겨져 온 게 사실이다.[15] 2018년 12월 현재까지도 국립서울현충원 홈페이지에는 "각 지구 전선에서 전사한 전몰장병의 영현은 부산의 금정사와 범어사에 순국전몰장병영현안치소를 설치, 봉안하여 육군병참단 묘지등록중대에서 관리하였다."라고 소개되어 있다.[16] 그러나 '금정사'가 과연 국군 영현안치소로 기능했는지는 여전히 불분명하다. 당시 언론에도 전사자 유골과 관련하여 범어사와 묘심사는 자주 등장하지만, 금정사가 등장하는 경우는 발견되지 않는다. 부산 금정사를 상세히 소개한 『불교저널』 최근 기사에 의하면 금정사는 1924년 비구승 금우에 의해 창건되었다. 그러나 이 기사에도 금정사가 전쟁 당시 전사자 유골안치소였다는 대목은 없다.

금강공원의 입구에서 도보로 채 5분도 되지 않는 곳에 금정사가 위치해 있다 …… 기도 소리에 신도들이 모여들어 도량을 이루자 비구는 1924년 원력을 세

---

15) 예컨대, 하상복, 『죽은 자의 정치학』, 189쪽을 볼 것.

16) 국립서울현충원 홈페이지(www.snmb.mil.kr) '현충원 소개' 중 '현충원의 역사·연혁'(2018. 12.4 검색).

위 금정사를 창건했다. 비구의 법명은 금우였다. 금정사는 1954년 금우 스님에 이어서 석주 스님의 원력으로 본격적인 사찰을 모습을 갖추게 되었고 이때 선학원에 명의 등록했다 …… 1950년 한국전쟁 당시에는 한암 스님(1876~1951)·효봉 스님(1888~1966)·경봉 스님(1892~1982) 등이 이곳 금정사에 주석했는데 이렇게 당대의 고승들이 한 절에 모인 것은 부산 지역에서 처음 있는 일이었다고 한다 …… 금정사는 1969년 대웅전을 불사했고 1980년대 선방과 칠성각, 종각을, 1991년 보제루, 식당, 요사채를 완성해 현재의 모습에 이르고 있다.[17]

위의 기사에서 보듯이 사찰 규모가 본격적으로 확장된 시점은 전쟁이 끝난 후인 1954년부터였다. 전쟁 당시 아직 작은 사찰에 불과했던 금정사가 영현안치소로 기능하기는 어려웠을 것이다. 따라서 필자가 보기에는 개전 초기에 '순국전몰장병영현안치소'로 기능한 부산의 사찰은 "금정사와 범어사"가 아니라 "묘심사와 범어사"로 수정되어야 할 것 같다. 최근 『불교신문』의 이성수 기자가 작성한 "호국영현(英顯)의 안식처 범어사는 국립현충원 '효시'"라는 기사에서도 국립서울현충원 홈페이지의 '현충원 역사' 대목을 소개할 때 외에는 아예 금정사를 언급하지 않고 있다(물론 이 경우에도 '국립현충원의 효시'는 부산 범어사가 아니라 서울 장충사로 수정되어야 한다). 아울러 이 기사는 1951년 7월 현재 이미 국군 전사자 유골이 범어사에 대규모로 안치되어 있었으며, 1952년 4월 경남지구병사구사령부와 경상남도의 공동주최로 범어사에서 거행된 '제1회 경남지구 전몰장병 합동추도식'이 전사자 유골의 '봉안식'(奉安式)을 겸한 것이었음을 알려주기도 한다.[18]

---

17) 손강훈, 「이야기로 만나는 선학원 분원(16) 부산 금정사: 원혼 달래는 기도에 신도들 몰려들어 이룬 수행도량」, 『불교저널』(온라인판), 2014.8.14.

18) 이성수, 「호국영현(英顯)의 안식처 범어사는 국립현충원 '효시'」, 『불교신문』, 2016.6.22.

1951년 10~12월에 걸쳐 각 도별로 일정을 나눠 범어사에 안치되어 있던 육·해·공군 전사자 유골을 '향제 봉송'(鄕第奉送), 즉 고향집으로 보낼 예정이라는 기사[19]와 1952년 4월의 합동추도식 겸 봉안식 기사를 겹쳐 보면, 1951년 말부터 1952년까지는 범어사에 안치되어 있던 초기 전사자 유골들을 고향으로 보내는 흐름과 새로 발생한 전사자들의 유골을 범어사에 신규로 안치하는 흐름이 중첩되고 있었음을 알 수 있다. 아울러 이 기사를 통해 당시 범어사에는 육군만이 아니라 해군과 공군 전사자의 유골도 안치되어 있었음도 확인할 수 있다. 1953년 7월 2일 범어사에 안치되어 있던 서울 출신 전사자 27명의 유골을 서울 태고사로 이송했다는 기사 이후 범어사 발(發) 전사자 유해 이동 기사는 더 이상 발견되지 않는다.[20] 이로 미루어 범어사의 전사자 납골묘 기능은 한국전쟁 종전을 전후하여 사실상 종료된 것으로 짐작된다.

반면에 해방 당시 일본계 불교 사찰이던 묘심사는 1960년대 초까지도 전사자 납골묘 기능을 유지했다.[21] 경내에 보관하고 있던 전사자 유골을 1952년 11월(제2차) 등 몇 차례에 걸쳐 '향제 봉송'했음에도 불구하고 1958년 4월 9일 현재로도 1,520명의 전사자 유골이 여전히 묘심사에 남아 있었다. 1959년 말에는 묘심사가 '적산' 혹은 '귀속재산'으로 간주되어 민간인에게 불하됨으

---

19) 『동아일보』, 1951.10.2.

20) 『경향신문』, 1953.7.2, 1953.7.4.

21) 묘심사는 1888년 부산시 서구 토성동에서 '대성사'라는 이름으로 창건되었지만, 1912년부터 일본계 임제종의 포교당으로 바뀌었다. 일본인이 사찰을 운영하다가 해방 후에는 적산으로 불하되었고, 1960년대 초에 몇몇 신자들이 부산시 동구 수정동으로 옮겨 묘심사를 재창건했다고 한다. 다음 백과사전 '한국향토문화전자대전'(busan.grandculture.net)의 '부산향토문화백과' 중 '묘심사' 항목(2017.1.11 검색); 다음 백과사전 '대한민국 구석구석'(100.daum.net/encyclopedia/view)의 '묘심사' 항목(2016.8.12 검색) 참조.

로써 경남지구병사구사령부와 연고권 분쟁이 벌어지기도 했다.[22] 분쟁이 계속되던 1960년 2월 당시에도 묘심사에 273주의 전사자 유골이 아직 남아 있었음을 『동아일보』 '우주선' 난에 실린 기사를 통해 확인할 수 있다.[23]

한편 서울의 태고사는 전쟁 도중 전국 각지에 흩어져 안치되거나 매장되어 있다 돌아온 서울 출신 전사자 유골들을 임시로 보관하는 기능을 전쟁 말엽부터 떠맡았던 것으로 보인다. 이후 1954년 12월 125명의 전사자 유골을 유가족에게 전달하는 등 사찰이 보관하던 전사자 유해를 여러 차례에 걸쳐 유가족이나 동작동 국군묘지로 이송했다. 1957년 10월 10일에 제10차 봉송식을 갖고 1,245주의 유골을 국군묘지나 유가족에게 보내는 등 이런 과정은 전쟁이 끝난 후에도 상당 기간 지속되었다.[24]

마지막으로, 인천 해광사와 평택 수도사는 임시 국군묘지나 임시 영현봉안소를 거쳐 온 유골을 안치했다는 점에서 전사자들의 '최종 거처'에 가까웠다고 볼 수 있다. 인천 신흥동의 해광사는 묘심사처럼 일본계 사찰이었다. 도서문화연구원의 조사에 의하면 해광사는 "일제시대 일본인이 세운 동대원사 자리에 능해 스님이 1946년 창건한 사찰"로 "한국전쟁 이후 1953년 중건"했다고 한다.[25] 그런데 1953년 7월 3일 "멸공 전투에서 아깝게도 산화한 당지 출신(667위)의 영령 봉영식(奉迎式)을 죽현역에서 엄수하고 신흥동에 있는 해광사(海光寺) 영전(靈典)에 안치하였다."라는 것이다.[26] 평택 포승면에 위치

22) 『경향신문』, 1958.4.11; 『동아일보』, 1959.12.11.

23) 『동아일보』, 1960.2.11.

24) 『동아일보』, 1954.12.15; 『경향신문』, 1954.12.17, 1957.10.11 등 참조.

25) 도서문화연구원 홈페이지(dorim.mokpo.ac.kr/~islands) '중점연구자료실'의 '1단계 3차년도(경기만권)' 역사학 부문의 '해광사' 부분(2017.1.11 검색).

26) 『경향신문』, 1953.7.12.

한 수도사는 원효대사가 깨달음을 얻은 장소로도 유명한 곳이다.[27] 1953년 12월 5일 수도사에 안치되어 있는 전몰군경 283명을 위한 위령제가 유가족과 관민(官民) 다수가 참석한 가운데 거행되었다.[28] 언제부터 수도사에 전사자 유골이 안치되기 시작했는지는 알 수 없으나, 이 위령제가 지역 출신 전사자들을 위한 것이었다는 점에서 해광사와 유사하게 전사자들의 '최종 거처' 격인 납골묘 역할을 담당했을 가능성이 높다고 판단된다.

유가족과 지역민들은 대부분 미혼인 채로 젊은 나이에 유골이 되어 귀향한 이들을 집단적으로 매장하거나(소규모 국군묘지), 사찰에 합동으로 납골했다. 그런데 사찰 납골묘가 전사자들의 '최종' 거처에 가까웠다는 서술이 여전히 논란의 소지를 안고 있는 것은 사실이다. 유가족들이 고향으로 돌아온 친족의 유골을 항구적으로 사찰에 납골하는 것을 선호하지 않았을 가능성도 충분하기 때문이다. 실제로도 인천 해광사는 전사자들의 최종 거처가 되지 못했다. 유골이 안치된 지 불과 1년여 만에 인천 남구 도화동에 국군묘지가 만들어지면서 해광사에 안치된 유골들이 그곳으로 이장되었다. 그런데 당시에도 해광사 안치 유골 중 자격을 갖춘 일부만이 도화동 국군묘지로 이장되었으므로, 상당수 유골은 1954년 이후에도 여전히 해광사에 남아 있었을 것이다. 아직 밝혀진 바는 없지만, 평택 수도사의 전사자 유골 중 상당수도 나중에 국군묘지로 이장되는 등의 방식으로 '거처의 이동'을 겪었을 가능성이 있다고 판단된다.

---

27) 다음 백과사전 '대한민국 구석구석'(100.daum.net/encyclopedia)의 '수도사(평택)' 항목 참조 (2017.1.11 검색).

28) 『자유신문』, 1953.12.16.

2. 전사자의 항구적 거처들

이처럼 사찰이 귀향한 전사자들을 위한 '항구적인 합동납골묘' 역할을 맡는 경우는 많지 않았던 것 같다. 압도적인 유교적 매장문화 속에서 유가족들은 집으로 돌아온 유해를 가족 선산에 개별적으로 매장하거나, 동향의 유가족들과 힘을 합쳐 거주지 인근에 소규모 국군묘지를 마련하여 집단적으로 매장하는 쪽을 더 선호했던 것으로 보인다. 특정 지역이나 단체들이 사찰 납골묘가 아닌 '세속적인 합장납골묘탑'을 건립하고 그곳에 전사자 유골을 합장하는 경우도 종종 있었다. 특히 경찰 전사자들의 경우가 그러했다. 이와는 별도로 한국 정부는 서울에서 '국립 국군묘지' 건설을 추진했고 유엔군 측도 부산에 '유엔군묘지'를 만들었다.

가족 단위로 개별적 매장을 선택한 경우를 제외하면, 죽음의 공공성·집단성·집중성을 일정하게 유지한 상태에서 '전사자 육신의 항구적 거처'를 구성하는 방법을 유형화하면 대략 다섯 가지로 압축된다. ① 사찰 납골묘, ② 세속적 합장묘탑, ③ 국지적으로 산재한 소규모 국군묘지들, ④ 국립묘지(국군묘지), ⑤ 유엔군묘지가 바로 그것들이다. 유엔군묘지는 다음 절에서, 국립묘지는 다음 장에서 상세히 고찰하기로 하고 여기선 소규모 국군묘지와 합장묘탑만을 다룰 것이다.

(1) 항구적 국군묘지

1951년 4월 26명의 한국군 전사자들을 위해 조성된 화순의 '너릿재 무명용사묘'는 조성 이후로도 오래 지속된 소규모 국군묘지들 가운데 최초 사례에 가까울 것이다. 그러나 이 묘지는 매장의 주체와 방식 측면에서 다른 국군묘지들과 구분된다. 우선, 이 묘지는 군 당국이나 유가족의 개입 없이, 다시 말해 사실상 방치되어 있던 시신들을 (전사자들과 아무런 직접적 연고가 없는) 마을 주민들이 자발적으로 수습하여 매장해준 경우이다. 또한, 너릿재 국군 묘지는 (그것이 처음부터 화장한 것이든 가매장 후 화장한 것이든) 화장을 원칙으로 하는 군대의 전사자 시신 처리 방식에 따르지 않고 시신을 직접 매장했다는 점에서도 독특했다.

군 당국은 1951년 10~12월에 걸쳐 범어사에 안치돼 있던 육·해·공군 전사자 유골을 대대적으로 유가족에게 인계했다. 유골을 가족에게 인계하는 이런 움직임은 이후에도 계속되었다. 아마도 이 무렵부터 전국 곳곳에서 소규모 국군묘지들이 만들어지기 시작했을 가능성이 높을 것이다. 곧 소개할 부산 가락동 국군묘지는 이런 시공간적 연관을 선명하게 보여주는 사례이다. 그러나 국지적으로 조성된 국군묘지들 가운데 나중에라도 언론에 보도되어 그 존재가 알려진 곳 자체가 많지 않다. 또 뒤늦게 알려진 곳들조차도 묘역 조성 시기나 경위, 주체가 정확하게 드러난 경우가 드물다. 묘역 조성 후 수십 년 동안이나 방치되다시피 한 곳이 많기 때문일 것이다.

한편 성분(成墳)하지 않고 평평하게 매장하는 평장(平葬) 내지 평토장(平土葬)이 원칙인 동작동 국립묘지와 달리, 작은 국군묘지들은 봉분(封墳)이 있는 경우가 대부분이다. 어찌 보면 유엔군묘지의 영향을 받은 것으로 보이는 국립묘지의 평장 묘 형태가 오히려 한국 전통에서 이탈한 게 사실이었다. 그렇기에 지역사회와 인접해 있는 작은 국군묘지들이 주변의 다른 무덤들과 마찬가지로 봉분 있는 묘 형태를 취한 것이 전통에도 부합하는 한결 자연스런 현상이었다고 말할 수 있다.

지방 국군묘지들은 유가족과 참전군인들의 요청을 수용하여 지방정부가 터를 직접 제공하거나 기증받아 조성한 경우가 대부분인 것으로 판단된다. "1950년대에 지역 행정관서가 유가족의 청원을 받아들여 소규모로 조성"했다는 경남 사천 국군묘지도 그중 하나이다.[29] 2013년에 '작은 국군묘지들'에 대해 심층적인 조사를 한 바 있는 신인호 「국방일보」 기자는 대다수의 작은 국군묘지가 "각 지방에 살던 참전용사와 유가족들의 희망에 따라 지방자치단체에서 터를 마련, 지역 단위로 조성"되었다고 설명한 바 있다.[30] 일부 국군묘지는 지역사회의 폭넓은 참여 속에 탄생하기도 했다. '전몰군인 유골안치장 설립위원회'가 조성 주체인 전주 국군묘지,[31] '둔덕 군경 호국영령 합동묘지건립위원회'가 조성 주체인 거제 둔덕 충혼묘지[32]가 그런 경우이다. 이런 국군묘지들은 전사자 죽음의 '집단성'뿐 아니라 '공공성'도 일정하게 유지했다고 봐야 한다. 대표적인 사례 몇 가지를 살펴보자.

부산의 가락동 국군묘지는 범어사에 안치되어 있던 가덕도 출신 전사자 39명의 유골을 1952년 3월 인계받아 유가족, 주민, 지역 사찰의 협력 속에 가락동 오봉산 중턱 약 150㎡ 부지에 묘지를 조성한 경우였다. 그러나 이 묘지는 이후 수십 년 동안 사실상 방치되었다. 그러다 1992년 3월에 이르러 부산 강서구청이 이곳에 '6·25전몰장병 충혼비'를 건립한 데 이어 1993년에도 현충일에 맞춰 '국군용사 충혼탑'을 건립했다. 현재 두 탑의 경역(境域) 면적은

---

29) 신인호, 「전국 '작은 국군묘지'에도 호국충정 오롯이」, 『국방일보』(온라인판), 2013.6.4.

30) 신인호, 「이들을 기억해 주세요: 작은 국군묘지들」, 『국방저널』, 2013년 6월호, 40쪽.

31) 김용완, 「국립현충원보다 앞선 전주군경묘지 국가지원 전무: 전몰군경 안치 중소묘역 관심 가져야」, 『노컷뉴스』(온라인판), 2013.6.5.

32) '대한민국 6·25전몰군경 유자녀회 경상남도지부 창원시지회'의 인터넷 블로그인 '비음산 사랑방'(blog.daum.net/ljy1800)의 "호국보훈" 카테고리에서 「유족회 경남지부 '거제 둔덕 충혼묘지' 참배 1」(2016.6.15), 그리고 「유족회 경남지부 '거제 둔덕 충혼묘지' 참배 2」(2016.6.15) 글 참조(2016.11.23 검색).

각각 162평과 62평에 이르며 이로 인해 전체 묘역의 넓이도 최초 조성 당시보다 크게 증가했다.[33]

1953년 3월에는 '전몰군인 유골안치장 설립위원회'가 전주시 완산구 교동에 전주 국군묘지를 건설했다. 7,220㎡ 부지에 3,465㎡ 규모의 묘역이 조성되었고, 1955년에는 이승만 대통령이 글씨를 쓴 '충현불멸탑'이 건립되기도 했다. 전주 국군묘지는 전국의 작은 국군묘지들 중에서는 규모가 가장 큰 편에 속한다. 건립 이후 전주시가 꾸준히 관리해왔고 매년 현충일 의례가 거행되는 무대이기도 해서, 작은 국군묘지들 중에서는 드물게 관리상태가 좋은 편이기도 하다. 1976년에는 '군경묘지'로 개칭되었으며 2013년 현재 군인 213명, 경찰 86명이 안장되어 있었다.[34]

제주도에도 1953년에 조성된 사라봉 묘지를 시작으로 '충혼묘지'라는 이름의 군경 합동묘지가 여럿 만들어졌다. 시·군·읍·면 단위로 다수의 충혼묘지가 조성됨에 따라, 전쟁 이전부터 4·3사건으로 전사한 제주 출신 경찰과 군인들의 유해도 충혼묘지들로 이장하게 되었다. 제주도의 충혼묘지들은 너릿재 묘지와 비슷하지만, 그와 다른 면모 또한 지니고 있다. 해당 지역의 토벌작전에서 전사한 이들이 안장되어 있다는 점에선 너릿재 묘지와 비슷하고, 전쟁 중 육지에 출정했다 사망한 제주 출신 군인들까지 안장하고 있다는

---

33) 차성환, 『참전기념조형물 도감』, 67~69쪽; 신인호, 「이들을 기억해 주세요: 작은 국군묘지들」, 39쪽; 김선호, 「부산 강서 국군묘지 '방치'…국가지원 시급」, 『연합뉴스』, 2009.6.3; 김상진, 「버려진 미니 국군묘지…차별받는 전몰용사」, 『중앙일보』, 2012.9.24; 차근호, 「방치된 '작은 국군묘지'…우리가 보살펴요」, 『연합뉴스』, 2012.9.28; 『연합뉴스』, 1993.6.25; '부산역사문화대전' 중 '부산향토문화백과'(busan.grandculture.net)의 '국군용사충혼탑' 항목 (2016.8.13 검색).

34) 차성환, 『참전기념조형물 도감』, 735~736쪽; 김용완, 「국립현충원보다 앞선 전주군경묘지 국가지원 전무」, 『노컷뉴스』(온라인판), 2013.6.5; 신인호, 「이들을 기억해 주세요」, 39~40쪽.

점에선 너릿재 묘지와 다르다. 2007년 현재 추자도 충혼묘지를 비롯하여 제주시에 1곳, 서귀포시에 1곳, 북제주군에 7곳, 남제주군에 5곳 등 모두 14곳에 충혼묘지가 존속하고 있었다.[35] 본래 사라봉에 있던 제주 충혼묘지는 1982년에 속칭 '아흔아홉골'로 불리는 한라산 기슭으로 이전했다. 또 1953년 화순리 '살래동산'에 조성되었던 안덕면 충혼묘지는 1999년에 원물오름으로 이전했고 그곳에 충혼탑도 건립했다고 한다.[36]

1953년에는 경남 사천에도 작은 국군묘지가 탄생했다. 이곳에는 전사자 45명의 묘가 자리 잡고 있다. 안장자의 거의 대부분은 군인이지만 민간인 '국가유공자'도 일부 포함되어 있다. 앞서 언급했듯이 사천 국군묘지는 "1950년대에 지역 행정관서가 유가족의 청원을 받아들여 소규모로 조성한 '작은 국군묘지'"이다. 지역신문의 기사에 따르면 "사천 국군묘지의 첫 조성 시기는 한국전쟁이 끝난 직후인 1953년 10월 15일이다. 1957년에 군립묘지로 설치가 마무리됐는데, 당시 한국전쟁으로 숨진 33명의 국군이 잠들었다. 1976년엔 국군묘지로 이름을 바꿨다. 이후 1982년에 35기, 1994년에 44기, 1996년에 45기로 묘가 점점 늘었다가 2016년에 1기가 다시 줄어 지금은 44기의 묘가 조성돼 있다."[37] 1976년에 묘역을 확장하고 진입로를 정비했지만, 그 이후로도 관리상태가 부실한 편이다.[38]

여수의 여서동 국군묘지는 1954년 8월 "유족들의 희망으로 대한전몰군

---

35) 지영임, 「제주 4·3 관련 위령의례의 변화와 종교적 의미」, 『종교연구』 48집, 2007, 336-338쪽.

36) 신인호, 「이들을 기억해 주세요」, 40쪽.

37) 하병주, 「잊힌 설움, 사천국군묘지를 아시나요?」, 『뉴스사천』, 2017.6.6.

38) 『경남신문』, 2010.9.29, 2010.9.30; 신인호, 「전국 '작은 국군묘지'에도 호국충정 오롯이」, 『국방일보』(온라인판), 2013.6.4.

경유족회 여수분회장 이판천 씨가 도지사의 허가를 얻어" 조성했다. 당시 여수 주변에 산재해 있던 이 지역 출신 전사자 묘지들을 이장시켜 33명의 전사자들이 여서동 국군묘지에 처음 안장되었다. 이후 안장된 이의 숫자가 57명으로까지 늘어났다. 1976년 8월에는 기존 국군묘지 터에 시립공원묘지가 들어섬에 따라, 여수시 화장동 산자락에 위치한 986㎡ 규모의 새 국군묘지로 이전되었다. 이전 당시 여수시가 이곳에 '순국장병공동묘지'라고 새긴 비를 세웠다.[39]

인천 도화동 국군묘지는 인천 출신 전사자들을 위해 1954년 10월 기존 공동묘지 옆에 조성되었다. 앞서 언급했듯이 도화동 국군묘지는 1953년 7월 3일 신흥동 해광사에 납골되었던 전사자 유골을 이장하기 위해 만들어졌다. 1953년 7월 당시 해광사에 안치된 전사자는 667명이었지만, 이 중 261명만이 1954년 10월에 국군묘지로 이장되었다. 도화동 국군묘지에서는 인천시가 주관하는 현충일 의례가 매년 열렸고 그로 인해 비교적 잘 관리된 편이었다. 이곳에 안장된 전사자 숫자도 계속 늘어 1964년 현충일 당시에는 358명에 이르렀다. 1968년에 도화동 국군묘지 안장자들은 모두 서울 동작동 국립묘지로 이장되었는데, 당시 전사자 숫자는 379명으로 다시 늘어나 있었다. 1968년 이장과 함께 도화동 국군묘지는 폐쇄되었다. 대신 국군묘지 터에는 1970년대 초에 당시 '아시아 최대 규모'였던 선인체육관이 들어섰다.[40]

화성군에도 국군묘지가 존재하고 있었지만 조성 시기나 세부적인 위치, 묘지 규모, 안장된 전사자 숫자 등은 알려진 바가 없다. 다만 『경향신문』 1955

---

39) 차성환, 『참전기념조형물 도감』, 832-833쪽; 신인호, 「이들을 기억해 주세요」, 40쪽.

40) 최도범, 「'인천국군묘지'를 아십니까?」, 〈KNS뉴스통신〉, 2016.9.6. 아울러 『경향신문』, 1961.6.6; 『동아일보』, 1964.6.6 관련 기사도 참조.

년 4월 28일 자(3면)의 「화성군수에 감사장, 군묘지 식수에 공(功)」이라는 기사에 이 묘지가 등장한다. 이에 의하면 "제1692부대장 이(李成德) 소장은 26일 화성(華城)군수에게 감사장을 수여하였다. 동 감사장 수여 내용은 지난 식목일을 기하여 화성군에 있는 국군묘지 식수에 많은 공로를 세운 동 군 군민의 노고를 치하한 것이며 또한 동 군은 전국에서 식수 성적이 제2위를 차지한 군(郡)인 것이다."

1957년 6월 6일 부산 가덕도 천가동의 천성산(혹은 연대산)에도 소규모의 국군묘지가 만들어졌다. 역시 가덕도 출신 전사자들이 안장된 가락동 국군묘지와 비슷하게, "유족과 인근 사찰이 고인들을 고향에 모셔 추모하자는 데 뜻을 모아" 묘를 조성하게 되었다고 한다. 약 2,000㎡(353평) 넓이의 이 묘지를 처음 조성할 당시에는 23명의 가덕도 출신 전사자들이 안장되었지만 그 후 25명으로 늘어났다. 이곳 역시 최초 조성 이후 수십 년 동안 방치되다시피 하다 1992년에 가서야 '국군23용사충혼비'가 건립되었다. 2012년에는 재정비 공사도 진행되었다.[41]

1957년 12월에는 거제도 둔덕면 술역리에 '충혼묘지'(혹은 '호국영령 합동묘지')가 만들어졌다. 전주처럼 이곳도 군경 합동묘지이다. 지역 주민이 거제군에 기증한 769㎡ 부지에 '둔덕 군경 호국영령 합동묘지 건립위원회'가 묘역을 조성하고 충혼비도 세운 것이다. 처음 조성 당시에는 둔덕면 출신 전사자 39명이 안장되었다. 그로부터 무려 36년이 지난 1993년에 정비사업을 진

---

41) 차성환, 『참전기념조형물 도감』, 69-70쪽; 차근호, 「방치된 '작은 국군묘지'…우리가 보살펴요」, 『연합뉴스』, 2012.9.28; 권용휘, 「가덕 국군묘지 볼 때마다 가슴 아려」, 『국제신문』(온라인판), 2012.6.24; 김선호, 「부산 강서 국군묘지 '방치'…국가지원 시급」, 『연합뉴스』, 2009.6.3; 김상진, 「버려진 미니 국군묘지…차별받는 전몰용사」, 『중앙일보』, 2012.9.24; 『아시아투데이』(온라인판), 2015.2.8.

행하면서 묘역을 1,584㎡ 규모로 두 배가량 확장하고 전사자 107명을 추가 안장함으로써 안장자 숫자는 모두 146명으로 늘어났다.[42]

경기도 안성군 사곡동 국군묘지에도 58명의 안성 출신 전사자들이 안장되어 있다. 정확한 조성 시기는 확인하지 못했으나 다른 국군묘지들처럼 1950년대에 조성되었음은 분명하다. 기존 공설묘지 '내'에 별도의 군인묘역을 마련한 형태라는 점에서 독특한 사례인데, 그런 면에서 기존 공동묘지 '옆'에 조성된 인천 도화동 국군묘지와도 비슷하다. 이 때문에 도화동 묘지처럼 사곡동 묘역도 비교적 잘 관리돼온 편이다. 지금도 신년참배를 비롯하여 현충일, 6·25전쟁기념일 등에는 정기적인 참배행사가 열리고 있다. 그럼에도 "참배객과 시민들이 국군묘지인지 모르고 있는 실정"이어서, 2011년에는 안성시가 개인별 묘비 옆에 화병(花瓶)을 설치하고 사계절 헌화를 함으로써 묘역을 성별화(聖別化)했다.[43]

현재까지 유지되고 있는 이런 '작은 국군묘지들'은 모두 42곳이다. 지역별로는 경기도 5곳, 부산·경상도 11곳, 전라도 12곳, 제주도 14곳으로 분포되어 있다. 전라도의 경우 전주·군산·김제·익산 등 전라북도에 4곳, 여수 등 전라남도에 10곳의 국군묘지가 존재한다.[44] 그러나 1950년대를 기준으로 보면 실제로는 이런 국군묘지들이 더 많았으리라 추정된다. 1955년 5월 초순에 국

---

42) 이회근, 「거제시 충혼묘지 내 사유지 '골머리'」, 『경남신문』, 2012.10.18. 또 앞서 인용한 '비음산 사랑방' 블로그의 「유족회 경남지부 '거제 둔덕 충혼묘지' 참배 1」과 「유족회 경남지부 '거제 둔덕 충혼묘지' 참배 2」 글 참조.

43) 황형규, 「사곡동 공설묘지 내 국군묘역 새 단장」, 『자치안성신문』, 2011.11.12; 『아시아뉴스통신』, 2012.6.7, 2014.6.25, 2015.1.2, 2016.12.28.

44) 신인호, 「이들을 기억해 주세요」, 39~40쪽; 신인호, 「전국 '작은 국군묘지'에도 호국충정 오롯이」, 『국방일보』(온라인판), 2013.6.4; 김용완, 「국립현충원보다 앞선 전주군경묘지 국가지원 전무」, 『노컷뉴스』(온라인판), 2013.6.5.

방부는 같은 해 6월 1일부터 전국 각지의 임시 군묘지들에 가매장된 전사자 유해를 발굴하기 시작할 것이며 한국군 유해는 국군묘지로, 유엔군은 유엔 군묘지로 각각 이장할 예정이라고 발표했다.[45] 전사자 유해 발굴 작업이 어느 정도 진행된 1956년 9월부터 국방부는 국군묘지로의 이장 작업에 본격적으로 나섰다. 그해 9월 10일에 육군 200명, 해군 12명 등 모두 212명을 대상으로 한 제1차 합동 이장이 이루어졌다.[46] 1956년 가을부터 본격화된 합동 이장 과정에서 폐쇄된 임시 국군묘지(전사자 가매장지)가 여럿이었을 것이다. 1954년부터 1968년까지 존속했던 인천 도화동 국군묘지처럼, 국립묘지로의 이장 혹은 도시개발 압력 등으로 인해 1960~1980년대를 거치면서 사라진 국군묘지들도 꽤 있었을 것이다.[47]

(2) 합장납골묘탑

식민지 시대에 등장했던 '충령탑' 형태의 납골묘가 해방 후에도 광범위하게 되살아났다. 건물 형태의 '납골당'과 탑 형태의 '납골묘탑' 모두 등장했다. 전쟁 이전에는 '장충사'라는 형태로 국립납골당이 운영되었다. 옹진군 태봉산에 건립된 충령탑의 예에서 보듯이 지방 차원에서 관민 합작으로 세속적 형태의 납골묘탑을 건립하는 일도 있었다. 전쟁 발발 이후에는 장충사를 대신하여 범어사나 묘심사 등 국군영현봉안소로 지정된 '사찰 납골당들'이 더

---

45) 『경향신문』, 1955.5.7.

46) 『동아일보』, 1956.9.9; 『경향신문』, 1956.9.12.

47) 반면에 1950년대에 국군묘지로 조성되었지만 이후 아무도 돌보지 않거나 자연재해로 망실됨으로써 현재까지 발견조차 되지 않은 작은 국군묘지가 존재할 가능성도 완전히 배제할 수 없다.

욱 중요하게 부각되었다.

식민지 시대에는 탑의 명칭만 갖고도 전사자 '육신의 거처'(충령탑)와 '혼의 거처'(충혼비)를 비교적 쉽게 구분할 수 있었다. 그러나 해방 후에는 탑의 명칭만으론 이 둘을 명확히 나누기가 쉽지 않아졌다. 같은 이유로 전사자 유골을 안치한 '납골묘탑'으로 명확하게 분류해낼 수 있는 사례를 찾아내기도 쉽지 않아졌다. 그러나 여러 차례 지적한 바이지만 유교적 매장문화가 여전히 지배적인 한국의 장묘문화 속에서 납골묘탑 건립이 유가족들의 폭넓은 지지를 받는 방식은 아니었다. 따라서 합동 납골묘탑 건립 사례 자체가 그리 많지는 않았을 것으로 판단된다.

그럼에도 불구하고 1950~1960년대에 거의 모든 '경찰 전사자들'이 납골묘탑에 안치되었음은 분명한 사실로 확인된다. 대한민국 정부 수립 이후 전사자들은 군인, 경찰, 우익단체원의 3대 그룹으로 구성된다. 이 가운데서도 군인과 경찰이 양대 그룹을 형성하고 있다. 전사자 시신 처리 방식 측면에서 납골묘탑 사례가 많지 않음에도 우리가 그 중요성을 결코 과소평가해서는 안 될 이유가 바로 여기에 있다.

동작동의 국립 국군묘지에는 경찰 전사자가 안장될 수 없었다. 더구나 경찰 전사자만의 전용 집단묘지가 건설되지도 못했다. 유가족들의 지지를 받는 "경찰묘지 설치는 경찰의 오랜 숙원"이었지만,[48] 그 숙원이 실현되는 데는 오랜 시간이 필요했다. 이런 상황에서 경찰 전사자들의 죽음을 공공화, 집단화, 집중화할 대안이 바로 대규모 납골묘탑을 건설하여 그곳으로 경찰 전사자들의 유골을 모아들이는 방식이었다. 전사한 군인들의 최종적이고 항구적인 거처가 유교적 매장문화에 기초한 '묘지'(墓地)였던 데 반해, 전사한 경

---

48) 『동아일보』, 1967.5.16.

찰들의 육신이 머물 거처는 불교식 화장문화에 기초한 '묘탑'(墓塔)이었던 것이다. 또 전사한 군인들이 안치되었던 사찰 납골묘가 대부분 '임시적 거처'일 뿐이었던 데 비해, 경찰 납골묘탑은 '항구적 거처'로 만들어졌고 실제로도 상당히 오랜 기간 동안 존속했다.

1953년 9월 13일 오전 11시에 "북해봉 기슭 경기도경찰국 정원에서" 충혼탑 제막식과 제1회 경기도 순직경찰관 합동추도식이 거행되었다. 이 행사는 경기도경찰국 주최로 열렸지만 충혼탑의 건립위원장은 경기도지사였다. 이때 충혼탑에 유골이 안치된 순직경찰관은 모두 583명이었다. 아무리 세속적인 것이라 해도 납골묘탑 자체가 워낙 불교적 색채가 강한 시설인 만큼 이날 합동추도식도 독경(讀經)이 포함되는 등 불교식으로 진행되었다.[49] 경기도경찰국은 1953년 6월 15일에 인천시 부평동 구(舊) 박문여고 터로 청사를 이전했다. 따라서 충혼탑이 세워진 "북해봉 기슭 경기도경찰국 정원"도 바로 이곳을 가리킬 것이다. 이후 1955년 3월 22일부로 경기도경찰국 청사가 다시 인천시 해안동으로 이전하고, 닷새 후인 3월 27일에는 서울에 있던 국립경찰전문학교가 인천시 부평동의 경기도경찰국 터로 이전해오게 된다.[50] 이런 변화를 거치면서 인천 부평동 충혼탑은 경기도(경기도경찰국) 차원에서 전국(국립경찰전문학교) 차원의 납골묘탑으로 위상이 높아진다. 이후 이곳은 전국 차원의 현충일 의례가 매년 열리는 공간으로 자리 잡게 된다. 아울러 이런 상황을 배경으로 전국의 경찰 전사자 유골들이 시간을 두고 부평동 충혼탑으로

---

49) 『경향신문』, 1953.9.15.

50) 경기남부지방경찰청 홈페이지(www.ggpolice.go.kr)의 '경기남부경찰 소개' 중 '경기남부경찰 역사' 참조(2017.1.15 검색); 경찰교육원 홈페이지(www.pti.go.kr)의 '교육원 소개' 중 '교육원 연혁' 참조(2017.1.15 검색).

이동·집결하게 되는 것으로 보인다.

1958년 현충일에는 부평동 경찰전문학교 교정에서 충혼각(忠魂閣) 제막식과 제9회 순직 경찰관·소방관 합동추도식이 열렸다. 이날 제막된 충혼각은 전사 혹은 순직한 경찰관과 소방관, 나아가 이른바 '애국단체원'까지 일부 포함하여 죽은 이들의 위패를 안치할 공간으로 건립되었다. 이날 현재 충혼탑에 유골이 안치된 이들은 5,116명이었고, 충혼각에 위패가 안치된 이들은 모두 15,934명이었다.[51] 충혼각에 위패가 안치된 경찰, 소방관, 애국단체원 모두가 현충일에 열리는 합동추도식의 대상이 되는 것이다. 1964년 현충일 즈음에는 충혼각에 위패가 안치된 이들 숫자가 20,100명으로, 1965년 현충일에는 20,287명으로 늘어났다.[52] 부평 경찰전문학교에서 마지막 현충일 의례가 거행된 1966년 당시에는 충혼탑에 유골이 안치된 이들이 경찰관 11,248명, 소방관 22명 등 모두 11,270명에 이르렀다.[53] 1966년 당시에는 이미 대부분의 경찰 전사자들이 부평 충혼탑에 안치되어 있어, 경찰 전사자 시신의 집중 과정이 거의 완성단계에 도달해 있었다. "전국에 흩어져 있는 수백 영현들"이라는 기사의 표현에서도 확인되듯이, 경찰 전사자 중 충혼탑에 안치되지 않고 고향 인근에 개별적으로 매장된 이들은 수백 명에 불과했던 것이다.[54] 물론 여기에는 전주나 거제 둔덕처럼 군경 합동묘지에 안장된 소수의 전몰경찰들도 포함되어 있을 것이다.

국립 국군묘지에서 배제된 경찰 전사자들의 '육신의 거처'가 납골묘탑으

---

51) 『동아일보』, 1958.6.7; 『경향신문』, 1958.6.6, 1958.6.7.

52) 『동아일보』, 1964.6.6, 1965.6.5.

53) 『동아일보』, 1966.6.6.

54) 『동아일보』, 1967.5.16.

로 결정되었던 것과 비슷하게, 국군묘지에서 배제된 또 다른 집단이었던 '우익단체' 전사자들, 그리고 입대하여 전투에 참여했음에도 불구하고 1950년대에는 국군묘지 안장자격을 얻지 못한 '학도병·학도의용대' 전사자들도 유사한 해결책을 추구했을 가능성이 있다. 따라서 우익단체 전사자, 학도병 전사자들을 대상으로 한 납골묘탑 건립 사례를 더 조사해볼 필요가 있다. 한 예로 1956년 1월 당시 인천 월미도에 재일학도의용대의 '충령비'와 '충령탑'을 건립하는 계획이 추진된다는 언론보도가 있었다. "당시의 전우를 중심으로 한 유지 인사들"이 '충령비건립추진위원회'를 결성하여 "우선 첫 사업으로 국내외 특지가의 찬조를 얻어" 충령비를 건립하고, 그 후 충령탑도 건립할 예정이라는 것이다.[55] 여기서 거론되는 '충령비'는 전사자 위패를 안치하는 시설로, '충령탑'은 전사자 유골을 안치하는 시설로 판단된다.

3. 유엔군묘지 ─ 또 다른 '반공 성지'의 탄생

한국전쟁에 참전한 유엔군도 전쟁 초기부터 임시 군묘지를 곳곳에 설치했다. 앞서 언급했듯이 미군은 1950년 7월 경북 왜관에 처음으로 제1기병사단 공동묘지를 조성했다. 경기도 주안에도 유엔군묘지가 있었다. 1950년 12월 1일 전국문화단체총연합회(문총) 소속 100여 명의 "애국 문화인"이 주안 유엔군묘지에 모여 '유엔군 전몰자추도회'를 개최했음을 확인할 수 있다.[56] 1951년 초까지 전국 여섯 곳에 임시 유엔군묘지가 조성되어 있었다.

---

55) 『동아일보』, 1956.1.30.

56) 『서울신문』, 1950.12.3.

아울러, 유엔군은 전사자 시신 처리를 위한 전담부대를 운영했다. 미군은 제8군 CIC방첩대에 소속된 1개 대대(4개 중대) 규모의 시신수습부대를 1953년 6월까지 운영했다. 다른 참전국 전사자들도 미군 시신수습부대의 지원을 받았다. 하지만 영국군만은 5명 규모의 '시신 처리팀'(recovery team)을 독자적으로 운영했다.[57]

유엔군사령부는 1951년 1월 18일에 부산 유엔군묘지 조성을 완료했다. "이 묘지는 유엔군사령부에 의해 개성, 인천, 대전, 대구, 밀양, 마산 등지에 있었던 6개소의 묘지로부터 이장되기 시작했던 1951년 1월 18일 설치되어 1951년 4월 5일 봉납(奉納)되었다."[58] 여기서 인천은 주안묘지, 대구는 왜관묘지를 각각 가리킬 것이지만, 1951년 4월 5일이라는 날짜는 4월 6일로 정정되어야 할 것 같다. 1951년 4월 6일에 유엔군사령부와 한국 정부는 이 묘지의 탄생을 공식적으로 세상에 알리는 행사를 거행했다. 이날 오후 2시부터 약 1시간 동안 "부산 교외 전몰군인 특별묘지"에서 이승만 대통령과 전체 국무위원이 참석한 가운데 '한미 합동 유엔군 전몰장병 위령제'가 열렸다. 이날 행사는 "그 유골이 묻힌 묘지를 그 영령 앞에 바치는" 헌정의식이기도 했다.[59]

이후 부산 유엔군묘지는 한국을 대표하는 '반공의 성지'이자 '참배·순례의 성지' 중 하나로 빠르게 자리 잡았다. 특히 이곳은 1950년대 내내 매년 5월 말의 미군 전몰장병기념일(Memorial Day)과 10월 24일 국제연합일(United

---

57) 김선미, 「재한 유엔기념공원의 조성 경위와 관리의 성격」, 민주주의사회연구소 편, 『유엔기념공원과 부산: 국제평화도시의 환상을 넘어』, 선인, 2013, 74~75쪽.

58) 차성환, 『참전기념조형물 도감』, 64쪽.

59) 『동아일보』, 1951.4.8.

Nations Day)마다 성대한 기념행사가 열리는 무대가 되었다.[60] 때로는 '6·25사변기념일' 행사도 이곳에서 열렸다.[61] 1951년 광복절에는 국회의원 전원이 이곳을 참배했다.[62] 같은 해 11월 27일 대한상이군인회 주최로 부산 동아극장에서 열린 '국제상이군인의날' 기념식이 끝난 후 "상이장병"들은 시가행진하여 유엔묘지를 참배했다. 1952년 9월 28일 열린 제2차 3군 합동추도식 후에도 한국군 수뇌부가 유엔군묘지를 참배했고, 1957년 9월에도 "모범용사"들이 '수도탈환 기념식'을 마친 후 유엔군묘지를 참예했다.[63] 1952년 6월 25일에는 "침략 2주년에 즈음하여" 유엔한국위원회 의장이 유엔군묘지에서 유엔사무총장의 메시지를 낭독하는 행사가 열리기도 했다.[64]

전쟁 기간과 그 직후에 한국을 방문한 외국 손님들도 거의 빠짐없이 유엔군묘지를 방문했다. 공화당 대통령후보를 역임한 뉴욕주지사 토머스 듀이가 1951년 7월 8일 이곳을 참배한 데 이어, 같은 해 11월 13일엔 미국 태평양 연안 도시 시장단(市長團)이 유엔군묘지를 찾았다. 1952년 1월 3일에는 캐나다 국방부 장관 일행이, 같은 해 9월 16일엔 필리핀 육군참모차장 일행이, 10월 31일엔 미국 재향군인회 회장 일행과 남아프리카공화국 국방부 장관 일행이 유엔군묘지를 방문하여 참배했다. 1953년 3월 15일에는 미국 민주당 지도자인 스티븐슨이, 같은 해 7월 13일엔 아이젠하워 미국 대통령의 특사인

---

60) 『동아일보』, 1951.5.29, 1951.10.24, 1954.10.25, 1959.10.25; 『경향신문』, 1952.10.17, 1954.5.31, 1955.10.24, 1955.10.25, 1956.5.31, 1956.10.24 등 참조.

61) 예컨대 『동아일보』, 1952.6.25를 볼 것.

62) 『동아일보』, 1951.8.16.

63) 『동아일보』, 1951.11.28, 1952.9.30; 『경향신문』, 1952.9.28, 1957.9.29.

64) 『경향신문』, 1952.6.27.

로버트슨 국무차관보가 각각 유엔군묘지를 참배했다.[65] 1957년 9월에는 '방한 해외작가단'의 참배가 있는 등 1950년대 후반에도 외국인 참배객들의 발길이 이어졌다.[66]

부산 유엔군묘지는 물론 '항구적인' 유엔군 전용묘지였다. 그러나 많은 유엔군 전사자들에게 이 묘지는 '임시적인' 거처에 불과했다. 이 묘지에 안장된 유엔군 전사자는 한때 11,000명까지 늘어났다. 그러나 1951년부터 1954년 사이에 벨기에·콜롬비아·에티오피아·그리스·인도·필리핀·타이·미국 전사자의 유해 대부분이, 그리고 프랑스와 노르웨이 전사자 유해의 일부가 각자의 조국으로 이장되었다.[67] 유엔군 유해의 송환 과정은 1950년대 말까지 이어졌다. 김선미에 의하면 "1950년대를 통해 후송, 신원 확인, 본국 송환이라는 분주한 과정이 집행되었다. 이에 1950년대 말에 이르면 본국으로 송환되는 유해의 송환 업무가 거의 마무리되었다. 이 가운데 대부분은 36,492명에 이르러, 전체 전사자의 90%를 차지하는 미군 전사자의 본국 송환 업무였다. 미군 전사자가 모두 송환된 1950년대 말에 이르러, 한때 1만여 기에 이르렀던 묘지의 안장자 수는 2천여 기로 줄어들게 되었다."[68] 따라서 〈표 11-3〉에 나타나는 유엔군묘지 안장자 숫자인 2,300명은 시신의 고국 송환이 사실상 끝난 상태의, 즉 1960년대 이후의 상황을 보여주는 통계라고 보면 된다.

---

65) 『동아일보』, 1951.7.10, 1951.11.10, 1952.1.3, 1952.9.17, 1952.11.2, 1953.3.14, 1953.7.12, 1953.7.13; 『경향신문』, 1952.10.31, 1953.7.14 등 참조.

66) 『경향신문』, 1957.9.17; 『동아일보』, 1957.9.22.

67) 차성환, 『참전기념조형물 도감』, 64쪽; 『동아일보』, 1973.10.22.

68) 김선미, 「재한 유엔기념공원의 조성 경위와 관리의 성격」, 75쪽.

<표 11 - 3> 2013년 현재 참전국별 참전 규모와 전사자/안장자 구성

국명	파병자(명)	전사자(명)	안장자(명)	전사자 안장률(%)
네덜란드	5,320	124	117	94
뉴질랜드	5,350	41	34	83
오스트레일리아	8,407	346	281	81
영국	56,000	1,177	885	75
캐나다	27,000	516	378	73
터키	14,936	1,005	462	46
노르웨이	623	3	1	33
남아프리카공화국	900	37	11	30
프랑스	3,760	270	44	16
미국	1,600,000	36,492	0	0
벨기에	3,590	106	0	0
콜롬비아	5,100	213	0	0
에티오피아	3,518	122	0	0
그리스	4,440	186	0	0
필리핀	7,500	120	0	0
타이	6,326	136	0	0
룩셈부르크	89	2	0	0
덴마크	630	0	0	0
인도	346	0	0	0
이탈리아	185	0	0	0
스웨덴	380	0	0	0
유엔군 합계	1,754,400	40,896	2,213	
한국(카투사)			36	
미국(민간인)			36	
비전투요원			11	
무명용사			4	
총계			2,300	

* 출처: 김선미, "재한 유엔기념공원의 조성 경위와 관리의 성격", 76쪽에서 재구성하고 수정.

　그러나 유엔군 전사자의 항구적 거처인 유엔군묘지는 부지의 소유관계, 관리 주체, 관리예산 조달 방안 등의 법률적 근거가 모호한 채 여전히 '임시적인 시설'로 남아 있었다.[69] 따라서 이 문제들을 해결하기 위해 1955년부터 1959년까지 4년 동안 한국 정부와 국회, 유엔 사이의 협의가 진행되었다. 먼저, 1955년 8월 한국전쟁에 전투부대를 파병한 16개 나라 중 룩셈부르크를 제외한 15개국이 부산 유엔군묘지를 "항구적인 유엔묘지로 만들 것"을 유엔에 제안했다. 다시 말해 이 나라들은 그해 9월 20일에 개막되는 유엔총회에서 "한국에 (유엔) 기념묘지를 설립하는 문제"를 토의할 것을 제안하는 서한을 관련 결의안과 함께 유엔 사무총장에게 전달했다.[70] 1955년 11월 12일에는 한국 국회에서 정기원 의원 외 18명이 유엔군묘지를 성지(聖地)로 지정하고 국비 즉 한국 정부 예산으로 이를 관리하도록 하자는 대정부건의안을 제출했다. 사흘 뒤인 11월 15일에는 이 건의안, 즉 "유엔군묘지를 설치하고 정부가 이에 대한 예산조치를 취하도록 하라"는 내용을 골자로 한 대정부건의안이 국회에서 가결되었다.[71] 같은 해 12월 15일에 유엔총회는 이 묘지를 "유엔이 영구적으로 관리하기로" 결정하는 '결의문 제977(X)호'를 채택했다.[72] 4년 가까이 지난 1959년 11월 6일에 '재한(在韓)국제연합기념묘지의 설치 및 유지에 관한 대한민국과 국제연합 간의 협정'이 체결되었고, 12월 1일 국회 비준을 거쳐 같은 달 11일부터 발효되었다.[73]

이 협정에 따라 1960년 3월 묘지 관리권이 유엔에 이양되었고 이 묘역은

---

69) 위의 글, 85쪽.

70) 『동아일보』, 1955.8.21.

71) 『경향신문』, 1955.11.14; 『동아일보』, 1955.11.17.

72) 재한유엔기념공원관리처, 『재한유엔기념공원』(팸플릿), 2쪽; 재한유엔기념공원관리처, 『유엔기념공원』(팸플릿), 2쪽; 『동아일보』, 1973.10.22.

73) 김선미, 「재한 유엔기념공원의 조성 경위와 관리의 성격」, 85쪽; 『동아일보』, 1959.11.5.

영구대차지(永久貸借地)로 유엔에 무상 기증되었다.[74] 이로써 유엔군묘지의 성격을 임시 시설로 묶어두던 법률적 모호성 문제가 완전히 해결되었고 관리 주체도 명확해졌다. 묘지의 명칭도 '재한 유엔기념묘지'로 확정되었다. 〈표 11 - 4〉는 유엔군묘지의 명칭과 관리 주체가 어떻게 변화되어갔는지를 일목요연하게 보여준다.

〈표 11 - 4〉 유엔군묘지의 명칭 및 관리 주체 변화[75]

시기	제1기	제2기	제3기	제4기
	1951.4~1959.11	1959.12~1974.1	1974.2~2001.2	2001.3~현재
공식 명칭	유엔묘지 (United Nations Cemetery)	재한유엔기념묘지(United Nations Memorial Cemetery in Korea: UNMCK)		재한유엔기념공원 (UNMCK)
관리 주체	유엔군사령부(미8군)	유엔한국통일부흥위원단(UNCURK)	유엔기념묘지국제관리위원회 (Commission for the UNMCK)	유엔기념공원국제관리위원회 (Commission for the UNMCK)

한국 정부도 유엔기념묘지의 공식 출범을 축하하여, "유엔묘지 설치 기념"으로 1960년 11월 1일 기념우표와 기념통신일부인을 각각 발행했다.[76] 또 〈표 11 - 5〉를 통해서도 확인할 수 있듯이 1960년대를 거치면서 국가별 기념비와 위령탑을 비롯하여 묘지의 정문, 추모관, 기념관, 행정 및 부속 시설 등

---

74) 『동아일보』, 1973.10.22.

75) 우신구, 「유엔기념공원의 형성과정과 공간구조」, 민주주의사회연구소 편, 『유엔기념공원과 부산: 국제평화도시의 환상을 넘어』, 신인, 2013, 169쪽. 인용자가 시기를 약간 수정하였음.

76) 우문관 편집실, 『2003한국우표도감』, 73쪽; 정보통신부 우정사업본부, 『기념·관광통신일부인 총람』, 67쪽.

유엔묘지 설치 기념우표와 기념통신일부인(1960.11.1)

이 속속 건립됨으로써 전용 군묘지이자 공원묘지로서의 면모를 제대로 갖추
게 되었다.

〈표 11 - 5〉1950~1970년대 유엔군묘지의 형성과 발전

구분	주요 변화
1951.1.18	유엔군사령부가 묘지를 조성하고, 전국에 산재한 유엔군 전몰장병 유해를 부산으로 이전하여 안장하기 시작
1955.11.15	국회가 토지(3,800평)를 유엔에 영구히 기증하고 묘지를 성지로 지정할 것을 결의
1960.3.31	묘지 관리권이 유엔군사령부에서 유엔한국통일부흥위원단으로 이양됨
1960	터키 기념비 I 건립
1961.1.6	그리스군 전사자기념비 건립
1962	터키 기념비 II 건립
1964.8.21	추모관 건립
1965.5.24	영국 정부가 영연방 위령탑을 건립; 영연방 전사자 청동기념비가 헌정됨
1966.11.30	부산 시민의 기증으로 묘지 정문이 건립됨
1968	유엔에 의해 기념관, 관리처 사무실 및 부속건물이 건립됨
1974.2.15	유엔한국통일부흥위원단을 대체하는 유엔기념묘지국제관리위원회가 창립됨
1975.10.24	묘지 인근에 유엔군참전기념탑 준공
1976.3	타이 정부가 '한국 - 타이 우정의 다리'를 기증
1978.10.14	한국 정부가 12m 높이의 유엔군위령탑을 건립(2007년에 재정비)

* 출처: 우신구, 「유엔기념공원의 형성과정과 공간구조」, 170~174쪽에서 재구성.

1951년에 조성된 이래 부산 유엔군묘지는 세계에서 유일하게 유엔에 귀속된 묘지로서의 위상을 유지하고 있다. "유엔군 전사자를 안장한 '세계 유일'의 기념 장소"로서, 1968년에 건립된 기념관의 벽면에는 "세계 유일의 유엔기념공원"이라는 글귀가 적혀 있다.[77] 재한유엔기념공원관리처가 제작한 안내 팸플릿들에도 유엔군묘지는 "유엔에서 지정한 세계 유일의 묘지"이며, "유엔기념공원을 잘 관리하는 것은 대한민국의 국제적 위상을 높일 뿐 아니라 관련국과의 외교관계에 초석"이 될 것이라고 강조되어 있다.[78] 한국을 대표하는 '국제적 반공 성지'라는 유엔군묘지의 권위는 확고부동했다.

4. 전사자 혼의 거처들

식민지 시대에 등장한 전사자 혼의 거처 유형들 가운데 '신사' 유형은 완전히 사라졌지만 '충혼비'라는 형식은 해방 후까지 계승되었다. 전쟁 이전에 이미 순직경찰관 충혼비가 등장하고 있었고, 전국 주요 도시 일곱 곳에 '10용사 영탑(靈塔)'을 건립하겠다는 야심찬 프로젝트가 추진되기도 했다. 전사자의 영(靈)을 안치한 탑·비, 기념비와 사(祠) 기능을 일체화한 탑·비, 한마디로 영탑들은 한국전쟁 발발 후 빠르게 증가했다.

충혼비, 충혼탑, 현충탑, 순의탑 등 다양한 명칭을 지닌 혼의 거처들은 탑

---

77) 전진성, 「프롤로그」, 18쪽; 백영제, 「공원의 공간 구성 및 전시 조형물의 특성」, 민주주의사회연구소 편, 『유엔기념공원과 부산: 국제평화도시의 환상을 넘어』, 선인, 2013, 205쪽.

78) 재한유엔기념공원관리처, 『재한유엔기념공원』(팸플릿), 2쪽; 재한유엔기념공원관리처, 『유엔기념공원』(팸플릿), 2쪽.

이나 비 내부에 전사자 위패를 안치하는 형태가 가장 흔했다. 시간이 지나면서 비나 탑에 직접 전사자의 이름과 계급 등을 음각(陰刻)하여 위패 역할을 대신하는 형태도 점차 늘어났다. 이 경우 별도의 위패 안치 공간을 마련하지 않아도 되므로 공간을 절약하는 효과도 발생한다. 탑이나 비 형태가 아니라 충혼각(忠魂閣) 등 건물 형태를 취하거나, 탑(충혼탑)과 건물(충혼각)이 한 쌍을 이루는 형태도 생겨났다. 안성군 현충탑처럼 탑 안에 '현충록(顯忠錄)'을 봉안'하는 경우도 있었다. 이는 전사자 명부를 안치한다는 점에서 식민지 시대의 야스쿠니신사나 호국신사와 매우 유사한 경우라 하겠다.

전쟁 발발 직후부터 영탑 건립 움직임을 적극 주도해간 핵심 주체는 다름 아닌 이승만 정부였다. 1950년대의 '영탑 건립 붐'을 선도한 다양한 주체 혹은 요인들이 존재하는데, 이를 대략 네 범주로 구분해볼 수 있다. 그것은, 첫째, 중앙정부와 각 도청들이 주도했던 충혼탑 건립운동, 둘째, 현충일 제정 이후 의례 장소의 창출 차원에서 추동된 시(市)와 군(郡)들의 영탑 건립 움직임, 셋째, 묘지·묘탑과 영탑의 결합, 즉 작은 국군묘지들과 전사자 납골묘탑에 영탑을 건립하는 움직임, 넷째, 사회단체, 경찰·군부대, 지역사회 단위 등 각계각층의 다양한 영탑 건립 움직임 등이다. 각각에 대해 간략히 살펴보기로 하자.

(1) 중앙정부와 도 차원의 영탑 건립

1950년대를 대표하는 영탑 건립 움직임은 이승만 정부가 주도한 '충혼탑 건립운동'이었다. 국방부 등 정부가 주도하고, 시민사회에서는 사회단체와 언론기관들이 협조하며, 국회의원들도 성금을 내 힘을 보태는 등 그야말로 관민 협력의 '거국적인' 사업이었다. 서울과 전국 도청소재지에 1기씩 충혼

탑을 건설하고, 서울에는 유엔전우탑(UN戰友塔)도 함께 건설하겠다는 계획
이었다. 소요되는 예산만 해도 '수십억 원'으로 추산되었다. 이를 위해 1951
년 12월에 '충혼탑건립위원회'가 발족되었다. 1952년에는 11월 10일부터 30
일까지 21일간의 '충혼탑 건립 촉진운동 기간'도 선포되었다.[79]

　　1952년 들어 국방부는 전시 국무회의의 의결을 거쳐 충혼탑 건립 예산까
지 확보했다고 한다. 또 서울의 경우 남산에 80척 높이의 충혼탑을, 효창공원
에 유엔전우탑을 건설한다는 방침이 건립위원회에 의해 결정되었다. 1952
년 2월에 충혼탑 설계를 위한 현상공모 공고가 나서 4월에 당선작이 발표되
었고, 7월에는 설계 작업이 완성되었다.[80] 1953년 6월에는 "충혼탑건립중앙
위원회에서는 지난 3월 2일 대통령으로부터 건립 승인이 있어 대한건축학회
를 통하여 서울 남산공원에 총고 80척에 공사비 1천5백만 환의 충혼탑과 효
창공원에 총고 60척에 공사비 9백만 환의 유엔전우탑을 건립하게 되었다고
한다."라는 보도도 있었다.[81] 이를 통해서도 대통령을 중심으로 정부가 주도
적인 역할을 담당하고 있음을 재확인할 수 있다. 이승만 대통령은 대한청년
단 남원군단부가 1954년 광한루에 세운 충혼비에 '충혼불멸'이라는 휘호를
제공한 데 이어, 1955년 전주 국군묘지에 세워진 충현불멸탑에도 '충현불멸'
휘호를 써주는 등 전사자 영탑 건립에 적극적인 모습을 보였다. 1959년 6월
양주군에 세워진 '충현탑'과 같은 해 10월 평창군에 세워진 '충혼탑'에도 대
통령의 휘호가 새겨졌다.[82]

79) 『동아일보』, 1952.11.13; 『경향신문』, 1952.11.15.

80) 김미정, 「1950·60년대 한국전쟁 기념물」, 278쪽.

81) 『경향신문』, 1953.6.22.

82) 『경향신문』, 1954.5.21; 차성환, 『참전기념조형물 도감』, 164, 364~365, 735쪽; 신인호, 「이들

결과적으로 남산의 충혼탑이나 효창공원의 유엔전우탑 모두 계획대로 실현되지 못했다. 그렇지만 1957년에는 이승만 정부가 제2회 현충일을 맞아 도 단위 추도식을 충혼탑에서 거행할 것을 지시할 정도로,[83] 도청소재지마다 충혼탑 건립 작업이 상당히 진척된 상태에 있었다. 서울에는 현충일 제정 이전인 1954년 10월 국군묘지 안에 무명용사탑이 이미 건립되어 있었다. 서울을 제외하고 도청소재지에 세워진 충혼탑 혹은 충렬탑(忠烈塔), 영렬탑(英烈塔)들은 모두 해당 지역 출신 군인 혹은 군경 전사자의 위패 등을 안치하고 있었다.

제주도에는 1953년에 일찌감치 제주시 노형동의 사라봉 기슭에 충혼탑이 들어섰다.[84] 1955년 7월에는 강원도 도청소재지인 춘천시의 우두산 정상에 광장을 포함한 4,260평 부지에 충렬탑이 건립되었다. 충렬탑 기단의 높이는 1.2m이었고 탑신(塔身)의 높이는 12.8m나 되었다.[85] 청주시에도 1955년 10월 사직동에 충렬탑이 건립되었다. 1,250평 부지에 기단 높이 6m, 탑신 높이 9m의 웅대한 조형물이었다. 1956년 8월에는 수원시 매향동에 현충탑이 건립되었는데 1,687평 부지에 탑 높이는 무려 21m에 달했다.[86]

1956년 10월에는 대전시 중구 선화동에 영렬탑이 세워졌다. 1천만 환이 투입된 영렬탑의 기단 높이는 7.9m, 탑신 높이는 26.6m나 되었다.[87] 그러나 탑

을 기억해 주세요」, 39~40쪽; 〈대한뉴스〉, 224호, 1957.7.20.

83) 국무원 사무국, 「제2회 현충일 행사 계획에 관한 건」, 2쪽.

84) 차성환, 『참전기념조형물 도감』, 915쪽.

85) 『경향신문』, 1955.7.27; 차성환, 『참전기념조형물 도감』, 295쪽.

86) 차성환, 『참전기념조형물 도감』, 145~146, 446쪽.

87) 위의 책, 130쪽.

1957년 6월 6일 대전 영령탑 제막식(충청남도역사박물관)

의 제막식은 이듬해 현충일인 1957년 6월 6일에 전몰군경 합동위령제와 함
께 열렸다.[88] 이 거대한 탑은 식민지 당국이 건립하다가 중단했던 '충령탑'을
재활용한 것이었다는 점에서 이채로웠다. 앞서 소개했듯이 1940년에 대전
부는 춘일정 3정목 언덕에 70여 척, 넓이 52척 규모의 거대한 충령탑을 건립

---

88) 『동아일보』, 1957.5.25.

하기로 했었다. 해방 이전의 충령탑이 전사자 유골을 안치하는 묘탑의 일종이었다면, 해방 후의 영령탑은 전사자 위패를 안치하는 영탑의 일종이었다. 1956년에 영령탑이 세워진 장소는 1952년 4월에 '애국지사 합장묘'(애국지사총)과 '애국·반공·사난(死難) 인사 공묘비(公墓碑)'가 조성된 장소(용두동 용두산)와도 근접한 지역이었다. 보도에 의하면 "9·28수복 직전 후퇴하는 북한 반역집단의 적도들의 최후발악적인 만행으로 학살당한 우리 애국지사 1,557주의 시체가 오래 동안 시내 각처에 가매장된 채 산재해 있었는데 대전시에서는 이를 안장(安葬)하고 영령의 명복을 기원할 공묘비를 건립하기 위하여 지난 (1952년 – 인용자) 4월 6일 시내 용두산록에서 진 충남지사를 비롯하여 관민 다수 참석한 가운데서 '애국지사 합동위령제 및 제막식'을 엄숙히 거행하였다."[89] 다음 기사는 전후 사정을 보다 상세히 알려준다. "1951년 12월 충남도는 '애국지사 합동장의 추진위원회'를 구성했다. 추모 대상은 인민군 및 지방 좌익에 의해 희생된 사람들로 제한했다. 이듬해 3월 대전 용두산 기슭에 4,000㎡ 규모로 전국 최초의 '반공애국지사총'을 설립해 1,557위의 희생자 유해를 발굴·수습해 화장 후 안장했다. 1980년대엔 지사총 성역화 사업이 추진됐고 1996년 대전 사정공원으로 '반공애국지사총'을 이전했다."[90]

전주 중화산동 다가공원에도 1957년 10월에 14m 높이의 '호국영령탑'이 들어섰다. 같은 장소에는 1951년 9월 건립된 '호국지사 충령비'가 이미 자리 잡고 있었다.[91] 이 밖에 1955년 3월 초 교동 국군묘지에도 '충현불멸탑'이 건

---

89) 『경향신문』, 1952.4.17. 아울러 차성환, 『참전기념조형물 도감』, 130~133쪽을 볼 것.

90) 박기용, 「주검 구덩이 던져지기 직전 고개 돌린 남자, 우리 아버지가 맞나요?」, 『한겨레』, 2015.6.20.

91) 차성환, 『참전기념조형물 도감』, 735~737쪽.

립되었음은 이미 언급한 바와 같다. 전남 광주에서는 1955년 5월 충혼탑 기공식이 있었고, 1957년 2월 21일에는 전남도청 정문 앞 광장에서 충혼탑 제막식이 거행되었다. 이 충혼탑에는 여순사건과 한국전쟁에서 순직한 공무원 821명의 영혼이 안치되었다.[92] 1956년에는 전남도청 앞 상무관 정원에 광주·전남 출신 경찰 전사자 3,196명의 영혼을 안치한 '경찰충혼탑'이 세워지기도 했다.[93] 1963년 5월에는 전남현충탑건립위원회에 의해 광주시 구동 광주공원 안에 '우리 위한 영의 탑'이 건립되었다. 여기에는 광주·전남 출신 군인 10,745명, 경찰 5,122명 등 모두 15,867명의 전사자 위패가 안치되었다.[94]

　　1957년 6월에는 부산 동광동의 우남공원(용두산공원)에도 '충혼탑'이 완성되었다. 당초 현충일에 맞춰 제막식을 거행할 예정이었지만 군인 유가족과 경찰 유가족의 마찰로 제막식 자체가 열리지 못했다. 언론보도에 따르면 "순직 경찰관의 영령도 '충혼탑'에 봉안해달라는 경찰 유족 대표들의 주장에 부딪쳐 제막식은 무기연기 되었던 것이며 군인 유족 측은 현직 경찰관들의 성금으로 도청 경내에 건립된 '충혼비'를 들어 전몰군인과의 합사를 반대한 상반되는 주장으로 '충혼탑'은 주위의 철조망 속에 파묻혀 있었던 것이다." 결국 충혼탑 건립을 주도했던 경상남도와 경남지구병사구사령부의 중재로 군인-경찰 유족 사이에 가까스로 합의가 이루어짐으로써 같은 해 12월 23일 뒤늦게 제막식이 열렸다고 한다. 당시 이 탑에는 부산과 경남 출신인 "이서근 중령 외 19,575주의 영령"이 안치되었다.[95]

92) 『경향신문』, 1955.5.21, 1957.2.28.

93) 『뉴스1』, 2016.5.10.

94) 차성환, 『참전기념조형물 도감』, 119쪽.

95) 『동아일보』, 1957.11.19, 1957.12.26.

(2) 시·군 차원의 영탑 건립

이제는 (도 단위에서와 마찬가지로) '현충일 의례 장소의 창출' 차원에서 추동된 시·군 차원의 영탑 건립 움직임을 살펴볼 차례이다. 1956년에는 서울에서만 열렸던 현충일 추도식이 1957~1963년 사이에는 도·시·군 및 학교·기관 단위까지 확대되어 거행되었다. 현충일 의례의 확대 시행 방침으로 인해 독자적인 영탑이나 묘탑, 국군묘지를 보유하지 못한 많은 시·군들이 현충일 행사의 무대가 될 영탑 건립에 나서게 되었다. 1950년대가 도 단위의 영탑 건립 시대였다면, 시·군 단위의 영탑 건립이 활발했던 시기는 1950년대와 1960년대 모두에 걸쳐 있었다.

〈표 11-6〉은 전국에서 가장 많은 영탑들이 만들어진 곳에 속하는 경기도와 강원도의 영탑 건립 상황을 요약한 것이다. 이 표는 차성환의 『참전기념조형물 도감』에 따른 것이지만, 인천과 안성의 경우는 필자가 내용을 일부 추가하거나 바로잡았다. 인천의 경우 1972년 8월 도화동 수봉공원에 '현충탑'이 들어서기 훨씬 전인 1953년 6월부터 만국공원에 이미 '충혼탑'이 존재하고 있었다. 1953년 6월 9일 재향군인회 인천시연합회가 만국공원에서 인천 출신 전몰자 합동위령제와 충혼탑 제막식을 함께 거행했던 것이다. 같은 해 11월 14일과 1955년 7월 2일에도 충혼탑 앞에서 재향군인회 인천시연합회 주최로 인천 출신 전몰자 668명을 위한 합동위령제가 열렸다.[96] 한편 안성군이 순국충렬봉안회 안성군 지부장인 김태영의 건립기금을 활용하여 안성공

---

96) 『경향신문』, 1953.6.9, 1955.7.8; 『자유신문』, 1953.11.14 참조. 현충일 제정 이후 한동안 인천시의 현충일 행사가 열린 곳은 도화동 국군묘지였다(예컨대 『경향신문』, 1961.6.6; 『동아일보』, 1964.6.6 참조).

원에 영탑을 건립한 시기는 1965년이 아니라 1955년이었다. 당시 영탑의 명칭도 '현충탑'이 아닌 '충령탑'이었다. 김태영이 자신의 회갑연 비용을 내놓아 충령탑 건립 기공식이 열렸던 때가 1955년 9월 27일이었다. 같은 해 12월 28일에는 "안성군 출신 순국충령 782위를 봉안하는" 충령탑 제막식이 600여 명이 참가한 가운데 거행되었다. 이 자리에서 경기도지사는 건립기금을 헌납한 김태영에게 표창장을 수여했다.[97]

〈표 11 - 6〉 1950~1960년대 경기, 강원 지역의 영탑 건립: 시·군 주도 사례들

구분	경기도	강원도
1950년대	1953년 6월 충혼탑(인천); 1953년 10월 현충탑(강화); 1955년 12월 현충탑(안성); 1957년 8월 현충탑(평택); 1958년 3월 충혼탑(이천); 1959년 5월 충현탑(연천, 경기도전적비건립위원회); 1959년 6월 현충탑(여주); 1959년 11월 현충탑(광주, 광주군충혼탑건립기성회); 1959년 6월 충현탑(동두천, 경기도전적비건립위원회)	1959년 10월 충혼탑(평창)
1960년대	1962년 5월 현충탑(김포); 1966년 6월 현충탑(포천, 현충탑건립추진위원회); 1967년 6월 현충탑(파주, 파주군민회); 1968년 6월 충혼탑(양평)	1964년 5월 충혼탑(속초); 1964년 11월 충혼탑(인제); 1965년 8월 충혼탑(영월); 1966년 6월 충혼탑(양양); 1966년 6월 현충탑(원주, 현충탑건립추진위원회); 1967년 5월 충혼탑(양구); 1967년 6월 충혼탑(삼척, 삼척군충혼탑건립위원회); 1967년 9월 무명용사충혼비(인제군과 12사단); 1968년 6월 충혼탑(횡성); 1969년 9월 충혼탑(명주); 1969년 10월 통천군 순국동지 충혼비(통천군민회)

97) 『동아일보』, 1955.9.29; 『경향신문』, 1956.1.5.

〈표 11 - 6〉에서 보듯이 1953~1969년 사이 경기도에 13기, 강원도에 12기의 영탑들이 세워졌다. 바로 이곳들이 대부분 현충일 의례의 공간이 되었다. 영탑 건립일(제막식 날짜)을 현충일에 맞춘 경우가 많다는 점도 주목할 대목이다(표에서 건립 시기가 6월인 경우는 거의 전부가 현충일이었다). 표는 경기도 시·군들에서는 1950년대에, 강원도에서는 1960대에 영탑 건립이 집중적으로 이뤄졌음을 보여주기도 한다. 아울러 25개 영탑의 명칭은 '충혼탑/충혼비'가 14개, '현충탑'이 9개, 충현탑 2개로 나타난다. 경기도 지역에서는 '현충탑'이라는 명칭(13개 중 8개)이, 강원도 지역에서는 '충혼탑/충혼비'라는 명칭(12개 중 11개)이 선호되고 있음을 확인할 수 있다.

시·군보다 하위의 행정단위(읍·면·동) 차원에서 추진된 영탑 건립 사례도 적지 않았다. 제주도가 대표적인 사례였다. 『참전기념조형물 도감』은 1950년대에만도 제주도 전역에서 27기나 되는 영탑들이 건립되었음을 보여준다. 그 대부분이 읍이나 면 단위로 건립된 것이다. 27개 영탑 가운데 비교적 규모가 큰 '충혼탑'이 3개, 대개 규모가 작은 '충혼비'가 23개, '전몰장병 추도비'가 1개이다. 23개 충혼비들의 명칭을 좀 더 세분해보면 '충혼비'가 20개였고, '군경충혼기념비', '군경충혼비', '순직비/충혼비'가 1개씩이었다.[98]

이 밖에도 경기도 지역에서는 1953년 10월 연천군 군남면이 일등중사 오을룡 등 6명을 위해 '충혼탑'을, 1959년 6월 옹진군 덕적면이 '충혼탑'을, 1961년 9월에도 양평군 청운면이 여물리에 '충혼각'을 각각 건립했음을 확인할 수 있다. 강원도 지역에서도 1956년 9월에 고성군 거진읍이 건봉산 일대에서 전사한 국군과 미군을 추모하려 '충혼비'를 건립했고, 삼척군 미로면에서는 유가족 대표들이 면민들의 협력으로 1966년에 '순국용사 위령비'를 건립

---

98) 차성환, 『참전기념조형물 도감』, 915-981쪽 참조.

했다는 기록이 남아 있다.[99] 정확한 건립 시기를 알 수는 없으나, 1956년 10월 17일 삼척군 북평읍이 이곳 출신 전사자 74명을 위한 제3회 위령제를 구미산 '순의탑' 앞에서 거행했다는 기사도 찾아볼 수 있다.[100]

(3) 묘지·묘탑과 영탑의 결합

전사자 영탑이 건설되기에 가장 적합한 장소는 전사자의 육신의 거처, 즉 묘지와 묘탑 인근이다. 일단 조성해놓고 오래 방치한 경우를 제외하면, 영탑이 없는 군묘지는 거의 발견되지 않는 편이다. 묘지·묘탑과 영탑을 일체형으로 조성하는 경향은 전사자의 육신과 혼을 모두 보살피기 위해 '영적 안전망'을 더욱 튼실하게 구축하려는 노력의 소산이었다고 말할 수 있다.

특히 서울 국군묘지나 부산 유엔군묘지처럼 국가적인, 나아가 국제적인 묘지들은 '기념비의 숲'이라고 말해도 과언이 아닐 정도로 기념비의 밀도(密度)가 대단히 높은 편이다.[101] 그리스도교 문명권 국가들이 많은 유엔군묘지에는 영탑 종류가 발견되지 않는 반면, 서울 국군묘지에는 영탑 성격의 조형물들이 수두룩하다. 앞서 보았듯이 부평 경찰전문학교 교정에는 전사한 한국 경찰들의 유해가 집중된 충렬탑이 1953년에 건립된 데 이어, 1958년에는 마치 쌍을 이루듯 경찰 전사자들의 위패를 안치한 충혼각이 들어섰다.

지방의 묘지들에도 영탑이 다수 건립되었다. 1952년 조성된 대전의 애국

---

99) 위의 책, 113, 234, 275, 338, 431쪽.

100) 『경향신문』, 1956.10.23.

101) 이런 현상은 훨씬 후에 등장한 국립묘지들, 예컨대 대전국립현충원, 국립민주묘지들, 국립호국원들의 경우에도 마찬가지이다.

지사 합동묘역에는 1956년에 거대한 영렬탑이 들어섰다. 한국전쟁 당시 포항지구에서 전사한 학도병 48명의 시신이 포항여자중·고등학교 부근에 매장되어 있었는데, 1957년 6월에 "전국 학도들의 자발적인 갹출로" 이곳에 전몰학도병 충혼탑이 건립되었다.[102] 1953년 조성된 전주 국군묘지에 1955년 '충현불멸탑'이 건립되었음은 앞서 살펴본 바와 같다. 1953년 조성된 사라봉 충혼묘지를 필두로 속속 등장한 제주도의 여러 충혼묘지에도 영탑들이 등장했다. 앞서 지적했듯이 1950년대에만도 제주도 전역에서 27기의 영탑들이 건립되었는데, 그 상당수가 충혼묘지 입구나 내부 등 충혼묘지와 합체된 형태로 등장했다. 1956년에는 사라봉 충혼묘지 인근에 불교 사찰 형태의 '충혼각'이 지어졌다.[103] 제주 출신 전사자들의 위패가 안치된 충혼각에서는 1966년부터 매년 불교식 위령제(전몰군경 합동 위령대재)가 거행되고 있다.[104]

1954년 인천 도화동에 만들어진 국군묘지는 1956년 이후 현충일 의례가 거행되는 장소이기도 했다. 당시의 현장 사진들은 현충일 의례가 영탑 앞에서 거행되었음을 보여준다.[105] 한국전쟁 시기에 조성된 서부전선의 해병대 묘지에서도 1955년 9월 충혼탑 기공식이 열렸다. 1957년 6월에 부산 가덕도의 천성산 국군묘지가 조성되었을 당시 묘역과 함께 충혼탑이 세워졌다. 같은 해 12월에 거제 둔덕 충혼묘지가 조성되었을 때도 충혼비가 함께 건립되었다. 1957년 9월 고양에 만들어진 태극단 전사자 45명의 묘지에도 1961년에

102) 차성환, 『참전기념조형물 도감』, 36~37쪽; 『경향신문』, 1957.6.17.

103) 홍창빈, 「제주시, 충혼묘지·충혼각 시설정비 추진」, 『헤드라인제주』, 2014.4.14.

104) 지영임, 「제주 4·3 관련 위령의례의 변화와 종교적 의미」, 339쪽.

105) 블로그 '인천의 어제와 오늘'(blog.naver.com/kkkk8155)의 '포토로그2' 카테고리 중 「인천국군묘지 2」(2015.6.5) 참조(2017.4.5 검색).

현충탑이 세워졌다.[106]

한국전쟁 도중 혹은 직후에 묘지가 조성되었지만 오랜 시간이 지나서야 영탑이 세워진 경우도 발견된다. 24명의 전사자가 안장된 전북 익산 두여리의 군경묘지에는 위패봉안소를 포함한 충혼탑이 1993년에 건립되었다. 144명의 전사자가 안장된 이리 팔봉동의 군경합동묘지에는 충혼불멸탑에 이어, 1982년에 충령탑이 조성되었다. 전북 정읍의 학도병 묘지도 비슷한 경우이다. 군부대에 배속되어 '공비토벌작전'에 참여했다 전사한 학도병 중 46명의 시신을 마을 주민들이 한곳에 모아 합장묘를 조성한 때가 1950년 11월이었다. 이후 학도병 출신의 한 마을 주민이 이 묘를 수십 년 동안 보살펴오다, 1990년에 정읍군이 묘지 앞에 '무명전몰용사 추모비'를 세웠다.[107]

묘지가 조성되었을 뿐 사후관리가 거의 이루어지지 않다가 수십 년 후에 비로소 재발견된 국군묘지들에도 뒤늦게나마 영탑들이 건립되었다. 예컨대 1951년 조성된 너릿재 국군묘지에는 1983년에 충혼비와 충혼문(忠魂門)이 세워졌다. 1952년 조성된 부산 가락동 국립묘지에도 1993년 충혼탑이 들어섰다. 거제 둔덕 충혼묘지와 부산 가락동 국군묘지에도 1990년대 이후 충혼탑이 새로 건립되었다.

(4) 다른 유형의 영탑들

영탑의 건립 주체는 중앙정부와 지방정부 외에도 다양했다. 시민사회단체, 지역주민, 유가족, 군부대 등 각계각층의 다양한 영탑 건립 움직임이 1950

---

106) 차성환, 『참전기념조형물 도감』, 172~174쪽.
107) 위의 책, 750~755쪽.

년대 이후 본격화되었다. 이런 사례는 대단히 많지만, 〈표 11 - 7〉은 1950~
1960년대 강원과 경기 지역의 사례들만을 따로 추린 것인데, 괄호 안에는 영
탑이 건립된 지역과 건립 주체가 제시되어 있다.[108] 표에 소개된 15개 사례 중
11개를 차지할 만큼 강원도 지역에서 영탑 건립이 매우 활발했음을 확인할
수 있다. 또 15개 사례 중 10개를 차지할 만큼 군부대 혹은 군인들의 주도성
이 두드러졌다.

〈표 11 - 7〉 1950~1960년대 강원, 경기 지역의 영탑 건립: 단체, 부대 등

구분	강원도	경기도
1950년대	1951년 순직지비(양구, 7사단); 1952년 6월 순국지사 영령비(강릉, 송정하 등 5인); 1954년 10월 한청순국동지 위령탑(강릉, 한청순국동지위령탑보존위원회); 1957년 7월 장병 추모비(인제, 3군단); 1959년 6월 칠성탑(인제, 3군단)	1954년 5월 충혼탑(연천, 1사단); 1955년 12월 충혼탑(김포, 해병대사령부); 1956년 9월 고 김승철 중위 전사지비(戰死之碑)(과천, 이한림 장군)
1960년대	1962년 5월 충현비/위령비(인제, 3군단); 1963년 10월 충혼탑(태백, 태백중고교동창회); 1963년 8월 순국용사 충혼비(삼척, 유족회); 1965년 10월 이름 모를 자유용사의 비(속초, 한국일보사); 1967년 10월 당포함 전몰장병 충혼비(고성, 해군본부 및 고성군 해군예비군); 1968년 5월 육군 소령 정용식 충혼비(홍천, 1군단장)	1960년 4월 고(故) 육군 대위 서상윤 순직비(파주, 20사단 육사 동기 일동)

---

108) 위의 책, 172~174쪽.

학도병 혹은 학도의용병들 역시 영탑 건립의 주요 주체였다는 점을 반드시 지적해야 한다. 여기선 학도병 전사자를 위한 영탑들 가운데 대표적인 몇 사례만 소개하려 한다. 우선, 진도군 고군면과 군내면에는 전쟁 당시 희생당한 학생들을 위한 '희생학우 추도비'(1950년 12월)와 '학련생(學聯生) 순국추도비'(1951년)가 각각 세워졌다.[109] 학도병 생환자들로 구성된 학도의용병동지회 결성준비위원회는 1955년 8월 11일 서울시청 회의실에서 '학도의용병동지회 결성대회'를 가진 후 '현충비 광장'에서 '제1회 전몰학도병 위령제'를 거행한 바 있다.[110] 또 앞서 소개했듯이 1956년 1월에는 "당시의 전우를 중심으로 한 유지 인사들"이 '충령비 건립추진위원회'를 결성하여 인천 월미도에 재일학도의용대 충령비와 충령탑 건립을 추진하기로 했고, 포항의 학도병 묘지에도 1957년 6월 '전몰학도병 충혼탑'이 건립되었다. 그뿐만 아니라 당시에도 "학교에 따라서는 그 출신 학도들의 충혼비·탑을 개별적으로 건립한 바 있었다."[111] 1951년 9월 전주고등학교 교정에 세워진 '충혼비', 1954년 11월 경주고등학교 교정에 세워진 '전몰학병 추념비' 등이 그런 사례의 일부이다. 1964년 6월에는 대한학도의용군동지회에 의해 전주시 가련산공원에도 '순국학도 현충탑'이 세워졌다. 1965년 10월 속초 설악동에 '이름 모를 자유용사의 비(碑)'가 건립되었는데, 이 비는 "학도결사대 호림부대"를 기리는 기념물이었다.[112]

---

109) 위의 책, 898-899쪽.

110) 『경향신문』, 1955.8.5.

111) 『경향신문』, 1957.6.17.

112) 차성환, 『참전기념조형물 도감』, 329~330, 579~580, 738~739, 741~742쪽.

5. 소결

지금까지 한국전쟁 발발 시점부터 국립 국군묘지가 등장하기까지 4~5 년 동안을 중심으로 전사자의 육신·혼의 거처 문제를 다각적으로 검토해보 았다. 대한민국 정부 수립 이후 장충사를 중심으로 형성되어갔던 전사자 죽 음 처리의 공공화 – 중앙화 – 집중화 흐름이 전쟁 발발로 사사화 – 지방화 – 분산화 흐름으로 일거에 뒤집힌 가운데, 현란할 정도로 다양한 형태의 전사 자 거처들이 이 기간 동안 출현했다. 전사자 육신의 거처인 국군묘지, 영현봉 안소, 유엔군묘지, 사찰 납골묘, 세속적인 합장납골묘탑, 그리고 전사자 혼의 거처인 영탑들이 충혼탑, 충혼비, 현충탑 등이 이름으로 나타났다. 필자는 여 기서 군묘지 범주에 세 가지 이질적인 유형들이 포함되어 있음을 밝혔다. 먼 저 '큰 국군묘지'(동작동의 국립 국군묘지)와 '작은 국군묘지'를 구분하는 것, 다 음으로, '작은 국군묘지들'을 다시 '임시적 국군묘지'와 '항구적 국군묘지'로 구분하는 것이 중요하다.

전사자 거처의 이런 다양성에도 불구하고 전쟁 기간과 직후에 정부의 최 우선적 관심사는 최대한 빨리 가족들에게 전사자의 유해를 전달하는 것이 었다. 가족들에게 도착한 유해는 유교식 매장문화에 따라 마을에 묻히거나, 이런 사정이 여의치 않을 경우 인근 사찰에 납골되었다. 한마디로 전사자 시 신 처리는 철저하게 '사사화'되었고, 사적 영역에 머물러 있었다. 그러나 일 부 지역에서는 지방관청의 도움을 받아 소규모 묘지를 조성한 후 출신지로 도착한 전사자 유골들을 한데모아 안장했다. 이런 식으로 일부 지역들에서 중간 수준에서나마 전사자 죽음의 공공화 – 집단화가 이뤄졌다. 그러나 전국 수십 곳에 이르는 이 '작은 국군묘지들'에 묻힌 전사자들은 전부 합쳐도 전체 전사자 집단에서 미미한 비율밖에 차지하지 못한다. 더구나 이들은 시간이

지나면서 점점 잊혀져갔다. 작은 국군묘지들은 사사화라는 도도한 흐름의 '의도치 않은 부산물' 정도에 지나지 않았다.

이런 와중에도 군 당국은 최고 수준의 공공화 – 중앙화 – 집중화를 구현할 잠재력을 지닌 '국립 국군묘지'(3군 합동묘지)를 조용히 모색하고 있었다. 아울러 경찰의 경우엔 군대보다 앞서 종전 직후인 1953년 9월부터 (집단 묘지가 아닌) 집단 묘탑 형태를 통해 전사자 죽음의 공공화 – 중앙화 – 집중화를 선도해가고 있었다.

지난 3개의 장들에서 살펴본 바와 같이, 식민지 시대에 정립된 전사자 거처의 체계와 개별 형태들은 해방 후에도 대부분 계승되었다. 이를 〈표 11–8〉와 같이 요약해볼 수 있을 것이다.

〈표 11–8〉 해방 전후의 전사자 거처 비교

구분	식민지 시기	해방 후 시기
전사자 혼의 거처	신사(호국신사)	폐쇄 후 해체
	영탑(충혼비)	영탑(충혼탑, 충혼비, 현충탑, 충현탑)
전사자 육신의 거처	합장묘탑(충령탑)	합장묘탑(충령탑, 충렬탑)
	군묘지(육군묘지)	① 군묘지(임시 국군묘지)
		② 군묘지(항구적인 소규모 국군묘지)
		③ 군묘지(국립 국군묘지, 유엔군묘지)
	사찰 납골	① 사찰 납골
		② 장충사(국립납골묘)

표에서 보듯이 식민지 조선에 등장한 다섯 유형의 전사자 거처들 가운데 신사(호국신사)를 제외한 네 유형들이 해방 후에도 다시 등장했다. 이 중 사찰 납골을 제외한 세 가지, 즉 영탑, 합장묘탑, 군묘지는 식민지 이전엔 볼 수 없었던 형태들이었다. 해방 이전에는 육군묘지 2개소만 존재했지만, 해방 후에

는 군묘지의 하위유형들이 임시적·일시적인 국군묘지들, 항구적인 소규모 국군묘지들(군경합동묘지 포함), 국립 국군묘지, 유엔군묘지 등으로 훨씬 다채로워졌다. 우리가 '장충사=박문사 가설'을 수용할 경우, 장충사는 한편으로 사찰 납골묘 형태를 계승하면서도 다른 한편으로는 불교적 색채를 약화시켜 부분적으로 변형한 절충형에 가깝다고 평가할 수 있을 것이다.

12장
국립 국군묘지의 탄생

한국전쟁 과정에서 '대한민국 국군'의 이름으로 사망한 이들이 대규모로 발생함에 따라 이들 전사자들과 관련된 시신 처리, 추모와 위령, 선양과 현창 문제가 시급한 현안으로 부각되었다. 전쟁을 계기로 전사자와 실종자의 시신을 찾아내어 적절히 수습하고 처리하는 일, 예를 갖춰 안장하고 기념하는 일이 국가적 과업으로 떠오른 것이다. 여전히 전쟁이 진행 중이던 상황에서 당장 급한 대로 전국 곳곳에 소규모 임시 국군묘지들을 만들기도 했지만, 영속성을 담보한 대규모의 '국립묘지'를 창출하는 것이 이 문제의 근본적인 해법으로 제시되었다. 국립묘지 신설을 통해 대한민국 정부 수립 이후 한국전쟁 발발 때까지 약 2년 동안 전투 과정에서 발생한 전사자들의 유해 처리 문제도 한꺼번에 해결할 수 있을 터였다.

1. '국립 국군묘지'의 창출

동작동 국군묘지가 탄생하게 되는 과정부터 먼저 확인해보자. 국립서울현충원이 발행한 묘지지(墓地誌)와 홈페이지 연혁 자료를 종합해보면, '국립 국군묘지'가 서울의 동작릉 터로 확정되는 경위를 대략 다음과 같이 정리할 수 있을 듯하다. (1) 대한민국 정부 수립 후 전사자의 수가 점증함에 따라

1949년 말부터 육군본부 인사참모부가 나서 서울 근교의 묘지 후보지를 물색했으나 전쟁이 발발함에 따라 중단되었다. (2) 전쟁 발발 후 육군본부 인사국 주관으로 구성된 '묘지 후보지 답사반'이 1951년 9월 7~15일에 걸쳐 경상도 일원을 답사했고, 경주 형산강 지류인 북천 대안 일대를 후보지로 선정하여 설계와 공정표까지 마련했다. 그러나 지역적 편재(偏在)나 침수 우려 등이 군 고위층으로부터 제기됨에 따라 묘지 추진 자체를 중단하게 되었다. (3) 1952년 5월 6일 국방부 국장회의에서 육군묘지보다는 3군 종합 묘지를 국방부 제1국 상전과 주관으로 설치하기로 하고, 이 묘지의 명칭을 '국군묘지'로 결정했다. (4) 1952년 5월 20일 국방부는 남한의 중심 위치, 교통이 편리한 곳(철도편이 있고 연선에서 10㎞를 초과하지 않는 곳), 면적은 최저 10만 평 이상(5만 명 안장 기준), 국유지 우선, 부락이 없는 곳 등 묘지 선정 기준들을 결정했다. 그 직후 '3군 합동 답사반'을 구성하고 5월 26일에는 각군 본부에 답사계획을 전달했다. (5) 1952년 6월부터 1953년 9월까지 아홉 차례의 답사를 실시했는데, 세 번째 답사인 1952년 11월부터는 모두 서울 일원을 탐색했다. 1952년 11월 3일에는 군묘지설치위원회가 구성되었다. (6) 1953년 9월 29일 대통령의 재가를 받아 서울 동작동을 국군묘지 부지로 최종 선정했다. 이 사실이 국무회의를 통해 공식적으로 결정된 때는 1953년 10월 2일이었다.[1] (7) 1954년 3월 1일부터 선정된 부지에 대한 정지공사를 시작하여 약 3년 동안 묘역 238,017㎡를 조성했다. 1955년 7월 15일에는 국군묘지 업무를 관장할 국군묘지관리소가 발족되었다.[2]

---

1) 『동아일보』, 1962.6.6, 3면의 「국군묘지의 연혁」 참조.

2) 국립묘지관리소, 『민족의 얼』, 13-18쪽; 국립서울현충원 홈페이지(www.snmb.mil.kr)의 '현충원 소개' 중 '현충원 역사' 참조(2015.10.21 검색).

국군묘지 후보지가 사실상 결정된 1953년 9월부터는 이승만 대통령도 직접 나섰다. 이번엔 대통령의 행보를 중심으로 국립묘지의 탄생 과정을 재구성해보자. (1) 1953년 9월 18일에 이 대통령은 테일러 미8군사령관을 대동하고 국군묘지 장소를 물색하기 위해 교외 시찰에 나섰다.[3] (2) 그는 약 열흘후 확정된 국군묘지 부지를 재가했다. (3) 1953년 10월 16일 국방부 주최로 서울운동장에서 열린 제3차 3군 전몰장병 합동추도식에서 이 대통령은 추도사를 통해 "3군 합동묘지" 건립을 국민들에게 처음 공개적으로 약속했다. "나라를 위해 목숨을 바친 그들의 희생으로 오늘의 우리 겨레에 영광이 있을 것이다. 군관민이 협력하여 가신 영령을 위로하고 유가족을 위로해야 할 것이다. 한강 밖 좋은 자리에 식목을 하고 3군 합동묘지를 만들 것이다."[4] (4) 1954년 11월에는 한창 공사 중인 국군묘지를 직접 방문하여 시찰했고, 그때 자신의 친필로 만들어진 무명용사비도 찾았다. 그는 "이미 완성된 용사의 문을 통과하여 1만 8천여 평이나 되는 광장에 있는 무명용사기념비를 돌아보았다."[5] (5) 국군묘지가 정식으로 창설되기 3개월가량 전인 1955년 4월 22일 대통령이 참가한 가운데 (현충일 제정 이전의 마지막 합동추도식이었던) 제4차 3군 전몰장병 합동추도식이 처음으로 국군묘지에서 거행되었다. 말하자면 국군묘지를 전사자와 그 유족들에게 헌정하는 자리였고, 자신이 1년 6개월 전의 3차 합동추도식에서 했던 약속을 이행했음을 국민들에게 보고하는 자리이기도 했다.

국군묘지가 들어선 자리는 조선조 11대 중종의 후궁이자 14대 선조의 조

---

3) 『동아일보』, 1953.9.20.

4) 『자유신문』, 1953.10.17; 『경향신문』, 1954.10.17.

5) 『경향신문』, 1954.11.13.

모(祖母)였던 '창빈(昌嬪) 안씨(安氏)'의 무덤이 있던 곳이었다. 창빈 안씨는 1549년에 사망하여 경기도 양주군 장흥에 묻혔으나 이듬해인 1550년에 현재의 장소로 이장하게 되었다. 1577년에는 선조에 의해 '창빈'으로 추존되고 묘의 명칭도 '능'(동작릉)으로 격상되었다. 인근의 화장사(오늘날의 호국지장사)는 창빈 안씨를 추모하는 원찰(願刹)로 지정되었다.[6] 해방 후에 새로이 창출된 독립과 반공의 최고 성지들이 하나같이 전근대적인 왕조 시대의 무덤이나 제사 장소와 연속성을 갖는다는 건 아이러니한 일이다. 독립운동의 성지로 창출된 효창원은 조선조 22대 정조의 맏아들인 문효세자(文孝世子)의 묘였다. 해방 후 창출된 반공 성지 중 장충사는 대한제국의 제사 장소인 장충단에, 국군묘지는 동작릉에 자리를 잡았다.

그렇다고 과거에 대한 향수가 동작릉 터를 국군묘지로 정하도록 이끈 힘은 아니었을 것이다. 그보다는 1952년 5월 20일 국방부가 정한 묘지 선정 기준 중 '국유지 우선'이라는 요건, 즉 "국유지를 우선적으로 선정하되 부득이한 경우에만 민유지로 할 것"이라는 단서에 주목할 필요가 있다고 생각한다. 동작릉 터가 서울시 경계 안에 있으면서도 10만 평 이상이라는 기준을 충족시키는 '대규모 국유지'로 남아 있었으므로,[7] 정부로선 비용을 대폭 절감하면서 번거로운 토지매입 절차 없이 신속하게 조성공사에 착수할 수 있다는 이점을 우선 고려했을 것이다. 물론 이곳은 '남한의 중심 위치'인데다 교통이 편리한 입지이기도 했다. 더구나 앞서 말한 대로 이 장소는 1950년 서울수복 즈음에 조성된 '임시 해병대묘지'가 이미 자리 잡고 있던 곳이기도 했다. 무

---

6) 국립묘지관리소, 『민족의 얼』, 118~122쪽; 국립서울현충원, 『민족의 얼』(제8집), 233쪽; 이정훈, 「1평 채명신 묘가 80평 YS·DJ 묘보다 길지?」, 380~382쪽.

7) 이정훈, 「1평 채명신 묘가 80평 YS·DJ 묘보다 길지?」, 390쪽.

명용사들이 안장되어 있던 기존의 소규모 국군묘지 터를 확장하여 대규모 국립 국군묘지로 발전시킨다는 상징적 연속성도 감안했을 것이다.

43만여 평 규모의 국군묘지는 관악산 줄기인 공작봉(화장산)을 등에 지고 앞으로는 굽이쳐 도는 한강을 내려다보는 위치에 자리했다. 이 땅은 "조선조 단종에게 충절을 바쳤던 사육신(死六臣)의 제사를 모시던 육신사(六臣祠)가 있던 곳"이기도 했다.[8] 이처럼 국군묘지의 터 선정에는 풍수지리 차원의 고려, 그와 동시에 육신사로 대표되는 '국가에 대한 충성(忠誠)과 충절(忠節)'의 상징성도 아울러 고려되었을 것이다.

이승만 정부는 1954년 3·1절을 기해 국군묘지 조성을 위한 시설공사에 착수했다. 당시 육군 공병부대 2개 중대가 동원되었다. 이 공사에는 3년에 걸쳐 5억 1,400만여 환이 소요되었다. 3년간의 토목공사가 끝난 후에도 약 2억 환이 추가로 투입되었다.[9] 1954년 10월 말에 '무명용사비'와 '무명용사문'이 먼저 완성되었다. 국군묘지의 초기 역사에서 가장 극적인 일들은 '국군묘지 헌정식'이라고도 볼 수 있었던 1955년 4월 22일의 제4차 3군 전몰장병 합동 추도식, 그리고 1956년 1월에 있었던 최초의 전사자 안장 행사, 같은 해 6월의 제1회 현충일 행사 등이었다.

안장의례 직전에 무작위로 대표 무명용사를 선정하는 과정을 포함하여, 1956년 1월 16일에 거행된 '대표 무명용사 안장식'은 1920년 11월 11일에 있었던, 영국 런던의 웨스트민스터대성당 화이트홀에 마련된 무명용사묘의 안장의례와, 그리고 1921년 11월 11일 미국 알링턴국립묘지에 마련된 무명용

---

8) 조현범, 「현대 한국의 국가의례에 대한 시론적 연구」, 『종교연구』 19집, 2000, 231쪽.

9) 『동아일보』, 1962.6.6, 3면의 「국군묘지의 연혁」 기사.

사묘의 안장의례와 많이 닮았다.[10] 훨씬 더 화려하고 성대한 스펙터클을 만들어낸 웨스트민스터대성당 의례에 비해선 국군묘지 의례가 한결 소박해보이지만 말이다. 공식적인 기록을 확인할 수는 없으나, 필자는 한국 정부가 영국이나 미국 사례를 의도적으로 참조했을 가능성이 많다고 판단한다. 다음은 1956년 1월 16일의 국군묘지 대표 무명용사 안장식에 이르는 과정이다.

1954.10.31 무명용사비가 건립됨에 따라 구국전선에서 산화한 국군 장병 및 종군자로서 그 신분을 알 수 없는 영현 중 1위를 선정하여 무명용사 묘(무명용사비 뒤쪽 석함)에 안장하여 전몰용사 전체를 상징케 하고 그 생전의 위훈을 추모하여 영면을 기원함과 아울러 영현에 대한 일반 국민들의 인식을 새롭게 하고자 하였다. 그러나 대표 무명용사를 어떻게 선정할 것인가가 문제였던바 이에 대하여 당시 각 군으로부터 여러 가지 안이 있었으나 최종적으로 결정된 안은 연합군과 공산군 간의 쌍방 시체 교환 시에 인수된 영현으로 일본 고꾸라 미 극동군사령부에서 확인한 결과 한국군으로 확인되어 한국으로 봉송된 신분을 알 수 없는 영현 1,000주 중 1주를 육군 병참감이 임의로 선택토록 하는 것이었다. 이와 같이 하여 1956.1.14 대표 무명용사 영현 1주가 선정되자 1956.1.16 오전 10시를 기하여 역사적인 무명용사 안장식이 거행되었다. 이 안장식은 대통령 이하 정부 각계 요인, 그리고 일반 시민 다수가 참석한 가운데 조포와 영현들의 영면을 기원하는 구슬픈 진혼 나팔소리 속에 진행되었는데, 이 안장이 국

10) 이영자·이효재, 「외국의 국립묘지」, 30-31쪽(1920년 11월 11일 웨스트민스터성당 무명용사 안장식); 하상복, 『죽은 자의 정치학』, 6, 306쪽(1921년 11월 11일 알링턴국립묘지 무명용사 안장식) 참조.

립묘지 최초의 안장이었다.[11]

다시 국군묘지의 형성 과정으로 눈을 돌려보면, 1955년 7월에는 봉안관 (奉安館), 1958년 6월에는 분수대, 1961년 12월에는 전쟁기념관, 1962년 8월에는 묘역 전체를 감싸는 돌담 공사가 각각 완료되었다. 1955년에는 함태영 부통령 등이 참석한 가운데 그들의 전사일인 5월 4일에 맞춰 '육탄10용사 현충비'가 국군묘지 입구에 가까운 흑석동 한강변에서 제막되었다. 이 비는 국방부의 지원까지 받아 '10용사 현충비 건립준비위원회'에 의해 건립되었고, 1978년 5월 4일 국립묘지 내부로 이설(移設)되었다.[12] 국군묘지의 조성 및 발전 과정은 〈표 12-1〉에 요약되어 있다.

〈표 12-1〉 동작동 국군묘지의 형성 과정: 1954~1962년[13]

구분	주요 변화
1954.3.1	국군묘지 착공
1954.10.30	무명용사비(무명용사탑) 및 무명용사문 건립
1955.6.30	국군묘지관리사무소 건물 건립
1955.7.15	국군묘지관리소 창설(국방부 일반명령 제218호)
1955.7.20	봉안관 건립
1956.1.16	무명용사 1인 최초 안장
1956.4.13	국군묘지 설치법령인 군묘지령(대통령령 제1144호) 제정
1956.4.19	현충일 제정(대통령령 1145호)

11) 국립묘지관리소, 『민족의 얼』, 154쪽.

12) 『경향신문』, 1955.4.6; 『동아일보』, 1955.5.16; 국립묘지관리소, 『민족의 얼』, 83쪽.

13) 국립묘지관리소, 『민족의 얼』, 23~24, 28, 66쪽; 국립서울현충원, 『민족의 얼』(제8집), 26쪽; 국립서울현충원 홈페이지(www.snmb.mil.kr)의 '우리원 소개' 중 '연혁'과 '현충원 둘러보기' 참조(2016.1.11 검색); 차성환, 『참전기념물조형물 도감』, 34~45쪽.

1957.4.2	신분 확인 용사(유명용사) 192명 최초 안장
1958.3.21	각 시·도별 공원 설치
1958.6.30	분수대 건립
1960.11.14	충무정(육각정) 및 안내실 건립
1961.10.26	무명용사문 입구 좌우측에 호상(虎像) 건립
1961.12.5	전쟁기념관 개관
1962.5.10	합동의장대 창설
1962.8.31	외곽 돌담(성벽) 설치 완료
1962.12.1	새로운 봉안관 건립

국군묘지의 조성에는 전통적인 유교적 제향 공간 배치나 불교적 가람 배치 양식도 참조되었던 것으로 보인다. 현재도 동작동 국립현충원은 제향 공간인 현충탑으로 들어가는 현충문을 포함하여 정문 – 분수대 – 광장 – 현충문 (무명용사문) – 현충탑(무명용사탑)이 일직선 구조를 이루고 있다.[14] 이는 불교의 일주문 – 천왕문/불이문 – 본전(대웅전)의 공간구조와도 유사하다. 외삼문 – 내삼문 – 본전(대성전)에 이르는 전통 향교의 공간 배치 역시 그러하다. 다카하시 히데토시가 야스쿠니신사를 분석하면서 정확히 지적했듯이, "종교 건조물과 기념비의 결합은 유럽 전역에서 발견된다. 애초에 종교에 의한 시공간 형성과 사자 관리의 기능을 국민적 기념비가 이어받고 있으므로, 종교 자체가 국민 형성이라는 목적에 차질을 초래하지 않는 한 그러한 결합은 전혀 모순되지 않는다."[15] 유교식 사당 구조는 충렬사, 현충사 등 민족적 영웅을

---

14) 한국에서 두 번째 국립묘지로 1985년에 완성된 현재의 국립대전현충원도 서울 국립묘지와 거의 동일한 구성, 즉 "홍살문 – 호국분수탑 – 현충광장 – 현충문 – 현충탑"의 구조를 이루고 있다. 유일한 차이는 정문이 일직선상이 아닌 다른 방향에 배치되었다는 것인데, 그 때문에 대전 국립묘지에는 정문을 대신하여 홍살문이 배치되었다.

15) 다카하시 히데토시, 「'야스쿠니'와 '히로시마'」, 전진성·이재원 편, 『기억과 전쟁: 미화와 추모 사이에서』, 휴머니스트, 2009, 290쪽.

기리는 기념건축물 조성에서도 여러 차례 적용되었다.

김종엽은 풍수지리적 차원에 대한 강조를 들어 국립묘지가 "장소 선택이라는 측면에서는 지극히 전통적인 사고에 입각"했음을 강조한 바 있다.[16] 그런데 '장소 선택' 측면뿐 아니라 국립묘지의 '내부 공간구조의 구성과 배치' 측면에서도 전통적인 색채가 물씬 풍겨나는 것이다. 그뿐만 아니라 "충신과 효자는 호랑이가 지켜준다는 전설과 같이 국가와 민족을 위해 자신의 고귀한 생명을 바친 호국 영현들을 두 마리의 호랑이가 지켜줄 것을 기원하는 뜻에서" 1961년 10월 무명용사문 입구 좌우에 각각 호상(虎像)을 세운 것, 1954년 건립 당시 "민족 고유의 전통을 상징하는 어떠한 특색도 갖추지 못했던" 무명용사문을 "고려 말과 이조 초기의 사당, 정전, 극락전 등에 많이 쓰이는 문의 모양을 모방하여" 1963년 10월에 개수했던 것, 1969년 4월 준공된 현충문에 "고려 말기와 이조 초기의 사당전과 극락전을 본딴 순 한국식" 건축양식을 도입한 것 등은 전통적인 요소들을 의도적으로 도입하려는 노력의 산물이다. 1969년 현충탑을 건립할 때 탑의 좌측에는 한국전쟁, 4·19혁명, 5·16쿠데타, 조국건설·영광·애도를 상징하는 조각을, 우측에는 항일운동과 광복을 상징하는 조각을 부조해 넣은 석벽을 함께 설치했는데, 이 석벽은 "제사를 지낼 때 사용하는 병풍의 역할"을 하도록 고안되었다. 현충탑 내부 위패봉안관의 모서리에도 "수호신상인 천신, 지신, 해신, 산신, 목신, 화신을 세워 6방위에서 호국영령을 수호하는 의미"를 담았다고 한다.[17]

---

16) 김종엽, 「기념의 정치학: 동작동 국립묘지의 형성과 그 문화·정치적 의미」, 『인문과학』 86집, 2004, 25~26쪽.

17) 국립묘지관리소, 『민족의 얼』, 60, 65~67쪽; 국립서울현충원, 『민족의 얼』(제8집), 186쪽.

2. 동작동 국립묘지의 기원과 성격

이렇게 탄생한 동작동 국군묘지의 성격을 어떻게 규정할 수 있을까? 무엇보다, 이 묘지의 경관에 가장 큰 영향을 준 요인은 무엇이었을까? 이 묘지의 설계자와 기획자들은 어떤 묘지를 모델 혹은 모범으로 삼았을까? 기존의 군이나 국립현충원 측 문헌들은 묘지 선정을 위한 여러 기준들에 대해 정보를 제공하고 있고, 부지 선정을 위한 풍수지리적 고려에 대해서까지 세세하게 언급한다. 그럼에도 정작 동작동 묘지가 주로 영향을 받거나 모델로 삼은 묘지가 무엇인지에 대해선 아무런 언급도 하지 않는다.

필자가 보기엔 이와 관련된 학계의 논의도 전혀 명료치가 않다. 오히려 부분적으로는 혼란을 가중시키는 측면마저 발견된다. 이 문제를 처음 다룬 이는 김종엽인데, 1999년에 발표한 "동작동 국립묘지의 형성과 그 정치·문화적 의미"라는 논문에서였다. 그는 동작동 묘지가 '공원묘지' 형태를 취했다는 점에 유념하면서, 그리고 이승만 대통령의 국립묘지 안장을 다룬 1967년 7월 27일 자 『조선일보』 기사에 기대면서, 미국의 알링턴국립묘지가 동작동 묘지의 모델로 기능했을 것으로 추측했다. "이승만 씨가 동작동 국립묘지 형성에 깊이 관여했으며, 미국 생활문화에 익숙한 그가 워싱턴D.C.의 앨링턴국립묘지를 염두에 두었던 것이라면, 동작동 국립묘지는 공원묘지 형태를 취하고 있는 미국의 앨링턴국립묘지를 모델로 했다고 볼 수 있다."라고 김종엽은 말했다. 위에 언급한 『조선일보』 기사에는 "6·25 수복 후 전장의 이슬로 사라진 국군 장병의 영혼을 달래줄 성역으로서 워싱턴의 알링턴국립묘지와 같은 것이 있어야겠다고 주장한 것은 당시 이 대통령이었다."라고 언급되어 있

알링턴국립묘지 풍경

었다.[18] 김종엽은 "무덤의 불평등"이라는 절을 별도로 할애하여 동작동 국립 묘지를 지배하는 불평등을 세세하게 다룸으로써, 알링턴 묘지와 동작동 묘지의 차이를 드러내고 있기도 하다.

한편 2005년 6월 발표된 "국민국가의 신성성과 '죽은 자 모시기': 국립 묘지의 조성과 유지를 중심으로"라는 논문에서 정호기는 김종엽의 주장을 수용하면서 보충함으로써 '알링턴국립묘지 모델 가설'에 힘을 보탰다. 그는 "한국전쟁 당시 남한의 가장 큰 후원국이 미국이었고, 오랫동안 미국에서 생활했던 이승만의 경험 등으로 국군묘지의 모델이 된 것은 워싱턴

---

18) 김종엽, 「기념의 정치학」, 20, 24쪽: 김종엽, 「동작동 국립묘지의 형성과 그 정치·문화적 의미」, 김종엽 외, 『한국의 근대성과 전통의 변용』, 한국정신문화연구원, 1999.

부산 유·엔군묘지 풍경

(Washington) D.C.에 있는 알링턴국립묘지(Arlington National Cemetery)였다."라고 보다 단정적으로 서술했다. 아울러 그는 동작동 묘지의 '묘비 형태'에 주목하면서, 이를 알링턴 묘지의 영향을 보여주는 유력한 증거로 제시했다. 정호기는 동작동 국군묘지보다 4년 앞서 1951년에 조성된 부산 유엔군묘지와 워싱턴 알링턴국립묘지를 대비시키면서, 둘 모두 "서구적이고, 근대적 집단묘지라는 점에서 유사하지만 묘비의 형태가 달랐다."라는 점을 부각시켰다.

그에 의하면 "UN기념묘지의 묘비는 지상으로 드러나지 않은 수평형이었던 것에 비해, 알링턴국립묘지는 입석이었다. 국군묘지는 알링턴국립묘지의 묘비 형태를 따랐다."[19]

공원묘지라는 형태의 유사성, 이승만의 오랜 미국 체류 경험, 그리고 여기에 묘비 형태의 유사성까지 덧붙여진 것이다. 정호기는 동작동 묘지와 알링턴 묘지의 세 가지 차이에 대해서도 언급했다. 동작동 묘지에서는 (1) 장소 선정에서 풍수지리적 고려가 깊이 작용했던 점, (2) 묘비가 지표면 위에 돌출된 상석(床石) 위에 세워진 점, (3) 계급에 따라 공간 구획과 분묘·묘비 형태를 차별화했던 점이 그러하다는 것이다. 나아가 정호기는 동작동 묘지의 묘비가 상석 위에 세워진 것은 식민지 시대 일본 군묘지의 영향일 것으로 추정했다. "상석 위에 입석 묘비를 세웠던 점에서 보면, 1938년 5월 '육군묘지규칙'이 발표되기 이전에 적용된 '육군매장규칙'에 의해 건립된 일본 군인묘지의 묘비와 유사하다."라는 것이다.[20]

정호기의 논문이 발표된 직후인 2005년 9월에 한홍구는 『한겨레21』에 기고한 글(「국립묘지를 보면 숨이 막힌다」)에서 '알링턴국립묘지 모델 가설'을 '기정사실'로 만들어버렸다. 그는 최초 발화자에 대한 언급 없이 "한국의 국립묘지는 이승만 때 군인묘지로 출발했는데, 이승만은 미국의 알링턴국립묘지

---

19) 정호기, 「국민국가의 신성성과 '죽은 자 모시기'」, 225-226쪽. 동작동 국군묘지가 조성된 직후부터 미국 내의 군묘지들도 유엔군묘지처럼 '수평형 묘비' 방식으로 전환했다. "20세기 전반만 하더라도 미국의 공원묘지는 대부분 비석을 세운 형태였으나 1950년대 말 연방법을 개정하여 입석 묘비를 세울 수 없도록 규제"했다는 것이다(선진장묘시설 합동연수단, 『외국의 장묘시설 연수보고서』, 49쪽). 물론 1950년대의 새로운 법안보다 훨씬 이전에 조성된 알링턴국립묘지의 경우, 오늘날에도 대부분의 묘비들은 수직형의 '입석' 형태로 남아 있다.

20) 정호기, 「국민국가의 신성성과 '죽은 자 모시기'」, 226쪽.

를 모델로 국군묘지를 만들었다고 한다."라고 말한 후, 정호기와 마찬가지로 평등한 알링턴 묘지와 불평등한 동작동 묘지의 차이를 언급했다. 한홍구는 상석 위에 묘비를 세운 동작동 묘지 방식이 식민지 일본 군묘지의 영향일 것이라는 정호기의 주장도 반복했다. "우리 사회의 모든 부문에서 일제 잔재가 나타난다지만, 국립묘지 역시 예외는 아니다. 정호기 박사의 지적에 따르면 상석 위에 입석 묘비를 세운 국립묘지 방식은 1938년 5월 육군묘지규칙이 발표되기 이전에 적용된 육군매장규칙에 의해 건립된 일본 군인묘지의 묘비와 유사하다고 한다."[21] 한편 한홍구는 2009년 발간한 저서에 수록된 "화해할 수 없는 모순의 공간: 국립서울현충원"이라는 장(章)에서는 알링턴국립묘지나 상석 위의 묘비 방식에 대해 언급하지 않았다.[22]

동작동 국군묘지의 성격 형성에 영향을 미쳤을 가능성이 있는 요인들을 '외적 자극'과 '내적 압력'으로 일단 나눠볼 수 있다. 내적 압력은 한국인 대중의 요구, 특히 유가족들의 요구로 대표된다. 외적 자극 요인의 후보(候補)로는 위에서 언급된 세 가지, 즉 미국의 알링턴국립묘지, 1951년 유엔군사령부가 부산에 조성한 유엔군묘지, 그리고 식민지 시대의 일본 군묘지가 가장 유력하다. 이 가운데 유엔군묘지와 식민지 군묘지들은 '반쯤은 내부화된 묘지들'이라는 점에서 '외부와 내부의 경계'에 가까운 위치를 점한다고도 말할 수 있고, 바로 그 이유로 한국 군묘지 성격 형성에 더욱 강력한 영향력을 발휘했을 수 있다. 여기에다 미군정 당시 서울 용산에 소재했던 '미군묘지'를 추가할 수도 있을 것이나, 이 묘지에 대한 신뢰할 만한 정보가 부족하여 일단 제외한다.[23]

---

21) 한홍구, 「국립묘지를 보면 숨이 막힌다」, 『한겨레21』(온라인판), 2005.9.20.
22) 한홍구, 『한홍구와 함께 걷다』, 53~71쪽 참조.
23) 앞서 살펴본 대로 1938~1945년 사이 용산의 일본군 20사단사령부 구내에 자리 잡았던 육

필자가 보기에 '묘지의 전범(典範) 내지 기원 문제'나 '묘지 비교연구'의 문제의식을 일부라도 포함하는 동작동 국립묘지 관련 논의들에서 공통적으로 발견되는 중대한 맹점들도 있는 것 같다. 우선, 위에서 확인한 것처럼 기존 논의는 동작동 국군묘지의 모델이 미국 알링턴국립묘지라는 쪽으로 확연히 기울어 있다. 그러나 서구 묘지(알링턴묘지) 모델설의 취약점은 동작동 묘지 내부 불평등의 연원에 대해 제대로 설명하지 못한다는 것이다. 동작동 국군묘지가 알링턴국립묘지를 모델로 삼았다면, 왜 알링턴 묘지를 지배하는 '묘지의 평등주의'와 '죽음의 민주화' 정신은 외면했을까? 이 질문이 대답되지 않은 채 남아 있는 것이다.

기존 논의에서 발견되는 또 다른 맹점은 '역사적 변화의 관점'에 충실하지 못하다는 것이다. 이 논의들에서 외국의 국립묘지들과 비교되는 동작동 묘지의 시점(時點)은 대부분 '현재'에 머물러 있다. 그러나 1950~1960년대 동작동 묘지의 경관은 지금과 판이했다는 점이 강조되어야 한다. 대표적인 사례 네 가지만 지적해보자.

첫째, 논자들 모두가 동작동 묘지 내부의 불평등에 대해 비판적으로 언급한다. 그러나 1950년대의 묘지 불평등과 지금의 그것 사이에는 정도 면에서 큰 격차가 있음을 언급하는 이는 없다. 초기의 동작동 묘지에서 묘지 면적과

군묘지를 '재활용'한 것으로 보이는 용산 미군묘지에는 연례적인 미군 전몰장병추도일인 1946년 5월 50일의 추념식 당시 120명의 미군 전사자가 매장되어 있었다. 1938년 후 몇 차례 확장공사를 거쳤고 1946년 5월 추념식 참석자도 500여 명에 달했던 만큼 어느 정도의 규모를 갖추었을 것으로 판단되지만, 현재로선 이 묘지에 대한 정보가 거의 없어 비교 대상으로 삼기 어렵다. 더구나 이 묘지는 1949년 미군 철수와 함께 폐쇄되어 한국전쟁 당시에는 더 이상 존재하지도 않았을 것으로 추정된다. 만약 그렇다면 동작동 국군묘지에 의미 있는 영향을 미쳤을 가능성은 더욱 낮아진다. 당시 한국인들 중에 이 묘지의 존재를 알고 있던 사람도 극히 드물었을 것이다.

형태의 평등주의가 10년 이상 유지되었다는 사실에 대해선 아무도 말하지 않는다. 1950~1960년대에는 (묘역 구분이나 묘비 크기의 차별은 있었을지언정) 적어도 묘지 면적의 차별이나 묘지 형태의 차별은 존재하지 않았다. 따라서 봉분형 무덤을 전제로 한 묘두름돌이나 상석의 차별도 존재하지 않았다. 장군이든 사병이든 모두 '동일한 면적의 평평한 묘'에 누웠다. 작은 평장 무덤들의 거대한 물결 위에 섬처럼 소수의 중형 혹은 대형 봉분들이 솟아오른 오늘날의 동작동 묘지 풍경은 1970년대 이후에 비로소 형성되었다.

둘째, (그것이 알링턴국립묘지의 영향이든 부산 유엔군묘지의 영향이든) 서구식 묘지 양식의 영향을 그토록 강조하면서도, 그 영향을 시각적으로 가장 잘 보여주는 부분인 '평장'(平葬)에 대해선 아무도 언급하지 않는다. 봉분이 있는 무덤들과 없는 무덤들이 뒤섞인 오늘날의 동작동 묘지만을 바라보기 때문일 것이다. 그러나 1950년대의 동작동 묘지에는 오로지 평장 형태의 무덤만 존재했다. 봉분을 만들지 않고 평평하게 매장하는 양식이야말로 서구적 묘지 양식의 영향 말고는 설명하기 어려운 대목이다. 식민지 이전 시대의 묘지들은 말할 것도 없고, 1938년 이전에 조성된 일본의 군묘지들도 대부분 '봉분이 있는' 형태였다.

셋째, 부산 유엔군묘지와 워싱턴 알링턴국립묘지의 묘비 형태가 각각 수평형과 수직형으로 달랐으며, 따라서 수직형 묘비 형태를 취한 국군묘지는 알링턴국립묘지의 묘비 형태를 따랐다는 주장도 재고할 필요가 있다. 유엔군묘지가 문을 열던 1951년 당시의 사진들은 그리스도교 국가 출신 전사자들의 묘마다 수직형의 흰색 십자가 묘비가 세워져 있었음을 보여주기 때문이다.[24] 유엔군묘지 헌정 의례이기도 했던 1951년 4월 6일의 한미합동유엔군

---

24) 민주주의사회연구소 편, 『유엔기념공원과 부산: 국제평화도시의 환상을 넘어』, 선인, 2013,

전몰장병위령제를 보도한 『동아일보』 1951년 4월 8일 자 기사에는 "백색 목편(木片)으로 꾸며진 십자가가 세워진 묘"라는 표현이 등장한다. 이 표현은 설립 당시 유엔군묘지의 묘비가 '수직형의 목제 십자가 묘비'였음을 명확히 뒷받침해준다. 이 수직형 묘비가 현재와 같은 수평형 묘비로 바뀐 시점에 대해서는 논란의 여지가 있다. 우신구는 "유엔군사묘지 당시에는 미군묘지와 마찬가지로 십자형의 목제 묘비를 설치하였고, 터키는 터키 국기의 상징 형태를 딴 묘비를 설치하였으나, 1960년대 말에 종교적 상징성이 없는 와식(臥式) 형태로 변경 설치하였다."라면서, 수직형 묘비가 수평형으로 바뀐 시점이 "1960년대 말"이라고 서술한 바 있다.[25] 어쨌든 부산 유엔군묘지의 '현재' 묘비 형태도 '초기'와는 크게 다른 것이다.

넷째, 상석 위에 묘비를 세운 동작동 묘지 방식이 식민지 시대 일본 군묘지의 영향이라는 주장도 혼란을 가중시킬 소지가 있다. 국방부령 제31호로 1957년 5월 25일에 제정·시행된 '군묘지의 묘의 규격과 시설기준에 관한 건'을 보면, 제5조에 "묘에는 화강석비를 그 중앙에 설립하되 그 제식은 별지 제2호와 같다. 국방부 장관은 사정에 따라 전항의 비를 임시 목패로 할 수 있다."라고 되어 있었다. 이 국방부령이 1963년 2월 한 차례 개정되었고 1969년 10월에는 '군묘지의 묘의 규격과 시설기준에 관한 규정'으로 명칭이 바뀌었으나, 묘비에 관한 1957년의 내용은 '임시 목패(木牌)'가 '임시 목비(木碑)'로 변한 것을 제외하면 수정되지 않은 채 그대로 유지되었다.[26] 묘비를 화강석

74, 81, 190쪽 참조.

25) 우신구, 「유엔기념공원의 형성과정과 공간구조」, 190~191쪽.

26) 법제처 국가법령정보센터(www.law.go.kr)의 '군묘지의 묘의 규격과 시설기준에 관한 건'과 '군묘지의 묘의 규격과 시설기준에 관한 규정' 항목(2016.2.20 검색).

재질의 석비(石碑)로 제작해야 하나 임시적으로 목패나 목비를 사용할 수도 있다는 뜻이다. 안타깝게도 이 비의 규격이나 모양을 규정한 제식(製式)의 내용은 해당 그림들이 모두 '생략'으로 처리되어 있어 현재로선 확인하기 어렵다. 그러나 분명한 사실은 (장군 묘역의 묘비 등 극소수를 제외하면) 1950년대의 묘비는 거의 전부가 화강석 재질의 '석비'가 아닌, 나무로 만든 '목비'였다는 것이다. 기존의 목비들을 석비로 교체하는 '석비 건립사업'이 시작된 것은 5·16쿠데타 이후의 일이었다. 1961년 5월 당시 "하얀 묘비 사이엔 지금 해당화와 장미꽃이 함빡 피었다."라는 기사에서 보듯이, 목비는 흰색으로 채색되어 있었다.[27] 1963년 현충일 현재까지 전체의 4분의 1가량인 10,189주의 목비가 석비로 교체된 상태였고, 이 사업을 계속 추진하여 1965년까지는 완료할 예정이었다.[28] 목비에는 좌대(座臺)도 있을 리 없고, 따라서 좌대 위에 비신(碑身)을 올려놓는 일도 있을 리 없다. 묘비가 전부 나무로 되어 있었는데 무슨 상석과 석비를 논할 수 있겠으며, 일본 군묘지의 영향을 운위할 수 있겠는가?

더구나 1960년대 초반의 석비 건립사업으로 목비가 석비로 모두 교체된 뒤에도 장교 및 사병 묘역에 있는 석비의 좌대 부분은 모두 콘크리트로 되어 있었고, 그 좌대의 크기마저 작고 비좁아서 상석 기능을 하기 어려웠다. 따라서 1988년부터 1997년까지 10개년 계획으로 '석비 좌대 교체사업'이 추진되었다. 매년 5,400주씩 모두 54,000주를 "기존의 콘크리트 인조석 좌대를 영구히 보존되는 화강석 좌대로 교체함으로써 …… 화강석 좌대를 상석 겸용으로 가능토록 설치하여 유가족의 오랜 숙원을 해소코자 한다."(인용자의 강조)라

27) 『동아일보』, 1961.5.25.

28) 『경향신문』, 1963.6.5.

는 계획이었다.[29] 1988년 10월 27일 '국립묘지령 시행규칙'(국방부령 제396호) 을 개정할 당시에도 '개정 이유'를 "서울에 위치하는 국립묘지의 장교 및 사병의 묘비 좌대가 인조석으로 되어 있어 동파 및 해빙기 파손 등으로 보수비가 과다하게 소요될 뿐만 아니라 미관상 좋지 않으므로 이를 화강석으로 교체하도록 하려는 것임"이라고 밝히고 있다.[30] 국립대전현충원의 경우 처음부터 석비의 좌대를 상석 겸용의 화강석으로 만들었지만, 동작동 묘지의 경우 1988년 이전에는 묘지에 상석 자체가 사실상 없었던 것이다. 나중에라도 1957년 당시의 제식 내용이 확인되어, 애초 계획이 상석으로 쓸 수 있을 정도의 넓이를 갖춘 좌대 위에 화강암 비석을 세우는 방식이었음이 입증될 수도 있을 것이다. 그러나 설사 그 경우에라도 '목비' → '폭이 좁은 콘크리트 좌대 위에 세운 석비' → '상석 겸용이 가능한 화강석 좌대 위에 세운 석비'에 이르기까지 30년 이상에 걸친 '우회(迂廻)의 시간'이 응당하게 고려되지 못했음은 여전히 문제로 남는다.

정리하자면, 동작동 국군묘지가 묘지 형태를 평장으로 한 것 그리고 공원묘지를 지향한 것 등 두 가지는 분명 서구식 묘지 양식의 영향을 보여주는 요소라고 판단된다. 이 경우에도 필자는 알링턴국립묘지보다는, 부산을 대한민국의 임시수도로 삼던 시절에 만들어진 유엔군묘지가 더 생생하고도 강렬한 모델로 작용하지 않았을까 생각한다. 동작동 묘지가 서구식 묘지 양식의 영향으로 만들어졌다는 전제를 바탕으로, 묘비 모양이 유엔군묘지와 같은 수평형이 아닌 수직형이었던 점이 알링턴국립묘지의 영향 때문이라고 주장하는 데도 동의하기 어렵다. 앞서 지적한 바처럼 유엔군묘지의 묘비 역시 초

---

29) 국립묘지관리소, 『민족의 얼』, 300~301쪽.

30) 법제처 국가법령정보센터(www.law.go.kr)의 '국립묘지령 시행규칙' 항목(2016.2.20 검색).

기엔 수직형이었기 때문이다. 나아가 수직형 묘비는 식민지 이전 시대의 전통적인 묘비 양식이나, 식민지 시대의 일본 군묘지 묘표(墓表) 양식을 따른 것일 수도 있다.

기존 견해는 동작동 묘지의 모델로 알링턴국립묘지를 지목하지만 필자의 견해는 이와 다르다. 전체적으로 평가하자면 필자는 알링턴국립묘지, 부산 유엔군묘지, 일본 군묘지 중 동작동 국군묘지의 성격 형성에 가장 큰 영향을 미친 것은 식민지 시대의 일본식 군묘지였다고 본다. 서구적 묘지 양식의 영향도 명확히 확인되지만, 일본식 군묘지의 영향이 더욱 광범위했고 또 중요했다는 것이다. 민둥산에 조성되어 아직 공원묘지의 느낌을 주지 못하던 1950년대와 1960년대 초의 동작동 국군묘지는 식민지 시기, 특히 1938년 이전에 조성된 일본식 군묘지의 경관과 매우 흡사했다. 동작동 묘지는 마치 '구식 일본 군묘지의 확대판'과도 같았다.

다음의 일곱 가지가 동작동 묘지와 구(舊) 일본 군묘지의 유사점으로 제시될 수 있다. 첫째, 묘역을 분할하는 기준이 동일했다. 다시 말해 동작동 묘지의 묘역 구분 방식은 알링턴국립묘지처럼 '전쟁', 즉 전사자들이 참전한 전쟁 혹은 전투 단위로 나뉘는 게 아니라, 구 일본 군묘지처럼 '계급·신분'의 차이에 따른 구획이었다. 둘째, 묘비를 포함한 묘표의 '크기'도 계급에 따라 차등을 두었다. 셋째, 묘의 '면적'은 계급과 상관없이 동일했다. 넷째, (봉분이든 평장이든) 묘의 '형태 혹은 모양'도 계급과 상관없이 동일했다. 다섯째, 묘표는 수평형(와식)이 아닌 '수직형'이었다. 여섯째, 합장(合葬) 방식이 아닌 '1인 1묘' 방식이었다. 일곱째, 전사자들의 유골은 납골당이나 탑에 납골되지 않고 모두 땅에 '매장'되었다.

물론 동작동 묘지와 구 일본 군묘지 사이의 차이점도 있었다. 반복을 무릅쓰고 이를 세 가지로 정리할 수 있겠다. 첫째, 무덤 형태의 차이로서 구 일본 군묘지는 대부분 평장이 아닌, 봉분이 있는 무덤의 집합이었다. 둘째, 구 일본 군묘지는 화장한 유골만을 매장했던 데 비해 동작동 묘지는 유골 매장과 시체 매장 모두를 허용했다.[31] 셋째, 동작동 묘지는 대규모였고 공원묘지를 지향했던 데 비해 구 일본 군묘지는 대규모 묘지가 드물었고 공원묘지를 지향했는지도 불분명하다. 전국에 산재한 중소 규모의 일본 군묘지들과는 대조적으로, 한국에서는 수도(首都)에 소재한 단일한 대규모 국립묘지 체제를 지향했다.

동작동 묘지와 구 일본 군묘지 사이의 차이보다는 유사성이 훨씬 중요하다고 필자는 생각한다. 양자 간의 차이는 묘지 경관과 관련된 비교적 사소한 것들이지만, 유사성은 묘지의 기본 성격과 직결되어 있다. 필자는 위에서 서구 묘지 모델설의 심각한 취약점으로 동작동 묘지에 자리 잡은 불평등과 차별의 연원에 대해 제대로 설명하지 못함을 지적했다. 그런데 1950~1960년대 동작동 묘지에서 평등주의가 배분되거나 관철되는 양상, 곧 (1) '묘의 면적' 및 '묘의 형태'에서의 평등 원칙, 그리고 (2) '묘역 구분' 및 '묘표 크기'에서의 불평등 원칙은 1938년 이전 일본 군묘지의 그것과 정확하게 일치한다. 초기 동작동 묘지 내부를 지배한 불평등·차별의 기원 혹은 모델은 다름 아닌 '1938년 이전 일본 군묘지'(구 일본 군묘지)였던 것이다. 이런 서술이 타당하다

---

31) 여기서 유골 매장은 전사자 유골을 도자기에 담아 땅에 묻는 것으로, 따라서 이 묘는 일종의 '납골묘지'가 된다. 시체 매장은 '토장'(土葬) 즉 시신을 목제(木製) 관에 넣어 땅에 묻는 것이다. 1957년 5월 25일 제정된 '군묘지의 묘의 규격과 시설기준에 관한 건'(국방부령 제31호)의 제4조에서는 "유골 및 시체는 입관(入棺) 매장"하되, "관은 유골의 경우에는 도자기로 하고, 시체의 경우에는 목제로" 하도록 했다. 이 국방부령의 '별지 제1호'에서는 유골을 담은 도자기를 '유골관'으로, 시체를 담은 목제 관을 '시체관'으로 부르고 있다. 법제처 국가법령정보센터(www.law.go.kr)의 '군묘지의 묘의 규격과 시설기준에 관한 건' 항목(2016.2.20 검색).

면, 이승만 대통령이 미국을 바라보면서 공원묘지라는 큰 아이디어를 제공했을지는 몰라도, 동작동 국군묘지의 내부구조와 디테일을 실제로 설계한 이들은 제국주의 일본이나 식민지 조선을 우선 쳐다보고 있었다고 말할 수 있을 것이다.

앞 장에서 서술한 바와 같이 1871년에 처음 등장한 일본 군묘지의 역사는 1938년을 기점으로 완전히 달라진다. 묘지 내부에 평등성과 불평등성이 혼재하던 1938년 이전의 군묘지들은 1897년에 제정된 '육군매장규칙'의 산물이었다. 반면에 1938년에 '육군매장규칙'을 대신하여 '육군묘지규칙'을 제정한 일은 기존의 불평등과 차별을 군묘지에서 일소했다는 점에서 획기적이고 역사적인 사건이었다. 이때부터 묘역과 묘표에서의 차별은 철폐되었다. 1938년 이후 일본도 서구 국가들을 모방하여 묘역 구분의 기준을 '계급'이 아니라 '전쟁'으로 전환했다. 그뿐만 아니라 전쟁·전투 단위의 묘역 구분은 같은 전쟁터에서 함께 피를 흘리고 고락을 같이한 전우(戰友)라는 의식을 고양시킴으로써 전사자들의 평등주의를 확산시키는 경향이 강하다. 아울러 1938년부터 종전의 '1인 1묘' 방식 대신 합장(合葬) 방식으로 전환함과 동시에, 종전의 유골함 매장 방식을 납골탑 안치 방식으로 전환했다. 이 경우 비(碑) 형태인 묘표의 존재 자체가 아예 사라지므로 거기에 부수되던 불평등도 동시에 소멸한다. 따라서 근대적 평등주의 가치의 구현 정도를 중심으로 보면, 일본 군묘지의 역사를 (1) 근대적 군묘지의 부재로 특징지어지는 1871년 이전의 '전근대'(前近代), (2) 평등주의와 불평등주의가 공존하던 1871~1937년의 '반근대'(半近代), (3) 평등주의 원리가 전면적으로 관철된 1938년 이후의 '근대'(近代)라는 세 시기로 구분할 수 있다.

1938년 이후의 일본 군묘지를 '신(新)묘지'로, 1938년 이전의 일본 군묘지를 '구(舊)묘지'라고 지칭해보자. 일본 군묘지를 모델로 삼았던 국군묘지의 설계자들은 왜 보다 완전한 근대성—즉 평등주의적인 근대—을 상징하는 신묘지가 아니라, 불완전한 근대성 곧 '평등주의와 불평등주의가 혼재하는 절반의 근대'를 상징하는 구묘지를 선택 혹은 선호했을까? 현 시점에서 이 질문에 답하는 것은 거의 불가능해 보인다. 다만 필자는 일본군 참여 경력을 지닌 한국군 지도자들에게는 1938년 이전의 군묘지들이 더욱 친숙했을 가능성이 높다고 생각한다. 전사자 유골을 납골한 충령탑은 주거지 인근의 민간인 구역에 주로 건립되었지만 군묘지는 군부대 인근이나 영내(營內)에 조성되었다. 따라서 일본군에 몸담았던 조선인들에게는 충령탑보다는 육군묘지나 해군묘지가 더 익숙했을 것이다. 또 신묘지는 1938~1945년의 매우 짧은 기간만 존속했으므로 이를 경험한 조선인 군인·군속의 숫자 자체가 많지 않았을 것이다. 더구나 평등주의적인 육군묘지규칙은 신묘지들에만 적용되었다. 1938년 이후에도 구묘지들을 평등주의적으로 개조하는 등의 일은 전혀 발생하지 않았다. 따라서 다수의 구묘지들은 불평등 요소들을 그대로 간직한 채 1938년 이후에도 의연히 존속하고 있었다. 바로 이런 상황들이 한때 일본군에 속했던 한국군 지도자들에게 구묘지가 더욱 친숙하게 느껴지도록 만들었을 수 있다는 것이다.

필자가 보기에 구묘지 방식을 선택한 가장 중요한 이유는 앞서 말한 '내적 압력'이었다. 장묘문화와 관련된 유가족과 대중의 선호 말이다. 구묘지가 화장한 전사자 유골을 용기에 담아 개별적으로 '매장'하는 방식이었다면, 신묘지는 기본적으로 불교식 '합장묘탑'에 가까웠다. 전쟁 단위로 합장묘탑을 건립하고, 거기에 여러 명의 전사자 유골을 함께 납골하는 방식이었다. 그러나 오랫동안 한국인들에게는 시신의 화장 자체가 경원시되었을 뿐 아니라, 사찰 납골당이나 납골탑에 유골을 안치하는 방식은 승려 등 불교 전문가, 혹은 무연고자나 묘를 관리해줄 자식이 없는 불행한 사람의 선택으로 간주되었다. 일본의 화장 중심 장묘문화와 불교식 납골문화에 기초한 신묘지 방식이 유교적 매장문화에 익숙한 한국인들에게 선호되는 선택이 되기는 어려웠을 것이다. 신묘지와 구묘지 가운데 한국인들의 유교식 매장문화와 좀 더 가까운 것은 명백히 구묘지였다.

현재의 동작동 국립묘지는 시신 혹은 유골이 매장된 묘, 신원이 확인되지 않은 전사자의 유골만 안치한 납골당, 전사한 사실은 확인되지만 유골조차 수습하지 못한 이들의 위패를 안치한 위패봉안관 등 '삼원적(三元的)인 전사자 거처 시스템'을 구비하고 있다. 그러나 초기 동작동 묘지에서는 매장이 원칙이었다. 따라서 당시는 '일원적 전사자 거처 시스템'이었던 셈이다. 전쟁이 끝난 후 사망한 이들의 시체는 물론이고, 신원이 확인되지 않는 전사자 유골도 모두 일단 기존 묘역에 매장했다. 무명용사비에 안치된 '대표 무명용사' 한 명만이 유일한 예외였다. 매장된 유골을 다시 수습하여 납골시설에 안치하기 시작한 것은 동작동 묘지에 납골당(봉안실)과 위패실(위패봉안관)을 함께 갖춘 현충탑이 완공된 1967년 이후의 일이었다. 앞서 적었듯이, 1954년의 연합군 – 공산군 간 시신교환 후 한국군으로 확인되었지만 신원을 알 수 없는 1,000명의 유골 중 한 명을 '대표 무명용사'로 선정하여 1956년 1월 16일 무명용사비 뒤쪽의 납골용 석함에 안장했다. 이것이 국군묘지 최초의 전사자 안장이었다. 나머지 999명의 유골은 5개 묘역에 나눠 매장했다가, 현충탑이 지어진 후인 1968년 4월 유골을 수습하여 현충탑 하부의 납골당에 안치했다. 비슷한 시기에 서쪽 1번 묘역에 매장되어 있던 신원 불명인 학도의용군 48명의 유골도 수습하여 학도의용군 무명용사탑의 납골용 석함에 안치했다.[32] 1957년 7월 동작동 국군묘지 안에 '봉안관'이 건립되었으나 이 건물은 "영현

---

32) 국립묘지관리소, 『민족의 얼』, 72, 154~155쪽.

을 안장할 때까지 봉안"하는 기능을 지닌, 납골당이 아닌 유해 임시안치소에 불과했다.[33] 1963년 2월 15일에 제정된 '군묘지 운영관리 규정'(국방부령 제71호)의 "제9조(봉안관 안치)"에서도 "묘지에 봉송하는 영현은 …… 안장될 때까지 봉안관에 안치한다."라고 명시하여, 봉안관이 묘지에 매장하기까지 일시적으로 유해를 보관하는 용도임을 분명히 한 바 있다.[34]

전쟁 전의 국립납골묘였던 장충사 방식이 종전(終戰) 후 다시 시도되지 않은 것도, 일본 군묘지를 모방하되 신묘지가 아닌 구묘지를 모델로 삼은 것도 유가족들과 대중의 유교식 매장문화 선호 때문이었다고 결론지을 수 있을 것이다. 한국전쟁 과정에서 전사자 시신은 화장하는 게 원칙이었고, 그런 면에서 화장은 전쟁 기간 중 당연시되었다. 부대에서 시신을 화장한 후 이송하거나, 일단 가매장했다 나중에 발굴 후 화장하여 이송하는 방식이었다. 그러나 전쟁이 종결되자 정부는 유골 매장과 시신 매장을 모두 허용하는 쪽으로 즉각 선회했다. 식민지 말기 합장묘탑 형태의 군묘지, 해방 후 납골묘 방식의 장충사, 한국전쟁 중 전사자 화장이라는 '삼중의 우회로'를 거쳐 전통적인 유교식 매장 방식으로 회귀했던 셈이다. 물론 이런 매장으로의 회귀마저 서구 묘지 양식의 영향이라고, 다시 말해 '그리스도교적 매장문화'의 영향이라고 해석해서도 안 될 것이다.[35]

---

33) 위의 책, 97쪽.

34) 법제처 국가법령정보센터(www.law.go.kr)의 '군묘지 운영관리 규정' 항목(2016.2.20 검색).

35) 이런 맥락에서 (앞서 인용한 바 있듯이) 동작동 국립묘지에서 진행되는 전사자 안장의례에서 "하관, 허토, 성분은 묘에 유골을 넣는 유교 의례의 일부분"임을 재차 상기할 필요가 있겠다.

3. 군묘지 유형론

제1차 대전 이후 서구사회들에서 등장하고 빠르게 확산된 '근대적 군묘지'의 '이념형적' 특징들을 제시한 사람은 조지 모스였다. 필자는 이를 (1) 보편화(죽음의 공공화에 따른 국공립 군묘지의 보편화), (2) 평등화(죽음의 민주화에 따른 묘지 내부의 평등화), (3) 성화(전사자 숭배에 따른 묘지의 신성화) 등 세 가지로 압축할 수 있다고 생각한다.

먼저, 국민군의 이름으로 출전한 자국 청년들의 대규모 죽음 사태에 직면하여 유럽 국가들은 죽음의 공공화, 나아가 죽음의 국유화·집단화 차원에서 국가 주도의 군묘지들을 앞 다퉈 만들기 시작했다. 그 결과 제1차 대전 이후 대부분의 유럽 국가들이 국공립 군묘지들을 보유하게 되었고, 이런 움직임이 유럽 바깥으로도 빠르게 확산되었다. 둘째, 국민군 전사자들에 대해 신분·계급에 따른 차별을 철폐하는 죽음의 민주화 추세가 확산되었고, 이런 추세가 군묘지의 구성 원리에도 관철되었다. 군묘지는 처음부터 평등한 공간이었거나, 시간이 지나면서 점점 더 평등한 공간이 되어갔다. 셋째, 국민군 전사자들을 민족적·국가적 영웅으로 미화하고 찬양하는 움직임이 강렬해지면서 군묘지는 시민종교의 사원 혹은 신전이 되었다. 특히 전사자에게 바쳐진 국립묘지는 국가의 최고신전으로 발돋움했다.

필자는 20세기 초부터 군묘지의 보편화·평등화·성화가 근대 국민국가들로 구성된 국제질서의 새로운 '지구적 표준'으로 등장하고 확산했다고 본다. 이 경우 우리는 국공립 군묘지의 존재 – 부재, 군묘지의 평등 – 불평등, 군묘지의 성스러움 – 속됨(세속성)이라는 기준으로 세 가지 형태의 '근대적 예외들'을 도출해낼 수 있게 된다. 다시 말해 20세기 이후의 세계에서 국공립 군묘지 자체가 부재한 경우, 군묘지가 있다 하더라도 그 내부에 불평등과 차별이 편만(遍滿)한 경우, 군묘지가 성성(聖性)의 결핍으로 인해 시민종교의 성소(聖所)로 대접받거나 기능하지 못하는 경우를 '근대적이지만 예외적인 유형들'로 간주할 수 있다. 요컨대 (1) 국공립 군묘지의 부재, (2) 불평등한 군묘지, (3) 성스러움이 결여된 군묘지는 근대 세계의 이념형적 표준에서 벗어난 예외적인, 어쩌면 일탈적인 유형들에 해당한다고 하겠다. '예외성'이라는 특성으로 인해 세 유형에 부합하는 사례 수는 극히 제한되어 있기도 하다. 한국은 국립 군묘지도 존재하고 그것의 성스러움도 확보하고 있다는 점에서 표준적인 추세에 가깝지만, 묘지 내부의 평등화에 역행한다는 점에서는 예외성을 보이고 있다고 말할 수 있다.

제2차 대전 후 독일과 일본은 '국립 군묘지의 부재'와 비교적 가까운 사례이다. 특히 '더러운 전쟁'의 주범으로 지목된 패전국들의 경우, 전사자 시신 처리 문제에 대해 국민적 합의와 국제적 인정을 도출해내는 데 종종 어려움을 겪는다. 이런 나라들에선 전사자에 대한 위령·추모를 넘어 현창과 선양의 차원, 곧 전사자 숭배의 차원으로 넘어가는 순간 국내외의 거센 반대가 야기될 가능성이 높다. 같은 맥락에서 전사자 숭배의 무대로 기능할 수도 있는 군묘지를 만드는 일 자체가 언제든 정치적 쟁점으로 비화할 수 있다. 독일과 일본 두 나라 모두 제2차 대전 이전부터 근대적 군묘지들을 보유하고 있었으므로, 부재라는 표현은 적절치 못할 수도 있다. 그러나 국가를 대표할 만한(동시에 전사자 묘지의 성격이 강한) 국립묘지를 창출하는 문제, 패전 이전에 조성된 군묘지들을 적절히 관리하는 문제, 제2차 대전 전사자들을 위한 별도의 묘지를 마련하는 문제 등은 항상 민감한 쟁점일 수밖에 없었다.

독일에선 수십 년의 논쟁과 시행착오 끝에 통일 후인 1993년 11월에 가서야 '노이에 바헤'(Neue Wache)가 '국립중앙전몰자추도소'로 공인될 수 있었다. 묘지의 정식 명칭은 '전쟁과 폭력 지배의 희생자를 위한 독일연방공화국 중앙추도소'였다. 독일(특히 서독)에서 제2차 대전 후 오랫동안 공식 국립중앙전몰자추도소가 만들어지지 못했던 결정적인 이유는 "나치 정권 하에서의 침략전쟁 및 홀로코스트를 비롯한 전쟁 중의 범죄행위에 대한 반성 문제" 때문이었다.[36] 일본에서도 전후 야스쿠니신사는 논란의 초점이었다. 1978년에 14명의 'A급 전범들'이 합사된 이후 논란은 더 증폭되었다. 또 야스쿠니신사에는 전사자들의 혼을 상징하는 전사자 명부가 보존되어 있을 따름이고, 그런 면에서 일본엔 엄밀한 의미의 국립 군묘지가 존재하지 않는다고 말해야 옳을 것이다. 정작 일본군 전사자들의 유해는 야스쿠니신사가 아니라, 1945년 이전에 만들어진 다수의 국공립 군묘지들과 충령탑에 안치되어 있었다. 그러나 이 군묘지들은 패전 후 공적인 주목을 받지 못하는 '망각된 묘지들'이 되어버렸다. 설사 버려지거나 방치되지는 않았을지언정, 망각된 군묘지들은 '존재와 부재의 경계'에 걸쳐 있다.[37]

국공립 군묘지의 '부재'나 '희미한 존재감'은 군묘지가 시민종교의 성소로 기능하지 못하는 상황으로 이어지기 쉽다. 국가를 대표할 군묘지의 부재가 의례와 순례의 대상이 될 시민종교 신전의 부재로 이어질 수 있다. 1945년 이전에 일본 본토에 건설된 군묘지들은 더 이상 국가영웅들이 영면하는 '신성한 공간'으로 여겨지지 않는다. 패전 후 기존 군묘지의 '탈(脫)신비화' 내지

---

36) 미나미 모리오,「독일 전몰자 추도 역사와 야스쿠니신사·국립묘지 문제(중): 제2차 세계대전 후」, 일본의전쟁책임자료센터 편, 박환무 역,『야스쿠니신사의 정치』, 동북아역사재단, 2011, 257쪽.

37) 앞에서 지적한 한국의 '작은 국군묘지들'은 (전주 군경묘지나 제주 사라봉 충혼묘지 같은 극소수를 제외하곤) 묘지의 설립 과정에서는 공공기관이 개입했지만 이후에는 더 이상 조력을 제공하지 않은, 따라서 '존재와 부재가 중첩된 군묘지' 중에서도 '망각되었을 뿐 아니라 버려지기도 한 군묘지' 유형에 속한다.

'세속화' 추세가 뚜렷했다. 패전 후에 만들어진 일본의 유일한 국립 전사자 묘지는 '치도리가후치 전몰자묘원(墓苑)'일 것이다. 납골묘 형태의 공원묘지인 이 묘원은 제2차 대전 중 해외에서 전사했지만 신원이 확인되지 않은 일본군이 안장자 대부분을 이룬다. 1959년 도쿄에 건립되었고 2007년 5월 현재 352,297명의 유골이 안치된 이 묘지의 운영과 관리에는 관방국립공원부·후생노동성·환경성 등이 개입하고 있어 '국립묘지'의 성격이 비교적 명확히 드러난다.[38] 그러나 이 묘지는 성스러운 국가적 신전이기는커녕 세속적인 '무연고자 공동묘지' 분위기를 강하게 풍긴다. 이 묘지에서는 전사자의 존엄과 개성조차 심각하게 훼손되고 있음을 다음 인용문이 잘 보여준다. "보관 장소가 몹시 협소하기 때문에 해외에서 일단 화장되어 온 유골을 다시 약 2천 도의 고온으로 원형이 남지 않을 때까지 태웁니다. 이렇게 부피를 극도로 줄여야만 겨우 수납이 가능하게 됩니다 …… 한 사람의 유골은 한 변이 겨우 5㎝인 정육면체에 수납되어 있습니다. 물론 한 사람의 유골이 갖는 개체성도 전혀 무시된 완전한 합장 상태입니다. 유족 중에는 이러한 묘원의 상태에 의문을 가지고 유골 훼손 등으로 형사고발을 하는 사람도 있었습니다."[39] 치도리가후치 전몰자묘원은 아름다운 숙연함의 기운을 방출하고는 있을지언정 시민종교적 성스러움은 결핍된, '탈신비화되고 세속적인 군묘지'라는 예외적 유형을 대표하는 희귀한 사례이다.

　죽음의 민주화에 따른 묘지 내부의 평등화라는 근대 – 표준적 추세에 역행하는 불평등한 군묘지 역시 그 사례가 많지 않다. 묘지의 불평등은 분석적

---

38) 이영자·이효재, 「외국의 국립묘지」, 26-27쪽.

39) 우에스키 사토시, 「추도의 정치학」, 일본의전쟁책임자료센터 편, 박환무 역, 『야스쿠니신사의 정치』, 동북아역사재단, 2011, 86쪽.

으로 구분 가능한 세 차원을 포함한다. (1) 묘지 안장 자격의 불평등, (2) 묘지들 '사이'의 불평등, (3) 묘지 '내부'의 불평등이 그것이다. 이 가운데 '묘지들 사이의 불평등'은 국공립 묘지들이 여럿 존재하고, 이들 사이에 일종의 위계나 서열이 존재하는 경우이다. '안장 자격의 불평등'과 '묘지 간 불평등'은 서로 연결된 경우가 많다. 묘지의 서열·위계를 창출해내는 핵심 기제가 안장 자격을 제한하거나, 안장 자격심사를 엄격히 하는 것이기 때문이다. 묘지 위계(hierarchy of cemeteries)의 최상층에는 '왕족·귀족 묘지의 현대판'이라고 할 수 있는 영웅묘지 혹은 위인(偉人)묘지들이 위치한다. 군묘지는 아니지만 프랑스의 팡테옹은 이런 종류의 영웅·위인 묘지를 대표한다.[40] 영국 런던의 웨스트민스터대성당 역시 국왕의 대관식 장소일 뿐 아니라 역대 왕들과 위인들의 무덤이기도 하다는 점에서 팡테옹과 유사한 성격을 갖고 있다. 대개 식민지 시대의 인물들이 묻혀 있다는 점에서 전사자묘지라고 할 수는 없지만,[41] 평양 대성산과 양강도 혜산의 혁명열사릉, 평양 신미리 애국열사릉 등은 '북한판 팡테옹'이라고 부를 만하다. 권헌익과 정병호는 『극장국가 북한』에서 "북한에는 한국전쟁 전사자들을 위해 국가가 조성하고 인정한 공식묘지가 없다."라고 했지만,[42] 이 책이 나온 직후인 2013년 7월 25일 평양 연못동에 '조국해방전쟁 참전열사릉'이 완공되었다고 한다.[43] 중국과 러시아에서

40) 하상복, 『빵떼옹: 성당에서 프랑스공화국 묘지로』, 경성대학교출판부, 2007; 하상복, 『죽은 자의 정치학』; 권희영 외, 『국제보훈동향 연차보고서(제2차): 프랑스』(연구보고서), 보훈교육연구원, 2012, 139~147쪽.

41) 권헌익·정병호, 『극장국가 북한: 카리스마 권력은 어떻게 세습되는가』, 창비, 2013, 149~162쪽.

42) 위의 책, 149쪽.

43) 최재영, 「남북의 국립묘지를 찾아서(4): 평양 연못동 조국해방전쟁 참전열사릉 편」, 『오작

도 '국가공헌도'가 묘역을 구분하는 중요한 기준이라고 한다.[44] 중국의 국립 묘지인 베이징 '팔보산혁명공묘(革命公墓)'가 바로 이런 영웅·위인 묘지의 범주에 해당된다. 이곳에는 2003년 기준으로 군인을 비롯하여 공산당 지도자, 과학자, 문학가, 예술가, 체육인, 고급기술자 등 엄격한 심사를 통과한 국가적 위인 혹은 영웅 3천여 명이 묻혀 있었다.[45]

앞서 말했듯이 사적 – 공적 죽음의 이분법에 기초하여 공적 죽음을 창출해내는 죽음의 공공화 경향은 모든 근대 국민국가들에서 발견된다. 그러나 죽음의 공공화가 항상 '죽음의 국유화'를 동반하는 것은 아니다. 역사상 최초의 전용 군묘지를 만들어낸 미국, 조선을 식민지로 지배한 일본을 비롯한 많은 나라들이 결함 있는 극소수를 제외한 거의 모든 아군 전사자에게 군묘지 안장 자격을 부여한다. 죽음의 국유화 정도 면에서 이를 '보편적 국유화'라고 부를 수 있을 것이다. 반면에 예컨대 수훈(受勳) 여부 등을 따져 전쟁 영웅들만의 전용묘지를 따로 만든다면 이를 '선별적 국유화'라고 할 수 있을 것이다. 죽음의 공공화를 지향하면서도 '선별적 국유화'를 추구하는 사례가 흔하지는 않을지라도, 그것이 이상한 일이라거나 반(反)근대적·전(前)근대적인 일은 아니다. 그런 면에서 '안장 자격의 불평등'과 '묘지 간 불평등' 역시 반근대적이거나 전근대적인 현상이라고 보기 어렵다.

그러나 '묘지 내부의 불평등'은 '죽음의 민주화'라는 가치를 정면으로 훼손한다는 점에서 차라리 근대 국민국가의 금기(taboo)에 가깝다. '묘지 간 불

교뉴스」, 2015.5.27.

44) 정호기, 「국민국가의 신성성과 '죽은 자 모시기'」, 226쪽.

45) 『한겨레』(온라인판), 2003.12.14의 「국립묘지는 '군인묘지'인가」 기사(신승근, 김동훈, 윤진 기자) 참조.

평등' 혹은 '전사자 죽음의 선별적 국유화' 유형에 속하는 나라들에서도, 영웅·위인 묘지 내부에서는 평등주의 원칙이 관철된다. 그런 이유로 내부의 체계적인 불평등을 품고 있는 군묘지는 예외적일 뿐만 아니라 일탈적인 유형에 해당하며, 나아가 반근대적이거나 전근대적인 사례로도 분류할 만하다. 일본의 식민지였다는 공통점을 지닌 한국과 대만이 바로 이 유형에 속하는 드문 사례라고 할 수 있다. 일본도 1938년 이후에는 묘지 내부의 평등화 대열에 합류했지만, 그 식민지였던 곳들에서는 묘지 내의 불평등이 지속되는 기이한 현상이 나타났던 것이다.

한국에서는 전사자 육신의 거처(납골시설, 묘지)와 혼의 거처(위패안치시설)가 하나의 국립묘지 공간 안에 통합되어 있는 데 반해, 대만은 전사자 육신의 거처(국군시범묘지와 충령전, 국군충령탑, 지방 군인묘지들)와 혼의 거처(국민혁명충렬사와 직할시·지방의 충렬사)가 공간적으로 분리되어 이원적인 영적 안전망을 갖추고 있다. 이 중 국군시범묘지 내에 소재한 충령전(忠靈殿) 그리고 세 곳의 국군충령탑은 전사자의 유골을 안치한 시설이며, 각급 충렬사(忠烈祠)는 전사자의 위패를 안치한 시설이다. 앞서도 동작동 국군묘지가 1938년 이전의 일본 군묘지와 닮았다고 지적했지만, 대만의 전사자 위령 체계 혹은 영적 안전망 체계는 1945년 이전 일본의 복사판에 가깝다. 국군시범묘지와 지방 군인묘지들은 일본의 육군·해군묘지와, 충령전과 국군충령탑은 일본의 충령탑과, 국민혁명충렬사는 일본의 야스쿠니신사와, 직할시·지방의 충렬사들은 일본의 호국신사와 일대일 대응관계를 이룬다.[46] 대만에서 묘지 내부의 불평등은

---

46) 한국 국립묘지에서는 위패(혹은 전사자 명부)의 주체와 묘의 주체는 서로 분리되어 있지만, 일본과 대만에선 서로 중첩되어 있는 점도 차이이다. 국립서울현충원에서 현충탑 위패봉안관은 시신을 수습하지 못한 이들의 공간, 현충탑 봉안실은 신원이 확인되지 않았지만 유골은 수습된 이들의 공간, 충혼당은 신원이 확인된 전사자와 종전 후 사망자의 공간,

1982년에 만들어진 국군시범묘지, 그리고 2002년 국군시범묘지 안에 건립된 충령전에서 뚜렷하다. 시범묘지는 "사망한 군인의 공훈이나 계급에 따라 특별 공훈 구역, 대장/중장 구역, 소장/준장 구역, 대령 구역, 중령/소령 구역, 위관 구역, 사관장 구역, 부사관 구역, 사병 구역 등 9개 구역"으로 세분되고, 충령전 역시 "사망한 군인의 공훈 혹은 계급에 따라 크게 특별훈 구역과 장군급 구역, 영관·위관급 구역과 사관·병 구역 등 2개 구역"으로 구분되어 있다.[47]

대만과 한국 모두 '안장 자격의 불평등'이나 '묘지 간 불평등'은 덜하나 '묘지 내 불평등'은 심한 편에 속한다. '안장 자격의 불평등'이나 '묘지 간 불평등'이 덜한 것 역시 식민지 종주국이었던 일본과 유사한 점이었다. 한국에선 국군묘지 안장 대상자 심사 과정 자체가 엄격하지도 않았을 뿐 아니라, 안장 자격을 명문화한 법규가 만들어진 것도 국군묘지가 창설된 지 8년이나 지난 후의 일이었다. 1956년 4월 제정된 '군묘지령'에는 "군인, 사관후보생 및 군속(기타 종군자를 포함한다)으로서 사망한 자"(제2조)라는 자격 규정밖에 없었다. 1963년 2월 15일에 제정·시행된 '군묘지 운영관리 규정'에서 처음으로 "안장의 범위"(제6조)가 명문화되었다. 이때 "① 형사자(刑死者), ② 자해자(自害者), ③ 도망 또는 탈영 중 사망한 자, ④ 순직으로 인정할 수 없는 변사자"의 네 범주가 국군묘지에 안장될 자격을 갖추지 못한 대상으로 규정되었다.[48] 아울

야외 묘역은 신원이 확인된 전사자와 종전 후 사망자의 공간으로 '중복 없이' 분리돼 있다. 그러나 대만과 패전 전 일본에선 전사자 육신의 거처에 안치된 전사자들은 '모두 그리고 동시에' 전사자 혼의 거처에도 다양한 방식으로 안치되었다.

47) 서운석 외, 『국제보훈동향 연차보고서: 대만』(연구보고서), 보훈교육연구원, 2011, 138~140쪽.

48) 법제처 국가법령정보센터(www.law.go.kr)의 '군묘지령' 및 '군묘지 운영관리 규정' 항목 (2016.2.20 검색).

러 한국의 경우엔 단일 국립묘지 체제가 30년 동안이나 유지되었으므로 '묘지 간 불평등' 자체가 원천적으로 불가능했다. 한국을 더욱 특이한 사례로 만드는 사실은 시간이 흐르면서 묘지 내 불평등의 정도가 더욱 심해졌다는 것이다. '묘지 내 불평등'만 해도 이례적인 일인데, 불평등의 정도가 갈수록 증가하는 아주 기이한 상황이 한국에서 전개되었다(우리가 14장에서 자세히 살펴볼 주제가 바로 이것이다).

한편 국공립 군묘지의 존재를 전제로 할 때, '안장 대상/자격의 범위'와 '묘지의 숫자 혹은 집중도'라는 두 가지 기준으로 군묘지에 대한 유형화를 시도해볼 수 있을 것이다.

〈표 12 - 2〉 국공립 군묘지의 유형들

		안장 대상/자격의 범위	
		개방	제한
묘지의 수와 집중도	집중(소수)	한국, 필리핀, 남베트남(통일 이전), 캐나다	북한, 일본(치도리가후치 전몰자묘원), 유엔군묘지
	분산(다수)	미국, 일본(전전), 프랑스, 독일(전전), 영국, 호주, 베트남(통일 이후), 대만	외국에 소재한 디아스포라 군묘지들(영연방 6개국; 프랑스, 미국)

〈표 12 - 2〉에서 확인할 수 있다시피, 다수의 군묘지를 설치하고 안장 자격도 개방적으로 운영하는 유형(개방 - 분산형)에 가장 많은 군묘지 사례들이 속해 있다. 단 하나 혹은 극소수의 국공립 군묘지를 운영하면서 안장 자격을 폭넓게 허용하는 나라들(개방 - 집중형)도 꽤 많다. 한국도 이 유형에 속한다. 수도인 오타와에 소재한 '비치우드묘지' 안에 '국립군인묘지'를 운영하는 캐나다도 비슷한 경우이다.[49] 2차 세계대전 당시 전사한 군인들을 안장하기 위

---

49) 서운석 외, 『보훈제도의 국제비교 및 시사점 연구』(연구보고서), 보훈교육연구원, 2009,

해 1947년 마닐라 근교에 국립 '영웅묘지'(Heroes' Cemetery)를 조성하고, 이후 역대 대통령들과 예술가·과학자들까지 포함하는 방식으로 국가영웅들의 묘지로 점차 발전시키다가, 이 묘지가 포화상태에 이르자 새로운 영웅묘지를 건립해갔던 필리핀은 한국과 매우 유사한 사례이다.[50] 통일 이전의 남베트남 역시 비엔호아국립군사묘지(National Military Cemetery of Bien Hoa) 등 소수의 군묘지만을 운영했던 것으로 보인다.

극소수의 군묘지만을 보유하면서 안장 자격도 협소하게 제약하는 유형(제한–집중형)의 경우, 이에 부합하는 사례가 많지 않다. 아마도 2013년 평양에 '조국해방전쟁 참전열사릉'을 건립한 북한이 여기에 해당할 것이다. 태평양전쟁 전사자 중 신원을 확인할 수 없는 이들만을 따로 안치한 일본 도쿄의 치도리가후치 전몰자묘원, 한국전쟁 당시 유엔군으로 참전했다 전사한 이들만을 안치한 부산의 유엔군묘지도 같은 범주로 묶을 수 있을 것이다.

마지막으로, 해외에 소재하고 전쟁별 묘지의 성격을 갖지만, 묘지의 숫자는 다수인 유형(제한–분산형)을 들 수 있다. '해외에 산재한 전쟁별 묘지들'인 셈인데, 필자가 보기엔 이를 '디아스포라 군묘지'라 명명하는 게 적절할 것 같다. 미국과 프랑스는 다수의 국내 군묘지뿐 아니라, 국외에서 전사한 후 현지에 묻힌 자국 군인들의 묘지를 다수 보유하고 있다.[51] 영연방에 속한 6개

231~234쪽.

50) 현재 영웅묘지의 공식명칭은 'Libingan ng mga Bayani'(LNMB)이고, 1947년 창립 당시의 명칭은 '공화국기념묘지'(the Republic Memorial Cemetery)였다. 위키피디아의 "Heroes' Cemetery" 항목 참조. https://en.wikipedia.org/wiki/Heroes%27_Cemetery(2017.7.6 검색).

51) 미국의 군묘지에 대해서는, 요시다 다카시, 「미국의 전몰자 추도」; 하상복, 『죽은 자의 정치학』; 이영자·이효재, 「외국의 국립묘지」, 19~24쪽; 서운석 외, 『보훈제도의 국제비교 및 시사점 연구』, 222~230쪽; 선진장묘시설 합동연수단, 『외국의 장묘시설 연수보고서』, 42~49쪽; Chris Dickon, *The Foreign Burial of American War Dead: A History*, Jefferson: McFarland &

나라, 즉 영국, 오스트레일리아, 뉴질랜드, 캐나다, 남아프리카공화국, 인도는 '영연방전쟁묘지위원회'(Commonwealth War Graves Commission: CWGC)를 공동으로 운영하면서 148개국에 산재한 1차·2차 세계대전 전사자 약 170만 명의 묘지들을 관리하고 있다.[52] 독일, 프랑스, 벨기에 3개국 역시 공동으로 묘지관리국(Le Service pour l'entretien des sépultures militaires allemandes: SESMA)을 조직하여 세 나라에 산재한 제1·2차 대전 당시 자국 전사자들의 묘지를 관리하고 있다.[53] 특정 전쟁 혹은 전투에서 전사한 이들만을 안치한다는 점에서 이 묘지들은 개방적이라기보다는 '제한적인' 유형에 속한다.

4. 소결

서울에 국립 국군묘지가 등장함과 동시에 전사자 시신처리 방식은 전면 매장 방식으로 전환되었다. 이는 유교적 매장 전통, 다시 말해 시신을 직접 매장하는 토장 방식에 친숙한 유가족과 대중의 선호에 부합하는 변화였다. 아울러 국군묘지 등장과 함께 전사자들에게 '보편적 안장권(安葬權)'이 보장되었다. 극소수 예외를 제외하곤 거의 모든 전사자들에게 국군묘지에 안장될 자격을 부여했다. 1955년 국군묘지 창립 당시엔 안장 대상자 심사 과정이 엄격하지 않았고, 1963년에 처음으로 안장 자격을 명문화할 당시에도 수형

Company, 2011 등을 볼 것. 프랑스의 군묘지에 대해서는, 권희영 외, 『국제보훈동향 연차보고서(제2차): 프랑스』, 148~150쪽을 볼 것.

52) 이영자·이효재, 「외국의 국립묘지」, 29~30쪽; 서운석 외, 『보훈제도의 국제비교 및 시사점 연구』, 231~237쪽.

53) 서운석 외, 『보훈제도의 국제비교 및 시사점 연구』, 242쪽.

(受刑) 도중 사망자나 자살자, 탈영 중 사망자 등 극히 일부만을 안장 대상에 서 배제하는 데 그쳤다.

보편적 안장권과 함께 '유가족의 안장 선택권'도 동시에 보장되었다. 전 사한 가족을 국군묘지에 안장할지 여부를 유족 스스로 결정하도록 했다. 그 러나 1950년대에 유가족들은 전사한 가족의 영원한 안식처로 국군묘지를 그 다지 선호하지 않는 편이었다. 당시 국군묘지는 유가족들에게 그다지 인기 있는 묘지가 아니었다. 국군묘지는 왜 유가족들에게 인기가 없었을까? 계급 에 따른 묘역 구분과 묘비 크기 차이 같은 차별과 불평등 때문이었을까? 분명 그것도 한 가지 이유였으리라. 자신의 가족이 단지 계급이 낮다는 이유로 죽 어서도 차별을 당하는 모습을 달가워할 유족은 없을 것이기 때문이다. 반면 에 장군이든 병사든 모두 공평하게 동일한 크기와 동일한 모양의 무덤에 묻 힌다는, 당시로서는 파격적이고 혁신적인 발상이 차별에 대한 유족의 불만 을 상당 부분 상쇄할 수도 있었을 것이다.

그런데 이보다는 더욱 중요하게 작용했던, 서로 연결된 두 가지 요인이 있었던 것 같다. 우선, 선산(先山) 혹은 선영(先塋)이라는 말로 대변되는, 조상 무덤들이 집중된 그곳에 전사자를 함께 매장함으로써 '객사한 미혼 청년'이 라는 '나쁜 죽음의 위기'를 하루빨리 해결하려는 유족들의 의지가 작용했다 고 볼 수 있다. 전사자의 시신을 친족 거주지 인근에 두어 지속적인 보살핌 과 섬김을 받도록 해야 한다는 전통적인 죽음관의 지배력이 여전했던 것으 로 보인다. "전사자를 가까운 곳에 묻어두고 싶다.", "선대가 여기에 있으므로 객지에 둘 수 없다.", "문중의 사람도 많으며 더욱이 종손이므로 선산에 모셨 다."는 등[54] 처음 국가로부터 연락이 왔을 때 국군묘지 매장을 거부했던 이유

---

54) 지영임, 「한국 국립묘지의 전사자 제사에 관한 일고찰」, 493쪽.

들이 전통적인 죽음관의 지배력을 보여준다. 이런 상황에서는 전사자의 죽음을 개별화하고 사사화(私事化)하여, 그 시신을 가족들의 사적이고 배타적인 공간에 안치하는 것이 최선의 당연한 선택처럼 간주되었을 가능성이 높다. 전사자의 죽음을 최대한 공공화·국유화하고, 고향에서 멀리 떨어진 국립묘지라는 하나의 거대한 공간으로 전사자 시신들을 집중시켜 집단적으로 안장하고 관리한다는 발상이 유가족에게 친숙하지 않았고 자랑스럽게 여겨지지도 않았으리라는 것이다. 식민지 조선에서 육군묘지와 충령탑을, 초기 대한민국에서 장충사를 직간접적으로 겪어봤을지라도 말이다. 유족들은 '죽음의 사사화'와 '죽음의 공공화' 사이의 중도적 타협책으로서, 출신 지역별로 소규모 국군묘지들을 여럿 만들어내기도 했다.

다른 요인은 초기의 국군묘지가 '무연고 전사자 묘지'처럼 비쳤다는 점이었다. 이 점이 가장 중요했던 것 같다. 초기 국군묘지의 이미지 중 하나는 신원을 확인할 수 없는 유골, 돌려보낼 가족 자체가 없거나 그 가족을 찾을 수 없는 유골, 아무도 거둬줄 이가 없고 갈 곳이 없는 유골, 한마디로 가족들에게 모두 인계하고 남은 '잔여적인' 범주의 유골들을 처리하는 공간이었다. 이처럼 초기 국군묘지 안장자들에겐 '명예로운 무명용사' 이미지와 '불쌍한 무연고자' 이미지가 중첩되어 있었다. 유족들이 '봉분이 없는 평장'이라는 낯설고 이국적인 묘 형태에 거부감을 가졌을 수 있다. 그러나 달리 생각하면 이곳이 무연고자 묘지와 유사했기 때문에 평장이라는 파격적인 실험이 별 저항 없이 안착할 수 있지 않았을까? 마찬가지로 만약 국군묘지가 누구나 선호했던 인기 있는 묘지였다면 '묘지 면적과 형태의 평등주의'에 대해서도 반대하는 이들이 상당히 많지 않았을까? 국군묘지가 이런 부정적 이미지를 극복해나가는 과정과 요인을 분석하는 것이 다음 장의 과제이다.

13장
시신의 대이동과 국가신전으로의 상승

앞 장에서 논의했듯이 부여된 무연고자 묘지라는 부정적 선입견, 좋은-나쁜 죽음의 이분법에 기초하여 가족 중심의 사사화된 죽음 처리를 선호하는 전통적인 죽음관, 국군묘지 내부의 불평등과 차별 등 몇 가지 요인들이 함께 작용하여 초기의 국군묘지를 유가족들에게 인기 없는 묘지로 만들었던 것으로 보인다. 그러나 1950년대 말과 1960년대를 거치면서 국군묘지에 대한 선호도는 급상승했다. 나아가 이 시기에 국군묘지는 한국 시민종교의 국가신전 지위로 확고히 올라섰다. 국립묘지에 대한 대중적 이미지의 극적인 전환, 이것이 이번 장에서 살펴보려는 주제이다.

필자는 먼저 1950년 이후 '한국군 전사자 시신의 이동 방향'에 주목해보려 한다. 이 접근방법은 국군묘지를 대하는 유가족과 대중의 태도나 의식이 국군묘지에 대한 선호도로 나타난다고 보고, 이런 선호도 변화를 포착·인지할 수 있는 핵심 지표 중 하나가 '시신의 이동 방향'이라고 전제하는 것이다. 단순화하자면, (1) 시신의 이동 방향이 전사자 유골 보관 장소에서 출신지 유가족을 향할 경우 국군묘지의 선호도·인기도는 낮은 반면, (2) 시신 이동의 방향이 전사자 유골 보관 장소에서 국군묘지를 주로 향할 경우엔 국군묘지의 선호도·인기도가 높다고 가정하는 것이다. 마찬가지로 (3) 일단 고향 근처에 묻혔다가 국립묘지로 이장되는 시신 이동 역시 국군묘지의 높은 선호도와 인기도를 반영하는 현상으로 간주한다.

1. 시신의 대이동

한국전쟁이 발발한 후 여러 차례에 걸쳐, 또 비교적 긴 시간 동안 전사자 시신의 대대적인 이동이 발생했다. 필자는 이런 특이한 현상을 '시신의 대(大)이동'으로 부르고자 한다. 시신의 이동은 빈번한 의례들을 동반한다. 앞서 서술한 바와 같이, 영웅화되고 신격화된 전사자 시신의 이동은 그 이동경로마다 의례들이 연쇄적으로 거행되는 '의례의 연쇄' 현상을 발생시킨다. 이 과정에서 이안식·봉송식·봉영식·봉안식·안장식 등 시신의 이동을 성화하는 독특한 '이동의례들'이 그때그때 배치된다.

시신 이동의 흐름 내지 물결을 '진행 방향'에 따라 둘로 대별할 수 있다. 그 하나는 전사자 유해가 안치시설에서 유가족들에게 전달되는 흐름이다. 이를 원심이동, 분산이동, 하향이동 등으로 부를 수 있다. 다른 하나는 전사자 유해가 서울의 국군묘지로 집결하는 흐름이다. 이를 구심이동, 집중이동, 상향이동 등으로 부를 수 있다. 필자는 시신 이동의 방향에 따라 1950년대 초부터 1960년대 말까지 약 20년의 시간을 세 시기 정도로 단순화할 수 있다고 본다. (1) 원심 – 분산 이동이 지배적이었던 제1차 이동 시기, (2) 원심 – 분산 이동과 구심 – 집중 이동이 공존하면서 교차했던 제2차 이동 시기, (3) 구심 – 집중 이동이 지배적이었던 제3차 이동 시기가 그것이다.

전쟁 발발 직후 전사자 시신의 이동 방향은 명백히 '원심 – 분산 이동' 쪽이었다. 이런 흐름은 언제쯤부터 교란되기 시작했을까? 언제부터 이런 흐름이 '구심 – 집중 이동' 쪽으로 역전되었을까? 이런 질문을 단번에 만족스럽게 해명해줄 객관적이고 신뢰할 만한 자료는 별로 없다. 여기서는 주로 당시의 신문 기사들을 이용하여 개략적인 흐름을 추적해보려 한다. 〈표 13–1〉은 1951~1968년 사이 이동의 큰 흐름을 연고자가 있는 유해의 움직임을 중심으로 정리한 것이다.

<표 13 - 1> 전사자 시신 이동의 흐름: 1951~1968년

이동 방향 (유연고자)	시기	주요 내용
원심 이동	1951.10 ~12	부산 범어사에 안치된 유골을 유가족에게 전달, 무연고 유골은 경주 육군묘지로 이송
	1952.3	범어사의 유골을 유가족에게 전달하여 지방 국군묘지(가락동 국군묘지)에 매장
	1952.11	부산 묘심사에 안치된 유골을 유가족에게 전달(경남 출신 439주)
	1953.4	묘심사의 유골을 유가족에게 전달(경남 출신 391주)
	1953.7	범어사의 유골을 서울 조계사를 거쳐 유가족에게 전달(서울 출신 27주)
원심 이동	1953.9	서울 중앙봉안소에 안치된 유골을 유가족에게 전달(제5차 영령 일제봉송), 무연고 유골은 국군묘지로 이송 계획
	1953.11	부산 국군중앙영현안치소의 유골을 서울 조계사로 이송(서울 출신 173주)
	1954.2	서울 출신 전사자 유골이 조계사로 이송됨(2,556주), 이후 여러 차례로 나누어 유가족에게 전달, 무연고 유골은 국군묘지로 이송 계획
	1954.10	인천 해광사에 안치된 유골을 유족에게 전달하여 지방 국군묘지(도화동 국군묘지)에 매장
	1954.12	조계사에 안치된 서울 출신 유골 135주 중 45주는 유가족에게 전달, 90주는 국군묘지로 이송
	1955.6	6월 1일부터 남한 각지에 가매장된 전사자 유골을 발굴하여, 한국군은 국군묘지로, 유엔군은 유엔군묘지로 이장 개시
	1955.8	조계사의 서울 출신 유골 113주 중 7주는 유가족에게 전달, 106주는 국군묘지로 이송(조계사의 제7차 봉송식)
원심 이동 중심	1956.1	신원 미상의 무연고 전사자를 처음으로 국군묘지에 매장(1954년 9~10월 유엔군 - 공산군 시신교환 당시 인수된 시신 중 한국군으로 판명된 1,000주)
	1956.2	조계사의 서울 출신 유골 34주를 유가족 혹은 국군묘지로 이송(조계사의 제8차 봉송식)
	1956.6	서울 중앙봉안소에 안치된 유골을 묘심사를 거쳐 유가족에게 전달(경남 출신 274주)
	1956.9	각지의 임시 국군묘지들에 가매장되었던 무연고 전사자 유골 212주를 국군묘지로 이송(제1차 이장)

	1957.4	신원이 확인된 전사자 192주를 처음으로 국군묘지에 매장
원심/구심 이동 중첩	1957.10	조계사의 서울 출신 유골 1,245주를 유가족 혹은 국군묘지로 이송 (조계사의 제10차 봉송식)
	1958.4	묘심사의 유골 중 신원 미상 혹은 무연고인 1,003주를 대구 영현중 대를 거쳐 국군묘지로 이송
	1958.10~11	한국전쟁 전사자 8,000여 주를 국군묘지로 이장
	1959.6	현충일을 기해 신원 불명 전사자 6,504주를 국군묘지에 안장
	1959.11	묘심사의 경남 출신 유골을 유가족에게 전달
구심 이동 중심	1966.5	애국지사 유해 25주를 국립묘지로 이장
	1966~1967	부평 경찰전문학교 충혼탑에 안장된 경찰 유골, 그리고 전국 각지 에 매장된 전사 경찰관 유해를 국립묘지로 이장
	1968	인천 도화동 국군묘지에 안장된 379위를 국립묘지로 이장

한국전쟁 개전 후부터 휴전 때까지 한국정부의 정책은 전사자의 시신을 수습하고 신원을 파악하여 최대한 빨리 유가족에게 전달하는 것이었다. 이런 정책 기조는 1955년에 국군묘지가 문을 연 후에도 한동안 지속되었다. 국군묘지는 유가족에게 그다지 인기가 없었을 뿐 아니라, 국가 역시 유가족에게 국군묘지 안장을 적극적으로 권유하지 않았다. 전사자의 경우 화장을 원칙으로 했기에, 이동의 대상은 전사자의 유골들이었다. 이를 다시 신원이 확인되고 유가족도 찾을 수 있는 '유연고 유골'과 신원 확인이 되지 않거나 유가족을 찾을 수 없는 '무연고 유골'로 구분할 수 있다.

먼저, 무연고 유골의 경우 이동 방향은 항상 동일했다. 그것은 국군묘지를 향한 '구심 이동'이었다. (1) 1951년 10월부터 1953년 8월까지는 각급 영현봉안소나 사찰에 보관되거나 임시 국군묘지들에 매장되었다. (2) 1953년 9월부터 1955년 12월까지는 국군묘지 건설 및 안장이 예고되었음에도 실제적인 안장은 이뤄지지 않았던 시기였다. 국군묘지 매장이 확정된 상태에서 국군묘지로의 이동을 준비하거나 대기했던, 예고는 되었으되 실제적인 움직임은 없었던 시기였다. (3) 1956년 1월부터 대략 1959년 말까지는 무연고 유골들이 여러 차례에 걸쳐 국군묘지로 구심 이동을 거듭했던 시기였다.

다음으로, 유연고 유골의 이동 방향에 주목해보자. 무연고 유골의 단순하고도 일관된 이동 방향과는 대조적으로 1950~1960년대에 유연고 유골의 이동은 복잡한 양상을 보였다. 인천 출신 전사자들의 사례가 대표적이다. 각급 영현봉안소를 거친 인천 출신 전사자 유골이 휴전 직전인 1953년 7월 초 인천에 도착하여 신흥동의 일본계 사찰 해광사로 이동했다가, 이듬해 도화동에 조성된 국군묘지로 이동했고, 1968년에는 다시 서울 동작동 국군묘지로 이동했다. 인천에 도착하기 이전에도 한두 차례 유해의 이동을 거쳤을 것임을 감안하면, 전체적으로는 적어도 4~5차례나 이동을 거듭했던 셈이다.

1957년 3월까지 유연고 유골의 확고한 이동 방향은 귀향(歸鄕) 이동을 뜻하는 '원심 이동'이었다. 고향으로 돌아온 전사자들의 유골을 출신지별로 매장한 소규모 국군묘지들이 전국 곳곳에 생겨난 시기도 이즈음이었다. 반면에 1956년 1월부터 무연고 유골이 본격적으로 국군묘지로 집결하기 시작했다. 1956년 1월부터 1년 3개월 동안엔 오직 무연고 유골들만이 국군묘지로 모였다. 그런데 1954~1955년 사이 서울 출신 전사자 유골의 이동 흐름은 이런 지배적 흐름을 역류하는 것처럼 보이기도 한다. 표에서 보듯이 1954년 2월까지 각지의 영현봉안소들에서 조계사(태고사)로 이동하여 집결한 서울 출신자 유골들은 이후 1957년 10월까지 열 차례에 걸쳐 유가족에게 전달되거나, 혹은 국군묘지로 이송되어 매장되었다. 1954년 12월 조계사에 보관 중이던 서울 출신 전사자 유골 135주 중 45주가 유가족에게 전달되었고 나머지 90주는 국군묘지로 이송되었다. 또 1955년 8월에는 조계사에 안치된 서울 출신 유골 113주 중 7주는 유가족에게 전달되었고, 나머지 106주는 국군묘지로 이송되었다.[1] 유가족에게 전달된 사례보다 국군묘지로 이동한 사례가 훨씬 많았다. 그러나 이를 구심 이동이 원심 이동을 압도했다거나, 유가족의 선호가 변했다는 식으로 해석하면 안 될 것 같다. 무엇보다 이 유골의 주인공들이 전부 서울 출신자들이었고, 따라서 이들에게 국군묘지는 고향이나 출신지별 묘지와 다를 바 없었기 때문이다.

1957년 4월부터 신원이 확인된 전사자의 국군묘지 안장이 시작되었던 일은 하나의 전환점이었다. 이때부터 대략 1959년 말경까지 유연고 유골의 경우 '유가족으로의 원심 이동'과 '국군묘지로의 구심 이동'이 중첩되고 혼재하는 상황이 지속되었던 것 같다. 또 1960년대에 들어서자 원심 이동은 거의 사라지고, 국군묘지로의 구심 이동이 지배적인 흐름으로 굳어진 것으로 판단된다. 이런 판단을 뒷받침해주는 것이 〈표 13 - 2〉이다. 이 표는 1956~1972년 사이에 동작동 국군묘지(국립묘지)에 안장된 전사자 숫자 그리고 한국전쟁 전사자로 공식 인정된 이들의 숫자 추이를 정리한 것이다. 이 표를 앞서의 〈표 13 - 1〉와 겹쳐보면 이동의 흐름이 보다 선명하게 드러난다.

〈표 13 - 2〉 동작동 국군묘지(국립묘지)에 안장된 전사자 추이: 1956~1972년   단위: 명

시기	국군묘지 안장자	공식 인정된 한국전쟁 전사자	비고
1956년 6월		88,541	
1957년 6월		142,501	
1958년 6월	16,730	155,171	
1959년 5월	30,276		1958.10~11, 8,000여 명 안장. 1959.5, 신원 미상자 6,504명 안장.
1961년 5월	39,395		

---

1) 『경향신문』, 1954.12.17, 1955.8.11; 『동아일보』, 1955.8.11.

1962년 5월	39,739		
1972년 6월	45,505	(164,650)	한국전쟁 전사자 외 인원도 일부 포함.

〈표 13-2〉를 통해 국립묘지 안장자 숫자가 가장 빠르게 증가한 시기는 1957~1961년 사이였음을 쉽게 확인할 수 있다. 1958년 6월 현재 국군묘지에 안장된 전사자 수는 16,730명이었다.[2] 1956년 1월부터 무연고 유골을 본격적으로 국군묘지에 안장하기 시작했고 유연고 유골 안장은 1957년 4월에 가서야 개시되었으니, 1958년 6월 현재의 국군묘지 안장자 대부분은 신원미상자 혹은 무연고자들, 한마디로 '무명용사들'이었을 것이다.

1958~1959년은 시신의 대이동에서 또 하나의 분기점이자 전환기였다. 1958년 6월 6일부터 1959년 5월 말 사이에 국군묘지 안장자 수는 16,730명에서 30,276명으로 증가했다. 아마도 국군묘지 역사상 안장자 숫자가 가장 빠른 속도로 증가한 시기였을 것이다. 이 기간 중 부산 묘심사에 안치되어 있던 유골의 이동 흐름에서도 확인할 수 있듯이(〈표 13-1〉 참조), '무연고 유골은 국군묘지로(구심 이동), 유연고 유골은 유가족에게로(원심 이동)'라는 종전의 패턴도 유지되었다. 1959년 6월 현충일을 앞두고 무연고 전사자("무명용사") 6,504명을 국군묘지에 매장했던 것도 기존 패턴과 다르지 않다. 이 6,504명은 한국전쟁 기간 중 "행방불명된 자 중 사망이 확정된" 이들이었다.[3] 이 기간 동안 증가한 안장자 수 13,546명 가운데 무연고 유골이 6,504주였으니, 나머지 7,042주는 대부분 유연고 유골이었을 것이다. 그 이전인 1958년 10월 27일부터 11월 말일까지 "육해공군 전몰장병(종군자 포함)"의 영현 8천여 주를 국군묘

---

2) 『동아일보』, 1958.6.7.

3) 『동아일보』, 1959.5.28.

지에 안장"했다는 보도도 있었다.[4] 무연고 안장자와 유연고 안장자의 두 범주 모두가 빠르게 증가했지만 전자와 후자가 비슷했거나, 후자가 오히려 더 많았던 것이다. 이 기간 중 유연고 안장자는 일단 고향 근처에 매장되었다가 국군묘지로 이장된 이들이 많았을 것으로 추정된다.

1959~1961년 사이에도 국군묘지 안장자 숫자는 비교적 빠른 증가세를 유지했다. 이 2년 동안 30,276명에서 39,395명으로 9,119명 증가했다.[5] 1959~1960년 증가분이 1960~1961년 증가분보다 훨씬 많았으리라 추정되지만, 어쨌든 연평균으로 따지면 한 해에 4,560명 정도가 늘어난 셈이었다. 그러나 1959년 이후에는 전사자 시신 이동과 관련된 신문 기사가 거의 사라진다. 시신의 이동은 계속되었지만 국립묘지로의 안장이나 이장 자체가 별다른 뉴스거리가 되지 못할 정도로 흔하고도 일상적인 일이 되어버린 탓일 수 있다. 이미 1956년부터 4년 동안이나 무연고 유골의 국립묘지 매장이 진행되었으니, 1959년 무렵이면 추가로 안장할 무연고 전사자의 유골도 거의 남아 있지 않은 상태였을 것이다. 그러므로 1960년 이후 국군묘지로의 시신 이동은 거의 대부분 일단 귀향 이동했다가 국립묘지로 재차 이장한 유연고 전사자일 수밖에 없지 않을까?

〈표 13 - 2〉는 1961~1962년 사이에 국군묘지 안장자 숫자에서 별다른 변화가 없었음을 보여주기도 한다. 1961년 5월 현재 39,395명에서 1962년 5월 말 현재 39,739명으로 불과 344명만이 증가했을 뿐이다.[6] 따라서 1951년부터 시작된 시신의 대이동이 약 10년 만에 사실상 종료되었다고 봐도 좋을 것이

4) 『동아일보』, 1959.10.27.

5) 『동아일보』, 1961.5.25.

6) 『동아일보』, 1962.6.6.

다. 그러다가 1960년대 중반 이후에 경찰 시신의 국립묘지 이동, 그리고 인천 도화동 국군묘지 안장자의 국립묘지 이동 등 시신의 구심 이동이 간헐적으로 되살아났다. 1960년대에 이르면 '원심 이동'은 사실상 사라지고, 오직 국군묘지(국립묘지)로의 '구심 이동'만이 도드라지게 변한 것이다. 1963~1972년 사이에 국군묘지(국립묘지) 안장자 수는 39,739명에서 45,505명으로 5,766명 증가했는데,[7] 이 대부분이 경찰 전사자 이장(移葬)과 베트남전쟁 전사자들이었을 것이다. 1960년대에 가장 중요한 시신 이동은 경찰 전사자 유골의 이동이었다. 이 과정은 1966~1967년 사이에 집중적으로 진행되었다. 1966년 현충일에 예년처럼 부평 경찰전문학교 교정의 충혼각 앞에서 '제16회 전국 순직 경찰관 및 소방관 합동추도식'이 거행되었다. 당시 "소방관 22위를 포함한 경찰관 11,270위"가 충혼탑(유골)과 충혼각(위패)에 안치되어 있었고, "이들 영현은 금년 안으로 모두 동작동 국립묘지로 이장하여 내년부터는 현충일에 함께 추념식을 올릴 예정"이라고 예고되었다.[8] 이 계획은 예정대로 실행되었다.[9] 경찰 전사자와는 달리, 베트남전쟁 전사자의 시신은 귀향 이동(원심 이동)이라는 우회를 생략하고 처음부터 '베트남 현지 → 국립묘지'라는 직행 이동 코스를 따르게 되었다. 1960년대 중반을 넘어서면서 전사자 시신의 국립묘지 안장은 거의 당연시되는 단계에 다다랐다.

1957년 4월부터 유연고 전사자들이 처음 안장되기 시작한 이래, 국립묘지로 재차 이장해오는 유연고 전사자 숫자가 빠르게 늘어났다. 유연고 유골을 중심으로 볼 때, 시신의 대이동은 (1) 1951~1956년 사이의 원심 – 분산

---

7) 『동아일보』, 1972.6.6.

8) 『동아일보』, 1966.6.6.

9) 『동아일보』, 1967.5.15 참조.

이동, (2) 1957~1959년 사이 원심 - 분산 이동과 구심 - 집중 이동의 혼재, (3) 1960년 이후 구심 - 집중 이동이라는 세 단계를 거쳤다. 구심 이동의 시기에, 유족들은 "무의미한 죽음으로 만들고 싶지 않아서", "자손이 없으므로", "나라가 보살펴주기 때문에", "다음 세대에서 관리가 불가능하기 때문에" 전사한 가족의 시신을 국립묘지로 이장했다.[10] 그러나 국립묘지로의 이장이 항상 순조로운 것만은 아니었다.

국립묘지에 전사자를 매장하면서부터 유족은 새로운 문제에 직면하게 된다. 각 지역에 봉송되어 있던 유골을 다시 찾아 국립묘지에 이장하기 위해서는 유골이 필요했다. 그러나, 전쟁 중에는 유골 하나로 10명의 유족에게 나누어 보내거나 전쟁터의 임시 묘에서 판 흙을 넣어 유족에게 보내는 수도 있었다. 이러한 상황에서 국립묘지로의 이장을 둘러싸고 유골이 없는 유족은 묘에서 판 흙과 사진을 넣어 가지고 가면 이장을 거부하는 일도 있었다고 한다.[11]

〈표 13 - 3〉에서 보는 것처럼 1960년대 들어 전사한 군인(국군)만이 아니라, 재일동포(학도의용군)와 학생(학도의용군), 국가유공자(애국지사, 외국인), 경찰, 대통령 등 다양한 신분의 사람들이 국립묘지로 변신한 국군묘지에 안장되었다. 1965년에는 '애국지사 묘역'과 '경찰관 묘역'도 별도로 조성되었다.[12] 유연고 전사 군인의 안장 및 이장, 안장자 신분의 다변화라는 변화를 거치면서 과거 국군묘지에 부착되었던 '무연고자 묘지'라는 부정적 이미지는 점점 희석

---

10) 지영임, 「한국 국립묘지의 전사자 제사에 관한 일고찰」, 494쪽.

11) 위의 글, 490쪽.

12) 국립서울현충원, 『민족의 얼』(제8집), 145쪽.

되어갔다. 이런 과정에서 국립묘지의 인기도·선호도 역시 점차 상승되었다. 비록 불미스럽게 하야했을지라도 '대한민국 초대 대통령'인 이승만이 1965년 7월 이곳에 묻힘으로써, 국립묘지는 무연고자 묘지 이미지와 완전히 결별했다. 대통령의 안장 행사는 물론이고, 현충일을 전후한 다양한 행사들, 국빈을 포함한 주요 외국인들의 참배 등으로 인한 빈번한 언론 노출 역시 국립묘지에 대한 부정적 이미지의 희석과 선호도 증가에 기여했다.

〈표 13 - 3〉 동작동 국군묘지(국립묘지)의 주요 안장 기록: 1956~1966년

시기	내용
1956.1.16	무명용사 대표 1위를 무명용사탑에 최초로 안장
1957.4.2	유명용사 최초 안장(강덕수 육군 하사 등 192위, 11번 묘역)
1963.11.21	재일교포 학도의용군 안장(무명용사 50위, 16번 묘역)
1964.3.11	애국지사 최초 안장(김재근, 국무회의 의결)
1964.4.25	학도의용군 안장(무명용사 48위, 1번 묘역)
1964.12.12	외국인 최초 안장(강혜림, 24번 묘역)
1965.5.10	베트남 파병 장병 최초 안장(노웅기 육군 중사, 51번 묘역)
1965.7.21	경찰관 최초 안장(계용훈 경위와 진덕수 경사, 8번·17번 묘역)
1965.7.27	대통령 최초 안장(이승만)
1966.5.18	최초의 애국지사 합동 안장(문태수 등 25위, 애국지사 묘역)

* 출처: 국립서울현충원, 『민족의 얼』(제8집), 62쪽.

대중과 유가족의 이런 '의식·태도 변화'는 국군묘지와 관련된 '법의 변화'로도 반영되었다. 국군묘지에 전사자 안장이 시작된 직후인 1956년 4월에 제정·시행된 '군묘지령'은 안장 대상과 관련하여 "전조(前條)의 묘지에는 군인, 사관후보생 및 군속(기타 종군자를 포함한다)으로서 사망한 자 중 그 유가족이 원하거나 유가족에게 봉송할 수 없는 유골, 시체를 안장한다."(제2조)라고 규정했다. 이 법에 따르면 유가족에게 전사자 유골을 전달하는 것이 원칙으로,

국군묘지는 "유가족에게 봉송할 수 없는 유골, 시체"를 안장하는 곳이었다. 또 유연고자인 경우에는 유가족이 국군묘지 안장을 적극적으로 원한다는 의사를 밝혀야만 비로소 국군묘지에 안장될 수 있었다. 그러나 군묘지령을 대신하여 1965년 3월에 제정·시행된 '국립묘지령'은 안장 대상을 다음과 같이 규정했다. "묘지에는 다음 각 호의 1에 해당하는 자의 유골 또는 시체를 안장한다. 다만, 그 유가족이 이를 원하지 아니하는 경우에는 그러하지 아니한다."(제3조)[13] 이제는 유가족이 국립묘지 안장을 거부한다는 의사를 적극적으로 밝혀야만 전사자 유해가 유가족에게 전달된다. 유가족이 특별히 시신 처리의 개별화를 선택하지 않는 이상 국립묘지에 집단적으로 안장하는 쪽으로 기본 흐름 자체가 바뀐 것이다. 다시 말해 1956년에는 유가족이 국군묘지 안장 의사를 적극적으로 표현하지 않는 한 유가족에게 전달하는 게 원칙이었지만, 1965년에는 유가족이 국립묘지 안장 거부 의사를 적극적으로 표현하지 않는 한 국립묘지에 안장하는 게 원칙으로 완전히 뒤집혔다.

2. 국가신전으로의 점진적 상승

시신의 대이동 과정에서 구심 이동이 지배적이었던 1957년 이전 시기는 말할 것도 없고, 원심 이동과 구심 이동이 중첩되었던 1957~1959년의 '모호한 시간' 동안에도 국군묘지의 위상은 여전히 애매했고 그 이미지 역시 유동적이었다. 그러나 1960년대 들어서는 이 묘지의 드높은 위상과 긍정적인 이

---

13) 법제처 국가법령정보센터(www.law.go.kr)의 '군묘지령'과 '국립묘지령' 항목(2016.2.20 검색).

미지가 의문의 여지없는 사실로 수용되었다. 1968년에 전사자 유해를 국립묘지로 이장하고 도화동 국군묘지가 묘지 기능을 완전히 상실한 데서 보듯이, 국지적인 소규모 국군묘지들에 묻혀 있던 전사자 유해가 국립묘지로 이장되는 과정은 '큰 전사자 묘지'(국립묘지)를 중심으로 전국에 산재한 '작은 전사자 묘지들'이 통합되고 재구성되는 과정이기도 했다.

복잡다단하던 시신 이동의 흐름이 국립묘지로의 구심 이동으로 단순해짐으로써, 또 전국으로 분산되었던 전사자 시신이 국립묘지로 재차 집결함으로써, 전사자 죽음의 '사사화' 추세는 다시금 '국유화' 추세로 역전되었다. 보다 구체적으로 보면, (1) 해방 직후의 사사화(원심 이동), (2) 전쟁 직전의 국유화(장충사로의 구심 이동), (3) 전쟁 발발 이후의 재사사화(유연고자의 원심 이동, 무연고자의 국군묘지로의 구심 이동), (4) 1957년 이후 사사화(원심 이동)와 재국유화(구심 이동)의 혼재, (5) 1960년대 이후의 재국유화(구심 이동)가 연이어 나타났다. 이런 과정을 거치면서 국군묘지는 가장 선호되는 전사자 거처가 되었을 뿐 아니라 탁월한 국가성지로 상승했다. 성화(聖化)된 전사자들의 구심 이동과 집중에 비례하여 국립묘지의 권위와 위상도 한껏 높아졌다. 전사자의 몸이 지닌 상징적 힘에 대한 국가의 장악력 또한 현저히 높아졌다. 1960년대 이후 국립묘지는 상징정치를 위한 최적의 무대, 나아가 시민종교의 최고 성지이자 신전으로 거듭났다. 선호도 상승을 촉진한 또 다른 요인이었던 국립묘지 공원화에서 논의를 시작해보자.

(1) 최초의 공원묘지

필립 아리에스는 18세기 말엽부터 서구 그리스도교 사회들에서 등장한, 묘지를 대하는 두 가지 새로운 태도와 관념을 강조한 바 있다. 그 하나는, 도시 바깥으로 추방되었던 묘지가 다시 도시 내부로 진입하게 되었던 것이다. 그 이전에는 묘지의 유해성과 위험에 대한 팽배한 관념, 이 관념이 조장하는 묘지에 대한 적대감, 시신·사자(死者)에 대한 공포가 묘지를 도시 바깥으로 밀어냈었다. 그러나 묘지는 이제 도시에 필수적이고 본질적인 요소이자, 사자에 대한 존경심을 표현하는 공간으로 재규정되었다. 둘째, 정원묘지, 곧 자연 속의 공원묘지라는 관념이 새로 생겨났다. 자연 속의 아름다운 정원풍 묘지는 휴식의 공간이자 애국심의 장소이고, 명상과 추억의 장소이자 방문과 순례의 장소가 되어야 한다는 생각이 확산되었다.[14] 19세기 초로 접어들면서 묘지는 "산책자들이 찾아가는 공공 공원"이고, "국민적인 영예를 얻은 유명 인사들이 영면하는 일종의 박물관—팡테옹—역할"을 수행하며, "가족 간의 사랑을 나타내주는 박물관"이자 "가족적인 순례의 장소"이고, 죽은 이들과 관련된 "추억을 위한 최고의 장소"가 되었다.[15] 조지 모스는 사자들이 자연 속에서 안식을 취한다는 정원묘지 관념이 19세기 이후 등장한 서구 국가들의 군묘지에도 스며들었다고 보고했다.[16] 이 무렵부터 대다수 서구 국가들은 군묘지들을 아름다운 공원묘지로 조성하게 되었다.

동작동 국군묘지도 공원묘지 관념을 기초로 조성되었다. 부산의 유엔군 묘지에 '최초'라는 영예를 양보해야 할지 모르나 국군묘지는 어쨌든 한국 정부로서는 처음 조성한, 면적이 144만㎡에 달하는 대규모 공원묘지였다. 그러나 처음 조성될 당시 국군묘지 일대는 민둥산에 가까운 모습이었다. "국립묘

---

14) 필리프 아리에스 저, 이종민 역, 『죽음의 역사』, 동문선, 1998, 186-201쪽.

15) 필리프 아리에스 저, 유선자 역, 『죽음 앞에 선 인간(하)』, 동문선, 1997, 460, 502, 509, 511쪽.

16) 조지 모스, 『전사자 숭배』, 48-54, 97, 252쪽.

지 내의 임야는 8·15 이전에는 30~40년생 적송이 울창한 임야지대였으나 일제 말기 일본인의 벌채와 해방 직후 및 6·25동란 중 일부 몰지각한 사람들의 남벌 등으로 인하여 문자 그대로 벌거숭이산으로 변하고 말았다."[17]

군과 한국 정부는 국군묘지의 조경에 대대적인 노력을 기울였다. 1957년 4월 육군본부는 식목일을 맞아 국군묘지와 한강로 일대에 전나무, 오리나무, 아까시나무 등 묘목 4만여 그루를 식수했다. 1958년과 1959년에는 중앙정부 차원의 식목일 기념식을 아예 국군묘지에서 거행했다. 기념식이 끝난 후 1958년에는 전나무·잣나무·은행나무 등 54,500여 그루를, 1959년에는 2만 그루의 나무를 군묘지 일대에 심었다.[18] 1957년부터 3년 동안에만도 11만 그루가 넘는 나무들을 국군묘지와 그 주변에 심었던 셈이다. 이런 기조는 1960년대에도 이어졌다. 예컨대 군사정부는 1962년의 제17회 식목일 행사를 역시 국군묘지에서 거행하고, 참여한 공무원과 시민들은 묘지 주변 5만 평 산야에 리기다소나무, 잣나무 등 12,200그루의 묘목을 심었다.[19] 특히 국방부는 군 병력을 대대적으로 동원하거나 아예 상주시켜 국립묘지 녹화 작업에 진력했다.[20]

1958년 3월부터는 국군묘지 안에 도별(道別) 소공원이 조성되었다. 1958년 5월 중순에는 다음과 같은 보도가 나오기도 했다. "동작동 국군묘지에는 각 도로부터 흙과 잔디 돌 그리고 푸른 나무를 가져다 향토가 낳은 무명용사의 영혼을 위로하는 각 도별 공원이 꾸며지고 있다 …… 국방부의 계획으로

---

17) 국립묘지관리소, 『민족의 얼』, 234쪽.

18) 『동아일보』, 1957.4.6; 『경향신문』, 1958.4.6, 1959.4.5.

19) 『경향신문』, 1962.4.5.

20) 국립묘지관리소, 『민족의 얼』, 234-235쪽.

지난 3월부터 시작된 이 소공원 건설은 경북도를 비롯하여 강원도와 전북도가 그 완성을 보았다."[21] 1958년부터는 현충일 전날 서울 시내의 초·중·고교 학생들이 국군묘지에 안장된 모든 장병의 묘비마다 태극기와 꽃을 바치는 행사가 연례행사로 자리를 잡았다.[22] 그 일환으로 1958년 서울시교육위원회는 현충일을 전후하여 시내 국민학교 학생에게 "국군묘지를 학습단원으로 하는 현장학습"을 시도하면서, 우선 고학년 대표들이 국군묘지를 참례하면서 꽃을 군묘지에 봉헌하도록 지도했다.[23] 이를 통해 매년 현충일 즈음이면 국군묘지가 꽃이 가득한 공간으로 변신하곤 했다. 1959년 4월에는 식목일을 앞두고 연합신문사가 국군묘지와 부산 유엔군묘지 녹화를 위해 전국적인 헌수(獻樹)운동을 벌였다.[24]

1961년 5월 무렵에는 국군묘지가 "서울의 새 명소" 중 하나로 보도되기도 했다. "각 사단에서 파견되는 25명씩의 지원 병력과 6억5천여만 원의 예산으로 이제 국군묘지에는 잔디가 파랗게 깔린 것은 물론 용사문, 호상(虎像), 휴게소가 마련되고 길목마다 자갈을 깨끗하게 덮어 문자 그대로의 성역(聖域)이 이룩되어 있다."라는 것이다.[25] 1962년 현충일 즈음엔 "약 백만 그루의 나무와 화초들이 가꾸어져 묘지라기보다는 공원처럼 밝은 환경"이 만들어졌다.[26] 국군묘지를 공원으로 가꾸려는 노력이 이어지면서 1960년대 후반에는

---

21) 『경향신문』, 1958.5.15.

22) 『경향신문』, 1958.5.23, 1958.6.6; 『동아일보』, 1958.6.7.

23) 『경향신문』, 1958.5.18.

24) 국립묘지관리소, 『민족의 얼』, 237~238쪽.

25) 『동아일보』, 1961.5.25.

26) 『동아일보』, 1962.6.6.

울창한 숲이 형성되어 유가족들의 참배는 물론이고 학생들의 소풍이나 시민들의 산책 장소로도 사랑받게 되었다. 고궁(古宮)이나 남산 일대를 제외하면 서울 시내에 숲을 갖춘 비교적 큰 규모의 공원이 절대적으로 부족한 상태에서, 국군묘지는 공동묘지에 대한 부정적 선입견을 점차 제압하면서 시민들에게 '엄숙하면서도 친근한' 공간으로 변신해갔다.

(2) 기념비의 숲을 이루다

1961년 군사정부가 들어선 일을 계기로 국군묘지에 대한 대대적인 투자와 정비가 진행되었다. 박정희 국가재건최고회의 의장은 미국 방문 중인 1961년 11월 14일에 알링턴국립묘지를 참배했다.[27] 이 경험 또한 국군묘지에 대한 대대적인 정비에 나서도록 직접적인 자극으로 기여했을 가능성이 있다. 노량진에서 국군묘지에 이르는 약 2.1㎞의 진입도로를 확장하고 포장하는 사업, 국군묘지 외곽에 4.6㎞ 길이의 돌담을 설치하는 사업, 기존의 목비를 석비로 교체하는 사업이 1960년대 초에 집중적으로 진행되었다.

우선, 1962년 8월부터 노량진~국군묘지 입구 간 8m 도로를 12m로 확장하는 공사를 시작한 데 이어, 1963년 3~5월에는 이 도로를 아스팔트로 포장하는 공사가 이루어졌다.[28] 초기 국군묘지에는 묘지의 경계 시설이 없었지만, 1962년 4월부터 5개월에 걸쳐 육군 및 해병대에서 차출된 800여 명의 병력을 동원하여 묘지 외곽에 1.8m 높이의 돌담을 건축했다.[29]

---

27) 『동아일보』, 1961.11.15.

28) 『동아일보』, 1963.3.23; 『경향신문』, 1963.3.22.

29) 국립서울현충원, 『민족의 얼』(제8집), 230-231쪽.

앞서 언급했듯이 1963년 6월 현재 10,189주의 목비가 석비로 교체되는 등 1965년 완료 예정으로 석비 건립사업도 추진되었다. 이 사업의 중요한 효과 중 하나는 '비문'(碑文)을 통해 사자의 개별성과 개성이 살아나게 되었다는 점이었다. 묘비 뒷면에 새긴 다채로운 글귀들은 전사자의 국립묘지 안장을 통한 집단화·익명화 흐름 속에서도 전사자들의 개별성을 드러내는 중요한 장치였다. 묘비의 기념비적 기능이 강화된 점, 다시 말해 목비 시절에는 드러나지 않던 '수만 개의 작은 기념비들'이 생겨났다는 사실 역시 석비 건립사업의 중요한 효과였다. 가족이나 친지들이 작자(作者)인 묘비문들 중에는 '감정의 연금술'을 보여주는 것들도 종종 발견된다. 한 전사자 묘비에 "얼룩 철모 씩씩한 아들이 피 흘린 장한 얘기를 남기고 영원히 잠들다."[30]라는 구절을 적어 넣은 부모는 감정의 연금술이 주효한 좋은 예이다. "숭고한 삶 / 영원을! 사는 창조 / 여기! 젊음을 불살라 / 영겁(永劫)의 불사신(不死身)이 된 / 내 아들이 고이 잠들다. / 몸은 부서져 가루가 되고 / 피는 흘러서 이슬이 되었거니 / 재주와 그 인격이 그리도 아깝구나 / 자유와 평화를 위한 그대의 넋 / 태양보다 더 찬란한 온누리를 비추게 하리"라는 어머니의 비문도 같은 범주에 속한다.[31] 그러나 한 맺힌 그리움을 토로하는 등 애도와 추모·위령 주제를 담은 묘비문들이 압도적으로 많다.[32]

　　살아있는 것 같은데 보이지 않으니 / 어디 가 찾으며 / 들리는 것 같은데 소리 없으니 / 날마다 불러볼까

---

30) 『동아일보』, 1981.6.5.

31) 국립묘지관리소, 『민족의 얼』, 358쪽.

32) 위의 책, 347, 348, 350, 351, 363쪽.

언어(言語)의 거래는 없어도 좋은 것 / 사랑아 너는 포용한 채로 있어라!

빛이 아무리 밝은들 / 볼 수 없는 당신의 얼굴 / 바람이 아무리 센들 / 전할 수 없는 저의 목소리 / 몸부림쳐도 전할 길 없구려 / 일편단심 보고픔 그리움을 / 당신만은 알아주시리 / 영전에 엎드려 명복을 비옵니다

여보! 천지가 변하여도 살아 오마던 당신 / 어쩌다 한줌의 재가 되어 돌아오셨소. / 여보! 우리 서로 주님 앞에 다시 만날 때 / 그때는 영원토록 이별 맙시다

여보 / 한마디 말도 없이 가버리면 어떡해요 / 이 부르는 소리를 듣고 계신지요 / 부디 대답을…

1964년까지 국군묘지 경내의 도로는 비포장 상태로 남아 있었다. 그러나 1965년에는 박정희 대통령의 지시에 따라 역내 간선도로에 대한 포장공사가 진행되었다. 이 공사는 1965년 9월 30일에 완료되었다.[33] 이미 언급했듯이 1966~1969년에는 현충탑과 현충문을 건립하는 프로젝트가 진행되었고, 특히 현충탑 건립사업은 1966년에 있었던 박 대통령의 말레이시아 방문이 직접적인 자극으로 작용했다. 오늘날에도 참배와 현충일 식전의 초점을 이루는 현충탑과 현충문이 건립됨으로써 국립묘지의 기본구조가 사실상 완성된 셈이 되었다.

1970년대 이후에도 국립묘지에 대한 군사정권의 관심과 투자는 지속되

---

33) 국립서울현충원, 『민족의 얼』(제8집), 231~232쪽; 국립묘지관리소, 『민족의 얼』, 24쪽.

었다. 예컨대 1970~1974년에는 국방부가 주도하는 '국립묘지 공원화 5개년 계획'이 추진되었다. 이 기간 중에 1962년 설치되었던 돌담을 "킹블록 구조"로 개축하는 '성곽 개축공사'를 비롯하여, 전체 경내 도로의 포장공사, 묘역 확장 공사 등이 진행되었다. "세계적인 규모의 국립공원으로 만들 계획" 아래 장미원과 분수대를 만들고 꽃사슴을 방사하고 비둘기를 사육하는 등 "완전 지상낙원화"를 추구했던 것도 바로 이때였다.[34] 1971~1972년에는 '대한향군부녀회'의 헌납에 의해 모든 묘에 꽃병을 설치하는 사업이 진행되기도 했다.[35]

〈표 13 - 4〉 동작동 국립묘지의 기념시설 건립 추이: 1954~1980년[36]

시기	주요 변화
1954.10.30	무명용사탑 및 무명용사문 건립
1955.7.20	봉안관 건립
1955.9.28	안병범 장군 순의비 건립
1958.6.30	분수대 건립
1962.12.1	새로운 봉안관 건립, 기존 봉안관은 '전쟁기념관'으로 개조
1963.8.17	육사7기 특별동기생 추모탑 건립
1964.6.25	포병장교 위령충혼비 건립
1967.5.30	부평 경찰전문학교 교정에 있던 '경찰충혼탑'을 이설
1967.9.30	현충탑 건립(위패봉안관 및 납골당 포함)
1968.4	'무명용사탑'을 이설하면서 '학도의용군 무명용사탑'으로 개칭
1969.4.30	현충문 건립
1969.5.23	성북구 수유동에 있던 함준호 장군 현충비를 이설

---

34) 국립서울현충원, 『민족의 얼』(제8집), 231~232쪽; 『매일경제』신문, 1970.6.6의 「국립묘지 공원화」 기사; 『동아일보』, 1969.6.6의 「겨레의 손길 아쉬운 호국의 성지 국립묘지」 기사 참조.

35) 『경향신문』, 1971.12.17.

36) 국립서울현충원 홈페이지(www.snmb.mil.kr)의 '우리원 소개' 중 '연혁'과 '현충원 둘러보기' 참조(2016.1.11 검색); 차성환, 『참전기념물조형물 도감』, 34~45쪽.

1971.10.20	1950년도 현지임관 전사자 추념비 건립
1971.11.17	애국지사 묘역에 충열대 제막
1973.5.8	호국종 및 종각 건립
1973.6.6	재일학도의용군 전몰용사 위령비 건립
1975.8.15	무후선열제단 건립
1976.11.5	기존 분수대를 개조하여 '충성분수탑'을 건립
1977.6.2	유격부대 전적위령비 제막
1978.5.4	흑석동 강변에 있던 '육탄10용사 현충비'를 이설
1980.12.31	현충관 건립

* 출처: 국립서울현충원, 『민족의 얼』(제8집), 312~313쪽; 국립묘지관리소,
『민족의 얼』, 23~24, 59~98쪽.

1954년에 다소 황량한 모습으로 처음 등장한 국립묘지는 이후 수십 년의 세월을 거치면서 점진적인 완성의 과정을 거쳐 왔다. 국립묘지는 그 자체가 '하나의 거대한 기념물'이면서, 동시에 그 내부에 수많은 기념조형물과 기념 건물들을 품고 있는 '기념물들의 숲'이기도 하다. 〈표 13 - 4〉는 1954년부터 1980년에 이르기까지 시간의 흐름에 따라 나름의 사연을 간직한 기념시설들이 하나씩 들어서면서 국군묘지가 기념물의 숲으로 성장해가는 과정을 보여주고 있다.

(3) 국가신전의 완성

국립묘지가 국가신전인 첫 번째 이유는 그곳이 '신들의 거처'이기 때문이다. 군신 혹은, 국가·민족의 조상신들의 거처 말이다. 국가신전인 두 번째 이유는 그곳이 현충일 의례의 장소이기 때문이다. 1956년에 현충일이 제정된 이후 국립묘지는 현충일 의례의 고정 무대가 되었다. 국립묘지는 평범한 죽은 군인들이 영원한 생명을 획득하고, 국가수호신·국가조상신의 반열로 격

상되는 의례적 변신과 재탄생의 현장이다. 새로운 전사자의 안장식과 매년의 현충일 의례를 거치면서 신으로 거듭나는 이들은 갈수록 증가하고, '영웅들의 집적(集積)'에 비례하여 국립묘지를 감싸는 성스러움은 더욱 강렬해질 수밖에 없다. 2차 세계대전 이후 유럽의 많은 나라들에선 민족주의 열기가 퇴조하면서 열광적이던 '전사자 숭배'도 잦아듦에 따라, 군묘지들이 더 이상 시민종교의 최고신전으로 기능하지 못하게 되었다.[37] 당대의 유럽 사회들과는 대조적으로, 한국(대한민국)에선 군묘지가 1950년대에야 처음 등장했다. 이때부터 대한민국 전사자 숭배의 전성기가 시작되었다.

국립묘지와 개별 묘의 '존엄'(尊嚴)은 법적으로도 명문화되었다. 1956년 4월 제정된 군묘지령은 "묘의 존엄"을 규정하고 있었다. "묘지의 경내에서는 누구를 막론하고 가무유흥 기타 묘의 존엄을 해할 우려가 있는 행위를 하여서는 아니된다."(제9조)라는 내용이 그것이다. 1963년에 이르러 존엄의 대상은 개별 '묘'에서 '묘지/묘역' 전체로 확대 규정되었다. 그해 2월 15일에 제정·시행된 '군묘지 운영관리 규정'에는 "묘지의 존엄" 조항(제2조)이 포함되었는데, "묘지는 호국영령을 안치하는 성역으로서 언제나 존엄성을 유지하도록 하여야 한다."라는 내용이었다.[38]

1956년 4월에 제정된 군묘지령이 1957년 1월 개정되었다. 앞서 소개한 바 있듯이, 이때 안장 대상을 규정하는 제2조에 "국방부 장관의 제청으로 국무회의의 의결을 거쳐 순국열사 또는 국가에 공로가 현저한 자의 유골, 시체를 안장할 수 있다."라는 내용이 추가되었다. 이로써 국방부 장관의 제청과 국

---

37) 조지 모스, 『전사자 숭배』, 235~263쪽.
38) 법제처 국가법령정보센터(www.law.go.kr)의 '군묘지령' 및 '군묘지 운영관리 규정' 항목 (2016.2.20 검색).

무회의 의결을 거쳐 "순국열사 또는 국가유공자"라는 특별한 범주의 사람들이 국립묘지에 안장될 수 있는 길이 열렸다. '국가공헌도'에 따른 안장자 선별이라는 요소가 새롭게 침투함으로써, 국립묘지에는 단순한 전사자 묘지를 넘어 '국가유공자 묘지'의 성격이 추가되었다. 이것은 국군묘지의 품격과 상징적 권위 면에서 큰 변화를 뜻한다. 1957년의 군묘지령 개정으로 인해 1964년 3월 애국지사인 김재근이, 1964년 12월에는 외국인인 강혜림이 국립묘지에 안장될 수 있었다. 독립운동가를 뜻하는 '애국지사'가 국립묘지에 안장됨으로써 '반공 성지'를 넘어 '민족운동의 성지'로 성스러움의 범위를 확장할 가능성이 열리게 되었다. 독립운동가와 한국전쟁·베트남전쟁 전사자가 국립묘지에 나란히 눕게 되자, '반공주의와 민족주의의 만남' 내지 '반공주의에 민족주의 외투 입히기'가 더욱 순조로워졌다.

1965년 3월 국립묘지령이 제정되면서 '국군묘지'가 '국립묘지'로 개명(改名)되었을 뿐 아니라, 안장 대상자 범위가 급격히 확대되었다. 이에 따라 '국가유공자 묘지'라는 성격도 더욱 강해졌다. 국립묘지 안장 대상자의 확대 과정은 〈표 13-5〉에 요약되어 있다.(다음 페이지의 〈표〉 참조.)

대한민국의 상징이자 대표 성역(聖域)으로 공인된 국립묘지는 1960년대 중반 이후 한국을 방문하는 국빈(國賓)과 주요 인사들의 필수적인 방문지가 되었다. 〈표 13-6〉에 1960년대의 국빈급 참배자들이 소개되어 있다. 표에서 국빈급으로는 최초 참배자로 등장하는 존슨 대통령의 경우 그가 국립묘지를 참배한다는 것 자체가 큰 뉴스거리였다. 1966년 11월 2일 자 『매일경제』는 1면의 「존슨, 국립묘지를 참배」라는 기사에서 이날 아침 존슨 대통령 부부가 숙소인 워커힐호텔에서 헬기로 이동하여 국립묘지에서 영접위원장인 장기영 부총리의 안내를 받았다고 보도했다. 러스크 국무장관, 브라운 주한 미국 대사, 본스틸 유엔군사령관 부부를 대동한 존슨 대통령 부부는 "장창국 합참

의장의 안내로 21발의 예포와 진혼나팔이 메아리치는 가운데 엄숙하게 헌화와 분향을 마쳤다. 특히 존슨 대통령은 헌화를 마치고 나오면서 용사문 앞에 마련된 서명록에 '린든·B·존슨'이라고 서명했다.”

<표 13 - 5> 국립묘지 안장 대상자의 확대 과정

관계 법령	시행일	안장 대상자
군묘지령 (국방부령)	1956.4.13	•군인, 사관후보생 및 군속(기타 종군자 포함)으로서 사망한 자
	1957.1.7	•순국열사 또는 국가에 공로가 현저한 자(국방부 장관 제청으로 국무회의 의결)
국립묘지령 (대통령령)	1965.3.30	•전투에 참가하여 무공이 현저한 예비역 군인 또는 퇴역·면역한 군인 중 사망한 자로 국무회의 심의를 거쳐 대통령이 지정한 자 •국장으로 장의 된 자 •전투에 참가하여 전사한 경찰관 •국가 또는 사회에 공로가 현저한 자(국무회의 의결)
	1970.12.14	•전투에 참가하여 전사한 향토예비군 대원 •군인·군속·경찰관으로 전투 혹은 공무 수행 중 상이(1, 2급)를 입고 그 상이가 원인이 되어 사망한 자 중 주무 부처의 장이 추천한 자 •대한민국에 공로가 현저한 외국인 사망자 중 국무회의 심의를 거쳐 대통령이 지정한 자
	1975.10.13	•시체를 찾을 수 없는 자의 모발 안장
	1981.1.1	•군복무 중 전투에 참가하여 무공이 현저한 자(태극·을지 무공훈장) •장관급 장교 또는 20년 이상 군에 복무한 자
	1982.1.1	•국민장으로 장의 된 자 •임무 수행 중 전사 또는 순직한 경찰관 •애국지사(국가보훈처장의 요청에 의함)
	1988.1.10	•군인·군무원·경찰관으로 전투 또는 공무 수행 중 상이(5급 이상)를 입고 그 상이가 원인이 되어 사망한 자 중 국방부 장관이 지정한 자
	1997.1.10	•군인·군무원·경찰관으로 전투 또는 공무 수행 중 상이를 입고 그 상이가 원인이 되어 사망한 자 중 국방부 장관이 지정한 자(모든 상이자) •전투에 참가하여 무공이 현저한 군인(태극~인헌 무공훈장)
	1998.1.1	•전투에 참가하여 무공이 현저한 자(태극~인헌 무공훈장) •유공자 등 예우법 74조 규정에 의하여 전·공상 군경으로 보아 보상을 받는 자

| 국립묘지의 설치 및 운영에 관한 법률(법률) | 2006.1.30 | •대통령·국회의장·대법원장의 직에 있었던 사람, 국장 또는 국민장으로 장의 된 사람
•임무 수행 중 순직한 향토예비군(2006년 1월 30일 이후 사망자)
•화재진압·인명구조 및 구급업무 수행 또는 가상 실습훈련 중 순직한 소방공무원(1994년 9월 1일 이후 사망자)
•6·25 참전 재일 학도의용군인
•의사자 및 의상자로 사망한 사람(1970년 8월 4일 이후 사망자)
•순직 공무원(유공자 등 예우법 4조),공상 공무원(1~3급)으로서 위험한 직무 수행 중 사망 또는 부상하여 안장심의위원회가 결정한 사람 |

* 출처: 국립서울현충원, 『민족의 얼』(제8집), 45쪽.

〈표 13 - 6〉 1960년대의 국빈급 국립묘지 참배자

시기	참배자
1966.11.2	미국 린든 존슨 대통령
1966.12.5	레소토왕국 레아부아 조나탄 총리
1967.3.3	서독 하인리히 뤼프케 대통령
1967.4.3	타이 타놈 끼띠카쫀 수상
1967.4.7	오스트레일리아 해롤드 홀트 총리
1967.7.2	일본 사토 에이사쿠 총리
1967.7.2	미국 휴버트 험프리 부통령
1968.3.19	타이 프라파스 차르사티엔 부총리
1968.5.19	에티오피아 황제 하일레 셀라시에 1세
1968.10.19	뉴질랜드 키스 홀리오크 총리
1969.4.30	말레이시아 이스마일 나시루딘 국왕
1969.10.27	니제르 디오리 하마니 대통령

* 출처: 국립묘지관리소, 『민족의 얼』, 134~135쪽.

국가신전은 외국 귀빈, 한국 권력자들의 방문과 참배 대상에 그치지 않았다. 그곳은 조만간 보통사람들의 순례 대상이 되게 마련이다. '공원화와 성역화 효과의 결합'이라 할 수 있는 참배객·방문자의 증가는 현충일 행사 및 국빈 참배와 함께 국립묘지가 국가신전임을 보여주는 유력한 증거이자 지표

이다. 참배객 혹은 방문자 숫자로 볼 때, 국립묘지가 국민적인 순례 대상지로 안착한 때는 1970년대였다. 그 전까지 연간 40만 명에 못 미치던 참배객 숫자는 1974년에 단번에 200만 명을 넘어서며(2,169,000명), 1975년에는 다시 600만 명을 넘어섰다(6,002,550명).[39] 1974년에 대통령 영부인 육영수가 저격을 당해 국립묘지에 안장된 것이 중요한 계기였다고 한다. 이것이 '남성 전사(戰士)' 이미지로 가득 찬 국립묘지에 여성성과 모성(母性)의 이미지를 불어넣음으로써, 대중으로 하여금 국립묘지를 더욱 가까운 공간으로 느끼도록 만들었을 수 있다. "1957년부터 1973년까지만 해도 연간 40만 명이 채 못 되던 참배객이 1974년 고 육영수 여사의 안장을 계기로 급증하기 시작하여 1976년에 699만 명에 이른 후 1979년까지는 거의 같은 수준을 유지하더니 1979년 11월 고 박정희 대통령의 안장을 계기로 다시 증가하여 1980년에는 863만 명의 많은 사람들이 참배하였다."[40] 이 인용문에도 나오듯이 1980년에 국립묘지 참배객 수는 무려 8,633,429명에 이르렀다. 이후 감소했다고는 하나 1981년의 7,070,957명에 이어 1982~1986년에도 꾸준히 500~600만 명 수준을 유지했다. 이렇게 보면 1970~1980년대가 동작동 국립묘지의 전성기였던 것 같다. 거의 당연시되고 의문의 여지도 허용하지 않는 '국립묘지 신화'가 바로 이 무렵에 확고히 뿌리를 내렸다고 평가할 수 있을 것이다.

3. 소결

해방 후 윤봉길, 이봉창, 백정기, 이동녕, 김구 등의 유해가 안치된 효창공

---

39) 국립묘지관리소, 『민족의 얼』, 133쪽 참조.

40) 위의 책, 134쪽.

원이 독립운동을 상징하는 민족적 성소(聖所)로 등장했다. 전쟁 직전 '전사자들의 집'인 장충사가 또 하나의 대한민국 성지로 떠올랐다. 그러다 전쟁 중에 등장한 부산의 유엔군묘지, 전쟁 직후 등장한 서울 동작동의 국군묘지(국립묘지)가 최고 국가성지 지위를 차지하게 되었다. 한국에서 가장 신성한 공간이 불과 반세기 만에 '종묘 → 조선신궁 → 효창공원/장충사 → 국군묘지/유엔군묘지'로 위치 이동을 거듭했다.

국립묘지가 최고 국가성지로 격상된 결정적인 계기는 말할 것도 없이 한국전쟁이었다. 전후(戰後) '반공주의 성지'의 대표 격인 국군묘지의 화려한 부상은 전전(戰前) 최고의 국가성지이자 '민족주의 성지'의 대표 격이던 효창공원이 전후 방치와 해체의 위협에 시달렸던 사실과 날카롭게 대조된다. 아울러 현충일 추념식이 전사자들을 추모하는 '최고의 국가 의례'로 등장했다. 최고 국가성지와 최고 국가 의례의 탄생이라는 점을 고려할 때, 한국 시민종교의 형성·발전에서 1955~1956년이라는 시간이 갖는 중요성이 마땅히 강조되어야 한다.

그런데 당시만 해도 국립묘지에는 국가성지와는 어울리지 않는 무연고자 묘지 이미지가 오버랩되어 있었다. 국가영웅들이 아름다운 자연 속에서 안식을 취하는 공원묘지나 정원묘지의 경관과도 거리가 멀었다. 국립묘지는 1960~1970년대를 거치면서 비로소 대한민국 시민종교의 국가신전으로 단단히 자리를 잡게 되었다. 유가족과 일반 국민들도 국립묘지로의 이장(移葬) 혹은 순례·참배 등의 행동으로 대체로 이런 변화를 받아들였다. 국립묘지는 1960년대 이후 소풍과 산책의 장소로서 시민들의 일상적 삶 속에 스며들기도 했지만, 그런 가운데서도 전쟁의 비극성을 문득문득 상기시키는 공간이기도 했다. 참배객이 가장 많이 몰리는 현충일 전후 시기에는 물론이고, 국립묘지에서 진행되는 호국글짓기대회나 멸공그림그리기대회 등에선 소풍이나 산책 때와는 전혀 다른 장소성이 발휘되었다.

탁월한 국가성지이자 신전이 됨으로써 국립묘지는 위력적인 정치적 – 이데올로기적 효과들을 발휘하기 시작했다. 국립묘지는 최고 성지였으므로 "최적의 상징정치 무대"가 될 뿐 아니라,[41] "'이미지 정치'를 위한 공간"이 된다.[42] 국립묘지가 '기념비들의 숲'이 되어감에 따라 기념비마다 새겨진 대통령 휘호와 비문들, 나아가 대통령의 현충일 추념사들이 추모객과 순례자들의 심금을 울리게 될 것이다. '충혼불멸'이나 '충현불멸'을 전사자 기념비에 휘호하기를 즐겼던 이승만 대통령이 국립묘지 무명용사비에 새긴 "무명용사의 령"이라는 제자(題字)는 사라졌지만, 뒤를 이은 박정희 대통령은 충렬대에 '민족의 얼', 경찰충혼탑에 '경찰충혼탑', 현충탑 앞 향합대에 '충혼'이라는 휘호를 남겼다. 현충탑의 제단 뒤쪽에는 국립묘지에서 가장 유명한, 이은상이 지은 현충시가 박정희 대통령의 글씨로 새겨졌다.

그렇다면 국립묘지를 통해 어떤 정치적 – 이데올로기적 효과가 발휘되었고 어떤 메시지들이 울려 퍼졌는가? 하상복은 이를 "반공군사주의"로 요약했다. 그에 따르면 국립묘지는 "반공군사주의를 체현한 인물들이 영면하는 곳"이자, "반공군사주의를 표방하는 권력의 공간"이자, "반공군사주의 이념을 재생산하는 공간"이다.[43] 정호기는 국립묘지 기념비들의 비문이 전쟁을 미화하고 전쟁 동원을 정당화하며, 지배 권력에 대한 순응을 조장한다고 보았다. "국립현충원에 글을 남긴 이들은 현재의 지배세력 및 권력자와 국가를 항상 동일시했다. 따라서 어떤 체제가 들어서든 국민에게 군인이 될 것을 요구

---

41) 하상복, 『죽은 자의 정치학』, 7쪽.

42) 정호기, 「국민국가의 신성성과 '죽은 자 모시기'」, 220쪽.

43) 하상복, 『죽은 자의 정치학』, 21~22쪽.

하고, 전쟁터로 나아갈 것을 강제하였다. 이들은 전쟁에서 사망한 이들의 죽음을 기리는 글을 통해 전쟁을 미화하고, 지배 권력의 요구에 부응했다."[44] 다카하시 데쓰야에 의하면 동작동 국립묘지는 '희생의 논리'를 전파하는 곳이기도 하다. 그는 충열대의 비문을 근거로 국립묘지에도 희생의 논리가 관철되고 있음을 강조한 바 있다.[45] "이 언덕은 조국 광복을 위하여 국내외에서 싸우다 돌아가신 위대한 애국지사와 후손이 없는 선열의 위패를 모시고 있는 거룩한 곳입니다. 우리가 오늘날 주권국가의 지위를 누리고 있는 것도 모두 선열들의 고귀한 희생 덕분임을 생각할 때 그분들의 은공을 잠시나마 잊어서는 안 될 것입니다. 선열들의 높으신 얼을 추모하며 경건한 마음으로 참배합시다." 동일한 희생과 보은의 논리가 충열대의 '순국선열들'뿐 아니라 반공투쟁 과정에서 목숨을 잃은 '호국영령들'에게도 적용될 수 있을 것이다.

---

44) 정호기, 「국민국가의 신성성과 '죽은 자 모시기'」, 229쪽.

45) 다카하시 데쓰야, 『국가와 희생』, 248쪽.

14장

국립묘지의 재봉건화와 안팎의 긴장들

전사자 거처와 관련된 논의의 마지막 부분인 이번 장에선 국가신전으로 자리 잡은 국립묘지 내부의 모순, 균열, 긴장들을 주로 다룬다. 크게 두 가지 인데, 하나는 국립묘지 내부의 차별과 불평등 문제로서 필자는 이를 '국립묘지의 재봉건화(refeudalization)'라는 관점에서 접근하려 한다. 민주주의를 표방하는 근대국가의 국립묘지 안에서 신분과 계급에 따른 차별이 심화되는 현상을 포착하려는 이 표현은 위르겐 하버마스의 '공론장의 재봉건화' 개념에서 착안한 것이다.

다른 하나는 '국립묘지의 다양한 틈새들과 긴장들'에 주목하는 것이다. 여기에 국립묘지 내부의 차별과 불평등, 그로 인한 불만과 긴장들이 포함됨은 물론이다. 필자는 이 문제 말고도 국립묘지 체계 내부와 외부에서 발견되는 갖가지 균열과 소음들에 주목할 것이다. 1980년대에 서울 국립묘지와 동일한 성격의 국립묘지가 대전에도 등장했고, 1990년대 이후에는 국립민주묘지들과 국립호국원들이 차례로 출현했다. 이로써 수십 년 동안 유지되었던 '단일 국립묘지 체제'가 '다원 국립묘지 체계'로 재편되었다. 필자는 다원화된 국립묘지 체계에서 발견되는, 묘지들 사이의 충돌이나 긴장에도 주목할 것이다. 여전히 군묘지의 성격을 강하게 띠고 있는 서울과 대전 국립묘지의 그림자 속에 감춰져 있던 '망각된 군묘지들'도 이번 장의 논의 대상으로 다시 소환된다. 사실상 방치 상태로 전국에 산재한 '작은 국군묘지들' 그리고 '적군묘지'가 이에 해당한다.

1. 국립묘지의 재봉건화

근대 국민국가 등장 이후 전사자 죽음의 민주화 경향에 따라 군묘지들에도 평등주의 원리가 관철되었다. 보다 구체적으로 '안장 자격의 선택성'과 '묘지들 사이의 불평등'은 종종 나타났을지라도, '묘지 내부의 불평등'은 점점 금기처럼 되어갔다. 한국에서는 군묘지 내부의 평등 – 불평등 문제에서 식민지 시대의 영향이 분명하게 나타났다. 앞서 12장에서 정리했던 내용을 되살려보자. 식민지기 일본 군묘지를 모델 삼았던 한국의 국립묘지는 평등주의 원칙이 전면 관철된 1938년 이후의 육군묘지규칙에 따른 신(新) 군묘지가 아니라, "평등주의와 불평등주의가 혼재하는 절반의 근대"를 상징하는 1938년 이전의 구(舊) 군묘지를 모방했다. 봉분 없는 평장이라는 묘 형태의 차이 그리고 대규모의 공원묘지를 지향했다는 차이를 제외한다면, 1955년의 동작동 국립묘지는 1938년 이전의 일본 군묘지와 거의 동일한 외양을 갖고 있었다. 그 핵심은 '묘의 면적'과 '묘의 형태'에서의 평등 원칙 구현, 그리고 '묘역 구분' 및 '묘비 크기'에서의 불평등이었다.

근대적 평등 원리와 전근대적 차별 원리가 1955년의 국립묘지 안에 불편하게 공존하고 있었음은 명백하다. 그럼에도 불구하고 전체적으로는 불평등의 측면보다는 평등의 측면이 우세했다는 게 필자의 판단이다. 특히 묘의 면적과 형태의 평등은 획기적인 발상의 전환을 담고 있었다. 1957년 5월 25일에 국방부령으로 제정·시행된 '군묘지의 묘의 규격과 시설기준에 관한 건'에 세부적인 사항들이 명시되어 있었다. 이 국방부령은 1963년 2월에 개정되었다가, 1969년 10월에는 '군묘지의 묘의 규격과 시설기준에 관한 규정'[1]으로 명칭

---

1) 법제처 국가법령정보센터(www.law.go.kr)의 '군묘지의 묘의 규격과 시설기준에 관한 건'과

이 바뀌었다. 우선, 모든 묘의 면적은 사자(死者)의 계급과 상관없이 유골 묘는 1평, 시체 묘는 2평으로 동일했다. 이 규정은 면적 단위가 '평'에서 '평방미터'로 바뀌었을 뿐 1969년까지 그대로였다. 묘의 형태도 모두가 봉분 없는 '평장'이었다. 국립묘지에는 유골과 시체를 모두 매장할 수 있었는데, 도자기로 만든 유골관이나 나무로 만든 시체관의 크기나 재질에서도 아무런 차별이 없었다. 1956년 4월 제정된 군묘지령에 명시된 '안장 자격'(제2조)에도 평등주의 원칙이 관철되었다. 국립묘지 안장자들의 경우 묘비마다 고유번호와 계급, 성명을 기재했다.[2] 이 역시 전사자들의 집단적 정체성 못지않게 그들의 개성이나 개별성 또한 존중한다는 근대적인 정신을 반영하고 있다.

반면에 묘역 구분과 묘비 크기 측면에서는 평등성이 체계적·구조적으로 침해되었다. 묘역은 계급에 따라 장군 묘역, 장교 묘역, 사병 묘역 등 세 가지로 구분되었다. 마찬가지로 묘비의 크기도 동일한 계급 기준에 따라 세 가지로 차별했다. ① 장관급 장교, 그와 동등의 군속, ② 장관급 장교 이외의 장교·준사관, 그와 동등의 군속 또는 사관후보생, ③ 사병, 그와 동등의 군속 또는 기타 종군자·무명용사가 바로 그것이었다.[3] 앞서 언급했듯이 1957년부터 '순국열사 또는 국가에 공로가 현저한 자'에게 국군묘지 안장 자격이 부여되었는데 이 경우 묘비의 규격은 '장관급 장교'에 준하도록 규정되었다.[4] 묘비 크기에 관한 이 규정 역시 1969년까지 변함이 없었다.

다음 인용문은 묘역 조성 과정을 기술하고 있다. "묘지 중앙을 흘러내리

'군묘지의 묘의 규격과 시설기준에 관한 규정' 항목(2016.2.20 검색).

2) 국립묘지관리소, 『민족의 얼』, 39쪽.

3) 1957년의 '군묘지의 묘의 규격과 시설기준에 관한 건'의 '별지 제2호.'

4) 1957년 '군묘지의 묘의 규격과 시설기준에 관한 건' 제8조.

는 하천을 기준으로 좌측을 동쪽 묘역, 우측을 서쪽 묘역이라 칭하였으며, 동쪽 묘역은 33개 블록, 서쪽 묘역은 27개 블록으로 구획하였다. 또한 조성된 묘역은 신분별, 군별, 장교, 사병별 묘역으로 구분하였으며, 각각의 영현 앞에는 고유번호와 계급, 성명을 기재한 석비를 질서정연하게 건립하여 유가족으로 하여금 묘소를 손쉽게 찾을 수 있도록 하였다. 그 후 국가원수 묘역, 애국지사 묘역, 국가유공자 1,2,3묘역, 장군 1,2,3묘역을 차례로 조성하여 현재 60개 블록의 일반 묘역과 9개 지역의 특수 묘역이 조성되어 있다.[5] 시기별로 동작동 국립묘지의 묘역 조성 과정을 정리하면 〈표 14 - 1〉과 같다.

〈표 14 - 1〉 1950~1970년대 동작동 국립묘지의 묘역 조성 과정

시기		조성 내역	면적(㎡)
1950년대	1954 ~1957	•30~54번 묘역	122,315
		•1~3, 6~7, 10~11, 14~26번 묘역	122,397
		•장군 제1묘역 상단	3,306
1960년대	1965	•애국지사 묘역	12,231
		•이승만 대통령 내외 묘소	1,653
		•경찰관 묘역 4~5,8~9번 묘역	12,562
	1966	•장군 제2묘역	661
	1968	•학도의용군 묘역	496
1970년대	1972.12.8 ~1973.5.8	•장군 제1묘역 증설	20,496
		•국가유공자 제1묘역	3,967
	1972.4.1	•장병 묘역 증설 (12~13번 묘역, 55~56번 묘역 하단)	17,852
	1972.5.10	•국가유공자 제2묘역	991
	1973.5.28	•장병 묘역 증설(55~56번 묘역 상단)	4,959
	1974.8	•박정희 대통령 내외 묘소	3,636
	1975	•장병 묘역 증설(27~29번 묘역)	22,810

* 출처: 국립서울현충원, 『민족의 얼』(제8집), 145쪽.

---

5) 국립묘지관리소, 『민족의 얼』, 39쪽. 인용문에서 '석비'라는 표현은 '목비'로 수정되어야 맞을 것이다.

사실 1950~1960년대에 묘역 구분에서의 계급 차별은 아무런 법적 근거도 없이 이루어졌다. '군묘지의 묘의 규격과 시설기준에 관한 건'에는 단지 다음과 같이 규정되었을 뿐 장군·장교·사병 묘역을 별도로 조성하라는 대목은 어디에도 없었다. "묘를 설치할 구역(이하 묘역이라 한다)은 지형, 배수 등을 고려하여 전자형(田字型)으로 구획하되 붕괴, 침수를 방지함에 충분한 석축

동작동 국립현충원 내 장군 제1묘역 위치

또는 배수시설을 하여야 한다. 묘역은 3천 평을 단위로 그 중앙에 통하는 폭 20척의 십자로를 설치한다."(제2조) 장군·장교·사병 묘역의 구분이 법적으로 명시된 것은 국립묘지 탄생 후 15년이나 지난 1970년 12월의 일이었다.

장군 묘역(장군 제1묘역)의 '위치'도 문제였다. 묘역 배치에서의 차별은 장군 묘역이 국립묘지 전체의 중심을 차지하고 있는 데서 단적으로 드러난다. 풍수지리상 가장 좋은 자리인 데다, 흡사 높은 지대에서 좌우에 장병들을 거느리고 있는 모습이었다. 김종엽도 이 점을 지적한 바 있다. "동작동 국립묘지는 관악산 줄기에서 내려온 공작봉을 주산으로 하여 좌청룡 우백호를 이루고 있다. 그리고 그 공작봉 줄기가 내려와 혈을 이루는 자리는 바로 박정희 씨의 묘지, 장군 제1묘역, 이승만 씨의 묘지이다. 약도에서 보면 국립묘지의 북쪽에서 남쪽으로 이어지는 중앙선이 그것이며, 그 자리는 명당이라 일컬어지는 동작동 국립묘지 안에서도 그야말로 명당자리이다 …… 장군 제1묘역 상단 1,000평은 국립묘지 조성을 위한 육군 공병대의 공사 당시부터였다. 박정희 씨가 군인묘지를 국립묘지로 승격시키면서 국가원수의 묘역을 무려 264평방미터로 설정했으며, 결국 이승만 씨와 장군 제1묘역 윗자리에서 국립묘지 전체를 굽어보는 자리에 묻힌 것은 그들이 유택에 대한 전통적인 관념 속에서 자신과 가족에 대한 이익을 추구했다는 사실을 보여준다. 이런 사실을 통해서 우리는 국립묘지가 근본적으로 위계와 특권을 통해 구조화되어 있다는 것을 알 수 있다."[6]

---

6) 김종엽, 「기념의 정치학」, 30쪽. 이 인용문에서 "박정희 씨가 군인묘지를 국립묘지로 승격시키면서 국가원수의 묘역을 무려 264평방미터로 설정했"다는 표현은 부정확하다. '국군묘지'를 '국립묘지'로 바꾸는 근거 법령 역할을 한 1965년 3월의 '국립묘지령' 제정 당시에는, 국립묘지령은 물론이고 다른 하위 법규에도 국가원수 묘역의 면적에 관한 규정 자체가 존재하지 않았다.

1965년 3월 기존의 국군묘지가 국립묘지로 재편되면서 안장 대상자가 대폭 확대되었다. 종전에는 군인 외에 국방부 장관의 제청과 국무회의 의결을 거친 '순국열사 또는 국가에 공로가 현저한 자'만이 국립묘지 안장 자격을 얻었을 뿐이었다. 그나마 순국열사 또는 국가 공로자에게 안장 자격이 부여된 1957년부터 1964년까지 7년 동안 실제로 안장이 이뤄진 사례는 단 2건에 불과했다. 1965년부터는 군인과 '국가 또는 사회에 공로가 현저한 자' 외에 "국장으로 장의 된 자", "전투에 참가하여 전사한 경찰관"이 추가로 안장 자격을 얻었다.

〈표 14 - 2〉 1965년 국립묘지령에 규정된 국립묘지 안장 대상

전사자(군인, 경찰)	국가유공자
•전투에 참가하여 무공이 현저한 군인 중 사망한 자 •전투에 참가하여 전사한 경찰관	•국장으로 장의 된 자 •국가 또는 사회에 공로가 현저한 자

중요한 점은 이 과정에서 국립묘지의 '국가유공자 묘지'로서의 성격이 더욱 강해졌다는 사실이다. 군인묘지 혹은 전사자 묘지를 넘어 국가유공자 묘지 성격을 갖는다는 것은 (국립묘지의 위격과 권위를 높이는 데 기여할 뿐 아니라) 기존 묘지 내에 의도치 않은 부정적 가능성, 곧 '차별화로의 압력'을 고조시킬 수도 있다. 특히 〈표 14 - 2〉에서 보듯이 1965년 3월 제정된 국립묘지령의 안장 대상 네 범주 중 '전사자' 그룹(군인, 경찰)과 '국가유공자' 그룹 사이의 차별화 욕망을 어떻게 제어할 수 있는가가 관건이라 하겠다. 그러나 1960년대는 이런 차별화 압력이 비교적 성공적으로 제어된 시기였다. 국군묘지의 국립묘지로의 재편에도 불구하고 관련 법령에는 묘 면적의 평등성(1~2평)과 묘 형태의 평등성(평장)을 훼손할 어떤 조항도 포함되지 않았다.

그러나 1960년대에 법 규정과 무관하게 권력자들의 과시적 차별화 욕망

에 의해 국립묘지의 평등주의 원칙이 조금씩 허물어졌던 것도 사실이었다. 국립묘지로 재편된 직후인 1965년 7월 29일 안장된 이승만이 그 장본인이었다. 그의 사망 직전인 1965년 3월 30일 국립묘지령이 제정되면서 '유골 안장'이라는 새로운 원칙이 수립되었지만, "국장으로 장의 된 자"에 한해서만 예외적으로 '시체 안장'을 허용하게 되었다. 그러나 당시의 법적 규정에 의하면 유골 매장일 경우 묘의 면적은 3.3㎡(1평), 시체 매장일 경우 6.6㎡(2평)를 초과할 수 없었다. 따라서 이승만의 경우 시체 매장에 해당하므로 그의 묘 면적은 6.6㎡(2평)이어야 했다. 그러나 〈표 14-1〉에 나타나듯이 이승만 묘역의 넓이는 무려 1,653㎡(500평)에 달했다. 무덤의 모양도 법에 규정된 평장이 아니라 봉분 있는 전통적인 형태였다. 묘의 면적·형태의 평등주의 원칙을 단번에 깨버린 초법적인 처사였다. 불완전하나마 그런대로 평등성이 지배하던 국립묘지 한복판에 난데없이 거대한 왕릉(王陵) 하나가 떡하니 들어선 형국이었다. 전직 국무총리로서 국민장의 예우를 받아 1969년 8월 7일 안장된 장택상도 평장 묘가 아니라 봉분 있는 묘에 묻혔다.[7] 권력자들이 국립묘지의 평등성 파괴에 앞장섰던 것이다. 이런 예들은 권력자들의 차별화 욕망이 조만간 전면화될 수도 있다는 불길한 전조(前兆)이기도 했다.

1960년대에는 국립묘지 안에서 평등성 확대의 잠재력을 지닌 새로운 실험도 행해졌다. 앞 장의 〈표 13-3〉에선 1965년 5월 10일 노웅기 중사가 베트남 파병 장병 중 최초로 51번 묘역에 안장되었음을 확인할 수 있었다. 1966년 6월에는 베트남전쟁 전사자 묘역(파월장병 묘역)을 추가하여 안장을 개시했다는 기사도 볼 수 있다.[8] '계급별·신분별' 묘역 구분 기준이 지배하는 국립

---

7) 국립서울현충원, 『민족의 얼』(제8집), 84쪽: 『동아일보』, 1972.6.6.

8) 『경향신문』, 1966.6.6.

묘지 안에 최초이자 유일하게 '전쟁별' 묘역이 등장한 것이다. 식민지 시대의 일본 역시 1938년에 군묘지 내의 차별을 철폐하는 수단으로 묘역 구분 기준을 '계급'에서 '전쟁'으로 전환한 바 있다. 확실히 전쟁별 묘역 구분 기준은 군묘지 안에 평등주의를 확산시키는 경향이 있다. 필자는 앞서 "전쟁·전투 단위의 묘역 구분은 같은 전쟁터에서 함께 피를 흘리고 고락을 같이한 전우라는 의식을 고양시킴으로써 전사자들의 평등주의를 확산"시킨다고 적었다. 주월한국군사령관을 지낸 채명신은 2013년 11월 25일 사망한 후 장군 묘역이 아닌 베트남전 전사자 묘역에 과거 부하들과 나란히 묻혔다. 이정훈은 이렇게 기술했다. "그는 '파월 장병이 있는 묘역에 묻어 달라'는 유언을 남겼다. 국방부는 그 뜻을 받들어 그를 서울현충원의 파월장병 묘역에 안장했다. 현충원 역사상 처음으로 장군을 사병 묘역에 모신 것이다. 넓이는 딱 한 평."[9] 이 일은 장성 출신자 중 유일한 예외사례이고 그런 면에서 개인적인 결단을 우선 반영할 것이다. 그러나 필자는 평등주의를 조장하는 전쟁별 묘역이라는 독특한 성격도 고려해야 한다고 생각한다.

전체적으로 볼 때 1960년대는 이처럼 평등화–차별화로의 상충하는 잠재력이 동시에 나타났던 시기였다고 평가할 만하다. 이 시기에는 국립묘지 전환으로 국가유공자 묘지의 성격이 강해지면서 권력자들의 차별화 욕망이 표출되기 쉬운 구조가 되었던 반면, 일부 권력자들의 편법과 반칙에도 불구하고 평등주의 원칙이 고수되었고, 나아가 평등주의를 촉진하기 쉬운 전쟁별 묘역도 처음 등장했다. 1960년대의 이런 양면적 잠재력성은 이후 어떻게 귀결되었을까? 불행히도 현실은 '차별의 전면화'로 이어졌다. 1960년대를 지나면서 권력자들 사이에서 '차별화에의 욕망'이 점차 증가하다가, 결국 1970

9) 이정훈, 「1평 채명신 묘가 80평 YS·DJ 묘보다 길지?」, 390~391쪽.

년대 초부터 '차별의 제도화'로 치달았던 것이다.

1950년대의 초기 국립묘지에는 근대적 평등 원리와 전근대적 차별 원리가 긴장 속에 공존하고 있었다. 시간이 흐를수록 근대적 평등 원리가 전근대적 차별 원리를 제압하고 배제해나가는 것이 상식뿐 아니라 세계적 표준에도 부합할 것이다. 그런데 놀랍게도 한국 국립묘지에선 1970년대부터 역으로 전근대적 차별 원리가 근대적 평등 원리를 완전벽하게 제압해버렸다. 이때부터 국립묘지는 불평등으로 충만한 공간이 되었다. 죽음의 민주화에 기초한 '평등의 공간'이라는 성격이 비교적 강하게 남아 있던 초기의 국립묘지가 철저한 '차별의 공간'으로 변질되었다.

'묘지의 평등주의'는 근대적 민주주의의 중요한 양상이자 지표이다. 반면에 '묘지의 차별주의'가 지배하는 전근대사회들에서 묘지는 "권력의 표상"이자 "권력을 획득하고 과시하는 주된 수단"이었다. 피어슨에 의하면 "무덤은 단순한 상징적 표지일 뿐 아니라 정치적 실상의 현실적 구성요소로서 권력을 획득하고 과시하는 주된 수단이기도 하다."[10] 유사한 취지로 피어슨은 이렇게 말하기도 했다. "무덤은 그저 죽은 몸을 집어넣는 그런 곳만은 아니다. 이것들은 권력의 표상들이다. 장례 건축물은 의례와 마찬가지로 헤게모니 서열을 정당화하고 확대한다."[11]

평등주의 후퇴와 불평등 심화로 질주한 국립묘지의 역사적 역주행에 대해선 전근대적 신분사회로의 후퇴라는 점에서 '재(再)봉건화'라는 표현이 적당할 것이다. 필자는 앞에서 일본 군묘지의 역사를 전(前)근대 – 반(半)근대 – 근대의 세 단계로 구분한 바 있다. 한국은 1955년에 반(半)근대로부터 시작하

---

10) 마이크 피어슨, 『죽음의 고고학』, 354쪽.

11) 위의 책, 360쪽.

여, 1970년을 기점으로 '반(半)근대에서 전(前)근대로' 이행했다. 반근대에서 전근대로의 이런 역사적 후퇴가 바로 재봉건화인 것이다. 국립묘지 내의 뿌리 깊은 차별은 '선천적인' 것이었을 뿐 아니라 '후천적인' 것이기도 했던 셈이다.

창립 이래 15년 동안 완전하지는 않을지라도 그런대로 평등주의 원리가 상당 부분 관철되었던 국립묘지를 차별로 가득한 공간으로 뒤늦게 바꾼 일은 세계적으로도 정말 희귀한 사례이다. 마치 미국이나 프랑스의 수수한 군인묘지 한가운데를 비운 후 그 자리에 화려한 팡테옹이나 혁명열사릉을 옮겨다놓은 꼴이었다. 사병(士兵)들은 이미 묘지 안장 이전 단계에서부터 심각한 차별에 시달렸다. 육군본부의 경우 '군수참모부 물자과'에서 부사관(하사관과 병(兵)의 시신을 처리하는 반면, 장교의 시신은 '부관감실 인사과'에서 처리한다고 한다.[12] 사병을 사람 아닌 한낱 물건·물자(物資) 정도로 취급하는 군 수뇌부의 비민주적이고 전근대적인 사고방식을 단적으로 보여주는 사실이 바로 1970년대 국립묘지에서 현실화한 계급 차별의 전면화였다.

기존 연구들은 한목소리로 국립묘지 안에 편만한 차별과 불평등을 질타한다. 그러나 연구가 진행되던 특정 시점에서의 차별·불평등 정도와 측면들에 대해서만 언급할 뿐, 이 차별·불평등의 역사적 변화 과정에 대해 정확히 서술하고 있는 연구는 존재하지 않는다. 국립묘지 내부 '불평등의 역사적 기원'에 주목한 연구 자체가 아예 없었다. 그러나 평등성의 관점에서 볼 때 1970년 이전과 이후의 국립묘지는 명확히 구분된다. 국립묘지 역사에서 둘은 전혀 다른 시대를 표상한다. 그런 면에서 1970년 이전과 이후의 국립묘지는 어쩌면 '다른 국립묘지들'이기도 하다. 특히 1970년 12월 14일 자로 개정

---

12) 이남우, 「전시체제의 한국군 상·장례 절차에 관한 연구」, 33쪽.

되고 시행된 국립묘지령이 결정적으로 중요하다. 그러나 이에 대해 언급하고 있는 연구는 하상복과 형시영이 쓴 『국립묘지와 보훈』밖에 없다. 그러나이들 역시 법령의 내용을 단순히 소개하고 있을 뿐 그 이전에 비해 어떤 점이어떻게 달라졌는가에 대해서는 전혀 언급하지 않는다.[13] 1970년 이후에도 국립묘지 내의 불평등은 더욱 심화되는 과정을 거치다가, 2006년 이후에야 비로소 평등화의 방향으로 반전된다. 그렇지만 1970년부터 2006년 사이의 변화 과정을 정확히 포착한 연구 또한 전혀 없었다. 심지어 국립묘지 내의 차별과 불평등을 개선하기 위해 마련된 공청회의 발표문들이나, 같은 목적으로수행된 연구보고서에서조차 국립묘지 내 불평등의 역사적 기원과 변화 과정은 제대로 드러나지 않는다.[14]

국립묘지 내 불평등의 역사성을 되살려 정확하게 재구성하는 길은 1950~1960년대와 1970년대 이후의 차이를 명확히 하고, 나아가 1970년대 이후 현재까지의 변화 과정을 제대로 기술하는 것이다. 이런 작업에 실패함으로써 마치 국군묘지 창설 당시부터 현재 수준의 심각한 불평등이 존재했던 것 같은 '역사적 착시'가 만연하고, 사실과 부합하지 않는 '원초적 – 본원적 차별의 신화'마저 생겨나는 것이다. 그렇다면 1970년 이후 과연 무엇이 어떻게 달라졌는가? 재봉건화의 구체적이고 세부적인 실체는 무엇인가?

---

13) 하상복·형시영, 『국립묘지와 보훈: 추모와 기억의 상징성』, 필코in, 2013, 28쪽.

14) 『국립묘지법안 및 국립묘지기본법안에 대한 공청회』(자료집), 국회정무위원회, 2005.4.19
   에 실린 「'국립묘지법' 제정안에 대한 의견」(김병진), 「국립묘지법 제정안에 대한 의견」(이
   택휘), 「국립묘지법 제정(안) 관련 주요 쟁점과 대안」(신진우); 정경균 외, 『국립묘지 종합
   발전방안 연구』(연구보고서), 국가보훈처, 2009 등 참조.

2. 재봉건화의 실상

국립묘지 내부의 차별과 불평등은 전방위적으로 나타난다. 그것은 묘역 구분, 묘의 면적, 묘의 형태, 묘두름돌이나 상석과 같은 묘의 부속시설, 묘비의 크기와 모양과 재질(材質), 안장 방법 등에서 두루 확인된다. 여기서 '묘의 형태'는 봉분을 만들지 않고 평평하게 매장하는 평토장(平土葬) 혹은 평장(平葬) 형태인지, 묘두름돌이나 다른 구조물을 이용하여 직사각형에 가깝도록 평평하게 흙을 북돋아 메우는 평분(平墳) 형태인지, 전통적인 반원형의 봉분을 만드는 형태인지를 가리킨다. '안장 방법'은 유골을 매장하는 방식인지, 시신을 직접 매장하는 방식인지, 아니면 유골을 납골당에 안장하는 방식인지 등을 가리킨다.

〈표 14-3〉을 통해 국립묘지의 등장 이후 최근까지 큰 흐름을 파악할 수 있다. 1970년을 전후하여 평등화-차별화의 흐름이 첨예하게 엇갈리고 있음을 쉽게 확인할 수 있다. 특히 1970년 이후 묘의 면적, 형태, 부속시설 측면에서 차별이 심화되었다. 이로부터 꽤 오랜 시간이 지난 후 마침내 국립묘지 내의 차별 문제가 사회적으로 공론화되었고, 그 결과 2005년 7월 29일에 '국립묘지의 설치 및 운영에 관한 법률'이 제정되어 2006년 1월 30일부터 시행에 들어갔다. 종전에 비해 차별과 불평등을 시정하려는 의지가 이 법에 반영되었음에도 불구하고 묘지 내 불평등이 의연히 지속되고 있음을 〈표 14-3〉은 또한 보여주고 있기도 하다.

묘역 구분의 차별은 1955년부터 이미 존재하고 있었다. 그러나 1955~1969년 사이에는 법적인 명문 규정을 갖지 못한 비공식적 차별이던 것이 1970년 이후에는 법적으로 공식화·제도화되었다.

<표 14-3> 국립묘지 내부 평등과 차별의 역사적 변천

구분		1955~1969년		1970~2005년	2006년 이후
묘의 면적		평등		차별	차별
묘의 형태		평등(봉분 없음)		차별	차별
묘의 부속시설	묘두름돌	평등(묘두름돌 없음)		차별	차별
	상석	평등(상석 없음)		차별	차별
묘역 구분		차별(비공식)		차별(공식)	차별(공식)
묘비	크기	차별		차별	제한적 평등화
	모양	차별		차별	차별
	재질	평등(실제로는 차별)		차별	차별
안장 방법		1955~1964년	1965~1969년	차별	차별
		평등	차별		

1970년 12월 14일 개정·시행된 국립묘지령(제6조)에서 처음으로 ① 국가원수 묘역, ② 애국지사 묘역, ③ 국가유공자 묘역, ④ 군인·군속 묘역, ⑤ 경찰관 묘역, ⑥ 일반 묘역, ⑦ 외국인 묘역을 구분하여 설치하도록 명시적으로 규정했다. 그리고 '군인·군속 묘역'은 다시 장군 묘역, 장교 묘역, 사병 묘역으로 나누게 했다. 2005년 7월 제정된 '국립묘지의 설치 및 운영에 관한 법률'은 이를 조금 더 세분하여 ① 국가원수 묘역, ② 애국지사 묘역, ③ 국가유공자 묘역, ④ 군인·군속 묘역, ⑤ 경찰관 묘역, ⑥ 의사상자 묘역, ⑦ 일반 공헌자 묘역, ⑧ 외국인 묘역을 설치하도록 정했다. 여기서도 '군인·군속 묘역'을 다시 장군 묘역, 장교 묘역, 사병 묘역으로 구별했다.

〈표 14-4〉는 묘지 불평등의 여러 측면들을 보다 세부적으로 관찰하여 그 역사적 추이를 정리한 것이다. 법령들에서는 '장관급 장교'라는 표현을 사용하고 있지만, 이 표들에서는 의미가 더 명료하게 전달되도록 '장군급' 혹은 '장군급 장교'로 표현했다.

〈표 14 - 4〉 국립묘지 내의 불평등: 묘의 면적·형태·부속시설과 안장 방법

구분	주요 변화
묘의 면적	• 1956년 4월, 유골 묘 3.3㎡(1평), 시체 묘 6.6㎡(2평)로 통일. • 1970년 12월, ① 국가원수, 장군급 장교 26.4㎡(8평), ② 기타 3.3㎡(1평). • 2006년 2월, ① 대통령 264㎡(80평), ② 국회의장·대법원장 및 국장·국민장 대상자, 국가·사회 공헌자 중 대통령령이 정하는 요건을 갖춘 자는 26.4㎡(8평) 이내, ③ 기타 3.3㎡(1평)으로 단순화. ④ 그러나 장군·애국지사·국가유공자 묘역이 소진될 때까지는 장군급에게도 기존처럼 26.4㎡(8평)를 제공.
안장 방법	• 1956년 4월, 유골 매장과 시체 매장 모두 허용, 자격 제한 없음. • 1965년 3월, 원칙적으로 시체 안장을 금지. '국장으로 장의 된 자'와 '국무회의의 심의를 거쳐 대통령이 특히 지정하는 자'에게만 예외적으로 시체 안장을 허용. • 1982년 12월, '국민장으로 장의 된 자'에게도 시체 안장을 허용. • 1983년 8월, 장군급에게도 시체 안장을 허용. • 2006년 2월, 시체 안장 대상을 ① 대통령·국회의장·대법원장 및 국장·국민장 대상자, ② 국가·사회 공헌자 중 대통령령이 정하는 요건을 갖춘 자로 제한. ③ 그러나 장군·애국지사·국가유공자 묘역이 소진될 때까지 장군급에게도 시체 안장 허용.
묘의 형태	• 1956년 4월, 모두 평장. • 1970년 12월, 평장을 원칙으로 하되, 대통령에게만 봉분 허용. 그러나 장군급에게도 묘두름돌 설치를 허용함으로써, 실질적으로는 평분(平墳)이라는 형태의 변형된 봉분을 허용. • 2006년 2월, ① 대통령에게만 봉분 허용, ② 국회의장·대법원장 및 국장·국민장 대상자, 국가·사회 공헌자 중 대통령령이 정하는 요건을 갖춘 자는 평분(높이 20㎝ 이하), ③ 나머지는 평장. ④ 그러나 장군·애국지사·국가유공자 묘역이 소진될 때까지 장군급에게도 평분 허용.
묘의 부속시설	• 1956년 4월, 묘와 묘비 외에 어떤 부속시설도 허용하지 않음. • 1970년 12월, 국가원수, 장군급에게 자비(自費)로 묘두름돌과 상석을 설치하는 것을 허용. 자비에 의한 상석 설치는 장군급과 사병급에게도 허용했으나, 상석의 크기와 모양은 장군급·장교급·사병급에 각기 차별을 둠. • 1972년 10월, 장교급과 사병급의 상석 설치 권리 박탈. • 2006년 2월, ① 대통령에게는 묘두름돌과 상석 외에도 향로대, 추모비를 추가 설치. ② 국회의장·대법원장 및 국장·국민장 대상자, 국가·사회 공헌자 중 대통령령이 정하는 요건을 갖춘 자는 상석, 묘두름돌 설치 가능. ③ 그 밖에는 상석·묘두름돌 설치를 금지. 그러나 장군·애국지사·국가유공자 묘역이 소진될 때까지 장군급에게도 상석과 묘두름돌 설치를 허용.

* 여기서 '장군급'은 장관급 장교, 애국지사, 국가유공자를 포함하는 범주임.

〈표 14 - 4〉에서는 평등주의적 정신이 대폭 반영된 2005년 7월의 '국립묘

지의 설치 및 운영에 관한 법률' 제정 이후에도 차별이 실질적으로 개선되지 못한 이유가 단적으로 드러난다. '부칙'을 통해 장군·애국지사·국가유공자 묘역이 모두 소진될 때까지 장관급 장교, 애국지사, 국가유공자에게 종전의 차별적 특혜들을 계속 보장했던 것이다. 이런 예외조항의 효력은 묘지의 면적, 묘지의 형태, 안장 방법, 묘두름돌과 상석 등에서 두루 발휘되고 있다. 2005년 현재 묘지시설 차별의 세부사항들은 〈표 14-5〉와 같다.

〈표 14-5〉 2005년 현재 국립묘지 안장 대상별 묘지시설 기준[15]

구분		국가원수	장군급*	영관급 이하 군인		비고
				장교	사병	
묘의 면적		264㎡(80평)	26.4㎡(8평)	3.3㎡(1평)	3.3㎡(1평)	
비석	크기 (㎝)	규정 없음	91 × 36 × 13	76 × 30 × 13	60 × 24 × 13	높이, 가로, 세로
	모양	규정 없음	3단	1단	1단	
상석(㎝)		규정 없음	65 × 86 × 20	55 × 72 × 15	45 × 62 × 15	세로, 가로, 높이
묘두름돌(㎝)		규정 없음	300 × 190 × 50	없음	없음	세로, 가로, 높이
묘의 형태		봉분	봉분(평분)	평장	평장	
안장 방법		시신	시신	유골	유골	

* 애국지사, 국가유공자, 장관급 장교(장성 출신)를 가리킴.

1955년 이후 국립묘지에는 유골 매장과 시체 매장이 모두 허용되었지만, 1965년 3월 국립묘지령이 제정되면서부터 유골 안장 원칙으로 전환되었다. 1965년 당시엔 '국장으로 장의 된 자'에 한해 예외적으로 시체 안장을 허용했다. 그러나 이 예외가 1982년 12월엔 '국민장으로 장의 된 자'로 확대되더니,

---

15) 신진우, 「국립묘지법제정(안) 관련 주요 쟁점과 대안」, 『국립묘지법안 및 국립묘지기본법안에 대한 공청회』(자료집), 국회정무위원회, 2005.4.19, 66쪽의 〈표 3〉. 사병급 비석 크기와 장군급 묘두름돌 크기는, 편찬위원회, 『정부의전편람』, 472쪽의 서식을 따랐음.

1983년 8월엔 장군급, 즉 장성 출신 군인과 애국지사·국가유공자 전체로 확대 적용되었다. 유골안장 원칙 자체가 흔들릴 정도로 예외가 너무 많아졌다.

묘의 형태는 1956년 4월 군묘지령이 제정될 당시부터 줄곧 '평장'이라는 대원칙이 고수되었다. 그러나 이 역시 이런저런 예외적 특혜들이 생겨나면서 차별과 불평등을 심화시켜왔다. 1970년 12월 14일 자로 개정되고 시행된 국립묘지령은 제7조 2항에서 대통령에게만 예외적으로 봉분을 허용했다. 그러나 제7조 1항에서는 장군급 인사들(장성, 애국지사, 국가유공자)에게 묘두름돌 설치를 허용함으로써 실질적으로는 평분(平墳)이라는 형태의 '변형된 봉분'을 허용하고 말았다. 예외의 홍수 속에서 권력자들은 죽어서도 법 위에 군림했다. 『동아일보』의 최시중 기자는 「현충일에 살펴본 오늘의 국립묘지」라는 1972년 6월 6일 자 기사에서 "국립묘지 운용상의 문제점"을 묘의 면적, 봉분 문제, 시설 문제 등 세 가지 측면에서 조명하면서 권력자들의 월권과 반칙을 비판했다.

▲ 묘의 면적 = 이승만 전 대통령(65년 7월 19일 장의)의 묘는 '국가원수의 묘'에 준하더라도 80평을 초과할 수 없음에도 불구하고 그것보다 3 내지 4배의 면적을 차지하고 있다. 그 밖에도 국가유공자들의 묘 가운데는 규정 면적인 8평을 초과하는 경우가 많아 압도적 다수를 차지하는 일반 묘 유족들의 불평을 사고 있다고 관계자들은 말했다. ▲ 봉분 문제 = 예외 없이 '국가원수이었던 자'의 묘에만 봉분을 할 수 있도록 규정하고 있음에도 불구하고 장택상, 김학렬, 이범석 씨 등의 묘가 봉분으로 되어 있어 앞으로 '전례'를 따른다는 명분으로 봉분을 하겠다는 유족이 많아질 때 큰 난맥을 빚을 소지가 되고 있다. ▲ 묘의 시설 = 묘의 시설은 묘지관리소만이 이를 하도록 되어 있지만 ① 국가원수의 묘나 ② 국가유공자, 장성 등의 묘에 한하여 상석(床石)과 묘두름돌은 유족 등의 희망에 따라 자비로 할 수 있도록 허락하고 있다. 관리소 당국은 "최근 주위의 다른 묘

들보다 눈에 띄게 잘 가꾸어진 묘들이 많아지고 있는데 이 같은 '묘의 사치'를 자중해주기 바란다."라고 말하면서 "내 돈 가지고 내 묘 가꾸는데 무슨 아랑곳이냐는 사고방식을 가진 분들은 차라리 국립묘지에 안장할 것이 아니라 명산대천에 넓게 자리 잡아 마음대로 가꾸는 것이 좋을 것이라"고 말했다.

1979년에 마련된 박정희 대통령의 묘는 더욱 문제가 많았다. 〈표 14-1〉에 의하면, (6.6㎡이어야 했던) 이승만 대통령 묘역의 넓이는 무려 1,653㎡(500평)에 달했고, (26.4㎡이어야 했던) 박정희 대통령 묘역의 넓이는 무려 3,636㎡(1,100평)에 이르렀다. 묘지의 넓이도 300평이나 되었다.[16] 더욱이 박정희의 묘는 기존 묘역들에서도 상당히 떨어진 장소에 기존 숲을 대규모로 훼손하면서 조성되었다. 다음은 이정훈의 설명이다.

중수(中樹) 박정희 전 대통령 묘역은 창빈 안씨 묘로 용이 뻗어가는 주산 중턱에 있다. 그곳엔 장성들을 모셔 '장군봉'으로 불리는 야트막한 동산이 안산처럼 놓였다. 앞이 탁 트였고, 저 멀리 흘러오는 한강이 보여 문외한이 봐도 그럴듯하다 …… 서울현충원은 좌청룡과 우백호, 창빈 안씨 묘로 이어지는 곳만 숲으로 돼 있고 나머지는 평지로 깎여 장병 묘역이 조성됐다. 그 때문에 네 전직 대통령의 묘역은 그 숲을 파고들어간 형국이다. 추후 다른 대통령의 묘가 또 들어온다면, 그의 묘역 역시 숲을 파고 들어가야 한다는 얘기다. 그런 일이 반복되면 서울현충원의 숲은 사라진다.[17]

최고 권력자들의 묘에서 이런 초법적인 일이 계속되는 가운데 2005년에

16) 한홍구, 『한홍구와 함께 걷다』, 68쪽.

17) 이정훈, 「1평 채명신 묘가 80평 YS·DJ 묘보다 길지?」, 389~390쪽.

는 대통령 묘의 넓이가 기존 규정보다 10배나 증가된 264㎡(80평)으로 명문화
되었다. 대통령 묘의 면적은 1956년의 6.6㎡(2평)에서 1970년에는 26.4㎡(8평)
으로, 다시 2005년엔 264㎡(80평)으로 넓어졌다. 한편 〈표 14-6〉은 '묘비'의 여
러 차원들에 초점을 맞춰 국립묘지의 불평등 문제를 분석한 것이다.

〈표 14-6〉 묘비 불평등의 양상과 추이

구분	주요 변화
크기	• 1956년 4월, ① 장군급, ② 장교급, ③ 사병급 등 세 등급으로 묘비 크기를 구별. • 이후 세 등급으로 묘비 크기의 차이를 두는 규정이 계속 유지됨. • 2006년 2월, 장교급과 사병급의 묘비 크기를 똑같게 함(제한적 평등화). 반면에 대통령의 대형 묘비, 그리고 국회의장·대법원장 및 국장·국민장 대상자, 국가·사회 공헌자 중 대통령령이 정하는 요건을 갖춘 자의 묘비를 별도로 규정. 따라서 묘비 크기는 ① 대통령급, ② 3부 요인 및 국가·사회 공헌자급, ③ 장군급, ④ 장교급 및 사병급의 네 등급으로 새롭게 차별화됨.
모양	• 1956년 4월, 법적으로 모든 묘비는 화강석비가 원칙이나, 장교급 및 사병급은 목비, 장군급은 석비로 차별화. • 1965년 이후 장교급 및 사병급 묘비는 '좌대+비석' 구조였지만, 장군급은 '기단+좌대+비석'의 구조였음. • 2006년 2월, 국회의장·대법원장 및 국장·국민장 대상자, 국가·사회 공헌자 중 대통령령이 정하는 요건을 갖춘 자의 묘비는 '기단+대(大)좌대+소(小)좌대+비석'의 구조였음. 대통령의 묘비 상부에는 대통령을 상징하는 봉황 무늬를 화강석으로 조각.
재질	• 1956년 4월, 장교급 및 사병급의 묘비는 목재, 장군급은 석재(화강석)로 제작. • 1962~1965년, 장교급·사병급의 묘비를 목재에서 석재(화강석)로 교체. • 1988~1997년, 장교급·사병급의 묘비 좌대를 인조석(콘크리트)에서 화강석으로 교체. • 1993년 9월, 장군급 묘비의 기단(基壇)을 인조석(콘크리트)에서 화강석으로 교체. 아울러 비문 및 경력을 좌대 본체에 직접 새기던 방식에서 오석(烏石) 비문판(碑文版)을 부착하는 방식으로 변경. 대통령 묘비는 전체를 오석으로 제작.

* 여기서 '장군급'은 장관급 장교, 애국지사, 국가유공자를 포함하는 범주임.

1956년 4월 군묘지령 제정 당시 묘비의 규격이 장군급, 장교급, 사병급 등
세 등급으로 구분되었음은 분명히 확인된다. 세 등급 구분이 이후에도 계속
유지되었다는 사실에도 의문의 여지가 없다. 그러나 1956년 당시 세 등급 묘비

들의 실제적인 크기나 모양, 재질 등에 대해서는 알려진 바가 없다. 한편 단순히 묘비의 크기만이 아니라 묘비의 모양과 재질에서도 차별이 존재했을 가능성이 매우 높음을 1970년대 이후의 법규들로 미루어 짐작할 수 있다. 이런 가운데 2006년 2월 20일에 제정·시행된 '국립묘지의 설치 및 운영에 관한 법률 시행규칙'에서 장교급과 사병급의 묘비 크기를 동일하게 한 것은 평등화로의 주목할 만한 진전이었다. 그러나 이때부터 더욱 화려하게 변신한 대통령의 묘비를 포함하여, 묘비 크기가 ① 대통령급, ② 3부 요인 및 국가·사회 공헌자급, ③ 장군급, ④ 장교급 및 사병급의 네 등급으로 새롭게 차별화된 것도 사실이다. 필자는 2006년 이후의 이런 변화를 '제한적 평등화'라고 표현했던 것이다.

2000년대 들어 국립묘지 내부의 불평등 문제가 학계와 시민사회 곳곳에서 공론화되었다. 역사상 처음 있는 일이었다. 특히 2004년에 이런 움직임이 절정에 이르렀다. 국립묘지 내 차별·불평등 문제의 공론화는 확실히 '포스트 민주화' 시대의 산물일 것이다. 우리 사회의 민주화가 정치 영역을 넘어 사회 각 부문·영역들로 확산되고 심화되는 과정에서 국립묘지 내부의 비민주성 문제도 비로소 쟁점화되었다고 말할 수 있다. 그러나 '죽음의 민주화' 문제는 그것이 공론화되는 시기나, 가시적인 성과를 내는 속도나 폭 등의 측면에서 볼 때 다른 영역에 비해 크게 뒤처졌던 것도 부인할 수 없는 사실이다.

어쨌든 이런 사회 분위기를 반영하여 2004년에 국무총리실을 중심으로 국립묘지 제도 개선을 위한 논의가 이루어졌다.[18] 2005년 4월에는 전병헌 의원이 대표 발의한 '국립묘지법안'과 이병석 의원이 대표 발의한 '국립묘지기본법안'을 놓고 국회정무위원회 주최로 공청회가 열리기도 했다. 이 공청회에서 김병진은 국립묘지 내부의 차별이 "국민적 위화감을 조성"하고, "비(非)

---

18) 정경균 외, 『국립묘지 종합 발전방안 연구』, 35쪽.

민주주의적 요소"이며, "우리나라 정체나 헌법정신에도 배치되는 것"이라고 비판했다. 아울러 그는 "자유와 평등 이념의 민주주의를 정체로 하고 있고 민주화가 성숙해 가는 시대적 조류에서 민주주의 수호를 위해 숭고한 생명을 바친 안장 대상자를 공적에는 상관없이 계급과 신분에 따라 안장에 차별을 두고 있다는 것은 큰 모순이 아닐 수 없다."라고 지적했다.[19] 이택휘 역시 이 공청회에서 "국립묘지는 자유민주주의 수호를 위해 헌신한 국가유공자를 안장하고 있는 만큼 가장 민주주의적이어야 함에도 불구하고 전근대적인 엄격한 계급과 신분 차별이 존재하고" 있다고 주장했다.[20] 이런 과정의 결실이 바로 2005년 7월 제정된 '국립묘지의 설치 및 운영에 관한 법률'이었다. 그러나 앞서 지적했듯이 이 법률의 부칙에 단서조항을 두는 편법을 사용하여 기존의 차별과 특혜를 대부분 온존시켰던 것이다.

2015년 10월이 되자 국가보훈처는 서울 국립묘지의 장군 묘역은 이미 만장(滿葬) 상태이고, 대전 국립묘지도 3~4년 내에 만장될 것으로 예상된다면서, 그 이후로는 '국립묘지의 설치 및 운영에 관한 법률'이 정한 대로 국립묘지의 평등화를 추진하겠다고 밝혔다. 2017년 2월 14일 대전 국립묘지에서 장교와 사병의 유해를 계급 구분 없이 동일한 묘역에 통합 안장하는 역사적인 행사가 열렸다.[21] 이미 묘지가 전부 소진된 서울 국립묘지는 말할 것도 없고 대전 국립묘지의 장교 묘역마저 만장 상태에 이르자, 남아 있던 사병 묘역을

19) 김병진, 「'국립묘지법' 제정안에 대한 의견」, 『국립묘지법안 및 국립묘지기본법안에 대한 공청회』(자료집), 국회정무위원회, 2005.4.19, 12, 18-20쪽.

20) 이택휘, 「국립묘지법 제정안에 대한 의견」, 『국립묘지법안 및 국립묘지기본법안에 대한 공청회』(자료집), 국회정무위원회, 2005.4.19, 35쪽.

21) 이재림, 「"장교·사병 계급 구분 없어요"…대전현충원서 첫 통합안장」, 『연합뉴스』, 2017.2.14.

'장교·사병 통합 묘역'으로 운영하기로 한 데 따른 조치였다. 장군·장교·사병 등 세 등급으로 구분되었던 '묘역의 차별'이 이제 두 등급의 차별로 약간 완화된 것이다. 2006년 장교–사병의 묘비 크기 동일화에 이어, 2017년에는 장교–사병 묘역 통합이라는 평등화로의 두 번째 중요한 진전이 이루어진 셈이었다. 국가보훈처는 장교 묘역과 사병 묘역의 통합을 법적으로 뒷받침하고, 통합 묘역 명칭을 '장병 묘역'으로 명문화하는 '국립묘지의 설치 및 운영에 관한 법률' 개정안을 2018년 10월 4일 입법예고했다.[22]

2001년부터 하나씩 등장한 국립호국원들 역시 한국전 참전 군인, 베트남전 참전 군인, 한국전 참전 경찰, 국가유공자 등을 안장 대상자로 삼고 있다는 점에서 기존의 서울·대전 국립묘지(국립현충원)와 성격이 비슷하다. 같은 국립묘지인데도 호국원들에서는 현충원들보다 평등주의 원칙이 훨씬 잘 구현되어 있다. 호국원에서는 납골묘(봉안묘) 안장이든 납골당(봉안당, 충령당) 안장이든 벽체형 납골시설(봉안담) 안장이든 묘의 면적은 모두 동일하며, 납골묘 묘비의 크기도 동일하다.[23] 유골 안장 원칙을 고수하여 시체 안장과 관련된 특혜 시비를 원천적으로 배제한 것도 국립호국원들의 특징이다.

이미 언급했듯이 채명신은 2013년 11월 사망한 후 스스로의 유언에 따라 장군 묘역을 마다하고 베트남전 전사자 묘역의 한 평짜리 무덤에 묻혔다. 그럼으로써 그는 사병 묘역에 묻힌 유일한 장군 출신 인물이 되었다. '전쟁·전투별' 묘역인 베트남전 전사자 묘역은 불평등의 기운이 편만한 동작동 국립묘지 내에서 상대적으로 평등주의가 지배하는 유일한 공간이었다. 그런 면에서 채명신의 결단은 '사후(死後)의 계급 불평등'에 저항하는, 그런 모순을

---

22) 김귀근, 「"국립묘지 장교·병사 구분 없앤다"…'장병묘역'으로 통합」, 『연합뉴스』, 2018.10.4.

23) 하상복·형시영, 『국립묘지와 보훈: 추모와 기억의 상징성』, 70-74쪽, 특히 71쪽 참조.

자신의 죽은 몸으로 폭로하고 드러내는 행위일지도 모른다. 베트남전 전사자 묘역의 존재 그리고 채명신의 안장 사건은 어쩌면 국립묘지 내의 균열과 이질성의 상징일 수도 있다. 2000년대 들어 베트남전 전사자 묘역과 유사한 성격의 '전투별' 묘역이 두 개 더 생겨났다. 대전 국립묘지의 '천안함 46용사 특별묘역'과 '서해수호 특별묘역'이 그것이다. '서해수호 특별묘역'은 '제2연평해전 전사자 묘역'(6명)과 '연평도 포격전 전사자 묘역'(2명)으로 구성되어 있다. 언론보도에 따르면 "천안함 폭침으로 전사한 이창기 준위, 안동엽 병장 등 46명도 '천안함 46용사 특별묘역'에 안장되어 있고, 윤영하 소령, 박동혁 병장 등 제2연평해전 전사자 6명도 장·사병의 구분 없이 통합 묘역으로 조성된 '서해수호 특별묘역'에 안장됐다."[24] 베트남전 전사자 묘역이 전쟁별 묘역과 계급별 묘역의 성격이 중첩된 불완전함을 드러낸다면, '46용사 특별묘역'과 '서해수호 특별묘역'은 계급별 묘역의 성격을 철저히 넘어섬으로써 전투별 묘역의 성격을 보다 온전하게 구현했다고 말할 수 있다.

그러나 미래의 시간이 평등주의 쪽으로만 열려 있는 건 아니다. 서울 동작동 국립묘지는 야외 묘역이 소진된 지 오래인 상태에서 2006년 3월 문을 연 납골시설인 충혼당(忠魂堂)을 통해 새로운 안장자를 맞아들이고 있다. 그러나 충혼당 내의 계급 차별은 기존 묘역의 차별을 오히려 능가한다. 2014년 현재의 '국립서울현충원 운영예규' 제46조에 의하면, 충혼당 내의 묘역에 해당하는 '봉안실'은 "① 애국지사·국가유공자·의사상자·일반공헌자·외국인, ② 장군, ③ 장교(준사관 포함), ④ 부사관, ⑤ 사병, ⑥ 군무원, ⑦ 경찰관 간부, ⑧ 경찰관 비간부" 등 여덟 가지로 구분된다.[25] 군인의 경우 묘역에서 나타나던

---

24) 조규희, 「보훈처, 장교·사병 구분 없이 통합 안장 추진」, 「뉴스1」, 2017.2.9.

25) 국립서울현충원, 『민족의 얼』(제8집), 391~392쪽.

장군 - 장교 - 사병의 세 등급 차별이 장군 - 장교 - 부사관 - 사병의 네 등급 차별로 심화되었다. 야외(野外) 묘역에서는 '장교·사병 통합 묘역'으로 나아가고 있는 데 반해, 옥내(屋內) 묘역에서는 통합은커녕 더욱 엄격한 계급별 분화가 이루어지고 있는 셈이다.

더구나 차별은 군인에 그치지 않고 경찰로까지 연장되어 '간부용' 봉안실과 '비(非)간부용' 봉안실이 엄연히 구별되어 있다. 같은 예규의 제55조(경무관 묘비의 규격)에는 "경찰 경무관 묘비의 규격은 9번 묘역 4판(경찰 경무관 묘역) 소진 시까지 다음 각 호와 같이 한다."라면서 비석, 좌대, 상석의 크기를 명시해두고 있다.[26] 이 조항을 통해 군인과 마찬가지로 경찰 묘역도 장군급과 유사한 '경무관 묘역'을 따로 두고 있을 뿐 아니라, 비석·좌대·상석의 크기를 차별하고 있으며, 2006년 '국립묘지의 설치 및 운영에 관한 법률'의 부칙과 유사한 편법을 동원하여 기존 차별과 특혜를 계속 유지하고 있음을 알 수 있다. 봉안실의 간부 - 비간부 차별까지 함께 고려하면, 국립묘지 내 경찰의 차별 역시 경무관 이상, 간부, 비간부의 세 등급으로 이루어져 있는 셈이다. 이는 장군 - 장교 - 사병 3등급으로 구분된 군인 차별구조를 경찰이 거의 그대로 모방한 것이다.

3. 국립묘지 체계 안팎의 긴장

(1) 국립묘지 체계의 역동적 확대와 발전

1960~1970년대를 거치면서 시민종교 최고의 국가신전으로 자리 잡

---

26) 위의 책, 397쪽.

은 이래, 서울 국립묘지는 1980년대는 물론이고 민주화와 탈냉전의 시대인 1990년대 이후에도 외형적인 발전을 거듭했다. 1985년에는 서울 국립묘지의 두 배 넓이인 대전 국립묘지를 완성하여 서울·대전의 이원적 국립묘지 체계를 형성하게 되었다. 두 국립묘지는 1996년에 각각 국립서울현충원과 국립대전현충원으로 이름을 바꾸었다. 2005년 3월 말 현재 서울과 대전의 두 곳 국립묘지에 안장된 이들만 해도 84,717명에 이르렀다(〈표 14-7〉 참조). 2018년 11월에는 경기도 연천군 신서면 일대에 제3의 국립현충원을 조성한다는 계획, 다시 말해 '국립연천현충원' 건립 프로젝트가 가시화되었다.[27]

〈표 14-7〉 국립묘지 안장 현황: 2005년 3월 31일 현재[28]

구분	안장 능력			안장 위 수			잔여 위 수		
	소계	서울	대전	소계	서울	대전	소계	서울	대전
합계	104,464	54,496	49,968	84,717	54,457	30,260	19,747	39	19,708
국가원수	10	2	8	2	2	-	8	-	8
임정요인	33	33	-	18	18	-	15	15	-
애국지사	2,613	216	2,397	1,845	209	1,636	768	7	761
유공자	161	62	99	75	62	13	86	-	86
장군	1,517	355	1,162	573	355	218	944	-	944
장·사병	93,219	52,998	40,221	78,856	52,998	25,858	14,363	-	14,363
경찰관	6,192	829	5,363	3,296	812	2,484	2,896	17	2,879
기타	719	1	718	52	1	51	667	-	667

　　서울 동작동 국립묘지에는 1980년대 이후 신 현충관(1980년), 호국교육관(1988년), 유품전시관(1990년), 사진전시관(1991년), 임시정부 요인 묘역(1993년),

---

27) 『뉴시스』, 2018.11.28; 『연합뉴스』, 2018.11.28.

28) 신진우, 「국립묘지법제정(안) 관련 주요 쟁점과 대안」, 65쪽의 〈표 2〉. '안장 위 수' 중 '애국지사' 합계 수치를 '1,851'에서 '1,845'로 바로 잡았음.

대한독립군 무명용사 위령탑(2002년), 봉안시설인 충혼당(2005년), 영현봉안
관(2005년), 봉안식장(2013년) 등이 새롭게 등장했다. 국립묘지 내에서 상징적
중심 위치를 점유한 현충탑도 지하의 위패봉안관에 충혼승천상을 설치하고
(1992년), 위패봉안관을 증축하며(1993년), 무명용사 봉안실을 개선하는(1998
년) 등 또 한 번의 대대적인 변신을 꾀했다.[29]

〈표 14 - 8〉 1980년대 이후 국립서울현충원의 주요 발전: 1980~2013년

시기	주요 변화
1980.12.31	신 현충관 건립
1988.3.29	호국교육관(현충선양관) 건립
1990.8.31	유품전시관(기념관) 건립
1991.11.30	사진전시관 건립
1992.10.10	현충탑 지하 위패봉안관에 충혼승천상 건립
1993.10.29	임시정부 요인 묘역 조성
1993.12.15	광복정(육각정) 건립
1993.12.31	현충탑 내 위패봉안관 증축
1996.6.1	국립현충원으로 기관 명칭 변경
1998.12.15	무명용사 봉안실 개선(유골함, 실내 장식)
2002.5.17	대한독립군 무명용사 위령탑 제막
2005.8.31	충혼당(봉안시설) 건립
2005.11.13	영현봉안관 건립
2010.6.23	정문 및 측문 확장
2013.10.16	봉안식장 건립
2013.12.15	만남의 집 건립

서울 국립묘지는 1986년 12월 말 현재 "건축물이 43동 7,452.65㎡, 공작물
(탑, 기념비, 시계, 기타)이 46종, 108식"에 이르렀다. 2015년 현재로는 "총 면적
1,442,000㎡로 묘역, 광장, 도로, 행정지역, 임야와 기타 지역으로 나눌 수 있으

---

29) 국립서울현충원, 『민족의 얼』(제8집), 28-29쪽.

며, 시설물은 44개 종 24,621 ㎡(7,447평), 탑(5기), 기념비(10기), 기타 조형물(10기)"로 구성되어 있었다.[30] 공원묘지로서의 면모도 거의 완벽하게 갖추게 되었다. 1998년 생태조사에서는 오색딱다구리 등 희귀조류 27종이 관찰되기도 했다.[31] 2015년 현재 서울 국립묘지에는 125종 135,523주의 수목이 자라고 있었다.[32]

1985년에 '두 개의 국립현충원' 체계를 갖춘 이후 '국립호국원'이라는 새로운, 그러나 이전의 현충원과 성격이 유사한 국립묘지들이 속속 등장했다. 2001년부터 2015년까지 경북 영천, 전북 임실, 경기 이천, 경남 산청 등 네 곳에 참전유공자들을 안장하기 위한 호국원들이 신설되었다. 2018년 이후 제주와 괴산에도 호국원이 추가로 건립될 예정이다. 국립호국원은 1995년에 '대한민국재향군인회 현충사업단'이 발족되면서 추진되었던 집단묘지로 참전유공자와 국가유공자가 안장 대상이다. 다시 말해 한국전쟁과 베트남전쟁에 참전한 군인과 경찰, 국가유공자, 장기복무 제대군인들을 위한 집단묘지이다. 1994년부터 재향군인회가 추진한 '참전군인묘지 조성사업'에서 태동한 묘지인 만큼 처음부터 '군인묘지'의 성격이 강했다.

대한민국 시민종교의 최고 성지인 국립묘지에는 국가지도자들과 국빈들의 참배가 그치지 않는다. 1996년의 예를 들어보면, 서울 국립묘지에서는 새해 첫날인 원단(元旦) 행사(행정자치부)를 비롯하여, 3·1절 행사(국가보훈처), 현충일 추념행사(국가보훈처), 국군의 날 행사(국방부), 경찰의 날 행사(행정자치부), 6·25행사(국가보훈처), 현직 대통령 참배 행사(청와대), 국빈 및 외국인사 참배행사, 각 부처 장관 퇴임 및 취임 참배, 각군 참모총장 퇴임 및 취임 참배

30) 국립묘지관리소, 『민족의 얼』, 58쪽; 국립서울현충원, 『민족의 얼』(제8집), 196쪽.

31) 조현석, 「자연도 떠받드는 호국성역 현충원」, 『경향신문』, 1999.6.5.

32) 국립서울현충원, 『민족의 얼』(제8집), 306쪽.

등이 숨 가쁘게 이어졌다.[33] 3부 요인과 국무총리, 주요 정당지도자들도 취임 후 첫 번째 행사는 서울 국립묘지 참배인 경우가 대부분이다. 지금도 이런 상황은 거의 변하지 않았다. 국립묘지의 위상과 권위는 굳건해 보인다. 그러나 다른 한편으론 국립묘지가 직면하고 있는 균열과 모순, 국립묘지와 관련된 불화와 긴장, 갈등과 충돌의 잠재력 또한 만만치 않아 보인다.

〈표 14 - 9〉 국립호국원의 등장

명칭	개원 시기	건립 장소	주요 시설
영천호국원	2001.1	영천시 고경면	384,369㎡ 부지에 묘역, 충령당(1관, 2관), 현충문, 현충탑, 현충관(호국안보전시관 포함), 홍살문, 영천대첩비, 전투장비전시장, 호국지, 쉼터, 호국식물원
임실호국원	2002.1	임실군 강진면	묘역, 충령당, 현충문, 현충탑, 현충관(호국안보전시관 포함), 홍살문, 야외전시장, 호국지, 휴게소
이천호국원	2008.5	이천시 설성면	묘역, 위패봉안시설, 현충문, 현충탑, 현충관(안보전시관, 임시봉안실 포함), 충용탑, 홍살문, 쉼터
산청호국원	2015.4	산청군 단성면	묘역, 봉안담, 현충문, 현충탑, 현충관(안보전시관, 임시봉안실 포함), 제례단, 홍살문, 쉼터, 호국지
제주호국원	조성 중	제주시 노형동	
괴산호국원	조성 중	괴산군 문광면	

(2) 국립묘지 안팎의 긴장들

많은 학자들이 국립묘지 안팎의 긴장들에 주목했다. 정호기는 "국립묘지의

---

33) 정호기, 「국민국가의 신성성과 '죽은 자 모시기'」, 220쪽.

딜레마"라는 표현을 사용하면서 국립묘지를 "정치투쟁의 상징 공간"으로 표현한 바 있다.[34] 한홍구는 국립묘지를 "화해할 수 없는 모순의 공간"이라 평했다. 김종엽은 "국립묘지들 간의 모순의 심화"라는 현상을 부각시켰다.[35] 더 넓게 보면 국립묘지를 둘러싼 긴장과 모순은 한국 시민종교 내의 균열이 심화됨을 의미한다고도 볼 수 있다. 이를 국립묘지의 안과 밖, 즉 국립묘지 '내부'의 모순·긴장·갈등 그리고 국립묘지 '외부'의 모순·긴장·갈등으로 나눠 접근해보자.

먼저, 국립묘지 '내부'의 모순과 긴장에 대해 살펴보자. 이와 관련해 국립묘지의 재봉건화에 따른 차별·불평등 문제가 가장 먼저 지적될 만하다. 일단 형성되고 각인된 묘지경관은 쉽게 지워지지 않는다. 공공묘지는 아파트처럼 함부로 리모델링할 수 있는 대상이 아니다. 국립묘지의 근본적인 재구성이나 재배치 역시 거의 불가능에 가깝다. 따라서 사실상 안장 과정이 종료된 서울 동작동 국립묘지 그리고 안장 과정의 막바지로 접어든 대전의 국립묘지는 향후 (반)영구적인 불평등의 공간으로 존속할 가능성이 높다. 국립묘지는 21세기 한국사회에서 '대한민국의 봉건성과 전근대성'을 웅변으로 증언하는 공간으로 남을 것이다. 따라서 어떤 이들에게는 이곳이 자부심의 원천이겠으나, 어떤 이들에겐 수치와 추문 그 자체일 것이다. 어떤 이들에겐 '신성한 기념비의 숲'이겠지만, 어떤 이들에겐 되풀이하지 말아야 할 역사적 과오를 증언하는 네거티브 헤리티지(negative heritage)로 기억될 것이다. 어떤 이들에겐 '성지순례'의 목적지이겠지만, 어떤 이들에겐 다크 투어리즘(dark tourism)의 목적지가 될 것이다.

그동안 가장 자주 지적되고 또 강조되어온 문제는 국립묘지에 안장되어

---

34) 위의 글, 220, 230쪽.

35) 김종엽, 「기념의 정치학」, 39쪽.

있거나, 국립묘지의 묘지경관 형성에 기여한 '친일 경력자들'과 관련된다. 실제로 2002년 말 현재 '국가유공자 묘역'에 9명 이상, 독립운동가들의 묘역인 '애국지사 묘역'에 5명 이상, '장군 묘역'에 7명 이상의 친일 경력자들이 안장되어 있었다.[36] 식민지 시대에 서로 대립했던 독립운동가와 친일파가 사후에 동일한 공간에 묻혀 있다. 그뿐만 아니라 '독립운동가로 둔갑한 친일파'도 함께 묻혀 있다. 민주화 이행 이후 1990~2000년대를 거치면서 과거사청산 운동 차원에서 '국립묘지의 친일파' 문제가 사회적 관심사로 공론화되었다. 특히 1996년부터 민족문제연구소를 중심으로 '친일파 기념사업 반대운동'이 벌어졌고, 이후 친일파 서훈 취소운동, 친일인명사전 편찬운동이 이어졌다.[37] 급기야 국립묘지에 안장되어 있던 일부 인사의 묘비가 뽑히는 사태까지 발생했다. 서훈이 박탈된 서춘의 묘비가 2004년에 국립대전현충원에서 철거된 데 이어, 2011~2015년 사이에도 박성행·이동락·김응순·박영희·유재기·윤익선·이종욱·임용길·김홍량 등 9명이 국무회의를 통해 서훈이 취소된 후 국립묘지 바깥으로 묘가 이장되는 사례가 발생했다.[38] 친일파 안장 논란은 '민족운동가와의 불편한 공존' 그리고 '국립묘지의 권위 실추' 차원을 넘어, 국립묘지 자체를 '갈등의 장'으로 만드는 차원도 있었던 것이다.

2018년에 대구 '신암선열공원'이 독립운동가 전용묘지로서는 첫 번째 국립묘지로 격상됨에 따라, 또 3·1운동과 임시정부 수립 100돌인 2019년을 앞두고 효창공원을 또 다른 독립운동가 전용 국립묘지인 '독립운동기념공원'

---

36) 정호기, 「국민국가의 신성성과 '죽은 자 모시기'」, 230쪽.

37) 김민철, 「탈식민의 과제와 친일파 청산운동」, 정근식·이병천 편, 『식민지 유산, 국가 형성, 한국 민주주의(1)』, 책세상, 2012, 254~262쪽.

38) 한홍구, 『한홍구와 함께 걷다』, 67~68쪽; 장현은·정윤식, 「친일사전에 등재된 63명이 국립묘지에 안장…'서훈 취소하고 밖으로 이장해야'」, 〈SBS뉴스〉(온라인판), 2017.10.20.

으로 조성하려는 움직임이 본격화함에 따라, 서울·대전 현충원 내의 해묵은 반일·친일 간 긴장은 더욱 고조되고 도드라질 수밖에 없게 되었다. 특히 신암 선열공원과 독립운동기념공원(효창공원)이 향후 '애국지사들'을 새로운 안 장자들로 맞아들이면서 확장되어갈 경우, 현충원 내의 긴장은 최고조에 달 할 것이다. 동작동 국립묘지는 민주주의의 수호자와 파괴자가 불편하게 공 존하는 공간이기도 하다. 예컨대 쿠데타를 주도한 군인들과 이를 저지하려 던 군인들이 이곳에 함께 묻혀 있다. 한홍구는 김오랑 중령을 통해 이 모순을 부각시킨 바 있다.

> 광주에서 희생된 계엄군의 묘소에서 얼마 떨어지지 않은 곳에 김오랑 육군 중령(소령으로 사망하였으나 나중에 추서됨)의 묘소가 있다. 김오랑 중령은 1979년 전두환, 노태우 일당의 하극상 쿠데타인 12·12사건 당시 특전사령관의 비서실장이었다. 전두환 일파는 정병주 특전사령관을 연행하기 위해 체포조 를 보냈는데, 김오랑 중령은 FM대로 말도 안 되는 하극상에 저항했다. 이 와중 에 충격전이 벌어져 김오랑 중령이 희생된 것이다 …… 국민들의 세금으로 운 영되는 국립묘지는 김오랑 중령 같은 참군인들을 기리는 공간이 되어야 한다. 그러나 대한민국의 국립현충원에는 김오랑 중령과 그의 죽음에 책임 있는 자 들이 같이 누워 있다.[39]

2011년에는 전두환 전 대통령의 경호실장을 지냈고 이른바 '제5공화국 비 리'(비자금 조성)에도 연루되어 실형을 받은 바 있는 안현태의 국립대전현충원 장군 묘역 안장을 둘러싸고 심각한 사회갈등이 빚어졌다. 결국 국가보훈처

---

39) 한홍구, 『한홍구와 함께 걷다』, 69~70쪽.

산하의 국립묘지 안장대상심의위원회는 안현태의 장군 묘역 안장을 승인했지만, 이를 계기로 기존의 안장반대운동은 안장철회운동으로 발전했다.[40]

동작동 국립묘지에는 '대통령들 간의 갈등'도 있다. 더 정확히는 대통령 묘소들에 대한 '선택적인 참배'와 관련된 "참배의 정치"라고 표현해야 맞을 것이다.[41] 동작동 국립묘지에는 '국가원수 묘역'을 조성하도록 법적으로 규정되어 있다. 그러나 이 묘역은 미리 조성된 후 전직 대통령들이 사망할 때마다 차례차례 안장하는 방식으로 운영되는 게 아니다. 전직 대통령 한 사람 한 사람이 각기 하나씩의 묘역을 갖고 있다. 이처럼 역대 대통령들이 사망하면 그때그때 국립묘지 곳곳의 숲을 파헤쳐 국가원수 묘역을 조성하다 보니 각 대통령의 묘소가 상당한 거리를 두고 떨어져 있다. 국가원수 묘역을 방문하여 한꺼번에 모든 전직 대통령 묘소들을 참배하는 게 불가능한 구조가 된 것이다. 동작동 묘지에는 이승만, 박정희 대통령에 이어 김대중, 김영삼 대통령이 차례로 안장되었다. 문제는 각각의 대통령들은 다른 가치와 이념, 정치세력을 대표한다는 사실이었다. 정치인들은 현충탑의 제단에 참배한 후 네 명 대통령들에 대한 선택적이고 차별적인 참배 일정을 소화함으로써 자신의 고유한 정치적·이데올로기적 색깔과 메시지를 드러낸다. 이런 정치적 행동이 언론보도를 매개 삼아 사회적 논란으로 이어지곤 했다.

이번에는 국립묘지와 그 '외부', 그리고 국립묘지들 '사이'의 모순과 긴장에 대해 살펴보기로 하자. 단일 국립묘지 체계의 다중적 체계로의 재편과 관련된다는 점에서 이 모순은 '최근에야' 비로소 발생한 것이기도 하다. 아울러 묘지

---

40) 하상복, 『죽은 자의 정치학』, 15-19쪽.

41) 위의 책, 12-15쪽.

들 사이의 갈등은 대체로 '국가폭력의 가해자-피해자 구도' 속에서 형성되고
전개된다는 공통점을 보여준다. 문제는 새로이 등장한 국립묘지 혹은 준(準)국
립묘지들이 민주화 이후 비로소 복권되거나 제 목소리를 회복한 국가폭력의
피해자·희생자들을 위한 공간이라는 사실에서 발생한다. 국가폭력 희생자들
을 위한 준국립묘지가 하나둘씩 늘어나는 와중에, 국가폭력 사건 당시 가해자
쪽에서 참여했던 이들 대부분이 서울 동작동과 대전 국립묘지에 안장되어 있
다는 점이 새삼 부각되었다. 그리하여 서울 동작동과 대전 국립묘지에는 (안장
자 구성의 이질성과 다양성에도 불구하고) '가해자들의 묘지'라는 이미지가 조금씩
덧붙여졌다. 김종엽은 "국립묘지들 간의 모순의 심화" 때문에 "국립묘지들 간
의 상징적 정합성"을 찾아내기가 점점 어렵게 되었다고 말했다.[42]

한편에는 국립현충원과 국립민주묘지들 사이의 불화가 발생한다. 정호
기는 이를 "동일 사건의 가해자와 피해자 모두 국립묘지에 안장되는 모순"으
로 표현했다.[43] 한홍구의 지적은 더욱 통렬하다. "국립서울현충원의 28, 29묘
역을 잘 살펴보면 '1980년 5월 00일 광주에서 전사'라고 쓴 묘비를 찾아볼 수
있다. 광주에서 희생된 계엄군의 묘비이다 …… 광주 망월동에 가면 국립5·18
민주묘지가 있다. 묘지 전체가 계엄군에 희생된 민주 시민들을 모신 곳이다.
죽은 자와 죽인 자 모두에게 영광을 안겨 주는 그런 국립묘지가 존재할 수 있
는 것인가?"[44]

다른 한편으로는 국립현충원·호국원과 한국전쟁 전후 피학살자들을 위
한 '유사 국립묘지' 혹은 준국립묘지 사이의 불화가 존재한다. 국립묘지는 아

---

42) 김종엽, 「기념의 정치학」, 39쪽.

43) 정호기, 「국민국가의 신성성과 '죽은 자 모시기'」, 232쪽.

44) 한홍구, 『한홍구와 함께 걷다』, 68-69쪽.

니지만 국가가 조성하고 관리하는, 집단묘지 성격이 강한 추모공원과 평화공원들을 필자는 유사 국립묘지 혹은 준국립묘지로 지칭하고 있다. 2004년부터 2011년 사이에 피학살자들을 기리는 두 개의 추모공원과 2개의 평화공원이 만들어졌다(〈표 14-10〉). 거창사건추모공원과 산청·함양사건추모공원에는 희생자들의 합동묘역과 위패봉안각이 존재하여 집단묘지로서의 성격이 명백히 드러난다. 제주4·3평화공원도 유골을 안치한 봉안관을 비롯하여 위패봉안실, 위령제단, 위령탑, 각명비원(刻名碑苑), 행방불명자 표석(標石) 등을 갖추고 있다. 노근리평화공원에도 위패봉안시설을 포함한 위령탑이 건립되어 있다. 또한 앞으로 '대전 산내 학살사건'의 현장인 대전 곤룡골(골령골) 일대에도 한국전쟁 피학살자 추모공원이 들어설 가능성이 높아지고 있다.

〈표 14-10〉 한국전쟁 전후 피학살자들을 위한 준(準)국립묘지와 추모시설들[45]

명칭	완공	소재지	주요 시설
거창사건추모공원	2004.10	경남 거창군 신원면	148,635㎡ 부지에 합동묘역, 천유문(정문), 참배단과 위령탑, 위패봉안각, 역사교육관 등으로 구성
산청·함양사건추모공원	2004.10	경남 산청군 금서면	74,890㎡ 부지에 합동묘역, 복예관(역사교육관), 회양문, 위패봉안각, 위령탑 등으로 구성
제주4·3평화공원	2008.3 (개관)	제주 제주시 봉개동	359,380㎡ 부지에 봉안관, 위패봉안실, 위령제단·위령탑, 각명비원, 행방불명자 표석, 평화기념관 등으로 구성
노근리평화공원	2011.10	충북 영동군 황간면	132,240㎡ 부지에 위령탑(위패봉안시설 포함), 사건 현장(쌍굴), 평화기념관, 교육관 등으로 구성

국립현충원과 피학살자 묘지들 사이의 긴장을 정호기는 다음과 같이 기

---

45) 각 추모공원·평화공원의 홈페이지 참조.

술했다. "제주4·3사건을 비롯하여 거창·산청·함양 등지에서 발생한 민간인 희생자의 명예회복을 위해 기존의 국립묘지에 버금가는 규모와 내용을 갖춘 집단묘지들이 국가 차원에서 조성되고 있다. 가해자의 책임을 묻는 것과 무관하게 피해자의 죽음을 국가적 기념공간에 수용하는 제도화가 진행되고 있는 것이다. 국가폭력으로 발생한 희생자를 위한 집단묘지들은 …… 자연스럽게 국가 정체성의 형성 및 강화를 상징하는 국립현충원의 위상 및 권위와 경쟁하거나 긴장 관계를 형성하게 될 것으로 보인다."[46]

1990~2000년대를 거치면서 국립민주묘지들, 민간인 피학살자 묘지들, 국립호국원들이 등장하면서 국립묘지 체계의 다원화와 중층화가 진행되었다. 2016년에는 국립민주묘지의 성격을 지닌 '민주화운동기념공원'도 경기도 이천에 새로 등장했다. 군경(軍警) 묘지 성격이 강한 국립현충원 및 국립호국원이 한편에 서 있다면, 다른 한편에서는 국립민주묘지들과 민간인 피학살자 묘지들이 이와 마주보고 있다. 현충원·호국원 대 민주묘지 사이의 긴장, 현충원·호국원 대 피학살자 묘지 간의 긴장 등 '이중적인' 긴장 관계가 형성되었다. 전자에는 '독재 대 민주'의 대립구도가, 후자에는 '국가폭력·제노사이드 대 인권'의 대립구도가 선명히 드러난다.[47] 국지적인 수준으로 좁혀보더라도, 서울에는 현충원과 4·19민주묘지가, 대전에는 현충원과 국가폭

---

46) 정호기, 「국민국가의 신성성과 '죽은 자 모시기'」, 231~232쪽.

47) 이런 관점에서 볼 때 2018년 현충일 추념식의 주제가 "428030, 대한민국의 이름으로 당신을 기억합니다."로 선정되었던 사실은 의미심장하다. 여기서 '428030'는 2018년 5월 말 현재 현충원, 호국원, 민주묘지, 신암선열공원 등 10개 국립묘지에 안장된 이들을 모두 합친 수치이다. 참전유공자·독립유공자뿐 아니라 민주화유공자, 의사상자, 소방공무원, 순직공무원 등 모든 형태의 국가유공자들을 아우름으로써 국립묘지의 탈이념화(탈냉전/탈반공주의)와 함께, 국립묘지들 간의 그리고 그곳에 묻힌 국가유공자들 사이의 상징적인 화해와 통합을 추구했던 것이다.

력 희생자 추모공원이, 이천에는 호국원과 민주화운동기념공원이, 산청에는 호국원과 산청·함양사건추모공원이, 제주에는 호국원과 4·3평화공원이 갈등적으로 공존하고 있거나 그럴 예정이다.

<그림 14 - 1> 국립묘지 체계 내부의 긴장과 대립

지배·애국·영광의 공간		저항·희생·침묵의 공간
현충원 (서울, 대전 + 연천)	←	민주묘지 (4·19, 3·15, 5·18, 민주화운동기념공원)
호국원 (영천, 임실, 이천, 산청 + 괴산, 제주)	←	추모·평화공원 (거창, 산청·함양, 제주, 노근리 + 대전 곤룡골)

그러나 군경묘지 성격을 공유한 두 국립묘지 유형들 사이에도 미묘한 긴장이 스며들 수 있다. 이 경우에는 '평등성 대 차별성'의 대립이 주로 부각된다. 다시 말해 '평등한 호국원 대 불평등한 현충원'이라는 긴장의 잠재력에 주목할 필요가 있다. 앞서 언급했듯이, 현충원 내부의 불평등성은 앞으로도 거의 영구히 지속되면서 대한민국의 봉건성과 전근대성을 입증하는 산 증거로 남을 것이다. 따라서 낮은 계급 출신의 군인이나 '비(非)간부' 출신 경찰의 유가족들은 언젠가는 현충원이 아닌 호국원에 묻힌 것을 다행이라 여기게 될지도 모른다.

1970년대에 화려하고 빛나는 국가신전의 지위를 확고히 다진 서울·대전 현충원의 이미지는 민주화 이후인 1990~2000년대를 거치면서 (보기에 따라선) '상처투성이 거인'처럼 변한 듯싶기도 하다. 국가신전이자 최고 성지로서의 지위는 심하게 동요되었다. 현충원 기념물들에 새겨진 휘호와 비문의 메시지는 더 이상 당연시되지 않는다. 스며드는 잡음으로 인해 메시지의 명료성은 결정적으로 훼손되었다. 안팎의 비판과 도전에 시달리면서 권위와 위상의 추락을 감수해야 했을 뿐 아니라, 현충원 자체가 소란스런 상징투쟁의 무대로 변해버렸다. 이런 긴장과 충돌은 모두 민주화 이후 혹은 2000년대 이후 비로소 생겨났으며, 그런 면에서 최근에 '만들어진 갈등'이라고 볼 수 있다. 현충원에 '전근대적 차별의 공간'이라는 이미지, 분단독재체제를 정당화해온 '반공-군사주의' 이데올로기의 공간이라는 이미지도 점점 강하게 덧씌워지고 있다. 그럴수록 현충원이 더 이상 '국민적인' 신전이 아니라, '보수-기득권 세력만의 신전'이 되어가고 있다는 주장이 점점 강해질 수밖에 없다.

국립묘지의 위상 하락은 참배객·방문자의 감소 현상에서도 확인된다. 앞서 보았듯이 1974년 이후 동작동 국립묘지 참배객 숫자가 급격히 증가하여 1980년에 역사상 최고치인 863만 명에 이르렀고, 이후 감소하긴 했지만 매년 500~600만 명 수준을 유지했다. 그러나 민주화 시대로 접어든 1990년대에 동작동 국립묘지 참배객 숫자는 이전의 절반에도 미치지 못했다. "1984년부터 1989년까지는 560만여 명 수준을 유지하다가 1990년에는 300만 명, 1991년에는 268만 명으로 차츰 감소하여 2000년부터는 매년 100만여 명이 참배하였다." 그러다 이명박 정부 초기인 2009년에는 동작동 국립묘지 참배객 수가 다시 200만 명대를 회복했고(201만 명), 2012년에는 300만 명대를 기록한 데 이어(303만 명), 2013~2015년 사이에도 300만 명 안팎을 유지했다.[48] 이런 통계 추이는 동작동 묘지 참배객 수가 정치적 부침을 겪어왔음을 단적으로 보여준다. 그럼에도 이명박-박근혜 정부로 이어지는 보수 정권들 아래서조

---

48) 국립서울현충원, 『민족의 얼』(제8집), 92, 303쪽.

차 국립묘지 참배객 규모는 민주화 이전의 '화려했던 시절'과는 거리가 멀기만 하다.

4. 국립묘지의 빈틈 혹은 암영 — 망각의 묘지들

국립묘지의 화려한 외양에 가려진, 혹은 국립묘지 체계의 틈새와 그림자 속에서 간신히 명맥을 유지해온 전사자 묘지들도 있다. 이들은 대부분 대중의 시선이 닿지 않는, 은폐되고 감춰진 음지(陰地)의 묘지들이다. 처음부터 전혀 알려지지 않았거나, 대중의 기억에서 사라진 망각된 묘지들이기도 하다. 이런 종류의 전사자 묘지들로 전국에 산재한 '작은 국군묘지들' 그리고 북한군과 중국군 시신을 매장한 '적군묘지'를 우선 꼽을 수 있을 것이다. 어쩌면 1970년대 이후의 유엔군묘지도 여기에 추가해야 할지 모른다.

(1) 작은 국군묘지들

'망각의 전사자 묘지' 세 유형 중 '작은 국군묘지들'에 대해서는 이미 비교적 자세히 살펴본 바 있다. 현재까지 남아 있는 전국 42곳의 작은 국군묘지들 중에 군인·경찰이 함께 안장된 제주 충혼묘지와 전주 군경묘지 등 극소수를 제외한 대부분이 수십 년 동안 그 존재조차 제대로 알려지지 못했다. 작은 국군묘지 대부분은 나중에 언론이 이름을 붙여주기까지 이름조차 갖지 못했다. 1980년에 전남도재향군인회에 의해 재발견된 전남 화순의 너릿재 무명용사묘는 비교적 일찍 망각의 늪에서 탈출한 경우에 속한다. 그럼에도 이 묘지는 이때까지 "30여 년 동안 관리조차 제대로 하지 않아 봉분이 내려앉고 황폐되어 버렸으며 참배자도 없어 외롭게 지내왔다." 이곳에 묻힌 국군 전사자를 국립묘지로 이장하려던 시도마저 성공하지 못했다. 1990년대에 재발견되어 1993년 충혼탑과 충혼비가 건립되었던 부산 천가동 국군묘지도 비교적 일찍 관심을 받은 경우에 속하나, 그것도 잠시였을 뿐 이후 또 다시 무관심의 나락으로 떨어지고 말았다.[49]

언론을 통해 작은 국군묘지들의 존재가 알려지고 약간의 관심이나마 받게 된 것은 2000년 이후의 일이다. 대부분의 관련 언론 기사는 2010년 이후에 생산되었다. 그 얼마 안 되는 기사들조차 작은 국군묘지들의 존재를 세상에 알리려는 취지를 담은, 아니면 그 동안의 방치와 무관심을 개탄하는 취지를 담은 게 대종이었다. 「이들을 기억해 주세요: 작은 국군묘지들」이나 「'인천 국군묘지'를 아십니까?」, 「잊힌 설움, 사천 국군묘지를 아시나요?」 등의 제목을 단 기사들은 전자의 유형에 속한다. 한편 「버려진 미니 국군묘지…차별받는 전몰용사」, 「방치된 '작은 국군묘지'…우리가 보살펴요」, 「부산 강서 국군묘지 '방치'…국가 지원 시급」, 「국립현충원보다 앞선 전주군경묘지 국가 지원 전무: 전몰군경 안치 중소 묘역 관심 가져야」, 「사천 국군묘지 '홀대받은 추석'」, 「관리 안 돼 부끄러운 사천 국군묘지」 등은 후자 유형에 속하는 기사 제목들이다.

주무 부서인 국가보훈처를 비롯한 중앙정부는 최근까지 '작은 국군묘지'의 실태조차 파악하지 못하고 있었다. 2012년 9월 당시 "작은 국군묘지가 전국에 40여 곳 있는 걸로 알지만 정확한 관리 실태는 모른다."라는 국가보훈처 관료의 말이 이런 상황을 단적으로 보여준다.[50] 『국방일보』의 신인호 기자는 2013년 현충일을 앞둔 시점에서도 여전히 작은 국군묘지들이 국가의 보살핌

---

50) 김상진, 「버려진 미니 국군묘지…차별받는 전몰용사」, 『중앙일보』, 2012.9.24.

528 | 전쟁과 희생—한국의 전사자 숭배

을 받지 못하는 현실을 이렇게 진단했다. "국군묘지들은 몇몇 보훈단체와 학교·봉사단체의 손길이 닿을 뿐 국민의 관심 영역으로부터 벗어나 있다 ……이들 묘역 가운데 일부는 국가보훈처가 지정하는 현충시설에 포함돼 있다. 그러나 관리까지 맡게 돼 있지는 않다. 현충시설 관리는 지방보훈청이, 묘역 관리는 지역 행정관서가 맡게 돼 있다. 전반적으로는 지방자치 행정관서 등의 관심 정도에 따라 관리 상태와 활용도가 달리 나타난다. 앞으로의 관리 전망도 밝은 편은 아니다. 묘지 연고자인 유가족의 발길마저 해가 갈수록 줄어들고 있는 탓이다."[51]

(2) 적군묘지

한국전쟁을 계기로 대한민국의 이름으로 싸운 아군(한국군) 전사자와 실종자들의 시신을 찾아내어 적절히 수습하고 처리하는 것이 국가적 과업으로 떠올랐지만, 이와 극명하게 대조되는 전사자 집단이 바로 적군 전사자들이었다. 적군에는 북한군, 중국군, 남한의 빨치산 전사자가 모두 포함된다. 한국 현대사에서 가장 외면 받은 두 전사자 집단이 한국전쟁 시기 적군 전사자들과 식민지 말기의 태평양전쟁 전사자들일 것이다.

그러나 전쟁은 적군의 시신을 처리하는 문제 또한 제기하게 마련이다. '호국영령'으로 상승되어 국가적인 '현양'의 대상이 되는 한국군의 시신과 달리, '호모 사케르'에 가까운 적군의 시신은 무관심과 내버려두기의 대상이 되기 십상이다. 필자는 이 책 1장에서 대한민국 정부를 포함한 근대 국민국가들이 아군 전사자에 대해서는 '전사자 숭배'와 같은 '시민종교적 접근'으로,

---

51) 신인호, 「전국 '작은 국군묘지'에도 호국충정 오롯이」, 『국방일보』(온라인판), 2013.6.4.

적군 전사자에 대해서는 재난 사망자와 동일하게 '사자의 기술화' 차원에서 '기술과학적 접근'으로 대응한다고 말한 바 있다. 그리고 기술과학적 접근과 시민종교적 접근 사이에는 '사자의 존엄성' 측면에서 중대한 차이가 존재한 다고 덧붙였다.

적군묘지에 대해서는 그 실상이 전혀 알려지지 않았다. 그러나 한국전쟁 과정과 직후에 적군 시신을 매장한 소규모 묘지들이 전국 곳곳에 만들어졌 음은 분명하다. 구상 시인은 그중 한 곳을 방문하여 〈적군묘지 앞에서〉라는 시를 남겼다. 이 시는 1956년에 출간된 시집 『초토의 시』에 수록되었다.[52]

오호, 여기 줄지어 누웠는 넋들은
눈도 감지 못하였겠구나.
어제까지 너희의 목숨을 겨눠
방아쇠를 당기던 우리의 그 손으로
썩어 문드러진 살덩이와 뼈를 추려
그래도 양지 바른 두메를 골라
고이 파묻어 떼마저 입혔거니
죽음은 이렇듯 미움보다도 사랑보다도
더욱 신비스러운 것이로다.

그렇지만 "양지 바른 두메를 골라 고이 파묻어 떼마저 입혔"던 이런 사례 가 과연 얼마나 되었겠는가? 적군 시신은 대부분 방치나 가매장 대상이었을 것이다. 한국 정부가 전국에 산재한 '적군 묘들'을 수습하여 파주에 '적군묘

---

52) 구상, 「초토의 시(11): 적군묘지 앞에서」, 『구상문학총서3: 개똥밭』, 홍성사, 2004, 29쪽.

지'를 제대로 조성한 것은 전쟁이 끝난 지 무려 40여 년이나 지난 1996년 7월의 일이었다. 당시 정부는 남방한계선에서 5㎞ 떨어진 경기도 파주시 적성면 답곡리에 5,204㎡(1,577평) 규모로 적군묘지를 만들었다. 그러나 1996년 적군묘지를 조성한 이후 한국 정부는 이 묘지를 제대로 관리하지 않았고 이곳을 찾는 이도 거의 없었다.

> 임진강을 따라 전곡·적성 방향으로 이동하는 중에 답곡교차로 부근에 위치한 적군묘지에는 위치를 알리는 이정표조차 없었다. 도로에서 100m 정도 굽은 길을 따라 걸어 들어가면 묘역을 알리는 팻말만 덩그러니 서 있을 뿐이다. 인근 군부대가 분기별로 벌초를 하고 있지만, 주민들도 찾지 않아 사실상 방치된 상태다. 일부 비목은 밑동이 삭아서 봉분 위로 쓰러져 있었다 …… 1m 남짓한 비목에는 이름과 전투·발견 장소 등이 간략히 적혀 있다. 520여 기의 봉분 중 이름을 가진 것은 20여 기에 불과하다. 나머지는 모두 신원이 확인되지 않은 '무명인'이라는 이름표 아닌 이름표를 달고 있다 …… 무더기로 발견된 유해들은 분리가 어려워 수십 구씩 같이 합장하기도 했다. 얼핏 봐서는 봉분이라고 알아볼 수 없고, 오히려 작은 둔덕이라는 표현이 더 어울릴 법했다.[53]

2000년에 국방부의 전사자 유해 발굴사업이 시작되었다. 이 과정에서 북한군·중국군으로 확인된 유해를 적군묘지에 매장함에 따라 안장 수가 빠르게 증가했다. 예컨대 2007년 3~7월에 걸쳐 전국 10개 지역에서 발굴된 전사자 유해 424구 중 북한군 유해 121구와 중국군 유해 8구가 그해 8월 적군

---

53) 이태형, 「한반도에서 가장 한(恨)이 깊은 곳, '적군묘지'를 아시나요?」, 『헤럴드경제』(온라인판), 2011.6.24.

묘지에 안장되었다.[54] 2011년 6월 하순 현재 적군묘지 안장자는 964명(북한 군 709명, 중국군 255명)으로 늘어나 있었다. 약 2년 후인 2013년 7월 초순에는 1,080명(북한군 718명, 중국군 362명)으로 증가했다. 박근혜 대통령의 중국 방문을 앞둔 2012년에 국방부는 적군묘지를 재단장했다.[55]

한편 정전협정에 따라 남한 지역에서 발견된 중국군의 유해는 북한을 통해 중국에 인도하기로 되어 있었다. 북한은 1981~1989년 사이에 판문점을 통해 중국군 유해 42구를 인수해 중국 측에 인계했으나 1997년에 중국군 유해 1구를 송환한 이후로는 중국군 유해 인도 자체를 거부해왔다고 한다. 그로부터 16년이 지난 2013년 6월 중국을 방문한 박근혜 대통령이 중국군 유해 송환을 중국 정부에 제안함에 따라 양국 간 협의가 시작되었다. 같은 해 12월 초에 한국과 중국 정부는 북한을 통하지 않고 중국군 유해를 직접 송환하기로 합의했다. 당시엔 적군묘지에 안장된 중국군이 425명으로 늘어나 있었다.[56] 양국 정부 합의를 계기로 유해 송환이 급진전되었다. 중국군 전사자 유해를 해마다 청명절을 앞두고 송환하기로 한 합의에 따라 2014년 3월 437구, 2015년 3월 68구, 2016년 3월 36구, 2017년 3월 28구를 송환한 데 이어, 2018년 3월에도 20구를 중국 정부에게 인계했다. 2018년 3월 말까지 한국 정부는 모두 589구의 중국군 유해를 중국 측으로 돌려보냈다.[57]

남한 내의 전형적인 '일탈적 헤테로토피아'[58] 중 하나였던 적군묘지는 중

---

54) 〈YTN뉴스〉(온라인판), 2007.8.17의 「6·25전사자 유해 295구 오늘 합동 봉안」 기사.

55) 박경만, 「6·25참전 중국인 3명 파주시 적군묘지 방문」, 『한겨레』(온라인판), 2013.7.9.

56) 김귀근, 「한·중, 파주 '적군묘지' 중국군 유해 송환 합의」, 『연합뉴스』, 2013.12.19.

57) 국방부 유해발굴감식단, 『6·25 전사자 유해발굴사업』, 국방부 유해발굴감식단, 2017, 10쪽; 『연합뉴스』, 2016.3.31, 2018.2.1; 『한겨레』, 2018.3.27.

58) 푸코는 '위기의 헤테로토피아'와 '일탈의 헤테로토피아'를 구분한 바 있다. 주로 통과의례

국 및 북한과의 관계 개선에 따라 그 유용성이 증가되면서 조금씩 재평가되기 시작했다. 일단 파주 적군묘지로 이장된 중국군의 유골은 다시 '외교적 선물'로 포장되어 송환되었다. 그러나 때늦은 '적군묘지의 재발견'은 인도주의적 관심과는 사실상 무관한, 순전히 외교적·정치적 관심의 소산이었다.

2014년 3월 개봉된 박찬경 감독의 다큐멘터리 영화 〈만신〉에는 조성된지 얼마 되지 않은 적군묘지에서 무녀들이 망자들을 위해 굿을 하는 장면이 비교적 길게 나온다. 적군묘지 안장자들을 위한 공적 의례가 전무한 상태에서 민간의 무속인들이 그 의례 공백을 일시적으로나마 메운 셈이었다. 이때 무녀들은 사자의 영혼이 빙의했을 때 유난히 구슬프고 서럽게 우는데, 죽은 이들의 한이 그만큼 깊음을 상징하는 행위였다.

(3) 유엔군묘지

'작은 국군묘지'나 '적군묘지'만큼 슬프고 비극적인 사연을 품고 있진 않을지라도, 부산의 유엔군묘지에도 한때 무거운 그늘이 드리웠었다. 특히 1970~1980년대가 그러했다. 앞서 서술했듯이 1951년에 조성된 이래 유엔군묘지는 1950년대 내내 화려한 스포트라이트를 받았다. 또 1959년 11월에 '한국 – 유엔 묘지협정'이 체결되면서 1960년대에도 기념물이나 기념·관리시설

의 맥락에서 등장하고 '리미널리티'의 공간적 차원과도 유사한 '위기의 헤테로토피아'가 점점 사라져가는 공간들이라면, 그 자리를 대신해서 등장하고 확산되는 '일탈의 헤테로토피아'는 사회적 규범의 요구나 평균에서 벗어나는 개인들이 들어가는 공간, 이를테면 요양소·정신병원·감옥·양로원 등이 해당된다. 미셸 푸코, 『헤테로토피아』, 특히 16-17쪽. 필자는 정치적 측면을 강조하여 일탈의 헤테로토피아 개념을 '비(非)국민'이나 '반(半)국민', 나아가 '호모사케르'의 공간으로 확장해서 사용하고 있다.

등이 활발하게 들어서는 등 비교적 많은 관심과 투자가 이루어졌다.

그러나 1970년대로 접어들어 한국인과 참전국 모두에서 유엔군묘지에 대한 관심이 급속히 잦아들었다. 1980년대엔 새로운 기념 프로젝트도 거의 진행되지 않았다. 한국 정부는 물론이고 참전국 정부들도 외면하는 가운데, 유엔군묘지의 존재도 망각의 늪 속으로 빠져드는 것처럼 보였다. 이런 맥락에서 유엔군묘지 안장자들의 주변적·잔여적 성격을 강하게 암시하는 김선미의 주장은 경청할 가치가 충분하다.

> 한국전쟁이 '잊혀진 전쟁'이고, 미국을 비롯하여 대부분의 참전국은 자국의 병사들이 한국에 남아 있다는 사실을 모르고 있었다는 주장은 이들 안장자의 성격을 이해하는 데 하나의 실마리를 제공한다. 이에 따르면 전사자 가운데 유해가 본국으로 돌아가지 못하고 있는 안장자들은 대체로 연고가 없거나 가난한 국가의 병사들이거나 강대국 병사로 참전했지만 식민지 출신이거나 용병의 성격이 강한 이들이라는 것이다. 특히 네덜란드와 프랑스 군대에 식민지 출신 병사들이 상당수 포함되어 있었다는 사실은 이와 관련하여 주목할 만한 일이다. 조성 초기의 황량했던 모습 또한 송환되지 않은 유해의 성격을 이해하는 데 일단을 제공한다.[59]

1973년 가을의 유엔군묘지 풍경을 보여주는 한 기사는 한국인들의 외면 속에 일본인 관광객만이 참배와는 전혀 상관없는 목적으로 유엔군묘지를 방문하고 있는 현실을 기술하고 있다. "최근에는 참배객들보다 기념사진을 찍는 무심한 관광객들이 더 많아졌다. 계절 따라 다르지만 한 달 평균 2만 명.

---

59) 김선미, 「재한 유엔기념공원의 조성 경위와 관리의 성격」, 80쪽.

이 중의 4분의 1가량이 외국인이며 외국인 중 85%가 일본인 관광객"이라는 것이다.[60]

우신구가 깔끔하게 정리해놓은 유엔군묘지의 역사를 개관해보면, 1978년 10월에 한국 정부가 12m 높이의 유엔군위령탑을 건립한 이후 거의 20년 동안이나 유엔군묘지의 경관은 거의 변함이 없었다. 이 기간 중에는 새로이 등장한 조형물이나 건물이 거의 없었다. 한마디로 유엔군묘지는 1970년대 후반 이후 오랜 정체 상태, 심지어는 '망각으로의 길'로 접어들었다. 〈표 14 –11〉에서 볼 수 있듯이 유엔군묘지가 다시 국내외적으로 대중과 언론의 관심 대상으로 떠오른 때는 1998년, 혹은 부산에서 아시아태평양경제협력체(APEC) 정상회담이 열린 2005년을 전후한 시기였다.

〈표 14 - 11〉 유엔기념공원의 변화 과정: 1987년 이후

시기	주요 변화
1998	오스트레일리아 정부가 오스트레일리아 기념비 건립(2010년 재정비)
2001.3.30	공식 명칭이 '재한유엔기념묘지'에서 '재한유엔기념공원'으로 변경됨
2001.10.24	유엔조각공원 준공(15,458㎡ 규모), 참전 21개국의 조각품 34점을 기증받아 조성
2001.11.11	캐나다한국참전기념사업회가 캐나다 전몰용사 기념비 건립
2005.10.28	APEC 정상회담을 계기로 '유엔평화공원' 조성(32,893㎡ 규모)
2005.11.19	뉴질랜드 정부가 뉴질랜드 기념비 건립
2006.10.14	한국 정부가 유엔군 전몰장병 추모명비(追慕名碑) 건립
2007.1.4	프랑스 정부가 프랑스 기념비 건립
2007.5.10	노르웨이 정부가 노르웨이 기념비 건립
2007.5~6	묘비 교체, 도로 정비, 연못 조성

---

60) 『동아일보』, 1973.10.22.

2007.9	도운트 수로(Daunt Waterway) 조성
2007.9	유엔군위령탑 재정비, 제2기념관(카라보트전시관) 조성
2007.10.24	문화재청이 근대문화재로 지정(등록문화재 제359호)
2008.7.9	부산은행의 경비 지원으로 '한국 – 타이 우정의 다리' 교체
2008.8	'무명용사의 길' 조성, 녹지지역 공사
2008.10.8	타이 정부가 타이 기념비 건립
2009.4.29	필리핀 기념비 건립
2010.3.16	영국 정부가 영국 기념비 건립
2010.5.19	유엔기념공원 일대를 '평화특구'로 지정

* 출처: 우신구, 「유엔기념공원의 형성과정과 공간구조」, 174~176쪽에서 재구성.

<표 14 - 12> 유엔기념공원의 정규 예산 구조

시기	예산 부담 내역		
1951~1959년	전액 유엔군 부담		
1960~1973년	전액 유엔 부담		
1974~2000년	한국정부		총액의 약 45% 부담
	나머지 10개국		총액의 약 55% 부담
2001년 이후	인건비, 운영비	한국정부 전액 부담	총액의 약 93% 부담
	관리비, 자산취득비	한국정부 45% 부담	
		나머지 10개국 55% 부담	총액의 약 7% 부담

* 출처: 김선미, 「재한 유엔기념공원의 조성 경위와 관리의 성격」, 94쪽.

    1998년과 2005년을 계기로 유엔군묘지의 '가치 재발견'이라 할 만큼 이에 대한 한국 정부의 관심이 급속히 증가되었다. 이런 놀라운 반전은 1978~1998년 사이 무려 20년 동안의 무관심과 예리하게 대조된다. APEC 정상회담을 계기로 한 대대적인 정비에서 확인할 수 있는 세계화 이데올로기와의 결합, '시민공원'으로의 변신이 2000년대 이후 유엔군묘지에서 나타난 변화의 큰 줄기를 구성하고 있다. 정부가 적극 나서고 있음은 2001년 이후 유엔군묘지의 관리비용을 한국 쪽에서 대부분 부담하고 있는 사실에서도 확인할 수 있다(〈표 14-12〉 참조). 이 표에는 나타나지 않으나, 한국 정부는 2005년에 36억 원, 2007년에 8.5억 원, 2008년에 6.5억 원 등 세 차례에 걸쳐 '특별예산'을 지원하기도 했다.[61]

그러나 아름다운 공원묘지로 거듭난 유엔군묘지의 현재 모습은 한때의 어두운 과거를 감추고 있다. APEC 정상회담이 아니었더라면 한국 정부는 2000년대 이후 유엔기념공원 예산 대부분을 지원하는 선심을 베풀지 않았을 것이다. 또 2005년 정상회담이 아니었더라면 APEC 회원국인 많은 한국전쟁 참전국들은 자국 병사들이 부산이라는 항구도시의 한 묘지에 묻혀 있다는 사실에 무지하거나 무관심한 상태로 남아 있었을 가능성이 높다. 그런 면에서 APEC 정상회담이 유엔군묘지 그리고 그곳에 안장된 한국전쟁 전사자들을 되살려낸 구원자였다고 해도 과언이 아니리라.

---

61) 김선미, 「재한 유엔기념공원의 조성 경위와 관리의 성격」, 93쪽.

15장
전사자 기념시설

전진성은 "고래로 전쟁기념비를 세우는 일은 인류의 보편적인 '사자숭배'(死者崇拜) 문화의 일환으로 이루어져왔다."라고 말했다.[1] 이번 장에서는 의례, 거처(묘), 기념시설 등 전사자 숭배의 트로이카 중 전사자 기념시설을 집중적으로 다뤄보려 한다. 전사자 기념시설에는 전사자와 관련된 기념조형물, 기념건축, 기념공원 등이 두루 포함된다.

전사자 기념시설은 이 책에서 결코 낯선 주제가 아니다. 지금까지 전사자 의례와 거처를 다루면서 수많은 전사자 기념시설들에 대해 빈번히 언급해왔다. 전사자 의례 및 거처는 기념시설과 불가분하다고 말할 수 있을 정도로 밀접한 친화성(affinity)을 갖고 있다. 그 때문에 필자는 '묘지·묘탑과 기념비의 결합' 경향, 군묘지가 기념비의 숲이 되어가는 경향, '의례와 장소의 결합' 경향에 대해 누차 강조한 바 있다. 의례와 장소의 결합은 대개 '묘탑 – 광장 일체형'의 의례 장소를 창출하는 경향으로 표출된다. 묘탑과 영탑들이 그 자체로 탁월한 전사자 기념시설임은 물론이다.

묘지·묘탑과 기념비가 결합하는 경향으로 인해, 대규모의 군묘지들에는 시간이 흐르면서 다수의 기념비들이 집적된다. 앞서 소개했듯 2015년 현재 동작동 국립묘지는 전사자 기념과 관련된 여러 건축물들을 제외하고도 5기의

---

1) 전진성, 『역사가 기억을 말하다』, 192쪽.

탑, 10기의 기념비, 10기의 조형물 등 25개의 기념시설물들이 자리하고 있었다. 1864년에 설립되어 2002년 현재 26만 명이 매장되어 있던 미국의 알링턴국립묘지 안에도 25개의 기념비들이 존재하고 있었다.[2] 우리는 알링턴국립묘지에서 저마다 표지석을 거느린 수많은 기념수(紀念樹)들과도 마주치게 된다. 현재의 부산 유엔군묘지(유엔기념공원)에도 9개의 국가별 기념비, 유엔군위령탑, 영연방 위령탑, 캐나다 기념동상, 유엔군전몰장병 추모명비(追慕名碑)를 비롯하여 추모관, 기념관, 전시관, 무명용사의 길, 한·태 우정의 다리, 도은트수로, 이승만·윤보선·박정희 대통령 방문비 등이 빽빽하게 들어서 있다.[3]

이미 서술한 부분과의 중복을 피하기 위해, 여기선 전사자 기념시설과 관련된 큰 흐름을 시대순으로 개관하면서 앞에서 상세히 다루지 못한 사실들 위주로 논의를 전개하려 한다. 특히 전사자 기념시설 중 가장 많은 비중을 차지하는 전사자 묘탑과 영탑에 대해서는 전사자 거처 및 영적 안전망과 관련해 충분히 다뤘기에 다시 반복할 필요가 없을 것이다.

전사자 의례와 거처에서도 그랬듯이, 전사자 기념시설에서도 식민지 시대의 뚜렷한 영향이 확인된다. 특히 무명 전사자 숭배라는 맥락과 결부된 현대적 외양의 탑·비·조각 등에서 그런 영향이 강하게 감지된다. 식민지 조선에선 이미 1920년대부터 '기념비 건립 붐'이 일었다. 이때 세워진 기념비 대부분은 전사자와 무관했지만 말이다. 다음은 『동아일보』 1929년 10월 28일자(3면)에 게재된, 황해도 황주 '일기자'(一記者) 명의로 된 「비석의 유행」 기사의 일부이다. "면장, 구장(區長)들의 기념비, 일본인 농장 농감(農監)의 공적비,

---

2) 요시다 다카시, 「미국의 전몰자 추도」, 310쪽.

3) 백영제, 「공원의 공간 구성 및 전시 조형물의 특성」, 193~215쪽; 재한유엔기념공원관리처, 『재한유엔기념공원』(팸플릿); 재한유엔기념공원관리처, 『유엔기념공원』(팸플릿) 참조.

15장 전사자 기념시설 | 539

촌호(村豪)의 시혜비(施惠碑), 그가 어느 면 어느 촌 업는 곳이 업다. 산비탈에도 잇고 밧이나 논도랑에도 잇다 …… 종교계에도 이제는 그 유행이 전염된 듯싶다. 장로를 비롯하야 교회 제직(諸職)들의 기념비가 교회마다 스게(서게 – 인용자) 된다." 여기에 교육계가 마땅히 추가되어야 하리라.

기념비 붐을 타고 1920년대 이후 전사자를 기리는 충혼비 혹은 충혼탑이 전국 각지에 건립되었다. 필자는 9장에서 식민지 조선에 세워진 충혼비나 전사자 기념비 15개소를 소개한 바 있다. 1930년대 말부터는 충혼비보다 규모가 큰 충령탑도 최소 9곳에 건립되었거나 건립이 추진되었다. 해방 후 대량으로 생산된 현충탑이나 충혼탑·충혼비들은 식민지 시대의 충혼비 계보를 잇는 것으로 볼 수 있다. 많지는 않을지라도 식민지 시대 충령탑 계보를 계승하는 납골묘탑이 해방 후 건설되기도 했다. 전사한 경찰관들을 안치한 인천 부평동 충혼탑이 대표적인 사례였다. 현충탑이나 충혼탑 부류의 기념비 건설은 1940년대 후반부터 시작되었고, 1950~1960년대에는 대단히 활성화되었다. 지방자치제가 부활한 1990년대 이후에도 현충탑이나 충혼탑 신축 혹은 재건축 붐이 일었다. 전사자 위패를 안치한 기념비·탑은 현충일 의례 장소의 창출 및 성역화 노력과 관련이 깊다. 최근에는 지방자치단체의 새해맞이 참배, 6·25기념행사, 지방자치단체장 취임·퇴임에 즈음한 참배 행사의 무대로도 자주 활용되고 있다.

충혼비와 충령탑이 전사자 거처에 해당한다면, 식민지 시대엔 전적(戰蹟) 혹은 승전(勝戰) 기념비에 해당하는 기념조형물도 일부 건립되었다. 서울 남산에 세워진 갑오전승기념비나 충남 아산 백서포의 청일전쟁기념비, 평안북도 용천의 러일전쟁승전비 등이 그런 예들이다.[4] 임진왜란 당시 조선 – 명나라

---

4) 정호기, 「일제하 조선에서의 전쟁사자 추모 공간과 추모 의례」, 144, 149쪽.

연합군에게 일본군이 대승을 거둔 곳에 1933년 9월 건립된 경기도 고양의 벽제관회전기념비를 비롯해, 러일전쟁을 기념하는 평북 정주와 평남 평양의 일로전역기념비(日露戰役記念碑)도 같은 범주로 묶을 수 있는 조형물들이다.[5] '전투 현장'에 건립된 기념비는 전사자의 '묘지'나 '출신지'에 건립된 기념비와는 또 다른 중대한 장소성을 내포한다. 이런 류의 기념비는 전사자가 전공(戰功)을 쌓은 장소, 전사자가 최후의 시간을 보냈거나 치명적인 부상을 입은 장소를 기린다는 점에서 그러하다. 이런 기념시설들은 전사자에 대한 기억을 더욱 생생하게 상기시켜줄 수 있다. 전사자의 위령과 추모에 보다 직접적으로 초점을 맞춘 시설들이 격전 현장에 세워질 수도 있다.

식민지 시대에 이어 해방 후에도 '전적지 성역화' 차원에서 전사자들이 죽음을 맞은 현장들인 격전지들에 전적비·탑, 전승비·탑, 위령탑·비가 다수 건립되었다. 이런 움직임은 1950년대 중반부터 본격화되어 1960년대도 지속되었다. 1970년대 이후엔 주요 전투의 현장들에 전적기념관, 승전기념관, 전쟁기념관, 혹은 전쟁기념공원 등이 속속 들어섰다. 이런 종류의 기념시설들은 대체로 10년 주기의 한국전쟁 기념사업 차원에서 건립되는 경향이 강하다. 말하자면 10년마다 기념사업의 동력이 충전되는 구조인 셈인데, 한국 현대사는 5년 주기로 '광복'과 '전쟁'을 번갈아 대대적으로 기념하는 진자운동을 계속해오고 있다.

식민지 조선에서는 1920년대 이후 각종 동상이 활발하게 건립되었다. 1930년대는 이런 움직임이 더욱 활성화되어 이른바 '동상의 시대'를 맞게 되었다.[6] 이런 와중에 만주사변 때 전사한 이른바 '육탄3용사'의 동상이 1937년

---

5) 『동아일보』, 1933.9.10, 1935.1.12, 1939.3.9 등 참조.

6) 조은정, 『동상』, 26쪽 이하.

5월 서울 장충단공원에 세워졌다.[7] 같은 해에는 토바리 유키오가 조각한 '육탄3용사상'이 연희전문학교에 세워지기도 했다.[8] 동상이나 조상(彫像) 건립은 해방 후에도 전쟁 영웅들을 기념하는 방식으로 애용되었다.

반복하거니와 이번 장에선 전사자 묘탑이나 영탑의 성격을 띤 기념시설에 대한 언급을 가급적 줄이려 한다. 다음과 같은 명칭을 가진 기념시설들이 이 범주에 속한다: 충혼탑·비, 충혼불멸비·탑, 순국충혼영세불망비, 현충탑·비, 충현탑·비, 충현불멸탑·비, 위령탑·비, 충렬탑·비, 진혼탑·비, 충령탑·비, 순의(殉義)비·탑, 의혼(義魂)비·탑, 충의탑·비, 충의혼(忠義魂)탑, 추모비·탑, 추도비, 추념비·탑, 영령탑·비, 전사기념비, 호국영렬탑, 충혼각(忠魂閣)·충혼사(忠魂祠)·충령사(忠靈祠). 이 기념시설들의 압도적 다수는 유골을 안치한 '묘탑'이 아니라, 전사자의 위패를 안치하거나 이름 혹은 추모·찬양의 글을 새긴 '영탑'이다. 대신 이번 장에서는 전사(戰死)의 현장을 성역화하는 각종 기념시설이나 동상·조각 등에 집중하려 한다. 또 정부 차원의 전사자 기념시설 프로젝트에 중점을 두고 역사적 개관을 시도할 것이다. 텍스트로는 1996년 국가보훈처에서 발간한 『참전기념조형물 도감』이 주로 활용된다. 이 도감에는 모두 702개소의 '참전기념조형물'이 수록되어 있다. 아래에서 전사자 기념시설과 관련해서 별도의 주석을 달지 않는 서술의 출처는 모두 이 도감이라고 보면 되겠다.

---

7) 정호기, 「일제하 조선에서의 전쟁사자 추모 공간과 추모 의례」, 146쪽.

8) 조은정, 『동상』, 57쪽.

1. 이승만 정권 시기

대한민국 정부 수립 직후 집중적인 기념의 대상으로 떠오른 전사자들은 수차 언급한 바 있는 '육탄10용사'였다. 다시 간략히 요약해보자.

육탄10용사는 1949년 5월 4일 개성 송악산전투에서 전사했다. 그로부터 열흘 정도 지난 5월 중순이 되자 이들은 대한민국이 창출한 대표적인 대중 영웅으로 거듭났다. 국방부 장관의 기자회견, 국무총리의 담화, 공보처 담화, 국회의 결의안, 특별 대북방송, 6계급 특진 상신, 〈10용사 노래〉 창작, 10용사 유가족 원호음악회, 전국적인 유가족 돕기 모금운동 등이 불과 며칠 사이에 숨 가쁘게 이어졌다. 5월 28일 서울운동장에서 열린 '10용사 장의식'은 말할 것도 없고, 6월 6일 같은 장소에서 열린 제2차 전몰군인 합동위령제 역시 10용사에 대한 찬사와 찬가(讚歌)로 가득했다. 국방부 장관과 육군총참모장은 향후 정부 차원의 대대적인 기념사업이 이어질 것임을 예고했다. 1949년 7월 5일에는 '순국10용사기념사업회'가 창립되었다. 신익희 국회의장이 초대 회장을 맡았고 국방부의 적극적인 후원을 받았다. 기념사업회는 10용사의 유영(遺影)을 전국의 직장·교실·공원 등에 현시함과 동시에 10용사 동상을 건립하는 것을 우선 목표로 내세웠다. 기념사업회는 같은 해 9월 전국 일곱 곳에 '10용사 영탑'을 건립하며, 서울에서는 장충단에 높이 22척(6.6m)의 영탑을 건설하겠노라고 발표했다.

정부에 의해 '육탄10용사'로 공식 명명되었을 뿐 아니라 서부덕 상사는 소위로, 나머지 8명의 하사는 상사로 진급하는 파격적 특진 혜택도 주어졌다. 1950년 12월엔 을지무공훈장이, 1952년 10월에는 은성무공훈장이 이들에게 추서되었다.[9] 10용사 공훈담(功勳談)은 국민학교 교과서에도 실렸다. 영탑 건설을 포함한 기념사업들은 전쟁 발발로 중단되고 말았지만, 전쟁 직후인 1955년 5월 국방부에 의해 국군묘지 입구인 흑석동 한강변에 6m 높이의 '육탄10용사 현충비'가 건립되었다. 1930년대의 '육탄3용사' 신화를 차용하여 '육탄10용사'라는 작명(作名)이 이루어진 것임은 이범석 국무총리의 1949년 5월 19일 담화에서도 잘 드러난다. 당시 이 총리는 "우리의 10용사는 소위 왜적의 육탄3용사와 같이 명령에 의한 결사대가 아니요 전술상 필요를 통감하고 자진하여 살신성인한 것이니 그들의 충용한 행동이야말로 국군의 해모(楷模)이며 조국수호의 정화(精華)라고 할 것"이라고 말했다. 불과 몇 년 전까지 '육탄3용사' 동상이 자리하던 장충단공원에 굳이 '육탄10용사' 영탑을 건립하려 했던 데 대해서도 같은 해석이 가능할 것이다. 식민지 시대의 '육탄3용사' 신화가 해방 후의 '육탄10용사' 신화로 이어졌을 뿐 아니라, 한국전쟁 발발 후엔 '백마고지 육탄3용사'를 비롯해 '육탄11용사', '육탄7용사', '육탄6용사' 등 새로운 '육탄용사 신화들'이 꼬리를 물고 만들어졌다.

1940년대가 '육탄10용사'로 대표된다면, 1950년대에 정부 차원의 대표적인 전사자 기념시설 프로젝트는 무엇이었을까? 필자는 (1) 충혼탑 건립운동, (2) 무명용사탑 건립사업, (3) 전적비 건립사업의 세 가지가 가장 중요하다고 본다. 먼저 이미 언급했던 '충혼탑 건립운동'으로, 1951년 말부터 국방부를 중심으로 진행되었다. 이 운동의 일환으로 서울 남산공원에 초대형 충혼탑을 건설하고 효창공원에 유엔전우탑을 건립한다는 거창한 계획은 끝내 현실화되지 못했다. 그러나 도 단위로 비교적 규모가 큰 충혼탑을 하나씩 건립한다는 계획은 1950년대 후반에 대부분 실현되었다. 1959년 5월과 6월에는 경

---

9) 『연합뉴스』, 2015.8.27; 차성환, 『참전기념조형물 도감』, 131쪽.

기도 연천과 동두천에 '충현탑'이 각각 건립되었다. 둘 모두 건립 주체는 '경기도전적비건립위원회'였는데,[10] 전사자 기념시설 건설을 위한 경기도 차원의 조직적인 움직임이 있었음을 보여준다.

또 다른 정부 차원의 전사자 기념시설 프로젝트로 두 차례의 '무명용사탑' 건립사업을 들 수 있다. 그 하나는 서울시가 주도했던 1955년의 '무명용사탑' 건립사업이고, 다른 하나는 1958년 문교부가 주도했던 '무명용사탑' 건립사업이었다. 1955년 6월 서울시는 한국전쟁 5주년 기념사업으로 '무명전사의 탑' 혹은 '무명전사의 비' 건립을 추진했다. 『경향신문』사를 비롯한 일부 언론사도 적극적으로 호응했다.[11] 6월 24일 서울시청 회의실에서 열린 발기인회에는 서울 출신 국회의원을 대표하여 이기붕 민의원 의장, "내무·국방·문교·사회·보건 각 부의 대표자 및 국내 주요 일간 통신 신문사 대표자들"이 참석했다.[12] 서울시가 주도했다곤 하나, 참가자 구성은 관민 합동의 '거국적인' 프로젝트였음을 보여준다. 이후 같은 해 7월 19일에도 시청 회의실에서 '무명용사지비(無名勇士之碑) 건립위원회 제1회 위원회'를 개최하여 규약 통과, 위원 위촉, 비형(碑形)·장소 결정 등이 이루어질 예정이라는 보도가 이어졌다.[13] 그러나 결과적으로 이 프로젝트는 결실을 맺지 못했다.[14]

다시 3년이 지나 휴전 5주년인 1958년을 맞아 '무명용사탑'이 추진되었다. 이번엔 문교부가 앞장서고 국방부와 전국문화인총연맹(문총)이 뒤를 받치는

---

10) 차성환, 『참전기념조형물 도감』, 164, 233쪽.

11) 『경향신문』, 1955.6.24의 사설(「무명용사탑의 건립을 제안함」) 참조.

12) 『경향신문』, 1955.6.25.

13) 『경향신문』, 1955.7.18.

14) 『경향신문』, 1956.6.6의 관련 기사 참조.

모양새를 취했다. 무려 30만 평의 한강변 부지에 전 국민의 모금으로 30m 높이의 거대한 탑을 세운다는 계획이었다.[15] 『경향신문』 1958년 12월 17일 자(3면)는 이 프로젝트가 "문교, 국방 양부 및 문총 인사들이 회합하여 결정한 것"이며, "호주 무명용사탑을 모방하여 만들어질 것"이라고 보도했다.

1950년대의 세 번째 전사자 기념시설 프로젝트는 군부대들이 앞장선 전적비 건립사업이었다. 대표적인 사례가 강원도 일대를 관할하는 1군사령부가 1957~1958년에 걸쳐 무려 15곳의 격전지에 전적비를 건립한 후 1958년 6월 26일에 일제히 제막식을 거행한 일이었다. 전적비가 세워진 15개 지구는 원주, 펀치볼, 백석산, 351고지, 금성, 가평, 저격능선, 향로봉, 인제, 백마고지, 643고지(수리봉), 사창리, 지평리, 용문산, 홍천 등이었다.[16] 차성환의 『참전기념조형물 도감』을 통해 확인해보면, 이 중 용문산지구, 지평리지구, 백마고지, 사창리지구, 금성지구, 향로봉지구, 351고지 전투의 전적비 등 7개소는 1957년 7월 15일에 완성되었다. 또 가평지구, 원주지구, 펀치볼지구, 백석산지구, 인제지구 전투 전적비 등 5개소는 1958년 3월 15일에 완공되었다.

1군사령부만 전적비 건설에 나선 건 아니었다. 1950년대 후반은 부대별 전적비 건립 붐이 일었다고 해도 과언이 아니다. 해병대사령부는 1958년 9월 28일에 맞춰 '해병대 행주 도강 전첩비'(고양)와 '해병대 북한강지구 전첩비'(남양주)를 동시에 완공했고, 1959년 3월 15일에도 '해병대 수도방위 기공비(紀功碑)'를 파주읍 봉암리에 건립했다. 낙동강전선에 해당하는 지역에도 1958년 10월 20일에 '안강지구 전승비'(수도사단), '영천지구 전승비'(8사단)가 동시에 건립되었다. 열흘 후인 10월 30일에는 '신녕지구 전승비'(6사단)도 완

---

15) 『동아일보』, 1958.12.16.

16) 『경향신문』, 1958.6.25.

성되었다. 1959년 3월 말에는 '왜관지구 전적비'도 6사단에 의해 세워졌다. 1957년 3월 15일에는 '홍천지구전투 전적비'(1군단)와 강화의 '643고지전투 전적비'(2군단)가 동시에 선을 보였다. 이 밖에도 1955년 6월 '파로호비'가 6사단에 의해 화천군 간동면 구만리에, 1957년 6월 '설마리전투비'가 25사단에 의해 파주 적성면 설마리에, 같은 해 7월 '저격능선전투 전적비'가 국방부에 의해 철원군 김화읍 청양리에, 1959년 3월 '포항지구전투 전적비'가 3사단에 의해 포항 송도동에, 같은 해 11월에는 '화랑사단 전적비'가 11사단에 의해 고성군 간성면 광산리에 각각 만들어졌다. 드물지만 민간 부문에서도 전적비 건설에 나선 사례가 있었다. 적의 수중에 넘어간 화천화력발전소를 탈환한 6사단의 전공을 기리기 위해, 발전소 측이 1954년 11월 '전공비'(戰功碑)를 화천군 간동면 구만리에 세웠던 것이다.

1950년대의 전사자 기념시설과 관련해서 또 하나 주목할 만한 대목은 유엔군과 관련된 기념시설도 등장하기 시작했다는 점이다. 가장 먼저 유엔한국위원단의 인도 대표로서 1950년 8월 초 전선 시찰 도중에 순직한 나야 대령을 위한 기념비가 같은 해 12월 대구시 범어동에 세워졌다.[17] 1951년 10월에는 국방부가 그해 2월 사망한 '무어 장군 추모비'를 여주읍 단현리에 건립했다. 1954년 6월 30일에는 '미 군사고문단 전몰장병 기념비'가 대구시에 의해 남구 대명동에 들어섰다. 1955년 7월 5일에는 미 제24사단에 의해 '유엔군초전(初戰) 기념비'가 오산 죽미령에 세워지기도 했다.[18] 대한상무회 파주군연합분회가 파주 법원읍 동문리에 1958년 7월 건립한 '케니 상사 전공비'도

---

17) 『동아일보』, 1950.12.6; 차성환, 『참전기념조형물 도감』, 82쪽.

18) 유엔군초전기념관 홈페이지(www.osan.go.kr/osanUnfw)의 '전시마당' 중 '기념비' 항목 참조 (2017.3.3 검색).

전사자 기념비에 해당한다.

　전사자는 아닐지라도, 한국전쟁 당시 유엔군의 활약과 관련된 전적비와 송덕비(공덕비), 역시 송덕(頌德) 목적이 강한 인물 동상들도 1950년대에 처음 등장했다. 대구시와 국방부가 두류동에 1955년 3월 세운 '매가우 소장 공덕비', 1957년 인천시가 전국적인 모금운동을 벌여 자유공원(만국공원)에 세우고 인천상륙작전 기념일인 9월 15일에 맞춰 제막한 '맥아더 장군 동상', 미군 2사단 19연대와 24사단의 전공을 기리기 위해 1959년 3월 육군 1206건설공병단이 창녕군 창녕읍 교상리에 건립한 '창녕지구전투 전적비', 1959년 10월 6·25연합군참전기념사업회가 서울 용산로터리에 세운 '존 비 코올터 장군상'이 그런 예들에 속한다.

2. 군사정권 시기

　전적비 건립운동으로 대표되는 전적지 성역화 움직임은 1950년대부터 대단히 활발했다. 그럼에도 당시 중앙정부 차원에서 진행된 전적지 성역화 시도는 사실상 전무했다. 1950년대에 중앙정부는 도별 충혼탑이나 무명용사탑 건립 프로젝트처럼 전투현장이 아닌 '도시 내부'에서 '반공 성지'를 만들어내는 데 더욱 주력했다. 그러나 군사정권이 들어서자 상황이 달라졌다. 이젠 중앙정부 자신이 전적지 성역화에 적극 나섰다. 1960년대를 대표하는 정부의 전사자 기념시설 프로젝트는 '반공애국유적부활운동'이었는데, 이 운동이 전적지 성역화 사업의 성격을 강하게 띠고 있었다.

　1961년 12월 국군묘지 안에 '전쟁기념관'이 들어섰다. 한국 최초의 전쟁기념관이었다. 1964년부터 새 전쟁기념관 건립 사업이 수차례 제안되었지만, 재원 조달과 부지 선정 문제로 성사되지 못했다고 한다.[19] 정부 차원의 프로젝트는 아니었지만, 국가별 '참전 기념비'가 본격적으로 건립되기 시작했다는 점도 1960년대의 특징이었다. 1964년 한강변에 건설된 거대한 '유엔군 자유수호 참전기념탑'도 빠뜨리지 말아야 할 것이다.

먼저, 1961년부터 수년 동안 반공애국유적부활운동이 공보부(公報部)의 주도로 전개되었다. 군사정부가 가장 먼저 착수한 일 중의 하나가 바로 이 운동이었다. 「마산일보」 1962년 8월 8일 자(3면)의 「반공애국유적부활운동」이라는 기사가 이에 대해 비교적 상세한 정보를 제공해준다. 이 운동은 공보부의 제안과 계획으로 1961년 6·25기념사업으로 시작되었다. 그 취지는 "6·25동란 후 반공애국의 유적을 조사하여 이를 현창함으로써 전몰장병과 반공애국지사들의 유훈을 깊이 흠모하고 거국적인 반공전선에 국민적인 귀감을 삼기 위하여"로 요약될 수 있다. 중앙정부의 내무부·문교부·공보부·재건국민운동본부가 '후원기관'으로 나서고, 각 도별로는 특정 신문사의 '주최' 아래 "도와 재건국민운동 시·군 촉진회 및 각 중·고교 대학 등의 적극적인 협조로서 도내 권위 인사들을 망라한 반공애국유적부활위원회"를 구성하여 "숨어 있는 유적의 발굴과 거대한 선전으로 기념비 건립" 등을 "범도민운동"으로 추진한다는 것이다. 유적의 '부활 작업'은 학생들의 근로봉사로 진행하고, "기념비 건립 등 예산은 현지에서 예산상 무리가 없는 범위 내에서 할 것이며 부활된 유적은 관리 유지 방책을 수립하는 동시에 매년 국경일에 헌화하도록" 한다는 계획이었다.

공보부는 1961년 9월 11일에 반공애국유적부활운동의 결과를 발표했다. 그해 6월 25일부터 8월 15일까지 불과 70일 동안 무려 90개소의 기념비를 새로 건립했다는 것이었다. 보도에 따르면 "공보부는 지난 6월 25일부터 8월 15

---

19) 차성환, 『참전기념조형물 도감』, 19쪽.

유엔군자유수호참전기념탑

일까지 약 두 달 동안 6·25 '전국반공애국유적부활운동'을 전개한 바 있는데
11일 하오 그 업적을 발표하여 그 동안 건비(建碑)가 90개소, 미화작업이 79개

소, 작업 중인 것이 41개소, 기타 보수·위령제 등이 45개소라고 알리었다."[20]
반공애국유적부활운동에는 '반공유적지 지정' 활동도 포함되었던 것으로 보
인다. 전사한 태극단(太極團) 단원 45명을 안장하기 위해 1957년 고양군에 조
성된 묘지가 1961년 10월에 '반공유적지 제1호'로 지정되었고, 이를 계기로
박정희 의장의 휘호가 담긴 '유적지비'(현충탑)을 한국일보사의 후원으로 건
립했다는 것이다.[21]

    이 운동은 1962년에도 계속되었다. 다시 「마산일보」 기사에 의하면 1962
년의 반공애국유적부활운동 기간은 8월 1일부터 9월 20일까지 50일 동안으
로 정해졌다. 1962년 7월 31일에 각 신문사 대표자들과 내무·국방·문교부 관
계자들이 공보부에서 반공애국유적부활운동 회의를 갖고, 1962년에 "학생
신분으로 용감히 싸워 전사한 포항 학도의용군 묘지와 유격대로서 싸우다 젊
은 목숨을 잃은 강원도 설악산지구 전적비를 세우기로 결정"하고, "그 비용을
일반과 학생들에게 모금 갹출하기로 방침을 정하였다."라는 것이다.[22] 철도
청이 1962년 12월 대전시 동구 판암동에 건립한 '기관사 김재현 순직비'도 반
공애국유적부활운동의 일환으로 추진된 사업이었다.[23]

    1963년 1월 18일에도 공보부는 그해의 반공애국유적부활운동 추진 계획
을 발표했다. 이에 따르면 1963년 중에 "서울의대 내 집단학살 터에 위령탑,
포항에 전몰학도병 묘지, 설악산지구에 국군유격대 전적비를 세울 계획"[24]

20) 『동아일보』, 1961.9.12, 1961.9.13.

21) 차성환, 『참전기념조형물 도감』, 172-174쪽.

22) 『동아일보』, 1962.8.1, 1962.8.2.

23) 『경향신문』, 1962.12.8.

24) 『경향신문』, 1963.1.18.

이었다. 실제로 1950년 6월 28일 서울 종로구 연건동 서울대학교병원에서 인민군에게 학살당한 이들을 기리는 위령비가 1963년 6월 20일에 '이름 모를 자유전사의 비'라는 이름으로 세워졌다. 이 비는 한국일보사의 지원으로 제작되었다.[25] 전몰학도병 묘지 조성 사업은 학도병 시신을 국립묘지로 이장하는 것으로 최종 결정되었다. 포항지구 학도병 전사자 48명이 포항여중·고교 부근에 매장되어 있었으나, 1963년 9월 24일 열린 제97차 국무회의에서 학도병 시신을 국립묘지에 안장하기로 결정했고, 이에 따라 1964년 4월에 실제 이장이 진행되었다.[26] 반공애국유적부활운동은 1965년에도 계속되고 있었다. 1965년 10월 30일 속초 설악동에 학도결사대 호림부대를 기리는 '이름 모를 자유용사의 비'가 건립되었다. 이것은 "한국일보사가 한국전쟁의 반공 애국 활동에 대한 유적 보존 및 부활 사업으로 네 번째 건립한 것"이었다고 한다.[27] 이 '이름 모를 자유용사의 비'가 바로 1962년부터 계획되었던 '설악산지구 유격대 전적비'였을 것으로 추정된다.

지금까지 반공애국유적부활운동은 전혀 알려지지 않았다. 따라서 이를 다룬 연구도 전무하다. 그러나 운동의 진행 속도나 범위는 1961~1963년에 미치지 못했을지언정 한국전쟁 및 전사자 기념시설을 건립하는 운동이 5년 이상 지속되었다. 정부에선 공보부가, 민간에선 한국일보사를 비롯한 여러 언론사들이 쌍두마차처럼 반공애국유적부활운동을 이끌어갔다.

1950년대만큼 눈부시진 않지만 전투 현장을 성역화하려는 사업들이 1960년대에도 이어졌다. 군부대 중심이었던 1950년대 후반과는 대조적으로, 1960

---

25) 차성환, 『참전기념조형물 도감』, 23쪽.

26) 위의 책, 36~37쪽 참조.

27) 위의 책, 329~330쪽.

년대 초에는 민간 및 지방정부의 협력에 의해 이런 일들이 주도되었던 사실이 이채롭다. 예를 들자면, 1961년 6월 25일 진천군이 진천읍 잣고개에 '6·25격전지비(激戰地碑)'를 세웠다. 이웃한 음성군은 1962년 8월에 '전승비'를, 1967년 4월엔 '전승탑'을 음성읍 소여리에 세웠다. 1962년 9월엔 중앙일보사가 '반공의열 전적비'를 논산군 벌곡면 한삼천리에 건립했다.

1960년대에도 군부대들은 전적지 성역화에 열심이었다. 1960년대 후반에는 1967년 8월 12사단이 인제군 GOP지역에 건설한 '854고지 전적비', 1968년 7월 공군본부가 강릉시 학동 제18전투비행단에 설치한 '강릉기지 전공비' 같은 익숙한 유형의 기념비도 다시 나타났다. 1950년대에 이어 유엔군 관련 기념비들도 등장했다. 1964년 4월 해병대사령부가 파주군 조리면 봉일천리에 건립한 '한·미 해병 참전비', 1966년 2월 미군 2사단 23전투단의 전공을 기리기 위해 양평군이 지제면 지평리에 건립한 '참전비', 같은 해 10월 1군사령부가 횡성읍 읍하리에 세운 '오우덴 중령 현충비', 1968년 11월미 25사단 킨 기동부대의 전투를 기념하여 1206건설공병단이 진주 본성동에 세운 '진주지구 전승비' 등이 그런 사례들이다. 1964년에는 서울 한강변 제2한강교 입구에 '유엔군 자유수호 참전기념탑'(유엔기념탑)이 건립되었다. 유엔군자유수호참전기념탑 건립위원회가 주도하고 김세중이 조각을 담당한 초대형 전쟁기념물 프로젝트였다. 이 탑은 "5·16 군사정변으로 정권을 잡은 군부가 재건국민운동본부 이름으로 조성한 것이다. 55미터의 거대한 콘크리트 탑은 중앙의 V면에는 유엔 심볼을, 탑면에는 청동으로 만든 '자유 여신'과 '수호 남신'을 부조로 부착하였다. 4면의 기단부에는 화강석으로 전쟁을 상징하는 부조를 배치하였다."[28]

28) 조은정, 『동상』, 129쪽.

1960년대에는 특정 인물이나 부대를 넘어 유엔군의 국가별 기념비가 건립되기 시작했다. 이런 움직임은 '유엔한국참전국협회'라는 민간단체에 의해 주도되었다. 이 단체가 1960년대에 모두 네 곳의 참전국 기념비를 세운 사실이 확인된다. 우선 1963년 4월 24일 유엔한국참전국협회와 가평군이 '호주 전투 기념비'를 가평군 북면 목동리에 조성했다. 1966년 4월 22일에는 유엔한국참전국협회가 '필리핀군 참전비'를 연천군 연천읍 상리에, 1967년 9월에는 유엔한국참전국협회와 가평군이 '영연방 참전 기념비'를 가평읍 읍내리에, 1968년 5월에는 유엔한국참전국협회가 '에티오피아 참전 기념비'를 춘천시 근화동에 각각 건립했다. 유엔한국참전국협회가 건설 과정을 주도했음은 분명하지만, 비용은 그때그때 모금이나 후원에 의존했던 것으로 보인다. 예컨대 '에티오피아 참전 기념비'의 경우 "유엔군참전국협회와 춘천시민이 기념비 건립을 주관하고 대한민국재향군인회, 대한금융단이 헌납하여" 건립되었다고 한다.[29]

1970년대 들어 전사자 기념시설 건립이 부쩍 활성화되었다. 이 시기 정부 주도 프로젝트는 1970년대 중반에 집중적으로 진행되었고 이후에도 간헐적으로 이어진 '유엔군 국가별 참전 기념비', 그리고 1970년대 후반부에 개시되어 1980년대 초까지 계속된 '전적지 개발'로 대표된다. 유엔군 국가별 참전 기념비 프로젝트에서는 국방부가, 전적지 개발 프로젝트에서는 교통부가 가장 중요한 역할을 떠맡았다. 우선, 1963년부터 가시화된 유엔 참전국별 기념비 건립 프로젝트는 1970년대에도 계속되었다. 한국기자협회가 1977년 4월 파주 통일동산에 건립한 '한국전 순직 종군기자 추념비'도 유사 범주로 포함시킬 수 있을 것 같다. 그러나 1970년대 들어 추진 주체는 민간(유엔한국참전

---

29) 차성환, 『참전기념조형물 도감』, 293쪽.

국협회) 주도에서 국가 주도로 바뀌었다.

<표 15 - 1> 1970~1980년대 유엔군 국가별 참전 기념비 건립 추이[30]

시기	명칭	건립 주체(작가)	설치 장소
1971.10.1	스웨덴 참전 기념비	스웨덴 야전병원협회, 스웨덴한국협회	부산시 부전동
1972.3.30	놀웨이(노르웨이) 참전비	한노협회	양주군 동두천읍 하봉암리
1974.9.6	터키군 참전 기념비	국방부(이일영)	용인군 구성면 동백리
1974.10.2	태국(타이) 참전 기념비	국방부(이일영)	포천군 영북면 문암리
1974.10.2	필리핀군 참전비	국방부(이일영)	고양시 관산동
1974.10.3	그리스군 참전 기념비	국방부	여주군 가남면 오산리
1974.10.3 (1989.3.16)	프랑스군 참전 기념비	국방부(송영수)	수원시 파장동 지지대고개
1975.9.24	콜롬비아군 참전 기념비	교통부(이일영)	인천시 가정동
1975.9.26	벨기에·룩셈부르크군 참전비	국방부(송영수)	양주군 동두천읍 상봉암리
1975.9.29	남아프리카공화국군 참전 기념비	국방부(백문기)	안성군 원곡면 용이리
1975.9.29	네덜란드 참전 기념비	국방부(김경승)	횡성군 우천면 우항리
1975.10.3	미국군 참전비, 트루먼 대통령 동상	국방부(김세중)	파주군 문산읍 사목리
1976.9.20	의료지원단 참전 기념비	국방부(이일영)	부산시 동삼동 태종대
1982.4.6	유엔군 초전 기념비	국방부(이일영)	오산시 내삼미동 죽미령
1983.12.30	캐나다 참전 기념비	가평군, 유엔한국참전국협회	가평군 북면 이곡리
1988.9.23	뉴질랜드 전투 기념비	가평군, 유엔한국참전국협회	가평군 북면 목동리
1989.6.2	이탈리아 의무부대 참전 기념비	유엔한국참전국협회	서울시 신길동 우신초교

30) 차성환, 『참전기념조형물 도감』; 김미정, 「1960~70년대 한국의 공공미술: 박정희 시대 공공기념물을 중심으로」, 홍익대학교 박사학위논문, 2010, 128쪽의 <표 6>(특히 작가 명단); 태국(타이)과 프랑스 참전 기념비 제막일은 『동아일보』, 1974.10.1, 7면 참조.

〈표 15-1〉에서도 확인할 수 있듯이 1971~1972년에 건축된 '스웨덴 참전 기념비'나 '노르웨이 참전비'만 해도 민간 주도 프로젝트의 산물이었다. 그러나 국방부가 1974~1975년에 걸쳐 매년 4개씩 모두 8개소의 기념비를 건립하는 등 1970년대 중반을 지나면서 국가 주도성이 현저해졌다. 1976년에 건립된 '의료지원단 참전 기념비'까지 포함해 국방부는 1970년대에만 9개소의 참전국별 기념비를 쏟아냈다. 교통부가 1975년에 건립한 '콜롬비아군 참전 기념비'까지 합치면 모두 10곳이나 된다. 국방부는 1980년대에 이런 부류의 기념비를 두 곳 더 조성했다. 1960년대에 이 프로젝트를 주도했던 유엔한국참전국협회도 1980년대에 재등장했다.

1970년대에도 전적비 만들기는 계속되었다. 1971년 4월 문경군이 동로면 적성리에 만든 '적성리전투 전승비'와 '순국위령비'를 필두로, 같은 해 12월 경상북도·대구시와 2군사령부가 함께 칠곡군 가산면 금화리에 세운 '다부동 전승비', 1975년 광복절에 춘천군이 남이섬에 세운 '6·25 반공투쟁 산악대원 전적비', 1975년 8월 대전시가 대사동에 세운 '대전지구전투 전승비', 화천군이 1975년 11월 간동면 구만리에 세운 '조국과 자유를 지킨 곳(파로호전투 전적비)', 1977년 12월 학도의용군6·25전적비건립위원회가 포항시 학산동에 세운 '학도의용군 6·25전적비'가 이에 해당한다. 1973년 10월 12일에는 국방부가 '백마고지3용사의 상'을 어린이대공원에, 일주일 후인 10월 19일엔 대한민국상이군경회가 '소위 김만술상'을 파주 통일공원에 건립했다.

1976년부터 전적비 만들기는 완전히 다른 차원으로 접어들었다. 이때부터 박정희 대통령의 지시에 의해 '6·25전쟁 전적지 개발' 프로젝트가 대대적으로 추진되었기 때문이다. 조은정에 의하면 "1976년 박정희 대통령은 교통부 연두순시에서 6·25전쟁 전적지 개발 추진을 지시하였고, 그해 12월 14일 대통령령 8308호인 '전적지개발추진위원회' 규정을 제정하였다. 12월 30일에 구성된 추진위원회는 전적비를 세우는 등 전 국토의 전적지화를 실현하는 듯했다."[31] 교통부 연두순시 지시사항이었기 때문에 전적지 개발 프로젝트에서는 엉뚱하게도 국방부가 아닌 교통부가 주역으로 나서게 되었다.

이전의 기념시설 건축이 탑·비와 광장 일체형으로 혹은 단순히 동상만 따로 세웠던 반면, 1970년대 후반부터 진행된 전적지 개발은 사업의 규모 자체가 대폭 확대되는 양상을 보였다. 우선, 기념비·탑, 부조(浮彫), 동상, 광장 등이 한꺼번에 조성되는, 복합적이고 입체적인 프로젝트로 진행되는 경우가 많았다. 또한, 일부 지역의 전적지 개발은 교육과 전시 기능을 갖춘 기념관까지 건립하는 대형 프로젝트로 진행되었다. 기념관을 통해 전후세대에게 전쟁기억을 계승하는 과제까지 포괄하게 된 것이다.

〈표 15-2〉에서도 당장 확인되듯이 1976년부터 시작된 전적지 개발사업은 1978~1981년 중에 집중적인 성과를 냈다. 1978년부터 1981년까지 4년 동안 무려 16건의 전적지 개발사업이 완료된 것으로 확인된다. 첫 프로젝트였던 1978년의 춘천지구 전적기념관을 비롯하여 왜관지구 전적기념관, 낙동강 승전기념관, 지리산지구 전적기념관, 다부동 전적기념관 등 5개소의 기념관이 이 기간 중 건축되었다. 1980년대 말까지 넓혀보면 기념관은 인천상륙작전기념관(1984년)과 철의삼각전적관(1989년) 등 모두 7개소로 늘어난다. 교통부가 단연 주도적인 역할을 담당했지만 국방부도 중요한 조역(助役)을 떠맡았다.

우리는 1970년대 말부터 교통부와 국방부 말고도 '국제관광공사'와 그 후신인 '한국관광공사'가 전적지 개발 프로젝트의 또 다른 핵심 주체 중 하나로 등장했음을 〈표 15-2〉를 통해 확인할 수 있다. 이 무렵부터 전적지 개발 프로

---

31) 조은정, 『동상』, 172쪽.

젝트, 나아가 전쟁기념물 건립 활동에 안보관광이나 호국관광 등의 명목으로 '관광' 요소가 개입하고 있었던 것이다. 숙연한 분위기의 성지 참배나 순례와는 구분되는, 상업주의에 포섭된 관광 행위의 일환으로 전적지 투어 상품을 소비하고 '전쟁 기념품'을 판매 혹은 구매하는 일은 '전쟁 경험의 신화화'와는 정반대의 현상, 즉 전쟁 경험의 탈신화화·세속화, 나아가 조지 모스가 말하는 '전쟁의 사소화(trivialization)'를 촉진할 수도 있다.[32]

〈표 15 - 2〉 1970~1980년대 전적지 개발사업 추이[33]

시기	명칭	건립 주체(작가)	설치 장소
1978.10.30	춘천지구 전적기념관, 전적비	교통부, 국제관광공사(김경승)	춘천시 삼천동
1978.11.10	설악산지구 전적비	교통부(최기원)	속초시 설악동
1978.11.30	왜관지구 전적기념관, 전적비	교통부(민복진)	칠곡군 석적읍 중지리
1979.2.10	용문산지구 전적비	교통부(이일영)	양평군 용문면 신점리
1979.4.30	영산지구 전적비	교통부, 국제관광공사	창녕군 영산면 동리
1979.5.1	낙동강승전기념관, 전적비	경상북도교육위원회, 경상북도	대구시 대명동
1979.11.23	지리산지구 전적기념관, 전적비	교통부(민복진)	남원군 산내면 부운리
1979.12.1	육사생도 6·25참전 기념비	국방부	포천군 가산면 우금리
1979.12.30	임진강지구 전적비	국방부(이일영)	파주군 문산읍 통일동산
1979.12.30	포항지구 전적비	교통부, 국제관광공사(백문기)	포항시 용흥동
1980.2.22	통영지구 전적비	교통부(김경승)	통영시 무전동
1980.9.15	인천지구 전적비	교통부(김경승)	인천시 숭의동 수봉공원

32) 조지 모스, 『전사자 숭배』, 14쪽 참조.

33) 차성환, 『참전기념조형물 도감』; 김미정, 「1960~70년대 한국의 공공미술」, 132쪽의 〈표 7〉. 철의삼각전적관의 준공일은 필자가 수정했음.

1980.10.7	영천지구 전적비	교통부(백문기)	영천시 교촌동
1980.11.8	화령장지구 전적비	교통부	상주군 화서면 신봉리
1981.11.30	다부동 전적기념관, 전적기념비, 구국용사충혼비	국방부(이일영)	칠곡군 가산면 다부리
1981.12.21	대전지구 전적비	교통부(김창희)	대전시 호동 보문산
1984.9.15	인천상륙작전기념관	인천시, 국방부	인천시 옥련동
1989.11.4	철의 삼각 전적관	교통부, 관광공사	철원군 동송읍 장흥리

1980년대에 주목되는 기념시설 중 하나는 공영방송인 한국방송공사 (KBS)가 1985년 6월 25일을 기해 세 곳에 세운 '6·25반공위령탑'이다. 이 가운데 포항시 송라면 지경리는 1950년 2월 좌익 게릴라에 의해 민간인 학살이 자행된 곳이었다. 또 파주시 파평면 두포리와 춘천시 남산면 남이섬은 모두 1950년 9월 북한군에 의한 학살극이 벌어진 현장이었다. 이 밖에도 모두 15 곳에 '반공위령비' 혹은 '반공위령탑'이라는 이름의 조형물들이 KBS 주관으로 건립되었다. 북한군 및 관련 무장 세력에 의해 희생된 민간인들을 기리는 이 사업은 사실상 국가 주도의 프로젝트였다. 1984년 6월에 있었던 '제2회 교정대상' 수상자 다과회에서 전두환 대통령이 지시함으로써 이 사업이 시작되었기 때문이다.[34]

1980년대에도 전투 현장의 성역화 차원에서 전적비 만들기가 지속되었다. 1980년 광복절에 15사단이 화천군 상서면 다목리에 세운 '전공비'를 비롯하여, 같은 해 11월 21사단이 양구군 동면 월운리에 '피의 능선 전투 전적비'를, 강릉시가 1982년 4월 안현동에 '강릉지구 전적비'를, 해군본부가 1982년 9·28수복일에 맞춰 양구군 동면 팔랑리에 '도솔산지구 전적비'를, 호청단(護靑

---

34) 정호기, 「전쟁 상흔의 치유 공간에 대한 시선의 전환」, 192~193쪽.

團)이 1983년 6·25기념일에 맞춰 경주시 강동면 오금리에 '경주안강지구 제1연대 전적비'를 각각 제막했다. 해병1사단은 1983년 12월 한국전쟁 전적지가 아닌 경주시 양남면 수렴리에 '월성 전적비'를 건립했는데, 이 비는 그해 8월에 있었던 "월성 해안 침투 공비 섬멸"을 기념하기 위한 "무장공비 격멸 전적비"였다. 이 밖에도 음성군이 1986년 6월 음성읍 소여리에 세운 '음성 감우재 전승비', 강원도 고성군이 1986년 10월 현내면 마차진리에 세운 '호림유격 전적비'(동상 포함), 해군본부가 1986년 10월 파주군 조리면 등원리에 세운 '해병대 제1상륙사단 전공선양비', 39사단이 1987년 11월 창녕군 남지읍 월하리에 세운 '박진지구 전적비', 해병대사령부가 1989년 11월 김포군 월곶면 애기봉에 세운 '해병대 김포지구 전적비'(동상 포함) 등이 1980년대 후반에 등장한 전적 기념물이다. 1985년 12월에는 한국전쟁 영웅인 '임택순 대위 동상'이 공군사관학교에 건립되었다.

유엔군과 관련된 기념시설들 역시 1980년대에 속속 등장했다. 미 제2사단협회가 1981년 11월 파주 문산읍 사목리에 '미 제2사단 6·25참전비'를 세운 것을 필두로, 남양주군이 1986년 3월 와부읍 팔당리에 '미 제25사단 한강도강 전적비'를, 홍천군이 두촌면 장남리에 1986년 10월 '줄·장루이 소령상'을 건립했다. 해병사단과 경상북도는 1989년 9·28수복기념일에 맞춰 포항시 송라면 방석리에 '한·미 해병 충혼탑'을 건설했다.

3. 민주화 이후

권위주의 시대의 종식은 전사자 기념시설의 생산에 어떤 영향을 끼쳤을까? 아마도 민주화가 전사자 기념시설 생산에 부정적인 영향을 미쳤으리라

는 게 상식에 가까운 판단일 것이다. 그러나 실제 현실은 정반대였다. 〈표 15
-3〉의 연평균 건립 건수에서 명확히 드러나듯이, 전쟁기념물이 대량생산된
시기는 민주화 이행 이후에 해당하는 노태우·김대중·노무현 정부 때였으며,
오히려 전쟁 직후인 이승만·박정희 시기를 능가했다.

〈표 15 - 3〉 정권별 전쟁기념물 건립 현황 단위: 년, 개

구분	이승만	박정희	전두환	노태우	김영삼	김대중	노무현
집권기간(A)	13	19	8	5	5	5	5
건립 수(B)	166	218	93	96	66	151	106
B/A	12.8	11.5	11.6	19.2	13.2	30.2	21.2

* 출처: 정호기, "전쟁 상흔의 치유 공간에 대한 시선의 전환", 195쪽.

필자는 이런 현상이 나타난 이유를 시민종교의 내부 분화와 갈등이라는
맥락에서 설명한 바 있다. 우리 사회에서 1990년대 말 이후 문화적 – 이데올
로기적 내전이 격화되어갔던 과정이 한국전쟁 개전·종전 50주년이라는 시
의성과 결합하여 전쟁기념물의 폭발적 증가를 낳았다는 것이다.[35] 1980년대
이후 지방정부들이 기존의 왜소하고 낡은 현충탑이나 충혼탑을 더욱 화려하
고 웅장하게 재건축하는 움직임도 확산되었다. 1990년대에 지방자치제도가
부활한 이후엔 이런 움직임이 더욱 활성화되었다. 1999년 이후 베트남전쟁
을 둘러싼 기억투쟁이 치열해짐에 따라 2000년대 들어 베트남전쟁 관련 기
념시설들이 대폭 증가했다. 정전협정 체결 60주년이 되는 2013년에는 매년 7
월 27일이 국가기념일인 '6·25전쟁 정전협정 및 유엔군 참전의 날'로 제정되

---

35) 강인철, 「두 개의 대한민국? 시민종교 접근으로 본 전환기의 한국사회」, 『민주사회와 정책
연구』 31호, 2017.

었다. 이를 계기로 정전협정 체결이나 유엔군 참전과 관련된 전쟁기념물이 증가할 가능성이 높아졌다.

2000년대 이후 서해에서 발생한 남북 간 무력충돌의 기념이 활발해지는 현상도 주목할 만하다. 두 차례의 연평해전, 천안함 침몰, 연평도 포격사건 등과 관련된 기념시설들이 대거 등장했다. 여기엔 전시시설, 기념관, 안보공원, 추모공원, 추모비, 위령탑, 전적비, 표석, 영웅의 숲, 사망자의 동상과 흉상, 전사자의 이름을 딴 해군 함정들, 심지어 파괴된 천안함 선체와 북한의 포격으로 폐허가 된 가옥까지 포함된다. 2016년에는 "제2연평해전, 천안함 피격, 연평도 포격 도발 등 북한의 '3대 서해 도발'"을 기리는 국가기념일인 '서해수호의 날'(3월 넷째 주 금요일)까지 제정되었다.[36] 특정한 전투의 전사자들만을 국가적으로 기린다는 점에서, 우리는 서해수호의 날을 '작은 현충일'로도 부를 수 있을 것이다.

최근엔 '전사자 유해 발굴사업'도 전사자 기념시설을 양산하는 동인(動因)으로 작용하고 있다. 전사자 유해 발굴사업은 '6·25전쟁 50주년 기념사업'의 일환으로 2000년에 시작되었다. 애초엔 한시적 프로젝트였으나 2007년에 항구적인 사업으로 전환되었다. 이를 위해 국방부 산하에 '유해발굴감식단'이 창설되었다. 발굴의 성과가 어느 정도 쌓인 2011년부터 경기도는 해당 시·군과 함께 유해 발굴 현장에 '평화의 쉼터'라는 이름의 전사자 기념시설을 설치하기 시작했다. 2015년 1월에 성남시 불곡산, 고양시 고봉산, 남양주시 북한강 등 세 곳에 평화의 쉼터를 추가로 조성하는 등 경기도는 이때까지 15개 시·군에 21개소의 전사자 기념시설을 설치했다.[37] 향후 유해 발굴사업

---

36) 김귀근·이영재, 「"北도발 잊지 말자"…제1회 '서해수호의 날' 기념식」, 『연합뉴스』, 2016.3.25.

37) 윤종열, 「경기도, 6·25전쟁 전사자 유해 발굴지에 '평화의 쉼터' 조성」, 『서울경제』(온라인

이 진행됨에 따라 전사한 장소들의 성역화 차원에서 설치되는 기념시설의 숫자는 훨씬 더 늘어날 수밖에 없다.

〈표 15 - 4〉 현충시설 지정 및 예산 지원 추이 　단위: 개소, 억 원

구분		2003년	2005년	2007년	2009년	2011년	2013년
현충시설 합계		811	2,176	2,314	2,449	2,521	2,650
국내 시설	소계	811	1,507	1,595	1,661	1,733	1,862
	독립운동	335	666	701	721	749	823
	국가수호	476	841	894	940	984	1,039
국외 시설		0	669	719	788	788	788
예산		111.5	70.8	149.9	191.0	270.0	452.0

* 출처: 형시영, "통합적 현충시설관리체계 구축방안 연구", 286쪽에서 재구성.

한편 〈표 15 - 4〉는 2003년 이후 연도별 '현충시설' 지정 및 예산 지원 추이를 정리한 것이다. 기념비, 기념탑, 기념관, 전시관, 사당, 생가, 장소 등을 포함하는 현충시설은 크게 '독립운동 관련 시설'과 '국가수호 관련 시설'로 나뉜다. 중앙정부 차원에서 현충시설 건립과 관리에 대한 재정 지원이 시작된 때는 '광복 50주년'이던 1995년이었다. 정부 지원은 2001년부터 기존의 '독립운동시설'을 넘어 '국가수호시설'로까지 확대되었다. 2003년부터는 독립운동 및 전쟁 관련 기념물들을 국가의 체계적인 관리와 지원을 받는 '현충시설'로 지정하기 시작했다.[38] 전쟁기념물이 대다수인 '국가수호시설'이 2000년대 이후 국가의 적극적인 재발견과 조명의 대상이 되었다는 점을 강조할

판), 2015.1.29.

38) 형시영, 「통합적 현충시설관리체계 구축방안 연구」, 『공공사회연구』 5권 1호, 2015, 279~281쪽.

필요가 있다. 2003년에는 그런 곳이 476곳에 그쳤지만 2013년 현재로는 무려 1,039곳이나 되어 전체 현충시설의 55.8%를 차지하고 있다. '국가수호시설'을 건립하거나 관리하는 데 만만치 않은 국가예산이 매년 투입되고 있다.

〈표 15 - 5〉 2013년 현재 현충시설 지정물의 유형별 분포[39] 단위: 개소(%)

구분	합계	기념관	동상	탑/비	사당	생가	조형물	기타
합계	1,862(100.0)	66(3.5)	125(6.7)	1,449(77.8)	48(2.6)	43(2.3)	17(0.9)	114(6.1)
독립운동 시설	823(100.0)	49(6.0)	84(10.2)	515(62.6)	38(4.6)	43(5.2)	7(0.9)	87(10.6)
국가수호 시설	1,039(100.0)	17(1.6)	41(3.9)	934(89.9)	10(1.0)	0(0.0)	10(1.0)	27(2.6)

한편 〈표 15-5〉는 2013년 현재 국가보훈처가 '현충시설'로 지정한 대상 1,862개소를 '독립운동시설'과 '국가수호시설'로 나누어 유형별로 분류한 것이다. 〈표 15-5〉에서 보듯이 전쟁 관련 기념시설을 유형별로 분류할 경우 탑과 비가 대부분을 차지한다. 2013년 현재 전국 방방곡곡에 무려 934개의 전쟁 관련 탑과 비가 세워져 있었다. 전쟁 관련 동상도 41개나 되고, 전쟁기념관 역시 17개소에 이른다. 한편 2013년 11월 현재 군 당국이 파악한 한국전쟁 관련 전적비는 84개, 참전 기념비는 310개에 이르렀다. 같은 시기 전적비, 참전비, 기념비, 현충비, 위령비, 충혼탑 등을 모두 포함하면 한국전쟁 관련 기념시설만 해도 전국적으로 820개소에 달했다.[40]

---

39) 위의 글, 287쪽. 이영자 외, 『현충시설의 효율적 관리 및 활용 방안 연구』(연구보고서), 보훈교육연구원, 2010, 13쪽의 표를 통해 2010년 6월 현재 '국가수호시설' 940개소의 유형별·지역별 분포를 확인할 수도 있다.

40) 양낙규, 「전국에 깔린 전적비는」, 『아시아경제』(온라인판), 2013.11.3.

한편 민주화 이후 건립된 전쟁 관련 기념시설 중 중요하거나 규모가 큰 편인 것들만 다시 추린 결과가 〈표 15 - 6〉이다. 1994년에 문을 연 용산 전쟁기념관을 비롯한 '기념관'이나 '기념공원'에서 잘 드러나듯이, 민주화 이후엔 전사자 기념시설과 전쟁기념물의 대규모화가 뚜렷한 추세로 안착했다.

〈표 15 - 6〉 민주화 이후 건립된 주요 전쟁기념시설들[41]

명칭	완공	장소	주요 내용
백마고지전적 기념관	1990.5	강원 철원군	191,736m² 부지에 기념관(165m²), 전적비, 위령비, 전망대, 평화의 종 등으로 구성됨. 국방부가 건립.
학도병 기념관	1991.2	강원 태백시	100평 부지에 건물면적 40평으로, 강원도교육청이 태백중학교 교정에 건축. 2009년 7월 이를 철거하고 연면적 567m² 2층 규모의 새로운 기념관을 건립.
전쟁 기념관	1994.6	서울 용산동	116,793m² 부지에 건축 연면적 84,129m², 전시면적 20,360m² 규모로, 지하 2층 지상 4층의 전시관, 어린이박물관, 6 · 25참전국기념비, 6 · 25전쟁조형물, 옥외전시장, 부대시설 등으로 구성됨. 국방부(전쟁기념사업회)가 건립.
거제도포로수용소 유적공원	1999.9	경남 거제시	거제시가 64,224m² 부지에 1999년 9월에 완공했고, 2002년 11월 확장공사를 했음. 2013년 10월 '포로수용소 평화파크' 개관.
양구전쟁기념관	2000.6	강원 양구군	3,491m² 부지에 건축 연면적 413m², 전시면적 334m² 규모로, 9개 전투를 소개하는 9개 전시공간으로 구성됨. 양구군이 건립.

41) 차성환, 『참전기념조형물 도감』, 326, 367~368, 683쪽; 정호기, 『한국의 역사기념시설』, 민주화운동기념사업회, 2007, 87쪽. 일부 내용을 필자가 보충했음. 아울러 양구전쟁기념관, 춘천대첩기념평화공원, 학도의용군전승기념관, 에티오피아한국전참전기념관, 도라산평화공원, 월남파병용사만남의장, 유엔군초전기념관, 평화통일기원테마공원, 울산대공원 안보테마공원, 칠곡호국평화기념관, 경찰기념공원은 필자가 추가했음.

춘천대첩기념 평화공원	2000.6	강원 춘천시	2,457m² 부지에 춘천대첩 기념조형물, 무공탑, 6 ·25참전 학도병기념탑 등으로 구성됨. 춘천시 가 건립.
빨치산토벌 전시관	2001.5	경북 산청군	2층의 지리산빨치산토벌전시관, 8개의 아지트, 4개의 답사코스, 야외 무기전시장, 기념조형물 등으로 구성되어 있음. 산청군이 건립.
학도의용군전승 기념관	2002.7	경북 포항시	연면적 900m²의 2층 건물로 학도의용군 관련 사 진과 유품, 무기, 지도 등을 전시. 2018년 4월 리 모델링 후 재개관. 포항시가 건립.
박진전쟁 기념관	2004.6	경남 창녕군	창녕군이 폐교된 초등학교 터에 건립. 기념관, 박진전쟁기념탑, 추모조형물, 야외 무기전시장 등으로 구성.
에티오피아한국전 참전기념관	2007.3	강원 춘천시	연면적 530m²의 2층 건물로, 1층은 참전기념전 시실과 다목적실, 2층은 풍물전시실로 구성. 춘 천시가 건립.
도라산 평화공원	2008.9	경기 파주시	99,000㎡ 부지에 해병대 파로비(破虜碑), 평화의 탑, 전시관, 평화통일 염원 상징조형물(개벽), 통 일의 숲, 연평해전 영웅의 숲 등으로 구성. 경기 도가 건립.
월남파병용사 만남의장	2008.10 (개장)	강원 화천군	139,788㎡ 부지에 참전기념관, 구찌터널, 베트 남 전통가옥, 추모비, 상징탑, 훈련체험장, 야외 전투장비 전시장 등으로 구성. 강원도와 화천군 이 건립.
DMZ박물관	2009.8	강원 고성군	151,242㎡ 부지에 건축 연면적 10,761㎡의 3층 전시관을 포함하여, 다목적센터, 대북심리전 장 비, 철책걷기 체험장, 야외 무기전시장, 야외무 대, 야생화동산, 팔각정 등으로 구성. 강원도가 건립.
유엔군초전 기념관	2013.4	경기 오산시	유엔군 초전기념비 옆에 지상 3층 규모로 세워 짐. 야외 무기 전시장도 있음. 오산시가 건립.
평화통일기원 테마공원	2014.3	경기 의정부시	미군 반환 공여지(5,000㎡)에 미군 참전 기념조 형물, 베를린장벽 실물조각, 시 승격 50주년 상 징조형물 등으로 구성. 의정부시가 건립.
울산대공원 안보 테마공원	2014.3	울산시 남구	현충탑(위패실 포함), 호국관, 6·25 및 월남 참전 기념탑, 무시전시장 등으로 구성. 울산시가 건립.
영국군 설마리전투 추모공원	2014.4	경기 파주시	설마리전투비, 이미지월과 베레모 형상 조각을 포함한 추모조형물, 평화의 문, 영국군 동상, 글 로스터교, 칸 중령 십자가 등으로 구성. 파주시 가 건립.

칠곡호국평화 기념관	2015.10 (개관)	경북 칠곡군	222,000㎡ 부지에 지상 4층, 지하 2층, 건축 연면적 9,048㎡ 규모 기념관으로, 호국평화기념관, 왜관지구전적기념관, 호국평화탑, 참전용사비 등으로 구성. 경상북도와 칠곡군이 건립.
경찰기념공원	2016.6 (개원)	서울시 중구	1,012㎡ 부지에 전사·순직경찰관 명패가 새겨진 추모벽, 경찰70주년기념탑, 추모시비로 구성. 경찰청이 건립.
영천전투 메모리얼파크	2017.3 (개장)	경북 영천시	체험권역(92,700㎡)과 추모권역(28,000㎡)으로 나뉘어 조성되며, 영천전투전망타워, 전투체험시설, 호국기념관 등으로 구성. 영천시가 건립.
화령전승 기념관	2018.10 (개관)	경북 상주시	32,000㎡ 부지에 상주호국역사관, 화령전투체험관, 야외시설(승리의 광장, 기억의 정원, 참호 정원, 대화정원, 상징조형물)로 구성. 상주시가 건립.
효령고로지구전투 기념공원	조성 중	경북 군위군	호국기념광장, 추모공원, 전투체험시설 등으로 구성. 군위군이 건립.
장사상륙작전 기념공원	조성 중	경북 영덕군	1950년 9월 13일 장사상륙작전 때 투입된 2700톤급 문산호를 재현하면서 전승기념탑도 건립. 2018년 현재 사실상 완공 상태임. 영덕군이 건립.

1994년 6월 서울 용산구 용산동(이태원로)에 국립 전쟁기념관이 개관했다. 전쟁기념관으로는 당시 '세계 최대'의 규모였다고 한다. 기념관 내부에는 한국전쟁과 베트남전쟁 전사자와 경찰 등 16만 명의 성명을 기록한 '전사자 비명(碑銘) 회랑'도 자리하고 있다.[42] 전쟁기념관에서 우리는 또다시 '육탄용사 신화'와 마주하게 된다. "전시실 입구에 자리 잡은 육탄10용사상은 단번에 사람들의 눈을 확 잡아끈다. 조금 더 들어가면 백마고지의 육탄3용사를 또 만날 수 있다."[43] 이전의 육군본부가 있던 자리에 세워진 전쟁기념관은 국방부 청사와 인접한 곳에 위치할 뿐 아니라, 한강을 사이에 두고 국립현충원과 서로 마주보

---

42) 다카하시 데쓰야, 『국가와 희생』, 239~240, 243~244쪽.

43) 한홍구, 『한홍구와 함께 걷다』, 22쪽.

는 위치에 있기도 하다. 여전히 '전사자 묘지'의 성격이 강한 현충원과 강 건너편의 전쟁기념관은 강한 공명(共鳴) 관계 속에 놓여 있다. 국립현충원과 전쟁기념관이 한 쌍을 이뤄 전쟁의 기억을 되새기는 강력한 장소성을 창출해내는 것이다.

1999년 이후 한국사회에서 베트남전쟁을 둘러싼 기억투쟁이 치열해짐에 따라 시민종교의 한 진영, 곧 '예언자' 진영과 대립하고 있는 '사제' 진영 쪽에서 베트남전쟁 참전 기념물을 대량으로 생산해냈다. 베트남 참전자들이 참전기념물 건립운동을 시작한 것은 1990년부터였다. 그 성과로 충북 옥천에 최초의 월남참전기념비가 세워진 것은 한국 – 베트남 수교 직전인 1992년 5월의 일이었다. 2000년대 들어 베트남전쟁 참전기념물이 급속히 증가했다. 2009년 동작동 국립현충원 정문 건너편 주차공원에 건립된 월남참전기념탑을 비롯하여 수십 개의 기념비들이 전국 곳곳에 연이어 등장했다.[44] 평화박물관건립추진위원회는 2009년 1월부터 2010년 12월까지 2년 가까이 조사를 진행하여 전국에서 (비문에서 한국전쟁과 베트남전쟁을 동시에 언급하고 있는 사례를 포함하여) 110개의 베트남 참전 기념물들을 찾아냈다.[45] 2007년 8월 현재까지 세워진 베트남 참전 기념물이 74개였으니,[46] 불과 3년여 만에 36개 안팎의 베트남전쟁 기념물이 신설되었던 셈이다. 베트남전쟁 기념시설 가운데 가장 규모가 큰 것은 파병 장병들의 훈련 장소이던 강원도 화천군 간동면에 건립된 '월남 파병용사 만남의 장'이다. '월남 파병용사 만남의 장'은 139,788㎡의 넓은 부지에 참전기

---

44) 전진성, 『빈딘성으로 가는 길: 베트남전 참전용사들의 기억과 약속을 찾아서』, 책세상, 2018, 146~147쪽.

45) 윤충로, 「한국의 베트남전쟁 기억의 변화와 재구성: 1999년 『한겨레21』 캠페인과 그 이후 변화를 중심으로」, 『사회와 역사』 105집, 2015, 32쪽.

46) 윤충로, 「한국의 베트남전쟁 기념과 기억의 정치」, 『사회와 역사』 86집, 2010, 155쪽.

념관, 구찌터널, 베트남 전통가옥, 옛 취사장, 추모비, 상징탑, 전술기지, 훈련체험장, 연병장, 야외 전투장비 전시장, 내무반 등으로 구성되어 있다. 이 시설은 "베트남 참전의 의미를 되새기고, 참전용사들의 자긍심을 높이기 위해" 강원도와 화천군이 1998년부터 건립을 추진하여 2006년과 2008년에 각각 1·2단계 사업을 완료했다.[47] 이곳은 "한국의 베트남 참전에 관련한 공식기억이 지닌 특징을 단일한 공간에서 종합적으로 보여주는 최초의 사례"이기도 하다.[48]

2012년 이래 다양한 방식의 '안보테마공원'이 새로운 형태의 기념시설로 등장하는 사실도 주목할 가치가 있다. 2012년 10월 양평군에 처음 등장한 안보테마공원은 군부대 연병장을 개조하여 안보교육관, 병영도서관, 체육시설, 휴게시설 등을 갖췄다.[49] 2013년 10월에는 양평에 이은 두 번째 안보테마공원이 화성시에서 개장했다. 양평군에서처럼 도·시와 군부대가 협력하여 부대 연병장을 주민체육시설로 개조하고 안보교육관, 주차·휴게시설 등을 설치하는 내용이었다.[50] 2014년 3월엔 의정부시 내의 반환된 미군기지 일부가 '평화통일기원테마공원'으로 조성되었는데 이곳엔 미군 참전 기념조형물 등이 들어섰다.[51] 거의 같은 시기에 울산대공원 내의 현충탑과 호국관 주변에 6·25 및 월남 참전 기념탑, 무기전시장 등을 추가로 만듦으로써 또 하나의 안보테마공원이 탄생했다.[52] 2016년 6월 현충일을 맞아 서울경찰청 인근

---

47) 월남파병용사만남의장 홈페이지(www.vws.co.kr)의 '만남의장 소개' 부분 참조(2016.4.22 검색).

48) 윤충로, 「한국의 베트남전쟁 기념과 기억의 정치」, 155쪽.

49) 윤상연, 「경기도, 양평에 전국 최초 '안보테마공원' 개장」, 『뉴스1』, 2012.10.4.

50) 『중앙일보』(온라인판), 2013.10.10.

51) 『연합뉴스』, 2014.3.10.

52) 『아시아일보』(온라인판), 2014.3.27.

에 '경찰기념공원'이 문을 열었다. 경찰 창립 이래 전사하거나 순직한 13,700명의 명패가 새겨진 추모벽 등이 이곳에 들어섰다. 경찰기념공원도 넓은 의미의 전쟁기념시설에 포함시킬 수 있을 것이다.[53]

전사자 기념시설 만들기가 앞으로 약화되리라고 예측할 근거는 전혀 없다. 국가보훈처는 2015년부터 '호국영웅 알리기 프로젝트'를 계속하고 있다. 국가보훈처는 2014년 9월 국가정책조정회의에서 '당신은 대한민국의 영웅입니다.'라는 사업을 중심으로 한 '지역별·학교별·부대별 호국영웅 선양 방안'을 발표한 바 있다. 국가보훈처는 이후 전국 곳곳에서 호국영웅 기념공원 조성이나 흉상·동상 건립, 호국영웅 이름을 딴 도로 명칭 만들기 등에 나섰다.[54] '호국영웅 알리기 프로젝트'의 일환으로 2015년 이후 보훈처의 여러 지방청과 지청들은 각급 학교별 혹은 지역별로 전사자·참전자 이름을 새긴 기념비인 '호국영웅 명비(名碑)'를 열성적으로 만들어나가고 있다. 2013년 8월 결성된 '6·25추념공원 건립 국민운동본부'를 중심으로 대규모의 6·25추념공원을 건설하려는 프로젝트도 진행 중이다.[55] 경상북도와 포항시·경주시 역시 경주시 안강읍 일대에 형산강 전쟁기념공원, 학도의용군 호국정원, 안강 기계전투 승전기념관 등으로 구성된 이른바 '호국 벨트' 조성 사업을 추진 중이다.[56] 이 사업은 2008년 이후 국가보훈처와 경상북도에 의해 추진된, 낙동강 전선(방어선) 동쪽으로 상주-칠곡-군위-영천-경주-포항-영덕을 잇는

---

53) 『뉴시스』, 2016.6.6.; 『뉴스1』, 2016.6.6.

54) 박수찬, 「6·25 전쟁영웅 연제근 상사 기념 공원 6일 준공」, 『세계일보』(온라인판), 2015.5.4.

55) 『연합뉴스』, 2013.8.27.

56) 장영훈, 「강 따라 즐기는 레저관광…'형산강 프로젝트' 속도 낸다」, 『동아일보』(온라인판), 2016.12.16.

'낙동강 호국평화벨트 조성사업'의 일부를 이루고 있다. 앞의 〈표 15 - 6〉에 포함된 칠곡호국평화기념관, 영천전투메모리얼파크, 화령전승기념관, 효령고로지구전투기념공원, 장사상륙작전기념공원이 모두 낙동강 호국평화벨트 조성사업의 일환으로 완성된 전쟁기념물 프로젝트들이었다.[57] 마지막으로, 현재의 국방부 전사자 유해 발굴사업이 앞으로 언제까지 이어질지, 그와 관련된 전사자 기념시설 건립 작업이 언제쯤 끝날지는 아무도 모를 일이다.

4. '전사(戰死) 영웅' 숭배
― 전사자 숭배와 전쟁 영웅 숭배의 수렴

한국전쟁 전사자 중 일부는 전쟁 영웅으로 끌어올려져 기념의 초점으로 부각되었다. 이 경우 전사자 숭배와 영웅 숭배는 수렴한다. 이런 군인들을 간편하게 '전사(戰死) 영웅'이라고 명명해보자. 전사 영웅에 대한 숭배 움직임은 대한민국 정부가 수립된 직후부터 가시화되었다. '육탄10용사'가 1940년대부터 영웅화의 대상으로 떠올랐다. 1949~1950년에 걸쳐 전국 일곱 곳에 '10용사 영탑'을 건립하려는 운동이 벌어졌고, 전쟁 직후인 1955년에 의해 국군묘지 입구에 '육탄10용사 현충비'가 건립되었음은 이미 살펴본 바와 같다.

'육탄10용사'와 관련된 기념시설은 1950~1960년대는 물론이고 1970년대 이후에도 최근에 이르기까지 건립되었다. 1971년 5월 10용사 중 윤옥춘의 고향인 대전시 대사동에 '윤옥춘 전공비'가 세워졌다. 1980년 5월엔 파주 통일공원에 박정희 대통령이 휘호한 '육탄10용사 충용탑'이 육탄10용사선양회

---

57) 배형욱, 「'전승기념공원 부지 없다' 지자체가 내팽겨쳐」, 『매일신문』(온라인판), 2017.6.28.

에 의해 건립되었다. 2001년에 육군은 부사관에게 수여하는 최고의 상으로 '육탄10용사상(賞)'을 제정했다. 완도군은 2007년에 '박창근 상사 추모기념 탑'을 건립한 데 이어 2015년부터 박창근상사추모사업회 주관으로 추모제를 개최하고 있다. 김종해 상사의 고향인 화성시 동탄신도시엔 2007년에 '육탄 10용사기념공원'이 들어섰다. 이곳에선 2009년부터 매년 '육탄10용사' 추도 기념식이 열리고 있다. 인근 도로는 '10용사로(路)'로 명명되었다. 2009년 6월 엔 이희복 상사의 고향인 군포시 한얼공원에 그의 동상이, 2015년 8월엔 육 군부사관학교 교정에 '육탄10용사상'이 각각 세워졌다.[58]

　　1952년 10월 전개된 백마고지전투에서 혁혁한 공을 세운 '백마고지 육탄 3용사'에게도 각종 훈장과 특진 혜택이 제공되었다. 이들의 활약상이 교과서 에 수록되는 영예도 주어졌다. 차성환의 기술을 보자. "정부에서는 이들 세 용사를 삼군신(三軍神)이라 명명하였고 국민학교 교과서 바른생활에 「백마 고지의 휘날리는 태극기」라는 제목의 글로 애국애족 충용(忠勇)의 귀감이 된 이들의 무훈을 기리며 민족혼을 길이 일깨워 주었다."[59] 1973년에는 백마고 지 전투일인 10월 12일에 맞춰 '백마고지 3용사의 상(像)'이 국방부에 의해 서 울 어린이대공원에서 제막되었다. 1984년 11월에는 '고 안영권 하사 전공기 념비'가 재향군인회에 의해 그의 고향인 김제 금산면 금산리에 건립되었다. 또 1991년 7월에는 기념탑과 3용사 동상이 포함된 '백마고지 영웅 고 강승우 소위상(像)'이 추모기념사업추진위원회에 의해 고향인 제주시 일도동 탐라

58) 『아시아경제』(온라인판), 2016.5.2; 『중도일보』(온라인판), 2016.5.3; 『연합뉴스』, 2015.8.27; 『화성오산신문』(온라인판), 2009.6.20; 『오마이뉴스』, 2009.6.22; 차성환, 『참전기념조형물 도감』, 131, 201~202쪽 등 참조.

59) 차성환, 『참전기념조형물 도감』, 770쪽.

자유회관에 들어섰다.[60]

개전 직후인 1950년 6월 하순에 벌어졌던 홍천 말고개전투의 영웅인 '육탄11용사'의 경우 이들이 당시 전사하지 않았기에 '전사 영웅'으로 불릴 수는 없다. 그러나 이들은 '육탄용사 신화'의 중요한 일부를 구성하고 있다. 이 가운데 조달진 소위는 1950년에 을지무공훈장, 1951년에 화랑무공훈장, 그리고 개전 이후 한국군으로는 최초로 미국 동성훈장을 수여받았다. 1975년 11월에는 전투현장인 홍천 말고개 정상에 '육탄용사 전적비'가 건립된 데 이어, 1999년 12월에도 기존 전적비 좌우에 '돌격용사 전공탑'과 '육탄용사 충용탑'이 세워졌다.[61]

육탄용사들 말고도 육군의 김풍일·장세풍 소령, 연제근 하사, 안낙규 중사, 심일 대위, 고태문 중위, 김용배 대령, 김백일 소장, 해군의 임병래 소위, 홍시욱 하사, 이태영 소령, 박동진 이등병조, 김창학 병장, 전병익 하사, 해병대의 고종석 삼등병조, 김문성 소위, 한규택 상병, 진두태 소위, 공군의 이일영 소위, 임택순 중위, 이근석 대령, 이상수 중위 등이 한국전쟁 전사(戰死) 영웅으로 간택되어 많은 기념비와 동상의 주인공이 되었다. 이 가운데 김풍익 소령과 이근석 대령은 1967년 7~8월 국립현대미술관에서 개최된 〈민족기록화전〉의 주역이 되기도 했다. 군인은 아니나 철도기관사였던 김재현, 경찰인 차일혁 총경과 안종삼 구례경찰서장 등도 전후 한국전쟁의 영웅으로 받들어졌다. 이들을 위해서도 순직비나 동상을 포함한 다양한 기념시설들이 만들어졌다.

〈표 15-7〉과 〈표 15-8〉은 국방안보교육진흥원이 2014년에 펴낸 『잊혀

---

60) 위의 책, 27~28, 769~770, 922~923쪽.

61) 『신아일보』(온라인판), 2016.12.9; 『뉴스1』, 2016.5.31; 『연합뉴스』, 1996.6.6, 1999.12.22 등 참조.

진 영웅들』이라는 책자에 수록된 내용을 중심으로 정리한 것으로, 필자가 일부 내용을 보충해 넣었다.[62] '육탄10용사'는 한국전쟁 직전에 해당되지만 편의상 한국전쟁 '전사 영웅'의 범주로 함께 묶었다.

〈표 15 - 7〉 한국전쟁의 '전사(戰死) 영웅'과 관련된 기념시설

전사 영웅	기념시설과 소재지
육탄10용사	육탄10용사 충혼탑(국립묘지), 육탄10용사 충용탑(파주 통일공원), 육탄10용사상(전쟁기념관), 육탄10용사상(육군부사관학교), 육탄10용사기념공원(화성), 윤옥춘 전공비(대전), 박창근 상사 추모기념탑(완도), 이희복 상사 동상(군포 한얼공원), 10용사로(화성)
백마고지 육탄3용사	백마고지 3용사의 상(서울 어린이대공원), 백마고지 육탄3용사 동상(전쟁기념관), 고 안영권 하사 전공기념비(김제), 백마고지 영웅 고 강승우 소위상(제주), 호국영웅 육군 중위 강승우 흉상(제주 신산공원), 호국용사 강승우로(제주)
심일 육군 대위	심일 소령 동상(육군사관학교), 심일 소령 동상(원주 현충공원), 심일 소령 위령비를 포함한 심일공원(영월), 심일 소령 동상(춘천 102보충대), 심일 소령 흉상(칠성부대 정문), 심일 소령 흉상(전쟁기념관)
김풍익 육군 소령	김풍익 중령 전투 기념비(의정부 축석령), 김풍익 중령상(육군포병학교), 김풍익 중령 흉상(전쟁기념관), 김풍익 중령 흉상(예산 예당호 조각공원)
장세풍 육군 소령	장세풍 중령 흉상(전쟁기념관)
연제근 육군 하사	연제근 이등상사 동상(철원 22연대), 연제근 상사 동상과 군상조형물·정자·파고라·산책로를 갖춘 '연제근 호국공원'(증평), 연제근 상사 흉상(육군부사관학교), 연제근로(증평)
고태문 육군 중위	고태문 대위 흉상(제주 한동초교), 호국영웅 육군 대위 고태문 흉상(제주 신산공원), 호국용사 고태문로(제주)
안낙규 육군 일등중사	안낙규 일등중사 흉상(육군부사관학교)
김용배 육군 대령	김용배 장군 동상을 포함한 용배공원(문경), 김용배 준장 흉상(전쟁기념관)

62) 국방안보교육진흥원, 『잊혀진 영웅들: 국방안보를 위해 산화한 호국영령』, 백암, 2014.

김백일 육군 소장	김백일 중장 흉상(전쟁기념관), 김백일 장군 동상(거제도포로수용소유 적공원), 백일로, 백일초교, 백일어린이공원, 백일산(광주)
임병래 해군 소위	임병래 중위 동상(해군사관학교)
홍시욱 해군 하사	홍시욱 이등병조 동상(해군교육사령부), 홍시욱함(고속함)
이태영 해군 소령	이태영 중령 흉상(전쟁기념관), 지리산함 전사자 충혼탑(강릉 통일공원)
박동진 해군 이등병조	박동진함(고속함)
김창학 해군 병장	김창학 하사 흉상(부산 중앙공원), 김창학 하사 흉상(평택 부용초교), 김 창학함(고속함)
전병익 해군 하사	전병익 중사 흉상(부산 중앙공원), 전병익 중사 흉상(음성 소이초교)
고종석 해병 삼등병조	고종석 일등병조 흉상(전쟁기념관)
김문성 해병 소위	호국영웅 해병 중위 김문성 흉상(제주 신산공원)
한규택 해병 상병	한규택 삼등병조 흉상(제주 하귀초교), 호국영웅 해병 상병 한규택 흉상 (제주 신산공원), 한규택 삼등병조 흉상(해병대 교육훈련단), 한규택로 (제주)
진두태 해병 소위	진두태 중위 흉상(전쟁기념관)
이근석 공군 대령	이근석 장군상(대구), 이근석 장군 흉상(전쟁기념관)
이일영 공군 소위	이일영 중위 흉상과 추모비, 호국영웅 이일영로(안동)
이상수 공군 중위	이상수 소령 흉상(전쟁기념관)
임택순 공군 중위	전공탑(강릉기지), 임택순 대위 동상(공군사관학교)
노종해 경위	노종해 경감 등 내평지서 전투 11인 추모 동상(춘천시민공원)
권영도 순경	권영도 경위 흉상(지리산빨치산토벌전시관)
라희봉 경위	라희봉 경감 흉상(진안 부귀초교)

〈표 15 - 8〉 한국전쟁 종료 이후의 '전사 영웅'과 관련된 기념시설

전사 시기	전사 영웅	기념시설과 소재지
1956.11.19	김문길 육군 중위	김문길 소령 추념비(통영)
1965.10.4	강재구 육군 대위	강재구기념관, 강재구 소령 추모탑, 강재구 소령 살신성인비, 강재구 소령 추모비를 포함한 '강재구 소령 추모공원'(홍천), 강재구 소령 동상(육군사관학교), 강재구 소령 흉상(인천 창영 초교), 강재구 소령 흉상(전쟁기념관)
1966.2.4	이원등 육군 중사	이원등 상사 동상(한강 노들섬)
1966.8.11	이인호 해병 대위	이인호 소령 동상과 인호관(해군사관학교), 이인호 소령 동상 (해군교육사령부), 이인호 소령 흉상(전쟁기념관), 이인호 소 령 흉상(대구 대륜고교)

1967.1.10	김수현 해병 중위	김수현 대위 충혼탑(해군해양의료원)
1967.2.1	지덕칠 해군 하사	지덕칠 중사 동상(진해기지사령부), 지덕칠 중사 흉상(전쟁기념관), 지덕칠함(고속함)
1967.3.8	이상득 육군 병장	이상득 하사 공적비와 흉상(포항 동해초교)
1967.11.6	송서규 육군 중령	송서규 대령 동상(육군보병학교), 송서규 대령 동상(제주 천왕사 입구)
1968.1.21	최규식 총경 정종수 경장	최규식 경무관 동상(서울 청운동 자하문고개) 정종수 경사 순직비(서울 청운동 자하문고개)
1972.4.22	임동춘 육군 중위	임동춘 대위 동상(육군보병학교)
1977.6.21	정경화 육군 대위	정경화 소령 동상을 포함한 경화공원(화천), 정경화 소령 추모비(강릉 강릉고교)
1980.2.9	권영주 육군 소위	권영주 중위 동상(육군학생군사학교), 권영주 중위 동상(대전 충남대)
1988.5.4	강병식 육군 중령 이동진 육군 중위	강병식 대령 동상(전북 이리고) 이동진 대위 추모비(부산 부경대)
1989.4.6	공완택 육군 상병	공완택 병장 추모비(청성부대 승진훈련장), 공완택 병장 흉상(철원 호암공원), 공완택 병장 동상(화성 발안중)
2002.6.29	제2연평해전 6용사 (서해 6용사)	제2연평해전 전적비(평택2함대 안보공원), 연평해전 영웅의 숲(파주 도라산평화공원), 윤영하 소령 흉상(인천 송도고), 윤영하함(고속함), 한상국 상사 흉상(홍성 광천제일고), 한상국함(고속함), 서후원함(고속함), 박동혁함(고속함), 조천형함(고속함), 황도현함(고속함), 서해수호 55용사 흉상부조(대전현충원)
2010.3.26	천안함 46용사	천안함 46용사 위령탑(백령도), 천안함 선체, 대형유물전시장. 46용사 추모조형물, 전망대, 교육공간 등을 포함한 천안함 전시시설(평택2함대 안보공원), 서해수호 55용사 흉상부조(대전현충원)
	한주호 해군 준위	'천안함 의인' 한주호 준위 동상(진해 진해루공원), 한주호 준위 동상(서울 수도전기공업고)
	이상준 중사	'천안함 용사' 이상준 중사 추모비(부산 건국고)
2010.11.23	연평도 포격 2용사 서정우 해병 하사 문광욱 해병 일병	서해수호 55용사 흉상부조(대전현충원) '연평 호국영웅' 서정우 하사 흉상(광주 문성중) '연평 호국영웅' 문광욱 일병 흉상(군산 은파호수공원)

한국전쟁의 '전사 영웅'과 관련된 기념시설들은 최근까지도 계속 생산되고 있다. 나아가 한국전쟁 이후에도 베트남전쟁부터 2000년 이후의 두 차례 연평해전이나 천안함 사건, 연평도 포격 사건에 이르기까지 전사 영웅들은 부단히 만들어지는 중이다. 표들에서도 알 수 있듯이 전사 영웅 숭배의 표현 매체는 압도적으로 동상이나 흉상이 많다. 해군은 함정에 전사 영웅의 이름을 활용하는 새로운 숭배 방식을 창안해냈다. 10용사로, 백일로, 그리고 제주의 강승우로, 고태문로, 한규택로, 연제근로, 이일영로처럼 전사 영웅의 이름을 넣어 도로 명칭을 정하는 방식도 새롭게 등장했다. 여기서는 도로 표지판이나 표지석·안내판 등이 전사자 기념비 역할을 훌륭하게 수행한다.

돌이나 쇠가 상징하는 불멸성의 시각적 이미지를 과시하진 못할지라도, 사진·그림을 곁들인 전사 영웅들의 이야기가 수록된 초중등 교과서는 물론이고, 위인전·영웅전 등 전사 영웅들의 전기(傳記)도 때로 기념비 역할을 대행할 수 있다. 교과서나 영웅전이야말로 전사 영웅들을 기념하고 숭배하는 가장 탁월한 수단일 수 있으며, 그것이 다시 기념시설의 건립으로 이어지는 경우도 많다. 전사 영웅을 소재로 한 영화나 노래도 마찬가지이다. 그림 역시 전사 영웅의 선양에 종종 동원되었다. 1953년에 열린 〈전쟁기념미술전〉,[63] 1967년에 열린 〈민족기록화전〉과 1972년에 열린 〈월남전 기록화 전시회〉 등이 대표적인 예일 것이다. 전쟁기념관이 1999년부터 매달 시행하는 '이달의 호국인물',[64] 국가보훈처가 2000년부터 선정해온 '이달의 6·25전쟁 영웅',[65]

---

63) 조은정, 「이승만 동상 연구」, 『한국근대미술사학』 14집, 2005, 99쪽; 박혜성, 「1960~1970년대 민족기록화 연구」, 서울대학교 석사학위논문, 2003.

64) 전쟁기념관 홈페이지(www.warmemo.or.kr)의 '전쟁/군사정보' 중 '이달의 호국인물' 참조 (2017.3.5 검색).

65) 정충신, 「'이달의 전쟁영웅'에 여군(女軍) 첫 선정」, 『문화일보』(온라인판), 2014.12.5.

전쟁기념사업회 같은 단체들이 때때로 선정하는 '우리나라 호국인물 100인' 혹은 '6·25전쟁 호국인물(호국영웅) 100인' 등도 유사한 기능을 발휘한다고 볼 수 있다. 육군은 육군본부 본청에 '6·25전쟁 전승영웅실'을 마련한 데 이어, 2017년 2월에도 한국전쟁 영웅인 안낙규 일등중사를 비롯한 8명을 기리는 '부사관 영웅실'을 개관했다.[66] 앞서 언급한 국가보훈처의 '호국영웅 알리기 프로젝트'도 계속되고 있다.

5. 소결

인간은 '기념하는 존재'이다. 기념은 삼중적 기억작용으로 구성된다. 곧 기념은 기억하기, 기억을 갱신하기, 그리고 망각하기의 삼중적인 행위이다. '기억하기'는 기억을 소환하고 환기하는 것이다. 교육과 학습을 포함하는 기억의 전승도 여기에 기초한다. '기억을 갱신하기'는 기억의 재구성·재해석을 통해 의미를 생산하는 것이다. '망각하기'는 기념의 선택성으로 인한 불가피한 결과라고 할 수 있다.

근대 민족국가는 '기념의 전문가'이다. 특별히 기어츠가 명명한 '극장국가'(theatre state) 타이틀에 걸맞을 일부 국가들은 '기념의 대가(virtuoso)'라 부를 만하다.[67] 많은 경우 기념행위는 장소성과 결합된다. 민족·국가 성원들의

---

66) 김용준, 「"당신이 영웅입니다"…육군, '부사관 영웅실' 개관」, 〈KBS뉴스〉(온라인판), 2017.2.1.

67) Clifford Geertz, *Negara: The Theatre State in Nineteenth-Century Bali*, Princeton: Princeton University Press, 1981. 실제로 이화진은 제1공화국(이승만 정권)을, 정병호와 권헌익은 북한을 극장국가로 간주한 바 있다. 이화진, 「'극장국가'로서의 제1공화국과 기념의 균열」; 권헌익·정병호, 『극

집단기억이 서린 곳에 기념물을 건립하거나, 기념물이 건립된 공간에 신성한 후광을 부여하여 일상의 세속 공간과 분리한다. 기념물과 성역화된 장소들은 사회성원들이 공유하고 있는 역사적 기억의 영구적인 저장소이다. 그곳들은 과거의 사건이 상징적으로 변형되어 자랑스러운 역사로 승화되는, 예외적이고 특별하고 존귀한 장소이기도 하다. 영웅의 동상이 특정 '인물'에게 "불멸의 신체"[68]를 부여한다면, 돌이나 쇠로 만든 기념비는 특정 '이념'이나 '사건'을 상징적으로 가시화함으로써 거기에 불멸의 신체를 입히는 것이다. 2017년 제주에 세워진 한 4·3기념조형물에 붙여진 이름처럼 사람들은 '영구불망'(永久不忘)의 염원을 담아 기념비를 세운다.

'언어적 표상'에 치우쳤던 이전 국가들에 비해 근대 국민국가들은 기념공간이나 기념물, 의례 등을 통한 '시각적 표상'을 강조하는 경향이 강하다.[69] 기념 행위에는 역사서술, 종교적 의례, 축제, 예술적 형상화 작업, 국경일 제정과 같은 법률적 조치, 묘지나 상징적 장소 만들기 등 다양한 종류의 상징적 행위들이 두루 포함된다.[70] 기념물은 "기념하는 대상을 신비롭고 성스러운 것으로 만드는 효과", 그와 동시에 "과거 사건의 상징화를 통해 집단적 정체성을 강화하고 문화적 통합을 높이는 정치적 효과"를 산출한다.[71]

전쟁기념물은 "전승기념, 희생자 추모, 공적 숭상"의 기능을 수행한다.[72]

장국가 북한」; 정병호, 「극장국가 북한의 상징과 의례」, 『통일문제연구』 54호, 2010.

68) 조은정, 「한국 동상조각의 근대이미지」, 『한국근대미술사학』 9집, 2001, 225쪽.

69) 정호기, 『한국의 역사기념시설』, 203~204쪽.

70) 전진성, 「프롤로그」, 23쪽.

71) 박명규, 「역사적 경험의 재해석과 상징화」, 43, 45쪽.

72) 정호기, 「전쟁 기억의 매개체와 담론 변화: 지리산권의 한국전쟁 기념물을 중심으로」, 『사회와 역사』 68집, 2005, 70쪽.

그런데 전쟁기념물의 특징 중 하나는 '사자(死者)추모' 혹은 '사자숭배'의 성격을 강하게 갖고 있다는 사실이다. 그런 면에서 전쟁기념물은 '묘비로서의 기념비'이기도 하다. 앞서 인용한 바 있듯이, "근대 도시의 전쟁기념시설들은 단순한 승전만이 아니라 병사들의 의로운 죽음을 상기하도록 촉구한다."[73]

기념비의 비문은 "후세들에게 보내는 특정한 기억 내용을 적은 돌로 된 편지"라고 알라이다 아스만은 말한 바 있다.[74] 모스 역시 "전사자를 기리는 전쟁기념물은 …… 후속 세대가 따를 모범을 제공"한다고 말했다.[75] 전사자 기념비들은 후세들에게 어떤 내용의 편지, 어떤 내용의 모범을 제공하는가? 모스는 제2차 대전 이전의 유럽에서 전사자 숭배가 지향했던 바가 결국엔 전쟁을 정당화하고 후세들의 전쟁 참여를 유도하는 '전쟁 경험의 신화화'였다고 답한다. 비슷하게 젠틸레 역시 전쟁(여기선 제1차 대전)은 "묵시록적이며 재생적인 위대한 사건"으로 경험되었으며, 병사들에게 "매혹적이면서 공포스럽고 비극적인 현실에 참여하는 신비로운 경험"을 제공했다고 말한다. 제1차 대전을 전후한 유럽 사회들은 전쟁을 통해 "초월적이며 불멸의 실재로서 조국을 미화하기, 죽음과 부활의 상징, 민족에 대한 충성, 피와 희생의 신비주의, 스러져간 영웅과 민족의 순교자 숭배, 전우애로 뭉쳐진 공동체" 등의 가치와 정념들을 강렬하게 드러냈다.[76]

---

73) 전진성, 「프롤로그」, 24쪽.

74) 알라이다 아스만, 『기억의 공간』, 451쪽.

75) 조지 모스, 『전사자 숭배』, 44쪽.

76) 에밀리오 젠틸레, 「정치의 신성화」, 임지현·김용우 편, 『대중독재2: 정치종교와 헤게모니』, 책세상, 2005, 49-50쪽.

미나미 모리오는 근대적인 전쟁기념물이 본격적으로 등장했던 19세기의 특징을 "전승 기념, 장군 현창, 거대 시설"로 요약한 바 있다. 19세기는 "탄식의 대상이 아니라 감격의 대상으로서의 전쟁, 전몰자의 추도가 아니라 전승의 감격이 전쟁의 기억에서 중심을 차지했던 시대"였다.[77] 제1차 대전을 거친 후에는 전쟁기념의 초점이 '전승 기념'에서 '전몰자 추도'로 이동했지만, 그럼에도 이 시기에는 "국가를 위한 죽음을 칭송하는 국가주의적 경향" 또한 강하게 나타났다. 요컨대 제1·2차 대전 사이의 전간기(戰間期)에는 "전몰자 추도 방식에 있어서도 국제주의적 반전평화주의와 민족주의적 군국주의라고 하는, 서로 모순된 경향이 공존 혹은 대립되었다."[78]

권헌익은 전쟁기념비에 담긴 '미래지향적 재생 모티브'에 주목했다. 전쟁·승전기념비는 "영웅적 죽음의 기억을 하나의 전환점으로 만드는데, 이 전환점을 통해 전쟁의 폭력적인 과거는 미래의 번영하는 공동체 생활로 바뀐다. 마을 사람들이 조상의 땅을 위해 희생한 덕분에 이런 변화가 가능해진 것이다."[79] 유사한 취지를 담아 전진성은 다음과 같이 기술했다. "근대의 전쟁기념비는 정치적 발언을 위한 매체로서의 기능을 지녀왔다. 그것은 부르주아적 사자숭배 문화의 일환으로, 조국과 민족의 가치를 선전하는 데 선도적 역할을 수행해왔다. 그것은 고인이 흘린 피가 미래의 토양을 가꾸는 거름임을 강변해왔다."[80] 다카하시 데쓰야가 말하는 '희생의 논리'도 바로 이 점을 강조하고 있다.

---

77) 미나미 모리오, 「독일 전몰자 추도 역사와 야스쿠니신사·국립묘지 문제(상)」, 236, 241쪽.

78) 위의 글, 237~239쪽.

79) 권헌익, 『학살, 그 이후』, 232쪽.

80) 전진성, 『역사가 기억을 말하다』, 215쪽.

앙투안 프로는 전사자 기념비의 유형을 공민적 기념비, 애국적 기념비, 장례적 기념비 등 세 가지로 제시한 바 있다. 그는 이 유형론을 프랑스 사례에 적용하여 네 가지 하위 유형을 도출해냈다. 그것은 (1) 전적으로 공화국적이며 가장 흔하고 가장 세속적인 공민적 기념비, (2) 종종 승리의 기념비이기도 한 애국적–공화국적 기념비, (3) 희생을 기리는 애국적–장례적 기념비, (4) 어떤 정당화도 하지 않고 슬픔의 깊이를 강조함으로써 평화주의에 기울게 만드는 순수한 장례 기념비이다.[81] 한국에서는 그 누구도 전사자 기념비의 유형론을 시도한 바 없지만, 그럼에도 명확히 말할 수 있는 것은 한국에선 '애국적 기념비' 유형에 속하는 기념비들이 압도적 다수라는 점이다. 심지어 민주화 이후 지방자치단체 주도로 제작된 현충탑이나 충혼탑들도 거의 대부분 애국적 기념비들에 속한다. 비문의 내용, 조각상의 형태나 특징, 기념비의 명칭 등이 이런 애국적 기념비의 성격을 강하게 뒷받침한다.

한국의 전사자 기념문화는 중층적이다. 한국전쟁 이후 전사자와 관련된 '사중(四重)의 기념구조'가 점진적으로 형성되었다. 첫째, 현충원과 호국원으로 대표되는 국립묘지들이다. 이 묘지 공간들은 전적으로 중앙정부의 영역에 속한다. 이 거대한 규모의 집단묘지들은 기념비들의 숲이기도 하다. 둘째, 전사·전투 현장의 성역화와 관련된 기념시설들이다. 이를 통해 이 장소들은 전국적·지역적인 순례와 숙연한 참배의 대상으로, 국가적 성지 중 하나로 변모한다. 전사자의 죽음이 '객사'나 '개죽음'으로 방치되지 않고 '순사'(殉死)나 '순국' 행위로 전환되는 데도 이 장소들의 성역화는 매우 중요하다. 전사자들의 사망 사실에 초점이 맞춰지는 경우 추모비나 충혼비 형태로 나타나며, 전사자들의 '이타적 희생'이나 '애국심·충성심' 측면이 강조된다. 현장성에 초

---

81) 앙투안 프로, 「전사자 기념비」, 205쪽.

점이 맞춰지는 경우엔 주로 전적비 형태로 나타나며, 자유·민주주의·민족주의 등 '이념' 측면이 강조된다. 현장성과 승리 모두에 동시적인 초점이 두어지는 경우 주로 승전비·전승비 형태로 나타나며, 승리라는 '역사적 사실'의 측면이 강조된다. 셋째, 특정 지방 출신인 전사자들의 위령·추모에 바쳐진 기념시설들이다. 이는 주로 시·도와 시·군·구 등 지방정부의 영역이다. 이 기념시설들은 현충일을 비롯한 다양한 공적(公的) 전사자 의례와 참배의 무대를 형성한다. 지역의 사회단체나 참전자 단체, 학교 등이 기념시설의 건립 주체로 나서기도 한다. 넷째, 유가족과 마을이 주도해서 만든 기념시설들이다. 대개 규모가 작고 소박한 편이다. 여기엔 작은 국군묘지·군경묘지와 결합된 기념시설들도 포함된다. 북한군이나 좌익 반란군에 의한 피살자들 가운데 국가의 세심한 보살핌을 받지 못하는 경우에도, 이들을 위한 기념 활동은 마을공동체나 친족들이 떠맡아야 할 영역으로 남겨진다.

국립묘지도 그러하지만, 두 번째와 세 번째 범주의 기념시설들에서는 최초의 기념비 건립 이후에도 비교적 오랜 기간에 걸쳐 성역화 작업이 누적적으로 혹은 연쇄적으로 진행되는 경우가 많다. 상당한 세월이 지난 후 최초의 기념비가 더욱 웅장하고 화려한 새 기념비로 대체되거나, 기념시설 주변 경역(境域)을 확대하거나, 세속 공간으로부터 분리하는 장치가 추가되거나, 기념관이나 기념조형물들이 추가되어 기념공원 내지 추모공원으로 발전해가는 것이다. 큰 성지와 작은 성지를 포함하는 성지의 창출·발명 사례들이 축적되고 서로 연계됨으로써 국토의 성역화, 성지 네트워크의 구축, 성지들의 위계적 체계가 점차 완성되어간다. 전사자 기념시설의 '양' 자체도 결코 적지 않거니와, 그것의 '밀도' 면에서 한국은 어느 나라에도 뒤지지 않는다. 기념시설 건축에 과도한 열정과 자원을 쏟아 붙는 국가들, 말하자면 '기념비 국가'의 대열에 한국도 일찌감치 합류한 것처럼 보인다.

16장

전사자 숭배를 넘어

유럽에서 전사자 숭배의 전성기는 제1차 세계대전 전후였다. 젠틸레를 다시 인용하자면, "초월적이며 불멸의 실제로서 조국을 미화하기, 죽음과 부활의 상징, 민족에 대한 충성, 피와 희생의 신비주의, 스러져간 영웅과 민족의 순교자 숭배, 전우애로 뭉쳐진 공동체" 등이 이 시대의 분위기를 압축적으로 전해준다. 그러나 서구 사회들에서 전사자 숭배는 제2차 세계대전 이후 확연히 쇠락의 길로 접어들었다. 사회주의블록이 붕괴하고 소련과 유고슬라비아가 해체되면서 다수의 동유럽 신생국가들이 등장한 1990년대에 민족주의 열풍을 수반하는 전사자 숭배가 광범하게 되살아나긴 했지만 말이다.[1]

동시대의 서구 사회들과는 대조적으로, 한국사회는 한국전쟁 직전부터 전사자 숭배에 열정적으로 빠져들기 시작했다. 한국에서 전사자 숭배는 전쟁을 치른 1950년대에 만개(滿開) 단계로 진입했다. 이런 때늦은 전사자 숭배 열기는 한국에만 국한된 현상도 아니었던 것 같다. 임지현은 동아시아 사회 전반에서 전사자 숭배가 20세기를 넘어 21세기까지 이어지고 있다고 주장한다. "21세기 동아시아의 기억문화는 '호국영령'(護國英靈)에 대한 국가적 제

1) Gabriela Popa, "War Dead and the Restoration of Military Cemeteries in Eastern Europe," *History and Anthropology*, vol. 24, no. 1, 2013; Anna Krylova, "Dancing on the Graves of the Dead: Building a World War Ⅱ Memorial in Post-Soviet Russia," Daniel J. Walkowitz and Lisa Knauer eds,, *Memory and the Impact of Political Transformation in Public Space*, Durham and London: Duke University Press, 2004 등을 보라.

사를 통해 정치종교의 차원으로 승화된 전사자 숭배의 정점을 보여준다. 전사자를 '호국영령'으로 현창하는 야스쿠니신사의 '영령 제사'의 논리가 서울의 전쟁기념관이나 중국의 항일전쟁기념관에서 공통적으로 발견된다고 해서 놀라운 일은 아닌 것이다. 무명용사탑이나 '꺼지지 않는 불꽃' 조각상에서 보듯 '국가를 위해 죽은' 전사자들의 죽음을 특권화하고 제사지내는 20세기의 국민국가적 제의는 동아시아 기억문화의 중심부에 자리한다."[2] 조상숭배 전통이 강한 동아시아 사회들에서는 조상신 승화(昇華) 기제에 기초한 '전사자의 신격화'와 '촘촘하고 다중적인 영적 안전망 구축'이라는 특성이 나타나기도 했다. 이런 특성들은 동아시아에서 더욱 강력한 전사자 숭배가 가능했던 비결이기도 했다.

전사자 숭배가 빚어내는 사회심리적이고 이데올로기적인 효과를 모스는 '전쟁 경험의 신화화'로, 다카하시는 '감정의 연금술'과 '희생의 논리'로 제시한다. 성공적으로 작동하는 전사자 숭배는 (1) 유가족에겐 성가정의 창출과 감정의 연금술 효과를, (2) 국민과 관련해선 희생의 논리 수용을 통한 국민 형성, 국민 통합, 국민 동원의 효과를, (3) 국가·지배층과 관련해선 국가 형성, 국가 숭배, 전쟁 경험의 신화화(전쟁에 대한 미화·예찬), 지배의 정당화 효과를 주로 발생시킨다.

전사자 숭배는 무엇보다 의례, 거처, 기념시설의 트로이카에 의해 작동한다. 한국에서도 전사자 합동 위령제와 추도식 그리고 1956년 이후의 현충일 의례와 안장식으로 대표되는 전사자 의례들, 그리고 전사자의 시신을 국가가 전유하는 기제였던 장충사와 국립묘지 등이 차례로 등장하여 안정적으로

---

2) 임지현, 「해설: 민족주의를 탈주술화하기—전사자 추모비와 탈영자 기념비」, 조지 L. 모스 저, 오윤성 역, 『전사자 숭배: 국가라는 종교의 희생제물』, 문학동네, 2015, 299쪽.

착근했다. 전 국토의 성역화나 기념비 국가라고도 부를 수 있을 만큼, 전사자 기념시설의 양과 밀도 면에서도 다른 사회들에 결코 뒤지지 않게 되었다.

그런데 실제 현실에서는 트로이카만으론 아직 부족하다. 전사자 숭배의 효과가 제대로 위력을 발휘하려면 그 이상의 무언가가 필요하다. 특히 전사자 유가족(성가정) 및 전상자(상이용사)에 대한 다각적인 보호와 보살핌 없이 전사자 숭배의 효과를 기대하는 건 그야말로 연목구어(緣木求魚)에 가깝다. 단언컨대 성가정과 전상자 보호 없이 전사자 숭배는 결코 기대했던 효력을 발휘할 수 없다. 아직 시신조차 수습하지 못한 전사자들을 내버려두지 않는 것, 이른바 '실종자들'을 잊지 않고 찾아내어 안장하려는 꾸준하고 내실 있는 노력도 반드시 필요하다. 이런 실종자 최소화 노력에만도 통상 수년 혹은 수십 년의 시간, 그리고 방대한 재정과 인력이 소요된다.

한국사회에서 전사자 숭배의 성공적인 작동을 방해하고, 그럼으로써 그것의 사회심리적·이데올로기적 효과를 제약하고 반감시키는 요소는 다양했다. '한국적인 전사자 숭배'의 본질적인 특성 자체가 빚어내는 한계 내지 결함도 있는 것 같다. 한국 전사자 숭배의 어두운 그림자에 해당하는 몇 가지 요소들을 살펴보기로 하자.

1. 숭배의 그늘

가장 먼저 '숭배의 과잉'과 '애도(哀悼)의 결핍' 문제를 꼽을 만하다. 근대적인 전사자 숭배에는 '위령·추모'의 요소와 '현창·송덕'의 요소가 모두 나타나게 마련이다. 이 두 요소의 적극적인 결합 자체가 근대적 전사자 의례의 중요한 특징이었다. 소수의 군사 지도자가 아닌 일반 병사에 초점을 맞출 경우,

조선시대의 전사자 의례에서는 현창·송덕 측면은 최소화되는 반면 위령과 해원(解冤) 측면이 최대화되는 경향이 강했다. 현대 한국의 전사자 숭배는 조선시대의 그것을 뒤집어놓은 형국이었다.

현대 한국에서 국가는 정교한 죽음 분류 체계를 만들어놓고도 정작 실제 행동에서는 '정치적으로 좋은 죽음', 즉 아군의 공적인 죽음에만 몰두했다. 국가는 아군 전사자를 위한 현창·송덕·영웅화에만 자원과 시간을 집중시켰다. 전사자 영웅화는 대한민국 최초의 전쟁 영웅인 '육탄10용사'가 1949년에 등장하면서부터 본궤도에 올랐다. 그리고 1950년대 초부터 정부가 추동한 충혼탑건립운동, 1950년대 중반부터 본격화한 무명용사 숭배 운동, 1950년대 후반부터 군부대들이 경쟁적으로 나서면서 확연해진 전적비·전승비 건립 붐, 1960년대 초반 군사정부가 앞장선 반공애국유적부활운동을 거치면서 '영웅화 편향'은 지배적인 전통으로 점점 굳어졌다. 국가는 애도·공감 능력이 결여된 것처럼 보일 정도로 오로지 전사자의 찬양과 영웅화에만 매달렸다.

영웅화·숭배의 과잉이 지배적인 현상이 되어갈수록, 전사자에 대한 애도는 부적절한 반응으로 간주되기 쉽다. 국가가 주도하는 의례는 전사자들의 정체성을 변형시키는 핵심 기제인데, 이를 통해 그들은 이미 초월적인 영역으로 넘어가 호국신이나 군신이 되어 있다. 전사자들은 의례를 통해 되살아났을 뿐 아니라 위대한 수호신으로 격상되어 나라와 민족을 보호하고 있다. 이 살아 있는 국가수호신은 최고위 공직자들로부터 끝없는 경배를 받으며, 그곳을 찾은 후세들에게는 국가를 위해 자기희생의 길을 기꺼이 선택하도록 명령한다. 이런 마당에 전사자들을 향한 슬픔, 절망, 아픔, 원망, 안타까움, 그리움 따위는 상황과 전혀 어울리지 않는 감정, 혹은 정치적으로 옳지 않은 감정이 되어 버린다. 제2차 대전 패전 직전의 일본이나 한국전쟁 직후의 한국처럼 전사자에 대한 과잉 영웅화와 신격화가 두드러진 사회에서는 애도 감정의 표출 자체를 억압하려는 경향이 실제로 나타났다. 앞서 오에 시노부를 인용했듯이 "유족이 제신(祭神)을 '자신의 아들'이라고 생각하는 것은 '정신적인 면에서 잘못된 행동양식'"이고, "유족이 유족으로서의 친애의 정을 표현하는 것조차 '나라의 신'에 대한 불근신으로 비난의 대상이 되었다." 신이 된 전사자들은 온갖 비판을 봉쇄하는 역할까지 떠맡는다. 미나미 모리오를 다시 인용하자면 "인간인 '영령'이라면 아직 비판의 여지가 있지만 '신'이 되면 일체의 비판은 허용되지 않는 존재가 되기 때문이다." 이승만 대통령은 1953년 10월의 전몰장병 합동추도식에서 "내 남편이나 내 자식이 전사한 데 대하여 괴롭고 슬픈 것은 당연하겠지만 이것을 마음속으로 느껴 우는" 모습을 보일 것을, 그리고 1955년 4월 전몰장병 합동추도식에서는 "유가족은 ……오늘을 영광스러운 날로 알아서 나가기 바란다."라면서 "유가족은 다 같이 용사의 유지를 받들어나가기 바란다."라고 요구한 바 있다. 유족들은 슬픈 감정을 애써 억제해야 할 뿐 아니라, 전사한 남편이나 자식에 대해 자부심과 자랑스러움의 감정을 능동적으로 표출하라고 요구받았던 것이다.

애도-숭배의 비대칭성과 불균형이라는 첫 번째 문제에서 파생된 두 번째 문제는 '의례의 빈틈', 특히 국가가 주도한 공적 전사자 의례의 틈새들과 관련된다. 눈물마저 억제하도록 요구하는 영웅화 편향으로 인해, 죽은 이들에 대한 실질적인 애도와 추모는 민간 부문, 유가족의 몫으로 고스란히 남겨졌다. 전사자 의례에서는 '형식과 내용의 괴리'도 두드러졌다. 의례의 명칭(형식)은 '위령제'나 '추도식'임에도 불구하고 그 내용은 온통 전사자 찬양과 영웅화, 신격화 등으로 채워졌던 것이다. 전사자 시신 처리 측면에서 죽음의 공공화 흐름보다 사사화 흐름이 우세했던 시기에는 '의례와 (전사자) 거처의 간극'도 심각했다. 마치 "나라가 성대한 장례를 치러줬으니 그걸로 만족하라,

장례 이후 시신 처리는 각자 알아서 하라"고 유족에게 윽박지르는 듯했다.

이런 상태에서는 공적 – 정치적 차원에서 좋은 죽음과 나쁜 죽음을 가르는 이분법, 그리고 민간 및 전통문화 차원의 죽음 이분법 사이에 깊은 간극이 생겨나기 쉽다. 전자의 이분법은 단 한 번도 후자의 이분법을 완벽하게 제압하거나 대체하지 못했다. 따라서 공적 의례만으론 채워질 수 없는 빈 공간이 발생하며, 전통적인 민간의례가 그 틈새를 메워주는 보완적 역할을 담당하게 된다. 충족되지 못하거나 억압된 유족들의 심리적·종교적 욕구를 사적인 차원에서 전통적 의례와 관습을 통해 해결할 수밖에 없었던 것이다. 이런 일들은 전사자 죽음 처리에서 사사화 흐름이 지배하던 시기, 국립묘지가 부재하던 시기, 국립묘지가 등장했지만 이 묘지의 선호도가 아직 낮았던 시기, 유가족 원호·보훈 시스템이 제대로 구축되거나 작동하지 못했던 시기에 특히 빈발하게 된다. 자기 남편이나 아들의 죽음을 국가의 주장처럼 '좋은 죽음'으로 체감할 수 없도록 만드는 객관적인 현실은 공적 전사자 의례의 공허(空虛)를 증폭시키고 그 틈새를 벌려놓게 마련이다.

물론 일부 유가족들 사이에선 감정의 연금술이 비교적 성공적으로 작용했을 것이다. 예를 들어 훈장과 특진으로 예우 받은 몇몇 전쟁 영웅들을 비롯하여 무공을 세운 전사자, 고위 장교 출신 전사자의 가족들은 그랬을 가능성이 높다. 남편과 자식을 '나라에 바쳤다'고 믿는 이들은 국가 의례에 의해 한낱 무명 전사자일 뿐인 남편·아들이 호국신으로 변형되는 과정을 인정하고 수용했을 것이다. 나아가 이를 자랑스럽게 혹은 감사하게 여기기조차 했을 것이다. 그러나 국가의 의례적 개입을 통한 사자의 정체성 전환이 항시 성공적인 것은 아니다. 국가가 인간 (실존) 문제 전체를 책임질 수 없으며, 죽음의 문제에 대한 국가의 해결책이 완전한 것도 아니다. 더구나 '애도가 결핍된 과잉 영웅화'는 공적 의례의 빈틈을 더욱 확장시킨다. 그러므로 성가정으로 분류될 수 있는 전사자 가족까지 일부 포함하여, 전쟁 통에 가족을 잃은 훨씬 많은 유가족들은 전통적인 민간의례에 의존하여 공적 의례가 남긴 공백과 불완전함에 대응해야만 했다. 이때 주로 동원된 것이 불교와 무교(무속)의 죽음 의례였다. 불교의 천도재, 또 진오귀굿·씻김굿·오구굿 같은 무교 사령제(死靈祭)가 그 예이다. 불교 사찰에 전사자의 위패를 안치해놓고 명복을 비는 방식, (무교의 허재비굿을 포함하여) 영혼결혼을 통해 전사자를 조상신으로 끌어올리는 방식도 자주 활용되었다.

민간에서 죽음 의례를 통해 추구했던 목표, 즉 죽음 의례를 통해 변형시키고자 했던 전사자의 정체성과 이미지는 국가의 그것과 판이했다. 국가가 '군신·호국신 만들기'에 주력했다면, 민간에서는 사자가 원혼으로 추락하는 것을 방지하기, '원혼'을 '영혼'(英魂)으로, 나아가 '조상신'으로 전환시키기를 목표 삼았다. 민간의 죽음 의례에 깔려 있는 전사자 이미지(원혼)와 국가의 죽음 의례에 깔린 전사자 이미지(호국신)는 그야말로 천양지차였다. 흥미로운 대목은, 그럼에도 비교적 세속성이 강했던 공적 전사자 의례와 종교성이 강했던 사적 전사자 의례가 별 충돌 없이 공존했다는 사실이었다. 유족들은 자기 남편이나 아들이 원혼으로 이승을 떠돌지 않고 조상신으로 안착하도록 전통적인 죽음 의례에 기대는 동시에, 남편·자식을 호국신으로 고양시키는 공적 의례에도 적극적으로 참여했다. 전사자 영역에서 국가 의례와 민간의례가 반드시 상호 배척했던 것은 아니었다. 오히려 유가족의 감정 속에서 양자는 상호보완적인 관계를 유지했다.

유족의 요청을 반영하여 공적인 전사자 의례에 종교적 요소들이 종종 포함되기도 했다. 경찰의 전사자 의례에선 유독 불교적 색채가 강했다. 제주도의 경우도 그러한데, 제주시가 관할하는 충혼각에서는 매년 전사자 위령제가 승려에 의해 불교식으로 거행되고 있다.[3] 1950년대 중반에 국가적 전사자 의례에서 그리스도교 색채가 강해졌다가 1950년대 후반에는 일시적으로 전사자 의례의 탈(脫)종교화가 진행되었지만, 1960년대 초에는 다시금 불교·유교·그리스도교의 요소들이 광범하게 되살아났다.

셋째, 애도와 숭배의 불균형, 공적 의례의 넓은 틈새에 이어 '레토릭과 현실의 간극' 역시 한국 전사자 숭배의 음울하고 불편한 뒷모습으로 꼽을 수 있다. 무엇보다 이 문제는 '성가정'으로 추앙받은 전사자 유가족, '상이용사'로 성화된 상이군인과 그 가족들이 직면해야 했던 비루하고 빈한하기 짝이 없는 삶의 현실과 관련된다. 이는 국가가 내세우는 화려한 영웅적 수사와 누추한 현실의 대비이기도 하고, 국가가 만들어낸 성스런 이미지와 구차한 현실의 충돌이기도 하고, 지켜지지 않는 약속과 헛된 다짐만 남발하는 '말뿐인 전사자 숭배'의 문제이기도 했다. 대부분의 전사자 유가족과 상이군인들은 극심한 궁핍에 시달렸다.

전쟁 직후인 1953년 10월 18일에 전사자 합동추도식이 거행되었는데, 식후 행사로 열린 좌담회에서 유족 대표들은 "유족은 거의 다 세궁민이며 심신이 피로한 생활력 없는, 자식이나 남편만을 믿고 살던 자로서 현재 초근목피로 연명하는 상태"임을 호소했다.[4] 이런 상태에서 유가족들 사이에 감정의 연금술이 먹혀들 리 만무하다. 오히려 팍팍한 삶과 국가의 무능력·무성의에 분노한 가족들의 심정은 "오늘날의 현실은 자식을 죽인 보람도 없고 개죽음을 시킨 것밖에 안 된다."라는, 관계 장관들 면전에 내던진 항변에 농축되어

---

3) 지영임, 「제주 4·3 관련 위령의례의 변화와 종교적 의미」, 339쪽.

4) 『경향신문』, 1953.10.18.

있다.[5] "항상 나라를 위해서 바친 자식이려니 하고 마음먹다가도 푸대접을 받으면 자식이 어떤 때는 개죽음한 것 같았다는 생각이 문득 난 적도 있었으니까요"라는 유족 대표의 한탄도 다를 바 없다.[6]

"상이용사, 애국용사, 백의(白衣)용사", "'반공'국민과 재건의 일꾼", "자유 수호와 조국 수호의 모델"이요 살아 있는 "반공주의의 본보기"라는 레토릭으로 칭송되었던 전쟁 부상자들의 현실도 유가족들보다 별반 나을 바가 없었다.[7] 요행히 목숨을 건진 이들은 영령도, 호국신도 군신도 아니었다. 1950년대에는 상이군인에 대한 경제적·사회적 지원도 매우 미흡했다.[8] 1960년대 들어 3단계의 상이등급 규정이 도입되는 등 상이군인 원호정책이 개선되고 체계화되었지만, 등급 판정을 위한 신체검사는 "대상자를 축소하고 획일화하는 데 맞추어져" 있었을 뿐 아니라 판정 과정에 부정부패가 만연하여 상이군인들 사이에선 "원호정책과 국가에 대한 불평과 서운함"이 널리 퍼졌다. "멀쩡한 놈은 훈장 타먹고 돈 타먹고, 죽어라고 국가에 저거한 놈은 아무것도 혜택이 없는 게 이 나라 법이다 이거야."[9] 부상으로 명예제대를 한 군인이 12~14만 명에 달했지만 연금수급권을 인정받은 이는 3만 명에도 미치지 못했

---

5) 『경향신문』 1956년 6월 8일, 1면의 사설(「현충기념은 잘 되었다」).

6) 『경향신문』 1956년 6월 11일, 3면의 「참다운 원호 해주오」 기사.

7) 김봉국, 「이승만 정부 초기 애도-원호정치」, 481쪽; 이임하, 「상이군인, 국민 만들기」, 『중앙사론』 33집, 2011, 298쪽; 박정석, 「상이군인 및 유가족들의 한국전쟁 체험: 전남 영암군의 사례조사를 중심으로」, 『호남문화연구』 30집, 2002, 174-175쪽.

8) 박정석, 「상이군인 및 유가족들의 한국전쟁 체험」, 179쪽; 이임하, 「상이군인, 국민 만들기」, 308쪽.

9) 이임하, 「상이군인들의 한국전쟁 기억」, 김귀옥 외, 『전쟁의 기억 냉전의 구술』, 선인, 2008, 176-182쪽.

고,[10] 그나마 '취업가능자'인 3등급으로 판정되면 생계 자체가 막막해진다. "2급에서 애매한 사람이 3급에 떨어지고 보면 이것은 정말 밥을 빌어다 죽을 쑤워 먹지 못할 형편이 되고 만다."라는 것이다.[11] 그뿐만 아니라 "정부 원호 대책의 빈곤과 사회적 천대에서 기인한 상이군인의 일탈 행동은 '커다란 사회문제로' 부각되면서, 강도, 절도, 폭행, 사기, 금품 강요, 무전취식 등 적잖은 상이군인의 각종 탈선, 범죄행위가 신문에 등장했다."[12] 1957년 4월 하순에 열린 전국국민반상회(班常會)에서도 "상이군인의 비행 및 강매 행위의 단속" 문제가 핵심적인 "요망사항"으로 중앙정부에 전달되었다.[13]

전사자 유가족과 상이군인의 곤궁한 처지를 나날이 목격하는 국민들과 청년·청소년들 사이에서 자발적인 애국심과 충성심이 생겨날 리 있겠는가. 이런 상태에서 '희생의 논리'가 확산되기는 지극히 어려울 수밖에 없다. 희생의 논리가 (1) 전사(戰死)·전상(戰傷)을 숭고한 희생으로 찬양하는 것, (2) 그 희생으로 오늘의 평화·번영이 가능했다고 감사하는 것, (3) 후속 세대가 또 다른 자발적인 희생으로 보답하겠다고 다짐하는 것의 3단 논법으로 구성되어 있다고 할 때, 이 논리의 첫 단계에서부터 제동이 걸리는 상황이었던 셈이다. 전사가 결코 '좋은 죽음'으로 체감될 수 없도록 만드는, 전상이 국가를 위한 '고귀한 헌신'으로 체감될 수 없도록 만드는 고달프고 핍진한 현실은 후속 세대로 하여금 희생의 논리를 내면화할 수 없도록 만든다. 요컨대 전사자를 배출한 성가정과 전쟁 부상자에 대한 적절한 보호 장치 없이는 전사자 숭배의

---

10) 위의 글, 173-174, 176쪽.

11) 한혁, 「어느 상이군인의 호소」, 『경향신문』, 1967.6.12.

12) 김봉국, 「이승만 정부 초기 애도 – 원호정치」, 487쪽.

13) 『경향신문』, 1957.4.29.

효과를 결코 기대할 수 없다.

넷째, 한국의 전사자 숭배에 내재한 '전근대성'도 지적해야 한다. 이 문제는 한국 시민종교의 최고 국가신전으로 등극한 두 국립묘지, 즉 서울과 대전에 각각 소재한 국립현충원 내부의 극심한 불평등과 관련된다. 일본의 식민지였던 한국과 대만은 같은 시기에 독립한 후 일본식 군묘지 관행을 답습했다. 그런데 하필이면 평등주의 원칙이 전면적으로 관철된 1938년 이후의 일본 군묘지가 아니라, 평등성과 불평등성이 혼재한 1938년 이전의 군묘지 관행을 답습했다. 그로 인해 국가가 새롭게 구축한 죽음 위계의 최상층에 위치하고, 가장 융숭하게 대접받으며 숭배의 초점이 된 국립묘지 안장자들 사이에조차 차별과 반목이 뿌리내리게 되었다. 생전의 계급 차별이 사후의 차별로 이어지는 묘지 구조가 문제의 근원이었다.

게다가 한국은 국립묘지가 등장한 지 15년가량 지난 1970년대 이후 묘지 내부의 차별이 훨씬 심해진, 세계적으로도 유례를 찾기 힘든 희귀 사례였다. 이런 기이한 변화를 필자는 '국립묘지의 재봉건화'라고 불렀다. 이로써 한국의 독특한 전사자 숭배는 더욱 기괴하게 왜곡되고 일그러진 모양을 갖추게 되었다. 이미 오래 전에 만장(滿葬) 상태에 도달했을 뿐 아니라 묘지의 사후적인 재구조화도 사실상 불가능한 국립서울현충원은 대한민국의 봉건성을 증언하는 거대한 기념비가 되어버렸다. 국립대전현충원에는 기존의 불평등한 묘지 구조 위에 2000년대 이후 침투한 평등주의적 요소들, 예컨대 계급 구분을 두지 않은 '천안함 46용사 특별묘역'과 '서해수호 특별묘역' 조성을 비롯하여 장교-사병의 묘비 크기 동일화(2006년)와 장교-사병 묘역 통합(2017년)이라는 요소들이 어지럽게 섞여들었다.

마지막으로, '아군 측 전사자의 방치'도 한국 전사자 숭배의 어두운 이면 중 하나이다. 방대한 규모의 실종자(실종 전사자)를 포함하면 제대로 예우 받는 한국군 전사자보다 그렇지 못한 이들이 더 많다고도 말할 수 있을 정도이다. 국립묘지가 아닌 '작은 국군묘지들'에 묻힌 한국군 전사자들, 학도의용군으로 참전했다 전사한 학생들, 반공단체의 일원으로 전사했거나 학살당한 청년들까지 함께 고려하면, 전사자 숭배의 불균형은 한층 도드라진다. 숭배와 영웅화의 실제 대상은 아군 측에서 싸우다 죽은 전체 전사자 중 선택받은 소수에 불과하다.

전쟁 후 오랜 세월 동안 전국 수십 곳의 작은 국군묘지들은 국가의 무관심 속에 제대로 관리되지 않은 채 묘지의 이름조차 없이 버려지고 방치되었다. 1957년 8월 포항에 세워진 '전몰학도충혼탑'에는 "아아, 그대들 아내도 없고 / 아들도 없네 / 그대들 정기(正氣)는 / 우리 겨레 모두가, 이어 받들리 / 삼천만 온 겨레가 / 가슴속에 고이 이어 받들리"라고 다짐하는 박종화의 헌시(獻詩)가 새겨졌다.[14] 그러나 겨레를 대표한다고 자임하는 대한민국 정부는 과연 이런 다짐에 충실했는가? 수십 명의 학도병들은 1950년 8월의 포항지구 전투에서 전사한 후 인근의 급조된 초라한 임시 묘지에 매장되어 있었다. 이들이 국립묘지로 이장된 것은 그로부터 14년이나 지난 1964년의 일이었다.[15] 반공단체 소속으로 전투에 참여하여 전사하거나 학살된 이들이 국가유공자로 인정되어 국립묘지 안장 자격을 얻거나, 각종 전사자 예우 자격을 얻는 일은 훨씬 까다로웠다.

한국 정부는 실종자, 즉 전사 사실은 인정되나 아직 유골을 수습하지 못한 한국군들을 찾으려는 노력을 거의 하지 않았다. 시신을 수습하지 못했을지라도 정부에 의해 '공식 전사'로 인정받은 이들의 숫자는 빠르게 증가했다.

---

14) 중앙일보사 편, 『민족의 증언』(제2권), 중앙일보사, 1983, 316~318쪽.

15) 차성환, 『참전기념조형물 도감』, 23, 559~561쪽 참조.

공식 인정된 실종 전사자는 연금(年金)·사금(賜金)을 비롯한 전사자 예우를 받게 된다. 그럼에도 불구하고 실종자들에겐 여전히 '전사자 거처' 자체가 존재하지 않으며, 그로 인한 '의례의 위기'도 지속되게 마련이다. 전쟁이 끝난 지 14년이 지난 1967년 동작동 국립묘지에 위패실(위패봉안관)을 함께 갖춘 현충탑이 등장함으로써 실종자들은 비로소 불완전하게나마 전사자 거처를 처음 갖게 되었다.

2004년 현재 동작동 국립묘지에는 한국전쟁 당시 사망한 사실이 확인되었으나 유골을 찾지 못한 10만 3천여 명의 전사자가 위패로 봉안되어 있었다.[16] 그러나 단순히 위패 봉안을 넘어 국가가 직접 전사자 유해를 찾아 나선 것은 전쟁 발발 후 무려 반세기나 지난 2000년의 일이었다. 그해에 한국전쟁 50주년 기념사업의 일환으로 한시적인 전사자 유해 발굴사업이 비로소 시작되었고, 2007년에는 항구적인 사업으로 전환하면서 그 추진기구로서 국방부 유해발굴감식단이 창설되었다.[17] 유해발굴감식단은 2016년 말까지 모두 10,808명의 전사자를 수습했다. 이 가운데 한국군 전사자는 9,506명이었다.

국방부 유해발굴감식단이 발간한 『6·25 전사자 유해발굴사업』이라는 소책자에 따르면 2017년 초 현재로도 '미수습 전사자'로 추정되는 이들이 무려 "12만 3천여 위"에 이른다.[18] 더구나 설사 남북한이 합의한다 하더라도 중무장되고 지뢰투성이인 휴전선 인근의 광대한 비무장지대를 샅샅이 수색·발

---

16) 지영임, 「한국 국립묘지의 전사자 제사에 관한 일고찰」, 475쪽.

17) 노용석, 「죽은 자의 몸과 근대성: 한국의 전사자·민간인 피학살자 유해 발굴 연구」, 『기억과 전망』 23호, 2010, 242~246쪽.

18) 국방부 유해발굴감식단, 『6·25 전사자 유해발굴사업』, 3쪽.

굴하는 것은 지난할 뿐더러 시간도 오래 걸리는 과업임이 분명하다. 한국 국방부는 비무장지대에 1만 명가량을 포함하여 대략 3~4만 명의 한국군이 휴전선 이북 지역에서 전사한 것으로 추정하고 있다.[19]

〈표 16 - 1〉 국방부의 전사자 유해 발굴 실적[20]

구분	합계	아군			북한군	중국군	감식 중
		소계	한국군	유엔군			
2016년	512	473	473	0	9	27	3
누계	10,808	9,521	9,506	15	715	569	3

휴전선 북쪽의 북한 관할 지역 어딘가에 방치되어 있을 한국군 전사자의 발굴 및 수색 문제는 정전협정 후 무려 65년이 지난 2018년 4월과 5월에 열린 두 차례의 남북정상회담에서 비로소 해결의 실마리가 마련되었다. 같은 해 6월 12일에 열린 사상 최초의 북미정상회담에서는 김정은 위원장과 트럼프 대통령이 미군 포로와 실종자 유해의 수습과 송환에 합의하고 그 직후 한국의 문재인 대통령이 이 과정에 동참할 의사를 밝힘으로써, 북한 내에서 남·북·미 3국이 공동으로 전사자 유해발굴사업을 전개할 가능성이 열렸다.[21] 2018년 9월 열린 남북정상회담 당시 채택된 군사 분야 합의서에 따라

---

19) 노지원, 「60여 년 땅에 묻힌 그가 세상으로 나왔다, 뼈 한 조각으로…」, 『한겨레』, 2018.7.6.

20) 국방부 유해발굴감식단, 『6·25 전사자 유해발굴사업』, 9쪽. 2018년 6월 현재 전사자 유해 발굴 성과는 11,203명으로 늘어났다. 이 가운데 한국군이 9,874명, 유엔군 17명(이 중 미군이 14명), 북한군 723명, 중국군 589명이었다. 노지원, 「60여 년 땅에 묻힌 그가 세상으로 나왔다, 뼈 한 조각으로…」, 『한겨레』, 2018.7.6.

21) 한국 정부는 정전 후 54년이 흐른 2007년에 처음으로 북한 내 한국군 전사자 유해 발굴 문제의 해결에 공식 착수했다. 그해 11월 김장수 국방부 장관과 김일철 인민무력상 간의

그해 10월부터 비무장지대(철원 화살머리고지)에서도 유해 발굴을 위한 지뢰 제거 작업이 시작되었다. 지난 20년 가까운 기간 동안 국방부 유해발굴감식단이 괄목할 성과를 냈을지라도, 여전히 확인되고 수습된 전사자보다 실종자가 훨씬 더 많은 상태에서, 국가가 반세기 넘게 휴전선 이북 지역의 전사자 유해를 발굴·송환하려는 최소한의 노력조차 하지 않았던 상태에서, 위로부터의 전사자 숭배가 국민들 사이에 효력을 발휘하기란 쉽지 않을 것이다.

2. 이중의 전환을 위하여

지금까지 한국의 전사자 숭배에 내재된 여러 문제들을 (1) 애도와 숭배의 불균형, (2) 공적 의례의 넓은 틈새, (3) 레토릭과 현실의 간극, (4) (묘지 내 불평등, 국립묘지의 재봉건화로 대표되는) 전사자 숭배의 전근대성, (5) (실종자, 작은 국군묘지 안장자, 학도의용군, 민간인 전사자 등) 아군 측 전사자들의 방치 등 다섯 가지를 중심으로 일별해보았다. 민주화 이행 이후 전사자 숭배의 그늘에 가려 있던 여러 문제들이 노출되거나 공론화되었고 부분적인 개선도 이루어졌다. 2000년대에 국립묘지 내부의 계급·신분 불평등을 시정하려는 노

제2차 남북 국방장관 회담에서 유해 발굴 사업에 대한 합의가 이루어졌던 것이다. 그러나 그 직후 정권이 교체되고 남북관계가 악화함에 따라 이 합의는 이행되지 못했다(박병수, 「북에 묻힌 미국 유해 5,500여 명…13년 만에 발굴 재개될 듯」, 『한겨레』, 2018.6.13). 북한 지역에서 발견되어 한국으로 송환된 국군 전사자 유해가 전혀 없었던 것은 아니다. 1996년부터 2005년까지 진행된 북한·미국의 전사자 유해 공동 발굴 과정에서 발견된 후 한국군으로 판명된 유해 92구가 2012~2018년 사이에 미국을 거쳐 귀환했던 것이다(『한겨레』, 2018.7.6; 『연합뉴스』, 2018.9.28). 물론 한국 정부의 독자적인 노력은 전혀 없이, 오로지 미국 덕분으로 이뤄진 일이었다.

력들이 법제화되었고, 실종 전사자 유해 발굴사업도 본격화되었다. 두 곳의 '현충원'에 이어 2000년대에 새로이 등장한 '호국원들'은 처음부터 평등주의 원칙에 입각하여 설립되고 운영되었다. 전사자 유가족과 상이군인의 빈곤 문제를 해결하려는 오래 전부터의 노력도 지속되었다. 1970년대에 식전(式典)에서 대통령이 사라지고 1980년대에는 소규모 실내 행사로 축소되었던 현충일 추념식이 1990년대에는 대통령이 참석하는 대규모 광장 의례로 복원된 사실도 지적해야 할 것이다.

그런데 전사자 숭배 이면의 문제점들을 개선하여 전사자 숭배의 효과를 더욱 드높인다고 해서, 과연 그것이 현시점에서 바람직한 대안 내지 해결책이 될 수 있을까? 필자는 대안의 방향을 '전사자 숭배에 대한 비판적 성찰' 그리고 '전사자 숭배와 거리두기'에서 찾아야 한다고 본다. 그러므로 지금 우리에게 정말 필요한 것은 '이중의 전환'이라고 생각한다. 그 하나는 '평화주의(pacifism)로의 전환'이고, 다른 하나는 '애도(mourning)로의 전환'이다. 전자는 전쟁에 대한 미화·신화화와의 결별을, 후자는 전사자 예찬·영웅화와의 결별을 추구한다.

평화주의로의 전환은 전쟁에 대한 미화와 정당화에서 벗어나 모든 전쟁을 반대하고 분쟁의 평화적 해결을 지지함을 가리킨다. 이를 위해 필자는 '더이상 어떤 전쟁도 찬양될 수 없다'는 명제에서 출발해야 한다고 생각한다. 나아가 '더 이상 정의로운 전쟁(just war) 따위는 존재하지 않는다'는, 발상의 과감한 전환이 요청된다고 생각한다. 한편, 애도로의 전환은 무엇보다 전쟁으로 죽은 이들에 대한 숭배를 중단함을 뜻한다. 그 어떤 전쟁도 찬양될 수 없다면, 전쟁으로 인한 죽음 또한 찬양될 수 없다는 것이다. 전쟁으로 인한 모든 죽음은 불필요한 죽음이며, 그저 애통한 죽음일 따름이다. 앙투안 프로의 유형론을 빌자면 이것은 '애국적 기념비'에서 '장례적 기념비'로의 전환, 곧

"어떤 정당화도 하지 않고 슬픔의 깊이를 강조함으로써 평화주의에 기울게 만드는 순수한 장례 기념비"로의 전환과 흡사할 것이다.

이중적 전환을 위한 첫걸음이자 시금석으로 다음 두 가지를 우선 꼽을 만하다. 첫째, 국가와 지배층이 구축한 죽음 이분법에서 '전사자 영웅'의 반대편에 놓인 범주들, 국가가 구축한 죽음 위계의 최하층에 위치하는 '정치적으로 나쁜 죽음들'에 주목하고 관심을 기울이는 것이다. 둘째, 이런 정치적인 죽음 이분법·위계 자체를 전복하고 해체하는 것이다. 이런 두 차원의 변화가 기정사실이 되어갈수록, 우리는 전쟁을 기억하고 기념하는 낡은 방식으로부터 점점 더 멀어지게 될 것이다.

전사자 숭배와 극명하게 대조되는 범주들은 죽음의 정치적 이분법에 의해 무가치하고 무의미한 죽음으로 분류되는, 그 때문에 방치되고 모욕당하는 죽음들이다. 그것은 기억되거나 기념되지 않는 죽음들이고, 그런 면에서 '역사적으로 소외된' 죽음들이다. 그러나 이 죽음들만큼 전쟁의 야만성과 비극성을 생생하게 증언하는 것은 없다. 그 때문에 이 죽음들은 우리를 집합적인 흥분 상태에서 분리시키고, 삶의 어두운 심연으로 끌어내리며, 그 밑바닥에서 진정한 애도로 조금씩 나아가게 만든다. 이 망각되고 억압된 죽음들을 기억하고 복권시키는 것은 단순히 전쟁의 잔혹성을 고발하는 차원을 넘어 국가의 죽음 이분법 자체를 잠식하고 무력화하는 효과가 있다. 한국 현대사에서 억압되고 소외된 '전쟁 죽음'을 가장 잘 대표하는 이들을 대략 세 범주로 좁힐 수 있을 것 같다. 첫째, 한국전쟁을 전후한 시기에 좌익이나 적군 협력자로 몰려 학살당한 민간인들, 둘째, 한국전쟁 당시 휴전선 이남 지역에서 사망했지만 여태껏 발견되거나 송환되지 못한 적군들(북한군과 중국군), 셋째, 식민지 말기에 강제 징병·징용으로 전쟁터로 끌려 나가 죽은 조선인들이 그들이다.

태평양전쟁 전사자들의 경우 식민지 시대엔 총독부 등에 의해 '호국영령'으로 추앙되면서 화려한 합동위령제의 대상이었지만 해방 후 무관심·냉대의 대상으로 전락했다. '영령'에서 '원혼' 혹은 '고혼'(孤魂)으로 졸지에 전락한 이들은 일본 정부와 한국 정부, 한국 시민사회 모두에 의해 철저히 외면당했다. 아시아의 수많은 옛 전쟁터들 어딘가에 흩어져 있을 조선인 유해를 수습하는 일은 차치하고, 해방 직후 일본 정부가 신원을 확인하여 송환해준 일부 전사자 유해들을 위해 적절한 안식처를 찾거나 위령의례를 거행하는 일조차 쉽지 않았다.

이런 상황은 현재까지도 별다른 변화가 없다. 2004년 3월에 '일제강점 하 강제동원 피해 진상규명 등에 관한 특별법'이, 2007년 12월에는 '태평양전쟁 전후 국외 강제동원 희생자 등 지원에 관한 법률'이 각각 제정되었다. 이 법들은 태평양전쟁에 동원된 한국인 군인·군속·노무자·군위안부 등을 모두 대상으로 삼고 있었지만, 이 전쟁에서 희생된 한국인 전사자의 유해를 발굴하는 문제는 아예 논외로 배제했다. 그나마 한국 정부가 손을 놓고 있는 와중에도 일본 정부는 국외에서 전사한 일본인들을 대상으로 '유골 수집·귀환 사업'을 계속해왔던 만큼, 일본 정부의 협조를 얻어 한국인 전사자 유골 발굴 사업에 간접적으로나마 참여할 가능성은 열려 있었다. 실제로 2004년에 있은 한·일 정상회담에서는 한국인 유해 송환에 관한 합의가 이루어지기도 했었다. 한국인 전사자 유족들이 주축을 이룬 '태평양전쟁 피해자 보상추진협의회'는 한편으로 발굴 유골에 대한 디엔에이(DNA) 조사를 한국인으로까지 확대하라고 일본 정부에 요구하면서, 다른 한편으론 한국 정부의 보다 적극적인 역할과 개입을 촉구해왔다. 그러나 일본 정부는 한국인 전사자 유골 수

습에 부정적이고, 한국 정부 역시 무관심한 태도로 일관해왔다.[22]

한국전쟁 당시 적군 전사자들에 대해서는 방역(防疫) 차원의 고려 외에는 최소한의 존중도 찾아볼 수 있는 경멸적인 시신 처리 방식이 지배적이었다. 1990년대 이후 중국과의 수교, 북한과의 화해·교류 분위기에 힘입어 '적군묘지'가 조성되는 등 약간의 관심을 받고 있지만, 남한 지역 어디엔가 묻혀있을 적군 전사자 유해가 어느 정도 규모인지조차 제대로 파악하지 못한 상황이다. 앞서 보았듯이 북한이나 중국 정부도 오랫동안 자국 전사자들의 유해 발굴과 송환에 그다지 적극적이지 않은 편이었다.

가장 큰 규모인 한국전쟁 전후 민간인 피학살자들의 경우도 적군 전사자나 태평양전쟁 전사자의 처지와 그다지 다를 바 없다. 여기엔 여러 종류의 죽음들이 섞여 있다. 허만호는 전쟁 전후의 민간인 집단학살을 다섯 가지 유형으로 구분한 바 있다: (1) '개전 전의 학살', 즉 한국전쟁 발발 이전에 공산주의 유격대 혹은 좌익 무장 세력을 진압하는 과정에서 민간인들을 집단학살한 사례, 혹은 예비검속으로 체포한 민간인들을 집단학살한 사례들, (2) '개전 직후의 학살', 즉 전쟁 발발 직후 국민보도연맹 회원과 대전·대구·부산 형무소 수감자들을 집단 처형한 사례들, 부산을 임시수도로 정하면서 불안정 요인을 제거한다는 명목으로 다수의 민간인들을 체포·수장(水葬)·처형한 사례들, (3) '전쟁 중의 군사작전과 관련된 학살', 즉 전쟁 중 주민 소개(疏開) 작전이나 좌익 토벌 작전 과정에서 전과(戰果)를 부풀리기 위해 많은 이들을 희생시킨 사례, (4) '수복(收復)지구에서 자행된 학살', 즉 수복지구에서 인민군 협력자들을 색출·처형하는 과정에서 국가폭력 집행자들의 편견과 사적인 감

---

22) 길윤형, 「태평양전쟁 버려진 한국인 유골들의 슬픔」, 『한겨레』, 2015.6.23; 이세원, 「일본, 전사자 유골수습법안서 조선인 희생자 배제」, 『연합뉴스』, 2015.10.28.

602 | 전쟁과 희생—한국의 전사자 숭배

정 때문에 폭력이 무절제하게 사용됨으로써 많은 이들이 희생된 사례들, (5) '미군의 학살', 즉 전쟁 중 미군에 의해 민간인들이 집단적으로 희생된 사례들.[23] 이렇게 학살당한 이들이 적게는 20만 명가량, 많게는 100만 명 이상으로 추정되고 있다.[24] 아렌트의 표현을 빌자면, 이런 대량학살을 자행하는 국가는 차라리 "전대미문의 범죄를 저지르는 것이 주된 정치적 목적이 된 국가"나 "범죄적 원리 위에 수립된 국가"라고 해야 하지 않을까.[25]

베트남 사례를 연구한 권헌익은 한 마을 전체가 몰살당하다시피 한 학살극의 희생자들은 '국가'에 의해서나 '전통'에 의해서나 부정적이고 천하고 비생산적인 존재로 간주되며, 이런 '이중의 배제'로 인해 추모·기억·기념 체계 안에 제자리를 찾지 못한다고 했다.[26] 작은 지역사회 자체가 이념적으로 분열·대립된 채 한 마을 내부에서조차 좌익 – 우익으로 갈려 보복적인 학살극이 벌어진 곳이 많았던, 외국군이 아닌 동족(同族) 군인이나 민간인에게 학살당한 사례가 많았던 한국은 베트남에 비해 의례의 위기, 추모·기억·기념의 위기가 더욱 심각할 수도 있었다. 그뿐만 아니라 한국에선 국가권력의 위세에 질려 유가족들이 학살당한 가족을 매장하거나 추모할 최소한의 자유조차 누리지 못하는 경우가 많았다. 1960년 전국유족회가 내세운 구호의 표현처

23) 허만호, 「6·25전쟁과 민간인 집단학살」, 이병천·조현연 편, 『20세기 한국의 야만』, 일빛, 2001.

24) 신기철, 『국민은 적이 아니다』; 한성훈, 『가면권력: 한국전쟁과 학살』, 후마니타스, 2014, 290~294쪽.

25) 한나 아렌트 저, 김선욱 역, 『예루살렘의 아이히만: 악의 평범성에 대한 보고서』, 한길사, 2006, 349, 381, 396쪽.

26) 권헌익, 『학살, 그 이후』, 12~13, 22쪽.

럼 피학살자들은 "무덤도 없는 영혼"이었다.[27] 그런 와중에 유가족들이 피학살자의 위패를 절이나 집에 안치하고 제사를 지내거나, 은밀히 학살 현장을 방문하여 제사를 지내는 경우도 꽤 있었던 것 같다.[28] 4·19혁명을 계기로 유가족들이 진상 규명을 통한 피학살자들의 명예회복, 공적·집합적 의례를 통한 조상신으로의 정체성 전환, 유골 수습 및 합동 안장과 위령비 건립 등을 추진했을 때, 5·16쿠데타 이후의 국가권력은 묘·비(碑)의 훼손과 파괴, 유가족에 대한 가공할 법적 처벌로 보복했다.[29] 유가족 스스로도 연좌제의 사슬에 묶여 전혀 자유롭지 못했다. 피학살자 유족들은 한국사회의 '호모 사케르'로 취급되었다. 대규모 민간인학살이나 제노사이드 자체가 중대한 국가범죄에 해당하므로, 국가는 사실 자체를 부인하고 은폐하려는 경향이 강하다. 사실 자체가 인정되지 않는 민간인 집단사망 사태는 국가가 주도하는 공식적·정통적 기억 체계 안에 부재할 뿐 아니라 체계적인 망각의 대상이 되기 십상이다. 적절한 기억과 기념은 고사하고, 국가권력이 최소한의 추모나 사자(死者) 의례조차 금지하거나 처벌해왔던 게 한국의 현실이었다.

민주화 이후인 1990년대로 접어들어서야 비로소 이런 암울한 흐름이 조금씩 바뀌기 시작했다. 이 무렵부터 유가족들은 유족회를 조직하고, 국가를 향해 진상 규명을 요구하고, 합동위령제를 치러 원혼들을 '조상'과 '양민'(良民)으로 회복시키고, 유해를 발굴하여 합동으로 매장할 기회를 얻었다. 자신들을 파상적으로 공격하고 부정적으로 낙인찍는 국가의 공식기억에 맞서,

---

27) 한국전쟁유족회(한국전쟁전후 민간인희생자 전국유족회) 홈페이지(coreawar.or.kr)의 '유족회 소개' 중 '연혁' 참조(2016.6.29 검색).

28) 표인주, 「한국전쟁 희생자들의 죽음 처리방식과 의미화 과정」, 294쪽.

29) 한성훈, 『가면권력』, 294~323쪽; 노용석, 「'장의'에서 '사회적 기념'으로의 전환: 한국전쟁 전후 민간인 피학살자 유해 발굴의 역사와 특징」, 『역사와 경계』 95호, 2015, 214~220쪽.

국가폭력 희생자들의 기억을 공공적 기억으로 격상시키려는 힘겨운 노력의 산물인 '위령비들'도 하나둘 등장했다.[30] 국가도 이에 반응하여 2007년부터는 진실화해위원회를 중심으로 피학살자 유해 발굴에 직접 나섰다.[31] 아울러 국가는 거창사건추모공원(2004년), 산청·함양사건추모공원(2004년), 제주4·3평화공원(2008년), 노근리평화공원(2011년)과 같이, 안장 및 기념 기능을 두루 갖춘 피학살자 기념공간들을 조성하기도 했다. 민주화 이후 피학살자 유가족들이 강요된 망각에서, 기억의 감옥에서 어느 정도 벗어나는 데 성공했음은 분명해 보인다. 1950년대 이후 '위령'과 '안장'의 두 차원 모두에서 장기 지속되던 의례의 위기도 상당히 극복된 것으로 보인다. 그러나 진실 규명을 통한 진정한 명예회복과 해원으로의 길은 아직 멀기만 하다. 희생자들에 대한 배상·보상 문제도 난제로 남아 있다. 또 국가에 의해 유해 발굴이 이루어진 곳은 전체 피학살자 매장 추정지의 극히 일부에 불과하며, 그나마 발굴 사업 자체가 얼마 못 가 중단되었다. 고양 금정굴 학살사건의 경우 이미 발굴된 유해들조차 항구적인 안식처를 얻지 못한 채 20년 넘게 임시보관 내지 방치 상태에 놓여 있었다. 때늦었지만 이제라도 피학살자의 시신을 수습하여 안장해주고 제사 지내주려는 유가족들의 간절한 소망은 강고한 냉전적 기득권구조에 가로막혔다.

한국전쟁 전후 민간인 학살 문제가 공론화된 지 얼마 안 되어 또 하나의 민간인 학살 문제가 중첩되었다. 1999년부터 본격적으로 불거진 베트남전

---

30) 유가족들이 "가장 성취하고 싶었던 것"이자 그들에게 "가장 중요한 상징" 중의 하나였던 위령비의 이런 성격에 대해서는, 한성훈, 『가면권력』, 197, 211쪽을 참조할 것.

31) 노용석, 「'장의'에서 '사회적 기념'으로의 전환」, 221쪽 이하; 노용석, 「죽은 자의 몸과 근대성」, 247~262쪽 참조.

쟁 민간인 학살 문제, 곧 이 전쟁에 파병된 한국군들이 가해자 역할을 담당했던 민간인 학살 문제였다. 1992년 말 한국 – 베트남 수교 이후 한국 정부의 베트남전쟁 관련 과거사 유감과 사과 발언이 몇 차례 이어지면서 이에 반발하여 베트남전쟁 참전자들이 결집하는 양상이 나타났다.[32] 그러다 1999년 9월 이후 한국사회에서 베트남전쟁 민간인 학살에 대한 진상규명운동이 벌어지자 이를 계기로 베트남전쟁을 둘러싼 기억투쟁이 치열하게 전개되었다.[33] 이번에도 한국 정부는 학살 책임은 물론이고 학살 사실 자체를 부정했다. 정부의 침묵과 무책임 속에서 시민사회의 기억투쟁은 더욱 가열되었다. 한국전쟁 민간인 학살이라는 묵직한 역사적 부채 위에 베트남전쟁 민간인 학살이라는 또 다른 역사적 부채가 얹힌 격이었다. 현재의 한국사회는 두 유형의 학살들, 이중의 역사 부채가 서로의 진전을 가로막으며 부정적으로 상호작용하는 악순환에 빠져 있는 것처럼 보인다.

애도와 평화주의로의 이중적 전환은 '전쟁기념문화' 자체의 근본적인 쇄신을 요구한다. 한국과 중국·일본의 전쟁기념관들을 비교한 〈표 16-2〉는 국가가 주도하는 지배기억(dominant memory)보다는 기존 헤게모니에 저항하는 대항기억(counter memory) 쪽에서 전쟁기억에 접근할 때 그리고 중앙

---

32) 최정기, 「한국군의 베트남전 참전, 어떻게 기억되고 있는가?: 공식적인 기억과 대항기억의 차이를 중심으로」, 『민주주의와 인권』 9권 1호, 2009, 77~78쪽.

33) 윤충로, 「한국의 베트남전쟁 기념과 기억의 정치」; 윤충로, 「한국의 베트남전쟁 기억의 변화와 재구성」; 윤충로, 『베트남전쟁의 한국 사회사: 잊힌 전쟁, 오래된 현재』, 푸른역사, 2015; 김현아, 「한국군의 베트남전 참전과 민간인학살」, 이병천·이광일 편, 『20세기 한국의 야만(2): 평화와 인권의 21세기를 위하여』, 일빛, 2001; 김현아, 『전쟁의 기억 기억의 전쟁』, 책갈피, 2002.

정부보다는 민간이나 지역사회가 주도적으로 전쟁을 기념할 때 평화주의적 지향, 나아가 대안적인 전쟁기념문화가 보다 강하게 나타나는 경향이 있음을 보여준다.

〈표 16 - 2〉 한·중·일 전쟁기념관의 전쟁기억, 국가정체성, 이념적 지향 비교[34]

국가	명칭	설립	소유	전쟁기억	국가정체성 혹은 이념 지향
한국	전쟁기념관	1994	정부	지배기억	반공민족주의
	거창사건기념관(추모공원)	2004	지역/정부	대항기억	평화주의
	제주4·3평화기념관(추모공원)	2008	지역/정부	대항기억	평화주의
	독립기념관	1987	정부	지배기억	반일민족주의
	서대문형무소역사관	1998	지역/정부	지배기억	반일민족주의
	일본군위안부역사관	1998	민간	대항기억	민족주의, 평화주의
중국	난징대학살기념관	1985	정부	지배기억	항일민족주의, 평화주의
	항일인민전쟁기념관	1987	정부	지배기억	중화 - 반일민족주의
	9·18기념관	1991	정부	지배기억	중화 - 반일민족주의
	항미원조기념관	1992	정부	지배기억	반미 - 친북주의
일본	유슈칸(遊就館)	1882	정부→민간	지배기억	보수민족주의
	히로시마평화기념자료관	1954	지역	지배기억	원폭민족주의, 평화주의
	히로시마원폭사망자추도기념관	2002	지역/정부	지배기억	원폭민족주의, 평화주의
	리츠메이칸평화뮤지엄	1992	민간	대항기억	평화주의
	오키나와평화뮤지엄	1975	지역	대항기억	평화주의
	오사카국제평화센터	1991	지역	대항기억	평화주의

대안적인 전쟁기념문화는 '모든' 전쟁 희생자들에 대한 깊은 애도, 그리

---

34) 여문환, 『동아시아 전쟁기억의 국제정치: 한·중·일 전쟁기념관을 가다!』, 한국학술정보, 2009, 26~27쪽의 〈표 1 - 1〉과 182~183쪽의 〈표 6 - 1〉을 재구성하면서 일부 수정함. 유슈칸은 설립 당시 정부 기관이었지만, 태평양전쟁 패전 후 민간 기관으로 전환되었다.

고 전쟁의 본질에 대한 성찰을 유도한다. 그것은 전쟁의 참상을 고발하고, 전쟁의 상처와 트라우마를 치유하고, 비참한 전쟁이 결코 되풀이되어선 안 된다는 미래지향적 기억과 메시지를 창출한다.[35] 대안적인 기념문화는 관람자의 능동적인 참여를 유도한다. 관람자 스스로의 체험과 성찰·해석이 중요시되기 때문이다.[36] 전진성의 설명에 따르면, 새로운 기념문화에는 (1) "산 자에게 과거의 잘못을 상기시키기 위해" 건립되는 기념비, (2) "스스로의 부정을 통해 기념비가 지니는 역사성을 드러내고자" 하는, "기억을 촉진시키기보다는 오히려 그 자체에 의구심을 갖도록 부추"기는 반(反)기념비, (3) "기념비 자신에 대해, 더 나아가 기념한다는 행위 자체에 대해 의문을 제기"하는 비(非)기념비가 포함된다.[37] 권헌익이 말하는 "기념비의 부재", "기념비의 죽음", 혹은 "기념비를 기억하는 기념석"도 대안적인 전쟁기념문화를 가리킨다.[38]

몇몇 기념물과 기념공간들은 대안적인 전쟁기념문화를 모범적으로 체현했다고 국제적으로 인정받고 있다. 관람자들의 내면에서 감성적 호소력을 발휘하는 '기억의 공명장치' 역할을 수행함으로써, 스스로 "불편한 장소"이자 "애도와 성찰을 위한 기억의 장소"가 되려 했던 워싱턴DC의 홀로코스트기념관이 대표적인 사례 중 하나이다.[39] "공간의 '해체'를 통해 부재(不在)를 형상화"하고 "희생자를 부르는 우리 자신의 공허한 메아리"를 듣도록 "공

---

35) 민유기, 「국가기억 대 민간기억의 갈등과 대안적 기념문화의 모색: 프랑스 방데 퓌뒤푸의 경우」, 『사회와 역사』 78집, 2008.

36) 알라이다 아스만, 『기억의 공간』, 456쪽.

37) 전진성, 『역사가 기억을 말하다』, 216, 220, 223, 384쪽.

38) 권헌익, 『학살, 그 이후』, 241~242쪽.

39) 최호근, 「워싱턴 홀로코스트기념관」, 민주화운동기념사업회 편, 『세계의 역사기념시설』, 민주화운동기념사업회, 2006, 74~75쪽.

허의 미학"을 추구한 베를린의 유대박물관도 마찬가지이다.[40] 이 박물관의 일부를 이루는 홀로코스트 보이드(Holocaust Void)나 메모리 보이드(Memory Void)에서 보듯이,[41] 유대박물관은 존재의 부재와 기억의 부재를 부각시킨다. 세계무역센터 건물이 사라진 곳을 비워두고 과거의 흔적을 그대로 드러냄으로써 '상실'을 기억하도록 유도하는, '부재 반향'(reflecting absence)을 모티브로 삼은 뉴욕의 9·11기념관[42]도 넓은 의미의 대안적인 전쟁기념시설에 포함시킬 수 있다. 마야 린의 작품인 워싱턴DC의 베트남전 참전용사기념물도 빠뜨려선 안 될 것이다. "여기에는 애국적 명문은 전혀 없고, 나지막한 검은 벽에 길디긴 전사자 명단이 새겨져 있을 뿐이다. 사람들은 그 이름들을 공적으로가 아니라 사적으로 슬퍼하며 만지고 기린다."[43] 이 기념물에 대해 김영나는 다음의 설명을 덧붙인 바 있다.

이 기념물에서는 이오지마에서 보이는 영광스러운 승리의 모습이나 전통적인 기념물에 표현되던 국가적인 상징은 배제되었다. 이 기념물은 수직적으로 높이 솟아 남성적 권위와 영예로움을 상징하는 대부분의 기념물과는 달리 수평적이다. 관람자들은 새겨진 이름을 눈높이에서 읽거나 손으로 직접 만져볼 수 있다. 또 보는 사람들의 얼굴과 주변의 경관이 거울 역할을 하는 매끄러운 검은 화강석에 반영되게 함으로써, 거대한 스케일의 기념물로는 드물게 보는

---

40) 전진성, 「유럽의 홀로코스트 기억」, 민주화운동기념사업회 편, 『세계의 역사기념시설』, 민주화운동기념사업회, 2006, 40~41쪽.

41) 신승수·신은기·최태산, 『미술관의 입구』, 성균관대학교출판부, 2016, 159~167쪽.

42) 박진빈, 「9·11 기억의 터: 미국 예외주의의 트라우마」, 『사회와 역사』 78집, 2008, 108~109쪽.

43) 조지 모스, 『전사자 숭배』, 262쪽.

사람과 기념물과의 관계를 매우 은밀하고 개인적인 것으로 성립시켰다. 마야 린은 여기서 전쟁의 가장 큰 희생은 개인의 죽음이라고 보고 있으며, 이 디자인 은 거의 묘비를 연상하리만큼 침묵과 슬픔을 느끼게 한다.[44]

일본에서도 1990년대 이후 전쟁과 평화에 대해 새로운 접근을 시도하는 몇몇 기념시설들이 등장했다. 대니엘 셀츠에 의하면, 히로시마평화기념공 원/박물관으로 대표되는 기존의 전쟁기념문화는 인간의 선택을 모호하게 처리한 채 원자폭탄 자체를 진정한 악으로 제시함으로써 일본의 역사적 예 외주의(historical exceptionalism)를 부각시키고, 장소의 성스러운 느낌을 조성 하는 데 주력했다. 반면에 교토 세계평화박물관(1992년), 가와사키 세계평화 박물관(1992년), 나가사키 원폭박물관(1996년), 피스 오사카(1989년) 등의 새로 운 기념시설들은 보다 자기 비판적이며, 평화에 대한 광의(廣義)의 정의를 시 도하며, 전쟁·평화 역사에 대해 보다 솔직하게 국제적인 접근을 채택하고 있 다.[45] 오키나와현 남부의 평화기념공원에 1995년 세워진 '평화의 초석(礎石)' 위령탑 역시 평화주의적 지향이 강하다. 여기에는 적과 아군, 군인과 민간인, 국적을 불문하고 오키나와 전투에서 죽은 234,183명의 이름이 모두 1㎞나 되 는 긴 각명판에 새겨져 있다.[46]

44) 김영나, 「워싱턴DC 내셔널 몰의 한국전참전용사기념물과 전쟁의 기억」, 민주화운동기념 사업회 편, 『세계의 역사기념시설』, 민주화운동기념사업회, 2006, 276쪽.

45) Daniel Seltz, "Remembering the War and the Atomic Bombs: New Museums, New Approaches," Daniel J. Walkowitz and Lisa Knauer eds., *Memory and the Impact of Political Transformation in Public Space*, Durham and London: Duke University Press, 2004, pp. 127~128, 136~137.

46) 이시하라 마사이에, 「'평화의 초석'으로서의 전몰자 기념시설」, 일본의전쟁책임자료센터 편, 박환무 역, 『야스쿠니신사의 정치』, 동북아역사재단, 2011, 188~190쪽.

한국에서는 2011년 12월에 처음 등장하여 전국 곳곳으로 그리고 외국으로까지 확산된 '평화의 소녀상'(위안부 기림비), 그리고 2016년에 제작되어 2017년 4월 제주 강정마을에 처음 설치된 '베트남 피에타상'(마지막 자장가)이 대안적인 전쟁기념문화를 보여주는 희귀한 사례에 속한다고 하겠다. "언젠가 이 비에 제주4·3의 이름을 새기고 일으켜 세우리라"는 안내 푯말만이 있을 뿐, 아무런 글씨도 새겨지지 않은 채 누워 "이름 짓지 못한 역사"를 증언하고 있는 4·3기념관 '백비'(白碑)도 우리로 하여금 고통스럽고 갈등에 찬 과거와 현재를 성찰하도록 유도한다. 아울러 식민지 시대 징용자·지원병·징집병·위안부를 기리기 위해 2015년 12월 개관한 부산 대연동의 '일제강제동원역사관', 조선인 위안부들을 기념하여 2016년 8월 남산공원 통감관저 터에 들어선 '기억의 터'('대지의 눈'과 '세상의 배꼽'), 식민지 시대 강제징용 희생자들을 기리기 위해 2016년 4월부터 설치되기 시작한 '평화디딤돌'도 보탤 수 있을 것이다. 논란의 여지가 없지 않지만 거창사건추모공원, 산청·함양사건추모공원, 노근리평화공원도 대안적 전쟁기념문화의 후보로 추가할 수 있을 것이다.

한국사회가 직면하고 있는 딜레마는 억울한 전쟁 죽음들을 위한 해원의 노력이 상생·화해와 성숙한 사회통합이 아닌, 새로운 갈등과 대립으로 이어지고 있다는 사실에서 비롯된다. '해원 → 상생·통합 심화'의 역사적 코스가 아닌, '해원 → 갈등·대립 심화'의 코스가 더 두드러지는 것이다. 한 맺힌 죽음들에 대한 해원 노력의 산물인 대안적 전쟁기념물이 하나씩 등장할 때마다, 그에 대한 반발로 전쟁 친화적인 영웅주의적 전쟁기념물들이 대량생산되곤 한다. 한국사회에서 포스트 민주화 시대에 그리고 세계적인 탈냉전 시대에 전사자 숭배에 초점을 맞춘 전통적인 전쟁기념물들이 훨씬 많이 건립되는 역설적인 현상은 그래서 가능해진다. 워낙 철저한 무관심의 대상이어서인지 적군(북한군·중국군)의 묘지 조성이나 유해 송환 그리고 태평양전쟁 희생자 해원을 위한 움직임이 강렬한 반발을 수반하지 않는 편인 데 비해, 한국전쟁과 베트남전쟁의 '두 가지 민간인 학살'과 관련된 해원 움직임은 격렬한 사회갈등을 촉발하고 있다. 이런 와중에 피학살자들을 위한 추모·평화공원들 그리고 그 반대쪽에 자리 잡은 국립현충원과 국립호국원들 사이의 이질성과 긴장으로 인해, '국립묘지의 당파성(黨派性)' 또한 점점 강해지고 있다.

전쟁기념·기억문화의 양극화 경향 저변에는 지난 수십 년 동안 우리 사회에서 점증해온 문화적 – 이데올로기적 내전(內戰)이 그 촉진 요인으로 작용하고 있다. 우리 사회에서 전사자 숭배는 결코 과거의 유물이 아니다. 그것은 여전히 강인한 생명력을 과시하며 현재 진행 중인 엄연한 현실이다. 특히 국방부와 군대, 그리고 군 출신이 주도했던 보훈처가 이런 움직임을 선도해왔다. 한국전쟁·베트남전쟁 참전자들과 전사자 유가족들은 이런 움직임을 강력히 지지하고 있다. 진정한 화해의 힘은 요란한 사회적 갈등 속에서만 잉태되고 성숙하는 것일까? 어하튼 한반도 분단체제, 나아가 동아시아의 냉전적 적대구조가 대폭 이완되지 않고선 한국사회를 지배하는 '두 전쟁기념문화 사이의 적대'도 가라앉기 어려울 것이다.

부록

참고문헌
찾아보기

참고문헌

가와카미 다미오 외 저, 김정훈·박승원·홍두표 역, 『야스쿠니신사와 그 현주소: 비전(非戰)·진혼(鎭魂)·아시아』, 학사원, 2007.

강인철, 「한국전쟁과 사회의식 및 문화의 변화」, 정성호 외, 『한국전쟁과 사회구조의 변화』, 백산서당, 1999.

_____, 『종속과 자율: 대한민국의 형성과 종교정치』, 한신대학교출판부, 2013.

_____, 『저항과 투항: 군사정권들과 종교』, 한신대학교출판부, 2013.

_____, 「두 개의 대한민국? 시민종교 접근으로 본 전환기의 한국사회」, 『민주사회와 정책연구』 31호, 2017.

구상, 『구상문학총서3: 개똥밭』, 홍성사, 2004.

국립묘지관리소 편, 『민족의 얼』, 국립묘지관리소, 1988.

국립서울현충원 편, 『민족의 얼』 제8집, 국립서울현충원, 2015.

국무원 사무국, 「제2회 현충일 행사 계획에 관한 건」(국무회의 의안), 1957.4.29.

_____, 「제3회 현충일 행사 실시의 건」(국무회의 의안), 1958.5.8.

국무원 사무처, 「현충일 유가족 대표에게 기념품 증정의 건」(국무회의 의안), 1961.5.31.

국방부 유해발굴감식단, 『6·25 전사자 유해발굴사업』, 국방부 유해발굴감식단, 2017.

국방안보교육진흥원, 『잊혀진 영웅들: 국방안보를 위해 산화한 호국영령』, 백암, 2014.

국사편찬위원회 편, 『자료대한민국사』 제1~7권, 국사편찬위원회, 1968~1974.

＿＿편, 『자료대한민국사』 제8~29권, 국사편찬위원회, 1998~2008.

권태환·김두섭, 『인구의 이해』, 서울대학교출판부, 1990.

권헌익 저, 유강은 역, 『학살, 그 이후: 1968년 베트남전 희생자들에 대한 추모의 인류학』, 아카이브, 2006.

권헌익·정병호, 『극장국가 북한: 카리스마 권력은 어떻게 세습되는가』, 창비, 2013.

권형진, 「영웅숭배, 그 미몽(迷夢)의 기억을 찾아서」, 권형진·이종훈 편, 『대중독재의 영웅 만들기』, 휴머니스트, 2005.

권희영 외, 『국제보훈동향 연차보고서(제2차): 프랑스』(연구보고서), 보훈교육연구원, 2012.

김대호, 「20세기 남산 회현 자락의 변형, 시각적 지배와 기억의 전쟁: 공원, 신사, 동상의 건립을 중심으로」, 『도시연구』 13호, 2015.

김동춘, 『전쟁정치: 한국정치의 메커니즘과 국가폭력』, 도서출판 길, 2013.

김미정, 「1950~60년대 한국전쟁 기념물: 전쟁의 기억과 전후 한국국가체제 이념의 형성」, 『한국근대미술사학』 10집, 2002.

＿＿, 「1960~70년대 한국의 공공미술: 박정희 시대 공공기념물을 중심으로」, 홍익대학교 박사학위논문, 2010.

김민영, 「조선인 강제연행」, 이병천·조현연 편, 『20세기 한국의 야만: 평화와 인권의 21세기를 위하여』, 일빛, 2001.

김민철, 「탈식민의 과제와 친일파 청산운동」, 정근식·이병천 편, 『식민지 유산, 국가 형성, 한국 민주주의』 1, 책세상, 2012.

김병진, 「'국립묘지법' 제정안에 대한 의견」, 『국립묘지법안 및 국립묘지기본
　　법안에 대한 공청회』(자료집), 국회정무위원회, 2005.4.19.

김봉국, 「이승만 정부 초기 애도-원호정치」, 『역사문제연구』 35호, 2016.

김선미, 「재한 유엔기념공원의 조성 경위와 관리의 성격」, 민주주의사회연
　　구소 편, 『유엔기념공원과 부산: 국제평화도시의 환상을 넘어』, 선인,
　　2013.

김영나, 「워싱턴DC 내셔널 몰의 한국전참전용사기념물과 전쟁의 기억」, 민
　　주화운동기념사업회 편, 『세계의 역사기념시설』, 민주화운동기념사
　　업회, 2006.

김유리, 「조선시대 재난상황과 사자(死者) 인식에 관한 연구: 여제(厲祭)의 실
　　천을 중심으로」, 서울대학교 석사학위논문, 2016.

김은남, 「버려진 민족의 혼, 장충단」, 『한국논단』, 1993년 12월호.

김종엽, 「동작동 국립묘지의 형성과 그 정치·문화적 의미」, 김종엽 외, 『한국
　　의 근대성과 전통의 변용』, 한국정신문화연구원, 1999.

_____, 「기념의 정치학: 동작동 국립묘지의 형성과 그 문화·정치적 의미」, 『인
　　문과학』 86집, 2004.

김해경·최현임, 「일제강점기 장충단공원 변화에 관한 시계열적 연구」, 『한국
　　전통조경학회지』 31권 4호, 2013.

김현선, 「'현충일' 추념사의 내용과 상징화 의미 분석, 1961~1979」, 『청계논총』
　　15호, 2000.

_____, 「현대 한국사회 국가의례의 상징화와 의미 분석」, 한국정신문화연구
　　원 한국학대학원 박사학위논문, 2004.

김현아, 「한국군의 베트남전 참전과 민간인학살」, 이병천·이광일 편, 『20세기
　　한국의 야만 2 : 평화와 인권의 21세기를 위하여』, 일빛, 2001.

_____,『전쟁의 기억 기억의 전쟁』, 책갈피, 2002.

_____, 「호국신사와 전시기 민중동원」,『일본역사연구』 39집, 2014.

노길호,『야스쿠니신사』, 도서출판 문창, 1996.

노용석, 「죽은 자의 몸과 근대성: 한국의 전사자·민간인 피학살자 유해 발굴 연구」,『기억과 전망』 23호, 2010.

_____, 「'장의'에서 '사회적 기념'으로의 전환: 한국전쟁 전후 민간인 피학살자 유해 발굴의 역사와 특징」,『역사와 경계』 95호, 2015.

니시무라 아키라, 「위령과 폭력: 전쟁 사망자에 대한 태도 이해를 위해」,『종교문화비평』 2호, 2002.

니시사토 후유코, 「'야스쿠니 합사'의 구조: 초혼된 '영령'은 자격심사를 거쳐 '제신'으로」, 일본의전쟁책임자료센터 편, 박환무 역,『야스쿠니신사의 정치』, 동북아역사재단, 2011.

다카시 후지타니 저, 한석정 역,『화려한 군주: 근대일본의 권력과 국가의례』, 이산, 2003.

다카하시 데쓰야 저, 현대송 역,『결코 피할 수 없는 야스쿠니 문제』, 역사비평사, 2005.

_____ 저, 이목 역,『국가와 희생』, 책과함께, 2008.

_____, 「애도작업을 가로막는 것: '희생의 논리'를 넘어서」, 이영진 외,『애도의 정치학: 근현대 동아시아의 죽음과 기억』, 길, 2017.

다카하시 히데토시, 「'야스쿠니'와 '히로시마'」, 전진성·이재원 편,『기억과 전쟁: 미화와 추모 사이에서』, 휴머니스트, 2009.

도이야마 이치로 저, 임성모 역,『전장의 기억』, 이산, 2002.

마이크 파커 피어슨 저, 이희준 역,『죽음의 고고학』, 사회평론, 2009.

문상석, 「한국전쟁, 근대국민국가 형성의 출발점: 자원동원론의 관점에서」,

『사회와 역사』 86집, 2010.

문화체육과 편,『용산구 문화재』, 용산구, 2012.

미나미 모리오,「독일 전몰자 추도 역사와 야스쿠니신사·국립묘지 문제
　　(상·중·하)」, 일본의전쟁책임자료센터 편, 박환무 역,『야스쿠니신사
　　의 정치』, 동북아역사재단, 2011.

미셸 푸코 저, 이상길 역,『헤테로토피아』, 문학과지성사, 2014.

민유기,「국가기억 대 민간기억의 갈등과 대안적 기념문화의 모색: 프랑스 방
　　데 퓌뒤푸의 경우」,『사회와 역사』 78집, 2008.

민주주의사회연구소 편,『유엔기념공원과 부산: 국제평화도시의 환상을 넘
　　어』, 선인, 2013.

민주화운동기념사업회 편,『세계의 역사기념시설』, 민주화운동기념사업회,
　　2006.

박규태,「야스쿠니(靖國)신사와 일본의 종교문화」,『종교문화연구』 2호, 2000.

_____,「야스쿠니의 신화: 현대일본의 종교와 정치」,『종교연구』 50집, 2008.

박명규,「역사적 경험의 재해석과 상징화: 동학농민전쟁의 기념물」,『사회와
　　역사』 51집, 1997.

박정석,「상이군인 및 유가족들의 한국전쟁 체험: 전남 영암군의 사례조사를
　　중심으로」,『호남문화연구』 30집, 2002.

박진빈,「9·11 기억의 터: 미국 예외주의의 트라우마」,『사회와 역사』 78집,
　　2008.

박혜성,「1960~1970년대 민족기록화 연구」, 서울대학교 석사학위논문, 2003.

박환무,「해제: 야스쿠니신사란 무엇인가?」, 일본의전쟁책임자료센터 편, 박
　　환무 역,『야스쿠니신사의 정치』, 동북아역사재단, 2011.

박희용,「대한제국기 남산과 장충단(獎忠壇)」,『서울학연구』 65호, 2016.

백영제, 「공원의 공간 구성 및 전시 조형물의 특성」, 민주주의사회연구소 편, 『유엔기념공원과 부산: 국제평화도시의 환상을 넘어』, 선인, 2013.

백창현 편저, 『대한민국 군종목사 67년사』, 한국군목회, 2015.

베네딕트 앤더슨 저, 윤형숙 역, 『상상의 공동체: 민족주의의 기원과 전파에 대한 성찰』, 나남, 2002.

비온티노 유리안, 「일제하 서울 남산 지역의 일본 신도·불교 시설 운영과 의례 연구」, 서울대학교 박사학위논문, 2016.

빅토 터너 저, 박근원 역, 『의례의 과정』, 한국심리치료연구소, 2005.

서운석 외, 『보훈제도의 국제비교 및 시사점 연구』(연구보고서), 보훈교육연구원, 2009.

_____, 『국제보훈동향 연차보고서: 대만』(연구보고서), 보훈교육연구원, 2011.

선진장묘시설 합동연수단, 『외국의 장묘시설 연수보고서: 일본과 미국을 중심으로』, 서울특별시, 1999.

송현동, 「죽음의 정치학: 죽음의례를 중심으로」, 『종교문화비평』 9호, 2006.

_____, 「현대 한국 원혼의례의 양상과 특징」, 『종교연구』 61집, 2010.

시마조노 스스무, 「종교학의 현재와 동아시아 종교학의 역할: 전몰자 추모문제 및 국가신도의 개념과 관련하여」, 『종교연구』 37집, 2004.

신기철, 『국민은 적이 아니다: 한국전쟁과 민간인 학살, 그 잃어버린 고리를 찾아서』, 헤르츠나인, 2014.

신병식, 「박정희 시대의 일상생활과 군사주의: 징병제와 '신성한 국방의 의무' 담론을 중심으로」, 『경제와 사회』 72호, 2006.

신승수·신은기·최태산, 『미술관의 입구』, 성균관대학교출판부, 2016.

신인호, 「이들을 기억해 주세요: 작은 국군묘지들」, 『국방저널』, 2013년 6월호.

신진우, 「국립묘지법제정(안) 관련 주요 쟁점과 대안」, 『국립묘지법안 및 국립묘지기본법안에 대한 공청회』(자료집), 국회정무위원회, 2005.4.19.

아놀드 반 겐넵 저, 전경수 역, 『통과의례: 태어나면서부터 죽은 후까지』, 을유문화사, 1985.

안쏘니 기든스 저, 진덕규 역, 『민족국가와 폭력』, 삼지원, 1991.

안종철, 「식민지 후기 박문사(博文寺)의 건립, 활용과 해방 후 처리」, 『동국사학』 46집, 2009.

_____, 「1930~40년대 남산 소재 경성호국신사의 건립, 활용, 그리고 해방 후 변화」, 『서울학연구』 42호, 2011.

안창모, 「반공과 전통 이데올로기의 보루: 장충동」, 『건축과 사회』 5호, 2006.

알라이다 아스만 저, 변학수·채연숙 역, 『기억의 공간: 문화적 기억의 형식과 변천』, 그린비, 2011.

앙투안 프로, 「전사자 기념비: 공화국 숭배인가, 공민 숭배인가, 애국자 숭배인가」, 피에르 노라 편, 김인중·유희수·문지영 역, 『기억의 장소1: 공화국』, 나남, 2010.

앤서니 D. 스미스 저, 김인중 역, 『족류: 상징주의와 민족주의—문화적 접근방법』, 아카넷, 2016.

양영조·남정옥, 『6·25전쟁사 3: 고지쟁탈전과 휴전협정』, 국방부 군사편찬연구소, 2005.

에밀리오 젠틸레, 「정치의 신성화」, 임지현·김용우 편, 『대중독재 2: 정치종교와 헤게모니』, 책세상, 2005.

여문환, 『동아시아 전쟁기억의 국제정치: 한·중·일 전쟁기념관을 가다!』, 한국학술정보, 2009.

오에 시노부 저, 양현혜·박규태 역, 『야스쿠니신사』, 소화, 2002.

오제연, 「병영사회와 군사주의 문화」, 오제연 외, 『한국현대생활문화사, 1960
　　년대: 근대화와 군대화』, 창비, 2016.

요시다 다카시, 「미국의 전몰자 추도」, 일본의전쟁책임자료센터 편, 박환무
　　역, 『야스쿠니신사의 정치』, 동북아역사재단, 2011.

우문관 편집실 편, 『2003한국우표도감』, 우문관, 2002.

우신구, 「유엔기념공원의 형성과정과 공간구조」, 민주주의사회연구소 편,
　　『유엔기념공원과 부산: 국제평화도시의 환상을 넘어』, 선인, 2013.

우에스키 사토시, 「추도의 정치학」, 일본의전쟁책임자료센터 편, 박환무 역,
　　『야스쿠니신사의 정치』, 동북아역사재단, 2011.

원광대학교 원불교사상연구원 편, 『원불교대사전』, 원불교출판사, 2013.

유기쁨, 「남산의 근·현대 수난사: 종교적 상징의 이식과 '공간화' 과정」, 『종교
　　문화연구』 21호, 2013.

윤충로, 「한국의 베트남전쟁 기념과 기억의 정치」, 『사회와 역사』 86집, 2010.

＿＿＿, 「한국의 베트남전쟁 기억의 변화와 재구성: 1999년 『한겨레21』 캠페인
　　과 그 이후 변화를 중심으로」, 『사회와 역사』 105집, 2015.

＿＿＿, 『베트남전쟁의 한국 사회사: 잊힌 전쟁, 오래된 현재』, 푸른역사, 2015.

이규태, 『한국인의 주거문화(1): 우리 땅 우리 건축의 수수께끼』, 신원문화사,
　　2000.

이남우, 「전시체제의 한국군 상·장례 절차에 관한 연구」, 동국대학교 석사학
　　위논문, 2004.

이민원, 「대한제국의 장충사업과 그 이념: 장충단과 모충단을 중심으로」, 『동
　　북아문화연구』 33집, 2012.

이상배, 「장충단의 설립과 장충단제」, 『지역문화연구』 4호, 2005.

이시다 다케시, 「누구의 죽음을 잊고, 누구의 죽음에 의미를 부여할 것인가」,

일본의전쟁책임자료센터 편, 박환무 역, 『야스쿠니신사의 정치』, 동북
　　아역사재단, 2011.

이시하라 마사이에, 「'평화의 초석'으로서의 전몰자 기념시설」, 일본의전쟁
　　책임자료센터 편, 박환무 역, 『야스쿠니신사의 정치』, 동북아역사재단,
　　2011.

이언 바루마·아비샤이 마갤릿 저, 송충기 역, 『옥시덴탈리즘: 반서양주의의
　　기원을 찾아서』, 민음사, 2007.

이영자·이효재, 「외국의 국립묘지」, 『국제보훈동향』 2권 2호, 2010.

이영자 외, 『현충시설의 효율적 관리 및 활용 방안 연구』(연구보고서), 보훈교
　　육연구원, 2010.

이와타 시게노리 저, 조규헌 역, 『일본 장례문화의 탄생』, 도서출판 소화,
　　2009.

이욱, 「조선시대 국가 사전(祀典)과 여제(厲祭)」, 『종교연구』 19집, 2000.

＿＿＿, 「조선 전기 원혼을 위한 제사의 변화와 그 의미: 수륙재와 여제를 중심
　　으로」, 『종교문화연구』 3호, 2001.

＿＿＿, 「조선 전기 유교국가의 성립과 국가제사의 변화」, 『한국사연구』 118집,
　　2002.

이임하, 「상이군인들의 한국전쟁 기억」, 김귀옥 외, 『전쟁의 기억 냉전의 구
　　술』, 선인, 2008.

＿＿＿, 「상이군인, 국민 만들기」, 『중앙사론』 33집, 2011.

이정훈, 「1평 채명신 묘가 80평 YS·DJ 묘보다 길지?」, 『신동아』, 2016년 2월호.

이택휘, 「국립묘지법 제정안에 대한 의견」, 『국립묘지법안 및 국립묘지기본
　　법안에 대한 공청회』(자료집), 국회정무위원회, 2005.4.19.

이혜원·조현연, 「한국전쟁의 국내외적 영향」, 한국정치연구회 정치사분과

편저, 『한국전쟁의 이해』, 역사비평사, 1990.

이화진, 「'극장국가'로서의 제1공화국과 기념의 균열」, 전진성·이재원 편, 『기억과 전쟁: 미화와 추모 사이에서』, 휴머니스트, 2009.

임지현, 「해설: 민족주의를 탈주술화하기—전사자 추모비와 탈영자 기념비」, 조지 L. 모스 저, 오윤성 역, 『전사자 숭배: 국가라는 종교의 희생제물』, 문학동네, 2015.

전진성, 『역사가 기억을 말하다: 이론과 실천을 위한 기억의 문화사』, 휴머니스트, 2005.

_____, 「유럽의 홀로코스트 기억」, 민주화운동기념사업회 편, 『세계의 역사기념시설』, 민주화운동기념사업회, 2006.

_____, 「프롤로그: 유엔기념공원을 부산 속에 재배치하기」, 민주주의사회연구소 편, 『유엔기념공원과 부산: 국제평화도시의 환상을 넘어』, 선인, 2013.

_____, 『빈딘성으로 가는 길: 베트남전 참전용사들의 기억과 약속을 찾아서』, 책세상, 2018.

전진성·이재원 편, 『기억과 전쟁: 미화와 추모 사이에서』, 휴머니스트, 2009.

정경균 외, 『국립묘지 종합 발전방안 연구』(연구보고서), 국가보훈처, 2009.

정병호, 「극장국가 북한의 상징과 의례」, 『통일문제연구』 54호, 2010.

정보통신부 우정사업본부, 『기념·관광통신일부인 총람: 근대우정 120년(1884~2003)』, 방송통신위원회, 2004.

정주성·정원영·안석기, 『한국 병역정책의 바람직한 진로』, 한국국방연구원, 2003.

정호기, 「전쟁 기억의 매개체와 담론 변화: 지리산권의 한국전쟁 기념물을 중심으로」, 『사회와 역사』 68집, 2005.

_____,「국민국가의 신성성과 '죽은 자 모시기': 국립묘지의 조성과 유지를 중심으로」,『호남문화연구』 36집, 2005.

_____,「일제하 조선에서의 전쟁사자 추모 공간과 추모 의례」,『사회와 역사』 67집, 2005.

_____,『한국의 역사기념시설』, 민주화운동기념사업회, 2007.

_____,「전쟁 상흔의 치유 공간에 대한 시선의 전환: 한국에서의 전쟁 기념물을 중심으로」,『민주주의와 인권』 8권 3호, 2008.

_____,「과거의 재조명에서 시민주체의 형성과 연대 그리고 와해: '여순사건'의 의례를 중심으로」,『사회와 역사』 87집, 2010.

조규헌,「일본 장례문화에서 '영혼'의 다양성에 관한 고찰」,『한일어문논집』 16집, 2012.

조은정,「한국 동상조각의 근대이미지」,『한국근대미술사학』 9집, 2001.

_____,「이승만 동상 연구」,『한국근대미술사학』 14집, 2005.

_____,『동상: 한국 근현대 인체조각의 존재방식』, 다할미디어, 2016.

조지 L. 모스 저, 오윤성 역,『전사자 숭배: 국가라는 종교의 희생제물』, 문학동네, 2015.

조현범,「현대 한국의 국가의례에 대한 시론적 연구」,『종교연구』 19집, 2000.

중앙일보사 편,『민족의 증언』(제2권), 중앙일보사, 1983.

지영임,「현충일의 창출 과정: 순국선열과 전몰장병을 중심으로」,『비교민속학』 25집, 2003.

_____,「한국 국립묘지의 전사자 제사에 관한 일고찰: 묘를 매개로 한 국가의례와 유족의 의례」,『비교민속학』 27집, 2004.

_____,「제주 4·3 관련 위령의례의 변화와 종교적 의미」,『종교연구』 48집, 2007.

차남희, 「일본의 시민종교와 신도: 메이지 초기의 국가신도를 중심으로」, 『담론 201』 12집 1호, 2009.

차성환, 『전적기념물 편람집』, 국방군사연구소, 1994.

_____, 『참전기념조형물 도감』, 국가보훈처, 1996.

_____, 『전적기념물 편람집(Ⅱ)』, 국방군사연구소, 1998.

총무처, 「제9회 현충일 행사 계획(안)」(국무회의 의안), 1964.5.12.

_____, 「제18회 현충일 행사 계획(안)」(국무회의 의안), 1973.5.17.

_____, 「제25회 현충일 추념행사 계획(안)」(국무회의 의안), 1980.5.

최재영, 「남북의 국립묘지를 찾아서(1~6)」, 「오작교뉴스」, 2015.5.26~5.28.

최정기, 「한국군의 베트남전 참전, 어떻게 기억되고 있는가?: 공식적인 기억과 대항기억의 차이를 중심으로」, 『민주주의와 인권』 9권 1호, 2009.

최호근, 「워싱턴 홀로코스트기념관」, 민주화운동기념사업회 편, 『세계의 역사기념시설』, 민주화운동기념사업회, 2006.

편찬위원회 편, 『정부의전편람』, 행정자치부, 1999.

표인주, 「한국전쟁 희생자들의 죽음 처리방식과 의미화 과정」, 김경학 외, 『전쟁과 기억: 마을 공동체의 생애사』, 한울, 2005.

필리프 아리에스 저, 유선자 역, 『죽음 앞에 선 인간(상, 하)』, 동문선, 1997.

_____, 이종민 역, 『죽음의 역사』, 동문선, 1998.

하라다 게이이치, 「누가 추도할 수 있는가: 야스쿠니신사와 전몰자 추도」, 일본의전쟁책임자료센터 편, 박환무 역, 『야스쿠니신사의 정치』, 동북아역사재단, 2011.

하상복, 『빵떼옹: 성당에서 프랑스공화국 묘지로』, 경성대학교출판부, 2007.

_____, 『죽은 자의 정치학: 프랑스·미국·한국 국립묘지의 탄생과 진화』, 모티브북, 2014.

하상복·형시영, 『국립묘지와 보훈: 추모와 기억의 상징성』, 필코in, 2013.

한석정, 『만주 모던: 60년대 한국 개발체제의 기원』, 문학과지성사, 2016.

한성훈, 『가면권력: 한국전쟁과 학살』, 후마니타스, 2014.

한홍구, 「국립묘지를 보면 숨이 막힌다」, 『한겨레21』(온라인판), 2005.9.20.

_____, 『한홍구와 함께 걷다: 평화의 눈길로 돌아본 한국 현대사』, 검둥소, 2009.

해군본부 군종감실 편, 『해군군종사』(제3집), 해군본부, 1993.

허남린, 「일본불교와 단가제도」, 『불교신문』, 2007.10.3.

허만호, 「6·25전쟁과 민간인 집단학살」, 이병천·조현연 편, 『20세기 한국의 야만: 평화와 인권의 21세기를 위하여』, 일빛, 2001.

형시영, 「통합적 현충시설관리체계 구축방안 연구」, 『공공사회연구』 5권 1호, 2015.

Bellha, Robert N., "Civil Religion in America," *Daedalus*, vol. 96, no. 1, 1967.

_____, *The Broken Covenant: American Civil Religion in Time of Trial*, New York: Crossroad Books, 1975.

Bellah, R. N., and P. E. Hammond, eds., *Varieties of Civil Religion*, New York: Harper & Row, 1980.

Ben-Amos, Avner, "War Commemoration and the Formation of Israeli National Identity," *Journal of Political and Military Sociology*, vol. 31, no. 2, 2003.

Buruma, Ian, and Avishai Margalit, *Occidentalism: The West in the Eyes of Its Enemies*, New York: The Penguin Press, 2004.

Cristi, Marcela, and Lorne L. Dawson, "Civil Religion in America and in Global Context," James A. Beckford and N. J. Demerath Ⅲ eds., The *SAGE*

Handbook of the Sociology of Religion, Los Angeles: SAGE Publications, 2007.

Dickon, Chris, *The Foreign Burial of American War Dead: A History*, Jefferson: McFarland & Company, 2011.

Elgenius, Gabriella, "The Appeal of Nationhood: National Celebrations and Commemorations," Mitchell Young, Eric Zuelow and Andreas Sturm eds., *Nationalism in a Global Era: The Persistence of Nations*, London: Routledge, 2007.

Geertz, Clifford, *Negara: The Theatre State in Nineteenth-Century Bali*, Princeton: Princeton University Press, 1981.

Giddens, Anthony, *Central Problems in Social Theory*, Berkeley: University of California Press, 1979.

Grant, Susan-Mary, "Raising the Dead: War, Memory and American National Identity," *Nations and Nationalism*, vol.11, no.4, 2005.

Iannaccone, Laurence R., "Risk, Rationality, and Religious Portfolios," *Economic Inquiry*, vol.33, no.2, 1995.

Krylova, Anna, "Dancing on the Graves of the Dead: Building a World War Ⅱ Memorial in Post-Soviet Russia," Daniel J. Walkowitz and Lisa Knauer eds., *Memory and the Impact of Political Transformation in Public Space*, Durham and London: Duke University Press, 2004.

McElya, Micki, *The Politics of Mourning: Death and Honor in Arlington National Cemetery*, Cambridge: Harvard University Press, 2016.

Mosse, George L., "National Cemeteries and National Revival: The Cult of the Fallen Soldiers in Germany," *Journal of Comtemporary History*, vol.14, 1979.

Peters, James E., *Arlington National Cemetery: Shrine to America's Heroes*, 3rd edition, Bethesda: Woodbine House, 2008.

Poole, Robert M., *On Hallowed Ground: The Story of Arlington National Cemetery*, New York: Walker & Company, 2010.

Popa, Gabriela, "War Dead and the Restoration of Military Cemeteries in Eastern Europe," *History and Anthropology*, vol. 24, no. 1, 2013.

Seltz, Daniel, "Remembering the War and the Atomic Bombs: New Museums, New Approaches," Daniel J. Walkowitz and Lisa Knauer eds., *Memory and the Impact of Political Transformation in Public Space*, Durham and London: Duke University Press, 2004.

Turner, Edith, *Communitas: The Anthropology of Collective Joy*, New York: Palgrave MacMillan, 2012.

Turner, Victor W., *The Ritual Process: Structure and Anti-Structure*, London: Routledge & Kegan Paul, 1969.

＿＿＿, *Dramas, Fields, and Metaphors: Symbolic Action in Human Society*, Ithaca: Cornell University Press, 1974.

＿＿＿, *From Ritual to Theatre: The Human Seriousness of Play*, New York: PAJ Publications, 1982.

Van Gennep, Arnold, *The Rites of Passage*, Chicago: University of Chicago Press, 1960.

柳聖旻, "追慕と慰靈の雙曲線: 韓國の宗敎儀禮と國家儀禮を中心に", 國際宗敎硏究所編, 『現代宗敎 2006』, 東京: 東京堂出版, 2006.

池映任, "韓國國立墓地における戰死者祭祀に關する文化人類學的硏究", 廣島大

學大學院國際協力硏究科博士論文, 2004.

〈인터넷 사이트〉

거창사건추모공원 (www.geochang.go.kr/case)

경기남부지방경찰청 (www.ggpolice.go.kr)

국가기록원 국가기록포털 (www.archives.go.kr)

국립대전현충원 (www.dnc.go.kr)

국립4·19민주묘지 (419.mpva.go.kr)

국립3·15민주묘지 (315.mpva.go.kr)

국립서울현충원 (www.snmb.mil.kr)

국립영천호국원 (www.ycnc.go.kr)

국립5·18민주묘지 (518.mpva.go.kr)

국립이천호국원 (www.icnc.go.kr)

국립임실호국원 (www.isnc.go.kr)

국방부 유해발굴감식단 (www.withcountry.mil.kr)

국사편찬위원회 한국사데이터베이스 (db.history.go.kr)

노근리평화공원 (www.nogunri.net)

대전국가기록정보센터 (theme.archives.go.kr)

도서문화연구원 (dorim.mokpo.ac.kr/~islands)

법제처 국가법령정보센터 (www.law.go.kr)

산청함양사건추모공원 (www.sancheong.go.kr/shchumo)

월남파병용사만남의장 (www.vws.co.kr)

유엔군초전기념관 (www.osan.go.kr/osanUnfw)

UN기념공원 (www.unmck.or.kr)

전쟁기념관 (www.kidswarmemo.or.kr)

제주4·3평화공원 (jejupark43.1941.co.kr)

한국민족문화대백과사전 (encykorea.aks.ac.kr)

한국전쟁전후 민간인희생자 전국유족회 (coreawar.or.kr)

American Battle Monuments Commission (abmc.gov)

Arlington National Cemetery (www.arlingtoncemetery.mil)

Gettysburg National Military Park (npsgnmp.wordpress.com)

National Cemetery Administration (www.cem.va.gov)

National Park Service (www.nps.gov)

찾아보기

〔하〕